Mac P. Lorne

Das Herz des Löwen

Historischer Roman um Richard Löwenherz, Robin Hood und den Dritten Kreuzzug

Impressum:

ISBN:
978-3-9810084-9-4

Autor:
Mac P. Lorne
www.macplorne.com

Gesamtherstellung:
Offsetdruck & Verlag Dorfmeister, Bahnhofstraße 6, D - 94104 Tittling
Tel. 0 85 04 - 9 12 70
www.dorfmeisterdruck.de

Foto Umschlag:
Detail der Bronzestatue von Robin Hood vor der Burg in Nottingham

Für Inga und Jette,
die beiden wichtigsten Frauen in meinem Leben

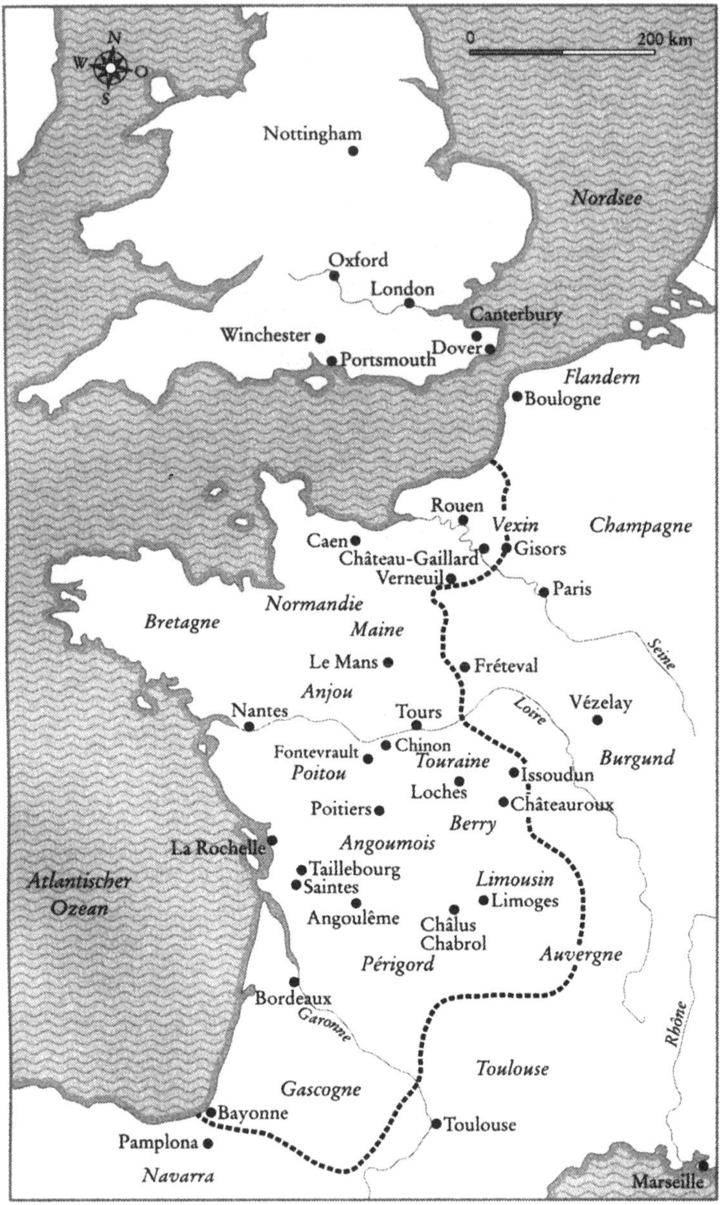

Angevinisches Reich um 1190

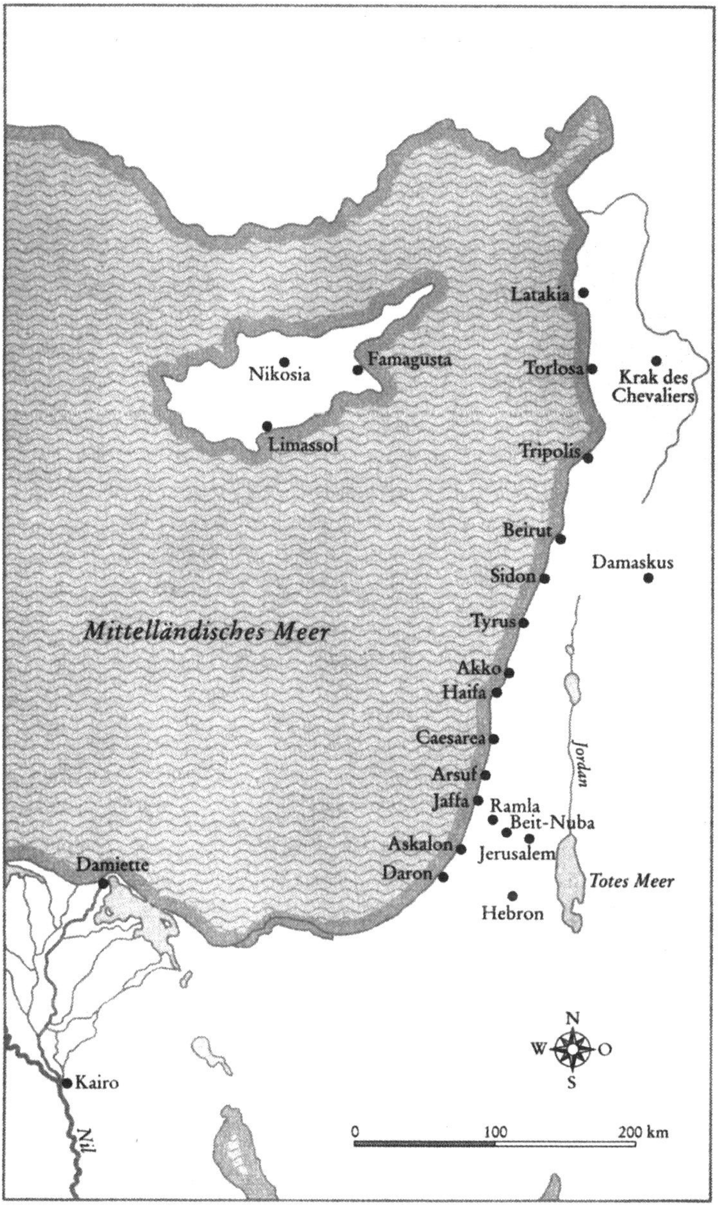

Zypern und das Heilige Land um 1192

Inhaltsverzeichnis

Personenregister

(historische Personen sind mit einem * gekennzeichnet)

Die Plantagenets

Richard I. Plantagenet*, genannt „Richard Löwenherz" – geb. 08.09.1157 in Oxford, gest. 06.04.1199 vor Chalus, von 1189 – 1199 König von England

Berengaria von Navarra* – seine Frau, geb. ca. 1167 in Pamplona, gest. 1230 in Le Mans

Eleonore von Aquitanien* – seine Mutter, geb. 1122 in Poitiers, gest. 01.04.1204 im Kloster Fontevrault

John Plantagenet*, genannt „Johann ohne Land" – sein Bruder, geb. 24.12.1167 in Oxford, gest. 19.10.1216 auf Newark Castle, von 1199 – 1216 König von England

Joan Plantagenet* – seine Schwester, geb. Oktober 1165 in Angers, gest. 04.09.1199 im Kloster Fontevrault

Die Engländer

Robert Fitzooth, auch Robert von Loxley, später Robin Hood – geb. 1160 in Loxley, gest. 1247 in Kirklees Priory

Marian Leaford – seine Frau, geb. 1165 in Fenwick, gest. 1243 in der Gascogne

Richard Leaford – ihr Vater, geb. 1132 in Lincoln, gest. 1192 in Fenwick

Ralf (Robert) de Lacy* – Sheriff von Nottingham, geb. 1144 in Pontefract, gest. 1194 in Nottingham

Little John, Will Scarlet, Much Millerson, Gilbert Whitehand, Alan a Dale – Gefährten von Robin Hood

William Marshal* – Earl von Pembroke, Mitglied des Kronrates, Regent von England, geb. 1144, gest. 1219

Baudouin de Bethune* – Ritter und Freund von Richard I. (eigentlich Franzose), geb. ?, gest. 1212

Wilhelm Longchamp* – Kanzler des angevinischen Reiches

Hubert Walter* – Vertrauter Richard I., Erzbischof von Canterbury

Ranulph de Blondeville* – 4. Earl von Chester, geb. 1172, gest. 1232

Die Franzosen

Philipp II.* – seit 1188 König von Frankreich, ehemaliger Freund, später Feind Richard I., geb.1165, gest. 1223

Hugo von Burgund* – sein Feldherr im Heiligen Land, geb. 1148, gest. August 1192 in Tyros

Philipp von Dreux* - Bischof von Beauvais, Cousin König Philipps, geb. 1158, gest. 1217

Die Sarazenen

Salah ad-Din Yusuf bin Ayyub*, genannt Saladin – Sultan von Syrien und Ägypten, geb. 1137 in Tikrit, gest. 1193 in Damaskus

al-Adil* – sein Bruder, Unterhändler für Saladin, geb. 1145, gest. 1218

al-Afdal* – sein Sohn, geb. 1169, gest. 1225

az-Zahir Ghazi* – sein Sohn, geb. 1171, gest. 1216

al-Aziz Utman* – sein Sohn, geb. 1171, gest. 1198

Raschid ad-Din Sinan*, genannt der Alte vom Berge – Anführer der Assassinen und Ismailiten in Syrien, geb. ca. 1133, gest. 1192

Die Deutschen

Heinrich VI.* – von 1191 bis 1197 Deutscher Kaiser, geb.1165 in Nimwegen, gest. 28.09.1197 in Messina

Leopold V.* – von 1177 bis 1194 Herzog von Österreich, geb. 1157, gest. 31.12.1194 in Graz

Adolf I. von Altena* – von 1193 bis 1205 Erzbischof von Köln, geb. um 1157, gest. 15.04.1220 in Neuss

***

Prolog

Aquitanien, April 1199

Scheinbar unendlich hoch wölbte sich die Abteikirche von Fontevrault über den wenigen Menschen, die sich in ihr fast verloren.

Nahe des Haupttores hatte ein Trupp Soldaten unter dem Befehl des Söldnerhauptmanns Mercadier Aufstellung genommen.

In der Mitte des Hauptschiffes stand eine Frau in eher schlichter Kleidung, sehr aufrecht und gerade, trotz ihres hohen Alters. Eleonore, Herzogin von Aquitanien, ehemalige Königin von Frankreich und England, Mutter von zehn Kindern, davon zwei Königen, war immerhin siebenundsiebzig Jahre alt, was man ihr aber weiß Gott nicht ansah. Selbst mehr als fünfzehn Jahre Haft in zugigen Burgen hatten ihr kaum etwas anhaben können. Noch jetzt konnte jeder erkennen, was für eine überaus schöne Frau sie in ihrer Jugend gewesen war.

Das Leben hatte natürlich seine Spuren hinterlassen, doch nach außen hin ließ sie sich wie schon so oft nicht im Geringsten anmerken, was in ihrem Inneren vorging. Nur wer sie genau kannte, sah, wie wachsbleich und angegriffen sie war.

Ein paar Schritte vor ihr stand ein Mann mittleren Alters in leichter Rüstung mit gesenktem Kopf, schwer auf sein Schwert gestützt. Er hätte nicht gewusst, wie er sonst überhaupt aufrecht hätte stehen sollen.

Ein Lehnsmann war zu seinem König gekommen – doch sein König war tot.

Robert von Loxley, Earl von Huntingdon, früher auch Robin Hood genannt, stand vor dem aufgebahrten Leichnam Richard I., König von England, der Welt als Löwenherz bekannt. Bald würde er zu Füßen seines Vaters, den er zu Lebzeiten mit Inbrunst bekämpft hatte, in dem Sarkophag ruhen, an dem bis vor kurzem die Steinmetze noch gearbeitet hatten. Auf dem Deckel des steinernen Sarges war seine Gestalt in Lebensgröße nachgebildet worden. Ein Schwert hatten sie auf seine Brust gelegt, Zeichen des immerwährenden Kampfes, der ihn sein ganzes Leben lang begleitet hatte.

Robin hatte einmal gegen und dann unzählige Male mit und für Richard gekämpft. Der König hatte ihm die Ehe mit seiner geliebten

Marian ermöglicht, ihn zum Ritter geschlagen und zum Earl von Huntingdon und Mitglied des Kronrates ernannt, ihn, den Sohn eines Freisassen aus dem winzigen Loxley und ehemaligen Geächteten!

Oft waren sie aneinander geraten und vor fünf Jahren nicht gerade in Eintracht voneinander geschieden, doch als der sterbende König rief, gab es für Robin kein Halten.

Aber der Weg für einen Boten von der Loire nach Huntingdon war kein kurzer und leichter, und so konnte er nur noch um seinen toten König trauern.

In vielen Schlachten war Robert von Loxley Richards linker Schildarm gewesen – einen rechten hatte Löwenherz nie gebraucht – und nun war sein Kampfgefährte so sinnlos gestorben.

Eine unbedeutende Belagerung, Richards typische Sorglosigkeit, ein fast kraftloser Armbrustbolzen, der gerade noch die ungeschützte Halsbeuge traf, und einsetzender Wundbrand hatten den König das Leben gekostet.

Jetzt lag er da, einbalsamiert, das Herz entnommen und in die Kathedrale von Rouen gesandt, und sah so gelassen aus, als hätte er endlich Ruhe und Frieden gefunden.

In einer letzten, großherzigen Geste hatte er dem Schützen Pierre Basile vergeben und ihn zum Ritter geschlagen, was aber Mercadier nach Richards Tod nicht daran gehindert hatte, den Mann lebendig zu häuten. Robin hatte den Söldnerführer noch nie gemocht!

Es war völlig still in der großen Kirche, und nur so konnte der Ritter die leisen Worte von Richards Mutter hören, die hier ihren Lieblingssohn begraben musste:

»Wärt Ihr an seiner Seite gewesen, Robin, dann wäre das nicht passiert.«

Es war kein Vorwurf in der Stimme zu hören, es war eine reine Feststellung, aber er wusste, sie hatte recht. Nie würde er die Schuld los werden, die auf seinen Schultern lastete und ihn schier zu erdrücken schien.

Auf ihn hatte der König gehört, ihm hatte er vertraut, da sein Mut, seine Tapferkeit und seine Treue nie in Frage gestellt worden waren. Er hatte den Jähzorn und die gelegentlichen Wutausbrüche des Königs als einziger in dessen Umgebung einfach ignoriert, was Richard zwar meist zuerst noch mehr aufbrachte, ihn dann aber auch schnell wieder versöhnlich stimmte.

Denn nachtragend war sein Lehnsherr nie gewesen, und dass er sich auf Robin wie auf keinen Zweiten jederzeit verlassen konnte, das wusste er auch.

Hätte er sich nicht geweigert, Richard nach dem Kreuzzug auch noch auf seinen Kriegen in Frankreich zu begleiten, würde der König sicher noch leben. Denn nie, niemals hätte er, Robert von Loxley, es zugelassen, dass sich Löwenherz allein und ohne Rüstung der Festung Chalus näherte, von wo ihn dann der tödliche Schuss traf.

Ob auf Zypern, vor Akkon oder in Wien, der Leichtsinn Richards war sprichwörtlich. Er brauchte dringend jemanden an seiner Seite, der ihn vor sich selbst schützte.

Vor zehn Jahren hatte Robin diese Aufgabe übernommen, aber nach Frankreich war er seinem König nicht gefolgt.

Er, Robert von Loxley, war Engländer mit jeder Faser seines Herzens und hatte gehofft, dass Richard wie sein Vater Henry wenigstens einen Teil seines Lebens auf seiner Insel verbringen würde. Aber mehr als sechs Monate in zehn Jahren Herrschaft waren es nicht geworden.

Und dabei hatte doch alles so verheißungsvoll angefangen, in jenem heißen Sommer anno 1189 im Wald von Sherwood...

***

1. Kapitel

Sherwood Forest – Sommer 1189

Der Wald von Sherwood wölbte sich wie eine Kathedrale nach oben zum Himmel und die Bäume ließen nur wenige Sonnenstrahlen durch ihre Blätter, die dann goldene Kringel in Unterholz, Gras und Farn zauberten. Trotzdem spürte Robin die Hitze des Augusttages fast wie einen körperlichen Schmerz unter seinem grünen Wams, als er dem Ruf des Jagdhorns folgend durch den Wald eilte.

Er hatte die Mittagszeit bei Marian und ihrem Vater verbracht, deren Rittergut direkt an den Sherwood grenzte, und nach einem recht üppigen Mahl noch etwas Ruhe in den Armen seiner vor Gott, wenn auch nicht vor der Kirche und dem Gesetz, angetrauten Frau genossen.

Dann schallte der dumpfe Ton aus Little Johns Jagdhorn durch die Stille, und für alle Waldmänner gab es in diesem Fall nur eins, sofort dem Ruf zu folgen.

Fast hätte Robin den Ritter übersehen, der wie eine Statue völlig unbeweglich auf seinem Pferd mitten auf dem Weg nach Nottingham stand, voll gerüstet in Kettenhemd, Brustpanzer, Helm und mit Schild, Schwert und Lanze bewaffnet. Hätte das gewaltige Schlachtross nicht warnend geschnaubt, wäre der in Gedanken noch bei Marian weilende Robin wahrscheinlich mit dieser riesigen, eisernen Gestalt zusammengestoßen.

Doch das Leben im Wald hatte über die Jahre alle seine Sinne geschärft. Blitzschnell hatte Robin Hood einen Pfeil auf der Sehne seines Bogens und donnerte dem Ritter ein: »Halt« entgegen, was irgendwie unpassend war, da dieser ja sowieso stand.

»Was wollt Ihr denn mit dem Stecken und dem Stäbchen ausrichten?«, fragte der Ritter eher amüsiert und etwas überrascht, wobei seine Stimme durch das Helmvisier dumpf und grummelnd klang.

»Ihr seid in unserem Wald und auf unserem Weg und jeder, der hier durchkommt, zahlt uns ein Wegegeld«, kam prompt die Antwort, die den eisernen Mann etwas verblüffte.

»Ich war bis jetzt der Meinung, das ist der Wald des Königs, und des Königs Wege sind in England frei«, gab er zurück.

»Mag schon sein, dass das woanders so ist«, konterte Robin. »Aber erstens ist der König tot, und zweitens müssen wir das Unheil, das er mit seinen ewigen Kriegen angerichtet hat, ja irgendwie ausgleichen. Deshalb nehmen wir von denen, die es haben, und geben es denen, die es brauchen. Wenn Ihr hier durchwollt, kostet es euch eine Silbermark – und wenn nicht, dann auch.«

Dem Ritter, den am Anfang die Situation eher belustigt hatte, wurde es langsam zu bunt.

»Gib den Weg frei, Bürschchen, sonst nagle ich dich an den nächsten Baum«, knurrte er und legte die Lanze ein.

Plötzlich spürte er einen harten Schlag gegen seinen Schild. Als er herunter sah, steckte in dem dicken Eichenholz ein Pfeil. Und zu seiner größten Überraschung schaute dessen Spitze auf der Innenseite des Schildes nur wenig über seinem linken Arm heraus.

Er, der in unzähligen Gefechten unbesiegt geblieben war und als Meister der Kriegskunst galt, hatte noch nie eine Waffe mit einer derartigen Durchschlagskraft erlebt.

Als er aufblickte, schien sich an der Situation von eben nichts geändert zu haben. Der Mann im grünen Wams stand mit gespanntem Bogen scheinbar unbewegt vor ihm.

»Der nächste Pfeil geht in den Schildarm. Und wenn das nicht reicht, der dritte durch den Helm. Übrigens, ich habe es mir überlegt: zwei Silbermark sind wohl angemessener für so einen hohen Herren«, hörte er die Gestalt vor sich sagen.

Das war ein stolzer Preis. Für drei Silbermark bekam man schon ein gutes Pferd.

Der Ritter war nicht gerade mit dem ausgeglichensten Temperament versehen. Wutschnaubend senkte er die Lanze, gab seinem Hengst die Sporen und jagte auf Robin Hood zu.

»Verdammt sollt Ihr sein für das, was ich jetzt tun muss!«, knurrte Robin und ließ den Pfeil von der Sehne, allerdings nur mit einem Bruchteil der Zugkraft, die er beim ersten Schuss aufgewendet hatte. Das Geschoss traf das heranstürmende Schlachtross genau zwischen Brustbein und Schulterblatt in den starken Halsmuskel. Wie von einem gewaltigen Hammer getroffen knickte der Hengst abrupt in der Vorhand ein. Der Ritter wurde wie ein Stein vom Katapult aus dem Sattel geschleudert und landete unsanft auf dem zum Glück recht weichen Waldboden im Moos.

Robin eilte an ihm vorbei zu dem Pferd, das sich wütend schnaubend und beleidigt wiehernd wieder aufgerappelt hatte.

»Ist schon gut, mein Großer!«, sprach er beruhigend auf den Hengst ein und griff nach den Zügeln. Eigentlich wollte das Streitross steigen, überlegte es sich dann aber anders und sah nur mit rollenden Augen auf den Fremden herab.

Robin zögerte nicht lange. Das Geschoss hatte dort getroffen, wo er es hatte hinhaben wollen und steckte nicht tief im Fleisch. Mit einem schnellen Ruck zog er die widerhakenlose Spitze des Jagdpfeils heraus und sah beruhigt, dass die Wunde nur wenig blutete und er kein großes Blutgefäß verletzt hatte.

Das war dem Hengst nun aber doch zuviel. Wütend stieg er kerzengerade empor, riss dem Mann, der ihm das zugefügt hatte, die Zügel aus der Hand, machte auf der Hinterhand kehrt und galoppierte den Weg, auf dem er gekommen war, zurück. Sollten die Menschen doch sehen, wie sie fertig würden!

Robin hörte hinter sich ein Zischen und spürte einen Windhauch. Ohne zu zögern ließ er sich fallen und rollte über die rechte Schulter ab. Der Ritter war nach seinem Sturz wieder auf die Beine gekommen, was ihm in der schweren Rüstung nicht ganz leicht gefallen war, hatte sein Schwert gezogen und mit einem gewaltigen Hieb versucht, seinen Gegner zu erschlagen. Dass er dabei aber nur die würzige Luft von Sherwood zerteilte, machte ihn um so wütender, wenn das überhaupt noch möglich war.

Blitzschnell war Robin wieder auf den Füßen, kam hinter seinem Gegner zu stehen und hatte sein eigenes Schwert in der Hand. Den Ritter hatte die Wucht des Hiebes, ohne auf Widerstand zu treffen, nach vorn gezogen. Robin schlug mit der flachen Klinge, aber aller Kraft auf das ihm ungeschützt dargebotene Hinterteil, und sein Gegner ging das zweite Mal in Folge zu Boden.

»Das war dafür, dass ich Euer Pferd verletzen musste!«, brüllte er den Mann zu seinen Füßen an. »Wer so ein edles Tier einer sinnlosen Gefahr aussetzt, hat es gar nicht verdient!«

Jetzt war der Ritter wirklich verblüfft. Der Fremde nahm ihm nicht übel, dass er ihn hatte töten wollen. Statt dessen beschimpfte er ihn, weil er sein Pferd einer Verletzung ausgesetzt hatte. Aber sei es wie es sei, das hier musste ein Ende haben. Diese Demütigung ertrug er nicht länger. Mit einer gewaltigen Kraftanstrengung sprang er regelrecht auf die Beine und fuhr mit erhobenem Schwert herum. Aber da war niemand, und ehe er sich versah, spürte er schon wieder einen Hieb auf seinem Allerwertesten, der ihn in die Knie zwang.

»Seid froh, dass ich bester Laune bin und das Wetter einfach zu schön zum Töten ist«, hörte er den Fremden hinter sich sagen. »Das wäre jetzt genau die richtige Stellung, um Euch den Kopf vor die Füße zu legen.«

»Ruhig bleiben, Richard«, sagte der Ritter innerlich zu sich selbst. »Du wirst dich doch hier nicht im Wald von einem Wegelagerer umbringen lassen.«

Da er nicht den Eindruck hatte, dass ihn der Grüngewandete von hinten erschlagen würde, ließ er sich diesmal mit dem Aufstehen etwas mehr Zeit. Er zog den Arm aus den Schildschlaufen und nahm den Helm ab. Dann erhob er sich langsam und drehte sich um.

Robin sah erst jetzt genau, mit was für einem Hünen er es zu tun hatte.

»Mein Gott!«, dachte er. »Noch ein paar Fingerbreit mehr, und er ist so groß wie Little John.«

Ungern erinnerte er sich an sein erstes Zusammentreffen mit dem ehemaligen Anführer der Geächteten, seinem jetzigen Freund, und die Tracht Prügel, die er dabei bezogen hatte. Das durfte sich hier und mit Schwertern nicht wiederholen. Die beiden Männer standen sich in gebührendem Abstand gegenüber, wachsam und kampfbereit.

»Wer seid Ihr?«, fragte der Ritter mit befehlsgewohnter Stimme, und seine blaugrauen Augen blitzten.

»Robert von Loxley, man nennt mich aber auch Robin Hood«, gab sein Gegner Antwort. »Und mit wem habe ich die Ehre?«

»Richard von Oxford«, kam die Antwort. »Auf dem Weg zur Krönung des neuen Königs.«

»So ganz allein unterwegs, ohne Knappen und Gefolge?«

»Meine Gefährten warten vor dem Wald. Ich wollte doch mal sehen, ob der Sherwood wirklich so gefährlich ist, wie man sich erzählt.«

»Aha«, dachte Robin. »Das war es, was Johns Jagdhorn hatte verkünden wollen. Reiche Beute vor den Toren des Waldes.« Laut fragte er: »Und wie soll das jetzt hier weiter gehen? Zahlt Ihr Euren Wegezoll, oder muss ich Euch weiter den Hintern versohlen?«

»Ich glaube kaum, dass Euch das noch mal gelingt. Eher hacke ich Euch in Stücke«, knurrte der Ritter mit vor Wut rot angelaufenem

Gesicht und führte schon den ersten Hieb gegen Robin. Aber der war auf der Hut, und wenn der Gepanzerte ohne Schild und Helm auch etwas beweglicher war, so fiel es ihm doch überhaupt nicht schwer, dem Schwert des Ritters mit Leichtigkeit auszuweichen. Dieser spürte allerdings einen stechenden Schmerz in der rechten Achselhöhle, der es ihm schwarz vor den Augen werden ließ.

»Halt!«, rief Robin ihn an. »Ich kämpfe nicht gegen einen Verwundeten. Ihr blutet ja wie ein abgestochenes Schwein.«

Der Ritter merkte jetzt auch, wie ihm das Blut an der rechten Seite und am Arm herunter lief. Irgendwie musste er sich bei dem Sturz verletzt haben, und das konnte er nun im Moment gar nicht brauchen.

»Wenn Ihr mir versichert, mich nicht gleich wieder umbringen zu wollen, sehe ich mir Eure Verletzung einmal an. Ich gebe Euch mein Wort, Euch währenddessen nichts zu tun«, versprach Robin.

»Das soll ich einem Wegelagerer glauben?«, fragte der Ritter skeptisch.

»Darf ich Euch daran erinnern, dass Ihr es wart, der mich zweimal töten wollte, obwohl ich die besseren Gelegenheiten dafür hatte.« Robin steckte sein Schwert vor sich in den Boden, blieb aber wachsam.

Richard von Oxford war das nicht ganz geheuer, aber auch er ließ sein Schwert fallen und spürte dabei wieder einen stechenden Schmerz in der rechten Seite.

»Lasst mal sehen«, meinte Robin und trat heran.

Der Ritter hob vorsichtig und mit zusammengebissenen Zähnen den rechten Arm.

»Oh ha«, knurrte Robin. »Das sieht aber gar nicht gut aus. Ihr habt euch bei eurem Sturz wohl das abgebrochene Lanzenende in die Achselhöhle gerammt. Ein großer Splitter ist durch das Kettenhemd gedrungen und steckt noch im Fleisch. Den bekomme ich hier nicht heraus gezogen.«

»Bei Gottes Beinen!«, fluchte der Ritter. »Das hat mir gerade noch gefehlt. Wenn ich Euch die zwei Silbermark gebe, bewahrt Ihr dann Stillschweigen und bringt mich zu meinen Begleitern zurück? Dann will ich den Überfall für dieses Mal vergessen.«

»Das braucht Ihr nicht, denn es ist bekannt, dass jeder, der durch den Sherwood will, uns Wegezoll zu entrichten hat. Wir können unseren kleinen Streit auch gern zu Ende austragen, wenn Eure Verletzung ausgeheilt ist.«

Richtige Lust hatte Robin darauf allerdings nicht. Der Ritter war fast einen Kopf größer als er und sicherlich ein erfahrener Kämpfer.

»Was sagt eigentlich der Sheriff von Nottingham zu Eurem Treiben hier?«, erkundigte sich Richard. »Es ist schließlich seine Aufgabe, für die Sicherheit in des Königs Landen zu sorgen.«

»Ralf de Lacy?«, fragte Robin. »Der weiß genau, setzt er auch nur einen Fuß in den Sherwood oder kommt er irgendwie in die Reichweite meines Bogens, ist er ein toter Mann.« Selten hatte der Ritter soviel Hass in der Stimme eines Mannes gehört.

»Meint Ihr wirklich, dass ihr mit Eurem Pfeil durch eine Rüstung dringt?«, erkundigte er sich hochinteressiert. Das war etwas, was ihn wirklich bewegte. Natürlich kannte er Bogen und Armbrust, doch dagegen schützten sich die Ritter mit Schild, Helm und Panzer. Gab es plötzlich Waffen, die da durchdrangen, konnte es ganz ungemütlich werden.

Robin trat ein paar Schritte zurück, nahm seinen Bogen und einen Pfeil auf, spannte ihn, soweit es seine Armlänge erlaubte und ließ das Geschoss von der Sehne. Es gab einen kurzen, hellen Klang, als es sich durch den Helm des Ritters bohrte.

»Bei allen Heiligen!«, entfuhr es Richard, der seinen Helm vorsichtig vom Waldboden aufnahm. »Was ist denn das für ein Teufelsding. Hätte ich den Helm aufgehabt, steckte mir der Pfeil jetzt mitten im Hirn!«

»Sag' ich doch«, meinte Robin trocken. »Nie den Gegner unterschätzen, nur weil man seine Waffen nicht kennt. Es könnte böse ausgehen.«

»Wo gibt es solche Bögen?«, hakte der Ritter nach. »Ich würde Euch viel Geld dafür zahlen.«

Robin dachte einen Moment nach.

»Hört zu, ich mache Euch einen Vorschlag. Ihr schwört mir bei Eurer Ritterehre und allem was Euch heilig ist, dass Ihr über alles, was ihr demnächst sehen und hören werdet gegen jedermann schweigt, und ich bringe Euch zu dem Mann, von dem meine Freunde und ich die Bögen haben. Dort können wir vor allem am schnellsten eure Wunde versorgen. Bis zu Euren Begleitern ist es mir ehrlich gesagt mit einem Verletzten ein bisschen zu weit.«

»Einverstanden!« stimmte der Ritter sofort zu. »Ich schwöre es Euch, und Ihr könnt versichert sein, auf mein Wort ist Verlass. Aber mit wem zum Teufel habe ich es überhaupt zu tun?«

»Ihr seid wohl lange nicht in England gewesen, dass Ihr nichts von den Geächteten des Sherwood gehört habt?«

»Richtig. Ich bin zwar in England geboren, war aber viele Jahre nur in der Normandie, der Bretagne und Aquitanien unterwegs.«

»Kommt!«, meinte Robin. »Ein Stück ist es schon zu gehen. Ich erzähle Euch unterwegs, was Euch interessiert. Aber vergesst nicht, was Ihr geschworen habt. Sonst, und das ist so sicher, wie die Sonne am Abend untergeht, finden wir Euch, und an dem Tag fahrt Ihr zur Hölle!«

»Keine Sorge, ich habe auf Erden noch viel vor«, antworte der Ritter, schob vorsichtig sein Schwert in die Scheide, warf einen Blick auf Schild und Helm, entschloss sich dann aber, beides einfach liegen zu lassen. »Gehen wir!«

Sie kamen nur langsam voran. In Eisenschuhen läuft es sich nicht besonders gut, die Verletzung machte Richard von Oxford mehr zu schaffen, als er zugeben wollte, und die Sonne brannte noch dazu unbarmherzig vom Himmel.

»Nun erklärt mir einmal«, begann der Ritter, »wie ein Mann wie Ihr im Sherwood zum Wegelagerer wird. Wie ich Euch erlebt habe, könntet Ihr jederzeit zum Gefolge eines Earl gehören oder es als Soldat des Königs zu etwas bringen?«

»Meine Gefährten und ich leben seit mehreren Jahren im Wald, weil uns keine andere Möglichkeit bleibt. Wir sind Vogelfreie, Geächtete, jeder darf uns töten - wenn er kann. Da drehen wir den Spieß einfach um. Das Land ist durch die vielen Kriege König Henrys völlig ausgeblutet, den Bauern wird der letzte Penny genommen, sie verhungern, wenn man ihnen nicht hilft. Und da das niemand tut, tun wir es eben.«

»Ihr sprecht immer von „Wir“«, meinte Richard. »Wie viele seid ihr denn?«

»Die Frage geht nun doch etwas weit. Aber de Lacy hat es mit seinem brutalen Vorgehen geschafft, mir so viele Männer zuzuführen, dass er sich nun selbst nicht mehr aus seiner Burg traut.«

»Und die sind alle so bewaffnet wie Ihr?«

»Der eine mag eher das Schwert, der andere den Kampfstock, aber mit dem Bogen sind wir alle ziemlich gut.«

»Mein Gott«, dachte der Ritter. »Eine kleine Armee!«

»Machen wir mal eine Pause«, bat er dann und ließ sich auf einem Baumstumpf nieder. »Was heißt denn ziemlich gut? Zeigt mir doch einmal, wie treffsicher Ihr auf größere Entfernung seid.«

Zu einer Demonstration seiner Schießkunst war Robin immer bereit. Es war auch nie verkehrt, wenn es sich herumsprach, wozu die Geächteten in der Lage waren.

»Seht Ihr die schmale Buche in ungefähr hundert Yards?«

»Ja, aber ein schweres Ziel ist das nun nicht gerade«, gab der Ritter zurück.

»Dann passt mal genau auf.«

Robin spannte den Bogen und ließ den ersten Pfeil von der Sehne schnellen. Kaum steckte dieser im Ziel, folgte schon der zweite – und der spaltete den ersten mittig durch.

»Herr im Himmel!«, rief der Ritter mehr als erstaunt aus und lief zu der Buche, seine Verletzung ganz und gar vergessend. »Das habe ich ja in meinem ganzen Leben noch nicht gesehen! Und ich habe, was Waffen und ihre Handhabung betrifft, wirklich schon einiges erlebt! Wo zum Teufel kommen denn diese Bögen nun her? Die können doch nur in der Hölle hergestellt worden sein!«

»Wenn Ihr Wales mit der Hölle gleichsetzt, habt Ihr recht«, antwortete Robin. »Der Mann, zu dessen Gut ich Euch bringen werde, hat 1182 für König Henry bei Abergavenny Castle gekämpft. Die Pfeile der Waliser haben die starken, handbreiten Eichenbohlen des Burgtores durchschlagen als König Henrys Ritter hinter die Burgmauern flüchteten. Ich konnte ihm einmal behilflich sein. Dafür hat er mir und meinen Männern hundert solche Bögen geschenkt, die angeblich die Wikinger nach England gebracht haben sollen.«

»Bei Gottes Beinen!«, das war Richards Lieblingsfluch. »Jetzt weiß ich, wieso sich der Sheriff nicht in den Sherwood traut. Mindestens hundert Männer mit solchen Bögen bewaffnet und im Wald versteckt – man bräuchte ja ein Heer, um euch auszuräuchern.«

»Auch ein Heer würde das nicht schaffen, es müsste uns erst einmal finden«, gab Robin selbstbewusst zurück. »Der Sherwood Forest ist groß! Aber Ihr wart auf dem Weg nach Nottingham. Seid ihr etwa ein Freund von Ralf de Lacy?«, erkundigte er sich misstrauisch.

»Nein, weiß Gott nicht«, antwortete der Ritter. »Der Sheriff wird sicherlich nicht erfreut sein, mich zu sehen, auch wenn ich ihn wohl werde aufsuchen müssen.«

»Dann denkt daran, was Ihr geschworen habt, sonst könnt ihr Euer Leben wie de Lacy in Nottingham beenden. Und so schön ist das Nest nun wirklich nicht. Kommt, es ist noch ein Stück!«

Mühsam erhob sich der Ritter. Das Gehen fiel ihm immer schwerer. Robin sah das und zögerte nicht. Er nahm den linken Arm Richards über seine Schulter und stützte den Verletzten. Nach etwa einer Viertelstunde erreichten sie den Waldrand, und vor ihnen lag das Gut von Robins Freund und de facto Schwiegervater.

»Wo bringt ihr mich denn eigentlich hin?«, fragte der Ritter.

»Das ist Fenwick, der Besitz von Sir Richard Leaford. Dort wird man Euch helfen und Eure Verletzung behandeln.«

»Leaford? Ich kannte einen Sir Walter Leaford, der einmal zum Gefolge von Gottfried von der Bretagne, Gott habe ihn selig, gehört hat. Soweit ich weiß, ist er vor ein oder zwei Jahren in der Normandie gefallen.«

»Das war sein Sohn, der sich seine Rittersporen verdienen wollte und deshalb in den Dienst von König Henrys verstorbenem Sohn getreten ist. Dort ist er dann, wie Ihr richtig sagt, tragisch ums Leben gekommen.«

»Dann bin ich in guten Händen, denn Walter Leaford war ein sehr ehrenwerter Mann und ich nehme an, er wird die guten Manieren von seinem Vater geerbt haben.«

»Da habt Ihr recht. Ich muss mich dann allerdings so schnell wie möglich um Eure Begleitung kümmern. Nicht dass meine Leute sonst ihre Spielchen mit ihnen treiben.«

»Das könnte aber für Eure Männer ins Auge gehen. Es sind sehr kampferprobte Ritter, die meine Mutter begleiten.«

»Ihr reist mit Eurer Mutter?«, fragte Robin verblüfft.

»Haltet sie mal davon ab!«, knurrte Richard. »Sie war mehr als fünfzehn Jahre eingesperrt und vorher in der ganzen Welt unterwegs. Sie kennt Paris, Konstantinopel und Jerusalem und jetzt will sie nach vielen Jahren hinter Burgmauern nur noch Licht und Sonne sehen.«

***

Sir Richard Leaford bewohnte keine Burg, sondern ein Gut, dessen Mittelpunkt ein von Palisaden geschütztes, zweistöckiges Gebäude war. Es lag auf einer kleinen Anhöhe, auf die die beiden Männer jetzt zuhielten. Ringsherum waren weitläufige Koppeln angelegt, auf denen sich zahlreiche Pferde tummelten. Aus dem geöffneten Tor kam ein junger Mann gelaufen, den Robin gleich anrief.

»Peter, wo sind Marian und Sir Richard?«

»Ich weiß nicht, irgendwo in den Ställen. Der Herr ist aber vorhin weggeritten.«

»Schnell, sattle mein Pferd! Ich sehe selber nach meiner Frau. Der Mann hier braucht dringend Hilfe.«

»Erschreckt Euch nicht!«, warnte Robin den Ritter und rief dann in einer Lautstärke nach „Marian“, dass man es bis Nottingham hören konnte, und der Mann an seiner Seite zusammen zuckte, um gleich darauf mit kaum unterdrücktem Stöhnen auf eine Bank vor dem Hauseingang zu sinken.

Aus einem strohgedeckten Stall kam eine junge, zierliche Frau gelaufen, deren langes, blondes Haar unbedeckt war und nur im Nacken von einem Band zusammen gehalten wurde. Am meisten erstaunte Richard aber – sie trug kein Kleid, sondern eine kurze Tunika und darunter Beinlinge und Stiefel!

Robin sah den Blick und musste grinsen.

»Sie hat es nicht so mit Konventionen«, klärte er seinen Begleiter auf.

Der gab das Grinsen zurück. »Ihr wisst schon, dass die Kirche Frauen, die Hosen tragen, als Hexen verbrennen lässt?«

»Ja«, meinte Robin nachdenklich, »meine Frau hätte da sicher gute Chancen. Noch dazu, wo wir nicht rechtmäßig vermählt sind und sie gleich Eure Wunde behandeln wird.«

»Ist sie eine Heilerin?«, erkundigte sich der Ritter interessiert.

»Schon«, stimmte Robin zu. »Allerdings mehr bei Pferden. Doch was denen hilft, kann auch für Menschen nicht schlecht sein.«

Dem Ritter schwante Schlimmes.

»Brüll nicht immer so, Robin!«, die junge Frau war herangekommen. »Halb so laut hätte auch gereicht.« Dann zu seinem Begleiter gewandt: »Hallo, ich bin Marian Leaford, kann ich Euch helfen?«

Der Ritter musterte sie ausgiebig. Er sah kein scheues, schüchternes Wesen vor sich, wie er sie sonst meist kannte, sondern eine selbstbewusste Frau von vielleicht fünfundzwanzig Jahren mit zarten, edlen Gesichtszügen, die nichts desto trotz eigene Stärke und Willen ausstrahlte.

»Mylady«, sprach er Marian mit einer angedeuteten Verbeugung an, »gestattet, dass ich sitzen bleibe. Der Marsch mit Euerem Mann hat mich doch sehr angestrengt. Ich bin Richard von Oxford und hatte ein kleines Missgeschick. Mein Begleiter meinte, dass Ihr mir vielleicht helfen könntet. Aber nur, wenn es keine Umstände bereitet.«

Robin schaltete sich kurz ein.

»Du musst den Schmied holen, damit er das Kettenhemd öffnet. In seiner rechten Seite steckt ein Stück von seinem Lanzenstiel. Ich muss los, sonst machen Little John und die anderen Kleinholz aus seinen Begleitern.«

Peter hatte ein Pferd gesattelt und hielt es jetzt am Zügel. Richard musste zugeben, selten ein so schönes Tier gesehen zu haben. Das Fell war von einem ganz eigenen Braunton und glänzte wie polierte Bronze in der Sonne. Der Hengst schaute ganz interessiert herüber, machte aber gar keinen nervösen Eindruck.

»Wartet!«, meinte der Ritter zu Robin und zog einen Ring von seinem Finger. »Gebt den meiner Mutter und sagt ihr, der Tag in Westminster bleibt bestehen. Dann weiß sie Bescheid, und ihr müsst Euch nicht mit meinen Männern herum schlagen.«

Robin schwang sich mit geübter Leichtigkeit in den Sattel, rief Marian noch ein:

»Du machst das schon zu!«, und galoppierte vom Hof.

Die Frau schüttelte nur den Kopf.

»Einen Moment, Sir«, sagte sie zu dem Ritter und verschwand im Haus. Wenig später war sie zurück und hatte einen großen Krug schäumendes Bier in der Hand, den sie dem Ritter reichte. »Ich glaube, das könnt Ihr jetzt vertragen.«

»Mylady, schon als ich Euch das erste Mal sah, wusste ich, Ihr seid ein Engel«, seufzte Richard und nahm einen langen Zug. Selten hatte ihm etwas so gut gemundet.

»So«, meinte Marian, »das war der angenehme Teil. Jetzt wollen wir uns mal Eure Wunde ansehen. War mein Mann daran schuld?«

Dann, ohne die Antwort abzuwarten, zu Peter, der noch immer auf dem Hof stand:

»Hol den Schmied! Er soll ein paar Zangen mitbringen. Und dann brauche ich meinen Arzneikasten.«

Richard hatte das Gefühl, dass die Frage, ob Robin an seiner Verletzung schuld war, mehr rhetorisch gemeint und seine Frau nicht wirklich erpicht darauf war, einen Bericht von ihm zu erhalten.

»Wir bleiben am besten, wo wir sind. Hier ist das Licht gut!«, meinte Marian. »Sitzt Ihr bequem, Sir Richard?«

»Es wird schon gehen«, antwortete der Ritter und hoffte, dass er damit recht behielt.

»Legt den Arm bitte hier drauf!«

Marian hatte einen Holzklotz geholt und auf die Bank gestellt. Der Schmied war herangetreten, hatte nur kurz zur Begrüßung genickt und sich dann die Rüstung angesehen. Gemeinsam mit Marian nahm er dem Ritter vorsichtig den Brustpanzer ab. Jetzt sahen sie, wie ein Teil des Lanzenschaftes in der Achselhöhle steckte.

»Keine gute Arbeit, Euer Kettenhemd«, murmelte der Schmied. »Das müsste es eigentlich aushalten. Mehr als eine Prellung hätte es nicht geben dürfen.«

Dann bog er vorsichtig mit einer Zange die Kettenglieder neben dem großen Holzsplitter auf und fädelte sie aus dem Kettenhemd. Dadurch wurde die Wunde sichtbar, die wieder zu bluten begonnen hatte, und Marian zog hörbar die Luft durch die Zähne. Als der Schmied einen ausreichenden Teil der Kettenglieder entfernt hatte, meinte Marian zu ihrem Patienten:

»Schaut mal, da drüben kommt mein Vater!«

Richard wandte den Kopf nach links, und in diesem Moment zog Marian mit einem Ruck das Holzstück aus der Wunde.

»Bei Gottes Beinen!«, entfuhr es dem Ritter statt eines Schmerzenschreis.

»Haltet still!«, ermahnte Marian ihren Patienten. »Wir sind noch nicht fertig.«

Mit einer kleinen, stählernen Pinzette entfernte sie die restlichen Splitter und Stoffstücke, die vom wollenen Unterkleid in die Wunde gelangt waren.

»So, jetzt könnt Ihr das Kettenhemd ablegen, damit ich Euch verbinden kann«, sagte sie. »Wenn Ihr Euch ein paar Tage nur vorsichtig bewegt, müsste es so heilen. Wenn nicht, platzt die Wunde wieder auf, und dann muss ich sie nähen.«

»Nur das nicht!«, dachte Richard. »Mein Körper ist doch keine alte Tunika.«

Er ließ sich von der jungen Frau und dem Schmied aus dem Kettenhemd helfen und merkte schon jetzt, wie der Schmerz nachließ. Marian entnahm ihrer Kiste mehrere Kräuter und getrocknetes Moos, legte es vorsichtig auf die Wunde, polsterte sie mit weichem Stoff ab und fixierte alles mit einer Bandage um den Brustkorb und die Schulter des Ritters.

»Ich sollte Euch zu meinem Leibarzt ernennen, Mylady. Ich bin Euch zu großem Dank verpflichtet.« Richard sprach mit tiefer Überzeugung. Er hatte auf den Schlachtfeldern schon ganz andere Dinge von sogenannten Heilern gesehen. »Wo habt Ihr denn diese Kunstfertigkeit erlernt? So habe ich bisher nur den jüdischen Arzt meiner Mutter arbeiten sehen.«

»Robins Großmutter war eine weise Frau, sie hat mir viel beigebracht«, erwiderte Marian. »Der Rest ist Übung und Erfahrung. Was glaubt Ihr, wie oft sich unsere Pferde verletzen und Hilfe brauchen. Und wenn man mit denen nicht vorsichtig umgeht, fängt man sich leicht einen Huftritt ein, der selbst eine Behandlung nötig macht.«

***

Sir Richard Leaford war mittlerweile auf den Hof geritten, hatte sein Pferd einem Knecht übergeben und näherte sich jetzt seiner Tochter und dem Ritter.

»Haben wir Gäste, Marian?«, erkundigte er sich, um gleich darauf wie angewurzelt stehen zu bleiben. »Mein Gott!«, stieß er hervor und beugte Haupt und Knie. »Sire, welche unerwartete Ehre! Wenn ich geahnt hätte...«

Marian rückte etwas von ihrem Patienten ab und sah zuerst ihn, dann ihren Vater verdutzt an. Dieser hatte für Henry II. nicht nur in Wales, sonder auch in der Normandie und Aquitanien gekämpft und dabei die Söhne des alten Königs kennen gelernt.

»Du behandelst gerade Richard Plantagenet, unseren zukünftigen König, mein Kind. Erweise ihm Ehrerbietung!«

Marian war zuerst sprachlos, aber dann sprudelte es aus ihr heraus.

»Aber Ihr habt Euch doch als Richard von Oxford vorgestellt!«, stieß sie hervor.

»Das war auch nicht gelogen, Mylady, denn ich bin in Oxford geboren. Doch als Herzog von Aquitanien, der Normandie und der Bretagne und Graf von Poitou habe ich bis jetzt fast ausschließlich auf der anderen Seite des Kanals gelebt.«

Dann zu dem Hausherren gewandt:

»Erhebt Euch, Sir Richard! Ich genieße bereits die Gastfreundschaft Eures Hauses und vor allem die gesegneten Hände Eurer Tochter.«

Er warf einen Blick in Richtung Marian, die in einen tiefen Hofknicks gesunken war. Mit der linken Hand nahm er Marians Rechte und hob sie empor.

»Und Euch gilt mein besonderer Dank, Mylady. Ich nehme an, dass mit Eurer Hilfe meine Wunde bis zur Krönung im September verheilt sein wird. Es wäre recht unangenehm, die Zeremonie verschieben zu müssen.«

»Wenn Ihr Euch bis dahin schont, Sire, dürftet ihr nichts mehr spüren«, gab Marian erleichtert zurück. Ihr war fast das Herz stehen geblieben, als sie mitbekommen hatte, neben wem sie gesessen hatte. Richards Jähzorn, aber auch seine Ritterlichkeit, waren weithin bekannt. Man wusste allerdings bei ihm nie so recht, was davon gerade die Oberhand inne hatte.

»Darf ich Euch in mein bescheidenes Heim bitten, Sire?«, fragte der alte Lord.. »Seid Ihr denn ganz allein unterwegs?«

»Meine Mutter und meine Ritter warten unter Führung von William Marshal vor dem Sherwood auf meine Rückkehr. Euer Schwiegersohn ist wohl zu ihnen geritten. Ich bin selbst gespannt, wie er mit ihnen fertig wird.«

Mit diesen Worten erhob sich der zukünftige König und folgte Sir Richard in das innere des Hauses, wo es angenehm kühl war. Der Hausherr wollte nach Wein rufen, doch Richard legte seine Hand auf seinen Arm und meinte:

»So ein Krug Bier, wie ihn mir eure Tochter kredenzt hat, das wäre jetzt das Richtige.«

Das Bier kam sofort, und der Hausherr ließ auch Schinken, Käse und frisches Brot bringen. Die beiden Männer nahmen an der langen Tafel in der großen Halle Platz und streckten behaglich die Beine aus. Richard schaute sich interessiert um und was er sah, gefiel ihm.

Das Gutshaus war U-förmig und zweistöckig angelegt. An der Stirnseite befand sich im Untergeschoss die große Versammlungshalle, darüber lagen die Schlafräume und Kemenaten der Bewohner. Der linke Flügel beherbergte die Küche mit den Gesindeunterkünften und der rechte die Stallungen für die wertvollsten Pferde sowie die Werkstätten.

Alles war peinlichst sauber und unterschied sich wohltuend von den teils verkommenen Rittersitzen, wie sie Richard von seinen zahlreichen Reisen kannte. Der Fußboden war dick mit frischen Binsen eingestreut, auf der Tafel standen Blumen, und überall war die ordnende Hand einer Frau deutlich zu spüren. Viele Fenster, die mit hölzernen Läden verschlossen werden konnten, ließen Licht und Luft herein. Zwei große Kamine an den Stirnseiten der Halle sorgten im Winter für Wärme. An den Wänden hingen geknüpfte Teppiche und Kränze von getrockneten Blumen und Kräutern.

»Ihr habt ein behagliches Heim, Sir Richard«, lobte der zukünftige König. »So ganz anders wie die Burgen meiner Ritter, aber sicher nicht leicht zu verteidigen.«

»Ich habe unter Euerem Vater gedient, Sire, und gesehen, wie schnell eine Burg fällt, wenn die Angreifer es ernst meinen. Gegen Diebe und Gesindel reichen die Wachen und die Palisade. Würde ich Euch verärgern, hätte ich sowieso keine Chance. Oder nennt man Euch nicht auch den großen Burgenzerstörer?«

Richard lachte.

»Ihr habt nicht unrecht. Viele meiner Barone in Aquitanien glaubten mit einem jungen Herzog leichtes Spiel zu haben. Denen musste ich schon zeigen, wer das Sagen im Land hat. Jetzt haben viele von ihnen tatsächlich keine Burg mehr.«

Der Hausherr wusste, dass Richard Plantagenet nicht nur in den südlichen Provinzen des großen Angevinischen Reiches mit harter Hand für Ordnung gesorgt hatte. Die Rechte seiner Barone waren zu Gunsten der Krone erheblich beschnitten worden. Erst vor kurzen hatte er zusammen mit Philipp von Frankreich auch Krieg gegen seinen eigenen Vater geführt und ihn wie einen tollen Hund vor sich her gehetzt. Nicht wenige sagten, dass der alte König Henry letztendlich daran gestorben sei. Den endgültigen Todesstoß hatte ihm dann die Nachricht versetzt, dass auch sein Lieblingssohn John zu Richard übergelaufen war und ihn verraten hatte. Jetzt ruhten die sterblichen

Überreste des alten Königs in der Abtei von Fontevrault, und er hatte hoffentlich seinen Frieden gefunden. Doch Sir Richard hütete sich natürlich wie der Teufel vor dem Weihwasser, darüber auch nur ein Wort zu verlieren.

»Nun erzählt mir aber endlich einmal, wer dieser Mann ist, der sich einmal Robert von Loxley, dann wieder Robin Hood nennt, wie ein Wegelagerer auftritt, aber wie einer meiner besten Ritter handelt und kämpft? Mal heißt es, er ist mit Eurer Tochter verheiratet, dann ist er es wieder nicht. Das ist schon alles ein bisschen verwirrend, findet Ihr nicht?«, fragte sein Gast.

»So verwirrend wie die Zustände in England in den letzten Jahren«, gab der alte Lord zurück. »Es würde eine längere und nicht immer erfreuliche Geschichte werden. Wollt Ihr sie wirklich hören?«

»Nur zu, ich habe eigentlich nichts weiter vor und bin ganz Ohr. Es interessiert mich schon brennend, wie so viele Männer zu Geächteten werden konnten. Ich war viele Jahre nicht in England und weiß eigentlich nur wenig darüber, was hier vor sich gegangen ist. Seid so gütig, Sir Richard, und klärt mich einmal aus Eurer Sicht auf! Sprecht ganz offen, und ich versichere Euch, dass Euch daraus kein Schaden erwachsen wird.«

»Nun gut, Sire, wenn es Euer Wunsch ist«, meinte der Hausherr und begann mit seinem Bericht.

»Als Euer Vater König wurde, hatte er eine Menge guter Ideen und setzte sie auch zügig in die Tat um. Eine davon war, das noch zum großen Teil unbebaute Land in der Mitte und im Norden Englands urbar machen zu lassen. Er versprach Männern, die den Wald rodeten und Äcker anlegten, dass sie das so Gewonnene behalten durften und von Steuern und Abgaben befreit sein würden.

Ein solcher Mann war Robins Vater, Hugh Fitzooth, der mit seinen Eltern an den Rand des Sherwood zog und von diesem Privileg Gebrauch machte. Die Fitzooths arbeiteten viele Jahre lang hart, aber sie hatten auch ein glückliches Händchen, und das sprach sich herum. Andere folgten ihnen und man gründete den Ort Loxley. Hugh heiratete eine junge Frau aus Lincoln, die ihm bald darauf einen Sohn gebar, aber die Geburt nicht überlebte. Auch der alte Fitzooth starb bald darauf. So zogen Hugh und seine Mutter, die eine sehr weise Frau war, den Jungen, den sie nach seinem Großvater Robert genannt hatten, allein groß. Roberts Großmutter konnte lesen und schreiben, kannte sich mit Heilpflanzen aus und unterrichtete ihren Enkel und meine Tochter, die sich so kennen lernten. Man sagt, sie wäre aus Liebe zu ihrem Mann aus einem Kloster geflohen, dem sie als Äbtissin vorgestanden hatte.

Die Fitzooths und wir wurden bald gute Freunde und wir halfen uns oft, wenn einer den anderen brauchte. Das Dorf Loxley wuchs und gedieh, und man achtete seinen Gründer hoch.

Das ging alles so lange gut, wie weitestgehend Friede herrschte in eurem großen Angevinischen Reich. Aber dann führte König Henry immer öfter Krieg, gegen Frankreich, seinen Sohn Heinrich den Jüngeren und, wenn ihr erlaubt Sire, auch gegen euch. Und Kriege kosten Geld. Zuerst wurden die einträglichen Ämter an die Höchstbietenden verkauft – und das waren nicht immer die Besten. So wurde Ralf de Lacy Sheriff von Nottingham, wirklich keine gute Wahl. Von den neuen Amtsträgern wurde natürlich verlangt, dass sie Geld für den Krieg besorgten. Also erhob man immer neue Steuern, und de Lacy und sein Verwalter Guy of Gisbourne trieben sie mit brutaler Gewalt ein.

Nun waren die Fitzooths ja genau wie der Adel davon befreit. Doch das scherte den Sheriff nicht. Eines Tages tauchte er in Loxley auf und verlangte Abgaben auf Vieh und Grund rückwirkend für zehn Jahre! Das konnte natürlich niemand bezahlen, und Fitzooth, den man zum Dorfvorsteher bestimmt hatte, trat de Lacy mit der Urkunde des Königs entgegen. Der Sheriff zeigte sich nicht sehr beeindruckt. Eher war er durch den Widerspruch, den er so nicht kannte, verstimmt. Er gab den Dörflern gerade mal zwei Wochen Zeit, das Geforderte zu erbringen, ließ ihnen aber noch nicht einmal diese Frist, sondern schickte schon nach ein paar Tagen Gisbourne mit seinen Soldaten aus, die Steuern mit Gewalt einzutreiben.

Hugh Fitzooth war ein aufrechter und starker Mann, der nichts so sehr wie seine Freiheit liebte. Allerdings wohl auch eher ein Mann des Pfluges und des Geistes. Er und die Dörfler lieferten Gisbournes Männern einen harten Kampf, aber letztendlich mussten sie unterliegen. Die Soldaten trieben das Vieh weg, verwüsteten die Felder und brannten das Dorf als Vergeltung für den Widerstand nieder. Zwei Kriegsknechte hielten Hugh Fitzooth fest, als ihm Gisbourne das Schwert in den Leib stieß, wie mir Leute aus dem Dorf berichteten, die es gesehen hatten und denen die Flucht gelungen war. Sie besaßen nichts mehr als das, was sie gerade auf dem Leib trugen.

Robert Fitzooth, den man mittlerweile auch Robert von Loxley nannte, war damals etwa zwanzig Jahre alt. Er hatte im Auftrag seines Vaters Wolle nach Lincoln gebracht, und als er nach Hause zurück kam, fand er nichts als rauchende Trümmer vor, wo es eben noch ein blühendes Gemeinwesen gegeben hatte.

Robert ist ein begabter Bogenschütze«, hier knurrte Richard Plantagenet leidvoll zustimmend, »ein hervorragender Reiter und, wenn es sein muss, auch ein gnadenloser Kämpfer. Er schlägt da wohl nach seinem Großvater, der ein richtiger, sächsischer Recke gewesen sein soll. Der alte Fitzooth hat als Sergeant in der Garde eurer Großmutter Matilda gedient und sie nach Deutschland und auch zur Kaiserkrönung nach Rom begleitet. Ich habe sogar gehört, dass er in der Schlacht bei Lincoln König Stephan gefangen genommen haben soll und später der Mutter eures Vaters bei ihrer Flucht aus Oxford maßgeblich geholfen hat.«

»Der Fitzooth!«, fiel Richard überrascht ein. »Von dem hat meine Großmutter mir öfters Geschichten erzählt, wenn ich sie in Rouen besucht habe. Das waren richtige Heldensagen! Sie nannte ihn fast liebevoll ihren treuen Roland, weil er damals ihren Rückzug gedeckt hat und dabei selbst in Gefangenschaft geriet. Erzählt weiter, jetzt bin ich wirklich gespannt!«

»Robert schwang sich auf sein Pferd und verfolgte die Soldaten, die mit dem geraubten Vieh nur langsam voran kamen«, fuhr der Hausherr fort. »Er selbst hat nie darüber gesprochen, doch es hieß kurz danach, er hätte sechs von Gisbournes Männern getötet. In heutigen Erzählungen sind es schon zwei Dutzend und mehr. Guy von Gisbourne selbst hat nur knapp überlebt. Seit dem fehlt ihm das rechte Auge.

Robert blieb danach nichts anderes übrig, er sammelte die Überlebenden von Loxley und verschwand mit ihnen in den Weiten des Sherwood. Hier trafen sie auf eine andere Gruppe Geächteter und zwischen deren Anführer John Little und ihm kam es zu einem Kampf, in dem Robert mordsmörderlich verdroschen wurde, sich aber trotzdem die Achtung der Männer erwarb. Da er sehr gewitzt und John Little, den man heute Little John nennt, eher ein bisschen schwerfällig ist, hat man ihn zum Anführer gemacht. Seit dem heißt er Robin Hood

– Robin hat ihn seine Großmutter immer genannt und Hood nach der Kapuze an seinem Wams, die er oft über dem Kopf trägt.

Er und seine Männer kassieren von jedem, der durch den Sherwood will, Wegezoll – und manchmal auch ein bisschen mehr. Aber da sie es immer mit den Leuten aus den umliegenden Dörfern, die durch de Lacys Schreckensregiment fast völlig verarmt sind, teilen, haben sie einen starken Rückhalt in der Bevölkerung und der Sheriff keine Chance, sie zu finden.«

»Vor allem, wenn ihr die Geächteten auch noch mit walisischen Langbögen versorgt« meldete sich der König zu Wort.

»Nun, Sire, das ist eine andere Geschichte. Ralf de Lacy hat meinen Sohn festgenommen und ihn der Mittäterschaft an Robins Überfällen bezichtigt, was nicht der Wahrheit entsprach. Ich musste ihn mit vierhundert Mark Silber auslösen, sonst hätte er ihn gehängt. Dafür habe ich einen Kredit beim Bischof von Hereford aufgenommen, der aber mit de Lacy unter einer Decke steckte. Als Sicherheit galt mein gesamter Besitz, und als ich nach einem Jahr den Kredit nicht zurückzahlen konnte, wollte man mich von meinem ererbten Grund vertreiben.

Robin und seine Männer liehen mir das Geld, ich konnte meinen Kredit bedienen – und als der Bischof den Fehler machte, von Nottingham durch den Sherwood nach Hereford zu reiten, holten sich die Waldmänner das Geld zurück. Ich glaubte, ihnen dafür etwas schuldig zu sein. Und was wäre besser für sie geeignet als etwas, mit dem sie ihr Leben schützen können?«

»Hier herrschen ja grauenvolle Zustände«, meinte Richard. »Da werden auf der einen Seite Dörfer niedergebrannt und Unschuldige verurteilt - ich kannte übrigens Euren Sohn und schätzte ihn sehr, mein aufrichtiges Beileid - auf der anderen Kirchenfürsten beraubt, die Stellung des Vertreters der Krone massiv untergraben und seine Soldaten getötet. Ich glaube, ich sollte alle Beteiligten einfach aufhängen lassen, damit das ein Ende hat.«

Der alte Lord schaute seinen Gast ganz erschrocken an.

»Keine Angst, Sir Richard!«, lachte der König. »Das sollte ein Scherz gewesen sein. Aber so kann es natürlich nicht weitergehen. Wieso ist dieser Robin nun aber mal Euer Schwiegersohn und dann wieder nicht?«

»Robin und Marian waren schon als Kinder unzertrennlich, und aus ihrer Freundschaft wurde Liebe. Doch da der Sheriff Robert von Loxley nach dem Angriff auf Gisbourne und dessen Söldner ächtete, konnten sie nicht offiziell heiraten. So gaben sie sich in der kleinen Kapelle von Edwinstowe im direkten Angesicht Gottes und vor einem Mönch, der aber kein Priester war, das Eheversprechen. Für sie gilt es genauso, als hätte ein Erzbischof den Bund besiegelt. Wir anderen haben uns angewöhnt, es ebenso zu akzeptieren. Aber sie besitzen natürlich kein Dokument, das ihre Ehe besiegelt, und wie ich meine Tochter kenne, hätte für sie schon gern alles seine Richtigkeit.«

Richard Plantagenet hatte aufmerksam zugehört. In seinem Kopf arbeitete es, und er schob etliche Gedanken hin und her. Einen Nutzen würde er aus der Situation schon ziehen, dessen war er sich recht sicher. Nun war es absolut nichts Ungewöhnliches, dass Bauern die Zeche der Kriege zu zahlen hatten. Er selbst hatte in Aquitanien und dem Poitou schon die Dörfer seiner Gegner verwüstet, um ihnen zu schaden. Und sich dagegen zu wehren, war den Betroffenen meist nicht gut bekommen.

Andererseits durfte er so etwas in seinem eigenen Land natürlich nicht dulden. Über Ralf de Lacy, aber auch über andere Sheriffs, waren ihm schon üble Dinge zu Ohren gekommen. Aus diesem Grund war er auch unterwegs, um sich noch vor seiner Krönung selbst ein Bild von den Zuständen im Land zu machen. Dass sich aber fast eine Armee von Geächteten zu Herren im königlichen Forst aufschwang, ging nun aber gar nicht. Irgend eine passable Lösung musste her, und er hatte auch schon eine Idee. Mal sehen, ob sie sich die in die Tat umsetzen lassen würde.

»Ich bin gespannt, wie Euer Robin mit meinen Rittern und vor allem mit meiner Mutter klar kommt. Wenn er nicht ein bisschen diplomatisch vorgeht, kann es blutige Köpfe geben. Aber irgendwie habe ich das Gefühl, die beiden werden sich mögen.«

Der König gähnte ausgiebig. Das Bier und das Essen nach dem Fußmarsch hatten ihn schläfrig gemacht.

»Sir Richard, könntet Ihr euch vorstellen, mir, meiner Mutter und vielleicht ein paar Begleitern ein bis zwei Tage Gastfreundschaft zu gewähren?«, fragte er den Hausherrn. »Ich würde der Wunde doch ganz gern etwas Zeit zum Heilen geben und sie von Eurer Tochter behandeln lassen.«

Darauf konnte es natürlich nur eine Antwort geben.

»Es ist mir selbstverständlich eine große, unverhoffte Ehre«, gab der alte Lord ohne zu zögern zurück und meinte es auch so. »Wenn Euch unsere bescheidenen Verhältnisse genügen.«

Richard winkte nur ab.

»Ich habe im Felde viel schlechter gelebt, da könnt Ihr sicher sein. Und meine Mutter ist zwar aus Aquitanien nur das Beste gewöhnt, aber die letzten Jahre wurde sie von meinem Vater nicht gerade pfleglich behandelt. Ich wäre Euch wirklich sehr dankbar, wenn ich mich irgendwo ein bisschen ausstrecken könnte.«

Sir Richard geleitete den König zu seinem eigenen Gemach und rief nach seinem Knappen, damit dieser dem Gast zur Hand gehen konnte. Dann wollte er sich sofort um eine einigermaßen standesgemäße Unterkunft für Eleonore von Aquitanien, immerhin eine ehemalige Königin von Frankreich und England, kümmern. Seine größte Sorge aber war, dass es Robin besonnen anging. In das Temperament seines Schwiegersohnes hatte Sir Richard Leaford nicht gerade das größte Vertrauen.

***

Der Wald von Sherwood war schier unendlich groß und bedeckte im 12. Jahrhundert weite Teile Mittelenglands. Wenn man von York oder Lincoln über Nottingham nach London wollte, musste man ihn passieren. Es gab keine andere Möglichkeit, es sei denn, man nahm große Umwege in Kauf. Mächtige Eichen, Buchen, Eiben und Erlen bildeten das Gerüst für dichtes Unterholz und Farndickicht.

Trotzdem durchzogen den Wald natürlich Wege und Pfade von Ost nach West und von Nord nach Süd. Es gab auch einige wenige Straßen, neben denen ein paar Schritte entfernt sich eine ganze Armee verborgen halten konnte, ohne dass man sie bemerken würde. Die meisten Pfade folgten Wildwechseln. Wer sie fand, kam durch, wer nicht, verirrte sich meist hilflos.

Robin kannte natürlich jeden Weg und Steg in dem Wald, in dem er seit fast zehn Jahren lebte, und ließ seinen Hengst kräftig ausgreifen. Der Braune flog nur so dahin und überwand umgestürzte Bäume, Bäche und Gräben mit spielerischer Leichtigkeit. Schon bald näherte sich der Reiter der Stelle, wo die Straße nach Nottingham in den Wald führte, der hier halbkreisförmig zurückwich und Reisende wie mit einer Umarmung zu umschlingen und in sich hinein zu ziehen schien. Er zügelte sein Pferd ein Stück vor dem Waldrand im Schutz der Bäume, da er hier seine Männer vermutete. Und richtig, völlig lautlos tauchte plötzlich eine grüngekleidete Gestalt wie aus dem Nichts neben ihm auf.

»Seit wann kommst Du denn zu Pferd zu einem Überfall?«, fragte Much erstaunt seinen Anführer. »Und wo bleibst Du überhaupt so lange? Wir haben uns schon Sorgen gemacht!«

»Sei so gut und halte mein Pferd!«, bat Robin seinen Gefährten, ohne auf dessen Fragen einzugehen. »Wo sind John und die anderen?«

»Vorn am Waldrand. Sie beobachten eine Gruppe Ritter, die rund um eine Kutsche lagern und sich schon seit längerem nicht von Fleck rühren. Wir hatten gehofft, dass wir sie uns im Wald würden greifen können, aber sie kommen einfach nicht näher.«

Die letzten Worte rief Much schon Robin hinterher, der zum Waldrand eilte. An eine Eiche gelehnt und auf einen eisenbeschlagenen Kampfstock gestützt stand dort ein Mann und sah auf die Lichtung hinaus, auf den nur eine Beschreibung passte: Mächtig!

»Hey, John!«, grüßte Robin. »Schöner Tag heute.«

»Freut mich, dass Du kommen konntest«, knurrte der Riese unwirsch als Antwort.

Robin schaute an ihm vorbei auf die Lichtung. Im Abstand von etwa zwei Pfeilschusslängen vor dem Waldrand standen ein großer, prachtvoller Reisewagen und ein einfacherer Planwagen. Die Pferde hatte man ausgeschirrt und eine Art Sonnendach an der Kutsche befestigt, in dessen Schatten eine Frau und mehrere Männer an einem kleinen Tisch saßen. Andere hatten sich am Boden im Schatten des zweiten Wagens niedergelassen. Es war allerdings zu weit, um Gesichter und Wappen erkennen zu können.

Vier Ritter zu Pferd mit aufgestellter Lanze hielten sichtbar Wache. Robin beneidete sie nicht darum, bei der Hitze unter praller Sonne in voller Rüstung standbildhaft auf ihren Pferden ausharren zu müssen.

»Wie viele sind es?«, fragte Robin seinen Freund.

»Zwölf Ritter, etwa doppelt so viele Knappen und ein paar Bedienstete. Und eine Frau mit zwei Begleiterinnen. Ein Ritter ist vorhin in den Wald geritten, als erst wenige von unseren Männer hier waren. Vor kurzem kam sein Pferd allein zurück und jetzt beratschlagen sie offenbar, was sie tun sollen.«

»Auf den bin ich vorhin getroffen«, erklärte Robin. Mittlerweile waren mehrere seiner Gefährten herangekommen.

»Lebt er noch?«, erkundigte sich Will Scarlett interessiert.

»Schon, aber ich habe ihn vom Pferd geholt, und dabei hat er sich verletzt. Ich habe ihn nach Fenwick gebracht. Marian musste ihn verarzten und wie ich meinen Schwiegervater kenne, sitzt er jetzt mit seinem Gast beim Bier.«

»Bist Du verrückt, Robin«, schaltete sich Little John ein, »ihm Deine Zuflucht zu zeigen? Wenn er nun demnächst mit den Männern des Sheriffs zurückkommt?«

»Wenn der sich aus seiner Burg trauen würde, hätte er Fenwick schon lange niedergebrannt! Natürlich habe ich ihn schwören lassen, dass er alles, was er sieht und erlebt, für sich zu behalten hat, und ihm sehr nachdrücklich erklärt, was ihm droht, wenn er sich nicht daran hält. Und außerdem hatte ich bei ihm das Gefühl, keinen schlechten Kerl vor mir zu haben, auch wenn er mich umbringen wollte. Dem gilt scheinbar seine Ritterehre etwas. Übrigens ist das da drüben seine Mutter, die fünfzehn Jahre von ihrem Mann gefangen gehalten worden sein soll.«

Allan a Dale, ein Troubadour, der sich von Zeit zu Zeit zu Robins Männer gesellte, sie mit Nachrichten versorgte, und auch bei Hofe gern gesehen war, bekam große Augen.

»Wie sah der Ritter denn aus?«, fragte er mit leicht zittriger Stimme.

»Fast so groß wie John, rote Haare, roter Bart. Gab sich recht von sich überzeugt.«

»Hatte er ein Wappen auf seinem Schild?«, hakte der Spielmann sofort nach. Ihm schwante da etwas Fürchterliches.

»Roter, stehender Löwe auf silbernem Grund«, gab Robin zurück. »Nie gesehen!«

»Oh Gott«, stöhnte Allan auf, »das ist das Wappen des Grafen von Pouitou!«

»Und?«, fragte Robin unbeeindruckt zurück. »Muss ich den kennen? Wir haben uns schon bei ganz anderen hohen Herren bedient.«

»Richtig«, schaltete sich Will Scarlett ein, der oft in den Wirtshäusern der Umgebung abhing und dort jede Menge Klatsch aufschnappte. »Aber der Graf von Pouitou ist auch gleichzeitig der Herzog von Aquitanien...«

»...und damit der Sohn von Henry und Eleonore, Richard Plantagenet, König von England«, ergänzte Allan und ließ seine Worte wirken. Man konnte die Stille förmlich spüren, die eingetreten war.

Robin fing sich als erster wieder, auch wenn es ihm im Magen ganz flau geworden war. »Nun gut, habe ich also einen König aus dem Sattel geholt. Aber was hätte ich denn tun sollen? Mich umbringen lassen? Ich reite jetzt erst mal da rüber und sage seiner Mutter, dass ihm nichts passiert ist. Schauen wir mal, wie wir am besten aus der Sache herauskommen.«

Dann an Little John gewandt:

»John, wie viele von unseren Männern sind jetzt hier?«

»Genug«, war die knappe Antwort.

»Dreiundachtzig«, ergänzte Will Scarlett, der zählen konnte, »und es kommen immer mehr.«

»Haltet Euch alle bereit! Auf mein Handzeichen tretet ihr aus dem Wald und lasst Euch und Eure Waffen deutlich sehen. Es würde auch nicht schaden, wenn schon etliche mit gespannten Bögen auf die Ritter zielen. Aber um Himmels Willen nicht schießen, es sei denn, ihr seht mich in ernster Gefahr.«

»Willst Du nicht lieber mich gehen lassen?«, bot Allan a Dale an. »Ich kenne schließlich Eleonore von Aquitanien und bin mit ihrem Lieblingssänger Blondel de Nesle sogar befreundet.«

»Die Suppe, die ich mir eingebrockt habe, löffle ich auch selber aus“, meinte Robin. „Außerdem bist Du hier wohl derjenige, den sie am wenigsten zu Gesicht bekommen sollten. Sonst ist deine Tarnung endgültig aufgeflogen, und wir erfahren gar nicht mehr, was um uns herum so vorgeht.«

»Sei bloß vorsichtig!«, warnte Will Scarlett eindringlich. »Wenn das da vorn Eleonore ist, dann ist mit Sicherheit William Marshal nicht weit. Und der gilt zwar als der ritterlichste, aber auch als der beste Kämpfer diesseits und jenseits des Kanals!«

Much hatte Robins Pferd herangebracht. Der schwang sich in den Sattel, hob grüßend die Hand und galoppierte dann auf die Gruppe der Reisenden zu. Ganz wohl zumute war ihm dabei allerdings nicht.

Die vier Wächter sahen den Reiter aus dem Wald kommen und machten sofort Front gegen ihn. Auch die Männer, die im Schatten der

Wagen geruht hatten, liefen zu ihren Waffen. Robin zügelte sein Pferd kurz vor den Reitern.

»Ich habe eine Nachricht von einem Ritter, der sich Richard von Oxford nennt, für seine Mutter«, rief er in Richtung Kutsche.

»Das kannst Du auch mir sagen, Bürschchen«, stieß einer der Ritter unter seinem Visier hervor.

»So hat mich heute schon einmal jemand genannt!« stieß Robin wütend hervor. »Der braucht jetzt allerdings heilkundige Hilfe.«

Robin war es leid, sich ständig beleidigen zu lassen. Er, der Anführer der Waldmänner, fühlte sich hier als Herr und war auch nicht im Geringsten bereit, sich das weiter bieten zu lassen. Der Ritter senkte die Lanze, und Robin wollte schon das Zeichen geben, welches einen Pfeilhagel auf die Gruppe ausgelöst hätte, als vom Wagen her eine befehlsgewohnte, weibliche Stimme erscholl.

»Benehmt Euch, Sir Reginald! Was sind das für Manieren? Kommt bitte zu mir, junger Mann, und überbringt mir eure Botschaft!«

Robin war etwas verblüfft, als „junger Mann" angesprochen zu werden. Immerhin wurde er bald Dreißig, und das war in jener Zeit schon ein reifes Alter. Als er vor der Frau, die ihn gerufen hatte und die von allen Anwesenden mit größtem Respekt behandelt wurde, vom Pferd sprang, wurde ihm die Anrede allerdings klar.

Die Dame, ein anderes Wort fiel Robin nicht ein, als er sie sah, war eine zeitlose Schönheit. Sicherlich mehr als doppelt so alt wie er – Eleonore zählte zu diesem Zeitpunkt siebenundsechzig Jahre – hätte er das Alter allerdings nie schätzen können. Sie hielt sich völlig aufrecht, war schlank wie eine junge Maid und fast völlig faltenlos. Ihr Haar wurde von einem leichten, schneeweißen Schleier bedeckt, den ein schmaler Goldreif hielt. Das veilchenblaue Kleid war äußerst elegant geschnitten und mit üppiger Goldborte gesäumt. Nichts an dieser Frau wirkte aufgesetzt, unedel oder gar affektiert.

»Darf ich Euch etwas zu trinken anbieten?«, fragte sie Robin und winkte einem Knappen, der Wein brachte. Sie ließ dabei keine Ungeduld spüren, die Nachricht zu erfahren. »Und seid doch so gut und verratet mir, wie ich Euch ansprechen darf?«

»Robert von Loxley«, entgegnete der beeindruckte Robin sich verneigend. »Diesen Ring hat mir Euer Sohn für Euch mitgegeben. Er hatte ein kleines Missgeschick, befindet sich jetzt aber in fürsorglichen

Händen. Ich soll Euch ausrichten, der Tag in Westminster bleibt bestehen. Genau das waren seine Worte.«

»Dem Himmel sei Dank!«, seufzte Richards Mutter und fragte dann: »Ihr wisst, von wem dieser Ring stammt?«

»Er selbst hat es mir nicht gesagt. Vor wenigen Augenblicken haben mir dann meine Männer eröffnet, dass es sich wohl um unseren zukünftigen König handelt.«

»Ganz recht, junger Mann. Hat er sich mal wieder in Schwierigkeiten gebracht?«

»Nichts, was nicht in ein paar Tagen bei guter Pflege und Ruhe verheilt ist.«

»Dann zögert nicht lange und führt uns jetzt zu ihm!«, befahl einer der neben Eleonore stehenden Ritter. Robin schüttelte den Kopf.

»Das wird so nicht gehen. Der Ritter, von dem sich jetzt herausstellt, dass er der König ist, hat mir sein Wort gegeben, über den Ort, zu dem ich ihn gebracht habe, zu schweigen. Mehr Leute bringe ich da mit Sicherheit nicht hin.«

Der Mann, der neben Eleonore stand, griff an sein Schwert.

»Ihr werdet tun, was ich Euch befohlen habe, sonst lege ich Euch auf der Stelle Euren Kopf vor die Füße und wir durchkämmen diesen verdammten Wald, bis wir den König gefunden haben.«

»Mit den paar Leuten?«, erkundigte sich Robin eher amüsiert. »Da habe ich Besseres zu bieten!« Er hob den Arm und ließ die Hand zweimal um seinen Kopf kreisen.

Da raschelte es in dem das Lager umgebenden Wald, und die Ritter sahen sich plötzlich einer weit überlegenen Zahl gut gerüsteter Männer gegenüber. Die gespannten Langbögen flößten ihnen durchaus Respekt ein. Dass einige der Wachen ihre Schwerter zogen, war eher symbolisch gemeint.

»Dass Männer immer gleich zu den Waffen greifen müssen!« Eleonore wirkte leicht genervt. »William, lasst diesen Mann in Ruhe! Er hat uns schließlich gute Nachrichten übermittelt. Richard bringt sein Leichtsinn oft genug in Schwierigkeiten. Hatte ich ihn nicht gewarnt? Ich hoffe, dass er mit Gottes Hilfe als König endlich besonnener wird.«

Dann wandte sie sich an ihren Besucher.

»Sagt, Robert von Loxley, seid Ihr etwa dieser legendäre Robin Hood, der mit seinen Männern im Sherwood lebt und Reisende überfällt und vor dem sich der Sheriff in Nottingham so fürchtet, dass er sich so gut wie nicht mehr aus seiner Stadt wagt?«

»Ganz recht, Madam!« Robin wählte bewusst die königliche Anrede, auch wenn sie der ehemaligen Gemahlin Henry II. nach dessen Tod eigentlich nicht mehr zu stand. Doch Eleonore hatte in England immer hohes Ansehen genossen, auch nachdem sie bei ihrem Mann in Ungnade gefallen und von ihm viele Jahre eingesperrt worden war.

»Ihr wollt einer Mutter, die sechzehn Jahre von ihrem Sohn getrennt war, doch wohl nicht verwehren nach ihm zu sehen, wenn er verletzt ist?«

Robin hätte sich am liebsten am Kopf gekratzt, wenn es nicht so ungehörig gewesen wäre. Das alles entwickelte sich in eine Richtung, die ihm gar nicht behagte.

»Ich bringe Euch zu ihm, aber nur Euch«, erwiderte er und sah Eleonore fest in die Augen.

»Das vergesst gleich!«, fuhr ihn sofort der Ritter, den sie William genannt hatte, an. »Ohne mich geht die Königin nirgendwohin.«

»Ihr werdet mir schon eine Begleitung zugestehen müssen, junger Mann« hörte Robin Eleonore sagen. »Schließlich wäre es sehr unschicklich, wenn wir beide allein durch den Wald ritten.«

Flirtete sie etwa mit ihm? Robin wurde die Situation immer unheimlicher.

»Wenn mein Sohn Euch sein Wort gegeben hat, dann gilt das für William Marshal ebenso. Und ich versichere Euch, der hat sein Wort wirklich noch niemals gebrochen.«

Das war also der berühmte Ritter, der Eleonore das Leben gerettet hatte und ihr seither als treuester Vasall diente. Er war der Ausbilder ihres jüngsten Sohnes gewesen, galt als bester Turnierkämpfer seiner Zeit und war bis nach Jerusalem gepilgert, wo er zwei Jahre gegen die Sarazenen gekämpft hatte. Robin hatte es fast geahnt und merkte, dass ihm das ganze Geschehen mehr und mehr entglitt.

»Also, dann in Gottes Namen!«, seufzte er. »Es wird wohl bald nichts mehr so sein, wie es noch gestern war.«

»Das wollen wir doch annehmen«, meinte Eleonore schmunzelnd. »Aber ich habe in meinem Leben immer die Hoffnung gehabt, dass es besser wird.«

Dann, an ihre Begleitung gewandt: »Bringt mir meinen Zelter! Ich reite mit Robert von Loxley und William Marshal zu meinem Sohn.«

»Lasst Eure Begleitung durch den Sherwood in Richtung Nottingham ziehen und dort auf Euch warten. Ihr habt natürlich freies Geleit«, schaltete sich Robin ein.

»Ein guter Vorschlag«, stimmte Eleonore zu. »Sir Reginald, Ihr übernehmt das Kommando und schlagt außer Sichtweite von Nottingham ein Lager auf, wo Ihr auf Prinz John, Richard und mich wartet.«

Erklärend wandte sie sich an Robin.

»Wir sind natürlich nicht nur mit so einer kleinen Begleitung unterwegs. Mein zweiter Sohn John folgt mit einem größeren Trupp und dem Kanzler Wilhelm Longchamp nach. Aber da Richard immer ungeduldig ist und Marshal und Longchamp wie Feuer und Wasser sind, jeder mit den guten und weniger guten Eigenschaften des jeweiligen Elementes versehen«, - dabei warf sie ihrem Ritter einen fast liebevollen Blick zu - »und man die beiden am besten trennt, sind wir vorausgeeilt.«

Die Königin schwang sich mit Marshals Hilfe trotz ihres Alters elegant in den Sattel ihres wunderschönen Fuchses und rief Robin zu: »Vorwärts, junger Mann, auf geht's!«, und galoppierte mit einem Juchzer voller Lebensfreude davon. Die beiden Männer sprangen auf ihre Pferde und beeilten sich, ihr zu folgen.

Die zurückbleibenden Ritter schauten ihnen wütend nach. So hatten sie sich den Schutz ihres Königs und seiner Mutter nicht vorgestellt, aber beide waren unabhängig voneinander für ihre Eskapaden bekannt, die sie schon oft genug in gefährliche Situationen gebracht hatten.

Am Waldrand hielt Robin mit seiner Begleitung kurz an. Eleonore lächelte den Männern freundlich zu, William Marshal schaute eher grimmig drein.

»John, die Leute dort haben freie Passage durch den Sherwood. Bring die Männer zurück zum Lager und wartet dort auf mich! Ich stoße so schnell wie möglich zu Euch. Aber seid wachsam! Es kommt offenbar noch eine größere Anzahl Ritter nach.«

»Pass Du nur auf Dich auf, mir gefällt das alles gar nicht«, gab Little John zurück und Much ergänzte: »Ich habe irgendwie das Gefühl, uns stehen aufregende Zeiten bevor.«

***

Robin ritt eine etwas bequemere Strecke Richtung Fenwick zurück. Wo der Weg es zuließ, ritt Eleonore neben ihm und fragte ihn über alles Mögliche aus. Sie wirkte dabei äußerst interessiert auch an seiner Meinung, kehrte zu keiner Zeit die hochfahrende Königin heraus, die sie auch sein konnte, und wickelte ihren Begleiter, wie schon so viele Männer vor ihm, um den Finger.

Die Zeit verging dabei wie im Fluge und schon wich der Wald zurück und gab den Blick auf das Gut Fenwick frei. Ein kurzer Galopp hügelan, und die drei Reiter zügelten ihre Pferde vor dem Gutshaus. William Marshal war als Erster aus dem Sattel und half seiner Königin vom Pferd. Das ließ er sich von niemandem auf der Welt nehmen. Robins Schwiegervater und Marian eilten herbei und begrüßten ihre Gäste mit tiefer Verbeugung.

»Sir Richard, ich freue mich sehr, euch bei guter Gesundheit wieder zu sehen«, dankte Eleonore mit strahlendem Lächeln. »Und Ihr, mein Kind, seid sicherlich seine reizende Tochter, von der ich schon soviel gehört habe?«

»Sehr wohl, Madam«, gab Marian höflich zurück, obwohl sie das kaum glaubte. »Wenn Ihr mich bitte kurz entschuldigen würdet, ich müsste kurz mit meinem Mann sprechen.«

»Aber natürlich. Sir Richard, seid Ihr so nett und bringt mich zu meinem Sohn? Übrigens, das ist William Marshal«, stellte sie ihren Begleiter vor. »Ich glaube, Ihr kennt euch noch nicht.«

Die beiden Männer nickten sich zu und jeder sah in den Augen des anderen das, was er hoffte, dass man auch in seinen Augen sah.

Sir Richard verbeugte sich nochmals, öffnete die Tür und bat Eleonore und Marshal einzutreten. »Wenn Ihr gestattet, Madam, gehe ich voraus«, sagte er und schritt durch die große Halle zu der Treppe, die in die oberen Gemächer führte.

Robin hatte die Pferde gehalten, bis sie ihm von einem herbeieilenden Knecht abgenommen worden waren, und wollte sich jetzt der kleinen Gruppe anschließen. Aber Marian erwischte ihn am Ärmel und hielt ihn fest.

»Sag mal, bist Du denn von allen guten Geistern verlassen?«, herrschte sie ihn an. »Meinen Vater hat fast der Schlag getroffen! Zuerst schleppst Du den König hier an - und erzähl mit bloß nicht, dass Du an seiner Verletzung nicht schuld bist! – und dann noch seine

Mutter. Darauf sind wir doch nie im Leben vorbereitet! Wer kommt als nächstes, der deutsche Kaiser?«

»Also jetzt halt die Luft an, Marian! Erstens habe ich erst von Allan und Will erfahren, mit wem wir es zu tun haben und zweitens, was hätte ich denn tun sollen? Ihn im Wald verbluten lassen?«

»Aber so geht das doch nicht, Ro...«, wollte Marian weiter fortfahren, doch ihr Mann wusste seit langem, wie er in solchen Situationen am besten reagierte. Er nahm seine Frau einfach in die Arme und verschloss ihr die Lippen mit einem Kuss. Als sie beide voneinander abließen, berichtete Robin von seiner Unterhaltung mit Eleonore.

»Die Königin macht einen ganz vernünftigen Eindruck«, erzählte er. »Sie öffnet überall im Land die Kerker und spricht Begnadigungen aus oder lässt die Urteile überprüfen. Sie sagt, sie weiß aus eigener, leidvoller Erfahrung, wie sich Unfreiheit anfühlt. Und Richard setzt so gut wie jeden Sheriff ab, der sich etwas zu Schulden hat kommen lassen. Auf de Lacy scheint er auch nicht gut zu sprechen zu sein. Vielleicht haben wir ja Glück, und alles wendet sich zum Guten. Wenn nicht, können wir nur nach Schottland oder besser gleich Irland verschwinden, denn vor dem Heer des Königs schützt uns nicht einmal der Sherwood. Wie geht es ihm übrigens?«

»Gar nicht so schlecht«, meinte Marian. »Er hat mit Vater noch ein paar Bier getrunken und sich dann hingelegt.«

Robin grinste. »Wusste ich's doch! Das wird bestimmt noch ein lustiger Abend!«

Marian hatte da so ihre Zweifel. Das Männer immer alles auf die leichte Schulter nahmen! Sie machte sich schon Sorgen um die Zukunft. Schottland oder Irland, ihr Mann musste verrückt geworden sein! Sie konnte ja nicht ahnen, dass sein Weg ihn noch viel weiter von ihr fortführen würde.

Hand in Hand betraten sie die große Halle. Robin setzte sich zu seinem Schwiegervater, erstattete ihm Bericht und Marian eilte in die Küche, um alles zur Bewirtung der hohen Gäste herzurichten. Wenn es etwas zu tun gab, behielt sie immer die Übersicht, und nicht nur dafür liebte sie ihr Mann über alles.

***

Eleonore hatte ihren Sohn schlafend vorgefunden. Sein Atem roch nach Bier, was sie leicht die Stirn runzeln ließ. Vorsichtig rüttelte sie ihn am Arm und sah zu, wie er langsam erwachte.

»Kannst Du nicht endlich erwachsen werden, Richard?«, fragte sie leicht vorwurfsvoll.

»Genau auf die Worte zur Begrüßung hätte ich gewettet«, gab der zukünftige König zurück und richtete sich ächzend auf. »Aber Du hast wie immer recht, eigentlich bin ich für solche Spielchen zu alt.«

»Was ist eigentlich genau passiert? Ich wollte nicht so unhöflich sein und den jungen Mann, der uns hergebracht hat, mit meinen Fragen in Verlegenheit bringen.«

Richard berichtete wahrheitsgemäß und ohne etwas zu verschweigen. Er und seine Mutter hatten immer das beste Verhältnis zueinander gehabt. Ihre Ratschläge, basierend auf einer kaum zu überbietenden Lebenserfahrung, schätzte er über alles. Als er zur Schilderung des Schwertkampfes kam, lachte Eleonore laut auf.

»Er hat Dir mit dem Schwert den Hintern versohlt? Das hätte ich gern gesehen! Der Mann ist ja ein Geschenk Gottes! Er hat nur das nachgeholt, was ich wohl zu oft versäumt habe.«

»Ja, lach Du nur! Ich müsste ihn dafür eigentlich sofort hängen lassen. Aber andererseits war ich auch selber schuld, und die Lektion, die er mir erteilt hat, habe ich verdient. Ich denke schon die ganze Zeit darüber nach, wie ich mir diesen Robin Hood mit seinen Männern nützlich machen kann. Auf der anderen Seite sind es eigentlich nur Bauern, an die man gar keine Gedanken verschwenden sollte.«

»Nun mal nicht so überheblich, Richard! Du weißt ganz genau, dass dein Vater Freisassen, wenn sie eine größere Fläche Land urbar gemacht haben, zu Freiherren ernannt hat. Und das war eine seiner besseren Ideen! Hugh Fitzooth wäre heute sicherlich Sir Hugh, wenn dieser wahnwitzige de Lacy ihn nicht hätte umbringen lassen. Sein Sohn Robert wahrscheinlich Ritter in deinem Gefolge und Loxley ein einträgliches Krohnlehen. Daran kannst Du sehen, was passiert, wenn man die Sheriffs schalten und walten lässt und niemand da ist, der sie kontrolliert. Deshalb rate ich Dir auch so dringend von diesem verfluchten Kreuzzug ab! Das Land geht vor die Hunde, wenn der König abwesend ist!«

»Beruhige Dich bitte, Mutter! Deshalb wirst Du ja an meiner Statt regieren. Du weißt, dass es nicht anders geht. Vater hat sich breit schlagen lassen, das Kreuz zu nehmen und nun bleibt mir als seinem Nachfolger nichts weiter übrig, als auch diesen Teil der Erbschaft anzutreten. Ich würde mich ja vor der ganzen Welt lächerlich machen, bräche ich seinen Schwur.«

»Als ob Du es nicht selbst willst«, höhnte Eleonore. »Ruhm, Ehre und Beute, das sind Deine Beweggründe und nichts anderes, ich kenne Dich doch! Du wirst schon sehen, was Du davon hast. Ich war dort unten in Palästina, ich weiß, wovon ich spreche!«

Bei diesem Thema gerieten Mutter und Sohn immer in Streit. Eleonore hatte ihren ersten Mann, König Ludwig von Frankreich, auf dem zweiten Kreuzzug bis ins Heilige Land begleitet, der in einem Fiasko endete. Es war nur zu verständlich, dass sie ihrem Sohn ein ähnliches Desaster ersparen wollte, aber darüber war mit Richard nicht zu reden. Er fühlte sich dazu berufen, Jerusalem, das vor zwei Jahren den Angriffen Saladins erlegen war, zurückzuerobern. Sollte ihm das gelingen – und davon war er überzeugt – dann würde er zum größten König der Christenheit aufsteigen und sein Ruhm alle anderen überstrahlen. Und beide wussten, dass das der wirkliche Grund war.

»Du solltest wirklich versuchen, diesen Robin Hood für dich zu gewinnen«, riet Eleonore. »Er hat im Volk einen legendären Ruf, der auch Dir nützlich sein kann. Vielleicht könnte er ja für Dich das werden, was William Marshal für Deinen Bruder Heinrich war.«

»Marshal war mehr als zehn Jahre älter als Heinrich und sein Waffenlehrer. Glaubst Du, dass ich so etwas noch brauche?«

»Manchmal bist Du wirklich schwer von Begriff, Richard. Dann will ich es dir anders erklären«, führte Eleonore aus. »Wenn die römischen Feldherren mit der höchsten Ehre, einem Triumphzug, ausgezeichnet wurden, durch Jubel und Applaus der Massen fuhren und sich wie ein Gott fühlten, stand immer auf dem Wagen ein Sklave hinter ihnen, der ihnen ständig ins Ohr flüsterte: „Bedenke, das du sterblich bist!“ Warum das so war, darüber solltest Du einmal nachdenken.«

Die Königin sah ihrem Sohn fest in die Augen.

»Du brauchst unbedingt Männer an deiner Seite, die Dir nicht nach dem Mund reden und nur auf Dein Wohlwollen aus sind. Marshal hat Heinrich oft genug die Meinung gesagt, aber der hat sie nicht hören wollen. Sei Du anders, Richard«, mahnte seine Mutter eindringlich, »und hole Dir wahrhaftige Berater an Deine Seite, die den Mut haben, Dir auch einmal Dinge zu sagen, die Du nicht hören willst. Und ich müsste mich schon sehr täuschen, wenn dieser Robin Hood nicht so ein Mann ist.«

»Ein Bauer!«, schnaubte Richard verächtlich und nicht sehr überzeugt.

»Was zum Teufel hast Du nur gegen Bauern?« fuhr seine Mutter ihn an. »Achtest Du sie nicht, weil sie Dir zu selten die Stirn bieten? Vielleicht sind sie einfach zu sehr damit beschäftigt, die Wolle für Deine Tunika herzustellen, die Gerste für Dein Bier anzubauen und den Schinken zu räuchern, den Du auf deinem Teller haben willst! In Aquitanien haben wir unsere Bauern und Handwerker immer hoch geschätzt! Sie sind der wahre Reichtum des Landes. Warum trinkst Du den Wein aus meiner Heimat Bordeaux am liebsten? Die Winzer geben ihre Erfahrungen von Generation zu Generation weiter. Lösche eine davon aus, und alles ist verloren. Schütze Deine Bauern, Richard, und Du wirst ein reicher und geliebter König sein. Missachte sie und plündere sie aus, und Dein Volk wird hungern und Dich verfluchen!«

»Das war ja eine richtige Standpauke«, knurrte der König. »Warum opfert man dann sogar im Schach immer zuerst die Bauern?«

»Das tun nur dumme Spieler. Ich habe schon oft mit Bauer und Dame den König matt gesetzt«, gab Eleonore lächelnd zurück.

»Bis er sich das nicht mehr hat gefallen lassen und Dich eingesperrt hat«, dachte Richard, aber sprach es nicht aus. »Komm, lass uns aufhören zu streiten und nach unten gehen! Ich hätte jetzt nichts gegen die Segnungen des Bauernstandes.«

William Marshal, der vor der Tür Wache gehalten hatte, schloss sich ihnen an und gemeinsam betraten sie die große Halle, die für ein festliches Nachtmahl hergerichtet worden war. Sir Richard Leaford, Marian und Robin empfingen die Gäste. Sonst aßen sie am Abend mit dem Gesinde zusammen, aber außer den Bediensteten, die aufwarten sollten, hatten sich heute alle anderen in die Küche zurückgezogen. Dieser hohe Besuch war ihnen gar nicht geheuer. Aber der zukünftige König gab sich äußerst leutselig, und Eleonore mit ihrer natürlichen, charmanten Art, hinter der eine stahlharte Persönlichkeit steckte, lockerte die anfänglich etwas gespannte Situation mit Leichtigkeit auf.

Sie sprach von alten Zeiten, als Richard Leaford noch oft an ihrem Hof in Poitiers gewesen war, und Marian hörte Dinge über ihren Vater, von denen sie noch nichts gewusst hatte. Ihre Mutter war wie Robins auch zeitig gestorben, und um so mehr hatte sie sich an ihren Vater gehalten. Auch wenn sie natürlich zur Feier des Tages jetzt ein Kleid trug, so fühlte sie sich doch sehr zum Leidwesen ihres Vaters und teilweise ihres Mannes in Hosen wesentlich wohler. Ihr Herz hing an der weithin berühmten Pferdezucht von Fenwick, und vielen Fohlen hatte sie schon auf die Welt geholfen, um sie später mit zarter, aber energischer Hand und kräftigem Knieschluss anzureiten und zu begehrten Reitpferden auszubilden. Nach außen hin erledigten das zwar Robin oder die Reitknechte, aber es war ein offenes Geheimnis, dass die besten Pferde aus ihren Händen kamen.

Eleonore war ebenfalls eine begnadete Reiterin und so hatten die beiden Frauen ein schier unerschöpfliches Thema zu besprechen.

Als alle mehr als gesättigt waren und dem Wein zusprachen, der selbstverständlich aus Aquitanien kam, was die Gäste mit Genugtuung zur Kenntnis nahmen – am Hof des alten Königs hatte es ein grauenvolles Gesöff aus dem Anjou gegeben – begann der König ein Thema anzusprechen, auf das die Gastgeber schon gewartet, es aber auch befürchtet hatten.

»Nun, Lady Marian und meine Herren, wir sind Euch zu großem Dank für Eure Gastfreundschaft verpflichtet. Trotz allem müssen wir wohl einige Dinge besprechen, die so auf gar keinen Fall bleiben können.«

In der Halle war es so still geworden, dass man glaubte, die Binsen auf dem Boden rascheln zu hören.

»Es ist natürlich völlig ausgeschlossen, dass die Verhältnisse hier so bleiben, wie ich sie vorgefunden habe. Eine Armee von Geächteten, von Wegelagerern, in meinen Wäldern kann und werde ich nicht dulden. Mag sein, dass Ralf de Lacy nicht der Sheriff ist, der er sein sollte, und viel Unrecht geschehen ist. Aber er ist in der Grafschaft und den Forsten der Vertreter der Krone und nur dieser zur Rechenschaft verpflichtet. Mein Kanzler Wilhelm Longchamp wird de Lacy schon auf Herz und Nieren prüfen, wie er seine Amtsgeschäfte geführt hat. Und Gnade ihm Gott, Longchamp wird fündig! Doch auch Eure Überfälle und Räubereien, Robert von Loxley, und die Eurer Männer können nicht ungesühnt bleiben. Dafür kann es eigentlich nur eine Strafe geben, den Strick!«

Marian und der alte Lord waren blass geworden. Robin dagegen wollte aufbegehren, als Richard die Hand hob, jeden Widerspruch damit abschnitt und fortfuhr.

„»Andererseits sehe ich durchaus, was die Ursache für euer Handeln war. Doch Euch alle einfach begnadigen und damit der Anarchie Tür und Tor öffnen, wenn ich wieder außer Landes bin, das kann ich auch nicht tun. Ich mache Euch deshalb einen Vorschlag, doch bedenkt ihn gut, denn ich mache ihn nur einmal.«

Außer Eleonore, die ahnte, was kam, sahen alle wie gebannt auf den König und hingen an seinen Lippen.

»Die Kirche gewährt allen, die sich am Kreuzzug beteiligen, Vergebung all ihrer Sünden in Vergangenheit, Gegenwart und Zukunft. Nun, ob das möglich ist, mag dahin gestellt sein. Aber ich könnte mich dieser Vergebung anschließen, wenn Ihr und Eure Männer mir Treue schwören und ins Heilige Land folgen würden. Ich biete Euch, Robert von Loxley, das Amt des Hauptmannes der königlichen Bogenschützen an. Vorausgesetzt, Ihr überzeugt Euere Gefährten, von ihrem Tun abzulassen und sich mir und Euch anzuschließen. Dieses Angebot gilt für alle Geächteten oder keinen. Lehnt Ihr es ab, zwingt ihr mich mit meinen Soldaten zurückzukommen und den Wald zu säubern. Mag sein, dass dann de Lacy neben Euch hängt, aber hängen werdet Ihr, dessen seid gewiss!«

»Nun, Sire, ich glaube kaum, dass meine Männer und ich ohne Gegenwehr unseren Kopf auf den Richtblock legen oder unter den Galgen treten werden«, entgegnete Robin Hood und seine Stimme zitterte dabei kaum merklich. »Es könnten Euch dann vielleicht mehr Ritter für Euren Kreuzzug fehlen, als ihr heute glaubt.«

Richard war derartigen Widerspruch in keinster Weise gewohnt und lief langsam rot an, doch Robin fuhr unbeirrt fort: »Ihr droht uns hier mit dem Strang und seid doch in unserer Hand.«

Jetzt wurden Eleonore und William Marshal blass und sich der Gefahr bewusst, in der sie schwebten.

»Ich hätte Euch auch vorhin im Wald verbluten lassen können. Eure Mutter hat ja noch einen Sohn, der, wie man hört, auch gern König wäre und mit dem wir vielleicht leichteres Spiel hätten.«

Richards Gesichtsfarbe war mittlerweile so rot wie sein Haar. So hatte außer seinem Vater noch nie jemand mit ihm gesprochen. Im ersten Moment wollte er losbrüllen, im zweiten überlegte er, sich mit Marshal den Weg frei zu kämpfen, aber der zukünftige König war kein wilder Haudrauf, sondern, wenn es sein musste, durchaus auch ein realistischer Diplomat. Und so siegte zumindest im Augenblick die Vernunft, und er ließ Robin weiter sprechen.

»Ich will Euren Vorschlag gar nicht rigoros zurückweisen. Das Leben im Wald ist nicht immer lustig. Aber ich könnte nur für mich sprechen, denn meine Gefährten sind freie Männer und entscheiden für sich selbst. Und wie ich sind sie Engländer; was geht uns Jerusalem an? So fromm und tief gläubig sind wohl nur die wenigsten, dass sie die Heimat und ihre Familien aufgeben, um womöglich in Palästina begraben zu werden.«

Der König hatte für einen kurzen Moment befürchtet, tatsächlich in der Falle zu sitzen. Doch jetzt bekam er wieder Boden unter die Füße, diese Argumente kannte er. Auch seine Ritter musste er immer wieder von der Kreuzzugsidee überzeugen, denn es war keinesfalls so, dass sie alle voller Begeisterung zu seiner Fahne strömten. Da konnten Kirche und Papst noch soviel versprechen, das war das Jenseits, aber man lebte schließlich im Diesseits. Und es brauchte mehr als Ablass und Vergebung, um die Kämpfer für das Kreuz zu überzeugen.

»Robin!«, warb er und beugte sich halb über den Tisch zu seinem Gegenüber. »Was habt Ihr hier denn für eine Zukunft, geächtet und gejagt? Ich biete Euch Begnadigung und damit wirkliche Freiheit und dazu ein Abenteuer, wie es niemals ein zweites geben wird. Fremde Länder, Frankreich, Italien, die Zauber des Orients, reizt Euch das denn gar nicht? Wollt Ihr nicht einmal heraus aus der Enge von Nottinghamshire, die Welt sehen? Nennen wir die Sache doch mal beim Namen. Ihr seid hier kleine Räuber, Wegelagerer. Warum beteiligen sich denn viele meiner Barone am Kreuzzug und ganz nebenbei auch der deutsche Kaiser und der König von Frankreich? Mit Sicherheit nicht nur wegen ihrem Seelenheil. Dort unten im Morgenland werden ganze Königreiche erobert, da warten Schätze und Reichtümer, von denen wir hier noch nicht einmal träumen!«

»Aber auch Krankheiten, Seuchen und Tod!«, konnte sich Eleonore nicht verkneifen einzuwerfen.

Richard lachte nur.

»Du hast es nötig! Robin, zwei, die dort waren, sitzen heil und gesund hier am Tisch! Meine Mutter vor mehr als vierzig Jahren mit ihrem ersten Mann und William Marshal, der im Heiligen Land zwei Jahre gekämpft hat. Ich will ja nicht sagen, dass es ohne Mühsal und Pein abgehen wird, aber in täglicher Gefahr lebt Ihr hier auch, und der

Lohn, den ich Euch biete, ist sicher nicht zu verachten. Jeder, der zurückkommt, wird ein angesehener Mann sein, dem niemand mehr etwas zuleide tun kann, denn Kreuzfahrer leben bis zu ihrem Ende unter dem besonderen Schutz von Krone und Kirche.«

Wie wenig das zu bedeuten hatte, sollte Richard selbst noch leidvoll erfahren.

Robin war nachdenklich geworden. Vielleicht war das gar nicht so schlecht, was der König hier anbot. Wenn er seine Männer überzeugen konnte, für ein bis zwei Jahre die Heimat zu verlassen, würden sie danach in Freiheit leben können. Den einen oder anderen würde auch die Aussicht auf Beute reizen, da machte er sich gar nichts vor.

»Ihr sprecht wie Agamemnon, der die Griechen vom Kampf gegen Troja überzeugen will«, knurrte Robin. »Nur dass Troja jetzt Jerusalem heißt.«

Eleonore, die in Gedanken versunken gewesen war, zuckte zusammen und blickte den Sprecher erstaunt an.

»Ihr kennt Homers Ilias?«, erkundigte sie sich verblüfft.

»Meine Großmutter hat mir als Kind die Geschichten von Achilles, Odysseus und Hector erzählt, wenn ich nicht einschlafen konnte», antwortete Robin wie selbstverständlich.

Eleonore schüttelte erstaunt den Kopf. Sie war äußerst gebildet und belesen – auf ihrem Sarkophag ließ sie sich später mit einem Buch in der Hand abbilden – doch die meisten Menschen in ihrer Umgebung konnten weder lesen noch schreiben. Und hier, in der finstersten Provinz Englands, fand sie plötzlich einen Mann, der die griechischen Klassiker kannte und den Trojanischen Krieg mit dem Kreuzzug verglich. Womit er nicht ganz unrecht hatte, wie sie zugeben musste. Das Leben hielt doch immer wieder Überraschungen bereit, stellte sie amüsiert fest.

Robin wandte sich wieder an den König und fuhr fort:

»Es sind auch Alte, Kranke und Väter unter uns, deren Familien verhungern würden, wenn ihre Ernährer weggingen«, versuchte er zu erklären.

»Nun sagt mir schon, wie viele Männer leben da bei Euch im Wald?«, hakte Richard nach.

»Das ändert sich ständig. Mal stoßen welche neu dazu, andere ziehen weiter. Gestern waren es noch einhundertsiebenunddreißig«, gab ihr Anführer widerwillig Antwort.

»Bringt mir die hundert besten Bogenschützen von ihnen und mein Wort gilt auch für die übrigen«, bot der König an.

»Und wie soll ich das bitte meiner Frau erklären, Sire?«, Robin sah Marian resignierend an und grinste verlegen.

»Da kann ich Euch vielleicht helfen!« Richard war wieder der wohlwollende Herrscher. Er sah seinen Plan schon gelingen und glaubte, auch diese Hürde nehmen zu können. Marian war sicherlich keine Frau, die züchtig das Haupt senkte und in jedem und allem ihrem Mann zustimmte. Sie würde Robin später im Schlafgemach sicherlich die Hölle heiß machen, wenn er sich jetzt breitschlagen ließ. Aber der König wollte ihr ein Angebot machen, das sie sicherlich nicht kalt lassen würde.

»Mylady, ich habe von Eurem Vater gehört, dass Ihr mit eurem Mann zwar vor Gott, aber nicht vor dem Gesetz verheiratet seid und diesen Zustand gern behoben hättet. Ist das so richtig?«

»Schon« gab Marian zurück und blickte Richard dabei fest in die Augen. »Aber nicht um jeden Preis.«

»Lady Marian«, bat Richard mit fast zuckersüßer Stimme und zeigte damit, dass er viel von seiner Mutter gelernt hatte, »gebt mir Euren Mann von eurer Seite für ein bis zwei Jahre an meine und ich sorge dafür, dass Eure Ehe öffentlich anerkannt wird. Im Rahmen meiner Krönung werden, wie es der Brauch ist, mehrere Hochzeiten gefeiert. Mein Bruder John heiratet als Vertreter des Hochadels Hawise von Gloucester, William Marshal hier für den Dienstadel endlich seine Isabel de Clare – und Euch, Lady Marian und Robert von Loxley, biete ich an, zu diesem Anlass Eure Hochzeit auszurichten. Mylady, wäre eine Eheschließung in Westminster Abbey in Anwesenheit des Königs für Euch offiziell genug?«

Marian war nicht sehr anfällig, doch jetzt spürte sie, wie ihre Knie weich wurden. Es hatte sie schon gewurmt, sich nie mit ihrem Mann öffentlich zeigen zu können, immer Versteck spielen zu müssen und sich dem Spott ihrer Altersgenossinnen ausgesetzt zu sehen. Ihr hätte die kleinste Kirche mit dem ärmlichsten Priester gereicht, aber die Krönungskirche in London?

»Sire, ich weiß nicht, was ich sagen soll«, stammelte sie im ersten Moment völlig überwältigt.

Eleonore sah ihren Sohn überrascht an. Soviel Raffinesse hätte sie ihm gar nicht zugetraut. Wenn er damit nicht das Herz von Marian gewann, dann war sie keine Frau.

»Am besten erst einmal gar nichts, mein Kind«, schaltete sie sich ein. »Denn das überlegt Euch gut. Ich war zweimal verheiratet, und es ist mir nicht immer gut bekommen. Das erste Mal mit einem König, der sich wie ein Mönch benahm. Es hat mich viel Anstrengung gekostet, ihn wieder los zu werden. Das zweite Mal mit dem Mann meiner Liebe, dem ich acht Kinder geboren habe und der mich dafür bald sechzehn Jahre eingesperrt hat.«

»Nun, vielleicht nicht dafür«, dachte Richard, laut aber sagte er: »Es ist spät geworden. Ich schlage vor, Ihr überschlaft mein Angebot. Aber morgen früh erwarte ich eine Antwort. Jetzt würde ich mich gern zurückziehen, wenn Ihr gestattet.«

Auch Eleonore erhob sich und zwinkerte Marian zu.

»Solltet ihr Euch allerdings trotz meiner Warnung entschließen, diesen jungen Mann zu eurem angetrauten Gatten zu nehmen, dann spendiere ich das Hochzeitskleid.« Sie winkte hoheitsvoll in die Runde und folgte dann ihrem Sohn.

Der alte Lord geleitete den König und seine Mutter zu ihren Gemächern und verabschiedete sich mit einer tiefen Verbeugung. Er hatte zwei Knappen und zwei Mägde herbeigerufen, um den hohen Gästen beim Auskleiden zur Hand zu gehen. Er selbst wollte auch nur noch aus seiner völlig verschwitzten Tunika heraus – und das lag nicht an der warmen Nacht.

Eleonore und ihr Sohn hatten die Räume von Sir Richard und Marian erhalten, William Marshal bekam eins der zwei Gästezimmer, und der Hausherr zog sich in das zweite zurück.

Robin und Marian schnappten sich ein paar Decken und suchten sich eine leere Box im Stall, wo sie sich im weichen Stroh ein angenehmes Lager bereiteten. Nur das zufriedene Schnauben der Pferde störte von Zeit zu Zeit die Stille, aber die beiden Liebenden registrierten es gar nicht.

»Heute morgen war unsere Welt noch in Ordnung. Jetzt, am Abend, liegt sie in Scherben«, meinte Marian nachdenklich.

»Vielleicht ist es aber auch die größte Chance, die wir je hatten«, seufzte Robin. »Ewig konnte es so nicht weitergehen. Gegen die Truppen des Königs können wir auf die Dauer keinen Erfolg haben, vor allem, wenn Richard sie führt. Wir wären immer auf der Flucht und ob sie deinen Vater verschonen würden, da hätte ich auch so meine Zweifel. Ein, zwei Jahre Trennung, Marian, ich glaube, das würden wir überstehen. Und dann ein Neuanfang als freie Menschen in der Gunst Richards! Ob es das nicht wert ist?«

»Du siehst dich ja nur schon durch die weite Welt reisen und Abenteuer wie die Helden in deinen Geschichten vollbringen«, fuhr seine Frau ihn an. »Dass ich hier ohne Nachricht von Dir vor Sorge vergehen würde, schert Dich wohl gar nicht?«

»Marian, als ich heute von dir wegging, hätte ich eine halbe Stunde später tot sein können. Wenn wir anfangen, darüber nachzudenken, können wir gleich ins Kloster gehen. Und auch dort sterben Menschen.«

»Du und ein Mönch«, lachte Marian. »Dann dürfte sich bei Dir dort unten aber nicht so oft etwas regen. Komm, Robin, liebe mich, ich brauche Dich jetzt!«, sagte sie dann und rollte sich in seine Arme.

»So benimmt sich aber auch keine Nonne«, meinte Robin nur und biss sie zärtlich in die Halsbeuge, was seiner Frau ein wohliges Stöhnen entlockte.

Als sie später, erschöpft aber glücklich, nebeneinander lagen, fragte Marian schläfrig: »Meinst Du, dass Dir Deine Männer folgen werden?«

»Das wird in erster Linie darauf ankommen, was John dazu für eine Meinung hat«, gab Robin Antwort. »Sie vertrauen ihm immer noch sehr, denn er ist mehr einer von ihnen, als ich.«

Dann richtete er sich halb auf und sah Marian an.

»Hast Du Dich denn schon damit abgefunden, dass ich weggehen muss?«

»Ich glaube kaum, dass wir daran noch etwas werden ändern können.« Marian stand mit beiden Beinen im Leben und war immer die Realistischere in ihrer Beziehung gewesen. Sie sah ihren Mann von unten her an und meinte mit fester Stimme:

»Aber Gnade Dir Gott, Robert von Loxley, sollte mir zu Ohren kommen, dass Du Dich mit anderen Frauen herumgetrieben hast. Und Du weißt, ich erfahre alles! Dann schneide ich Dir Deine Eier ab und werfe sie den Hunden zum Fraß vor!«

»Das verwöhnte Viehzeug würde sie gar nicht anrühren«, lachte Robin. »Da müsstest Du sie wie Pferde- oder Eberhoden ewig kochen. Und das stinkt bestialisch!«

Marian nahm ihren Mann zärtlich in die Arme. »Komm zu mir zurück, Robin! Ich liebe Dich mehr als mein Leben und werde jeden Tag, jede Stunde mit meinen Gedanken bei Dir sein.«

Robin küsste seine Frau sanft. »Noch ist es ja nicht soweit und was alles passieren kann, haben wir heute erlebt. Nun schlaf! Ich glaube kaum, dass die nächsten Tage weniger aufregend werden.«

Marian schmiegte sich ganz fest an ihren Mann und schloss die Augen. Wenn sie auch das Unabwendbare nicht würde verhindern können, die Zeit bis zum Abschied wollte sie mit allen Fasern ihres Herzens und allen Sinnen genießen.

***

Auf einem Gutshof beginnt der Arbeitstag mit dem ersten hellen Schimmer am Himmel. Als Marian vor den Stall trat - Robin hatte sich noch mal genüsslich auf die andere Seite gedreht - stand Richard Plantagenet schon am großen steinernen Trog und wusch sich. Die junge Frau betrachtete den zukünftigen König ohne Scheu.

Richard war sehr groß und stämmig, seine Muskeln wirkten dabei aber geschmeidig und traten wie starke Taue unter der Haut hervor. Das rötliche Haar fiel ihm lockig bis auf die Schultern, und ein sorgfältig gestutzter Bart umrahmte das nicht unsympathische Gesicht.

Der König, das Leben in den Feldlagern gewohnt und wenig zimperlich, drehte sich herum und lächelte.

»Gefällt Euch, was Ihr seht, Mylady?«, fragte er und wischte sich das Wasser aus den Augen.

»Ich würde mir gern Eure Wunde ansehen, Sire«, entgegnete Marian, ohne verlegen zu werden, die kleine Anzüglichkeit einfach ignorierend.

Richard seufzte.

»Ich habe es geahnt.«

Wie die meisten Männer fürchtete er nicht die Verwundung, allerdings die Behandlung danach. Folgsam nahm er aber wie gestern auf der Bank Platz und hob vorsichtig den rechten Arm. Marian wickelte die Bandagen ab und begutachtete die Heilung.

»Könntet ihr Euch vielleicht dazu entschließen, den Arm ein paar Tage in einer Schlinge zu tragen, Sire?«, fragte sie ohne viel Hoffnung.

»Wie ich Eurem Tonfall entnehme, kennt ihr die Antwort, Mylady. Gerade jetzt darf ich auch nicht das geringste Zeichen von Schwäche zeigen. Denn ein verwundeter König ist ein angreifbarer König.«

»So ungefähr habe ich mir das schon gedacht«, meinte Marian. »Die Wunde ist trocken und nässt nicht. Ich trage eine Salbe auf, die sie geschmeidig hält, damit sie nicht wieder aufplatzt. Das müsste aber zweimal täglich gemacht werden.«

»Dann kommt doch einfach mit mir nach Nottingham und pflegt mich dort.«

»Bring die junge Frau nicht in Verlegenheit, Richard!«, hörte Marian hinter sich Eleonore sagen, die auch schon auf den Beinen war. »Ich mache das. Auf dem Kreuzzug habe ich mehr Männer gepflegt als du dir vorstellen kannst.«

Marian fiel ein Stein vom Herzen. Einerseits hätte sie dem König den Wunsch kaum abschlagen können, aber auf keinen Fall wollte sie sich jetzt von Robin trennen. Sie zeigte Eleonore, wie sie den Verband angelegt hatte, und gab ihr eine Tonschale mit der Heilsalbe.

»Achtet aber bitte darauf, dass er die nächsten Tage jede heftige Bewegung mit dem rechten Arm vermeidet und sich schont«, riet sie ihrem Patienten, aber richtete die Worte an dessen Mutter.

»Ich werde tun, was ich kann. Aber viel Hoffnung habe ich bei seinem Ungestüm nicht«, gab die Königin zurück.

»Dann bringt ihn halt zum Nähen wieder her, das habe ich ihm schon angedroht«, meinte Marian schmunzelnd.

»Ich verspreche mich zu fügen!«, rief Richard, raffte seine Kleider zusammen und verschwand im Haus ohne sich nochmals umzusehen. Lachend folgten ihm die beiden Frauen.

Der König war zu höflich, um während des Frühstücks das Gespräch auf den gestrigen Abend zu bringen, aber kaum waren Teller und Krüge abgeräumt, wandte er sich an Robin.

»Nun, Robert von Loxley, wie habt Ihr Euch entschieden?«

»Sire, wenn es nur nach mir ginge, würde ich Euch jetzt auf der Stelle den Treueeid schwören. Aber meine Männer sind keine Leibeigenen. Ich muss sie fragen, ihnen Euer Angebot unterbreiten, und kann Euch nur versichern, dass ich alles in meiner Macht stehende tun werde, um sie zu überzeugen.«

Die Anspannung wich aus Richards Gesicht, und ein Lächeln breitete sich aus.

»Ein guter Anführer zeichnet sich dadurch aus, dass ihm seine Leute auch in die Hölle folgen würden. Seid Ihr so ein Mann, Robin?«

»Ich hoffe es, Sire!« Robin war nicht gerade mit Selbstzweifeln behaftet. Zu jedem Überfall würden ihm seine Männer ohne zu Zögern folgen. Aber er machte sich auch nichts vor. Für Jahre weg aus der Heimat und auf einen Kreuzzug, da sah die Sache schon anders aus.

»Soll ich Euch begleiten und vor Euren Männern sprechen?«, hakte Richard nach.

»Um Gottes willen!«, dachte Robin. Das würde seine Gefährten nun wirklich überfordern, wenn plötzlich der König vor ihnen auftauchte! Außerdem musste dieser nicht unbedingt ihr Lager bei den Höhlen von Dunwold sehen. Gut geschützt durch Sümpfe und die Wege immer wieder neu getarnt, hatte es ihnen schon oft gute Zuflucht geboten.

»Ich glaube, es ist besser, wenn ich allein mit ihnen spreche, Sire«, meinte Robin. »Eure Anwesenheit würde meine Männer wohl sehr erschrecken.«

Richard lachte schallend auf. »Sehe ich wirklich so furchtbar aus? Vielleicht brauche ich dann gar keine Ritter und vertreibe die Sarazenen aus Palästina allein durch meinen Anblick.«

Nun wirkte Robin etwas verlegen. »So war das nicht gemeint, Sire.«

Doch der König winkte nur ab.

»Schon gut. Ich erwarte Euch in zwei Tagen in Nottingham.«

Und dann, an seinen älteren Gastgeber gewandt:

»Sir Richard, würdet ihr so freundlich sein und mir eins Eurer hervorragenden Pferde leihen. Ich müsste sonst zu Fuß zu meinen Begleitern zurückkehren oder William Marshal um seins bitten.«

Sir Richard hatte die Frage bereits kommen sehen und war vorbereitet.

»Es wartet bereits auf euch, Sire«, konnte er entgegnen.

»Dann brechen wir jetzt auf und danken Euch für Eure Gastfreundschaft.« Der König deutete eine Verbeugung an.

»Die Ehre war ganz auf unserer Seite«, erwiderte der alte Lord, sich ebenfalls, allerdings wesentlich tiefer, verneigend und geleitete seine Gäste vor das Tor.

Draußen stand ein wunderschöner, kastanienbrauner Hengst mit kräftiger Statur, dabei doch sehr edel im Gesamtbild, der aus seinen dunklen, klugen Augen auf die Menschengruppe blickte. Sein Zaumzeug und der Sattel waren nahezu schmucklos, aber von bester Handwerksarbeit.

Richard war natürlich Pferdekenner und schnalzte beim Anblick des Hengstes genießerisch mit der Zunge.

»Eure Pferdezucht ist nicht umsonst weithin berühmt, Sir Richard«, meinte er anerkennend. »Wirklich ein wundervolles Tier!«

»Wir würden uns freuen, wenn Ihr das Pferd als Gastgeschenk annehmen würdet, Sire«, meinte der Hausherr. »Es wäre uns eine große Freude.«

»Das ist ja eine wahrhaft großzügiges Geste«, erwiderte der König nicht abgeneigt. »Ich hoffe, mich bei Gelegenheit revanchieren zu können.«

Marian trat heran und strich dem Braunen zärtlich über die Nüstern.

»Er heißt Roncall, Sire. Behandelt ihn gut, und Ihr habt einen Freund fürs Leben.«

»Das werde ich Mylady, mein Wort darauf. Hat er seine Ausbildung von Euren zarten Händen erhalten?«

Marian nickte. »Und von meinem Mann. Er hängt sehr an Roncall.«

Richard schwang sich in den Sattel, nachdem Marshal seiner Mutter aufs Pferde geholfen hatte. Auch der alte Lord saß auf, um seinen Gästen das Geleit zur Straße nach Nottingham zu geben.

»In zwei Tagen gebe ich ein Fest auf Nottingham Castle, Lady Marian. Ich würde mich freuen, wenn Euer Vater und Ihr dann meine Gäste sein würdet«, meinte der König zum Abschied.

»Und Euch, Robert von Loxley, erwarte ich dort auch. Ansonsten komme ich Euch mit meinen Rittern holen.«

»Geht das vielleicht auch mal ohne Drohung?«, knurrte Robin wenig respektvoll zurück.

Eleonore lachte laut auf. »Richard, wenn Du diesen Mann an deine Seite holst, gewöhn dich schon mal dran, nicht immer das letzte Wort zu haben!«

Sie winkte grüßend in die Runde und preschte auf ihrem Fuchs vom Hof, so dass den Männern nichts anderes übrig blieb, als ihr schnellstmöglich zu folgen.

***

»Musste das sein?«, fragte Marian leicht vorwurfsvoll ihren Mann.

„»Ich lass mir doch nicht das Wort verbieten! Falls er glaubt, dass er in mir einen ständigen Jasager bekommt, dann wird er noch eine Überraschung erleben.«

Und dann nachdenklich: »Wenn ich nur wüsste, wie ich das den Männer klar machen soll. Und vor allem denen mit Familie!«

»Ich hab's doch auch eingesehen, Robin.« Marian küsste ihren Mann zärtlich. »Du schaffst das schon.«

»Ja«, dachte Robin. »Dich hat er aber auch mit einer Hochzeit in Westminster Abbey geködert.« Laut sagte er: »Ich muss los. Bis Dunwold ist es ein ganz schöner Marsch.«

»Nimmst Du kein Pferd?«

»Damit ich eine Spur lege, der man noch in Tagen folgen kann? Aber wirklich nicht!«

Robin war sich keinesfalls sicher, wie seine Männer reagieren würden. Wenn sie sich gegen das Angebot des Königs entschieden, würden sie wohl nach Schottland fliehen müssen. Er hoffte aber inbrünstig, dass es nicht so weit kommen würde. Dann schon lieber das Heilige Land als die Low - and Highlands, von deren Bewohnern, den Nachfahren der Pikten, man nur Schreckliches hörte.

Robin hatte einen mehrstündigen Marsch vor sich und dabei genug Zeit, über die Worte Richards nachzudenken. Es wäre Selbstbetrug gewesen, sich nicht einzugestehen, dass ihn die Aussicht, fremde Länder zu sehen, nicht gereizt hätte. Schon was sein Schwiegervater an langen Winterabenden so über die Normandie, Frankreich und Flandern berichtete, war für ihn beeindruckend und weckte seine Sehnsucht. Ganz zu schweigen von dem, was seine Großmutter über die Abenteuer ihres Mannes in Deutschland und Italien erzählt hatte. Doch er machte sich auch nichts vor. Ein Kriegszug war kein Honigschlecken. Auch wenn er und seine Männer keinem Kampf aus dem Weg gingen, einen Unterschied machte es schon, in heimischen Gefilden oder in der Fremde zu kämpfen. Wenn er allerdings die Alternativen betrachtete, dann schien es ihm doch am sinnvollsten, dem König zu folgen.

Der Hauptmann wusste natürlich, wo die Wachen des Lagers postiert waren. Hier grüßte er einen seiner Männer, der gut versteckt in der Krone einer mächtigen Buche saß; dort rief er Gilbert Whitehand einen Gruß zu, den nur Eingeweihte im dichten Farn erspähen konnten.

Endlich erreichte er die Lichtung bei den Dunwoldhöhlen, die den Geächteten vor allem bei Regen und im Winter Schutz boten. Jetzt, während der warmen Jahreszeit, bevorzugte man eher laubgedeckte Hütten als Unterkünfte.

Der lange Marsch hatte Robin hungrig gemacht. Wie nicht anders zu erwarten, war Bruder Tuck mit der Zubereitung einer Mahlzeit beschäftigt. Robin grüßte den Mönch, der seit mehreren Jahren bei ihnen lebte, freundlich und schnitt sich, ohne lange zu fragen, ein ordentliches Stück von der Hirschkeule ab, die dieser über offenem Feuer briet. Die Proteste einfach überhörend schaute er sich um und sah Little John ausgestreckt unter einer Ulme ruhen. Als er zu ihm trat, schlug dieser die Augen auf und meinte nur:

»Verstehst Du das unter so schnell wie möglich kommen? Wenn Du dir weiter so viel Zeit lässt, nehmen wir noch mal Nottingham ein, und Du bist nicht dabei.«

»Schon möglich«, meinte Robin. »Aber mein Tag war nicht gerade langweilig. Ruf die Männer zusammen! Wir haben Wichtiges zu bereden.«

Little John erhob sich und blies mehrmals kraftvoll in sein Jagdhorn. Das war das Zeichen für eine Versammlung der Waldmänner, die jetzt aus allen Richtungen zusammenströmten. Auch ein paar Frauen lebten unter ihnen und sogar Kinder hielten sich zeitweise im Lager auf. In der rauen Jahreszeit schickte man sie allerdings möglichst weit weg zu Verwandten, auch wenn es den Eltern schwer fiel, sich von ihnen zu trennen.

Als sich alle versammelt hatten, sprang Robin auf einen umgestürzten Baum, der schon oft als Podest für Ansprachen gedient hatte.

»Freunde!«, rief er in die Runde. »Ihr wisst, mit wem wir es gestern zu tun hatten. Der neue König zieht durch die Lande, um sich ein Bild von den Zuständen in seinem Reich zu machen. Er hat schon mehrere Sheriffs ihrer Ämter enthoben! Auch für de Lacy scheint es gar nicht gut auszusehen.«

Die Männer brüllten erfreut los und klatschten lauthals Beifall.

»Allerdings gibt es auch eine schlechte Nachricht. Richard wird uns nicht ohne Gegenleistung begnadigen. Er hat gedroht, uns mit einer Armee aus den Wäldern zu jagen und an den Bäumen aufzuknüpfen.«

Jetzt herrschte betretenes Schweigen unter Anwesenden. Jedem war klar, was das bedeutete. Man nannte sie zwar die „Merry Men“, die lustigen Männer von Sherwood, aber wenn der König sie zu jagen begann, hörte der Spaß auf.

»Da gibt es doch bestimmt noch etwas, was Du uns nicht gesagt hast, Robin«, rief Will Scarlett in die Runde. »Das kann doch nicht alles gewesen sein!«

»Richtig! Der König hat mir für uns alle ein Angebot gemacht. Er und die Kirche würden uns alle Sünden vergeben – wenn wir darum bitten und dafür beten.«

»Na, das kann ja wohl kein Problem sein«, warf Bruder Tuck mit seiner sonoren Stimme ein. »Ein bisschen Gottesfurcht und Demut täte Euch allen gut!«

Nur Alan a Dale hatte mitbekommen, dass Robin bis jetzt den wichtigsten Teil der Absprache nicht genannt hatte. So einfach würde sich das alles wohl nicht darstellen. Und so war er es auch, der die entscheidende Frage stellte:

»Wo sollen wir denn beten, Robin?«

»Am Heiligen Grab«, und dann nach einer kurzen Pause, »in Jerusalem.«

»Das kann doch nicht sein Ernst sein, wir sollen nach Jerusalem pilgern? Ich war noch nicht einmal in London!« Gilbert sprach aus, was die anderen dachten.

»Nicht als Büßer will er uns im Heiligen Land sehen«, seufzte Robin. »Sondern als Kämpfer. Wir sollen seine Bogenschützen auf dem Kreuzzug werden!«

Jetzt ging es plötzlich heiß her, und die Stimmung kochte fast über. Ein Tumult entstand, wie ihn Robin selten erlebt hatte. Jeder hatte eine Meinung und wollte sie lautstark kund tun. Eine der Frauen rief Robin giftig zu:

»Was sagt denn Deine Marian dazu? Sie wird wohl nicht begeistert gewesen sein!«

»Im Gegenteil, Bess. Sie hat mir sogar zugeraten.« Er musste ihr das mit der Hochzeit ja nicht auf die Nase binden. Robin versuchte sich wieder Gehör zu verschaffen.

»Denkt doch mal nach, Leute! Ein Jahr, höchstens zwei, und Ihr kehrt als freie, angesehene Männer zurück. Niemand kann Euch mehr etwas an haben. Ihr steht unter dem Schutz des Königs und der Kirche. Ihr werdet begnadigt, erlangt Vergebung, und die Aussicht auf Beute ist auch nicht schlecht. Ich denke, das Angebot ist es zumindest wert, dass wir es erwägen.«

»Soll der König doch kommen und uns in Sherwood fangen!«, rief Jack Todd in die Runde. »Zum Hängen muss er uns erst einmal haben!«

»Du bist wirklich ein Schwachkopf, Jack!« schimpfte Will Scarlett. »Richard kämpft seit fünfzehn Jahren gegen seinen Vater, seine Brüder, Philipp von Frankreich und jeden, den er noch so angehen kann. Der Krieg ist sein Leben! Glaubst Du, der lässt sich von uns auf der Nase herumtanzen? Wir würden unser blaues Wunder erleben, wenn er mit seinen Rittern hier antritt! Und wenn er den ganzen Wald abholzen lässt, aufgeben tut der nicht.«

»Gibt es denn gar nichts, was wir sonst tun könnten?« Much Millerson klang schon fast verzagt.

»Nach Schottland fliehen«, meinte Robin achselzuckend. »Etwas anderes fällt mir auch nicht mehr ein. Und Ihr wisst alle, mir fällt meistens etwas ein.«

Da gaben ihm seine Gefährten unumwunden recht, deshalb war er ja auch ihr Anführer.

Alan a Dale meldete sich nochmals zu Wort.

»Man kann das auch anders sehen. Aus allen Ländern strömen die Ritter und ihre Gefolgsleute zusammen, um sich am Kreuzzug zu beteiligen. Saladin hat vor zwei Jahren Jerusalem erobert und viele sehen es als ihre heilige Pflicht an, die Sarazenen wieder zu vertreiben. Der deutsche Kaiser Barbarossa ist schon im Mai mit seinem Heer aufgebrochen und Philipp von Frankreich sammelt auch bereits seine Truppen. Dass Richard da nicht zuhause bleiben kann und die besten Männer aus seinem Reich an seiner Seite sehen will, ist nur verständlich. Mein Freund Blondel de Nesle wird ihn begleiten und auch ich habe selbst schon überlegt, mich den Kreuzrittern anzuschließen. Zu Richard kann man stehen wie man will, aber er geht im Kampf immer voran und um seine Männer kümmert er sich wie kein Zweiter. Ich glaube, wir könnten es schlechter treffen!«

»Was meinst Du denn, John? Du hast noch gar nichts gesagt«, wandte sich Robin an seinen Freund und wusste, jetzt kam es darauf an.

Der bärtige Riese stand wie so oft auf seinen Kampfstock gestützt da und wiegte den Kopf hin und her, die Antwort sorgsam abwägend.

»Wenn ich es mir recht überlege«, sagte er dann in seiner bedächtigen Art, »wollte ich schon immer mal das Meer sehen.«

Robin fiel ein Felsengebirge vom Herzen.

***

2. Kapitel

Nottingham – August 1189

Ralf de Lacy stammte aus einer Seitenlinie der berühmten Familie, die schon mit Wilhelm dem Eroberer nach England gekommen war. Nur diesem Namen hatte er das Amt des Sheriffs von Nottinghamshire und den königlichen Forsten zu verdanken, da ihn sonst nichts dafür qualifizierte. Seine Verwandten eroberten im Auftrag der Krone weite Teile Irlands, waren führend im Orden der Tempelritter und heirateten in Dynastien ein, während er sogar mit der Verwaltung einer Grafschaft überfordert war und das durch übermäßige Härte auszugleichen suchte.

Sein Verwalter und Steuereintreiber Guy of Gisbourne und er saßen in der großen, düsteren Halle der Burg von Nottingham schon am hellerlichten Tage beim Wein und stierten wortlos vor sich hin. Sah de Lacy aus wie einer der typischen, normannischen Eroberer und gab sich auch so, ging Gisbourne noch einen deutlichen Schritt weiter zurück und erinnerte in Aussehen und Gehabe eher an die Wikinger. Am liebsten trug er als Umhang ein Pferdefell und hatte den Kopf des Schecken zur Kapuze umarbeiten lassen. Das, seine mächtige Statur, und sein herrisches Auftreten reichten aus, um ihn herum Angst und Schrecken zu verbreiten. Die schwarze Klappe über seinem rechten Auge tat noch ein übriges dazu.

»Es ist nur eine Frage der Zeit, wann König Richard hier auftaucht«, brummte er vor sich hin. »Wie Ihr ihm die Zustände in der Grafschaft erklären wollt, Mylord, ist mir ein Rätsel.«

»Wärt Ihr nicht so unfähig, Gisbourne, wäre das überhaupt nicht nötig«, schnauzte de Lacy seinen Verwalter an. »Wer hat denn immer mehr Männer in die Wälder getrieben und ihnen noch dazu einen Anführer verschafft, wie sie ihn sich nicht besser hätten wünschen können?«

Gisbourne kannte die ständigen Vorwürfe, und sie langweilten ihn. Auf der einen Seite sollte er Steuern und Abgaben in einer Höhe eintreiben, die den Menschen nichts zum Leben ließ, auf der anderen Seite wunderte sich der Sheriff dann, wenn die Menschen aus der Grafschaft flohen und im Sherwood oder noch weiter entfernt Zuflucht suchten. Wäre de Lacy nicht so unverschämt gierig und würde mehr als die Hälfte der Einnahmen für sich beanspruchen, sondern nur den Obolus, den auch andere Beamte des Königs für sich erhoben, dann wäre sein Herrschaftsgebiet auch nicht so verkommen.

Doch der alte König Henry wollte nur Geld sehen und hatte sich jahrelang um nichts gekümmert. Wer konnte schon ahnen, dass er so plötzlich starb? Und Richard tat so, als bräuchte er keine erfahrenen Verwalter für seine Länder und besetzte alle Stellen neu, wo er auch nur auf geringstes Fehlverhalten stieß. Dass er dann für das Amt auch noch einen ordentlichen Preis verlangte, füllte zusätzlich seine Kriegskasse.

Dem Sheriff war gemeldet worden, dass zwischen dem Sherwood Forest und Nottingham eine Gruppe Ritter lagerte. Seit der Nachricht hatte sich eine starke Unruhe seiner bemächtigt, und nur mit Mühe konnte er ein Zittern seiner Hände verbergen.

Plötzlich erschallte eine Signalfanfare, deren heller Klang durch Mark und Bein ging. Die beiden Männer sprangen auf und eilten auf die Tormauer. Es war schon ein prachtvoller Anblick, der sich ihnen da bot, aber so richtig erfreuen konnten sie sich daran nicht.

Etwa fünfzig Ritter, in Zweierreihen ausgerichtet, hielten auf die Burg zu. Ihre Rüstungen blitzten hell in der Sonne, die Umhänge strahlten in den angevinischen Farben Rot und Gold, und an den Spitzen ihrer Lanzen flatterten die Banner mit den drei übereinander schreitenden Leoparden.

An der Spitze galoppierten die beiden Söhne des verstorbenen Königs, Richard und John, die unterschiedlicher nicht hätten sein können. Der elf Jahre jüngere John wirkte im Gegensatz zu seinem Bruder eher klein und schmächtig, war dunkelhaarig und mit nur schütterem Bartwuchs versehen. Er hatte immer im Schatten Richards gestanden und war mit dieser Rolle keinesfalls glücklich. Sein Vater Henry hatte ihn nach der Rebellion seines Bruders als Erben Englands einsetzen wollen, wozu es letztendlich aber nicht mehr gekommen war.

Nach wie vor galt er als John Lackland oder Johann ohne Land, ein Titel, den er hasste wie die Pest, sah er sich doch als rechtmäßiger König von England. Diesen Anspruch gegen Richard durchzusetzen, das traute er sich nun aber wahrlich nicht. Er fürchtete, sein Bruder würde ihn in diesem Falle wegwischen wie eine lästige Fliege. Aber sein Tag würde kommen, dessen war er sich gewiss.

Der Sheriff brüllte seine Wachen an, die Zugbrücke herunterzulassen und das Tor zu öffnen. So wie die Ritter herankamen, hatte er das Gefühl, sie würden auch durch Mauern reiten können. Er beeilte sich vom Wehrgang auf den Hof zu kommen, um seine hohen Gäste standesgemäß zu empfangen. Seine Knie waren ganz weich und er fürchtete für sich Schlimmes, vor allem, seit er auch das Banner von Wilhelm Longchamp, dem Kanzler des Reiches und Vertrauten des Königs, gesehen hatte.

Auf dem Burghof zügelte Richard sein Pferd, sprang ab und ging wortlos an dem sich tief verneigenden Ralf de Lacy vorbei in die Burg. Wenigstens von Prinz John erhielt der Sheriff ein Lächeln und ein leichtes Nicken als Gruß. Er wollte hinter dem zukünftigen König her eilen, als der ihn nur über die Schulter hinweg anschnauzte:

»Kümmert Euch um meine Mutter und meine Männer, de Lacy. Seht zu, dass Ihr in dem Saustall hier saubere Unterkünfte für sie findet. Die Burg stinkt wie eine Kloake.«

Dann winkte er einen Pagen heran.

»Bring Wein, aber einen vernünftigen!«

Nach und nach füllte sich die Halle mit den königlichen Rittern. Prinz John hatte rechts, Lordkanzler Longchamp links neben dem König Platz genommen. Als der Sheriff wieder auftauchte, winkte ihn Richard heran, ohne ihn allerdings zum Sitzen aufzufordern.

»Nun, Ralf de Lacy, seid Ihr der Meinung, Euerm Amt in den letzten Jahren gewachsen gewesen zu sein?«, begann der König die Befragung.

»Ich glaube schon, Sire« stotterte der Sheriff unsicher. Er wusste nicht so recht, worauf sein Gast hinaus wollte.

»Ich glaube das weniger! Oder wie wollt Ihr mir erklären, dass ich in Eurem Verwaltungsgebiet von Geächteten angegriffen und sogar verwundet wurde?«

De Lacy hatte befürchtet, dass es unangenehm werden würde, aber das war die Höchststrafe!

»Sire, ich bin untröstlich! Ich werde sofort Sir Guy of Gisbourne mit seinen Reisigen ausschicken, um die Schuldigen zu fangen und zu hängen!«

»Erzählt doch keinen Schwachsinn, de Lacy. Das ist Euch doch die letzten zehn Jahre nicht gelungen«, brüllte Richard mit zornrotem Gesicht. »Eure Leute wären tot, bevor sie überhaupt einen von ihnen zu sehen bekämen! Ich weiß, wovon ich rede, ich habe ihren Anführer kämpfen sehen!«

»Sire, mir stehen zu wenige Männer zur Verfügung, um den Sherwood zu säubern« versuchte sich der Sheriff zu verteidigen. »Ich habe oft nach London um Hilfe geschickt, aber nur abschlägige Antworten bekommen. Es wurden mir nie Soldaten gewährt, um eine großangelegte Strafexpedition durchführen zu können. Selbst das hohe Kopfgeld, das ich ausgesetzt habe, brachte bisher keinen Erfolg.«

»Stellt sich mir die Frage, de Lacy, warum es in Eurem Gebiet überhaupt so eine große Anzahl Geächteter gibt und was sie in die Wälder getrieben hat? Etwas Vergleichbares habe ich auf meinen Reisen nur in Gloucestershire an der walisischen Grenze erlebt. Dort wird jetzt William Marshal als Sheriff für Ordnung sorgen.«

»Bei uns sind es zum großen Teil Räuber, Diebe und aufrührerische Sachsen, Sire, mit denen wir es hier in den Midlands noch zu tun haben.«

»Ach, geht es jetzt in diese Richtung? Normannen gegen Sachsen? Wie lautete mein erster Erlass, de Lacy, den Ihr wie alle anderen Ministerialen bekommen habt?«

»Dass es keine Unterschiede mehr zwischen den beiden Gruppen geben soll, sondern dass es nur noch Engländer in England gibt«, antwortete der Sheriff, doch man merkte ihm an, dass ihm das ganz und gar nicht passte. Mit dieser Meinung befand er sich allerdings im Einklang mit etlichen Rittern im Saal, ganz an der Spitze des Königs Bruder, der süffisant lächelte.

Vor mehr als hundert Jahren hatten die Normannen England erobert und behandelten seit her die ursprünglich hier lebenden Sachsen allesamt wie Menschen zweiter Klasse. Richard hatte damit sofort Schluss gemacht, da er jeden Mann für seinen Kreuzzug brauchte und keine Spannungen zwischen verfeindeten Gruppen im Heer dulden konnte. Aber mit einem Dekret allein ließen sich so lange gehegte Privilegien und Vorurteile nicht aus der Welt schaffen.

»Ist es nicht eher so, dass es sich bei den Geächteten in erster Linie um Bauern handelt, die Ihr von ihrem Land vertrieben habt?«

»Aber nur, wenn sie ihre Steuern nicht bezahlt haben! Euer Vater brauchte Geld!«

In dieser Beziehung war sich der Sheriff keiner Schuld bewusst.

»Lasst meinen Vater aus dem Spiel! Man kann ihm sicher manches nachsagen, aber dass er den Befehl gegeben hat, in Freisassen die Steuern von Jahren im Nachhinein zu erheben, sie niederzubrennen und ihre Besitzer zu ermorden, das sicher nicht!«

»Verdammt, woher wusste der König das alles?«, fragte sich de Lacy, immer blasser werdend.

»Ihr werdet mit meinem Kanzler alle Enteignungen der letzten zehn Jahre durchgehen und in jedem Fall beweisen müssen, dass es dabei rechtens zuging. Sind der Krone dadurch Einnahmen entgangen, werdet Ihr sie ersetzen und wenn die Betroffenen noch leben, ihnen ihr Eigentum zurückgeben. Alles, was mit Loxley zusammenhängt, will ich selbst sehen. Habe ich mich klar genug ausgedrückt?«

»Selbstverständlich, Sire. Ich hoffe nur, dass noch alle Unterlagen vorhanden sind!«

»Das hoffe ich für Euch! Denn jeder Fall, den Ihr nicht eindeutig belegen könnt, wird zu Eueren Ungunsten entschieden! Und noch eins! Ich werde heute Abend ein Fest geben. Bereitet alles Notwendige dafür vor!«

»Darf ich fragen, wie viele Gäste Ihr erwartet, Sire?«

»Natürlich meine Begleiter, die Honoratioren von Nottingham, die Vorsteher der Zünfte, die Gutsherren der Umgebung und als Ehrengäste Sir Richard Leaford mit seiner Tochter.«

Der Sheriff war einer Herzattacke nahe. Natürlich war ihm klar, dass er das alles würde bezahlen dürfen! Und auch noch die Leafords, nicht gerade seine persönlichen Freunde! Bevor er aber weiter zum Nachdenken kam, erscholl von der Burgmauer die Alarmfanfare, und gleichzeitig stürzte ein Wachmann in die Halle.

»Sire, eine große Menge Bewaffneter nähert sich der Burg. Es sieht aus, als wären es die Geächteten von Sherwood!«

»Zieht die Brücke hoch, lasst das Fallgatter runter!«, brüllte der Sheriff seine Männer an und hastete aus dem Saal, nach seinen Kriegsknechten rufend.

Langsam erhob sich Richard, um ihm zu folgen. Prinz John und der größte Teil der Ritter schlossen sich an und stiegen auf die Burgmauer nahe des Torturmes.

Tatsächlich, eine große Anzahl Männer marschierte auf die Burg zu. Sie wirkten außerordentlich diszipliniert und machten schon einen recht bedrohlichen Eindruck.

»Ausgerechnet jetzt, Sire!« Der Sheriff kam auf Richard zugestürzt. »Es sieht so aus, als wollen die Gesetzlosen Nottingham Castle angreifen! Doch mit Eurer und Eurer Männer Hilfe werden wir sie zurückschlagen.«

Der König hatte da eine ganz andere Vermutung. Aber er war gespannt, wie es weitergehen würde. Während sich die Waldmänner langsam näherten, rannte de Lacy wie ein aufgeschrecktes Wiesel hin und her und brachte seine Kriegsknechte auf der Mauer in Stellung. William Marshal sah den König fragend an, aber der schüttelte nur unmerklich den Kopf, und so beteiligten sich die Ritter nicht an dem Wirrwarr.

Etwa zweihundert Schritt vor der Burg hielten die Geächteten an und bildeten einen Halbkreis. Jeder hatte einen Langbogen in der Hand. Die Männer legten Pfeile auf die Sehnen, spannten die Bögen – und dann verdunkelten die heranfliegenden Geschosse wie eine Wolke die Sonne.

»In Deckung!«, brüllte der Sheriff und warf sich als erster hinter eine Zinne. Auch die anderen Männer suchten Schutz, als die Pfeile herangeschwirrt kamen. Nur Richard blieb unbeeindruckt stehen. Er hatte erkannt, was kein anderer gesehen hatte. Kein Pfeil flog über die Mauer, alle schlugen oberhalb der Zugbrücke am Torturm ein. Der König beugte sich vor und wollte sehen, worauf die Geächteten geschossen hatten.

»Beim heiligen Sebastianus!«, – das war der Märtyrer, den sich die römische Prätorianergarde als Zielscheibe für ihre Pfeile ausgewählt hatte - entfuhr es ihm anerkennend. »Die Sarazenen werden ihre Freude haben!«

Über dem Eingang zur Burg hing das hölzerne Wappen von Nottingham. Zwei aufrecht stehende Hirsche hielten einen roten Schild mit einem Astkreuz und drei Kronen. Alle Pfeile steckten auf engstem Raum im Schild, nur einer an der Stelle, wo sich bei dem rechten Hirsch das Herz befunden hätte. Ein erstklassiger Blattschuss. Richard wäre jede Wette eingegangen, dass das Robin Hoods Pfeil war. Da sah er auch schon Robert von Loxley vortreten und hörte ihn rufen:

»Ein Hoch auf König Richard!«, und mehr als hundert Kehlen fielen ein, so dass es von den Mauern widerhallte: »Hoch König Richard!«

»Die Brücke runter! Lasst die Männer ein!«, rief der König dem Sheriff zu.

»Aber Sire, das sind Gesetzlose, Geächtete, Feinde Eures Königreichs!«

»Das, de Lacy, ist meine neue Leibwache der Bogenschützen! Ihr habt die Erlaubnis, sie auf Eure Kosten in feinstes Lincolngreen einzukleiden und heute Abend gut zu bewirten. Und stellt einen Stuhl für Robin Hood, Marian Leafords Mann, an die Tafel!«

Dem Sheriff fiel nichts mehr ein. Einen Moment überlegte er ernsthaft, sich vom Turm in den Graben zu stürzen. Aber dann sagte er sich, solange man lebt, besteht Hoffnung und da er zu den Menschen gehörte, die fast immer auf die Füße fielen, seufzte er zwar innerlich, machte sich aber dann daran, die Wünsche seines Souveräns zu erfüllen.

Richard eilte die Treppe zum Tor herunter. Mit solchen Schützen hatte er endlich eine wirksame Waffe gegen die seldschukischen Pferdebogner in der Hand, die in den beiden ersten Kreuzzügen den Rittern so sehr zugesetzt hatten.

Auch Eleonore war durch die Fanfaren alarmiert worden und auf die Tormauer gekommen um zu schauen, was die Aufregung verursacht hatte. Als sie sah, wie ihr Sohn Robert von Loxley freudig begrüßte und dann sogar umarmte, stahl sich eine kleine Träne in ihre Augenwinkel. Hatte sie doch ihre Menschenkenntnis wieder einmal nicht getrogen. Mit diesem Mann an der Seite war ihr etwas wohler, wenn Richard ins Heilige Land zog. Auch wenn die größten Sorgen natürlich blieben.

Unterdessen zogen die Geächteten in die Burg von Nottingham ein. Sie hätten nie gedacht, diese Mauern einmal so leicht überwinden zu können.

»Wie viel Männer habt Ihr mir denn nun gebracht, Robin?«, fragte der König erwartungsvoll.

»Leider keine Hundert, Sire.« Und nach einer kurzen Pause: »Es sind Einhundertzweiundzwanzig, ich konnte sie nicht davon abhalten!«

Dröhnend schlug Richard Robin auf die Schulter, dass dieser es knacken hörte. »Ihr gefallt mit, Robert von Loxley. Ihr seid heute Abend mein Ehrengast!«

Prinz John, der hinter ihnen gestanden hatte, konnte sich nicht verkneifen anzumerken:

»Gestern noch ein geächteter Bauer, heute Ehrengast an der Tafel des Königs. Wenn das keine Karriere ist! Wohin soll denn der Weg noch führen, Robin Hood? Eurer nach oben und der meines Bruders nach unten?«

»Ich glaube kaum, dass ein König sich etwas vergibt, wenn er sich mit seinen Untertanen beschäftigt. Und wollen wir nicht alle nach oben, Hoheit? Ihr nicht auch?«

Richard lachte, als er das verkniffene Gesicht seines Bruders sah.

»Lass es gut sein, John, und verdirb uns nicht den Tag! Für Dich habe ich auch eine Überraschung bereit. Robin, ich fürchte, dieser Saustall von Burg hat nicht genug Platz für Euch alle. Habt Ihr eine Idee, wo wir Euch und Eure Männer unterbringen können?«

»Keine Sorge, Sire. Fast alle haben Verwandte oder Freunde in Nottingham, die sich freuen werden, sie wiederzusehen. Mein Schwiegervater wohnt meist in einem recht guten, neuen Gasthof, wenn er in der Stadt zu tun hat, und ich bin sicher, dass wir dort auch einen Platz finden werden. Er trägt den Namen „Ye old Trip to Jerusalem". Wenn das nicht passend ist!«

»Dann seid heute Abend bei Sonnenuntergang alle wieder hier! Wir werden ein paar Fässer Bier anstechen und Ochsen braten. Dem Sheriff wird es eine Freude sein, Euch herzlich zu bewirten. Nicht wahr, de Lacy?«

Der Angesprochene bemühte sich, keine Miene zu verziehen, was ihm allerdings nur bedingt gelang. Aber vielleicht gab es ja eine grundsätzliche Lösung für das Problem. Er musste sich gleich mal mit seinem Verwalter besprechen.

Am Abend bot Nottingham Castle, das hoch über der Stadt auf einem Sandsteinfelsen thronte, einen noch imposanteren Anblick. Im Schein vieler Fackeln brieten Ochsen und Wildschweine über offenen Feuern und mächtige Bierfässer waren aufgebockt worden. Die große Halle der Burg hingegen hatte man für besondere Gäste hergerichtet. Der König, seine Familie und der Lordkanzler saßen leicht erhöht auf einem Podest an der U-förmigen Tafel. An den langen Seiten hatten sich die geistlichen und weltlichen Honoratioren der Grafschaft niedergelassen. Für Sir Richard Leaford, seine Tochter und Robin waren Ehrenplätze ganz in der Nähe des Königs vorgesehen.

Robin hatte sich im Burghof noch mit seinem Männern besprochen und betrat kurz nach seinem Schwiegervater und Marian den Rittersaal. Als er sich ihnen nähern wollte, stand plötzlich der hünenhafte Sir Guy of Gisbourne vor ihm und versperrte den Weg.

»Auf diese Gelegenheit habe ich lange gewartet«, fuhr er sein Gegenüber an. »Jetzt werdet Ihr für das bezahlen, was Ihr mir angetan habt!«

»Ihr habt meinen Vater umgebracht...«, stieß Robin wutentbrannt hervor, doch weiter kam er nicht, denn Gisbourne schlug ihm mit aller Kraft seinen Handschuh ins Gesicht.

»Und jetzt schicke ich ihm seinen Sohn nach«, brüllte er so laut, dass es überall im Saal gehört wurde.

»Was geht da vor?« erkundigte sich Richard.

»Ich glaube, Dein Ehrengast ist gerade gefordert worden« grinste John. »Kann sein, Du brauchst bald wieder einen neuen Hauptmann für Deine Bogenschützen.«

Der König winkte die beiden Kontrahenten zu sich.

»Was soll das?«, fuhr er den Normannen an. »Könnt Ihr nicht den Frieden meines Festes wahren?«

»Sire, ich habe jahrelang darauf gewartet, mich für mein verlorenes Auge an dieser Kreatur rächen zu können. Ich konnte nicht mehr warten!«

»Passt auf, Gisbourne, wie Ihr von meinen Gästen sprecht! Robin, was sagt Ihr dazu?«

»Er hat meinen Vater umgebracht! Ich nehme die Herausforderung an!«

»Gut, dann soll es so sein. Ihr habt als der Geforderte die Wahl der Waffen und des Ortes.«

Robin, der vor Wut kochte, brauchte nicht zu überlegen. »Schwerter, hier und jetzt.«

Der König sah ihn missbilligend an.

»Hätte das nicht bis morgen Zeit gehabt? Aber nun gut, wenn Ihr es so wollt! Bringt Schwerter und Schilde!«

»Keine Schilde, keine Rüstung, blanker Stahl!«, fuhr Robin dazwischen.

Jetzt war Richard wirklich verblüfft. Fragend sah er Gisbourne an.

»Einverstanden, dann geht es schneller«, stimmte dieser zu.

Eleonore wandte sich an ihren Sohn.

»Richard, das kannst du nicht zulassen! Der Kerl macht Hackfleisch aus Robin. Du verlierst die Bogenschützen, die Du gerade erst gewonnen hast!«

»Da kann ich leider nichts machen, Mutter. Ich habe ihm die Wahl gelassen, und jetzt müssen er und ich dazu stehen. Auch wenn es höchst ungewöhnlich ist, einen Zweikampf anlässlich eines Festes austragen zu wollen.«

Der König schien nicht amüsiert zu sein.

»Macht Platz, schafft die Tische zur Seite!«, befahl er dann.

Robin ging vor die Halle, um sein Schwert zu holen, das er wie alle hatte abgeben müssen. Man näherte sich dem König nicht bewaffnet. Marian war hinter ihm hergelaufen und hielt ihn am Arm fest, bevor er zurückkehren konnte.

»Robin, weißt Du, was du da tust?« fuhr sie ihn an.

»Keine Sorge, Marian! Ich bin sicher, dass ich heute Nacht unversehrt in Deinem Bett liegen werde.«

»Dein Wort in Gottes Ohr! Doch um Himmelswillen, sei vorsichtig! Der Kerl sieht aus, als könnte er mit einem Hieb einen Menschen spalten.«

Robin nickte. »Ich weiß, aber genau das kann sein Problem werden. Lass uns zurückgehen, man wird schon auf mich warten.«

Marian lief zu ihrem Vater und griff nach dessen Hand, um sich daran festzuhalten. Der strich ihr beruhigend über das Haar. Natürlich machte er sich Sorgen, wenn auch in Grenzen. Er vertraute Robin und vor allem seiner Wendigkeit.

Die beiden Kämpfer traten vor den König und grüßten mit erhobenen Waffen.

»Dann sei es!«, meinte dieser, auch wenn ihm nicht ganz wohl dabei war.

Robin trat zurück und nahm Grundstellung ein. Gisbourne hatte schon lange keinen echten Gegner mehr gehabt. Er übte zwar hin und wieder mit seinen Kriegsknechten, verließ sich dabei aber eher auf seine immense Kraft als auf die Fechtkunst. Normalerweise sicherte er mit dem Schild. Hier ganz ohne kam er sich ein bisschen nackt vor. Der Normanne kannte zwar die Grundlagen des Schwertkampfes, die man Zwerg, Ochs, Eber und Dach nannte, hatte sie aber schon lange nicht mehr angewendet. Bauern schlitzte man einfach auf, dafür brauchte es keine Übung.

Und so begann er auch den Kampf. Mit einem gewaltigen Brüller sprang er auf Robin zu und wollte ihn schon mit dem ersten Hieb töten.

Es sah schon fast arrogant aus, mit welcher Eleganz der Angegriffene mit einer Quartparade konterte und Gisbourne ins Leere laufen ließ. Robin wich einen Schritt zurück und stand wieder in Ausgangsstellung vor seinem Gegner. Sein Schwiegervater hatte ihn oft genug mit dem Schwert hart rangenommen, bis ihm der Schweiß in Strömen den Rücken hinunter geflossen war. Dafür war er ihm jetzt dankbar.

Sir Richard hatte auf den Feldzügen König Henrys die französische Fechtkunst kennen gelernt, die sich weit von dem ungeübten Drauflosschlagen vieler Ritter unterschied. Und da im Wald ein Schild nur hinderlich gewesen wäre, war Robin in dieser Art des Kampfes wesentlich geübter als sein Gegner.

Gisbourne griff sofort wieder an, und Robin parierte erneut. Das setzte sich fort, bis die beiden Kämpfer am Ende des Saales angelangt waren. Für manche sah es so aus, als wäre Robin in arger Bedrängnis. Doch die Erfahreneren unter den Gästen erkannten bald, wie er mit seinem Gegner spielte.

»Jetzt kommt Ihr mir nicht mehr aus, Loxley«, knirschte Gisbourne, als sein Gegner fast gegen die Mauer stieß. Was dann passierte, darauf war er allerdings nicht gefasst.

Im Bruchteil einer Sekunde ging Robin zum Gegenangriff über. Seine Hiebe prasselten wie Hagelschauer im April auf Gisbourne nieder, der zurückweichen musste. Das sah aber keineswegs so elegant aus wie vorher bei seinem Gegner, eher wie der ungeordnete Rückzug eines geschlagenen Heeres. An Paraden war bei Gisbourne nicht mehr zu denken. Er hielt nur noch sein Schwert abwehrend vor sich, um sich vor den ungestümen, von allen Seiten kommenden Hieben zu schützen. Es fiel Robin gar nicht leicht, bei einer so dilettantischen Abwehr seinen Gegner nicht zu verletzen. Doch er hatte anderes mit ihm vor und trieb ihn bis vor das Podest an der Stirnseite der Tafel.

Wie Robin gehofft hatte, strauchelte Gisbourne auf den Stufen und stürzte nach hinten um. Er lag unmittelbar zu Füßen der königlichen Familie, als ihm Robert von Loxley mit einer gekonnten Ligade das Schwert aus der Hand hebelte und ihm die Spitze seiner eigenen Waffe an die Kehle setzte.

»Sire, lasst das nicht zu!«, rief de Lacy ganz aufgebracht. »Das wäre Mord!«

»Mord war, was Ihr beide mit meinem Vater gemacht habt.« Mit seiner Stimme hätte Robin Diamanten trennen können. »Erhebt Euch, Gisbourne, wir sind noch nicht fertig!«

Mühsam rappelte der Angesprochene sich auf. Von seinem Selbstbewusstsein war nicht mehr viel übrig geblieben. Einer der Ritter reichte ihm sein Schwert. Sowie er den Griff in der Hand hatte, führte er von unten einen Hieb mit aller Kraft gegen Robin, der diesen in der Mitte geteilt hätte, wäre er nicht darauf gefasst gewesen.

Doch der hatte das natürlich vorausgesehen, und so parierte er den ersten Angriff mit einer Quart, den zweiten nach unten mit einer Second und den dritten nach oben mit einer Prime. Allerdings ließ er dabei sein Schwert leicht nach unten zeigen, so dass Gisbournes Klinge daran abglitt. Damit gab dieser seine gesamte rechte Seite frei und Robin führte seinen ersten gezielten Hieb mit aller Kraft von oben nach unten. Es gab ein unangenehmes, knirschendes Geräusch und dann klirrte Stahl auf Stein.

Guy of Gisbourne war erstaunt. Der Mann vor ihm hatte sein Schwert in der Hand, und er seins nicht fallen lassen. Was war das also für ein Ton gewesen? Als er nach unten sah, erblickte er doch seine Waffe auf dem Boden – aber sein Arm war noch dran. Robin hatte ihn mit einem Schlag zwischen Ellenbogen und Schulter abgetrennt und noch die rechte Seite seines Gegners schwer verletzt. Gisbourne stieß einen tierischen Schrei aus, als er sah, wie das Blut aus seinem Armstumpf nur so hervor sprudelte, verdrehte dann die Augen und brach bewusstlos zusammen.

In der Halle war es totenstill geworden. Robin trat vor den König, hob grüßend sein Schwert und sagte mit völlig ruhiger Stimme:

»Danke, Sire, dass ihr mir die Gelegenheit gegeben habt, mein Versprechen zu erfüllen. Ich hatte geschworen, den Arm verdorren zu lassen, der meinen Vater getötet hat. Nun muss ich nur noch den Kopf abschlagen, aus dem der Befehl dazu kam!«

»Ich wäre Euch sehr verbunden, wenn Ihr damit warten könntet, bis mein Kanzler alle Vorgänge hier in Nottingham geprüft hat. Sollten wir dann einen Henker benötigen, kommen wir gern auf Euch zurück.«

Richard, der wie alle Anwesenden die Luft angehalten hatte, stieß die Worte regelrecht aus der Brust hervor. Sheriff Ralf de Lacy allerdings fand das, was er gerade gehört hatte, gar nicht lustig. Sein Gesicht war so weiß wie die gekalkte Wand hinter ihm.

»Als Henker tauge ich sicherlich nicht, Sire«, meinte Robin etwas ungehalten und wischte sein Schwert mit Binsen vom Boden ab, bevor er es in die Scheide steckte. Morgen würde er beides einer gründlichen Reinigung unterziehen müssen.

William Marshal beugte sich zu dem neben ihm sitzenden Baudouin de Bethune und flüsterte:

»Die Sarazenen können einem ja fast leid tun, wenn Richard mit solchen Männern anrückt.« Er, der erfolgreichste Turnierkämpfer seiner Zeit, war tief beeindruckt.

Der König winkte mit der Hand und befahl:

»Schafft den Mann weg und versorgt ihn, so gut Ihr könnt! Am besten, Ihr ruft auch einen Priester. Ich glaube nämlich kaum, dass er die Verletzungen überlebt. Dann beseitigt die Sauerei hier und bringt Wein! Ich glaube, wir können jetzt alle eine Stärkung vertragen.«

Marian hatte sich in die Arme ihres Mannes geworfen und küsste ihn leidenschaftlich. Es war ihr völlig egal, ob sich das schickte und was die Anwesenden darüber dachten. Sie hatte Blut und Wasser geschwitzt und war überglücklich, ihren Robin unversehrt wieder zu haben. Dieser brachte sie zu ihrem Platz zurück und nur an seinem schnellen Atem merkte man, dass ihn das Geschehen nicht gänzlich unberührt gelassen hatte.

Es dauerte eine Weile, bis nach diesem Vorfall das Fest in Gang kam, auch wenn sich die auftretenden Gaukler, Akrobaten und Minnesänger noch so bemühten, die Stimmung aufzuhellen. Aber Wein und Bier flossen in Strömen und lösten die Zungen und bald wurde auch den aufgetragenen Speisen kräftig zugesprochen. Schließlich ließ man sich von einem Zweikampf und abgehackten Gliedmaßen nicht gleich den Appetit verderben.

Die Zunftmeister, Grundbesitzer und geistlichen Würdenträger traten nach und nach vor den zukünftigen König, um ihm zu huldigen, und überreichten kostbare Geschenke. Langsam hellte sich Richards Miene wieder auf. Eigentlich sollte es ihn ja freuen, dass sein Hauptmann der Bogenschützen auch so gut mit dem Schwert umgehen konnte. Aber dass der Sohn eines sächsischen Freisassen einen normannischen Adligen geradezu vor seinen Augen abgeschlachtet hatte, gab ihm doch zu denken. Er konnte ihn für diese Tat ja schlecht zum Ritter schlagen, um wenigstens einen Standesausgleich zu schaffen. Hoffentlich schaffte das Ganze nicht wieder böses Blut unter den beiden Volksgruppen.

Richard war es leid, sich immer wieder mit den Streitigkeiten seiner Untertanen beschäftigen zu müssen. Sein Reich, das von den Pyrenäen bis nach Schottland, von der Normandie bis Wales reichte, vereinte die unterschiedlichsten Menschen. Und dass unter denen endlich Friede herrschte, war sein größter Wunsch. Denn sein Ziel war der Kreuzzug und danach vielleicht noch die eine oder andere Eroberung an seinen Grenzen. Irland, zum Beispiel, zur Gänze einzunehmen, wäre eine lohnende Aufgabe. Schottland und Wales standen natürlich auch in seinen Plänen ganz weit oben. Schließlich konnte es auf einer Insel keine drei Könige geben. Und auch das eine oder andere Stück würde sich wohl noch aus Frankreich herausbrechen lassen, wenn er nicht gleich mit seinen Truppen bis nach Paris marschierte. Doch eins nach dem anderen, wenn auch Geduld nicht gerade zu seinen Tugenden zählte.

Jetzt wollte er sich entspannen und den Abend genießen. Und außerdem war der Kampf ja eine Art Gottesurteil gewesen, und Gott hatte ganz eindeutig gesprochen, das musste jeder, der zugegen gewesen war, zugeben.

***

Marian sprach dem Wein etwas mehr zu, als sie es sonst gewohnt war. Die Angst um ihren Mann und die Geschehnisse der letzten Tage hatten ihre Nerven doch etwas angegriffen. Nach einiger Zeit verspürte sie ein natürliches Bedürfnis und machte sich auf die Suche nach dem Abtritt. In der nur spärlich durch rußige Fackeln erhellten Burg musste sie lange herumirren, bis sie den Erker gefunden hatte, in dem sie sich erleichtern konnte.

Ein Holzbrett mit einem Loch in der Mitte lag über zwei Steinen, darunter ging es direkt ins Freie bis hinunter zum Burggraben. Auf Fenwick, stellte sie fest, lebte man wesentlich komfortabler, als in dieser von Henry II. recht neu errichteten Burg.

Als sie wieder zurück in den Saal wollte, fühlte sie sich plötzlich von hinten um die Hüften gepackt und heißen Männeratem an ihrem Hals und Ohr.

»Nun, mein Täubchen, so allein unterwegs? Das kann bei den vielen Männern hier doch recht gefährlich werden. Aber glücklicherweise habt Ihr mich ja jetzt gefunden, und wenn Ihr ein bisschen nett zu mir seid, dann liefere ich Euch auch nicht den Wachen aus, damit die ihren Spaß an Euch haben.«

Marian wand sich wie eine Schlange, um sich aus der Umklammerung zu befreien, aber so, wie der Mann sie festhielt, kam sie nicht los. Eine Hand von ihm tastete sich an ihrem Mieder entlang und umfasste hart ihre linke Brust, die andere versuchte ihre Röcke nach oben zu ziehen und griff ihr zwischen die Beine.

»Wenn Du dich nicht so wehrst, wird es auch schöner für Dich«, hörte sie die Stimme an ihrem Ohr flüstern und fühlte, wie sich die Lippen des Mannes in ihr Haar wühlten. Um Hilfe zu rufen, würde ihr nichts bringen. Bis in den Saal reichte ihre Stimme nicht. Und wer hier vielleicht aus Neugier schauen kam, wenn sie rief, konnte sich höchstens noch daran beteiligen, was Männer so unter Spaß mit Frauen verstanden. Sie wusste durchaus, dass bei Saufgelagen wie dem heutigen die Mägde meist nichts zu lachen hatten und sich oft die ganze Besatzung an den wenigen Frauen in der Burg verging, ohne dafür jemals bestraft zu werden.

»Dann dreht mich um, damit ich auch etwas davon habe!«, flüsterte sie kokett dem Mann hinter ihr zu.

Der riss sie brutal herum, und sie sah in die leicht glasigen Augen von Prinz John.

»Hoheit, glaubt ihr wirklich, dass das eine angemessene Beschäftigung für Euch ist?«, fragte sie verblüfft.

»Schon, mein Täubchen, ich stehe nämlich auf knackige Blondinen und kann gar nicht genug von ihnen bekommen. Und Du wirst jetzt meinen königlichen Schwanz spüren und Dich danach brav bei ihm dafür bedanken, dass er Dich begattet hat.«

Marian fühlte sich von dieser ordinären Sprache mehr als abgestoßen. Gerüchteweise hatte sie schon gehört, dass vor Prinz John kein Rock sicher war, es aber immer als Klatsch und üble Nachrede abgetan. Doch wenn er ihr so kam...

Mit der rechten Hand fuhr sie ihm zärtlich durchs Haar und raffte mit der linken selbst ihren Rock nach oben über das Knie. John konnte gar nicht fassen, wie schnell die Gegenwehr erlahmt war und schrieb es seinem Stand und seiner Person zu. Die Damen bei Hof zierten sich da im Allgemeinen länger, bevor sie willig in seine Arme sanken.

Gerade wollte er seine Zunge in Marians Hals stecken, als ihn ein rasender Schmerz durchfuhr. Robins Frau hatte ihre Kleider gerafft, damit ihr Knie frei und nicht durch Stoff abgepolstert war. Jetzt riss sie es mit aller Kraft nach oben und schmetterte es in Prinz Johns Genitalien.

Der stöhnte laut auf, die Luft entwich pfeifend seinen Lungen und glühende Wellen durchrasten seinen Körper. Er konnte sich nicht mehr auf den Beinen halten und wollte zusammensacken, aber ein eiserner Griff hatte ihn am Hinterkopf gepackt und hielt ihn aufrecht, auch wenn seine Knie nachgegeben hatten.

»Dass Ihr glaubt, Euch an mir vergreifen zu können, das führe ich auf Eure Unbedarftheit zurück, da Ihr mich nicht kennt«, hörte er Marian sagen. »Dass Ihr das tut, obwohl Ihr soeben gesehen habt, wozu mein Mann fähig ist, halte ich allerdings schon für eine sehr große Dummheit oder für äußerst wagemutig. Solltet Ihr Euch mir noch einmal unziemlich nähern, dann seid gewiss, ich schneide euch eueren lächerlichen Schwanz mitsamt den Hoden ab und stopfe ihn Euch in Euren stinkenden Rachen, auf dass Ihr daran erstickt. Habe ich mich für Euch verständlich genug ausgedrückt, Prinzlein ohne Land?«

Selbst wenn er gewollt hätte, Prinz John konnte gar nicht antworten, nur mühsam nicken. Er trug unter seiner leichten Tunika nichts als ein Lendentuch aus Leinen, und der Schmerz war so ursprünglich, dass er nur nach Luft schnappen konnte wie ein Karpfen an Land und im Moment ernste Zweifel hatte, jemals wieder etwas mit seinem Glied und seinen Hoden anfangen zu können.

Marian schleuderte seinen Kopf angewidert von sich weg, und der ganze Körper folgte und ging zu Boden. Prinz John hielt mit beiden Händen seine Genitalien und wand sich wie ein Wurm hin und her.

»Das werdet Ihr noch bitter bereuen, verdammte Hure!«, stieß er zwischen den Zähnen mühsam hervor.

Normalerweise hätte Marian die Beleidigung einfach ignoriert, doch heute war ihr das einfach zu viel und auch der Wein hatte die Hemmschwellen abgebaut. Sie drehte sich noch einmal zu ihrem Peiniger um, holte aus und verpasste ihm mit der Kraft einer Frau, die tägliche Arbeit und den Umgang mit Pferden gewohnt war, eine Ohrfeige, die ihm fast den Kopf auf den Rücken gedreht hätte.

»Niemand nennt mich ungestraft eine Hure!«, fuhr sie ihn an und schlug noch einmal von der anderen Seite mit gleicher Kraft, nur diesmal mit dem Handrücken, zu. »Vor allem nicht, wenn er gerade versucht hat, mich zu schänden!«

Sie ließ den wimmernden Prinzen einfach liegen und ging zurück zur großen Halle. Auf dem Weg versuchte sie ihr Haar zu richten und die Röcke glatt zu streichen. Sie wollte Robin erst später von dem Vorfall berichten, der hatte heute schon genug Blut vergossen.

Marian nahm an der Seite ihres Mannes Platz, der in ein Gespräch mit William Marshal über das Klima in Palästina vertieft war. Ihr Vater unterhielt sich mit Baudouin de Bethune über alte Zeiten in Frankreich, und so hatte sie genügend Zeit, sich zu fangen und ihren Pulsschlag herunter zu fahren. Kurz darauf kam auch Prinz John in die Halle gewankt, immer noch in sich gekrümmt und mit rot geschwollenen Wangen.

Eleonore sah ihren Sohn an, dann zu der in ihrer Nähe sitzenden Marian, die immer noch etwas aufgelöst wirkte, dann wieder missbilligend zu John.

»Mylady«, wandte sich die Königin an Robins Frau, »muss ich mich vielleicht für etwas entschuldigen, das mein Sohn getan hat?«

Marian war wieder einmal vom Scharfsinn der alten Dame überrascht.

»Danke nein, Madam. Ich weiß mir schon zu helfen.«

»Das glaube ich gern, mein Kind. Wieso habe ich das Gefühl, dass ihr und Euer Mann die Erziehung meiner Söhne auf eine Art fortsetzt, zu der ich in den letzten Jahren nicht in der Lage gewesen bin?«

»Madam?«, fragte Marian etwas verständnislos.

»Nun, euer Robin versohlt Richard den Hintern und wenn ich mich nicht sehr täusche, sehe ich Eure Handschrift in Johns Gesicht. Seht Euch aber vor, Richard hat die Größe und das Selbstbewusstsein zu verzeihen. Bei John wäre ich mir da nicht sicher.«

»Danke für die Warnung, Madam, aber mir blieb nichts anderes übrig.«

»Dessen bin ich mir sicher«, meinte Eleonore und befasste sich dann wieder mit einer Bittstellerin, die sich nicht abweisen ließ.

***

Im Laufe des Abends, als sich seine Stimmung weiter gebessert hatte, wandte sich Richard an Robin.

»Spätestens Ende des Monats erwarte ich Euch, eure Frau und eure Gefährten in London. Am 3. September werde ich gekrönt und am Tag vorher wollen wir ja Eure Hochzeit feiern. Was habt Ihr bis dahin vor?«

»Ich muss mich vor allem um meine Männer und die Frauen und Kinder kümmern, die uns nicht auf den Kreuzzug begleiten. Irgendwie brauchen sie ein Auskommen.«

Das verstand der König sofort. Man konnte ihm ja viel nachsagen, aber er war nicht zuletzt deshalb bei seinen Soldaten und Rittern so beliebt, weil er sich auch nach den Schlachten um Verletzte und Verwundete oder deren Angehörige im Todesfall kümmerte. Er dachte einen Moment nach und bot Robin dann an:

»Ihr bekommt Loxley als nur der Krone unterstellte Freisass zurück und erhaltet hundert Silbermark als Entschädigung. Siedelt die Leute dort an und baut das Anwesen wieder auf! So ist allen gedient, und Ihr habt einen Ort, an den Ihr zurückkehren könnt.«

Robert von Loxley war weiß Gott nicht nahe ans Wasser gebaut, aber diesmal konnte er nicht verhindern, dass ihm Tränen in die Augen traten, die er mühsam wegblinzeln musste. Nun hatte der König endgültig sein Herz gewonnen, und er war sich sicher, dass er für diesen Mann auch durchs Feuer gehen würde.

»Sire, ich weiß nicht, was ich sagen soll...«, hub er an, aber Richard winkte nur ab. Er konnte bei guter Laune äußerst großzügig, in schlechter Stimmung aber auch in gleicher Weise grausam sein.

Dann erhob sich der König und ein Fanfarenstoß kündigte eine Ansprache an.

»Mylords, Myladies!«, wandte er sich an die Anwesenden. »Wie viele Ämter in England bedarf auch das des Sheriffs von Nottinghamshire der eingehenden Überprüfung durch die Krone. Da sich das auf die Schnelle nicht gründlich genug machen lässt, wie mir mein Kanzler mitteilte«, Richard nickte in Richtung Wilhelm Longchamp, »wird uns Ralf de Lacy nach London begleiten und dort unser Gast im Tower sein. Ich belehne meinen Bruder John mit den Grafschaften Nottingham und Derby in Mittelengland, Cornwall, Devon, Dorset, Sommerset und Gloucester im Südwesten und der Grafschaft Mortain in der Normandie. Er wird sich um deren

Verwaltung kümmern, die notwendigen Beamten einsetzen und ihm werden die Einkünfte aus diesen Besitzungen zur Verfügung stehen. Für das Amt des Sheriffs hier in Nottingham, John, empfehle ich Dir Sir Richard Leaford, den ich als aufrechten Mann und treuen Untertanen kennen und schätzen gelernt habe.«

John sprang wie von der Tarantel gestochen auf, und wer jetzt eine Dankesrede an seinen Bruder erwartet hatte, sah sich zu seiner Überraschung getäuscht.

»Du kommst Dir wohl noch großartig mit Deinen Brosamen vor, Richard?« stieß er wutschnaubend hervor. »Wäre es nach unserem Vater gegangen, würde mir heute ganz England gehören! Und in den Ländereien, die Du mir großzügig überlässt, schreibst Du mir auch noch vor, von wem ich sie verwalten lassen soll! Nur damit auch ja Dir ergebene Männer in die richtigen Positionen gelangen! In Gloucester hast Du mir schon William Marshal vor die Nase gesetzt und hier willst Du es genau so halten. Aber das vergiss gleich, Bruderherz! Ich werde Männer berufen, die mir den Treueeid schwören und nicht Deine Vasallen sind!«

Jetzt hielt es auch Richard nicht mehr auf seinem Platz. Mit zornrotem Gesicht brüllte er seinen Bruder an:

»Alle Untertanen im Angevinischen Reich sind meine Vasallen, das merk Dir ein für alle mal! Auch Du! Und sollten bei mir nur die geringsten Zweifel an Deiner Lehnstreue aufkommen, dann verbringst Du die Zeit während meiner Abwesenheit in einer Festung! Ist das ein für allemal klar?«

Die beiden Söhne Eleonores lieferten sich hier vor aller Augen ein Schauspiel der Zwietracht, das nicht im Sinne des Reiches sein konnte. Ihre Mutter versuchte beschwichtigend einzugreifen, erreichte aber nur, dass sich zumindest Richard, wenn auch widerstrebend, setzte.

Prinz John stürmte aus dem Saal und die Königin registrierte, dass ihm einige, wenn auch nicht viele der Ritter folgten. Das konnte ja heiter werden, wenn Richard auf dem Kreuzzug war! Sie würde als seine Regentin das Land verwalten, so wie es beschlossen und vereinbart war, aber ob sie es ihm auch erhalten konnte, das wusste sie nicht zu sagen.

John traf vor der Halle auf den völlig verstörten Sheriff, der um Fassung ringend an der Mauer lehnt.

»Auf ein Wort, de Lacy! Seid nicht verzweifelt! Mein Bruder wird England bald verlassen, und dann beginnen hier wieder andere Zeiten. Ich werde erfahrene, mir ergebene Männer brauchen. Haltet bis dahin durch, denn niemals wird ein Leaford in Nottingham Sheriff werden!«

Für Ralf de Lacy ging die Sonne auf. Er hatte sich schon im Tower vermodern oder Schlimmeres mit sich geschehen sehen, und hier bot ihm der Prinz eine Zukunft und sein Amt zurück an. Er sank vor John auf die Knie, griff nach dessen Hand und küsste den Ring darauf, wie es sonst nur bei hohen geistlichen Würdenträgern üblich war.

»Sire, seid versichert, einen treueren Untertanen werdet Ihr nie im Leben finden«, stieß er hervor.

»Davon gehe ich aus«, erwiderte geschmeichelt der mit dem königlichen Titel angesprochene Prinz, bevor er sich abwandte und sich mit seinem Gefolge in seine Gemächer zurückzog.

***

Bald darauf hob Richard die Tafel auf und geleitete seine Mutter zu ihrer Kemenate. Nottingham Castle war eine Königsburg und musste als solche immer auf hohen Besuch vorbereitet sein und über genügend Räumlichkeiten für die hohen Gäste verfügen.

Als Mutter und Sohn unter vier Augen waren, brach es aus Richard heraus.

»Was denkt der Kerl sich eigentlich? Was auch immer er anpackt, geht schief! Wenn ich nur an das Desaster in Irland denke! Ich gebe ihm die größte Macht nach mir in England; keiner kann ihn mehr Johann ohne Land nennen, und statt mir dankbar zu sein, greift er mich an. Ich werde ihn wohl für die Zeit des Kreuzzuges einsperren müssen, damit er mir nicht in den Rücken fällt!«

»Soweit würde ich nicht gehen«, wandte Eleonore ein. »Ich werde schon auf ihn aufpassen. Und viel Rückhalt hat er unter den Baronen nicht. Wenn John nicht Acht gibt, wird er sowieso nicht alt. Ich müsste mich sehr irren, aber ich glaube, er hat heute Abend versucht, Marian Leaford zu vergewaltigen. Wäre ihm das geglückt, würde ich keinen Penny auf sein Leben setzen. Robin Hood hätte ihn mit Sicherheit zur Hölle geschickt, um dann wieder in den Wäldern zu verschwinden. Du wärst Deine Bogenschützen los und hättest den Krieg im eigenen Land.«

»Dieser verdammte Hu...!«, Hurensohn hatte Richard sagen wollen, als ihm bewusst wurde, dass er damit ja seine Mutter meinen würde. Aber die lachte nur.

»Ich habe schon Schlimmeres gehört, Richard, tu Dir keinen Zwang an! Es gibt Tage, da habe ich schon bereut, dass er aus meinem Schoß gekrochen ist. John hat sehr viel von Eurem Vater, wie er in den letzten Jahren war. Aber was ihm völlig fehlt, ist der Charme Henrys in seiner Jugend, als ich ihn kennen lernte.«

Eleonore goss sich noch einen Nachttrunk ein und meinte dann nachdenklich:

»Es hilft nichts, Du musst endlich heiraten und für eigene Nachkommen sorgen. Wäre nicht Deine Krönung der richtige Anlass, endlich Alix von Frankreich zu ehelichen? Schließlich seid ihr seit mehr als fünfzehn Jahren verlobt. Und unansehnlich ist sie ja nun wirklich nicht.«

Richard lachte bitter.

»Aber das ist ja das Problem! Deshalb konnte Vater auch nicht die Finger von ihr lassen. Sie hatten sogar ein Kind zusammen! Ich hätte mit ihr im Bett immer das Gefühl, Vater läge daneben.«

Genau das wollte Eleonore hören. Sie hatte kein Interesse daran, ihren Sohn mit einer Geliebten ihres verstorbenen Mannes verbunden zu sehen. So eine Heilige war sie nun weiß Gott nicht! Aber es war besser, Richard sprach es aus, als dass sie versuchte, es ihm nahe zu bringen.

»Da wird ihr Bruder aber nicht begeistert sein«, merkte sie an. »Kannst Du Dir im Moment einen Zwist mit dem König von Frankreich leisten?«

»Das ist mir so was von egal! Wir müssen ihm das ja auch nicht gleich auf die Nase binden. Lass uns erst einmal nach Palästina aufbrechen, dann werde ich es ihm schon irgendwann unterwegs mitteilen.«

»Hast Du denn jemand Anderen im Auge? Ewig kannst du die Ehe nicht vor Dir herschieben! Nachkommen zum Erhalt der Dynastie fallen auch nicht von den Bäumen. Da muss man schon etwas dafür tun, auch wenn es für die Männer eher Vergnügen ist. Für uns Frauen meistens am Anfang auch, aber später...«

Eleonore, Mutter von zehn Kindern, wusste, wovon sie sprach.

»Ich habe ja schon einen Sohn, auch wenn er leider nicht viel taugt.«

»Das Problem ist nur, dass Philipp nicht legitim ist und damit keinen Thronanspruch hat«, merkte die Königin an.

»Darf ich Dich daran erinnern, dass unser Vorfahr Wilhelm von der Normandie auch ein Bastard war, was ihn aber nicht daran gehindert hat, ganz England zu unterwerfen und sich zum König krönen zu lassen. Nur leider interessiert sich mein Sohn nur für Hunde, Pferde und die Jagd und ist schon mit der Aufsicht über das kleine Cognac überfordert.«

»Zurück zum Thema!«, brachte es Eleonore in gewohnter Weise auf den Punkt. »Wen könntest Du Dir denn nun als Ehefrau vorstellen?«

»Sie müsste uns natürlich irgendwie politisch dienlich sein. Andererseits will ich aber auch keine Frau, der man zum Kinderzeugen ein Tuch über das Gesicht legen muss, damit man es überhaupt fertig bringt.«

»Aber Richard«, lachte Eleonore und drohte mit dem Finger. »Also, wer?«

»Ich habe in letzter Zeit öfters an Berengaria von Navarra gedacht«, gab ihr Sohn leicht errötend zu. »Sie ist mir schon vor ein paar Jahren auf dem Turnier in Pamplona aufgefallen. Wusstest Du eigentlich, dass ich für sie damals Lieder geschrieben habe?«

Eleonore musste sich erst einmal setzen. Ihre kühnsten Träume wurden wahr. Die Tochter König Sanchos war die ideale Partie für ihren Sohn. Berengarias Mutter war auch noch Tochter König Alfons von Leon und Kastilien. Navarra sowie deren Königreiche grenzten an den Süden Aquitaniens und Frankreichs. Heiratete Richard Berengaria, so bekam er Verbündete an seine Seite, wie man sie sich besser nicht wünschen konnte. Es würde das Reich nach Süden absichern und den unbotmäßigen Grafen von Toulouse mächtig unter Druck setzen. Ganz nebenbei hatte auch Eleonore die jetzt etwa zwanzigjährige Prinzessin als wunderschönes Mädchen in Erinnerung.

»Richard«, sagte sie im Brustton der Überzeugung, »Du überraschst mich immer wieder. Die Wahl ist so gut, sie könnte glatt von mir sein. Das wird Philipp von Frankreich gar nicht freuen! Wenn Du willst, kümmere ich mich darum, sobald wir deine Krönung hinter uns gebracht haben. Schade, dass Du da nicht eher darauf gekommen bist!«

»Jedes Ding braucht seine Zeit! Ist es nicht so, Mutter? Aber jetzt lass uns schlafen gehen, der Tag war lang und aufregend genug.«

Im Gasthof „Ye old Trip to Jerusalem" hatten Robin und Marian auf Bitten und Empfehlung von Sir Richard tatsächlich noch eine Kammer mit einem Bett für sich allein bekommen. Ansonsten schlief man auf dem Boden der Gaststube in seinen Umhang gehüllt auf Strohsäcken und war froh, nicht unter freiem Himmel nächtigen zu müssen.

Marian kuschelte sich in die Arme ihres Mannes und gähnte herzhaft. Dann fiel ihr etwas ein, und sie richtete sich auf einen Ellenbogen gestützt auf.

»Wieso sagt Eleonore, dass Du Richard den Hintern versohlt hast? Sollte ich da vielleicht etwas wissen?«

Robin war verwundert, dass der König den Vorfall tatsächlich seiner Mutter berichtet hatte. Von ihm sollte jedenfalls niemand erfahren, was vor ein paar Tagen im Sherwood passiert war.

»Das, mein Schatz, ist etwas, was nur Richard und mich angeht. Alles musst Du auch nicht wissen«, neckte er sie und gab ihr dann einen zärtlichen Kuss auf die Nasenspitze.

Marian hatte überlegt, Robin noch heute von dem Vorfall mit Prinz John zu berichten, es aber nach kurzer Überlegung verworfen. Ihr Mann konnte in dieser Beziehung sehr eklig werden, und so lange sich der Bruder des Königs noch in Reichweite von Robins Pfeilen befand, schwieg sie lieber. Jetzt hatte er ihr auch einen Grund geliefert, es ihm nicht zu berichten.

»Dann sage ich Dir auch nicht, was ich vorhin mit John erlebt habe! So hat halt jeder sein kleines Geheimnis.«

Robin sah sie fragend an, bohrte aber nicht weiter nach. Wie er Marian kannte, würde sie es ihm nur im Austausch: „deins gegen meins" eröffnen, und auch wenn seine Frau nun wirklich nicht zu den schwatzhaften Vertreterinnen des weiblichen Geschlechts gehörte, wollte er sich nie vorwerfen lassen, es ausgeplaudert zu haben.

Dass sie sich heute einen Feind fürs Leben geschaffen hatten, ahnten sie nicht.

***

Am nächsten Morgen eilten beide kurz nach Sonnenaufgang auf die Burg. Im Innenhof traf Robin auf seine Männer, die nach der durchzechten Nacht gleich dort geschlafen hatten. Plötzlich erschien Richard im Tor des Palas und kam dann auf seine neuen Bogenschützen zu. Vor Marian, die tief knickste, blieb er stehen, verbeugte sich leicht und hob sie auf.

»Mylady, Ihr habt ein wahres Wunder vollbracht. Meine Mutter sagt, die Wunde verheilt in einer Schnelle, die ganz ungewöhnlich ist. Ich spüre schon fast nichts mehr.«

»Seid trotzdem bitte vorsichtig, Sire, dass sie nicht wieder aufplatzt. Ihr habt versprochen, bei unserer Trauung anwesend zu sein. Ich bestehe darauf!«

Richard lachte schallend.

»Robin, um diese Frau beneide ich Euch! Haltet sie nur gut fest, dass sie Euch nicht davonfliegt. Ich will jetzt weiter und noch ein paar Grafschaften besuchen. Meine Mutter reist nach London ab, um die Krönung vorzubereiten – und natürlich Eure Hochzeit, Mylady, die mindestens genauso wichtig ist.«

Nun wurde Marian doch verlegen. War sie vielleicht mit ihrem Scherz zu weit gegangen? Aber der König fuhr schon fort:

»Longchamp bleibt allerdings noch hier. Er hat meine Order, Euch allen Urkunden über Eure Begnadigung auszustellen und, wie versprochen, dafür zu sorgen, dass Eure Männer in feinstes Tuch aus Lincoln eingekleidet werden. Ich erwarte, dass meine neue Leibgarde der Bogenschützen dann im Krönungszug marschiert und ein beeindruckendes Bild abgibt. Versprecht Ihr mir das, Robert von Loxley?«

»Bei meiner Ehre, Sire, und bei der Ehre meiner Männer!«

»Dann ist es ja gut, ich vertraue Eurem Wort.«

Roncall wurde herangeführt und Richard schwang sich noch etwas vorsichtig in den Sattel, wie Marian bemerkte, die dem Hengst weich über die Nüstern strich, was dieser mit einem wohligen Schnauben quittierte.

Richard grüßte huldvoll zum Abschied in die Runde und sprengte dann an der Spitze seiner Ritter durch das Tor.

»Schon ein beeindruckender Mann!«, musste sogar Will Scarlett zugeben. »Mit diesem König haben wir sicherlich einen Monarchen, um den uns manch anderes Land beneiden wird!«

Sollte man annehmen«, meinte Robin versonnen. Er hoffte sehr, dass sie sich alle nicht täuschten.

»Und wie geht es jetzt weiter?«, erkundigte sich Little John.

»Nun, das ist doch ganz klar. Wir gehen zurück in den Sherwood...« Alle Anwesenden blickten Robin verständnislos an. Hatte er nicht gerade Richard sein Wort gegeben, ihm nach London zu folgen?

»...und feiern ein Abschiedsfest, von dem die Rehe und Hirsche noch ihren Urenkeln erzählen! Sofern sie die Jagd überleben und nicht in unseren Kochtöpfen oder auf den Bratspießen enden!«

Unter den Männern brach Jubel aus und die, die nicht zu Robin Hoods „Merry Men“ gehörten, schauten neidvoll herüber. Lärmend und johlend zogen die Männer aus Nottingham Castle ab. Sie hätten bis vor kurzem nie geglaubt, dass sie die Burg frei betreten und vor allem wieder frei verlassen können würden.

Sheriff Ralf de Lacy stand an einem Burgfenster und blickte ihnen nach. Wilhelm Longchamp, eine kleine, aber drahtige Person mit hellwachem Verstand und dem Gesichtsausdruck eines Wiesels, saß an einem mit Pergamenten bedeckten Tisch und ging mit ihm seine Amtsführung durch. Ohne die Worte von Prinz John hätte er für seine Freiheit oder gar sein Leben keinen Pfifferling gegeben. Doch jetzt hatte er Hoffnung, dass das letzte Wort zwischen ihm und Robin Hood noch nicht gesprochen worden war.

***

3. Kapitel

London – September 1189

Die verbleibenden Tage bis zu ihrem Abmarsch nach London nutzte Robin, um mit Hilfe seines Schwiegervaters aus der fröhlichen Bande halbwegs eine Truppe zu formen, die im Heer König Richards bestehen konnte. So wurden Little John und Will Scarlett zu Lieutenants und Much Millerson und Gilbert Whitehand zu Sergeanten gewählt, und die Männer versprachen hoch und heilig, sich ihren Anweisungen zu fügen.

Es hatte lange Diskussionen gekostet, Bruder Tuck davon zu überzeugen, mit den in England verbleibenden Männern und ihren Angehörigen Loxley wieder aufzubauen. Der Mönch wollte natürlich unbedingt das Heilige Land sehen, aber keiner glaubte, dass er den Marsch dahin überleben würde. Allein schon seine gewaltige Körperfülle stand dem im Wege, und so bot Robin ihm an, aus den hundert Silbermark etwas für den Bau einer kleinen Kirche zu spenden, für die sich in Jerusalem sicherlich die eine oder andere Reliquie würde auftreiben lassen. Wasser aus dem Jordan war schon fest versprochen. Außerdem bot die Anwesenheit eines Geistlichen, der auch lesen und schreiben konnte, dem Dorf einen gewissen Schutz vor der allgegenwärtigen Willkür.

Sir Richard Leaford unterwies derweil seinen Schwiegersohn im Gebrauch von Waffen, die bisher in dessen Leben keine große Rolle gespielt hatten. So musste er lernen, dass ein Schild nicht nur zur Verteidigung diente, wie man einen Gegner mit der Lanze aus dem Sattel hebelte und dass ein Morgenstern zwar schwer zu handhaben, dafür aber absolut tödlich war.

Robin, den das Leben im Wald gestählt hatte und der außerdem zäh und beweglich wie eine Katze war, lernte schnell, auch wenn er sich den einen oder anderen Bluterguss einfing. Da er ein begnadeter Reiter war, der wie festgeklebt im Sattel saß, fielen ihm alle Übungen zu Pferd besonders leicht. Ihn störte eigentlich nur die schwere Rüstung, die ihn sein Schwiegervater zu tragen zwang, da sie ihn in seinen Bewegungen zu sehr einengte. Außerdem bezweifelte er stark, dass das die richtige Bekleidung für das Klima in Palästina war, wie es ihm William Marshal geschildert hatte.

***

Ende August anno 1189 brachen dann die ehemaligen Geächteten, jetzt als Leibgarde König Richards auf das Feinste ausstaffiert, aus dem Sherwood Richtung Süden auf. Alle waren mit Langbögen, Köchern voller gefiederter Pfeile, Breitschwertern und Messern oder Dolchen bewaffnet.

Es war schon ein beeindruckender Zug, der sich da der Stadtmauer von London näherte, vor der sich ein riesiges Zeltlager ausbreitete. An der Spitze ritten Robert von Loxley, Marian und Sir Richard Leaford, gefolgt von der ersten Abteilung, die Little John befehligte. Den zweiten Trupp führte Will Scarlett, der nur unter Aufbietung aller Argumente davon zu überzeugen gewesen war, seinen geliebten, scharlachroten Rock abzulegen. Auf zwei Fuhrwerken, gezogen von jeweils zwei mächtigen Percherons, hatten die Männer ihre Habseligkeiten verstaut. Jetzt waren sie mehr als gespannt, was die Zukunft ihnen bringen würde.

Vor der Zeltstadt wurden sie schon von einem grobschlächtigen Söldner erwartet, der ihnen mit erhobener Hand Halt gebot.

»Seid Ihr die Männer aus Nottinghamshire, die vor kurzem noch Geächtete waren?«, fuhr er Robin nicht gerade freundlich an.

»Ich glaube schon, dass Ihr uns meint«, gab dieser gelassen zurück. »Und mit wem haben wir die Ehre?«

»Mein Name ist Mercadier und ich bin der Hauptmann aller Soldaten des Königs. Ihr habt meinen Befehlen zu folgen! Ich zeige Euch jetzt, wo Ihr lagern werdet.«

»Ihr könnt gern unser Quartiermeister sein. Aber damit wir uns gleich richtig verstehen, meine Männer unterstehen nur mir und ich nur König Richard!«

»Dir muss ich wohl erst Manieren beibringen«, knurrte der Söldnerhauptmann und griff zum Schwert an seiner Seite, als sich eine Hand auf die seinige legte.

»Überlegt Euch das gut, Mercadier!«, warnte William Marshal, der von hinten herangetreten war. »Der Letzte, der gegen diesen Mann das Schwert gezogen hat, verlor gleich darauf seinen Arm. Außerdem werdet Ihr eine ganze Weile miteinander auskommen müssen. Also haltet Frieden und vertragt euch!«

»Wie Ihr meint, eure Lordschaft«, steckte Mercadier zurück, doch man merkte ihm an, wie schwer es ihm fiel. Robin hatte den Eindruck, dass sie beide wohl kaum wahre Freunde werden würden.

»Lasst Eure Männer hier!«, wandte sich Marshal an Robin. »Ich habe allerdings Befehl, Lady Marian und Euch zu Königin Eleonore in den Westminster Palace zu bringen. Wartet einen Moment, ich hole nur mein Pferd.«

»Geh unbesorgt, Robin!«, meinte Sir Richard. »Ich kümmere mich hier um alles. Schließlich war ich lange genug in Feldlagern unterwegs und weiß, wie man eine vernünftige Unterkunft auch im größten Chaos, und danach sieht es mir ganz aus, ergattert.«

Es war auch kein Wunder, denn Abordnungen aus aller Herren Länder, Ritter und Kaufleute, Bauern und Söldner waren zusammengeströmt, um der Krönung Richards I., dessen Angevinisches Reich in seiner Größe nur von dem des deutschen Kaisers übertroffen wurde, beizuwohnen. Üblicherweise wurden dabei umfangreiche Geschenke und Geld verteilt, Privilegien und Lehen vergeben, Knappen zu Rittern geschlagen und Hochzeiten gefeiert.

London und seine Umgebung schienen aus allen Nähten zu platzen, und kaum jemand konnte von sich behaupten, jemals so viele Menschen auf engstem Raum gesehen zu haben. Robin bekam regelrecht Beklemmungen, als er sich mit Marian an William Marshals Seite durch die Massen zwängen musste und mehr als einmal befürchtete er, vom Pferd gestoßen zu werden.

»Ihr führt auch ein neues Wappen?«, wandte er sich fragend an seinen Begleiter, dessen grün und gelb gestreifter seidener Umhang von einem stehenden, roten Löwen geziert wurde.

Marshal lächelte stolz und zufrieden.

»Richard hat mir Isabel de Clare zur Frau gegeben, was mir sein Vater schon lange versprochen, aber nie gehalten hatte. Dadurch bin ich nun der Earl von Pembroke und Herr umfangreicher Ländereien an der Grenze zu Wales und in Irland.«

»Meinen Glückwunsch!«, mischte sich Marian ein und Robin nickte zustimmend. Sie freuten sich aufrichtig, denn William Marshal war ihnen vom ersten Augenblick an sympathisch gewesen, auch wenn das zunächst anders ausgesehen hatte. Vom einfachen Ritter ohne eigenes

Land war er damit zu einem der größten Grundbesitzer Englands aufgestiegen.

Richard hatte diejenigen, die kurz vor seines Vaters Tod zu ihm übergelaufen waren, aus seinem Dienst entfernt. Hingegen diejenigen, die dem alten Henry bis zum Schluss die Treue gehalten hatten, mit Wohlwollen aufgenommen und reich belohnt. Aufrichtigkeit schätzte er über alles, und das William Marshal ihn bei der Schlacht um Le Mans sogar aus dem Sattel geworfen hatte, diesem längst verziehen. Den König vom Pferd auf die Erde befördert zu haben war zumindest etwas, das Robert von Loxley und der neue Earl von Pembroke gemeinsam hatten, worüber sie aber nie sprechen würden.

An William Marshals Seite passierten sie schnell die Wachen vor Westminster Palace und wurden zu den königlichen Gemächern geleitet. Eleonore bewohnte eine ganze Flucht mit verschwenderischer Pracht ausgestatteter Räume und hatte sich in eine kleinere Kemenate zum Schachspielen mit einem Vertrauten zurückgezogen, als ihr die Besucher gemeldet wurden. Nach freudiger Begrüßung zog sie sich mit Marian in einen Nebenraum zurück, um ihr das versprochene Hochzeitskleid zu zeigen.

Robin stand ein bisschen verloren in dem königlichen Gemach herum, nachdem sich Marshal verabschiedet hatte. Dem Earl von Pembroke waren so viele Aufgaben übertragen worden, dass er wirklich nicht wusste, wo ihm der Kopf stand und nur hoffte, das Ganze wäre bald vorbei. Als Robin von dem älteren Herrn, mit dem Eleonore Schach gespielt hatte, angesprochen wurde, war er dafür aufrichtig dankbar und erleichtert.

»Möchtet Ihr Euch vielleicht setzen und das Spiel für die Königin beenden?«, fragte der Mann und lächelte sein Gegenüber an. Robin hatte noch nie eine so sanftmütige und gütige Stimme gehört. Dazu strahlte der Fremde ein gewinnendes Wesen aus, dem man sich nicht entziehen konnte.

»Danke, das mit dem Spiel lassen wir lieber«, meinte Robin und nahm Platz. »Mit der Gunst Eleonores wäre es wahrscheinlich vorbei, wenn ich ihre Partie verlieren würde. Und da mir nur die Grundzüge bekannt sind, bin ich sowieso kein adäquater Partner für Euch.«

»Nun, man kann alles lernen, wenn ich auch gern zugebe, dass Schach der Übung bedarf. Wie ich sehe, seid Ihr mehr ein Mann der

Natur und verbringt viel Zeit im Freien. Aber sicher kein Soldat, vielleicht Forstaufseher des Königs?«

Robin war von der Beobachtungsgabe des Mannes überrascht.

»So würde ich es jetzt nicht nennen, auch wenn ich mich lange Zeit im Wald aufgehalten habe. Aber wie kommt Ihr darauf?«

»Nun, das ist nicht schwer zu erraten. Für einen Bauern ist Eure Ausdrucksweise zu gewählt. Euer Gesicht und Eure Hände sind braun gebrannt, also haltet ihr Euch viel im Freien auf, tragt aber weder Helm noch Handschuhe. Eure Arme sind sehr kräftig und an Daumen und Zeigefinger der rechten Hand habt Ihr Schwielen. Sicher vom Spannen der Bogensehne, habe ich recht?«

Bevor Robin verblüfft zustimmen konnte, kamen Eleonore und Marian zurück, und er sah, wie seine Frau strahlte.

»Oh, habt Ihr Euch schon miteinander bekannt gemacht?«, fragte die Königin. »Oder darf ich vorstellen: Josef von Salamanca, mein Arzt und Ratgeber, und Robert von Loxley, auch Robin Hood genannt, mit Lady Marian Leaford. Ab morgen werden die beiden nun auch endlich offiziell ein Paar sein.«

»Es freut mich, den berühmten Herren des Sherwood Forest kennen zu lernen, von dem die Bänkelsänger soviel zu berichten haben«, meinte der alte Herr und deutete eine Verbeugung an.

»Ihr meint wohl eher berüchtigt«, entgegnete Robin verlegen und leicht errötend. »Vieles, was Ihr über mich und meine Gefährten gehört habt, ist mit Sicherheit übertrieben.«

»Stellt Euer Licht nicht unter den Scheffel, junger Mann. Das Volk braucht seine Helden und es gibt nicht viele, die den Armen geben, wenn ihnen die Reichen alles genommen haben.«

Das Gespräch wurde Robin langsam peinlich, und er wandte sich an Eleonore, die schmunzelnd zugehört hatte.

»Madam, ich habe eine große Bitte an Euch. Hättet Ihr vielleicht eine Unterkunft für Marian? Ich schlafe bei meinen Männern, aber für eine Frau ist das Zeltlager sicherlich nicht der richtige Platz.«

»Das ich nicht selbst daran gedacht habe!«, seufzte die Königin. »Wir werden schon etwas finden, aber es wird nicht leicht sein. Auch hier im Palast geht es zu wie in einem Ameisenhaufen, und ich hoffe nur, dass Richard nicht auch noch mein Bett vergeben hat.«

»Wenn ich mir eine Bemerkung erlauben dürfte«, schaltete sich der ältere Herr ein. »Ich hätte in meinem Haus genügend Platz für Eure

Gäste. Es wäre doch nicht schicklich, wenn sie die Hochzeitsnacht getrennt voneinander verbringen müssten. Wenn es Euch nicht stören würde, bei uns zu nächtigen, mir wäre es eine große Ehre.«

»Wieso stören? Wir nehmen Eure Gastfreundschaft gern an, wenn wir Euch auch wirklich nicht zur Last fallen.«

»Was Josef von Salamanca sagen wollte«, mischte sich Eleonore ein und sah Robin von der Seite an, um seine Reaktion beobachten zu können, »er ist Jude.«

»Und?«, fragte dieser verständnislos zurück. »Bei Eurem Arzt sind wir sicher bestens aufgehoben, Madam.«

»Denkt Ihr auch so, mein Kind«, wandte sich Eleonore an Marian.

»Selbstverständlich, Madam! Für mich zählt immer zuerst der Mensch, so wie ich ihn kennen lerne, und nicht das Vorurteil, das sich oft in den Köpfen festgesetzt hat.«

»Das freut mich, denn ich schätze Josef von Salamanca sehr.«

Eleonore nickte Marian freundlich lächelnd zu.

»Leider gibt es, wie ihr richtig bemerkt habt, mein Kind, gerade hier in England den Juden gegenüber sehr viele Vorurteile, die wir so in meiner Heimat Aquitanien nicht kennen. Die Universitäten von Toledo, Cordoba und auch Salerno haben viele jüdische Gelehrte hervorgebracht, deren umfangreiches Wissen wir nutzen und nicht verschütten sollten. Und da diese Frage nun auch geklärt ist, können wir alle dem morgigen Tag beruhigt entgegen sehen.«

Robin, Marian und der Arzt verabschiedeten sich mit einer Verbeugung. Dann gingen sie gemeinsam zum nahe gelegenen Haus ihres Gastgebers unmittelbar am Ufer der Themse. Es war ein stattlicher, dreigeschossiger Fachwerkbau, der rückseitig auch einen Stall für die Pferde hatte, was Robin einer weiteren Sorge enthob.

Josef von Salamanca stellte seine Frau Sarah und ihre beiden Töchter Miriam und Magdalena vor, alle drei glutäugige, spanische Schönheiten, die Robin und Marian herzlich begrüßten. Die beiden fühlten sich rundherum willkommen, und eine anfängliche Scheu war schnell überwunden.

Das Haus war überaus behaglich eingerichtet und das Gästezimmer verfügte nicht nur über ein großes Bett, auf dem seidene Kissen und Decken über schneeweißem Leinen lagen, sondern auch über eine buntbemalte Truhe, einen Tisch und zwei hochlehnige Polsterstühle zum Ausruhen. Edle Gobelins und sogar ein kleiner Spiegel in einem

Rahmen aus Elfenbein schmückten die Wände. Wahrlich eine zur damaligen Zeit mehr als komfortable Ausstattung.

»Möchtet Ihr vielleicht ein Bad nehmen?«, erkundigte sich die Frau ihres Gastgebers. »Man sieht Euch Euren langen, staubigen Weg an. Ich lasse Euch gern die Badestube einheizen und warmes Wasser bereit stellen. Aber nur, wenn es Euch recht ist.«

»Ihr habt eine eigene Badestube im Haus?«, fragte Marian interessiert nach. Sie kannte nur die öffentlichen Badehäuser der Städte, die meist keinen guten Ruf hatten und in die sie keine zehn Pferde hineinbekommen hätten. In Fenwick gab es einen großen Zuber, der in den Schlafgemächern zum Baden aufgestellt wurde.

»Ja, Mylady, das kennen wir aus Kastilien, wo es schon seit Römerzeiten üblich ist, und mein Mann hat auch hier auf dem Bau bestanden, weil er sagt, dass die Reinlichkeit die Grundlage der Gesundheit ist.«

»Gern nehmen wir Euer Angebot an. Aber sagt nicht Mylady zu mir, ich heiße Marian.«

»Nur wenn Ihr mich Sarah nennt! Ich lasse alles herrichten«, meinte ihre Gastgeberin und zog sich dann zurück.

»Das ist ja traumhaft hier«, staunte Robin. »Besser hätten wir es auch im Palast nicht treffen können. Ich hatte uns schon unsere Hochzeitsnacht in einer Ecke in einem Stall verbringen sehen.«

»Ein Stall ist nicht das Schlechteste«, schmunzelte Marian. »Schließlich ist auch Christus in einem geboren worden, und ich kann mich an schöne Momente im Stroh erinnern.«

»Nicht dass Du die seidenen Kissen hier heute Nacht verschmähst. Aber bevor wir uns in denen herumwälzen, sollten wir wirklich vorher baden.«

Robin und Marian legten ihre Obergewänder ab und ließen sich von Sarah zur Badestube geleiten, die eigentlich aus drei miteinander verbundenen Räumen bestand. Im vorderen standen Waschschüsseln für eine erste Reinigung, und an den Wänden waren Haken für die Kleider angebracht.

Danach ging es in den zweiten Raum, ein Dampfbad. Beim Betreten verschlug ihnen die feuchte Hitze den Atem, und sie standen eingehüllt in die wabernden Schwaden ohne sich im ersten Moment zurechtzufinden. Dann sahen sie die an den Wänden aufgestellten Steinbänke, auf denen man sich zum Schwitzen niederlassen konnte.

Die Hitze ließ den Schweiß in Bächen über ihre Körper rinnen, und sie rieben sich mit bereitliegenden Tüchern und Bimssteinen gegenseitig ab. Robin konnte nicht verbergen, dass ihn die Berührungen von Marian an seinem Körper erregten, und genoss es selbst, über ihre Brüste und Schenkel zu streichen.

Doch bald hielten sie es in den Dampfschwaden nicht mehr aus und betraten den dritten Raum, um sich zuerst mit in Kübeln bereit stehendem Wasser den Schweiß abzuspülen und dann in einem großen Zuber, der für beide groß genug war, Platz zu nehmen. In dem angenehm warmen Wasser schwammen duftende Kräuter und Blütenblätter. Ihre aufmerksamen Gastgeber wollten sie noch weiter verwöhnen und hatten einen kleinen Tisch mit Obst nebst einer Karaffe Rheinwein bereit gestellt.

Robin und Marian kamen sich vor wie im Paradies und planschten ausgelassen wie Kinder im Badezuber herum. Der süße Wein heizte zusätzlich die Stimmung an, und als Robin sich zu seiner Frau beugte, um sie zärtlich zu küssen, spürte sie seine harte Männlichkeit erregend an ihrem Bauch. Selbst den Freuden der körperlichen Liebe sehr zugeneigt und genau in der richtigen Stimmung dafür, spreizte sie bereitwillig die Schenkel, um ihren Mann in sich aufnehmen zu können. Zuerst liebten sie sich sanft, dann immer fordernder. Marian spürte ihren Höhepunkt kommen und umschlang Robin ganz fest mit ihren langen Beinen. Sie wollte ihn ganz tief in sich hineinzuziehen um zu spüren, wie er sich in sie ergoss um sich dabei aufstöhnend an ihn zu klammern.

Als sie wieder zu Atem gekommen waren, ließen sie sich in das warme Wasser zurückgleiten und genossen einfach schweigend den Augenblick.

»Ich glaube, ich habe mich noch nie so wohl gefühlt«, meinte Robin und ließ den goldgelben Wein im Becher kreisen.

»Und wahrscheinlich warst Du noch nie in Deinem Leben so sauber«, neckte ihn Marian.

»Der heilige Augustinus hat aber das Nichtbaden zur Tugend erklärt und dem Fasten gleich gestellt. Er meint, einmal im Monat ein Bad wäre gerade noch mit dem christlichen Glauben vereinbar«, gab Robin sein Wissen kund.

»Untersteh Dich!« Marian warf ihm ein nasses Tuch ins Gesicht. »Dann kommst Du nicht mehr in mein Bett! Sonst gehörst Du doch auch nicht zu den Strenggläubigen!«

»Keine Angst, dann könnte ich mich bald selbst nicht mehr riechen. Wir sind ja hier auch bei Juden! Sie haben es oft nicht leicht, und wir sollten ihnen schon diesen Luxus in ihrer Abgeschiedenheit gönnen.«

»Durchaus«, meinte Marian nachdenklich. »Aber ich werde mal in Fenwick schauen, ob wir uns nicht etwas Ähnliches einrichten können.« Sie zwinkerte Robin schelmisch zu. »Das hat mir jetzt Lust auf mehr gemacht.«

»Kannst Du gern später haben! Aber jetzt komm, wir wollen unsere Gastgeber nicht länger warten lassen.«

Sie kletterten aus dem Badezuber und trockneten sich mit großen, weichen Tüchern ab. Robin bewunderte wieder einmal die mädchenhafte Gestalt seiner Frau. Unter der zarten Haut zeichneten sich Muskeln ab, die man nicht vom Sticken, sondern nur von sonst Männern vorbehaltener Gutsarbeit bekam. Marian hielt sich einfach kaum an die üblichen Konventionen. Die für Frauen vorgesehenen, züchtigen Beschäftigungen würden sie zur Weißglut treiben und zu Tode langweilen. Sie ritt wie der Teufel, schoss mit Pfeil und Bogen fast so treffsicher wie Robin und konnte auch mit dem Schwert umgehen. Selbst bei der Heuernte packte sie mit an, was ihren Vater regelmäßig an den Rand des Wahnsinns brachte, vor allem, wenn er sie im verschwitzten Hemd und Beinlingen oben auf dem Fuhrwerk stehen sah.

Aber Robin liebte sie dafür umso mehr und erfreute sich immer wieder an ihrer schlanken Figur, an der so gar nichts Matronenhaftes war, ihrem langen, blonden Haar und vor allem ihrem strahlenden Lächeln, mit dem sie ihn immer wieder bezaubern konnte.

Als sie zu ihren Kleidern zurückkehren wollten, waren diese verschwunden, und statt dessen lagen frische Untergewänder und als Oberbekleidung weite, reichbestickte Kaftane bereit. Vor der Tür erwartete sie die jüngste Tochter ihrer Gastgeber und teilte ihnen mit, dass das Nachtmahl hergerichtet sei. Robin hatte regelrecht ein schlechtes Gewissen, wenn er an seine Männer und seinen Schwiegervater im Zeltlager dachte.

Josef von Salamanca hatte auftischen lassen, was Küche und Keller nur hergaben. Viele der dargebotenen Speisen kannten Robin und

Marian nicht, probierten aber fast alles und waren meist sehr angetan. Robert von Loxley war schon immer neugierig gewesen und hier ergab sich die Gelegenheit etwas zu erfragen, was er schon immer hatte wissen wollen.

»Sagt bitte«, wandte er sich an seinen Gastgeber, »man hört oft, dass Euch so viele Speisen verboten sind, aber wenn ich mir ansehe, was bei Euch alles auf den Tisch kommt, so ist doch die Auswahl viel größer, als wir sie kennen.«

Der Arzt schmunzelte und strich sich über seinen Bart.

»Ihr meint sicherlich das, was man gemeinhin als koscher bezeichnet. Nun muss ich Euch zuerst sagen, dass wir keine orthodoxen Juden sind und es auch in unserer Religion, ähnlich der Euren, unterschiedliche Abstufungen der Frömmigkeit gibt. Was für einen christlichen Eremiten oder strenggläubigen Juden schon ein Frevel ist, wird von der Allgemeinheit meist nicht so gesehen. Viele unserer Speisegesetze haben durchaus einen Sinn und wurden deshalb auch vom Islam übernommen. So verdirbt im heißen Klima Schweinefleisch viel schneller als Rindfleisch oder Hammel, und viele sind von dessen Verzehr krank geworden. Deshalb haben weise Männer es verboten und religiös begründet. Das hilft meistens und wird am ehesten beachtet. Warum wir aber zum Beispiel keine Tiere essen dürfen, die im Wasser leben und keine Schuppen oder Flossen haben, entzieht sich allerdings auch meiner Kenntnis und vor allem meinem Verständnis.«

Kaum gesagt, ließ sich Josef von Salamanca genussvoll einen Hummerschwanz schmecken.

Nach dem Essen wurden die Kinder zu Bett geschickt. Die jüngere, Magdalena, knickste vor Robin und platzte mit einer Frage heraus, die ihr anscheinend schon den ganzen Abend auf der Seele gebrannt hatte.

»Könnt Ihr wirklich einen Pfeil bis auf den Mond schießen und auf tausend Yard eine Fliege treffen?«

Robin schmunzelte. »Erzählt man das über mich? Nun, wenn Du auf diese Entfernung eine Fliege siehst, dann kann ich sie auch treffen.«

Magdalena, die eigentlich schon vorher über ihre eigene Kühnheit erschrocken war, bekam große Augen, machte auf der Hacke kehrt und flitzte ihrem Kindermädchen hinterher. Die Erwachsenen lachten, und nachdem der Hausherr die Tafel aufgehoben hatte, zogen sie sich in den Nebenraum an den Kamin, in dem ein lustiges Feuerchen prasselte, auf einen Becher Wein zurück. Behaglich streckte Robin die Beine aus und fand, dass es sich so durchaus leben ließ.

»Ihr glaubt gar nicht, was man sich alles über Euch erzählt«, begann Josef von Salamanca die Unterhaltung. »Natürlich ist sicherlich vieles übertrieben, doch die Menschen schöpfen aus Euren Taten Hoffnung, wenn es ihnen mal wieder gar zu schlecht geht. Sie vertrauen auch auf König Richard und vor allem darauf, dass diese unsäglichen Kriege und Fehden aufhören und wieder Recht und Gesetz Gültigkeit erlangen, so wie es in den ersten zwanzig Jahren der Regierung König Henrys der Fall war. Seine letzten fünfzehn Jahre sollte man allerdings besser vergessen.«

»Die Herrschaft Richards beginnt wohl auch zuerst einmal mit einem Krieg. Und das wird sicherlich kein kleiner und leichter werden. Immerhin geht es um die Rückeroberung Jerusalems. Könnt Ihr uns etwas über die Stadt, das Land und dessen Geschichte erzählen?«

»Nun, das, was die Christen das Heilige Land und wir Juden das Gelobte Land nennen, war zu allen Zeiten eine heiß umkämpfte Region. Assyrer, Ägypter, Phönizier lieferten sich hier, wo Afrika, Asien und Europa aufeinander stoßen, blutige Schlachten. Dann zogen die zwölf Stämme Israels in das ihnen von Gott verheißene Land und gründeten die Stadt Jerusalem. Assyrer und Babylonier aber vertrieben sie wieder und mein Volk musste in Knechtschaft unter ihnen leben, bis Kyros von Persien den Juden die Rückkehr nach Palästina erlaubte. Andere Eroberer, wie zum Beispiel Alexander der Große, kamen und gingen, aber die Römer blieben und machten unser Land wie viele andere zu einer ihrer Provinzen. Als die Unterdrückung immer stärker wurde, gab es einen großen Aufstand, den die Besatzer blutig niederschlugen. Dabei wurde auch unser größtes Heiligtum, der Tempel in Jerusalem, zerstört. Mehr als zehntausend Juden wurden wie euer Jesus gekreuzigt, so dass alle Bäume rings um die Stadt abgeholzt werden mussten. Viele wurden als Sklaven verkauft und die restlichen vertrieben. Seit dem haben wir kein eigenes Land mehr und leben über die ganze Welt verstreut in der Diaspora. Menschen eures Glaubens sagen, das wäre die Strafe dafür, dass Juden Jesus an die Römer ausgeliefert haben.«

»Aber Jerusalem wurde doch wieder aufgebaut und ist der heiligste Ort der Christenheit«, bohrte Robin weiter.

»Das ist richtig«, fuhr sein Gastgeber fort. »Der römische Kaiser Konstantin erklärte das Christentum zur im Reich gleichberechtigten Religion, nachdem die Anhänger Jesu, der ja selbst Jude war, über lange Zeit den wilden Tieren im Zirkus vorgeworfen wurden oder andere grausame Tode starben. Vor allem Konstantins Mutter, die Jerusalem und Palästina besuchte, förderte von da an das Heilige Land. Unter den Byzantinern erlebte Palästina sein goldenes Zeitalter, bis dann um das Jahr 638 die Muslime Jerusalem eroberten. Am Anfang lebten Christen, Juden und Moslems einträchtig nebeneinander. Allerdings ließ im Jahre 1009 der Kalif al Hakim die Grabeskirche zerstören, um den Islam zu festigen und unislamische Gewohnheiten zu bekämpfen.

Das führte dann letztendlich zum ersten Kreuzzug, der Rückeroberung Jerusalems und der Bildung mehrerer Kreuzfahrerstaaten im Heiligen Land. Doch die Muslime schlugen zurück und nahmen bald die Grafschaft Edessa wieder ein, was zum Anlass für den zweiten Kreuzzug wurde, den Königin Eleonores erster Mann, Ludwig von Frankreich, anführte und an dem sie selbst teil-nahm. Er wurde ein völliges Desaster und führte zur weiteren Schwächung der Christen in Palästina, so dass Sultan Saladin ein großes Kreuzritterheer völlig vernichten und Jerusalem erneut einnehmen konnte. Und nun will König Richard es zurückerobern. So geht es immer hin und her. Nur an die Menschen, die darunter ständig zu leiden haben, an die denkt niemand!«

»Ihr seid ja bestens unterrichtet«, staunte Robin. »Woher wisst Ihr das alles?«

»Nur wer die Geschichte kennt, kann sie auch verstehen. Ich habe mich immer dafür interessiert und an den Universitäten von Cordoba und Toledo alles darüber gelesen, was ich in die Hände bekommen konnte. Ihr werdet ein hochinteressantes Land kennen lernen, und ein bisschen beneide ich euch darum. Doch andererseits wird es mit Sicherheit kein Spaziergang, und ich vermute, dass viele, die jetzt frohen Mutes ausziehen, ihr Heimatland nicht wiedersehen werden.«

Robin schaute nachdenklich in seinen Becher. War es wirklich die richtige Entscheidung, die er und seine Männer getroffen hatten? Vielleicht wären sie doch besser im Sherwood geblieben. Aber wie dem auch sei, jetzt gab es kein Zurück mehr! Er jedenfalls würde sein Wort nicht brechen, das stand für ihn fest. Und als Geächtete und

Vogelfreie standen er und seine Gefährten auch immer mit einem Fuß unter dem Galgen.

»Also, was soll's«, dachte er bei sich, »wir werden wie immer das Beste daraus machen.«

Da es spät geworden war, bedankten sich Robin und Marian für die großzügige Gastfreundschaft und zogen sich dann in ihr Gemach zurück. Dort fanden sie ihre Gewänder, frisch gewaschen und gereinigt, vor und waren von soviel Aufmerksamkeit schier überwältigt.

»Eigentlich solltest Du ja heute nicht hier schlafen«, meinte Marian zu ihrem sich wohlig auf dem Bett räkelnden Mann. »Das ziemt sich nun wirklich nicht in der Nacht vor der Trauung. Was soll nur morgen der Erzbischof dazu sagen?«

»Jetzt werd' bloß nicht komisch!«, knurrte Robin. »Du musst es ihm ja nicht erzählen. Wir schlafen jahrelang im gleichen Bett, und heute soll ich womöglich auf der Türschwelle nächtigen? Das vergiss mal gleich!«

»Ich wusste schon immer, dass ich einen Mann ohne jede Sitte und Moral habe«, lachte Marian und kuschelte sich in Robins Arme. »Schlaf gut, mein Schatz, ab morgen darfst Du mich dann auch mit dem Segen der Kirche lieben.«

»Als ob das bisher für dich je eine Rolle gespielt hätte! Wie wäre es mit jetzt? Du riechst so gut!«

»Kommt nicht in Frage!«, gab sich Marian empört. »Ich bin eine anständige Frau!«

Lachend drehte sie sich um und war im nächsten Moment auch schon eingeschlafen. Robin hing noch eine Zeitlang seinen Gedanken nach, bevor auch ihn der Schlaf übermannte.

***

Am nächsten Morgen sammelte sich der Hochzeitszug vor Westminster Palace, um unter festlichem Glockengeläut in die Kirche einzuziehen, in der die Trauungen vorgenommen werden sollten. Genau genommen würde der Erzbischof von Canterbury, Balduin von Exeter, nur die Ehepaare einsegnen, da Prinz John vor wenigen Tagen bereits in Marlborough Castle geheiratet hatte. Und William Marshal, der noch vor Richard in England gewesen war, um Eleonore aus ihrer

Gefangenschaft zu befreien, hatte keinen Tag verstreichen lassen, um endlich seine ihm schon seit langem versprochene Isabel de Clare zu ehelichen.

Im Zuge der Krönung sollten nun Hochzeitsfeiern der verschiedenen Stände stattfinden, und wer eignete sich dafür besser als der Bruder des Königs, der treueste Ritter der Königin und der vom Volk so hoch verehrte Robin Hood.

Prinz John war ganz in ein silbernes Gewand gekleidet und seine drei Jahre jüngere Frau in überaus kostbaren Goldbrokat. Aber auch die prachtvollste Kleidung konnte nicht ihre zur Fülligkeit neigende Figur und schon gar nicht den sich schon jetzt über der Oberlippe abzeichnenden Damenbart und das wachsende Doppelkinn verbergen. Hawise von Gloucester war bei Gott keine Schönheit, und hätte Marian Prinz John nicht von seiner unangenehmsten Seite kennen gelernt, hätte er ihr fast leid getan. Sicher würde er sich aber mit den umfangreichen Ländereien, dem Titel eines Earl von Gloucester und zahlreichen Liebschaften trösten.

»Viel Spaß im Ehebett!«, dachte Marian etwas hämisch.

Ganz anders sah es bei William Marshal und seiner von ihm vergötterten Isabel de Clare aus, auch wenn ein großer Altersunterschied sie trennte. Er war zwar achtundzwanzig Jahre älter als seine siebzehnjährige Gattin, doch nach wie vor ein beeindruckender Mann von tadelloser Gestalt. Dass er seine Frau auf Händen tragen würde, stand für jeden, der das Paar beobachtete, außer Zweifel. Isabel himmelte ihren Mann geradezu an und war ein wunderschönes, goldblondes Mädchen, dem das apfelgrüne, gelb abgesetzte Seidenkleid, die Farben des neuen Earl von Pembroke, traumhaft stand. William Marshals Hochzeitsgewand war natürlich in Rot und Gold, den Farben des Angevinischen Reiches, gehalten.

Damit komplementierte es sich mit Marians Hochzeitskleid, das ebenfalls aus roter und goldfarbener Seide bestand. Ein leichter, cremefarbener Schleier, gehalten von einem Brautkranz aus kleinen, wilden Rosenknospen, bedeckte ihr zur Feier des Tages züchtig aufgestecktes und kunstvoll geflochtenes Haar. Sie war zwar mit ihren fünfundzwanzig Jahren die Älteste der drei Frauen, übertraf aber an Schönheit und Anmut Hawise von Gloucester um Längen und wirkte neben Isabel de Clare reifer und fraulicher.

Robin trug zur Feier des Tages einen Surcot in Lincoln Green aus feinstem Tuch, das sein Schwiegervater zu seinem Leidwesen ebenso wie seinen Gürtel reich mit goldener Borte hatte einfassen lassen, was ihm etwas übertrieben vorkam. Seine Beinlinge aus dem gleichen Stoff lagen eng an und steckten in rehbraunen, weichen Hirschlederstiefeln. Bestickte Schuhe hatte er für sich kategorisch abgelehnt.

Während Marshal Robin und Marian freundlich begrüßte und seiner Frau vorstellte, die sichtlich erfreut war, quittierte Prinz John die Verbeugung der beiden mit einem kaum merklichen Kopfnicken. Hawise von Gloucester übersah sie gänzlich.

Jedes Brautpaar hatte sein eigenes Gefolge, so dass sie im Abstand zueinander durch eine dichte Menschengasse auf das Kirchenportal zu schritten. An der Spitze natürlich Prinz John, der zwar selbst nicht allzu groß war, seine Braut aber um mehr als Haupteslänge überragte. Der Jubel des Volkes wirkte etwas aufgesetzt und steigerte sich erst, als Diener kleine Geldstücke in die Menge warfen.

Bei dem allseits beliebten William Marshal und seiner Isabel de Clare, der Tochter Strongbows, dem Eroberer weiter Teile Irlands, war das nicht nötig. Die donnernden Hochrufe auf das Paar hallten Prinz John in den Ohren und er war froh, als er mit seiner Gattin endlich durch das Portal von Westminster Abbey schritt.

Das war auch gut so, denn als Robin und Marian auf die Kirche zugingen, gefolgt von Sir Richard Leaford, Little John und fünfundzwanzig ausgewählten Waldmännern, da tobte das Volk. Blumen regneten auf das Brautpaar nieder und die herzlichsten Segenswünsche wurden ihnen von allen Seiten zu gerufen. Man hätte meinen können, ein Königspaar selbst würde Einzug halten. Robin wurde es schon unangenehm. Er lächelte und grüßte in alle Richtungen und Marian hielt sich mit der einen Hand an seinem Arm, mit der anderen an ihrem Brautstrauß fest. Den Blick leicht gesenkt kam sie so am besten durch die Menge.

Hinter dem Portal wurden die drei Brautpaare vom Erzbischof von Canterbury auf der einen und Richard Plantagenet auf der anderen Seite in Empfang genommen und durch das bis zum letzten Platz gefüllte Kirchenschiff zum Altar geleitet.

Balduin von Exeter las persönlich die Messe, assistiert von den Bischöfen von Oxford und Winchester. Der Bischof von Hereford, der nicht gerade zu Robins Freunden gehörte, weilte glücklicherweise nicht unter den anwesenden Geistlichen.

Die Brautpaare knieten auf den Altarstufen nieder und hielten sich bei den Händen, die der Erzbischof jeweils mit einem Band umschlang. Der Reihe nach gaben sie sich das Eheversprechen und wurden dann eingesegnet. Dabei sah Marian Robin von unten her mit einem Augenaufschlag an, dass er völlig dahinschmolz und mit aller Kraft an sich halten musste, sie nicht vor allen Leuten in die Arme zu nehmen.

Als die Zeremonie beendet war, begleiteten der Erzbischof und Richard die Brautpaare bis vor das Kirchenportal, wo sie auf den obersten Treppenstufen stehen blieben und der jubelnden Menge zuwinkten.

»Glücklicherweise«, dachte Robin, »war in dem Tumult jetzt nicht mehr zu unterscheiden, wem die Glückwünsche galten. Warum ist dieser John nur so unbeliebt?« fragte er sich verwundert.

Seine Frau hätte ihm da schon Auskunft geben können und unter dem Volk sprachen sich gute und schlechte Eigenschaften ganz schnell herum.

Von Westminster Abbey begab man sich zum Palast zurück, wo in der großen Halle das Hochzeitsbankett stattfinden würde. Robin und Marian staunten nicht schlecht, als sie die riesige, von Wilhelm II. erbaute Westminster Hall betraten. Sie war zweihundertvierzig Fuß lang und fast siebzig Fuß breit und schien sich nach oben unendlich hoch zu erstrecken. Gegenüber dem Eingangsportal saßen auf einem Podest der König und seine Mutter nebst Prinz John mit Gemahlin, und etwas weiter unten rechts und links waren Tische für William Marshal und Robert von Loxley mit ihren Frauen vorbereitet worden. Die Halle fasste so viele Menschen, dass Robin sich fragte, ob sich in England noch Menschen außerhalb dieses Saales befanden. Man sagte damals von ihr, sie wäre die größte der Welt.

Unzählige Speisen der vielfältigsten Art wurden aufgetragen und zur Unterhaltung spielten Troubadoure auf. Natürlich besang Blondel de Nesle die Taten seines Königs Richard, dem er schon in Aquitanien gedient hatte. Als dann Alan a Dale zur Laute griff und von den „Merry Men“ aus dem Sherwood sang und berichtete, wie Robin Hood den Sheriff narrte, den Reichen nahm, um es den Armen zu geben, da blickte der eine und der andere der Gäste nicht sehr glücklich drein.

Manch einer von ihnen hatte auch seinen Obolus entrichten müssen und hätte Robin Hood lieber am Galgen als an der Tafel des Königs gesehen. Aber Richard lachte schallend, vor allem, als Alan a Dale besang, wie Robin den schweren Bruder Tuck durch den Fluss tragen musste, und so stimmten sie notgedrungen ein.

Der König rief die Brautpaare einzeln zu sich, um Hochzeitsgeschenke zu verteilen. Als Robin und Marian sich vor ihm verneigten, trat er mit ihnen an einen Tisch, über den ein Tuch gebreitet war, so dass man nicht sehen konnte, was darunter lag.

»Wenn Euer Schwiegervater Euch Waliser Langbögen besorgt, damit ihr Euch schützen könnt, sollte ein König nicht zurückstehen«, begann er seine kleine Ansprache. »Ich möchte Euch etwas schenken, das hoffentlich auch Eure Frau freuen wird, soll es doch helfen, den geliebten Mann wieder unversehrt zu ihr zurückzubringen.«

Mit diesen Worten zog Richard das Tuch zurück und zum Vorschein kam eine Ringpanzerrüstung allerbester Machart. Die Kettenglieder des langarmigen Hemdes, das über dem Gambeson getragen wurde, waren doppelt vernietet und platzten dadurch nur schwer auf. Die eisenbewehrten, aber beweglichen Handschuhe schützten die Hände, und ein Visierhelm über der Kettenhaube den Kopf. Es war eine meisterliche, ganz neue Arbeit, die ein Vermögen gekostet haben musste.

Richard konnte es sich nicht verkneifen anzumerken:

»An der Rüstung ist mehr als ein Jahr gearbeitet worden. Mein Waffenmeister sagt, wenn ich sie getragen hätte, wäre mir die Verletzung erspart geblieben.«

Er hatte lange mit sich gerungen, Robin Hood anlässlich der großen Schwertleite, die ebenfalls morgen im Rahmen der Krönung stattfinden sollte, zum Ritter zu schlagen, es aber dann doch verworfen. Als Mann aus dem Volk nutzte er ihm im Moment einfach mehr.

Robin sank auf sein rechtes Knie.

»Danke, Sire! Ich weiß nicht, was ich sagen soll.«

Aber wie fast immer in solchen Fällen winkte Richard einfach ab.

»Tragt sie in Ehren, das reicht mir völlig!«, meinte er nur.

Dann trat Eleonore dazu und überreichte Marian ein kleines, flaches Kästchen.

»Macht es auf, mein Kind«, lächelte sie. »Ich hoffe, es erfreut Euer Herz.«

Im Inneren des Kästchens lag ein schmales, goldenes Collier, das mit kleinen Brillanten besetzt war, die im Schein der Kerzen wunderbar wie die Sterne am Firmament funkelten.

»Ich glaube, es wird Euch stehen», meinte die Königin. »Für wuchtigeren Schmuck seid Ihr einfach zu zart und vor allem zu jung. Darf ich es Euch anlegen?«

Marian war so sprachlos wie ihr Mann zuvor.

»Madam, Ihr seid zu gütig«, hauchte sie, was sonst gar nicht ihre Art war, und knickste tief.

»In der kurzen Zeit, die ich Euch kenne, seid Ihr mir schon ans Herz gewachsen«, gestand Eleonore mit einem Seufzer ein. »Ob es vielleicht daran liegt, dass meine fünf Töchter in aller Welt verstreut leben und ich sie so lange nicht gesehen habe? Oder ist es cinfach Eure offene Art und euer Charme? Wie auch immer, ich mag Euch, Marian. Und wenn ihr Kummer habt oder Hilfe braucht, meine Tür steht Euch immer offen.«

Marian traten die Tränen in die Augen, so hatten sie die Worte der alten Königin bewegt. Sie war wirklich wie eine Mutter zu ihr, die sie so lange vermisst hatte.

Nach dem Festmahl wurde zum Tanz aufgespielt, was Robin befürchtet hatte. Die drei Brautpaare eröffneten natürlich den Reigen und hier war Robert von Loxley Prinz John und William Marshal, zu deren höfischer Erziehung auch Tanz gehört hatte, eindeutig unterlegen, während Marian mit ihren anmutigen Bewegungen den beiden anderen Damen in nichts nachstand.

Robins Frau bemerkte schnell, mit welch lüsternen Blicken Prinz John sie und auch Isabel de Clare immer wieder musterte und fast mit den Augen auszog. Sicherlich würde er heute Nacht an eine von ihnen denken, wenn er bei seiner Frau lag.

Als sie an der Reihe war, mit dem Bruder des Königs zu tanzen, spürte sie wie in Nottingham seinen heißen Atem an ihrem Ohr.

»Genießt Euer Glück, Mylady. Es wird nicht lange währen. Bald sind Euer Mann und Richard außer Landes und Ihr lebt in meiner Grafschaft«, hörte sie ihn flüstern. Und dann bei der nächsten Runde: »Ihr werdet noch darum betteln, in meinem Bett liegen zu dürfen.«

»Sollte das jemals der Fall sein, Hoheit«, gab sie mit zuckersüßem Lächeln zurück und drehte sich, »könntet Ihr mir sowieso nichts mehr tun, denn Euer Gehänge da unten habt ihr dann nicht mehr. Davon hätte Euch mein Dolch mit Sicherheit zuvor befreit«

Sprach's, knickste zum Ende des Tanzes und griff nach Robins Hand. Doch ein ungutes Gefühl blieb. Sie wusste, dass Prinz John über eine Macht verfügen würde, der sie kaum etwas entgegenzusetzen hatte. Ihr blieb nur, sich von ihm soweit wie möglich fern zu halten und zu hoffen, dass er sie vergaß.

»Was wollte denn der Prinz von Dir?«, erkundigte sich Robin, dem der Disput nicht entgangen war.

»Ach, nicht Wichtiges!«, wehrte Marian ab. Das fehlte gerade noch, dass er sich auf dem Kreuzzug die ganze Zeit über Sorgen um sie machte und deshalb vielleicht nicht genug auf sich selbst achtete. Sie würde sich schon zu helfen wissen, wenn es darauf ankam.

Das Fest ging bis weit nach Mitternacht, aber Robin bemühte sich, dem Wein nicht zu sehr zuzusprechen, auch wenn viele mit ihm anstoßen und auf sein Wohl trinken wollten. Morgen würde er im Krönungszug die Garde der Bogenschützen anführen und da konnte er nicht das Bild eines Trunkenboldes abgeben.

Als sich die Gesellschaft langsam auflöste, griff er sich zwei Fackelträger, die ihnen den kurzen Weg zum Haus von Josef von Salamanca erleuchten sollten. Das Haus wirkte wie ausgestorben, aber als Robin die Tür öffnete, sah er, dass auf jeder zweiten Treppenstufe eine Kerze stand, die ihnen den Weg in ihr Schlafgemach wies. Der Raum war mit vielen Blumen geschmückt und das Bett mit einer geflochtenen Girlande umkränzt. Auf der Truhe stand ein siebenarmiger Kerzenleuchter, der alles in ein weiches Licht tauchte. Ein Weinkrug, gekühlt in Schnee – eine große Kostbarkeit jetzt im Sommer – nebst zweier wunderschöner Pokale und exotische Früchten standen für die Jungvermählten bereit.

»Sind das nicht liebe Menschen?«, fragte Marian ganz entzückt und drehte sich im Kreise, so dass ihr Kleid um sie herumschwang.

Robin fing sie auf und sah ihr ganz verliebt in die Augen.

»Und vor allem so rücksichtsvolle«, meinte er zustimmend, bevor er sie lang und innig küsste. Dann konnten sie gar nicht schnell genug ihre Kleider vom Leib bekommen und schafften es gerade noch bis zum Bett, wo sie sich voller Leidenschaft liebten, als wäre es gleichzeitig das erste und das letzte Mal.

Nach der ersten Runde erfrischten sie sich am kühlen Wein und den Früchten. Marian biss herzhaft in einen Pfirsich, so dass ihr der Saft aus den Mundwinkeln den Hals hinunter zwischen die Brüste ran. Darauf hatte Robin nur gewartet, und schon war seine Zunge zur Stelle, um den süßen Nektar aufzunehmen und dabei auch die empfindlichen Brustwarzen zu reizen. Marian stöhnte voller Lust auf und streichelte sanft über sein Haar.

»Ich glaube, ich habe mich in meinem ganzen Leben noch nie so wohl gefühlt«, meinte sie genießerisch und nippte noch einmal an dem Wein, bevor sie sich erneut dem Liebesspiel mit ihrem Mann widmete und es erst beendete, als bereits der Morgen graute.

***

Der Krönungszug bewegte sich vom White Tower quer durch London zur Westminster Abbey. Richard schritt unter einem Baldachin, der von vier Bischöfen getragen wurde, nur in eine einfache Tunika gekleidet, dahin. Gefolgt wurde er von seinen drei Brüdern John, William und Geoffrey. Die letzten beiden waren keine Söhne Eleonores, aber von Henry anerkannt worden und Richard hatte den Willen seines Vaters respektiert und Will zum Earl of Salisbury und Geoffrey zum Bischof von York ernannt. Seine Brüder trugen die drei goldenen Zeremonieschwerter, William Marshal das Zepter und auf einem Purpurkissen der Graf von Aumale, Baudouin de Bethune, die mit vielen Edelsteinen besetzte Lilienkrone.

Dahinter gingen die Gesandten der Königreiche und Fürstentümer, die geistlichen und weltlichen Würdenträger in ihren prächtigen Gewändern sowie die verschiedenen Garden in ihren schimmernden Rüstungen oder, wie Robin und seine Männer, ganz in Grün gekleidet, die Bögen und Köcher über der Schulter und die Schwerter an der Seite.

Vor dem Hauptaltar der überaus festlich geschmückten Kirche leistete Richard den königlichen Schwur auf die offene Bibel. Dann wurden ihm alle Kleider bis auf Hemd und Unterzeug ausgezogen und der Erzbischof salbte ihn mit dem heiligen Öl auf Kopf, Brust und Hände, ein Brauch, der bis auf die alttestamentarischen jüdischen Könige zurückging. Während Balduin von Exeter den göttlichen Segen auf Richards Herrschaft herabflehte, war es in der großen Kathedrale, die bis auf den letzten Platz gefüllt war, totenstill.

Nun wurden ihm von den höchsten Geistlichen die königlichen Gewänder aus purpurroter Seide und die goldenen Sporen angelegt. Bisher lief alles nach überliefertem Ritus, aber jetzt wich Richard in einem wesentlichen Punkt davon ab. Dem eigentlichen Zeremoniellablauf nach sollte jetzt der Erzbischof die Krone vom Altar nehmen und sie dem vor ihm knieenden König auf das Haupt setzen. So bestimmte es die göttliche Ordnung. Könige und Kaiser wurden von Gott eingesetzt und von seinen Vertretern auf Erden gekrönt.

Doch Richard trat selbst vor, nahm die Krone in seine Hände, reichte sie dann dem mehr als erstaunten Balduin von Exeter weiter und setzte sich auf den Thron. Dem Erzbischof blieb gar nichts anderes übrig, als, sich vor dem neuen König verneigend, diesem die Krone unter Segenswünschen auf das Haupt zu setzen.

Ein Raunen ging durch das Kirchenschiff. Hatte sich Richard gerade selbst gekrönt? Wollte er nicht einmal vor Gottes Vertretern das Knie beugen? Zu verdenken wäre es ihm nicht, wenn man sich daran erinnerte, welche Probleme sein Vater mit Thomas Becket, dem Vorvorgänger des jetzigen Erzbischofs gehabt hatte, der die kirchliche Macht deutlich über die weltliche gestellt hatte. Das hatte Becket zwar letztendlich das Leben gekostet, heute wurde er als Märtyrer verehrt, aber vielleicht wollte Richard gleich von Anfang an der Kirche zeigen, wer Herr im Lande war.

Dann wurden ihm die Krönungsinsignien, Zepter und Schwert, gereicht, und der Chor stimmte das „Kyrie Eleison“ zum Beginn der Heiligen Messe an, die Richard auf seinem Thron sitzend verfolgte.

Als der König später im vollen Ornat vor das Portal der Kathedrale trat, da kannte der Jubel des versammelten Volkes keine Grenzen. Hochrufe und Segenswünsche erschallten und Richard musste innerlich seiner Mutter recht geben und sich sehr bemühen, dass ihm das Ganze nicht zu Kopf stieg.

»Ja«, gestand er sich ein, »ich denke daran, dass ich sterblich bin. Doch im Moment fühle ich mich wie Gott. Und zum Teufel noch mal, ich genieße es!«

***

Unmittelbar auf den Gottesdienst folgte das Festbankett, zu dem ebenso wie zur Krönung in der Kathedrale nur Männer zugelassen waren. Der sparsame König Henry, der wenig Wert auf Äußerlichkeiten und Repräsentation gelegt hatte und oft in geflickten Kleidern herumgelaufen war, wäre über der Verschwendung schier verzweifelt. Drei Tage hatte ein Heer von Köchen und Küchenhilfen geschuftet, um alles pünktlich bereit zu haben, und die Mengen an aufgetragenen Speisen sprengte jeden Rahmen. Es war genau die Art von Prunk, die Richard glaubte, sich von Zeit zu Zeit selbst schuldig zu sein und die ihm Freude bereitete.

Abordnungen aus allen Landesteilen und allen Ständen erschienen vor dem König, um Geschenke zu überbringen und ihm zu huldigen. Richard nahm sie wohlwollend entgegen und verteilte selbst reichlich Gaben.

Vor den Toren des Palastes feierte das Volk ausgelassen seinen neuen König, der im Krönungsornat ausgesehen hatte, als wäre der Heilige Georg persönlich vom Himmel herab gestiegen. Freibier floss in Strömen, und ganze Ochsen wurden am Spieß gebraten. Gaukler zeigten ihre Kunststücke und Musikanten spielten auf den Straßen zum Tanz auf. Es war eine heitere, ausgelassene Stimmung, die auf einen Schlag umkippte.

Eine Abordnung der Juden versuchte sich einen Weg durch die Menge zu bahnen, um ebenfalls ihre Geschenke zu überreichen. Plötzlich und unerwartet brach die Hölle los. Es begann mit dem Ruf eines Kreuzzugspredigers und erfasste schnell die Massen, die gerade noch so friedlich gefeiert hatten.

»Seht, die Juden, die Jesus ermordet haben!«, brüllte einer der Mönche, die landauf, landab zum Kreuzzug aufriefen und die Stimmung anheizten. »Hätten sie nicht Christus ans Kreuz geschlagen, müssten wir heute nicht das Heilige Grab befreien!« Er vergaß dabei völlig, dass Jesus von den Römern hingerichtet worden war und sein ganzer Glaube keine Grundlage ohne dessen Opfertod gehabt hätte.

Schon flog der erste Stein und eine brüllende Horde stürzte sich auf die erschrockenen Männer, die mit nichts Bösem gerechnet hatten. Ihre Geschenke, kostbare Gefäße, edle Stoffe, fremdartige Gewürze und vieles mehr flogen in den Straßenstaub und wurden zertrampelt. Man ergriff die Männer, riss ihnen die Kleider vom Leib und prügelte auf sie ein.

Die königliche Wache sah, was vorging, wusste aber nicht, wie sie sich verhalten sollte. Auf der einen Seite traute sie sich nicht, den befohlenen Platz zu verlassen, schließlich sollten sie den Palast schützen, und der war im Moment nicht bedroht. Aber wie schnell konnte sich das ändern!

Andererseits konnte sie auch nicht zulassen, dass vor ihren Augen Menschen umgebracht wurden, die dem König Geschenke überbringen wollten. Der diensthabende Lieutenant schickte seinen Sergeanten in den Saal, um den Captain zu suchen, ihm Meldung zu machen und um Verstärkung zu bitten. Der unterhielt sich gerade mit Robin über die Unterschiede zwischen Langbogen und Armbrust, als die Wache auf sie zugestürzt kam.

Robin lief sofort aus dem Saal um zu sehen, ob er vielleicht helfen konnte. Der Captain versuchte in dem Gewühl des Festbankettes einen Verantwortlichen zu finden, der ihm die Entscheidung abnehmen würde. Dabei traf er auf Prinz John, der ihm ausredete, sich direkt an den König zu wenden.

Draußen vor dem Palast war die Situation mittlerweile eskaliert. Man hatte die jüdische Abordnung in ein älteres, nahegelegenes Holzhaus getrieben und war dabei, es unter lautstarkem Gejohle anzuzünden.

»Lasst sie brennen, die verfluchten Christusmörder!«, hallte es immer wieder aus der Menge. »Sie fressen unsere Kinder und vergiften die Brunnen!«, kam es von anderer Seite. Keiner dieser Vorwürfe hatte auch nur das Geringste mit der Wahrheit zu tun, aber wer fragte in dieser Lynchstimmung schon danach?

Robin versuchte sich durch die aufgebrachten Massen zu drängen, hatte aber allein keinen Erfolg. Hilfesuchend schaute er sich nach der Wache um, aber von der war weit und breit nichts zu sehen. Schon schlugen die ersten Flammen aus dem Haus und von drinnen hörte man das Wehklagen der Eingeschlossenen.

Da öffnete sich das Palasttor und der Captain der Wache nebst Prinz John und zahlreichen Soldaten kam heraus, verhielt aber im Schutz der Mauer. Robin rannte zu ihnen über den Platz und rief schon von Weitem:

»Hoheit, sie verbrennen die Männer, die Eurem Bruder Geschenke bringen wollten! Wir müssen ihnen helfen, sonst sind sie alle tot!«

Der Prinz zuckte nur die Achseln.

»Ich glaube nicht, dass noch viel von ihren Gaben übrig ist. Und ein paar Juden mehr oder weniger, wen schert's? Ihr müsstet es doch am besten wissen, Robert von Loxley, Volkes Stimme ist Gottes Stimme! Ohne Euren Rückhalt beim Volk hätte Euch Richard gehängt und nicht zu seiner Krönung eingeladen.«

»Aber diese Menschen haben niemandem etwas getan, das ist glatter Mord!«

»Als ob das eine Rolle spielt«, meinte der Prinz gelangweilt. »Captain, lasst die Leute gewähren, solange sie sich nur mit den Juden beschäftigen! Schützt den Palast und die Stadt, das Judenviertel ausgenommen! Wenn dort das eine oder andere Haus brennt, soll uns das nicht kümmern, solange das Feuer sich nicht ausbreitet. Aber dafür wohnen sie eigentlich weit genug von den Christenmenschen entfernt. So, und jetzt will ich nicht weiter gestört werden. Es gibt schließlich etwas zu feiern!«

Robin lief es siedend heiß den Rücken herunter. Das erste Haus am Beginn der Judengasse war das von Josef von Salamanca. Und bei ihren Gastgebern hielt sich natürlich Marian auf! Er stürmte über den Platz, vorbei an einer johlenden Menschenmenge, die sich völlig enthemmt im Blutrausch bereits auf das Judenviertel zuwälzte.

Den Juden waren zur damaligen Zeit die meisten Berufe verboten. So durften sie nicht Mitglied der Zünfte werden und damit in keinem Handwerk arbeiten. Viele von ihnen hatten sich deshalb notgedrungen als Geldwechsler und Kreditgeber etabliert und die meisten Bürger, aber auch viele Adelige bis hin zu Kaiser und Königen, hatten Schulden bei ihnen. Dies war natürlich eine gute Gelegenheit, sich davon ein für alle Mal zu befreien.

Als Robin das Anwesen seiner Gastgeber erreichte, flogen schon die ersten Steine gegen die geschlossenen Fensterläden. Er drängte ein paar Leute aus der vordersten Reihe zur Seite und baute sich vor der Tür auf.

»Halt!«, rief er den Angreifern mit donnernder Stimme zu, die bereits mit Äxten versuchten, sich Zutritt zum Haus zu verschaffen. »Hier wohnt der Arzt der Königin! Verletzt ihn, und Richards Zorn wird Euch alle mit Sicherheit und voller Härte treffen!«

Das ließ zumindest für einen Moment die Menge innehalten, bis von weiter hinten einer rief:

»Jude ist Jude und brennen sollen sie alle, die verfluchten Halsabschneider!«

Grölend stimmten die anderen ein und drängten Robin gegen die Tür, die sich kurz einen Spalt breit öffnete, so dass er hineinschlüpfen konnte. Von innen warf er sich sofort dagegen und Josef konnte gerade noch den Riegel vorschieben. Lange würde die Tür dem Mob aber nicht standhalten können, das war gewiss.

Sarah stand mit den beiden Kindern im hinteren Teil des Eingangsbereiches und Marian neben ihr, Robins Bogen in der Hand und einen Pfeil auf der Sehne. Sein Schwert lehnte an der Wand neben ihr. Trotz der bedrohlichen Situation musste er lächeln. So und nicht anders kannte er seine Frau!

»Wir können das Haus nicht halten!«, rief er seinen Gastgebern zu. »Gibt es einen Hinterausgang?«

»Ja, zu den Ställen hin und von dort zur Themse«, gab Josef zurück. »Vielleicht sind sie da noch nicht.«

»Dann schnell, versteckt euch dort! Marian und ich werden versuchen, sie aufzuhalten!«

»Robin, das schaffen wir nicht alleine! Die bringen uns alle um! Wir brauchen Hilfe! Warum kommt die Wache nicht?«

Marian war keine Frau, die schnell aufgab, aber jetzt klang sie verzweifelt.

»Auf die brauchen wir nicht zu zählen, die hat John abgezogen und die Menschen hier ihrem Schicksal überlassen! Hast Du mein Jagdhorn?«

»Hier, bei deinen Waffen. Meinst Du, das hört jemand in dem Tumult?«

»Einen Versuch ist es zumindest Wert!«

Robin lief hinter Josef hinaus auf den Hof. Noch hielt die starke Eichentür den Axthieben stand. Laut stieß er in sein Horn und der tiefe, brüllend klingende Ton ging den Menschen, die ihn hörten, durch Mark und Bein.

***

Robins Gefährten waren nach dem Festumzug wie viele andere in die Stadt gegangen und labten sich an Freibier, Ochse am Spieß und gebratenen Kapaunen und kamen sich vor wie im Paradies. Sie hatten schon mitbekommen, dass da anscheinend in der Nähe des Palastes etwas los war, sich aber nicht weiter darum gekümmert. Sollten sich die Städter doch gegenseitig die Schädel einschlagen, wenn ihnen danach war.

Little John hob gerade wieder einen randvollen Humpen an seinen Mund, als ihm so war, als hätte er Robins Jagdhorn gehört. Er schüttelte nur den Kopf. Vielleicht hatte er doch schon ein bisschen viel von dem Gerstensaft getrunken. Sie waren hier doch nicht im Sherwood!

Da, schon wieder! Diesmal hatte er es klar und deutlich gehört. Er sah zu Will hinüber, und der blickte gerade zu ihm.

»Habt Ihr das auch gehört?«, fragte er in die Runde.

»Ich glaube schon«, meinte Much. »Das war Robins Horn, ganz eindeutig!«

»Macht der jetzt damit Musik oder ruft er uns wirklich?«, überlegte Will Scarlett laut.

»Das glaube ich kaum, dass er mit unserem Signal Scherze treibt. So besoffen kann der gar nicht sein! Auf, hier ist jemand in Gefahr!«

***

Mittlerweile hatte die Tür nachgegeben und brüllend stürmten die enthemmten Menschen, die sich Christen nannten, durch den Hauseingang und suchten nach den Bewohnern. Es dauerte natürlich nicht lange, da hatten sie den Hinterausgang gefunden und brandeten wie eine Flutwelle auf den Hof. Robin schlug mit der flachen Klinge seines Schwertes um sich, um den Rückzug seiner Gastgeber in den Stall zu decken.

Schon flogen wieder Steine und auch Brandfackeln waren dabei. Marian sah, wie die kleine Magdalena kurz vor dem Stalltor von einem großen Pflasterstein am Hinterkopf getroffen wurde und zu Boden fiel. Sie dachte nicht lange nach, sondern ließ den Pfeil von der Sehne schnellen, der einen der Angreifer in die Schulter traf. Schnell legte sie einen neuen auf, und auch der fand sein Ziel.

Doch es waren einfach zu viele, um sich ihrer erwehren zu können. Robin erhielt einen Schlag gegen den Kopf mit einem Bierkrug, der ihn für einen Moment Sterne sehen und das Schwert senken ließ. Auf der Stelle wurde er umgerissen und ging zu Boden. Als er aufblickte, sah er einen Mann mit erhobener Fleischeraxt über sich stehen, der ihm den Schädel spalten wollte. Robin versuchte sich zur Seite zu wälzen, aber da waren nichts als Beine! Er wollte schon mit seinem Leben abschließen, da taumelte der Fleischer und stürzte neben ihm zu Boden. Über ihnen beiden erhob sich eine riesige Gestalt mit einem eisenbeschlagenen Kampfstock in der Hand.

»Kann man Dich nicht einmal einen Abend lang alleine lassen?« konnte sich Little John nicht verkneifen seinen Freund zu fragen. »Musst Du immer gleich Raufhändel anfangen?«

»Das ist hier kein Spaß, John! Die brennen das ganze Viertel nieder!«

Vor Robin Hoods Männern war der Mob zurückgewichen. Die kampferprobten ehemaligen Geächteten machten einen zu bedrohlichen Eindruck. Doch schon flutete die Menge die Straße hinunter und suchte nach neuen Opfern.

Vor dem Stalltor knieten Josef und Sarah von Salamanca bei Magdalena. Marian hielt Miriam in ihren Armen, die sich weinend an sie klammerte.

»Sie ist tot! Sie ist tot!«, schluchzte Josef verzweifelt. »Sie war doch noch so klein!«

Robin stand fassungslos daneben und sah, wie das Glück einer Familie in kürzester Zeit zerstört worden war. Er fand einfach keine Worte und konnte nur seine Hand anteilnehmend seinem Gastgeber auf die Schulter legen. Sarah weinte fast lautlos und wiegte den kleinen Körper in ihren Armen hin und her.

»John und Will«, wandte sich Robin an seine Gefährten, »teilt Trupps zu je zwei Dutzend Mann ein und versucht zu helfen, wo Ihr könnt. Auf die Wache zählt nicht, der hat Prinz John befohlen nicht einzugreifen. Hier werden völlig unschuldige Menschen umgebracht und niemand tut etwas dagegen. Richards Krönung ist mit Blut besudelt!«

Die Männer waren es gewohnt, anderen zu helfen, und ob Jude oder Christ, das spielte für sie im Moment keine Rolle. Manch ein Leben wurde an diesem Abend von ihnen gerettet, aber überall konnten sie nicht sein.

Wer von den Londoner Juden in das erzbischöfliche Refugium flüchten konnte, war ebenfalls in Sicherheit. Doch viele von ihnen überlebten den Tag der Krönung ihres neuen Königs nicht. Die Tore des Palastes, an die sie um Hilfe flehend mit bloßen Fäusten hämmerten, blieben ihnen verschlossen.

***

Am nächsten Morgen stürmte Robin in aller Frühe zu Richards Residenz. Die Wache, die ihn kannte, ließ ihn anstandslos passieren.

Richard, übernächtigt, mit verquollenen Augen und einem Geschmack im Mund, den er lieber nicht näher definieren wollte, war nicht gerade bester Laune, hatte aber schon seine Berater um sich versammelt. Gerade knurrte er Wilhelm Longchamp an:

»Ich verstehe die Juden nicht! Alle haben mir gehuldigt, nur von ihnen war nichts zu sehen. Brauchen sie vielleicht keinen königlichen Schutz mehr? Ich möchte bloß wissen, was in sie gefahren ist?«

»Da kann ich Auskunft geben, Sire!«, mischte sich Robin mit vor Wut zitternder Stimme ein, bevor ein anderer das Wort ergreifen konnte.

»Ah, Robert von Loxley! Habt Ihr euch am Tag meiner Krönung geprügelt?«

Richard wies auf die große, blutige Schramme an Robins Kopf.

»Ich glaube kaum, dass man es so nennen kann, Sire! Meine Männer und ich haben die ganze Nacht über versucht, eure Untertanen zu schützen. Leider waren wir dabei aber die einzigen und demzufolge nur bedingt erfolgreich.«

»Wovon redet Ihr überhaupt und wen wollt Ihr geschützt haben?«

Der König runzelte die Stirn, was seinen Kopfschmerzen nicht gerade gut tat.

»Die Juden, die Ihr gerade vermisst habt. Ihre Abordnung mit den Geschenken für Euch wurde vor den Toren des Palastes erschlagen und in einem Haus verbrannt! Sowie fast das ganze Judenviertel danach. Viele wurden umgebracht, auch die kleine Tochter des Arztes Eurer Mutter. Und Euer Bruder und die Wachen standen dabei, sahen zu und taten nichts!«

Richard Kopf ruckte herum und gefährlich leise fuhr er John an: »Ist das wahr?«

Der zuckte nur mit den Achseln.

»Was soll's, Richard? Das Volk wollte es so. Oder wie euer Kreuzzugsruf lautet: „Gott will es!" Du wirst in nächster Zeit noch viel mehr Menschen umbringen.«

Richards Faust donnerte auf den Tisch, dass die darauf stehenden Pokale umstürzten.

»Du verdammter Narr! Seit über fünfzig Jahren gab es kein Pogrom mehr in England, weil die Juden unter dem besonderen Schutz der Krone stehen. Schutz heißt, wir lassen nicht zu, dass sie umgebracht werden!«, brüllte der König seinen Bruder an. »Dafür zahlen sie schließlich gutes Geld!«

In diesem Moment kam Eleonore in einem Tempo in den Saal gerauscht, dass ihre Hofdamen kaum mit ihr Schritt halten konnten.

»Richard, hast Du gehört, was passiert ist?« rief sie ihrem Sohn schon von Weitem zu.

»Ja«, gab der König gereizt zurück. »Von dem da!«, dabei zeigte er mit dem ausgestreckten Zeigefinger auf Robin. »Robert von Loxley ist offensichtlich der Einzige unter allen hier, der den Mumm in den Knochen hat, mir zu sagen, was da draußen los war. Wie es aussieht, war John sogar an den Vorfällen beteiligt.«

Eleonore baute sich vor ihrem jüngsten Sohn auf.

»Was hattest Du mit dem Mord an den Juden zu tun?«, herrschte sie ihn an.

»Gar nichts«, erwiderte er kleinlaut. Vor seiner Mutter hatte er einen höllischen Respekt. »Ich habe nur der Wache geraten, den Palast zu schützen und sich nicht einzumischen.«

Nur die Anwesenheit der vielen Menschen im Raum hinderte die Königin daran, ihrem Sohn ins Gesicht zu schlagen.

»Geh hinaus und sieh dir die Berge von Leichen an, die erschlagenen Kinder, geschändeten Frauen und verbrannten Männer!«, fuhr sie ihn voller Wut an. »Wie soll ich meinem Arzt je wieder in die Augen sehen können? Seine Tochter ist auch darunter und dass er selbst noch lebt, hat er nur Robert von Loxley und seiner Frau zu verdanken. Ein Befehl an die Wache, den Mob gleich zu Beginn in die Schranken zu weisen, und nichts wäre passiert! Gott schütze das Land, das Du womöglich einmal regierst!«

»So ein Gezeter wegen einem Judenbalg«, dachte Prinz John bei sich, hütete sich aber, es auszusprechen. »Schade, dass sich das Problem Marian bei der Gelegenheit nicht auch gleich gelöst hatte.

Nun ja, musste er sie sich eben ein anderes mal vornehmen.« Vergessen würde er ihr die erlittenen Demütigungen jedenfalls nie.

»Bringt mir den Captain der Wache!«, befahl Richard. »Und dann will ich den Lord Major von London und den obersten Richter, Lord Ranulf de Glanville, hier sehen. Aber sofort! Und Du bleibst auch hier, John!«, rief er seinem Bruder zu, der sich davon stehlen wollte.

Der Captain der Wache war der Erste, der eilig hereingehastet kam und sich vor dem König auf die Knie warf.

»Wieso habt Ihr zugesehen, wie vor Euren Augen Menschen umgebracht wurden, ohne einzugreifen?«, herrschte Richard ihn an. »Ihr hattet mehrere hundert Mann zur Verfügung. Das hätte doch bei Weitem gereicht, den Pöbel auseinander zutreiben!«

»Sire, ich wollte eure Befehle einholen, aber Euer Bruder meinte, dass man Euch nicht stören dürfe. Wir sollten nur den Palast bewachen und uns nicht um die Vorgänge in der Stadt kümmern«, versuchte sich der am Boden zerstörte Mann zu verteidigen.

»Es braucht keinen gesonderten Befehl, um Menschen vor Übergriffen zu schützen« donnerte Richard. »Ihr seid die längste Zeit Captain gewesen. Ab sofort dient Ihr als einfacher Soldat unter Mercadier. Und jetzt geht mir aus den Augen, bevor ich mich vergesse und Euch aufhängen lasse!«

Ranulf de Glanville und der Lord Major von London näherten sich unter vielen Verbeugungen dem König, dessen schlechte Stimmung wie ein Damoklesschwert über allen im Raum hing, und knieten vor ihm nieder.

»Erhebt Euch!«, fuhr Richard sie an. »Ihr wisst, was gestern mit den Juden passiert ist?«

Die beiden Männer, die sich äußerst unwohl in ihrer Haut fühlten, nickten.

»Ihr seid mir dafür verantwortlich, dass man die Schuldigen findet und zur Rechenschaft zieht. Die Juden werden für ihre erlittenen Verluste entschädigt, auch wenn man Tote nicht wieder lebendig machen kann. Die Constable sollen die Rädelsführer ausfindig machen, und ich will, dass an ihnen ein Exempel statuiert wird. Jeder meiner Untertanen im Reich gilt vor dem Gesetz gleich, ob Normanne oder Angelsachse, ob Christ oder Jude. Ihr werdet dafür sorgen, dass sich das ein für alle Mal herumspricht. Und wer es nicht begreift, den hängt!«

Die beiden Männer versicherten eilig, alles in ihrer Macht Stehende zu tun. Tatsächlich ließ man diesmal den Mord an den Juden nicht ungesühnt und Richard erhielt unter der Hand den Beinamen „Hammer der Schlechten“.

Der war noch nicht fertig und seine Wut noch lange nicht verraucht. Besonders ärgerte ihn, dass er jetzt kaum zu den Juden gehen und um Geld für seinen Kreuzzug nachsuchen konnte. Aber er wäre nicht Richard gewesen, wenn ihm nicht auch dazu etwas eingefallen wäre.

»John, da Du scheinbar nicht in der Lage bist, auch nur eine einzige vernünftige Entscheidung zu treffen und ich das Land nicht ins Chaos gestürzt sehen will, wenn ich aus Palästina zurückkomme, wirst Du mich in die Normandie begleiten und England während meiner Abwesenheit, zumindest in den nächsten drei Jahren, nicht betreten. Die Einnahmen aus den englischen Grafschaften, die Dir als Lehen zugeteilt worden sind, fallen in dieser Zeit der Krone anheim.«

Sein Bruder erbleichte.

»Das kannst Du nicht machen! Zuerst gibst Du etwas und fühlst dich großartig dabei, dann nimmst Du es wieder, wie es dir beliebt! So lasse ich nicht mit mir umspringen! Dann sperr mich lieber doch gleich ein!«

»Führe mich nicht in Versuchung, es zu tun!«, schnauzte Richard ihn an. »Das ist ein königlicher Befehl und Du wirst Dich daran halten. Du hast deine Grafschaft Mortain und die Einkünfte daraus. Das sollte wohl für Deine Bedürfnisse reichen. Ich wünsche darüber keine weiteren Diskussionen.«

John wandte sich Hilfe suchend an Eleonore, aber da kam er an die Falsche.

»Mutter, sag Du doch auch einmal was!«, flehte er. »Das kann doch nicht angehen, dass man mich immer behandelt, als wäre ich Auswurf! Ich bin ein königlicher Prinz!«

»Dann benimm Dich gefälligst auch so!«, fuhr seine Mutter ihn an, in der der Schock über die vielen Toten noch tief saß. »Geh hin zu Josef von Salamanca und sieh dir sein gesteinigtes Kind an! Und dann komm wieder und erkläre mir, dass Dein Bruder mit seiner Entscheidung nicht recht hat!«

Natürlich würde John nicht zu den Juden gehen, das fehlte gerade noch! Grollend zog er ab, wüste Rachegedanken schmiedend. Robert von Loxley, der die ganze Sache ins Rollen gebracht und ihn vor Richard angeschwärzt hatte, spielte dabei keine unwesentliche Rolle.

An den wandte sich der König gerade.

»Robert von Loxley, ich danke Euch für Euer Eingreifen! Gäbe Gott, ich hätte mehr so entschlossene Männer um mich! Ich entlasse Euch und eure Bogenschützen bis zum Frühjahr nächsten Jahres nach Hause. Übt mit Euren Leuten ständig, auch das Schießen von Salven. Von Eurer Geschicklichkeit mit dem Bogen kann unser aller Leben abhängen. Anfang Juni 1190 erwarte ich Euch alle in Rouen. Von dort ziehen wir dann gemeinsam nach Vezelay, um uns mit König Philipp zu vereinen und ins Heilige Land aufzubrechen.«

Robin sah den Himmel offen! Fast neun Monate Zeit mit seiner Frau als freier Mann und noch einen Mai, den schönsten Monat des Jahres, in seinem geliebten Sherwood, das war mehr, als er zu hoffen gewagt hatte. Er beugte das Knie vor Richard und eilte strahlend aus der Halle, Marian und den Männern die frohe Botschaft zu überbringen.

Richard sah ihm etwas neidisch nach. Manchmal wünschte er sich, mit so einem Mann tauschen und ein unbeschwerteres Leben führen zu können.

***

4. Kapitel

Frankreich / Italien, Juli - September 1190

Das Meer wogte mit der langen Dünung des Kanals auf und ab und ließ die drei Schiffe, die Pelican, die Swan und die Swallow, wie Blätter auf den Wellen tanzen.

Bisher waren die Kreuzfahrer auf dem Landweg, meist über Ungarn und Byzanz, nach Palästina gelangt. Aber Richard hatte sich seiner Vorfahren, Normannen und Wikinger, besonnen und das getan, was einem Inselvolk sowieso gut zu Gesicht stand, eine Flotte bauen lassen. Das schwere, vorgefertigte Belagerungsgerät hatte man verladen, und der Großteil der Schiffe war schon unterwegs Richtung Süden. In Lissabon wollte man sich sammeln und als großer Verband die iberische Halbinsel umschiffen, die sich noch fest in maurischer Hand befand. Durch die Säulen des Herkules führte dann der Weg ins Mittelmeer, wo in Marseille das Heer an Bord genommen werden sollte, das die Rhone herunter marschiert kam.

Robin gehörte mit seinen Männern zu den Nachzüglern. Er hatte sich nur schwer von seinem geliebten Sherwood und schon gar nicht von Marian trennen können. Der Abschied war dann sehr intensiv ausgefallen, und auch wenn einer es vor dem anderen verbergen wollte, so hatten ihnen doch beiden die Tränen in den Augen gestanden.

Jeden Monat waren neue Männer zu ihm und seinen Gefährten gestoßen. Die Nachricht, dass Robin Hood und seine „Merry Men“ mit Richard auf den Kreuzzug gingen, hatte sich wie ein Lauffeuer im Lande verbreitet, und viele wollten sich ihnen anschließen. Sei es aus wirklicher Frömmigkeit, sei es, um der Armut zu entfliehen, sei es aus Abenteuerlust, der Gründe gab es viele.

Robin nahm aber bei weitem nicht jeden. Die Auswahlkriterien waren streng. Bei wem er kein gutes Gefühl hatte und wo er glaubte, dass der Betreffende nicht in die Mannschaft passen würde, den schickte er trotz Murren sofort weg. Kranken und Alten, die sich oft anschließen wollten, um am Heiligen Grab zu beten, versuchte er die Idee teilweise mit Engelsgeduld auszureden und wurde dabei von seiner Frau und Sir Richard tatkräftig unterstützt. Und wer nicht schon von Haus aus ein hervorragender Bogenschütze war, hatte auch keine Chance, sich seinen Männern anzuschließen, die Tag für Tag übten und versuchten, ihre Schießkunst weiter zu vervollkommnen.

Um den Langbogen zu beherrschen, bedurfte es eines ständigen, intensiven Trainings. Zehn bis zwölf Pfeile in der Minute auf eine Distanz von mindestens zweihundert Yards verschießen zu können, das war die Vorgabe. Robin bestand aber nicht nur auf einem flächendeckenden Beschuss. Die Männer mussten auch immer wieder üben, bewegliche Ziele zu treffen.

Zu diesem Zweck fertigte man Attrappen von Sarazenen auf Pferden aus Holz an, die an Seilen aufgehängt und über eine Lichtung gezogen wurden. Es hatte sich niemand gefunden, der als lebende Scheibe herhalten wollte. Die Bogenschützen stellten sich mit dem Rücken zum Ziel auf, drehten sich erst auf Zuruf, um dann sofort zu schießen. Bei zehn Pfeilen acht Treffer war das Mindeste, was Robin forderte. Er selbst tat nie einen Fehlschuss, wofür er auch keine Erklärung hatte, was aber seinem Ansehen sehr dienlich war. Die meisten nannten es einfach eine Gottesgabe.

Letztendlich waren mehr als dreihundert Männer mit Robin losgezogen, so dass sie drei Schiffe brauchten, um von Southampton nach Harfleur an der Mündung der Seine überzusetzen. Little John, der so gern das Meer sehen wollte, war es schon beim Anblick der im Hafen schaukelnden Nefs, einem von Richard zusammen mit erfahrenen Kapitänen entwickelten Schiffstyp, der die Vorzüge der schnellen Wikingerboote mit den Transportmöglichkeiten der englischen Roundships verband, schlecht geworden. Jetzt kotzte er sich unter Deck mit anderen zusammen die Seele aus dem Leib und war ganz sicher, dass er die Überfahrt nicht überleben würde.

Kapitän Hawkins, der die kleine Flotte von der Pelican aus befehligte, hatte nur müde abgewinkt. Das kannte er seit Jahren. Seinen Männern grauste nur immer davor, die Sauerei anschließend wegspülen zu müssen.

Robin machte zu seinem Erstaunen der Seegang nichts aus. Er stand mit dem Kapitän auf dem Achterkastell und sah zu dem schwellenden Großsegel empor, das sich voller Anmut im Wind bauschte.

»So ein Lüftchen liebe ich«, grinste Hawkins. »Da könnte ich glatt bis ins Heilige Land segeln!«

»Und warum tut Ihr es nicht?«, erkundigte sich Robin interessiert.

»Ich würde schon gerne, aber meine drei Schiffe sind für Kurierfahrten und den Küstenschutz abkommandiert. Es fragt einen ja niemand, was man selbst will. Einmal unter warmer Sonne durch das Mittelmeer segeln, das wäre doch ein Traum! Vor hundert Jahren haben wir Normannen Sizilien und halb Italien erobert und ich kreuze hier zwischen England und dem Kontinent hin und her, als ob es keine schöneren Orte auf der Welt gäbe.«

Der Kapitän klang richtig verbittert.

Robin war nachdenklich geworden. Was war das nur für ein Volk, aus dem auch sein König stammte, das die Abenteuerlust durch die ganze Welt trieb und das fremde Länder eroberte, als wäre es seine Bestimmung? Menschen wie er sehnten sich nach Frieden und Häuslichkeit, aber was sie bekamen, war immerwährender Krieg.

Nicht dass er sich vor dem Kampf fürchtete, das hatte er zigfach bewiesen. Doch seine Familie zu verteidigen oder sein Recht durchzusetzen, war etwas ganz anderes, als loszuziehen, um andere Länder zu besetzen und die ehemaligen Bewohner zu unterdrücken oder zu vertreiben. Aber wenn er es recht bedachte, waren seine Vorfahren, die Sachsen, auch in England eingedrungen und hatten die ehemalige Einwohner umgebracht oder in unwirtliche Gegenden abgedrängt. Das war wohl der Lauf der Welt. Und ihn und seine Männer hatte man Räuber genannt!

Am zeitigen Morgen erreichten sie den Hafen von Harfleur, und ein Großteil seiner Leute wankte mehr tot als lebendig von den Schiffen an Land.

»Das kann ja heiter werden«, dachte Robin. Der größte Teil der Seereise lag noch vor ihnen und wie zur Bestätigung knurrte Little John ihn an:

»Das vergiss gleich, dass ich noch einmal in so einen Kahn steige! Und wenn ich zu Fuß nach Jerusalem gehen oder schwimmen muss, auf ein Schiff bringen mich ein zweites Mal keine zehn Pferde!«

Robin schmunzelte und sagte gar nichts dazu. Er war ja selbst überrascht gewesen, dass er von der Seekrankheit verschont geblieben war. Schließlich war es John gewesen, der das Meer hatte sehen wollen. Doch wie er ihn kannte, würde der in ein paar Tagen alles vergessen haben und über die Blasen an seinen Füßen jammern.

Will Scarlett, der während der Überfahrt auf der Swan gewesen war, gesellte sich zu ihnen. Auch ihm hatte die Seefahrt Spaß gemacht, während Much sich fast ins Meer gestürzt hätte. Aber jetzt hatten sie alle wieder festen Boden unter den Füßen und Robin sah zu, dass sie sich auf den Weg nach Rouen machten.

In der alten Normannenhauptstadt angekommen, die von einer mächtigen Kathedrale überragt wurde, erfuhren sie allerdings, dass Richard bereits vor einiger Zeit zum Treffpunkt mit dem französischen König in Vezelay aufgebrochen war. So blieb ihnen nichts anderes übrig, als seiner Armee zu folgen, auch wenn sie es als äußerst angenehm empfanden, nicht in so einem großen Verband marschieren zu müssen. In Gisors verließen sie das Angevinische Reich, umgingen Paris und hielten sich dann südlich Richtung Burgund.

Vezelay war nicht zufällig zum Treffpunkt der Kreuzfahrer gewählt worden. Hier hatte Bernhard von Clairvaux 1146 zum zweiten Kreuzzug aufgerufen, Thomas Becket den Bannfluch über den alten König Henry ausgestoßen, und die Reliquien der heiligen Maria Magdalena führten Jahr für Jahr unzählige Pilger in die Abtei und hatten die Stadt reich gemacht.

»Maria Magdalena ist meine Lieblingsheilige«, meinte Gilbert Whitehand zu Robin, als sie von weitem die berühmte Benediktinerabtei herüber grüßen sahen. »Schließlich war sie eine Frau aus Fleisch und Blut und nicht schon von Geburt an ein geistiges Wesen. Jesus soll ihr ja die Dämonen ausgetrieben und sie auch als Sünderin aufgenommen haben.«

»Und vor allem war sie seine Frau«, merkte Robin trocken an.

Gilbert blieb wie vom Donner gerührt abrupt stehen.

»Das meinst Du jetzt nicht im Ernst? Unser Herr Jesus Christus war doch niemals verheiratet!«

»Und warum nicht? Schließlich hat er die Ehe als unauflöslichen Bund eingeführt. Weshalb soll er da nicht selbst verheiratet gewesen sein? Meine Großmutter hat mir erzählt, dass es mehr als die vier uns bekannten Evangelien gibt, sie uns aber von der Kirche vorenthalten werden. In ihnen wird Maria Magdalena als Gefährtin und Frau von Jesus benannt – und als seine Nachfolgerin! Aber das passt den alten Männern, die seitdem die Kirche regieren, natürlich nicht in ihr Bild, und so wird es einfach verschwiegen.«

»Robin! Sprich das dort unten aus und du bist gleich das erste Opfer des Kreuzzuges! Du wirst auf der Stelle als Ketzer verbrannt!«, stieß Gilbert ganz entsetzt hervor und bekreuzigte sich mehrmals.

»Und, ist das nicht furchtbar, dass man nicht sagen darf, was man denkt und nur nachbeten soll, was andere behaupten? Warum wird denn aus der Bibel nur lateinisch vorgelesen, so dass die meisten Menschen es gar nicht verstehen? Ich kann es dir sagen! Weil viele Dinge darin stehen, die wir nicht wissen sollen. So ist es für die Kirchenfürsten leichter, uns alles mögliche weis zu machen. Wir müssen es einfach glauben.«

Die beiden Männer unterbrachen ihr Gespräch, denn ein steiler Abstieg erforderte ihre ganze Aufmerksamkeit. Ein riesiges Heerlager breitete sich unterhalb des auf einer Anhöhe liegenden Ortes aus. Überall flatterten Wimpel und Fahnen im Wind und ein Ende der Zeltstadt war nicht abzusehen.

Robin machte sich auf die Suche nach dem König und man wies ihm den Weg zu einem Hügel, auf dem ein prächtiger Pavillon aus goldenen und purpurroten Zeltbahnen aufgeschlagen worden war, über dem die königliche Standarte flatterte.

Aber dort war Richard nicht, und so musste Robin weiter suchen, bis er ganz in der Nähe auf einen großen Menschenauflauf stieß. Männer aller Schichten hatten sich um eine Schmiede versammelt, aus der man den hellen Klang der Hämmer hörte. Da eine Schmiede in einem Heerlager nichts Außergewöhnliches war, musste es hier etwas Besonderes zu sehen geben. Robin drängte sich durch die Menge, was ihm den einen oder anderen bösen Puff eintrug.

Zwei Schmiede hämmerten um die Wette auf ein rotglühendes Stück Stahl ein, das sie zu einem Schwert formen wollten. Beide waren groß und kräftig, barhäuptig, und ihre schweißüberströmten, bloßen Oberkörper glänzten im Schein des lodernden Feuers. An sich nichts Ungewöhnliches, aber einer von beiden war der König von England.

Richard maß sich gern und ständig mit seinen Männern und wollte immer in jedem Wettstreit der Beste sein. Auch diesmal war er der Erste, der das Schwert in den Bottich mit dem Abkühlwasser stieß und damit signalisierte, dass er gewonnen hatte.

Die Männer ringsherum klatschten lauthals Beifall. Der König lachte schallend, verbeugte sich wie ein Gaukler auf dem Jahrmarkt und drückte dem unterlegenen Besitzer der Feldschmiede fest die Hand. Dann griff er sich einen Kübel sauberes Wasser und schüttete ihn sich prustend über Kopf und Oberkörper, so dass sein rotes Haar wie altes Gold glänzte.

Als er sich die Nässe aus den Augen gewischt hatte und wieder sehen konnte, stand Robin unmittelbar vor ihm.

»Robert von Loxley, welch angenehme Überraschung! Ich hatte gar nicht mehr mit Euch gerechnet. Konntet Ihr es doch noch ermöglichen zu kommen!«

Der Vorwurf in Richards Stimme war unüberhörbar.

»Verzeiht unsere Verspätung, Sire! Aber dafür bringe ich Euch statt hundert mehr als dreihundert erstklassige Bogenschützen! Ich hoffe, dass Ihr diese Entschuldigung gelten lasst.«

»Das ist die beste, die Ihr haben könnt!« Dröhnend krachte Richards Pranke auf Robins Schulter, was dieser befürchtet und so schon vorher die Muskeln angespannt hatte.

»Kommt, begleitet mich auf meinem Rundgang durch das Lager. Ich war hier aufgehalten worden.«

Der König warf sich eine einfache Tunika über und machte sich auf, seine Inspektionsrunde fortzusetzen. Dort nickte er den Soldaten zu, da rief er einen Gruß hinüber und dabei fragte er Robin aus, wie es ihm ergangen war und in welchem Ausbildungsstand sich seine Männer befänden.

»Jeder sicher auf zweihundert Yard, jedes Ziel«, gab Robin selbstbewusst zur Antwort. »Zehn Pfeile in der Minute Minimum, auf bis zu dreihundert Yards als Salve.«

»Das werdet Ihr unter Beweis stellen müssen. Vielleicht organisiere ich ein Wettschießen gegen Philipps Armbrustschützen. Mal sehen, wer da die Nase vorn hat!«

Robin nickte nur. Für so etwas war er immer zu haben und Sorgen machte er sich keine. Seine Männer waren in hervorragender Form und eine Demonstration der Stärke, um sich auch vor den anderen Truppen Respekt zu verschaffen, war immer gut.

Mittlerweile waren sie bei den Latrinen des Lagers angekommen. Sogar darum kümmerte sich der König persönlich. Er hatte sorgfältig darauf geachtet, dass sie nicht irgendwo im Lager ausgehoben worden waren, sondern alle unterhalb der Zeltstadt und so, dass der Wind die Gerüche von ihm wegblies, auch wenn das für die Männer einen kleinen Fußmarsch bedeutete. Wer seine Notdurft einfach zwischen den Zelten verrichtete, hatte mit empfindlichen Strafen zu rechnen. Trotzdem stank es in der Sommerhitze infernalisch.

»Mercadier!«, brüllte der König, und Robin dachte nur: »Bitte, nicht schon wieder.«

Der Söldnerhauptmann kam heran gehastet und verbeugte sich vor Richard.

»Muss ich denn alles alleine machen?«, fuhr dieser ihn an. »Lasst den kleinen Bach dort umleiten, so dass er durch die Abtritte fließt und die Fäkalien wegspült. Wer soll denn den Gestank hier aushalten? Als Lagerkommandant habt Ihr Euch gefälligst auch um so etwas zu kümmern! Übrigens, Ihr kennt Robert von Loxley? Er wird unsere Bogenschützen befehligen, und zwar alle, also auch die, die sich bereits bei uns befinden.«

Die beiden Männer nickten sich nur zu, was Richard mit einem Stirnrunzeln registrierte. Er hatte genug Menschenkenntnis, um sofort die gegenseitige Abneigung zu spüren.

»Damit das klar ist«, meinte der König mit beunruhigend leiser Stimme. »Ich dulde keinerlei Streit in meinem Heer! Wer einen Mann tötet, wird mit ihm zusammen lebendig begraben, und wer auch nur sein Schwert gegen einen anderen zieht, dem wird die Hand abgehackt. War das klar und deutlich?«

»Absolut, Sire!«, bestätigten die beiden Männer unbehaglich. Richard konnte schon sehr furchteinflößend sein.

Bevor die Situation zu ungemütlich wurde, kam ein Herold des französischen Königs herangeeilt und verneigte sich tief, bevor es aus ihm heraussprudelte:

»Sire, mein Herr bittet Euch zu sich. Es sind Boten des deutschen Kaisers eingetroffen!«

»Gut, sagt ihm, ich komme gleich!« Dann, an die beiden Männer neben sich gewandt: »Mercadier, ihr kümmert Euch hier um alles und sorgt dann dafür, das Loxleys Männer vernünftig untergebracht werden. Robert, Ihr kommt mit mir. Vielleicht können wir gleich den Wettkampf zwischen den Schützen mit Philipp besprechen.«

Robin folgte dem König zu seinem riesigen Zelt und sah zu, wie dieser von seinen Dienern in die Staatsgewänder gehüllt wurde. Auch wenn Richard unter seinen Soldaten wie einer von ihnen auftrat und sie ihn dafür liebten, wusste er doch, was er sich und seinem Land an Prunk schuldig war. Gern hätte sich Robin vor seinem Besuch bei Philipp von Frankreich gewaschen und seine staubigen Kleider gewechselt, aber dafür blieb ihm keine Zeit.

»Robert, seid Ihr leicht zu beleidigen?«, fragte ihn plötzlich der König.

Sofort wurde Robin vorsichtig.

»Ich bin sicherlich nicht übermäßig empfindlich, aber auf meine Ehre lasse ich nichts kommen, Sire.«

»Bogenschützen sind Fußsoldaten. Ich kann aber nicht zulassen, dass ihr Hauptmann mit ihnen läuft. Ihr müsst beweglich und beritten sein. In Fenwick habt ihr mir ein hervorragendes Pferd geschenkt. Aber ehrlich gesagt, ist mir der Braune etwas zu klein. Mit meiner Größe und noch dazu in Rüstung hat er echte Probleme. Ich möchte ihn Euch gern zurückgeben, wenn Ihr mir das nicht übel nehmt. Da wüsste ich ihn in den besten Händen.«

Robin ritt der Teufel.

»Das wird meine Frau aber gar nicht freuen. Roncall war das bisher beste Pferd aus unserer Zucht. Sie ist so stolz darauf, dass ein König ihn reitet.«

Richard lachte laut auf.

»Für Lady Marian kommt Ihr sicher weit vor mir, da gebe ich mich gar keinen Illusionen hin. Wie geht es ihr? Hat sie Euren Abschied überwunden?«

Robin war von der Anteilnahme des Königs angetan und überrascht.

»Danke der Nachfrage, Sire! Sie war wohlauf, als wir uns trennten und hat mir Grüße an Euch und Eure Mutter aufgetragen, wenn ich so frei sein darf, sie auszurichten.«

»Nicht so förmlich, Robert von Loxley! Tut mir einen Gefallen und bleibt, wie Ihr seid. Verbiegt Euch bloß nicht! Ich schätze Eure offenen Worte. Werdet mir nur kein Höfling, davon habe ich genug!«

»Dann hoffe ich nur, Ihr sagt mir Bescheid, wenn ich zu weit gehe, bevor Ihr mich einen Kopf kürzer machen lasst.«

»So gefallt Ihr mir schon besser. Könnt Ihr ein Geheimnis für Euch behalten?«

»Ich denke schon.« Robin ging davon aus, dass die Frage rhetorisch gemeint war.

»Meine Mutter ist zur Zeit in Navarra und handelt meine Eheschließung mit König Sanchos Tochter Berengaria aus. Im Frühjahr war ich selbst in Pamplona und habe um sie gefreit. Mit König Philipps Schwester, zu dem wir jetzt reiten, bin ich aber nach wie vor verlobt. Das wird bestimmt nicht lustig, wenn er erfährt, dass ich Alix nicht heiraten werde. Hoffentlich seid ihr dann mit euren Bogenschützen in der Nähe. Vor seiner Wut kann mich nur eine Wand aus Pfeilen schützen.«

»Stets zu Diensten, Sire!«, grinste Robin und dachte bei sich, dass ihm das viel zu anstrengend wäre. Zwei Verlobte gleichzeitig und deren erwartungsvolle Verwandtschaft im Nacken! Er hatte schon mit einer Frau genug. Aber Richard strotzte nur so vor Energie, wahrscheinlich brauchte er diesen Nervenkitzel.

Es war bekannt, dass die Frauen in seinem Bett häufig wechselten, aber im Gegensatz zu seinem Bruder brauchte er dafür weder Gewalt noch Drohungen. Er war nebenbei auch ein begnadeter Troubadour, bei dessen warmer, volltönender Stimme die Herzen der Frauen nur so dahinschmolzen.

Vor dem Zelt hatte schon Richards Gefolge Aufstellung genommen, denn ein Monarch begab sich nicht zu einem anderen ohne angemessene Begleitung. Robin kannte aus Nottingham nur Baudouin de Bethune, der zu den engsten Vertrauten des Königs gehörte und ihm freundlich zu nickte. Ein Knappe brachte ihm Roncall, und der Hengst erkannte seinen ehemaligen Herrn sofort wieder und begrüßte ihn freudig. Robin schwang sich in den Sattel und nahm mit leichter Hand die Zügel an. Auf diesem wahrhaft königlichen Pferd fühlte er sich unter all den prächtig gekleideten Männern nicht mehr ganz so unbedeutend.

Im leichten Galopp ging es den Hügel hinab durch das Tal und auf der anderen Seite durch das französische Lager wieder eine leichte Anhöhe hinauf. Philipp von Frankreich begrüßte Richard vor seinem palastartigen Zelt, und die beiden Männer umarmten sich nach außen hin herzlich. Baudouin de Bethune beugte sich zu Robin und flüsterte ihm zu:

»Die beiden sollen vor Jahren in Paris sogar Tisch, Becher und Bett miteinander geteilt haben, so unzertrennlich waren sie. Aber von dieser Freundschaft ist nur der äußerliche Schein geblieben. Einer misstraut dem Anderen und allein wäre keiner auf den Kreuzzug gegangen, weil er fürchten müsste, der andere unterwirft sich in der Zwischenzeit sein Reich.«

Es dauerte nicht allzu lange, dann traten die beiden Könige in Begleitung eines Ritters in fremdländischer Rüstung, der sein Schild verkehrt, also mit dem Wappen nach unten, vor sich her trug, wieder vor das Zelt.

»Ich habe schlechte Nachrichten«, wandte sich Richard an sein Gefolge. »Graf von Freising hat uns die schreckliche Botschaft gebracht, dass der deutsche Kaiser Friedrich, auch Barbarossa genannt, auf dem Weg ins Heilige Land im Fluss Saleph in Kilikien ertrunken ist. Er hat zuvor die mit Saladin verbündeten Seldschuken in zwei Schlachten geschlagen. In Iconium führte er trotz seiner fast 70 Jahre die Attacke unter Einsatz seines Lebens selbst an, die den Sieg nach fast auswegloser Situation brachte. Lasst uns dieses wackeren Mannes stets in Ehren gedenken!«

Die Männer knieten nieder und murmelten Gebete. Baudouin raunte dabei Robin zu:

»Der Staufer Friedrich und Richard waren nicht gerade die besten Freunde, weil der König seinen Schwager, den Welfen Heinrich den Löwen, gegen den Kaiser unterstützt hat. Aber jetzt steht der ganze Kreuzzug in Frage. Vielleicht kehren wir bald schon wieder heim. Ohne die deutschen Truppen sind wir den Sarazenen eindeutig unterlegen. Das ganze Unternehmen muss neu überdacht werden.«

Aber da hatte er die Rechnung ohne Richard gemacht. Als alle wieder auf den Beinen standen, informierte sie der König über seine weiteren Pläne.

»Morgen wird es einen großen Gottesdienst geben, auf dem die Heere und unsere Fahnen und Waffen gesegnet werden. Übermorgen brechen wir dann gemeinsam auf. Das französische Kontingent wird sich nach Genua begeben und sich dort einschiffen. Wir marschieren nach Marseille und erwarten unsere Flotte. Erneuter Treffpunkt ist dann Messina auf Sizilien. Und nun jeder auf seinen Platz, es gibt viel zu tun.«

Robin suchte seine Männer auf, die über ihre Unterbringung und Verpflegung wirklich nicht klagen konnten. Mercadier schien im Moment keinen Streit zu wollen. Mit Richard verscherzte man es sich auch nur äußerst ungern. In der Nähe befanden sich auch die Zelte der anderen Bogenschützen, die aus allen Landesteilen herbeigeeilt waren, um sich den Kreuzfahrern anzuschließen. Besonders mit den Walisern würde es nicht leicht werden. In den nächsten Tagen und auch während des Marsches wollte Robin mit Hilfe von John, Will, Much und Gilbert versuchen, aus ihnen eine einheitliche Truppe zu formen. Der Wettkampf der Schützen würde wohl noch warten müssen.

Am nächsten Tag, einem strahlenden Julimorgen, hatte man einen gewaltigen Feldgottesdienst unter freiem Himmel vorbereitet. Die Zahl der Äbte, Bischöfe, Erzbischöfe und sonstigen Kleriker, die in den prächtigsten Roben um den Altar herum wuselten, war schier unabsehbar. Robin schüttelte nur den Kopf. Wenn Gott diesen Krieg wirklich wollte, woran er seine Zweifel hatte, dann würde doch auch ein einziger Priester genügen, um den Segen für die Kreuzfahrer zu erflehen. Wenn er ihn aber nicht wollte, dann würden auch noch so viele Geistliche nichts daran ändern können.

Richard schien ähnlich zu denken. Natürlich waren jede Menge hohe kirchliche Würdenträger aus England anwesend. Den persönlichen Segen ließ er sich aber von seinem Vertrauten, dem Hauskaplan Nikolas, spenden.

***

Am 4. Juli anno 1190 brach das Heer zum dritten Kreuzzug aus Vezelay mit dem Ziel, Jerusalem aus der Hand der Sarazenen zu befreien, auf. In der Nähe von Lyon trennten sich die beiden Armeen, um auf unterschiedlichen Wegen das Mittelmeer zu erreichen. Das Land hätte die vereinigten Truppen niemals versorgen können.

Während Richard für seine Soldaten alle Vorräte bezahlte und die Bauern für erlittene Schäden großzügig entschädigte, führten sich die französischen Truppen wie Besatzer im eigenen Land auf und hinterließen eine Spur der Verwüstung, so dass manche geballte Faust hinter ihnen geschüttelt wurde.

Der englische König hatte für Seeleute und Soldaten harte Regeln erlassen. Glücksspiel, Trunkenheit und jede Art von Plünderung waren strengstens untersagt und er wachte mit seinen Hauptleuten selbst über die Einhaltung. Nachdem ein Söldner beim Stehlen ertappt wurde und man ihn nach kurzem Prozess dafür teerte und federte, hüteten sich alle, gegen Richards Gesetze zu verstoßen.

Anfang August erreichte die Angevinische Armee Marseille, aber von der erwarteten Flotte war weit und breit nichts zu sehen. Ein paar Tage lief der König am Hafen wie ein gefangenes Tier auf und ab, dann charterte er einige vor Anker liegende Pisanische Galeeren.

Eine Abteilung unter dem Befehl des Erzbischofs von Canterbury, Balduin von Exeter, unterstützt von Ranulf de Glanville und seinem Neffen Hubert Walter, wurde ins Heilige Land vorausgeschickt, um den dortigen Kämpfern, die seit zwei Jahren die Hafenstadt Akkon belagerten, Mut zu machen und Richards Kommen anzukündigen. Der Großteil des Heeres sollte auf die Ankunft der englischen Flotte warten und dann nach Messina segeln.

Richard selbst mietete die größte Galeere, befahl Baudouin de Bethune und Robin ihre Kommandos abzugeben und zu ihm an Bord zu kommen und legte mit kleinem Gefolge am Anfang August ab, um in Richtung Messina vorauszusegeln.

Little John passte das gar nicht. Vor kurzem waren sie noch eine Kameradschaft von Geächteten gewesen, jetzt war er von einem Tag auf den anderen für mehr als siebenhundert Bogenschützen, so viele waren es mittlerweile geworden, verantwortlich. Am liebsten hätte er auf der Stelle kehrtgemacht. Noch dazu graute ihm furchtbar vor der Seefahrt. So hatte er sich das ganze jedenfalls nicht vorgestellt. Andererseits schmeichelte es ihm schon, mit welchem Respekt man ihm begegnete. Also versuchte er, das Beste aus der Situation zu machen, ließ, wie er es von Robin gelernt hatte, die Männer fortwährend üben und betete inständig um ein ruhiges Meer für die Überfahrt.

Richards Schiff segelte inzwischen die Cote d'Azur entlang, vorbei an dem uralten, nach der griechischen Siegesgöttin Nike benannten Nizza. Man sah von Bord aus das riesige Siegesmonument, das zu Ehren des Kaisers Augustus von den Römern oberhalb der Bucht von Monaco errichtet worden war, und erreichte endlich die mächtige Handelsstadt Genua.

Robin glaubte während der Reise, in seinem Leben noch nie etwas Schöneres gesehen zu haben. In dem azurblauen Meer spiegelten sich die Berge der Seealpen, bunte Boote umschwärmten die Galeere und boten alle Arten von exotischen Früchten feil und um das Schiff spielten Schwärme von Delphinen fangen. Von Zeit zu Zeit legten sie am Ufer an, um die Pferde zu bewegen, und Roncall genoss die langen Galopps entlang des Strandes in vollen Zügen.

In Genua bereitete man dem englischen König einen wirklich angemessenen Empfang. Während die Galeere in den Hafen einlief, läuteten alle Kirchenglocken, und am Kai hatten sich die Senatoren der

Stadt in ihren Purpurgewändern und die hohe Geistlichkeit versammelt. Man wetteiferte darin, die Gäste zu bewirten, und ein Festessen löste das andere ab.

König Philipps Armee lagerte rund um die Stadt und wartete auf ihre Einschiffung. Er selbst war erkrankt und konnte den Anblick von Richards kraftstrotzender Gesundheit kaum ertragen. Der verließ deshalb auch bald wieder die Stadt und segelte weiter nach Portofino.

Der Ort verfügte über einen wunderschönen, geschützten Naturhafen, wo die Galeere vor Anker ging. Mehr zog den englischen König allerdings die berühmte, seinem Schutzherren geweihte Kirche „Sankt Georg" an, wo auch wichtige Reliquien des Patrons der Ritterschaft aufbewahrt wurden. Richard neigte zwar keineswegs zu übermäßiger Frömmigkeit, aber der Drachentöter war schon immer sein Vorbild gewesen, und dessen Beistand bei einem Kreuzzug zu erbitten, konnte sicherlich nicht schaden.

Robin nutzte den Aufenthalt für ganz andere Zwecke. Nur mit seinem Lendentuch bekleidet, sprang er vom Dollbord der Galeere in das kristallklare Wasser und schwamm mit den Delphinen um die Wette, von denen der Hafen seit der Römerzeit seinen Namen hatte. Die meisten seiner Zeitgenossen konnten gar nicht schwimmen. So erntete er nur verständnisloses Kopfschütteln, und man rief ihm jede Menge Warnungen zu, er würde sich alle Krankheiten dieser Welt an den Hals holen. Aber sein Vater hatte ihm schon als kleinem Jungen im River Trent das Schwimmen beigebracht und jede Scheu vor dem nassen Element genommen.

Das Wasser war hier im August so warm, dass es ihn kaum abkühlte, aber den ganzen Schweiß und Schmutz wunderbar abspülte. Robin fühlte sich danach wie neu geboren und ließ sich von den warmen Strahlen der Sonne trocknen. Am Abend, als er sich an ein stilles Plätzchen zurückgezogen hatte, um die Sterne zu beobachten und dabei an Marian zu denken, stand plötzlich Richard neben ihm. Fast ein bisschen verlegen fragte er:

»Könnt Ihr mir das beibringen?«

Robin war auf die Füße gesprungen und sah den König etwas verständnislos an.

»Was denn, Sire?«

»Na das, was Ihr da im Meer getrieben habt! Ihr saht aus, als wärt Ihr selbst ein Fisch. Kaiser Barbarossa soll ertrunken sein, weil er nicht schwimmen konnte, und ich will nicht, dass es mir womöglich auch einmal so ergeht. Mir hat noch nie jemand gezeigt, wie man das macht. Ist es schwer zu erlernen?«

»Gar nicht, Sire. Ich zeige es Euch gern und bin sicher, mit ein wenig Übung schwimmt Ihr in ein paar Tagen selbst wie ein Delphin.«

»Aber zu keinem ein Wort! Ich will nicht, dass ich mich zum Gespött der Leute mache. Irgendwie müssen wir mein Gefolge abschütteln.«

»Am besten, Sire, wir nehmen uns ein kleines Boot und Ihr tut so, als ob Ihr fischen wollt. Lasst mich rudern und wenn wir eine flache Bucht gefunden haben, die hier bei den steilen Felsen niemand einsehen kann, zeige ich Euch, wie es geht.«

»Eine gute Idee, so machen wir's. Gleich morgen früh!«

Richard war für seine Ungeduld weithin bekannt. Wenn er einen Entschluss gefasst hatte, musste er sofort in die Tat umgesetzt werden. Am nächsten Morgen lieh er sich ein Fischerboot und eine Angelausrüstung und sehr zum Verdruss seiner hochrangigen Gefolgsleute wählte er nur Robert von Loxley als Begleiter aus.

Robin ruderte durch das spiegelglatte, völlig windstille Meer um einige Felsvorsprünge herum, bis er eine geschützte, sandige Bucht fand. Die beiden Männer zogen das Boot auf den Strand und legten ihre Kleider ab. Im hüfthohen Wasser zeigte Robin Richard die Schwimmzüge. Der König konnte sich vor Lachen kaum halten.

»Ihr bewegt euch wie ein Frosch! Wartet, das kann ich auch.«

Aber da war es mit dem Spaß erst einmal vorbei. Richard ging unter wie ein Stein und schluckte Wasser, das er erschrocken ausspie. Jetzt war es an Robin zu lachen und er hoffte nur, das der König ihm das nicht übel nahm. Aber der war so voller Enthusiasmus dabei, diese neue Kunst zu erlernen, dass er es gar nicht mitbekam. Robin machte es immer wieder vor, und sein Schüler übte verbissen und freute sich wie ein Kind, als ihm die ersten Züge gelangen.

Nach einiger Zeit verließen die beiden Männer das Wasser und stärkten sich an gebratenen Kapaunen und Früchten, die sie von Bord mitgenommen hatten, und tranken gegen den Durst den Saft von frisch ausgepressten Orangen. Als sie so nebeneinander unbekleidet im warmen Sand lagen und sich ausruhten, musterte Robin verstohlen sein Gegenüber. Niemand, der sie hier sehen würde, käme auf die Idee, einen König und den Sohn eines Bauern vor sich zu haben.

»Wie gering doch der Unterschied eigentlich ist«, dachte Robin bei sich. »Der Zufall der Geburt und ein paar unterschiedliche Kleider entscheiden über Wohl und Wehe im Leben.«

Doch bevor er zu philosophisch wurde, forderte er den König lieber zu einer neuen Übungsrunde auf:

»Kommt, Sire, lasst uns noch ein bisschen schwimmen. Nur Übung macht den Meister!«

Richard ließ sich nicht lange bitten und bald sah das Ganze schon gar nicht mehr so ungeschickt aus. Am Nachmittag ruderten sie zurück und mussten sich den Spott gefallen lassen, so rein gar nichts gefangen zu haben. Aber das gab dann gleich einen Grund, es am nächsten Morgen noch einmal zu versuchen. Da Richard ein geübter Athlet war und auch beim Tanzen gelernt hatte, seinen Körper zu beherrschen, begriff er schnell und nach ein paar Tagen schwamm er fast so schnell wie Robin.

Sie hatten sich angewöhnt, auf dem Hin- und Rückweg zu ihrer Bucht die Angel ins Meer zu werfen und in den fischreichen Gewässern kamen sie nicht mehr ohne Beute heim. Die Vertrautheit zwischen dem König und seinem Hauptmann der Bogenschützen brachte diesem aber nicht nur Freunde, sondern auch etliche Neider ein.

Richard wäre gern noch etwas geblieben, um sich in der Kunst des Schwimmens zu vervollkommnen, doch als Robin ihm sagte, jetzt könne er ihm nichts mehr beibringen, als Nächstes müsse er dann lernen, über Wasser zu gehen, gab der König dem Drängen seiner Begleiter nach, verließ den paradiesischen Ort und ließ Kurs Richtung Süden nehmen.

Der nächste Halt war Ostia an der Tibermündung, wo die Galeere des englischen Königs überraschend auftauchte. Der Bischof der Stadt, Ottaviano di Paoli, schickte sofort einen Kurier nach Rom und Papst Clemens III. ließ Richard durch einen Kardinal eine Einladung in den Vatikan überbringen.

Zur großen Verblüffung aller lehnte der König ab. Er war nicht gut zu sprechen auf diesen Papst, der ihn immer wieder mit neuen Geldforderungen behelligte, selbst aber keinerlei Anstrengungen unternahm, den Kreuzzug außer mit Gebeten zu unterstützen. Das ließ er ihn auch deutlich fühlen und strafte Clemens mit Nichtachtung. Lieber segelte er weiter nach Neapel, das bereits zum Königreich

Sizilien gehörte und vor etwas mehr als fünfzig Jahren von den Normannen erobert worden war.

Hier entließ Richard die gecharterte Galeere, entlohnte Kapitän und Mannschaft reichlich und entschloss sich, auf seine eigene Flotte zu warten. Die Zeit bis dahin vertrieb er sich mit Besichtigungen der Sehenswürdigkeiten, bestieg den Vesuv, ritt zum Kloster Montecassino, das zu jener Zeit als eines der bedeutendsten geistlichen Zentren der Christenheit galt, und stattete der berühmten medizinischen Schule von Salerno einen mehrtägigen Besuch ab.

Robin war immer an seiner Seite und bekam dadurch Dinge zu sehen, die ihn staunen ließen und von denen er nie zu träumen gewagt hätte. Die beiden Männer wurden von Tag zu Tag vertrauter miteinander. Als die Flotte immer noch auf sich warten ließ und Richard sich weiter langweilte, beschloss der König, die Reise inkognito auf dem Landweg fortzusetzen, und wählte als einzigen Begleiter Robert von Loxley aus.

***

Richard konnte durchaus prunksüchtig sein und liebte den großen Auftritt. Andererseits reizte es ihn von Zeit zu Zeit, wie ein Ritter aus König Artus Tafelrunde unerkannt durch das Land zu ziehen, um Abenteuer zu erleben. Schließlich nahm er auch für sich in Anspruch, dessen legendäres Schwert Excalibur zu besitzen.

Er trug keinerlei königliche Insignien und verbot Robin, ihn vor anderen mit „Sire“ anzusprechen. Auf diesem Ritt waren sie Richard und Robert, zwei englische Pilger auf dem Weg ins Heilige Land.

Entlang der Amalfiküste genossen die beiden einsamen Reiter spektakuläre Ausblicke auf das azurblaue Meer, übernachteten in einfachen Gasthäusern oder Klöstern und lebten meistens von Brot, Käse und Quellwasser. Unterwegs unterhielten sie sich über Gott und die Welt von Mann zu Mann, ohne dass Richard auch nur einmal den König herauskehrte. Im Gegenteil, da Robin mit Roncall das eindeutig edlere Pferd ritt, wurde er von Herbergsvätern oder Klostervorstehern oft mit größerem Respekt behandelt, was Richard immer wieder amüsierte.

Irgendwann fragte Robin dann doch einmal, warum man eigentlich so dahinbummelte und ob es den König denn gar nicht dränge,

Palästina zu erreichen. Durch ein Kurierschiff hatte man erfahren, dass die Vorausabteilung bereits im Heiligen Land eingetroffen und in die Kämpfe um Akkon verwickelt war. Spätestens jetzt hatten alle angenommen, dass Richard sich auf dem schnellsten Wege – und zur Not auch ohne sein Heer – dorthin begeben würde, um die Belagerung selbst zu leiten. Doch zur allgemeinen Verwunderung tat er das nicht, sondern streifte durch Italien, als wäre dieses Land das Ziel seiner Reise.

Der König überlegte eine Weile, ob er darauf antworten sollte, schließlich gingen seine Beweggründe einen Untergebenen nun wirklich nichts an, entschloss sich dann aber doch dazu. Vielleicht war es ja ganz gut, einmal seinem Herzen Luft zu machen.

»Familienprobleme sind oft schwerer zu lösen, als alle anderen. Wenn ein König heiraten will, geht das nicht so einfach wie bei Euch. Berengaria von Navarra und ich sind uns einig, aber meine Mutter und ihr Vater, den man nicht umsonst Sancho den Weisen nennt, verhandeln noch die Details. Er will als Morgengabe für seine Tochter die ganze Gascogne, und da ist meine Mutter natürlich nicht begeistert, denn die gehört zu ihren Stammlanden. Geplant war eigentlich, dass wir in Messina oder Palermo heiraten und meine Schwester Joan, die mit König Wilhelm von Sizilien verheiratet war, sollte die Hochzeit ausrichten. Jetzt ist aber Wilhelm gestorben und Tankred von Lecce hat sich ohne rechtlichen Anspruch an die Macht geputscht und hält meine Schwester als Gefangene fest. Es ist ja wohl verständlich, dass ich das nicht dulden kann, aber ohne Flotte und Heer ist da nichts auszurichten. Und bevor die Verhältnisse nicht geklärt sind, ist es auch unmöglich, Berengaria und meine Mutter hierher zu holen.«

Richard seufzte tief. So kannte ihn Robin gar nicht. Sollte dieser Schwarm aller Frauen sich nach der Einen verzehren? Aber letztendlich waren Könige auch nur Menschen, und wenn Robin zurückdachte, hatte er sich ebenfalls nicht mehr für andere Frauen interessiert, nachdem er Marian kennen gelernt hatte.

»So bin ich wieder einmal von anderen Menschen und den Launen der Natur abhängig, und wenn ich dreimal König von England bin. Es bleibt einem nichts als warten und das macht mich fast rasend. Geduld gehört mit Sicherheit nicht zu meinen Tugenden. Anpacken und die Dinge bewegen, das schon.«

Hier entdeckte Robin endgültig eine Seelenverwandtschaft zwischen ihm und Richard. Die letzten zwei Sätze hätten genauso gut von ihm sein können.

»Und Eure zukünftige Frau, wie ist sie so?«, erkundigte er sich neugierig.

Richard bekam einen schwärmerischen Glanz in die Augen.

»Als Herzog von Aquitanien bin ich damals auf dem Turnier in Pamplona für ihre Farben in den Kampf geritten. Sie reichte mir den Siegerkranz mit einem Augenaufschlag, den ich seither nie vergessen habe. Ihr Haar glänzt wie ein schwarzer Rabenflügel, und ihre Haut ist so weiß wie Alabaster.«

»Also eine richtige ätherische Schönheit«, warf Robin ein und biss sich auf die Zunge, kaum waren die Worte heraus.

Richard hielt sein Pferd an und sah ihm böse in die Augen.

»Kein Zierpüppchen, wenn ihr das meint! Sie weiß, was sie will, und hat es mir nicht gerade leicht gemacht. Eigentlich wollte sie dem Hospital für die Pilger am Jakobsweg, das sie nach dem Vorbild der Johanniter errichtet hat, selbst vorstehen. Es hat mich viel Überredungskunst und Lieder vor ihrem Fenster gekostet, bis sie eingewilligt hat, meine Frau zu werden. Ich glaube, sie ist genau die richtige Gefährtin für mich und Mutter für unsere Kinder. Da kann sich Philipp seine hoffärtige Schwester Alix sonst wohin stecken.«

Richard hatte sich richtig in Rage geredet und Robin versuchte seinen Fauxpas wieder gutzumachen.

»Verzeiht Sire, falls ich Euch gekränkt habe! Ich meinte nur, dass an eure Seite eine wirkliche Schönheit gehört. Und bevor ihr mir wieder vorwerft, wie ein Höfling zu reden, das meine ich völlig ernst. Ich wünsche Euch mindestens soviel Glück für Eure Ehe, wie ich es mit meiner Marian habe.«

»Da seid völlig unbesorgt, auch wenn die Geschmäcker bei Frauen glücklicherweise auseinander gehen. Eine Königin nur aus Staatsräson zu heiraten, wäre für mich nicht in Frage gekommen. Meine Schwestern sind alles ausgesprochen schöne Frauen, und ich mache mich mit Sicherheit nicht zum Gespött vor ihnen.«

Robin lachte.

»Was Ihr so alles bedenken müsst! Wenn ich das so sehe, möchte ich eigentlich nicht mit Euch tauschen. Euer Bruder wird jedenfalls nicht erbaut sein, wenn er in der Thronfolge immer weiter nach hinten rutscht. Und mit Philipp von Frankreich dürften Euch auch noch ein paar Auseinandersetzungen bevorstehen.«

»Das ist es ja, was ich meine! Lieber einen Gegner direkt mit dem Schwert angehen, als unaufhörlich dieses und jenes bedenken. Meine Eltern hatten zusammen acht Kinder, mein Vater noch mindestens zehn Bastarde, von denen ich weiß. Was meine Mutter, zugegeben, nicht gerade gefreut hat. Aber ich bin fest davon überzeugt, dass ich mit Berengaria mindestens die offizielle Kinderschar meiner Eltern erreiche, und wenn wir uns anstrengen, vielleicht noch ein paar mehr. Da findet sich John dann ganz schnell an zehnter oder zwölfter Stelle der Thronfolge wieder! Und sobald sie hier bei mir ist, fangen wir damit an!«

»Na, dann wünsche ich viel Vergnügen!«, schmunzelte sein Begleiter.

»Keine Sorge, werden wir haben«, gab Richard zurück und dann seinem Pferd die Sporen. Das Lachen der beiden Männer wurde von den umliegenden Gebirgszügen zurückgeworfen und noch verstärkt. Doch Robin wusste, dass das mit dem Kinder Wollen und Kinder Bekommen oft zweierlei und nicht so einfach war. Seine Frau hatte eine Fehlgeburt erlitten und war seitdem zu ihrer beider Leidwesen nicht wieder schwanger geworden.

Auch wenn er die Wirksamkeit von Gebeten innerlich anzweifelte, wollte er doch in Jerusalem am Heiligen Grab um einen reichen Kindersegen für sie beide bitten. Schaden konnte es ja auch nichts. Er wünschte Richard jedenfalls alles Glück dieser Erde, viele stramme Söhne und Töchter und einen Nachfolger, der seines Vaters würdig war.

Sie übernachteten unerkannt in Mileto in der von dem Normannen Roger I., dem großen Grafen von Sizilien, gestifteten Abtei der Dreifaltigkeit. Roger hatte die Sarazenen aus Kalabrien und Sizilien vertrieben und der Chronist Gaufredus Malaterra sagte über ihn das, was Richard auch über sich gern hören oder in Geschichtsbüchern lesen würde:

»Er war ein Mann von größter Schönheit, hoher Statur, anmutiger Gestalt, äußerst redegewandt und gelassen in der Beratung. Er war weitsichtig in allen seinem Handlungen, freundlich und fröhlich mit all seinen Männern, stark und mutig und wild in der Schlacht.«

Am Abend teilten sie das karge Mahl mit den Mönchen und saßen später noch mit dem Abt bei mit Wasser verdünntem Wein zusammen. Robin hatte auf ihrem Ritt durch Süditalien das erste Mal Moscheen und kuppelförmige Kirchen gesehen und fragte den Benediktiner danach. Der Mann machte einen aufgeschlossenen Eindruck und klärte seine Gäste gern auf.

»Nachdem das weströmische Reich untergegangen war und Byzanz immer schwächer wurde, eroberten die Sarazenen Sizilien und weite Teile Italiens. Die Normannen erst besiegten die Araber und drängten sie zurück, so wie es heute Stück für Stück in Spanien geschieht. Wir haben aber nach wie vor eine sehr gemischte Bevölkerung, zu der neben Arabern auch griechisch-orthodoxe Christen und Juden gehören. Von Anfang an haben deshalb die neuen Herren und vor allem Roger und seine Nachkommen eine sehr kluge, ausgleichende Politik verfolgt und den einzelnen Volksgruppen große religiöse Freiheiten gewährt. Wir üben uns hier in Toleranz und bringen uns nicht gegenseitig um. Das hat nicht zuletzt dazu geführt, dass Sizilien heute wohlhabend und eines der reichsten Länder in Europa ist. Wie es aber jetzt unter dem Thronräuber Tankred oder dem Staufer Heinrich VI., der ja unser Land eigentlich geerbt hat, weitergeht, das wissen wir auch nicht und es erfüllt uns alle mit großer Sorge.«

»Das heißt, Ihr habt nichts dagegen, dass es neben euren Klöstern und Kirchen auch Moscheen und Synagogen gibt, in denen die Menschen jeweils zu ihrem Gott beten?«, erkundigte sich Richard verblüfft.

Der Abt hob die Augen zum Himmel und öffnete die Arme, als wolle er die ganze Welt umarmen.

»Wir beten alle zu dem einen Gott. Der wahre Glaube sollte sich friedlich durchsetzen und nicht mit dem Schwert erzwungen werden. Du sollst nicht töten, hat der Herr, unser Gott, gesagt.«

»Dort, wo wir herkommen, würde man das als Häresie bezeichnen und Euch als Ketzer anklagen. Schließlich hat der Papst wieder zu einem Kreuzzug aufgerufen, und da die Heiden bestimmt nicht freiwillig das Feld räumen, wird es sicherlich nicht ohne Mord und Totschlag abgehen.«

»Nun, in einem Land, in dem sich so viele Kulturen miteinander vermischt haben, mussten wir einfach lernen, miteinander auszukommen. Das sollte doch auch im Heiligen Land möglich sein, wenn man Gottes Gebote befolgt. Hier in Sizilien hat selbst ein christlicher König einen Harem wie ein Sultan unterhalten und ist trotzdem vom Papst in seiner Königswürde bestätigt worden.«

»Darüber sollte ich nachdenken!«, meinte Richard schmunzelnd, verkniff sich aber jede weitere Bemerkung, als er den verständnislosen Blick des Abtes sah, dem sich nicht erschloss, wie sich ein Pilger mit einem König vergleichen konnte.

***

Am nächsten Morgen setzten die beiden Männer schon zeitig ihren Ritt fort. Als sie durch die kleine Stadt Gioia kamen, hörte Richard aus einem Haus den typischen Ruf eines Jagdfalken.

Die Vögel waren eine ausgesprochene Kostbarkeit. Nur Könige und Fürsten konnten sie sich leisten. Demzufolge war auch die Jagd mit ihnen ihr Vorrecht.

Richard sprang vom Pferd und wollte sehen, wer hier in diesem armseligen Nest ein solches Tier sein eigen nennen konnte. Nach einem kurzen Klopfen betrat er das Haus, wobei er sich unter dem niedrigen Türsturz tief bücken musste. Außer einer alten Frau, die auf einem klapprigen Stuhl saß und Bohnen putzte, war niemand zu sehen. Richard grüßte freundlich, bekam aber nur ein unverständliches Murmeln als Antwort.

Auf einer Stange saß ein großer Lannerfalke, der vor allem zur Rebhuhn- und Fasanenjagd eingesetzt wurde.

»Ist das nicht ein wunderschönes Tier?«, rief der König ganz entzückt an seinen Begleiter gewandt aus und trat näher, um dem Falken über das Gefieder zu streichen. »Der kann doch keinem Bauern gehören!«

Robin war kein großer Freund der Falkenjagd. Er bewunderte diese Vögel auch, wenn sie am Himmel standen, rüttelnd Ausschau hielten und sich dann wie ein Pfeil auf ihre Beute stürzten. Aber das Gewese, das oft von ihren Besitzern um sie gemacht wurde, konnte er nicht nachvollziehen.

Richard war ganz hin und weg. Er nahm das Tier auf seine behandschuhte Hand und hob die Falkenhaube an. Der Vogel sah ihn aus seinen scharfen Augen an und blinzelte. Das weiße Gefieder an Brust und Bauch, nur spärlich mit dunklem Braun durchsetzt, erinnerte an Hermelin. Um den Schnabel und an den Füßen war der Falke ganz gelb, als wäre er durch ein Butterblumenfeld gelaufen.

Mittlerweile war die alte Frau aufgestanden und begann zu zetern. Robin verstand zwar kein Wort, nahm aber an, dass sie Richard aufforderte, den Vogel wieder abzusetzen.

»Dieser Falke ist ein königliches Tier! Er kann keinem Bauern gehören und ist bestimmt gestohlen worden. Ich werde ihn mitnehmen und nach seinem wahren Besitzer Ausschau halten!«

Richard war richtig erzürnt.

»Das solltet Ihr lieber lassen!«, rief Robin ihm zu, der sah, wie sich vor dem Haus immer mehr Menschen einfanden, aber der König war nicht zu überzeugen. Er versuchte sich mit dem Vogel auf dem Arm durch die Menge zu drängen, was ihm nur Stöße und Hiebe einbrachte.

Der Lärm war mittlerweile ohrenbetäubend. Die Menschen sprachen alle gleichzeitig auf Richard ein, die alte Frau kreischte wie ein Furie, und der Falke schrie vor Angst. Der König entwischte durch die Hoftür und rannte um das Haus herum, die wütende Menge ihm dicht auf den Fersen. Fluchende Männer attackierten ihn mit Stöcken und Steinen, Weiber keiften, und kläffende Hunde versuchten ihn in die Beine zu beißen.

Robin warf mit allen, was ihm gerade in die Hände fiel, nach den Straßenkötern und versuchte die Leute abzulenken, was ihm aber bei der aufgebrachten Menge nicht gelang.

»Lasst endlich das Vieh los!«, brüllte er Richard an. »Die bringen uns noch um!«

Doch der dachte gar nicht daran und zog sein Schwert. Er schlug nach einem Verfolger, verfehlte ihn aber, traf statt dessen einen Stein – und die Klinge brach ab.

Verblüfft schaute Richard noch auf den Griff in seiner Hand, da griff ihn der Besitzer des Falken mit einem langen Messer an. Der König wich zurück, stolperte und stürzte zu Boden. Von oben herab sah er die Klinge zustoßen und konnte nichts dagegen tun. In Sekundenbruchteilen zog sein Leben an ihm vorbei. Sollte es tatsächlich hier und jetzt enden, in einem kleinen, dreckigen Kaff in Italien? Das wäre dann wahrlich kein ehrenvoller Tod, von dem die Barden noch nach Jahrhunderten in ihren Liedern berichten könnten.

Da blitzte vor seinen Augen Stahl auf und die Messerklinge wurde zur Seite geschlagen. Robin hatte im allerletzten Augenblick mit seinem Schwert den Angriff abgewehrt und setzte dem Mann die Spitze auf die Brust. Der wich aber keinen Zoll zurück und der Lärm schwoll eher noch an.

»Gebt ihm seinen Falken zurück!«, fuhr er den am Boden liegenden König an. »Die halten uns für Räuber und lynchen uns!«

»Sagt ihnen, dass ich der König von England bin!«

Richard war außer sich vor Wut.

»Genau das werden sie uns glauben, so wie wir aussehen und uns aufführen! Wenn Ihr jetzt nicht endlich den Vogel loslasst, enden wir höchstens mit einem Strick um den Hals als Diebe an einem Baum. Haltet Ihr das etwa für ein rühmliches Ende?«

So klar konnte Richard noch denken, dass dies nicht das war, was in den Geschichtsbüchern einmal über ihn stehen sollte. Er warf den Falken in die Luft, der sofort abstrich und damit seinen Herrn vor die Aufgabe stellte, ihn wieder einzufangen.

Mühsam kämpften sich die beiden Männer zu ihren Pferden durch, denn die aufgebrachte Menge war mit ihnen noch nicht fertig. Als sie endlich in die Sättel springen und davon galoppieren konnten, spürte Robin alle Knochen in seinem Leib und hoffte nur, dass sie ganz geblieben waren.

»Das war nicht gerade eine Ruhmestat, Sire!«, konnte er sich nicht verkneifen anzumerken. »Und mit Eurem Waffenschmied würde ich mal ein paar Worte wechseln. Zuerst das mit der Rüstung im Sherwood und jetzt ein abgebrochenes Schwert. Wie lange wollt Ihr mit dieser Ausrüstung gegen die Sarazenen bestehen?«

Richard sagte kein Wort. In ihm loderte es wie im Inneren des Vesuv. Eine ganze Weile brauchte er, um sich wieder zu beruhigen und seinen Blutdruck herunterzufahren. Dann zügelte er sein Pferd und sah Robin direkt an.

»Ihr habt mir das Leben gerettet, Robert von Loxley! Denkt nicht, dass ich das nicht weiß. Aber dringt von dem heutigen Tag auch nur ein Wort nach draußen, lasse ich Euch schneller einen Kopf kürzer machen, als Ihr Amen sagen könnt!«

Jetzt platzte Robin endgültig der Kragen und er wurde richtig wütend.

»Wir sollten einmal etwas grundsätzlich klären. Ihr habt mich zu eurem Begleiter ausgewählt. Ich nehme an, weil Ihr mir vertraut. Also geht bitte davon aus, dass ich kein altes Waschweib bin, das klatscht.

Mit euren ewigen Drohungen erreicht Ihr bei mir gar nichts. Ihr habt mich in Vezelay gefragt, ob ich leicht zu beleidigen bin. Jetzt habt Ihr mich beleidigt.«

Schweigend und verstimmt ritten die beiden Männer nebeneinander her. Richard war das Ganze mehr als unangenehm. Er hatte sich benommen wie ein Narr und wäre beinahe in einer süditalienischen Kleinstadt von einer aufgebrachten Menschenmenge umgebracht worden. So etwas wäre König Artus sicherlich nicht passiert. Und dann kränkte er auch noch den Mann an seiner Seite, der wie ein Ritter aus der Tafelrunde mit ihm durch das Land zog und ihn vor Schlimmerem bewahrt hatte. Einfach unverzeihlich!

Es kostete ihn viel innere Überwindung, aber dann sprang er über seinen eigenen Schatten. Er hielt sein Pferd an und wandte sich an Robin:

»Robert von Loxley, könnt Ihr einem Mann vergeben, dessen Temperament mal wieder mit ihm durchgegangen ist? Hier meine Hand! Wenn Ihr mir verzeiht, schlagt ein.«

Robin merkte, welche Überwindung das Richard kostete und achtete ihn dafür umso mehr. Wie die Römer vor tausend Jahren schlug er ein, und die Hand des einen fasste den Unterarm des anderen.

»Immer der Eure, Sire!«

»Immer der Eure, Robert!« Der alte Spruch der Ritter der Tafelrunde.

Die beiden Männer gaben ihren Pferden die Sporen, und der frische, von der See her wehende Wind wischte die Unstimmigkeit endgültig hinweg. Von weitem grüßte das normannische Kastell von Vibo Valentia herüber, und als sie daneben ihre Pferde durchparierten, konnten sie über das Meer bis zu den Vulkanen Stromboli und Ätna sehen. Aber viel erbaulicher fand Richard den Anblick der vielen, sich bis zum Horizont hinziehenden, schwellenden Segel in der Abendbrise. Die englische Flotte war endlich eingetroffen und wartete auf ihren König.

***

5. Kapitel

Sizilien, Oktober 1190 - April 1191

Die Ankunft Richards in Messina war an Prunk und Prachtentfaltung kaum zu überbieten. Gestern noch im einfachen Wams durch Italien streifend, stand er heute im vollen Königsornat auf dem erhöhten Deck des Flagschiffs und ließ sich in den Hafen der Stadt rudern. Den Einwohnern blieb der Mund offen stehen, als sich die mehr als hundert Schiffe näherten.

Vor einiger Zeit waren bereits die Franzosen eingetroffen und hatten einen Großteil der Stadt mit Beschlag belegt. Wie sollte man jetzt noch das dreimal so große Angevinische Heer unterbringen? Nur die Händler rieben sich die Hände und sahen schon die Lebensmittelpreise in astronomische Höhen schnellen.

Am Kai wartete eine Delegation der Honoratioren der Stadt und Vertreter Tankreds von Lecce, des selbsternannten Königs von Sizilien. Auch Philipp von Frankreich war erschienen und ihn begrüßte Richard natürlich als Ersten.

»Nun, Du hast dir ja ganz schön Zeit gelassen«, hörte Robin den Franzosen sagen, da er zum Gefolge des englischen Königs gehörte und unmittelbar hinter ihm stand. »Wir haben uns schon mal eingerichtet und in der Stadt dürfte kaum noch Platz für Dich und Deine Truppen sein. Aber«, und das sagte er so laut, dass es alle umstehenden Sizilianer hören konnten, »für meinen Lehnsmann ist es vielleicht sowieso besser, er kampiert mit seinen Soldaten vor der Stadt, damit sich unsere Heere nicht vermischen!«

Richard vergaß für einen Moment vor Überraschung den Mund zu schließen und seine Hand fuhr zum Schwert. Es war zwar richtig, dass seine gewaltigen Besitzungen in Frankreich, die die Ländereien Philipps um ein Vielfaches übertrafen, der Form nach ein Lehen des Königs von Frankreich waren. Aber die kleine Ile de France passte in sein von Schottland bis zu den Pyrenäen reichendes, gewaltiges Reich zigfach hinein und an Macht, Reichtum und Untertanen war er dem Franzosenkönig haushoch überlegen. Er konnte nicht ahnen, dass seine prachtvolle Ankunft mit eigener Flotte Philipp, der Schiffe hatte mieten müssen und in aller Bescheidenheit eingelaufen war, zutiefst gekränkt hatte. Richard dagegen war erbost, dass überall in der Stadt das Lilienbanner flatterte, und der französische König den Palast für sich allein beanspruchte.

»Gut, wenn Du meinst, dann wird der König von England sein eigenes Lager inmitten seiner Männer errichten, so wie es sich auf einem Kriegszug geziemt.«

Richards voll tönende Stimme schallte über den ganzen Hafen und die einheimischen Würdenträger wussten vor Verlegenheit gar nicht, wohin sie ihre Blicke richten sollten.

»Das kann ja heiter werden!«, dachte Robin. »Zuerst stirbt mit Kaiser Barbarossa der Feldherr mit dem größten Kontingent und dann geraten sich die beiden Könige schon vor Beginn der Kämpfe wegen Nichtigkeiten in die Haare.« Ihm schwante nichts gutes für den weiteren Verlauf, und er hoffte nur, das sich die Wogen wieder glätten würden.

Richard ließ die Pferde ausladen und gemeinsam mit Baudouin de Bethune, Mercadier und Robin ritt er selbst das Gelände ab, um einen passenden Platz für ihr Lager zu finden. Bald entdeckten sie gegenüber von Messina einen weitläufigen Olivenhain mit vielen Quellen, der sich optimal eignete. Auf die Proteste der Besitzer wurde allerdings keine Rücksicht genommen, und so kam es zu den ersten Unstimmigkeiten mit der einheimischen Bevölkerung.

Im Allgemeinen konnte Richard sehr großzügig sein, aber jetzt war er verärgert und in dieser Stimmung bekam man von ihm eventuell eine Tracht Prügel, aber keinen Penny. Als am Abend dann noch der Hafenkommandant auftauchte und untertänigst mitteilte, dass im Hafen kein Platz für die englischen Schiffe sei und sie sich geschützte Buchten in Kalabrien suchen sollten, war das Maß voll.

Der König ließ die Gesandten Tankreds herbeischaffen und befahl ihnen, für Ankerplätze, Bauholz und Verpflegung zu sorgen. Anderenfalls würde er ihrem Auftraggeber in Palermo einen Besuch abstatten – an der Spitze seines Heeres. Und weil er gerade dabei war, forderte er sie auf, Tankred auszurichten, dass er in fünf Tagen seine Schwester bei sich erwarte, ausgestattet mit ihrem vollständigen Wittum und dem Erbe, das ihr von ihrem verstorbenen Mann als Legat ausgesetzt worden war.

Die Gesandten verbeugten sich tief und beeilten sich nach Palermo zu berichten, dass mit Richard sicher nicht gut Kirschen essen war.

Besonders beeindruckten sie seine Größe und männliche Ausstrahlung, war Tankred doch fast zwergenwüchsig und missgestaltet.

Der beeilte sich auch schleunigst, Richards Schwester Joan, die Witwe seines Vorgängers König Wilhelm, in Freiheit zu setzen und auf seinem eigenen Schiff nach Messina rudern zu lassen. Allerdings vergaß er geflissentlich den zweiten Teil der Forderung, und so traf die ehemalige Königin nahezu mittellos bei ihrem Bruder ein. Dieser hatte zwischenzeitlich gegenüber von Messina ein hölzernes, stark befestigtes Kastell errichten lassen, bei dessen Anblick den Bürgern der reichen Hafenstadt gar nicht wohl zu Mute war. Sie baten den König von Frankreich zu vermitteln und Richard zu fragen, was dieser damit bezwecke.

Philipp buk mittlerweile etwas kleinere Brötchen. Er hatte versucht, mit seinen Schiffen gegen den ausdrücklichen Rat der Kapitäne in Richtung Palästina auszulaufen, musste aber noch am gleichen Tag das hoffnungslose Unterfangen aufgeben und wurde von den in diesem Jahr früh einsetzenden Herbststürmen zurück in den Hafen getrieben. Richard, der durchaus die Meinung von Fachleuten zu schätzen wusste, hatte sich über diese Peinlichkeit fast tot gelacht.

Man richtete sich also auf eine Überwinterung in Sizilien ein und jeder Lagerkommandant versuchte, so viele Vorräte aufzutreiben und einzukaufen, wie nur möglich. Das trieb die Preise in Schwindel erregende Höhen und brachte die einheimische Bevölkerung, die darunter genauso litt wie die Kreuzfahrer, noch mehr gegen diese auf.

Richard empfing gerade seine Schwester, die er als elfjährige das letzte Mal gesehen hatte und die sich ihm freudestrahlend in die Arme warf, als ihm der französische König gemeldet wurde.

Philipp stürmte auch schon durch die Tür, blieb aber beim Anblick Joans wie angewurzelt stehen. Von der voll erblühten Schönheit der jungen Witwe schier überwältigt, war er wie vom Donner gerührt. Seine Frau war kurz vor seiner Abreise ins Heilige Land verstorben, und er und Joan waren etwa gleichaltrig. Von einer Sekunde zur anderen vergaß der französische König alles, worum ihn die Bürger von Messina gebeten hatten, und scharwenzelte wie ein verliebter Gockel um Richards Schwester herum.

Joan, die gehofft hatte, einige Zeit mit Richard allein verbringen zu können, empfahl sich bald und zog sich in ihre vorbereiteten Gemächer zurück.

Philipp kam danach sofort auf den Punkt.

»Richard, ich glaube, ich werde Deiner Schwester den Hof machen. Ich war wie vom Blitz getroffen, als ich sie gesehen habe! Glaubst Du an Liebe auf den ersten Blick? Du heiratest meine Schwester und ich Deine. Das wäre doch die ideale Verbindung zwischen unseren Reichen!«

»Nun mach mal einen Punkt, Philipp! Du hast sie gerade zum ersten Mal gesehen und kaum ein Wort mit ihr gewechselt. Lass sie doch erst einmal zur Ruhe kommen, nach all den Aufregungen, die sie hier zu erdulden hatte.«

Richard würde eine solche Verbindung gar nicht gerne sehen, wüchse doch damit der Einfluss der französischen Krone auf seine angevinischen Länder.

»Und da wir gerade dabei sind«, Richard fielen jetzt die Worte nicht leicht, »ich werde Deine Schwester nicht heiraten!«

So, nun war es heraus.

»Ich habe mich wohl verhört, ihr seid seit über zwanzig Jahren miteinander verlobt!«

»Eben! Es wird Zeit, die Dinge klar beim Namen zu nennen und uns nicht gegenseitig zu belügen. Ich kann nichts für das, was unsere Eltern vereinbart haben, als wir noch Kinder waren. Sie liebt mich nicht, und ich liebe sie nicht. Und das ist für mich bei aller Staatsräson keine Basis für eine Ehe.«

»Als ob das eine Rolle spielen würde«, höhnte der immer noch fassungslose Philipp.

»Zwinge mich nicht, Dir den eigentlichen Grund zu nennen, er würde Dir nicht gefallen.«

»Doch, das will ich jetzt wissen! Was ist an einer der schönsten Frauen Frankreichs so abstoßend, dass mein Lehnsmann sie nicht heiraten kann? Stimmt es etwa, dass Du Dich mehr für Männer interessierst, wie man so hört.«

Eine größere Beleidigung konnte es zur damaligen Zeit nicht geben. Richard sprang wutentbrannt auf, packte Philipp kurz unter dem Kinn am Wams und hob den mehr als einen Kopf kleineren französischen König mit einer Hand empor, dass dessen Beine in der Luft strampelten.

»Nenne mich noch einmal deinen Lehnsmann, und ich mache mit meinem Heer auf der Stelle kehrt und verleibe deine lächerlich Ile de

France meinem Reich so schnell ein, wie Du ein „Vater Unser“ beten kannst. Und solltest Du Deine letzten Worte an irgend einer Stelle wiederholen und mir kommt das zu Ohren, fordere ich Dich zum Zweikampf und hacke dich in Stücke. Du kannst dich nirgends auf der Welt verstecken, ich würde Dich sogar aus der Hölle holen, um Dich zu töten!«

Er schleuderte Philipp von sich, so dass dieser krachend auf dem Fußboden aufschlug.

»Deine Schwester war die Geliebte meines Vaters und die beiden hatten sogar ein Kind miteinander. Sie trug sicherlich keine Schuld daran, das junge Ding, das sie war. Im Grunde tut sie mir auch aufrichtig leid. Aber meine Frau kann sie nicht mehr werden. Ich heirate Berengaria von Navarra, und zwar noch, bevor ich in Palästina an Land gehe! Sie ist bereits auf dem Weg hierher.«

Philipp erbleichte. Ihm taten alle Knochen von dem Sturz weh, aber er erkannte sofort die sich abzeichnende Bedrohung. Richard dehnte seinen Einflussbereich immer weiter aus und umzingelte ihn jetzt auch von Süden her. Er traute diesem tatendurstigen Mann durchaus zu, aus Frankreich eine englische Provinz zu machen. Dem würde er keine ausreichende militärische Macht entgegensetzen können. Also mussten Bündnisse geschmiedet und Intrigen gesponnen werden. So leicht würde er sich nicht unterkriegen lassen. Am besten, er fing gleich hier auf Sizilien damit an.

Mühsam rappelte er sich auf. »Darüber ist das letzte Wort noch nicht gesprochen! Und glaube nicht, dass ich je vergessen werde, wie Du mich hier behandelt hast. Du schuldest mir als deinem obersten Lehnsherren Respekt, und wenn Du das vergisst, klage ich Dich vor den Königen des Abendlandes dafür an!«

»Bitte, wenn Du dich unbedingt lächerlich machen willst! Und jetzt raus, bevor ich mich endgültig vergesse!«

Richard hatte gerade aus einem ehemaligen Freund einen Todfeind gemacht, der sich einige Zeit später bitter rächen würde.

***

Robin und seine Gefährten hatten zuerst die herrliche Landschaft Siziliens, das milde Klima und die Ruhe genossen. Aber als die Lebensmittel immer teurer wurden, weil die vorwiegend griechischen

Händler die Waren mehr und mehr verknappten und horteten, da sie davon ausgingen, dass im Winter die Preise noch weiter steigen würden, schlug die Stimmung um. Weniger disziplinierte Söldner nahmen sich auch schon mal das, was sie wollten, ohne es zu bezahlen.

Die Langeweile tat ihr übriges. Robin ließ seine Bogenschützen täglich üben, Mercadier aber bei seinen Leuten die Zügel deutlich schleifen, und die Ritter im Heer taten sowieso nichts anderes, als sich zu vergnügen und den Damen Messinas nachzustellen. Als auch noch erstmalig die Geldzahlungen des Königs ausblieben, ließ sich Robin bei Richard melden, um ihm die Sorgen der Männer vorzutragen. Er wurde auch sofort vorgelassen, denn für seine Kämpfer hatte Richard immer ein offenes Ohr.

Der König besprach sich gerade mit Baudouin de Bethune und anderen Ratgebern und winkte seinen Hauptmann der Bogenschützen gleich dazu.

»Robert, sieht es bei Euch ähnlich dramatisch aus? Mir wird berichtet, das fast keine Lebensmittel mehr zu bekommen sind und wenn, dann nur zu völlig überzogenen Preisen.«

»Ja, Sire, so ist es. Meine Männer hungern schon. Wir können uns noch etwas durch die Jagd behelfen, aber viel Wild gibt es hier nicht. Und Sold haben wir auch keinen bekommen.«

»Ich weiß. Die Gelder aus England sind überraschend ausgeblieben. Mein Bruder hat die Abwesenheit meiner Mutter ausgenutzt und sich gegen meinen ausdrücklichen Befehl wieder nach England begeben. Seitdem streitet er mit Wilhelm Longchamp um die Macht und in dem Wirrwarr sind als erstes die Zahlungen auf der Strecke geblieben. Das wird John noch bitter bereuen! Und Tankred hält das Wittum meiner Schwester und mein Legat weiterhin zurück. Er schuldet mir Geld, goldenes Tafelgeschirr und Kriegsgaleeren. Hier muss endlich eine Lösung her.«

In diesem Moment stürmte einer der Ritter aus Aquitanien in den Saal und rief schon an der Tür:

»Die Sizilianer greifen das Lager des Hugo von Lusignan an. Er braucht dringend unsere Hilfe! Sie sollen Tausende von Bewaffneten in Messina haben und schließen die Stadttore.«

Richard fuhr auf und schlug mit der Faust auf den Tisch, dass es nur so dröhnte.

»Das hat jetzt ein Ende! Wir stürmen dieses Rattennest. In der Dämmerung greifen wir die Stadt an. Schickt als erstes de Lusignan Verstärkung. Dann soll die Flotte den Hafen blockieren und versuchen, dort Truppen anzulanden. Gleichzeitig führen wir einen Scheinangriff auf das westliche und südliche Stadttor durch. Mercadier, Ihr haltet euch mit zweitausend Soldaten in dem Wäldchen vor dem östlichen Stadttor versteckt. Ich werde dafür sorgen, das es sich öffnet, und dann gehört Messina uns!«

Wie das vor sich gehen sollte, verriet er allerdings nicht. Richards Entschlusskraft und sein Geschick als Feldherr waren nicht zu überbieten. Er brauchte keine lange Bedenkzeit. Hatte er sich entschieden, dann gab es kein Halten mehr.

»Robin, Baudouin, Ihr bleibt bei mir. Ich habe da noch einen Plan.«

Die anderen Männer eilten zu ihren Truppenteilen. Nur die beiden Letzteren sahen den König fragend an.

»Auf meinen Ritten um die Stadt habe ich eine kleine Tür in der Stadtmauer nahe des Osttores entdeckt, die hinter Gestrüpp und Mauerresten verborgen ist. Wenn wir die Wachen durch die anderen Angriffe ablenken, können wir sie aufbrechen und dann das Osttor öffnen. Mehrere Männer würden sicherlich bemerkt werden, aber wir drei müssten es unentdeckt schaffen. Baudouin, wir beide schlagen die Tür mit Äxten ein, und Robert gibt uns mit seinem Bogen Deckung. Seid Ihr dabei?«

Das war so ganz nach Richards Geschmack. Solche Abenteuer waren das Salz seines Lebens und Männer, die anders empfanden, wie zum Beispiel Philipp von Frankreich, konnte er nicht verstehen.

Die beiden Angesprochenen stimmten natürlich zu. Etwas anderes wäre ihnen gar nicht in den Sinn gekommen. Sie eilten zu ihren Truppen, um sie zu instruieren und ihre Waffen zu holen. Robin beorderte einen Teil seiner Bogenschützen zur Unterstützung der Kämpfer ab, die den Scheinangriff führen sollten, den Hauptteil aber bei einsetzender Dunkelheit vor das Osttor. Will Scarlett wollte unbedingt mit ihm gehen, um wiederum Robin den Rücken frei zu halten, aber der König hatte ausdrücklich nur sie Drei benannt. In solchen Dingen stellte man seine Befehle besser nicht in Frage.

Robin meldete sich mit einem Köcher voller Pfeile und einer neuen Sehne auf seinem Langbogen bei Richard. Auch Baudouin de Bethune hatte sich wieder eingefunden und zwei schwere Äxte lagen bereit. Als die Sonne als glutroter Ball im Meer versank, bliesen die Trompeten zum Angriff.

Die drei Männer sahen von einem der Wachtürme des Kastells aus zu, wie die erste Welle mit Sturmleitern gegen die Mauern anrannte, aber wie geplant schnell zurück wich, als sie von oben beschossen wurde. Von allen Seiten stürmten die Sizilianer zu den bedrohten Toren, um den Verteidigern Unterstützung zu geben.

Als Richard das sah, packte er seine Axt.

»Kommt, es ist Zeit! Jetzt wird es richtig lustig!«

Robin trat ihm in den Weg.

»Aber nicht so, Sire! Wo sind eure Rüstung, Helm und Schild?«

Baudouin de Bethune blieb der Mund offen stehen. Nie im Leben hätte er gewagt, so mit seinem König zu sprechen. Es war allgemein bekannt, dass dieser oft völlig ungeschützt in den Kampf zog. Irgendwann einmal würde sich das sicherlich rächen. Aber wer wollte ihm das sagen?

»Ich brauche doch keine Rüstung, um ein paar Griechen zu vertreiben! Meine Beweglichkeit ist mir wichtiger!«

Robin wagte viel, aber es war ihm ernst.

»Ihr werdet mit mir kämpfen müssen, wenn Ihr so den Raum verlassen wollt. Wir brauchen Euch an unserer Spitze, aber nicht verletzt oder gar tot.«

Richard konnte es nicht fassen! Da trat ihm dieser Gemeine in den Weg und hinderte ihn daran, so zu leben und zu kämpfen, wie er es wollte und bisher immer getan hatte. Keiner seiner Grafen oder Bischöfe hätte dazu auch nur ansatzweise den Mut. Doch ihm fielen die Worte seiner Mutter ein und vielleicht hatte sie ja recht und dieser Mann da vor ihm sprach das aus, was sich die anderen nur nicht trauten. Er drehte sich um und trat an den Ständer, über dem seine Rüstung hing.

»Dann seid so gütig und helft mir wenigstens hinein!«, fuhr er die beiden Männer nicht gerade sehr huldvoll an.

Robin grinste den immer noch völlig verstörten Baudouin an. Gemeinsam halfen sie Richard in sein Kettenhemd und legten ihm Brustpanzer, Arm und Beinschienen an. Der König griff nach seinem Helm mit der goldenen Krone, als sich Robin wieder meldete.

»Habt Ihr keinen Helm, der Euch nicht durch seine Krone zur allgemeinen Zielscheibe macht?«

»Das, Robert von Loxley, geht nun wirklich zu weit! Ein König versteckt sich nicht! Und im Übrigen, wo ist denn Eure Rüstung?«

»Mein Schutz sind meine Augen und die Schnelligkeit meiner Pfeile. Während Ihr Euch an einer Stelle befindet und ein hervorragendes Ziel abgebt, werde ich immer in Bewegung sein und Euch die Gegner vom Leib halten.«

Richard gab es auf, mit Robin zu streiten. Er gürtete sein Schwert, packte mit der Linken den Schild, mit der Rechten die Axt und stürmte los.

Geduckt schlichen sie an der hier durch keinen Graben geschützten Stadtmauer entlang bis zu der Tür, die der König ausgespäht hatte. Sie lauschten, ob sie über sich etwas hörten, und als das nicht der Fall war, hieben sie mit ihren schweren Beilen auf das Holz ein.

Robin sicherte mit eingelegtem Pfeil nach oben, einen zweiten zwischen den Zähnen. Ihm ging das hier gerade alles zu glatt, aber wenn die Sizilianer wirklich einen Teil der Mauer völlig ungeschützt ließen, sollte ihm das auch Recht sein.

Es dauerte nicht lange, und die Tür war aus den Angeln geschlagen und kippte nach innen. Robin war der Erste, der durch die Öffnung huschte, den Bogen und seine Nerven auf das Äußerste gespannt. Man hörte von weitem Waffenklirren und Kampflärm, doch hier war tatsächlich niemand. Die Männer schlichen sich im Schutz der Mauer und des Wehrganges vorwärts und erreichten bald den Platz vor dem Osttor. Auch hier war keine Menschenseele zu sehen, und so machten sich Richard und Baudouin de Bethune daran, den großen Sperrbalken zu lösen und das schwere, eisenbeschlagene Tor zu öffnen.

Ganz ohne Schutz hatte man diese wichtige Bastion aber doch nicht gelassen, auch wenn die Wachen durch die Angriffe auf die anderen Tore abgelenkt waren. Sie standen oben auf dem Turm und blickten Richtung Westen und nach Norden zum Hafen. Als sich der Torbalken quietschend hob, schauten sie sich erschrocken um und erkannten die Gefahr.

Richard hörte plötzlich ein scharfes „Plock“ an seinem Helm, und der Kopf wurde ihm so nach vorn auf die Brust geschleudert, dass er Sterne sah. Ein Stein aus einer Schleuder hatte ihn getroffen, aber der Schütze bezahlte sein Vorbeugen für den Wurf mit dem Leben, denn ein langer, gefiederter Pfeil schaute im nächsten Moment aus seiner Brust und zwang seine Kameraden sofort in Deckung.

»Bei Gottes Beinen!«, fluchte der König wütend. Nicht wegen dem Stein, davor hatte ihn der Helm geschützt. Sondern wegen Robin, denn er musste sich eingestehen, dass er jetzt bewusstlos oder gar tot auf der Straße liegen würde, hätte er nicht auf ihn gehört.

Aus der Wachstube neben dem Tor stürmten nun brüllend mehrere Männer heraus und griffen sofort an. Richard und Baudouin hatten ihre Schwerter zur Seite gelegt, als sie sich daran gemacht hatten, das Tor zu öffnen. So waren sie einen Moment wehrlos.

Den ersten Angreifer streckte Robins Pfeil nieder, den Hieb des zweiten konnte Richard abwehren, in dem er blitzschnell den Schild von seinem Rücken nach vorn riss. Ohne diesen Schutz hätte ihn der Schwertstreich den Arm gekostet, so wie vor einem Jahr Guy von Gisbourne in Nottingham. Doch jetzt hatten er und sein Kampfgefährte ihre Schwerter in der Hand und gingen zum Gegenangriff über. Ein letzter Stoß gegen den Sperrbalken, dieser schwang hoch, und das Tor öffnete sich. Die ersten Soldaten kamen bereits unter Führung von Mercadier herangestürmt und drangen in die Stadt ein.

Plötzlich sah Robin oben auf der Mauer Feuer aufblitzen. Gut gedeckt durch Zinnen und nur schattenhaft zu sehen, versuchte ein Sizilianer etwas in ein Gefäß zu füllen und ein zweiter hielt eine Fackel bereit. War das etwa das gefürchtete griechische Feuer, das hier zum Einsatz kommen sollte? Es setzte alles, auf was es traf, in Brand und war mit Wasser nicht zu löschen.

Robin konnte von seiner Position aus keinen Pfeil abschießen, die Männer waren zu gut gedeckt. Er schaute sich suchend um und sah eine kleine Mauer, nicht höher als einen Meter, aber vielleicht ausreichend. Er legte einen Pfeil auf, rannte los und sprang von der Mauer ab. Im Flug hatte er freie Schussbahn, ließ den Pfeil von der Sehne und traf trotz der widrigen Bedingungen sein Ziel.

Der Mann mit dem Gefäß in der Hand stürzte gurgelnd nach hinten, ließ es dabei fallen, und sofort stand die ganze Mauerkrone in Flammen und hüllte alles in ein gespenstisches Licht. Die dort noch verbliebenen Wachen schrieen und brüllten vor Schmerzen, denn sie brannten im nächsten Moment wie Fackeln.

Robin bekam das allerdings nur am Rande mit. Er hatte seinen Pfeil fast waagerecht in der Luft liegend abgeschossen und konnte sich jetzt nicht mehr abfangen. Schwer krachte er mit der linken Schulter auf den Boden, der hier auch noch gepflastert war, und stöhnte laut auf.

Als er sich mühsam herumwälzte, um wieder auf die Beine zu kommen, und nach oben blickte, sah er stählerne Beinschienen, einen Arm im Kettenhemd, der ein Schwert hielt und dann einen purpurnen Waffenrock mit drei aufgestickten, goldenen Löwen. Er lag genau zu Füßen des Königs von England.

»Das«, meinte Richard leicht süffisant, »ist eine Haltung, in der ich Euch schon längst einmal sehen wollte, Robert von Loxley. Aber da wir gerade dabei sind und Ihr so schön demutsvoll vor mir liegt, wollen wir es doch gleich nutzen.«

Er berührte Robin mit seinem Schwert zuerst an der linken, dann an der rechten Schulter.

»Und nun erhebt Euch, Sir Robert von Loxley, und macht zukünftig dem Ritterstand Ehre.«

Mit Mercadiers Söldnern waren auch Robins Bogenschützen in die Stadt gestürmt und standen in weitem Kreis um den König und ihren Hauptmann herum. Und als Robin Hood, vor einem Jahr noch Geächteter im Sherwood, vor aller Augen von Englands König zum Ritter geschlagen wurde, da kannte ihr Jubel keine Grenzen.

Robin rappelte sich auf und kam ächzend auf die Füße. Seine Schulter schmerzte höllisch, sein Kopf dröhnte, aber innerlich breitete sich eine große Genugtuung in ihm aus. Er dachte in diesem Moment gar nicht an sich, sondern an Marian. Ihr Vater und ihr verstorbener Bruder waren Ritter, und wenn sie es ihn auch wirklich niemals hatten spüren lassen, dass er nicht aus ihrem Stand kam, so war er doch froh, mit ihnen gleichgezogen zu haben.

Sein Großvater, obwohl viele Jahre Soldat in der Garde der Kaiserin Mathilda, war nie zum Ritter geschlagen worden und sein Vater, Hugh Fitzooth, hatte hart und schwer gearbeitet, um diese Würde und das Ansehen für sich und seine Nachkommen zu erreichen. Doch bevor er die Früchte ernten konnte, war er umgebracht worden. Jetzt hatte es sein Sohn geschafft und Robin war sicher, falls sein Vater und sein Großvater ihn vom Himmel aus sehen konnte, dann wären sie heute stolz auf ihn. Hier, mitten im Kampf, vom König persönlich für seine Tapferkeit und seinen Wagemut den Ritterschlag erhalten zu haben, war ihm mehr wert, als jede großartige Zeremonie anlässlich einer Schwertleite. Er verbeugte sich vor Richard, doch bevor er etwas sagen konnte, winkte dieser schon ab, wie es so seine Art war, und rief den Männern zu:

»Und jetzt vorwärts, es gilt eine Stadt zu erobern!«

***

Die mehr als fünfzigtausend waffenfähigen Bürger der wehrhaften, reichen Hafenstadt Messina wurden im ersten Sturm überrannt. Die Truppen brauchten für die Eroberung der Stadt weniger Zeit als ein Priester für sein Morgengebet, wie später die Chronisten schrieben.

Bald sprach sich herum, wie Richard mit nur zwei Gefährten das Osttor erobert hatte, und wer den englischen König an der Spitze seiner Ritter und Soldaten kämpfen gesehen hatte, der konnte ihm heldenhaften Mut, aber auch eine gewisse Gnadenlosigkeit nicht absprechen. Erstmalig machte der Ausspruch von dem König mit dem Löwenherzen die Runde, ein Name, der sich als Richard Löwenherz für alle Zeiten den Menschen einprägen sollte, doch damals nicht nur anerkennend gemeint war.

Das Kastell gegenüber der Stadt nannten die Sizilianer fortan Mategriffon, was in etwa „Joch der Griechen" bedeutete.

Nach der Eroberung wurde Messina für eine Nacht zur Plünderung freigegeben, wie es der damaligen Sitte entsprach. Gerade noch konnte verhindert werden, dass auch der Palast des französischen Königs gestürmt wurde, der sich ja im Stadtzentrum befand. Philipp verbrachte bange Stunden, denn wer sollte die entfesselte Soldateska unter Kontrolle halten?

Aber er unterschätzte wieder einmal Richard, der seine Männer fest im Griff hatte. Vor wichtigen Gebäuden ließ er Wachen aufziehen, denn das Recht der Sieger auf die erste Nacht in der erstürmten Stadt stellte auch er nicht in Frage. Seine Männer hätten ihm den Gehorsam verweigert, würde er ihnen diesen Brauch aufkündigen.

Robin wollte lieber gar nicht wissen, wer sich von seinen Männern an Plünderungen, Raub und Schändungen beteiligt hatte. Aber mit den ersten Sonnenstrahlen war dieses Recht verwirkt und Richard ließ die Ordnung mit harter Hand wieder herstellen.

Die englischen und angevinischen Flaggen, die von den Siegern überall gehisst worden waren, wurden eingeholt und durch die der Templer und Johanniter ersetzen, denen er die Stadt übergab. Der König wollte sich nicht nachsagen lassen, dass er Eroberungen in christlichen Ländern tätigte, behielt aber alle Schlüsselstellungen in Messina fest in der Hand.

Er ließ die bedeutendsten Händler, Kaufleute und einflussreichsten Ratsherren zu sich bringen und verhandelte mit ihnen die Preise für die Lebensmittel. So wurde der Brotpreis auf einen Penny für den Laib festgesetzt, und kein Händler durfte mehr als zehn Prozent Profit erzielen. Der König machte der Abordnung eindeutig klar, dass er sie an den Zinnen der Stadtmauer aufhängen lassen würde, sollten sie sich nicht daran halten. Tatsächlich beruhigte sich darauf hin die Lage, und bis zum Abzug der Kreuzfahrer im Frühjahr kam es zu keinen erneuten Auseinandersetzungen.

Jetzt konnte der König natürlich ganz anders gegenüber Tankred auftreten. Der hatte zwischenzeitlich das Angebot von Philipp, dass die Franzosen ihm beistehen würden, sollte sich Richard die ganze Insel unterwerfen wollen, dankend abgelehnt. Tankred war zwar klein, hässlich und unscheinbar, und manche verglichen ihn mit einem Affen, der eine Krone trug, aber clever. Mit dem englischen Kriegerkönig wollte er sich lieber nicht anlegen.

Vielleicht ließ der sich ja sogar als Bundesgenosse gegen seinen Hauptfeind, den Staufer König Heinrich VI. gewinnen. Dessen Frau, Konstanze von Sizilien, war die eigentliche Erbin des Königreiches. Das Heer ihres Mannes sollte sich, wie Tankreds Spione berichteten, schon auf dem Weg nach Italien befinden.

War nicht Richard der Schwager von Heinrich dem Löwen aus dem Geschlecht der Welfen, dem größten Widersacher des Staufers im deutschen Reich? Vielleicht ließen sich hier Bündnisse schmieden, die den Wert von Richards Forderung ihm gegenüber um ein Vielfaches übertrafen. Also sprang Tankred über seinen Schatten und bot dem König vierzigtausend Unzen Gold als Ausgleich für Joans Wittum und das ausgesetzte Legat an.

Das war selbst für den englischen König eine gewaltige Summe, mit der er seine brennendsten Probleme lösen konnte. Seine Miene hellte sich beim Lesen der Botschaft sichtlich auf. Sie verfinsterte sich allerdings sofort wieder, als er von dem Angebot Philipps an Tankred erfuhr, das der Sizilianer nicht für sich behielt.

»Dieser miese, kleine Intrigant«, fluchte Richard. »Warte nur, Dich kriege ich noch.«

Er vereinbarte ein Treffen mit Tankred von Lecce, und dieser schlug vor, gemeinsam den Ätna zu besteigen, da er von Richards Vorliebe für Naturphänomene gehört hatte. Der nahm begeistert an und ließ sich von einem ausgewählten Gefolge, zu dem auch der frisch ernannte Sir Robert von Loxley gehörte, nach Catania am Fuße des Vulkans begleiten.

Der Ätna war mehr als zweitausend Yards höher als der Vesuv, und wenn er nicht gerade Feuer und Lava ausspie, hüllten Eis und Schnee seine Kuppe ein. In seinem Inneren befand sich der griechischen Mythologie nach die Schmiede des Gottes Hephaistos. Laut der Artussage war hier das Paradies, und auch der deutsche Recke Dietrich von Bern soll an seinem Lebensende in den Berg geritten sein. Kein Wunder also, dass Richard darauf brannte, den Vulkan zu erklimmen.

Man ritt bis an die Schneegrenze und setzte dann mit kundigen Führern den Aufstieg zu Fuß fort. Dabei kamen die Bergsteiger an zahlreichen Nebenkratern vorbei, die schon einen Blick in das Innere des Berges gestatteten. Aber Richard war nicht zu bremsen, er wollte ganz hinauf und den Gipfel erklimmen. Tankred hielt wacker mit, obwohl es ihm aufgrund seiner kleinen Statur und der kurzen Beine nicht leicht fiel und der englische König vorwärts stürmte, als gelte es wieder eine Stadt zu erobern.

Robin fand das alles faszinierend und bereute immer weniger, Richard gefolgt zu sein. Er hätte nur gern seine Frau dabei gehabt, mit der er Freud und Leid seines Lebens zu teilen geschworen hatte. Marian interessierte sich für die Wunder der Natur mindestens ebenso wie er und würde mit Sicherheit ein wenig neidisch auf das sein, was er erleben durfte. Nun, da würde es an langen Winternächten viel zu erzählen geben.

Die beiden Könige begegneten sich anfangs mit großem Misstrauen, stellten aber im Laufe ihrer Gespräche fest, dass sie viele gemeinsame Interessen hatten. Richard konnte an einem weiteren Erstarken der Staufer und des Deutschen Reiches nicht gelegen sein, und Tankred wollte sein Königreich nicht verlieren. So vereinbarten die beiden ein Bündnis, das sie nach dem Abstieg schriftlich festhalten und besiegeln wollten.

Schon von weitem sahen sie Feuersäulen und Dampfwolken aus dem Krater aufsteigen. Die Hitze war so groß, dass man sich kaum in die Nähe wagen konnte, es sei denn, man hatte ein Löwenherz. Richard focht das alles nicht an. Er wollte am Rand stehen und in den Abgrund schauen, und wenn der bis in die Hölle führte. Die erfahrenen Bergführer sicherten die beiden Könige mit Seilen, damit sie nicht abstürzen konnten.

Robin, der mindestens genauso neugierig wie Richard war, musste sich selbst behelfen und auf seine natürlichen Instinkte vertrauen. Von den restlichen Begleitern wagte sich niemand bis an den Krater vor. Der Boden unter ihnen war so heiß, dass man es durch die dicken Lederschuhe spürte. Glücklicherweise spie der Vulkan gerade keine Lava aus, sonst wäre ein Aufenthalt hier lebensgefährlich gewesen.

Richard beugte sich soweit über den Rand, dass ihn die Bergführer nur mühsam halten konnten. Robin war dies ungesichert zu riskant, und so legte er die letzten Yards auf allen Vieren zurück. Der Anblick der in der Tiefe brodelnden, rotglühenden Lava und die aufsteigende Hitze verschlugen ihm den Atem. So schilderten die Priester die Hölle. Aber wie viele von ihnen waren schon hier gewesen? Robin nahm einen Stein neben sich auf und warf ihn nach unten. Dort, wo er aufschlug, stieg sofort eine Feuersäule empor.

Länger ließ sich die Hitze aber nicht ertragen, und so mussten sich die Männer notgedrungen von dem gigantischen Anblick losreißen. Der Abstieg war erfüllt mit Gesprächen über das Erlebte und als man in der Dämmerung zurückblickte, schienen der ganze Berg und auch der Himmel darüber zu glühen.

Richard war so angetan gewesen, dass er die anschließenden Bündnisverhandlungen sehr großzügig anging. Man vereinbarte gegenseitigen Beistand, falls einer von ihnen, von wem auch immer, angegriffen werden sollte. Da Tankred dazu kaum in der Lage war, lag die Vertragserfüllung fast ausschließlich auf Richards Schultern.

Und der ging noch einen Schritt weiter und verblüffte damit wieder einmal alle. Er schlug Tankred vor, dessen Tochter, die sich noch im Säuglingsalter befand, mit seinem dreijährigen Neffen Arthur von der Bretagne zu verloben. Das war zur damaligen Zeit durchaus üblich und wäre kaum erwähnenswert gewesen, wenn der englische König in diesem Vertrag nicht Arthur zu seinem Nachfolger ernannt hätte, würde er ohne eigene Nachkommen sterben!

Die Männer aus Richards Gefolge bekamen sich gar nicht wieder ein, als sie es erfuhren.

»Habt Ihr das gehört?« wandte sich der fassungslose Baudouin de Bethune an Robin. »Er enterbt seinen Bruder!«

»Der König wird schon seine Gründe haben«, gab der Angesprochene zurück. Prinz John auf dem Königsthron würde ihm gar nicht gefallen. Und hatte Richard ihm nicht gesagt, er gehe von vielen Söhnen und Töchtern mit Berengaria aus? Das würde Robin jetzt natürlich nicht hinausposaunen. Das Tankred von dieser Ehre richtiggehend ergriffen war, konnten alle Anwesenden deutlich sehen. Er würde den Kreuzfahrern sicherlich keine weiteren Schwierigkeiten mehr machen.

Tankred schenkte Richard auf der Stelle vier große Transportschiffe und fünfzehn Galeeren und verstärkte damit die englische Flotte mit Schiffen, die für das Mittelmeer gebaut worden waren. Richard war von soviel Großzügigkeit überrascht und hatte kein Gegengeschenk parat. Aber dann kam ihm eine Idee. Er schnallte sein Schwert ab, an dessen Knauf ein großer Rubin funkelte, und überreichte es dem Sizilianer.

»Das Schwert von König Artus, das ich bisher getragen habe, soll nun für alle Zeit Euch gehören, Tankred von Lecce, als Zeichen unserer immerwährenden Verbundenheit.«

Einige Ritter in Richards Begleitung sahen aus, als würde sie gleich der Schlag treffen. Excalibur, das Schwert, in dem die Seele von König Artus wohnte, sollte in Zukunft diese kleine Missgestalt tragen? War der König auf dem Ätna vielleicht verrückt geworden? Sollte man ihn vor sich selbst schützen und von einem Medicus zur Ader lassen? Die Männer waren fassungslos.

Robin musste innerlich grinsen. Er war sicher, dass Richard nicht davon ausging, das wahre Schwert Excalibur zu besitzen. Mönche hatten es seinem Vater überreicht und die Legende mit einer Behauptung in die Welt gesetzt. Er selbst hatte gesehen, wie die Klinge des Schwertes abgebrochen war. Selbstverständlich hatte es Richard wieder richten lassen, aber sein Vertrauen in diese Waffe war arg erschüttert. Und im Tausch gegen diese große Anzahl von Schiffen war das wirklich ein gutes Geschäft. Der König war manchmal schon ein Schlitzohr und stand den griechischen Händlern in nichts nach.

Tankred konnte sein Glück kaum fassen. Mit stolzgeschwellter Brust nahm er die durchaus kostbare Waffe entgegen, stammelte Dankesworte und sah sich schon in der Nachfolge von König Artus. So schieden die beiden Könige in bestem Einvernehmen. Die Kreuzfahrer konnten ab sofort dem weiteren Aufenthalt auf Sizilien mit Gelassenheit entgegensehen und mussten nicht mehr auf fortwährende Kämpfe und Auseinandersetzungen gefasst sein.

***

Robin nutzte das ruhigere Lagerleben, um wieder mehr Zeit mit seinen Männern zu verbringen, die sich schon arg vernachlässigt gefühlt hatten. Neben den täglichen Übungen ging er vor allem mit seinen engsten Freunden oft auf die Jagd. Dabei wurden Reaktionsschnelligkeit, Ausdauer und Geduld am besten geschult und als Nebeneffekt brachte man oft frisches Wildbret mit nach Hause und schoss manchen Wolf, der des Nachts in die Schafhürden der Bauern eingebrochen war, was das Verhältnis zur einheimischen Bevölkerung weiter verbesserte. Am Abend saß man dann im Kreis um das Feuer, brutzelte Fleisch und sprach sehnsuchtsvoll von Zuhause, auch wenn niemand über das milde Wetter in Sizilien böse war.

»Die nasse Kälte im Herbst und Winter in England ist glaube ich das einzige, was ich im Moment nicht vermisse«, meinte eines Tages Little John zu Robin und schnitt sich ein tüchtiges Stück vom Wildschweinbraten ab. »Ich hatte gehofft, das würde alles viel schneller vonstatten gehen und wir wären jetzt vielleicht schon in Jerusalem und bald auf dem Heimweg.«

»Nun mach mal einen Punkt, John! Der Weg von Nottingham nach Palästina ist schon etwas weiter wie nach Lincoln. Wenn wir erst einmal dort sind, werden die Kämpfe sicherlich auch nicht leicht. Unser erstes Ziel ist Akkon, und die Stadt wird seit fast zwei Jahren belagert! Richard lässt zur Zeit jede Menge Katapulte und Rammböcke bauen, um die Mauern aufbrechen zu können. An Holz dafür scheint es im Heiligen Land sehr zu mangeln.«

»Was gibt es dort überhaupt, außer Wüste, Steinen und Hitze?«

»Das frage ich mich auch manchmal, was die Menschen dazu treibt, seit Jahrtausenden so um diesen öden Landstrich zu kämpfen.«

»Der Grund dafür ist, dass sich dort die Heiligsten Stätten dreier Religionen befinden, die sich bis auf den letzten Blutstropfen befehden, obwohl sie ja alle an den einen Gott glauben«, hörten die Männer plötzlich eine tiefe, volltönende Stimme hinter sich und wollten auf die

Knie sinken, als sie den König erkannten. Doch der hob beschwichtigend die Arme und wandte sich direkt an sie.

»Lasst Euch nicht stören und wenn ihr gestattet, dann bleibe ich etwas bei Euch, und solltet Ihr ein Stück von Eurem köstlich duftenden Braten für mich übrig haben, wäre mein Glück vollkommen.«

Richard hockte sich zu den Bogenschützen auf den Boden, als wäre er einer von ihnen, nahm das ihm dargereichte Fleisch dankend entgegen, spießte es auf seinen Dolch und ließ es sich schmecken. Dann wandte er sich an Little John, der gar nicht wusste, wie ihm geschah, und sprach ihn respektvoll an.

»Um auf eure Frage zurückzukommen, Master John. In Jerusalem beten die Juden an der Klagemauer, sie ist das letzte, was von ihrem Tempel übrig geblieben ist, wir Christen in der Grabeskirche und die Muslime im Felsendom, von wo ihr Prophet Mohamed in den Himmel geritten sein soll.«

»Aber warum sind gerade dort Religionen entstanden, die sich über die ganze Welt ausgebreitet haben? Warum nicht zum Beispiel in England?«, mischte sich Robin ein.

»Meine Mutter meint, nie hätte sie sich Gott näher gefühlt wie in den Wüsten Palästinas«, erklärte Richard.

»Vielleicht empfinden die meisten Menschen dort so, und wir werden sehen, wie es uns ergeht. Ich bin sicherlich wie ihr alle hier ein gläubiger Christ, aber bei weitem kein Fanatiker, wie es zum Beispiel der erste Mann meiner Mutter, der Vater unseres französischen Bundesgenossen, König Ludwig, war.

Die Muslime haben schon vor langer Zeit das Byzantinische Reich angegriffen und dabei auch die Landstriche erobert, die wir das Heilige Land nennen. Am Anfang lebten unter ihnen Juden und Christen nahezu gleichberechtigt, aber dann kamen immer mehr religiöse Eiferer auf und duldeten nur noch die Ausübung ihres eigenen Glaubens, nannten alle anderen Ungläubige und zerstörten die Grabeskirche.

So kam es vor hundert Jahren zum ersten Kreuzzug, der Rückeroberung Jerusalems und zur Gründung von vier Kreuzfahrerstaaten. Unsere Vorgänger wateten am Anfang regelrecht im Blut. Sie begriffen dann allerdings schnell, dass sie sich so nicht im Land würden halten können, und betrieben von da an eine weitgehende Politik der Toleranz zwischen den Religionen. Doch der Druck der umliegenden muslimischen Fürstentümer wurde immer größer und als erstes viel die Grafschaft Edessa.

Das veranlasste dann den Herrn Vater von König Philipp zusammen mit dem deutschen König Konrad zum zweiten Kreuzzug – und die beiden richteten ein heilloses Desaster an. Ludwig wäre lieber Mönch statt König geworden – deshalb ließ sich meine Mutter auch von ihm scheiden – und war zwar ein tiefgläubiger Christ und religiöser Fanatiker, aber kein Feldherr. Und bei Konrad war es nicht viel anders. Das konnte nur schief gehen.

Bei ihrem Marsch durch Kleinasien wurden die beiden Heere ununterbrochen von den Seldschuken angegriffen und erlitten schwere Verluste. Deshalb reisen wir diesmal übrigens auch per Schiff. Im Heiligen Land endlich angekommen, fiel ihnen nicht Besseres ein, als Damaskus anzugreifen, eine Stadt, die sich bis dahin den Kreuzfahrern gegenüber immer freundlich verhalten und ihnen sogar Tribut gezahlt hatte! Auf so etwas muss man erst einmal kommen!

Die Damaszener riefen daraufhin ihren bisherigen Feind, den Emir von Aleppo, Nur ad-Din zu Hilfe, und die Kreuzfahrer mussten die Belagerung nach nur vier Tagen abbrechen und sich nach Jerusalem zurückziehen. Das hatte katastrophale Folgen, denn die Muslime in der Region vertrauten jetzt den Christen nicht mehr und verbündeten sich lieber mit den Arabern, die immer weiter vorrückten. Aber meine Kehle wird ganz trocken, habt Ihr vielleicht einen Schluck Wein für mich?«

Zahlreiche Hände streckten Richard gefüllte Gefäße aller Art entgegen. Die Männer hatten staunend zugehört und waren mehr als verblüfft, wie der für sie sonst so unnahbare König sich hier wie einer von ihnen gab.

Richard nahm dankend einen Becher entgegen, trank durstig in tiefen Züge und wischte sich dann mit dem Handrücken den Rest vom Mund, wie es auch Little John nicht anders tat.

»Und was sollen wir jetzt dort, Sire?«, erkundigte sich Will Scarlett keck.

»Ihr seid Sir Roberts zweiter Lieutenant, Master Will, richtig?«, fragte der König zurück.

»Zu Diensten, Sire!« Will fühlte sich überaus geschmeichelt, dass Richard ihn kannte.

»Nun, aus einem Offizier im Heer des Eroberers von Edessa ist ein mächtiger Sultan geworden, Salah ad-Din, wir nennen ihn schlicht Saladin. Er zog mit einem Heer von Damaskus aus nach Ägypten und eroberte das Land am Nil. Dann wurde er dort zuerst Wesir, später Sultan. Doch das genügte ihm nicht. Er übernahm auch die Herrschaft über Syrien und vereinte die beiden Reiche, so dass Jerusalem völlig eingekreist wurde. In der Schlacht bei Hattin schlug er dann auch das Heer der Kreuzfahrer vernichtend und nahm wenig später Jerusalem ein. Jetzt verfügen wir Christen im Heiligen Land nur noch über einige wenige Stützpunkte an der Küste und wenn wir diese nicht halten, dann ist die ganze Region bald ausschließlich muslimisch und das Grab Christi für immer verloren.«

»Und wenn es uns gelingt, Jerusalem zurückzuerobern, aber wir danach wieder abziehen, dann holen es sich die Muslime erneut zurück, und alles geht doch von vorn los, oder?«, hakte Will nach.

»Ja, das ist die Krux«, antwortete Richard nachdenklich. »Darüber zerbreche ich mir schon die ganze Zeit den Kopf. Aber vielleicht kommt mir ja eine göttliche Erleuchtung, wenn wir erst da sind. Und die Schlachten sollten wir auch zuerst gewinnen, bevor wir uns Gedanken machen, wie wir die Eroberungen halten.«

»Wovon leben die Menschen dort eigentlich, wenn das Land nur aus Wüsten besteht?«, erkundigte sich Little John interessiert. Noch vor einem Jahr hätte er nie geglaubt, jemals einen König überhaupt ansprechen zu können. Und jetzt plauderte er hier mit Richard Löwenherz fast wie mit seines Gleichen.

»Nun, ganz so schlimm ist es auch wieder nicht. Wo der Boden es zulässt, bringen die Bauern bei dem warmen Klima oft zwei, manchmal sogar drei Ernten ein. Feigen, Datteln, Melonen, ihr werdet diese Köstlichkeiten schon bald probieren können.

Doch der wahre Reichtum Palästinas liegt in seinen Handelsbeziehungen zu noch weiter entfernteren Ländern, von denen wir bisher nur wenig wissen. Seltene Gewürze, edle Steine, Gold und Weihrauch, Seide und andere teure Stoffe und vieles mehr kommen von dort. Alexander der Große ist bis zu einem Land vorgedrungen, das man Indien nennt, und musste dabei Berge überwinden, gegen die unsere wie Hügel wirken.

Dahinter soll ein weiteres, riesiges Reich liegen, das von einem mächtigen Kaiser regiert wird und Kathy heißt. Von dort kommen die beste Seide und Gefäße aus einem Material, so fein wie Spinnweben. Man nennt es Porzellan. Ich habe bisher selbst erst einmal einen solchen Becher in der Hand gehalten, viel wertvoller, als wäre er aus Gold und Edelsteinen gearbeitet worden.

Mein Traum wäre es ja, diese Länder zu erkunden, aber es wird wohl immer nur ein Wunsch bleiben. Die Handelskarawanen bringen unendlichen Reichtum in die Städte am Mittelmeer, von wo er dann spärlich zu uns gelangt. Die dortigen Fürstentümer sind so wohlhabend, wie man es sich kaum vorstellen kann. Gegen die Fürsten des Morgenlandes wirkt selbst ein König in Europa wie ein Bettler. Meine Mutter hat mir davon berichtet. Sie kam in Byzanz, Antiochia und auch Jerusalem aus dem Staunen nicht mehr hinaus. Und sie war wirklich aus Aquitanien einiges gewohnt!«

Richard nahm noch einen tiefen Schluck aus seinem Becher, erhob sich dann, und alle ringsum sprangen auf die Beine.

»Es wird noch eine Weile dauern, bis im Frühjahr das Wetter die Überfahrt nach Palästina zulässt«, meinte er zum Abschied. »Versprecht mir, dass Ihr bis dahin eure Kameradschaft und Kampfkraft beibehaltet. Von ihr wird viel abhängen. Der letzte Kreuzzug ist vor allem gescheitert, weil man den Seldschukischen Bogenschützen nichts entgegenzusetzen hatte. Ich vertraue Euch, es geht um Euer und unser aller Leben. Vor der Abfahrt werde ich noch ein Turnier ausrichten, wo ihr Eure Künste unter Beweis stellen könnt. Enttäuscht mich nicht!«

Richard wusste genau, wie er die Männer anpacken musste, um sie auf seine Seite zu ziehen. Es gab keinen in der Runde, der nach diesem Abend nicht für ihn durchs Feuer gehen würde.

Robin schmunzelte. Nach ihm hatte der König nun auch endgültig die Herzen seiner Gefährten gewonnen. Aber ihm war der spöttisch-zynische Tonfall nicht entgangen, wenn Richard von König Philipp oder dessen Vater gesprochen hatte. War es womöglich zu einem ernsten Zerwürfnis zwischen den beiden Monarchen gekommen? Wenn man jetzt nach Kaiser Barbarossa auch noch den zweiten Bundesgenossen verlor, wurde die Sache langsam bedenklich.

***

Richard feierte in Messina ein grandioses Weihnachtsfest. Er ließ nach einem von unzähligen Geistlichen zelebrierten Gottesdienst alle seine Männer je nach Rang und Stellung beschenken und richtete ein Festmahl aus, dass sich die Tische nur so bogen.

König Philipp war mit seinem Gefolge als Gast geladen und wurde ebenfalls reichlich bedacht. Doch das führte bei der zur Schau gestellten Pracht, mit der er nicht mithalten konnte, nur zu noch mehr Neid und Missgunst. Sein Hass auf Richard wuchs ständig und er schwor sich, ihm die erlittenen Demütigungen eines Tages zurückzuzahlen.

Richard hatte die Einladung als versöhnliche Geste angesehen und ahnte nicht, genau das Gegenteil erreicht zu haben. Ihm war gemeldet worden, dass Berengaria endlich zusammen mit seiner Mutter die Alpen überquert hatte und auf dem Weg nach Sizilien war. Die beiden Damen reisten allerdings langsam und über Land, da zu dieser Jahreszeit die Schifffahrt zu gefährlich war.

Philipp unternahm nochmals einen Versuch, Richards Heirat mit der Prinzessin von Navarra zu vereiteln oder zumindest hinauszuschieben. Er schickte den Herzog Hugo von Burgund zu König Tankred, um ihm angebliche Pläne Richards zur Eroberung Siziliens zuzuspielen. Philipp behauptete, der englische König wolle die Hochzeit zum Anlass nehmen, seiner zukünftigen Gattin die Insel zum Geschenk zu machen.

Das war zwar völlig aus der Luft gegriffen, doch der verunsicherte Tankred schickte Galeeren nach Neapel und verbot die Landung Eleonores und Berengarias in Messina. Angeblich wäre die Stadt jetzt schon überfüllt und die Reisegesellschaft sollte nach Brindisi ausweichen.

Richard tobte, als er davon erfuhr. Er befahl fünfhundert Ritter zu seiner Begleitung, schwang sich auf sein Pferd und jagte nach Catania, wo sich Tankred gerade aufhielt. Der wünschte sich tausend Meilen weit weg, als Richard in den Saal gestürmt kam und ihn zur Rede stellte. In die Enge getrieben, trat der Sizilianer die Flucht nach vorn an und konfrontierte den englischen König mit den Vorwürfen, die er von Philipp übermittelt bekommen hatte.

Der war zuerst sprachlos, dann sprudelte es aus ihm heraus:

»Diese verdammte Schlange! Und das glaubt Ihr? Ich lege mich doch nicht mit Heinrich an, der gerade in Rom mit dem neu gewählten

Papst Coelistin über die Kaiserkrönung verhandelt. Er wird sich wohl danach auf den Weg nach Sizilien begeben, um es für seine Frau als Erbin zu reklamieren. Euren Thronstreit tragt gefälligst schön untereinander aus! Bis der Kaiser hier ist, bin ich schon lange weg. Würde ich Berengaria Eure Insel schenken wollen, könnte ich den Kreuzzug vergessen, hätte Krieg mit Heinrich und Philipp im Nacken. Haltet Ihr mich wirklich für so einen Narren?«

Tankred war bleich geworden. Dass Heinrich in Rom war, wusste er. Auch dass er sich mit Eleonore und Berengaria zuvor in Lodi getroffen hatte. Dass sein nächstes Ziel allerdings Sizilien hieß, hatte er zwar geahnt, die Gefahr aber innerlich verdrängt und nicht wahrhaben wollen. Jetzt schleuderte ihm Richard es als Gewissheit ins Gesicht, und Tankred erkannte, dass er durch Philipps falsches Spiel auch seinen letzten Bundesgenossen verloren hatte.

»Ich werde meine Mutter und meine zukünftige Frau mit meinen Schiffen nach Messina holen, und solltet Ihr versuchen, mich daran zu hindern, dann überlege ich es mir vielleicht doch noch anders und mache Sizilien Heinrich zum Geschenk, um ihn als Bundesgenossen gegen Philipp zu gewinnen«, knurrte Richard den schreckensstarren Tankred an.

Wenn er es nur getan hätte! Ihm und England wäre viel Kummer erspart geblieben!

***

Der Einzug von Richards Mutter, seiner zukünftigen Frau und seiner Schwester, die voller Ungeduld den beiden entgegen gereist war, in Messina gestaltete sich wahrhaft königlich. Er ließ die drei Frauen von seiner größten Galeere, die von unzähligen kleineren Schiffen flankiert wurde, aus Brindisi abholen. Eleonore stand zwischen ihrer Tochter und ihrer Schwiegertochter hoch aufgerichtet auf dem Achterkastell. Die drei Damen waren in die kostbarsten Gewänder gekleidet, Eleonore ganz in dunkles Rot und Gold, Joan in creamfarbene und Berengaria in himmelblaue Seide. Edelste Juwelen schmückten sie als Diademe, Halsketten, Armbänder und Ohrgehänge und funkelten mit den von der Sonne angestrahlten Wassertropfen, die in allen Regenbogenfarben schillerten, wenn sich die Ruder aus dem Meer hoben, um die Wette.

Richard hatte seine ganze Armee am Hafen und auf den dahinter terrassenförmig ansteigenden Hängen antreten lassen, und als sich die riesige Galeere in das Hafenbecken schob, brauste Jubel aus mehr als fünfzehntausend Kehlen auf.

Robin gehörte zum engsten Gefolge des Königs, der über eine Laufbrücke an Bord eilte, kaum dass die ersten Leinen an Land geworfen worden waren. Artig begrüßte Richard seine Mutter mit einer tiefen Verbeugung, küsste seine Schwester auf beide Wangen, um sich dann über Berengarias Hand zu beugen. Aber als er sich dann aufrichtete, sie an den Oberarmen an sich heranzog und gegen alle Konventionen vor dem versammelten Heer auf den Mund küsste, da war es mit der geordneten Disziplin vorbei. Die Armee brüllte ihr Willkommen der zukünftigen Königin entgegen, Schwerter schlugen auf Schilde, Helme und Mützen wurden in die Luft geschleudert und es herrschte ein infernalischer Lärm, der die Einwohner Messinas zusammenzucken ließ, hatten sie doch vor Kurzem gerade etwas Vergleichbares beim Sturm auf ihre Stadt erlebt.

Robin, der ganz in der Nähe des Königs stand, hatte ausreichend Muße, die Prinzessin ausführlich zu mustern. Er musste neidlos zugeben, dass Richard eine ausgezeichnete Wahl getroffen hatte.

Berengaria war noch einen halben Kopf größer als Eleonore und sehr schlank. Ihr glänzendes, schweres, schwarzes Haar war kunstvoll zu Zöpfen geflochten und am Hinterkopf aufgesteckt. Wie Marian schien sie Schleier zu verabscheuen und trug es unbedeckt. Ihre himmelblauen Augen trafen sich genau mit der Farbe ihres Kleides und strahlten ihren zukünftigen Gatten mit einer Wärme an, die Schnee schmelzen lassen konnte. Als sie lächelte, enthüllten ihre roten Lippen eine Reihe kleiner, perlweißer Zähne und das Lächeln selbst war so ungekünstelt und herzlich, dass mancher Mann dafür töten würde, nur damit es einmal ihm galt. Ihr Mieder war eng geschnürt und betonte den wohl gerundeten, nicht zu großen Busen und die schmale Taille. Stolz, aber in keinster Weise affektiert oder arrogant präsentierte sie sich als wahrhafte, zukünftige Königin und erinnerte Robin damit ganz stark an Eleonore.

Richard reichte ihr seinen Arm und führte sie gemessenen Schrittes von Bord, gefolgt von seiner Mutter und seiner Schwester. Die alte Königin griff nach Robins Schulter als Stütze, obwohl sich ein paar

Dutzend Hände von Herzögen, Grafen und Bischöfen ihr entgegenstreckten, und zwinkerte ihm verschwörerisch zu.

»Nun, mit seiner Wahl einverstanden, Sir Robert?«, flüsterte sie an seinem Ohr.

»Woher weiß Sie das schon wieder?«, war Robins erster Gedanke, bevor er antwortete.

»Madam, ich gönne unserem König alles Glück dieser Welt und bin mir sicher, in diesen Armen wird er es finden!« Robin sprach im Brustton der Überzeugung und meinte, was er sagte. Selten hatte ihn eine Frau, außer seiner eigenen, auf den ersten Blick so beeindruckt.

Eleonore lächelte still in sich hinein. Sie hoffte, bald wieder Enkel auf ihren Knien schaukeln zu können.

Am Abend gab Richard ein gewaltiges Festmahl zu Ehren der drei Damen mit ausgewählten Köstlichkeiten und Musik und Tanz. Blondel de Nesle und Alan a Dale traten zum Wettstreit der Minnesänger an. Sie überboten sich darin, Lieder auf den Liebreiz Berengarias vorzutragen und vergaßen auch Eleonore und Joan nicht. Vor den Toren des Kastells Mategriffon feierte das Heer ausgelassen, aber Robin legte seinen Männern weitestgehend Enthaltsamkeit auf, da am nächsten Tag das lang angekündigte Turnier stattfinden sollte.

König Philipp war nicht zur Begrüßung Berengarias erschienen und hatte noch nicht einmal hochrangige Vertreter entsandt, auch wenn das einen gewaltiger Affront gegen Richard darstellte. Statt dessen empfing er eine Abordnung seiner besten Kämpfer, um mit ihnen den Ablauf des morgigen Turniers zu besprechen. In ihm brodelten Wut und Hass, resultierend aus eingebildeten und tatsächlich erlittenen Demütigungen durch seinen Lehnsmann. Er hatte einen perfiden Plan ausgeheckt und hoffte, die Prinzessin von Navarra zur Witwe zu machen, noch bevor sie überhaupt Ehefrau geworden war.

Richard beteiligte sich fast immer selbst an von ihm ausgerichteten Turnieren, meist unerkannt in einfacher Rüstung. Philipp war sich sicher, dass das auch diesmal wieder der Fall sein würde. Sein ehemaliger Freund würde es sich wohl kaum nehmen lassen, vor seiner Zukünftigen zu glänzen. Fast immer konnte dieser zahlreiche Kämpfe im Buhurt für sich entscheiden und wenn er am Ende des Turniers den Helm abnahm und sich als König zu erkennen gab, dann waren ihm Beifall und Anerkennung sicher und sein Ruhm weiter gemehrt. Philipp war das völlig wesensfremd. Ein König gehörte seiner

Meinung nach nicht auf einen Turnierplatz und auch nicht in die erste Reihe bei einer Schlacht. Aber wenn Richard das so wollte, konnte er es haben.

Einer der besten, aber auch gewalttätigsten französischen Ritter war Guillaume la Ferte, der mit dem englischen König noch eine Rechnung aus dessen Zeit als Herzog von Aquitanien offen hatte. Ihn nahm Philipp zur Seite, um mit ihm unter vier Augen zu sprechen.

»Guillaume, wenn Ihr bei dem Turnier auf einen Feind trefft, würdet Ihr Euch scheuen, ihn eventuell zu töten, wenn sich die Gelegenheit ergäbe?«, fragte er den riesigen Mann.

»Auch wenn wir mit stumpfen Waffen kämpfen, Unfälle passieren immer wieder, Sire«, gab dieser zur Antwort. »Mein Gewissen würde es nicht belasten. Aber es dürfte nicht zu offensichtlich sein.«

»Nun, Ihr kämpft ja morgen in Gruppen wie in einer Schlacht gegeneinander und den Siegern gehören Rüstung und Pferd der Besiegten. Wenn ein Ritter mit unbekanntem Wappen eine besonders wertvolle Rüstung trägt, könnte er doch von mehreren Kämpfern abgedrängt werden, die sie erbeuten wollen. Ergibt er sich dann nicht, so muss man halt Gewalt anwenden, oder?«

»Selbstverständlich, Sire! So sind die Regeln, da gibt es gar keine Frage.«

Philipp wies auf eine kunstvoll gearbeitete Rüstung auf einem Gestell. Sie glänzte wie poliertes Silber und war an den Übergängen von den Schultern zu den Armen und am Hals mit Gold eingefasst. Zu der Rüstung gehörte ein überaus aufwendig gearbeiteter Helm, den obenauf ein goldener Falke zierte, der gerade dabei war, die Schwingen auszubreiten.

»Guillaume, ich bin nicht daran interessiert, dass der Träger dieser Rüstung den morgigen Tag überlebt. Meine Dankbarkeit wäre euch gewiss, könntet ihr diesen - sagen wir einmal Unfall - arrangieren.«

»Wenn Ihr mir die Frage gestattet, Sire, wer wird denn diese Rüstung tragen?«

»Das zu wissen würde Euch nur übermäßig belasten. Seid aber versichert, es wird ein würdiger Gegner sein, den Ihr nicht allein angreifen solltet, wenn Euch Euer Leben lieb ist. Habt Ihr den Auftrag zu meiner Zufriedenheit ausgeführt, könnt Ihr sofort nach Frankreich zurückkehren und ich belehne Euch mit einer Baronie. Versagt Ihr aber, wird Euch keine Macht der Welt retten können.«

Guillaume la Fertes Augen hatten gierig aufgeblitzt, als er Philipps Angebot vernahm. Eine Baronie als Lehen zu erhalten war mehr, als er je zu hoffen gewagt hätte. Dafür zu töten stand für ihn außer Frage. Er verbeugte sich tief vor Philipp, die rechte Hand auf seinem Herzen, und versicherte seinem König, sein Bestes zu geben. Für ihn war die Sache schon so gut wie erledigt. Für das Leben des Trägers der kostbaren Rüstung würde er keinen Pfifferling geben und Freunde, die ihm helfen würden, hatte er genug.

Als sich die Ritter entfernt hatten, winkte Philipp seinen Haushofmeister zu sich.

»Überbringt diese Rüstung dem König von England als mein persönliches Geschenk und sagt ihm, sollte er morgen an dem Turnier teilnehmen, wäre es eine große Ehre für mich, würde er sie dabei tragen.«

***

Am nächsten Tag verkündeten Herolde mit Fanfarenstößen den Beginn des Turniers. Wettkämpfe zwischen Bogenschützen gab es in England mehr als genug, Turniere zwischen Rittern hatte der alte König Henry allerdings strikt verboten, da dabei viele den Tod fanden und ganze Landstriche verwüstet wurden. Auf dem Kontinent waren sie allerdings erlaubt und Kämpfer wie William Marshal waren oft alle zwei Wochen irgendwo angetreten und hatten so ihren Lebensunterhalt bestritten. Man konnte allerdings auch leicht alles, einschließlich seines Lebens, verlieren oder als Krüppel zukünftig sein Dasein fristen.

Richard hatte das nie interessiert. Er war auf zahlreichen Turnieren, ob in Angers oder Paris, in Lüttich oder Pamplona, wo er Berengaria kennen gelernt hatte, und noch wer weiß wo angetreten. Manchmal als Herzog von Aquitanien oder Graf von Poitou, meist aber als einfacher, unbekannter Ritter. Der Kampf war sein Lebensinhalt und Furcht ihm so unbekannt wie einem erfolgreichen Piraten die Seekrankheit.

Außerhalb von Messina war ein großes Areal für die Kampfspiele abgesteckt worden und man hatte Tribünen für die königlichen Gäste, ihr engstes Gefolge und die Honoratioren der Stadt errichtet. Immer mehr Zuschauer strebten schon seit den frühen Morgenstunden zum Turnierplatz, um sich die besten Plätze zu sichern. Händler hatten

Stände aufgebaut, Garküchen boten Speisen an, Weinfässer wurden aufgebockt und ganze Ochsen drehten sich am Spieß. Aber auch Gaukler, Musikanten und Taschendiebe versuchten ihre Schnäppchen zu machen.

Zuerst sollten zwanzig von Robins Bogenschützen gegen zwanzig französischen Armbruster antreten, danach sich von jeder Seite hundertfünfzig Ritter ein Scheingefecht liefern. Für die Teilnehmer war ein Zeltlager am Rande des Platzes errichtet worden, wo sich die Männer jetzt sammelten.

Robin war die Auswahl nicht schwer gefallen. Er traute jedem seiner Bogenschützen zu, an Treffsicherheit und vor allem Schussgeschwindigkeit jeden Armbrustschützen in die Schranken zu weisen. Er selbst wollte dann gegen den Sieger des Wettbewerbes antreten. Sorgen machte er sich keine. Eher fand er das ganze spaßig. Den Ehrenpreis, ein Fass Wein und ein Wildschwein, würde er sich am Abend mit seinen Männern schmecken lassen.

Der französische König erschien als einer der ersten auf der Tribüne. Als wenig später Richard in Begleitung von Berengaria, Eleonore und Joan eintraf, nickte Philipp nur, alle Höflichkeit vergessend, in ihre Richtung. Die alte Königin legte ihrer Tochter und Schwiegertochter beschwichtigend je einen Arm auf die Schulter, aber Richard kostete es schon viel Überwindung, sich bei diesem Affront höflich bei ihm für das Geschenk zu bedanken.

Dann erschallten die Fanfaren und die Herolde riefen zum ersten Wettbewerb auf. Zielscheiben wurden herangetragen und in fünfzig Yard Entfernung aufgestellt. Diese Entfernung empfanden Robins Schützen schon fast als lächerlich. Sie traten an, schossen ihre Pfeile mit nahezu arroganter Sicherheit ab und traten wieder ins Glied. Jeder, der nicht ins Schwarze getroffen hätte, wäre von seinen Kameraden auf das Übelste verspottet worden. Allerdings trafen auch alle Armbrustschützen, wenn sie auch wesentlich länger zum Spannen und Zielen benötigten.

Als Nächstes wurden die Scheiben auf die doppelte Distanz gestellt. Als einziger von Robins Bogenschützen tat Rufus, genannt der Metzger, einen Fehlschuss und musste sich dem höhnischen Gelächter aussetzen. Von Philipps Armbrustern schieden gleich vier aus.

Von jetzt an sollten die Scheiben jeweils um zehn Yards weiter gestellt werden. Robin dauerte das zu lange, er hatte Besseres mit dem Tag vor.

»Mit Eurem Einverständnis«, rief er keck in Richtung Tribüne. »lasst uns die Entfernung gleich verdoppeln, sonst müssen wir den Kampf der Ritter auf morgen verschieben!«

Richard sah fragend zu Philipp. Der nickte nur leicht und wirkte schon jetzt verstimmt.

Zweihundert Yards waren eine ernst zu nehmende Distanz, auf die Armbrustschützen kaum übten. Ihre Waffe wurde vor allem bei der Verteidigung von Burgen und Städten eingesetzt, wo die Schützen hinter Zinnen und Mauern Schutz beim Spannen und Zielen fanden und auf kurze Entfernung den Gegner beschossen. Englische Langbögen dagegen benutzte man vorrangig in der offenen Feldschlacht um den Feind auf Abstand zu halten und nach Möglichkeit zu dezimieren, bevor er auf die eigenen Reihen stieß.

Als die Scheiben aufgestellt worden waren, musste der eine oder andere schon zwinkern, um das Schwarze zu erkennen. Von Robins verbliebenen neunzehn Schützen trafen alle die Scheibe, zwei sogar das Zentrum. Bei den Armbrustschützen sah es schlechter aus. Die meisten Bolzen flogen weit am Ziel vorbei, nur drei trafen überhaupt die Scheibe, ein Bolzen aber steckte genau in der Mitte.

Robin hielt das für puren Zufall. Jetzt war er dran und forderte den glücklichen Schützen heraus.

»Noch einmal fünfzig Yards weiter, und wer innerhalb einer Minute die meisten Treffer setzt, gewinnt, einverstanden?«, wandte er sich an seinen Gegner. Dem blieb nichts anderes übrig als zu nicken und zu hoffen, sich nicht allzu sehr zu blamieren.

Als die Scheibe stand, nahm Robin Aufstellung, einen vollen Köcher auf dem Rücken, und konzentrierte sich. Tief holte er Luft, um mit dem Ausatmen den ersten Pfeil auf die Reise zu schicken. Und jetzt lief alles ab, als wäre er eines dieser mechanischen Kunstwerke, die man auf Jahrmärkten bewundern konnte und die ihre Bewegungen immer exakt wiederholten..

Noch bevor der vorherige Pfeil das Ziel erreicht hatte, griff er zum zweiten, zum dritten und so weiter. Pfeil auf die Sehne, spannen, Schuss, war alles eins. Die Minute war noch nicht um, da steckten zwölf Pfeile in der Scheibe, alle auf engstem Raum im schwarzen

Zentrum. Der aufbrausende Jubel wogte ohrenbetäubend über den Platz und erfüllte ihn mit berechtigtem Stolz. Er war froh, auch einmal wieder seinen eigenen Männern bewiesen zu haben, dass er nicht mehr von ihnen forderte, als er selbst geben konnte.

Dem Armbrustschützen zitterten nach dieser Vorgabe die Finger. Er hatte gar keine Chance, ein vergleichbares Ergebnis zu erzielen, und hoffte nur, dass sein König das genau so sah. Nie im Leben konnte er so schnell seine Waffe spannen, dafür war sie gar nicht konstruiert. Er visierte sorgfältig und brachte auch den ersten Bolzen ins Ziel, allerdings nur in den roten Rand um das Zentrum. Hastig bemühte er sich danach, die Armbrust zu spannen und den nächsten Schuss abzugeben, doch die Eile tat nicht gut, und so ging der Bolzen sogar an der Scheibe vorbei. Zu einem dritten Versuch kam es gar nicht erst, die Minute war vorbei.

Robin klopfte seinem Gegner versöhnlich auf die Schulter.

»Macht Euch nichts draus! Es war von Anfang an nicht fair, Euch in diesen Wettkampf zu schicken. Gut gedeckt hinter einer Burgzinne möchte ich Euch nicht als Feind haben.«

Der Franzose schaute gequält drein. Verlierer waren bei seinem Souverän nicht gut angesehen. Die beiden Männer traten vor die königliche Tribüne und verneigten sich tief.

Richard lächelte äußerst huldvoll. Er hatte allerdings auch nichts anderes erwartet. Eleonore und ihre Tochter strahlten Robin an, und Berengaria schenkte ihm einen Augenaufschlag, der ihm die Knie weich werden ließ. Philipp hingegen schaute ausgesprochen genervt drein.

»Zugegeben«, wandte er sich an den englischen König, »diese Runde ging an Dich. Aber überzeugt hast Du mich nicht. Glaubst Du, die Sarazenen bleiben still stehen und geben ein Ziel wie diese Scheiben ab? Wie gut Deine Schützen wirklich sind, wenn berittene Krieger auf sie zuhalten, muss sich noch erweisen.«

Robin straffte sich. Er wollte sich den Sieg seiner Männer und seinen eigenen nicht schmälern lassen.

»Sire, wenn Ihr gestattet?«, wandte er sich an Philipp. »Ihr tragt eine hübsche, kleine Mütze. Wenn Ihr sie einem Eurer Ritter auf die Lanze setzt und ihn im vollen Galopp über den Platz reiten lasst, werden drei meiner Schützen jeweils einen Pfeil durch sie schießen, bevor er das Ende erreicht hat.«

»Ich bin der König von Frankreich!«, brüllte Philipp Robin wutschnaubend an. »Man spricht mich nicht ungefragt an und wenn, dann kniet man vor mir!«

»Ich knie nur vor Gott und meinem eigenen König», bekam er als Antwort ins Gesicht geschleudert, was ihn blutrot anlaufen ließ.

»Beruhige Dich, Philipp!«, mischte sich Richard in bester Laune ein. »Mit mir spricht er auch nicht immer sehr respektvoll. Was ist nun mit Deiner Mütze?«

Wortlos riss sich Philipp die Kappe vom Kopf und schleuderte sie Richard vor die Füße. Der hob sie schmunzelnd auf, winkte einen französischen Ritter herbei und spießte die Mütze auf die Lanzenspitze.

Robin war zu seinen Kameraden geeilt.

»Will, Much, Gilbert zu mir!«, rief er schon von weitem. »Seht Ihr die Kappe auf der Lanzenspitze? Ich will, dass jeder von euch einen Pfeil hindurchschießt, wenn der Ritter im Galopp ist!«

»Kannst Du Dir nicht mal ein vernünftiges Ziel ausdenken, statt immer diese Kinkerlitzchen?«, schnaubte Will Scarlett verächtlich. »Das ist vielleicht was für meine Großmutter, aber nicht für uns!«

»Und was ist mit mir?«, schaltete sich Little John ein. »Darf ich vielleicht auch mal wieder mitspielen?«

»Für Dich habe ich eine besondere Aufgabe. Wenn der Ritter danach vor der Tribüne hält, um Philipp die Mütze zu überreichen, schießt Du mit aller Kraft einen Pfeil gegen die Lanzenspitze, so dass sie zur Seite geschleudert wird und die Kappe in den Dreck fliegt. Ich hebe sie dann auf und überreiche sie Philipp. Das Gesicht will ich mir nicht entgehen lassen.«

Die Männer brachen in schallendes Gelächter aus. Das war ein Spaß, so ganz nach ihrem Geschmack.

Will, Much und Gilbert verteilten sich auf dem Platz und der Ritter gab seinem Pferd die Sporen. Im vollen Galopp jagte er wie der Sturmwind dahin, als er bereits das erste leichte Zittern an seiner Lanze spürte. Gleich darauf wiederholte sich das, und als er einen Blick nach oben warf, sah er schon drei Pfeile in der Kappe seines Königs stecken. Er zügelte sein Pferd, wendete und ritt leicht irritiert von der Schnelligkeit, mit der sich alles abgespielt hatte, zur Tribüne zurück.

Als er vor König Philipp die Lanze senkte, gab es einen lauten Schlag gegen das Eisen an der Spitze, der so kraftvoll war, dass es ihm die Waffe fast aus der Hand geschleudert hätte. Die Mütze rutschte von der Lanze und landete im Staub des Turnierplatzes. Robin war schon zur Stelle, hob sie samt der darin steckenden Pfeile auf und reichte sie mit einer übertrieben höflichen Verbeugung König Philipp.

Eleonore zog sich den Schleier vor das Gesicht, um ihr Grinsen zu verbergen, und Richard biss sich in die Handknöchel, um nicht laut loszulachen. Philipp griff nach seiner Mütze, schleuderte sie wutentbrannt dem Ritter vor die Hufe seines Pferd, sprang auf und verließ wortlos die Tribüne.

»Das ging jetzt aber schon ein bisschen weit«, wies Richard Robin zurecht, doch ohne jegliche Schärfe in der Stimme. Der zuckte nur mit den Achseln. Wenn halt der französische König keinen Spaß verstand, was scherte es ihn?

Rings um den Turnierplatz johlte die Menge und ließ die englischen Bogenschützen nebst ihrem Hauptmann hoch leben. Manch einer von den Kreuzfahrern hoffte, dass ihm ihre Fertigkeiten vielleicht das Leben retten würden.

Richard erhob sich und meinte zu seinen drei Begleiterinnen:

»Bitte entschuldigt mich, ich will mal sehen, ob ich Philipp beruhigen kann. Er war schon immer ein schlechter Verlierer, aber wir müssen noch einen Kreuzzug miteinander durchstehen und da sollten sich die Unstimmigkeiten in Grenzen halten.«

Die Ritter für das eigentliche Turnier sammelten sich bereits auf dem Platz. Wie damals üblich, sollte ein Reitergefecht nachgestellt werden, in dem es sowohl zum Kampf Mann gegen Mann wie aber auch ganzer Gruppen kam. Die Franzosen trugen blaue, die angevinischen Ritter rote Bänder an ihren Rüstungen, damit es im Eifer des Gefechtes nicht zu Verwechslungen kam. Aber die meisten kannten sowieso die Wappen auf den Überwürfen der Rüstungen und den Schilden.

Nach einiger Zeit kehrte Philipp auf die Tribüne zurück und entschuldigte seine Abwesenheit knapp mit einem leichten Unwohlsein. Richard allerdings blieb verschwunden.

Als die Herolde in die Fanfaren stießen, galoppierten die Ritter mit eingelegten Lanzen aufeinander zu, und die Erde dröhnte vom Stampfen der dreihundert Pferde. Schon im ersten Ansturm wurden etliche aus dem Sattel geworfen. Wer wieder auf die Beine kam, kämpfte zu Fuß weiter, wer verletzt war oder nicht weiter kämpfen konnte, musste sich seinem Gegner ergeben und ging seiner Ausrüstung und seines Pferdes verlustig.

Das Gefecht wogte hin und her und manchmal schien die eine Seite, dann wieder die andere im Vorteil zu sein. Die Formationen hatten sich aufgelöst, und es kam mehr und mehr zu Einzel- und kleinen Gruppenkämpfen.

Robin lehnte mit seinen Männern an der Abgrenzung und schaute dem Spektakel zu, dem er nicht viel abgewinnen konnte, als sich Alan a Dale zu ihnen gesellte. Er klopfte Robin und Little John anerkennend auf die Schulter und schob sich zwischen die beiden.

»Das habt Ihr vorhin gut gemacht! Der König war sehr zufrieden und als Philipp weg war, konnten sich die drei Damen vor Lachen kaum halten. Ich musste Berengaria ausführlich erklären, wer Du bist, und Eleonore hat nur in den höchsten Tönen von Dir gesprochen. Jetzt will Richard selbst zeigen, was er kann.«

»Der König kämpft mit?«, fragte Robin ganz erstaunt. »Ich habe sein Wappen noch gar nicht gesehen.«

»Dort drüben, der Hüne in der silbernen Rüstung mit dem goldenen Falken. Ich habe selbst gesehen, wie er die Rüstung angelegt hat. Richard kämpft meist nicht unter seinem Wappen, damit ihn keiner erkennt und sich womöglich zurückhält, um es sich nicht mit dem König zu verscherzen.»

Robin hatte den Ritter schon länger beobachtet und bewundert, mit welcher Leichtigkeit dieser die Waffen führte und immer wieder mitten im Gefecht stand, ohne dass ihm ein anderer etwas anhaben konnte. Jetzt schaute er natürlich noch genauer hin und sah, wie der Falkenritter von mehreren Franzosen abgedrängt und in die Zange genommen wurde. Seine Mitstreiter waren alle beschäftigt, und da ihn niemand kannte, eilte auch so schnell keiner zu seiner Unterstützung herbei.

Richard verteilte Schläge mit seinem Schwert nach allen Seiten und stieß auch einen der Angreifer aus dem Sattel, aber dann hatte ein anderer sein Pferd von hinten an ihn herangedrängt, umschlang den König mit seinen Armen und ließ sich mit ihm zusammen zu Boden fallen.

Robin schwante Schlimmes. Das sah nicht mehr nach einem Scheingefecht aus, hier ging es um Leben und Tod.

Ganz in der Nähe von Robin hatte Baudouin de Bethune gerade einen Gegner überwunden, als Robin ihm mit einer Stimme, die sogar den Turnierlärm übertönte, zubrüllte:

»Baudouin! Schnell! Sie bringen den König um!«

Robin zeigte mit seinem Bogen auf die Gruppe, und der erfahrene Ritter brauchte nur den Bruchteil einer Sekunde, um die Situation zu überblicken und zu handeln. Wieso das der König sein sollte, wusste er zwar nicht, aber dass dort fünf Ritter dabei waren, einen einzelnen zu töten, das erkannte er wohl. Er gab seinem Pferd die Sporen und jagte quer über den Platz.

Richard kämpfte verzweifelt, wurde aber an jedem Arm und Bein von einem Mann auf dem Boden festgehalten. Ein Fünfter, mindestens so groß wie er selbst, baute sich vor ihm auf, eine riesige, zweischneidige Wikingeraxt in der Hand.

Der König sah dem Tod direkt ins Auge. Dem zu erwartenden Hieb hatte er nichts entgegenzusetzen. Die Axt würde die Rüstung spalten wie einen morschen Baum. Der Riese vor ihm schob sein Visier hoch und schaute ihm direkt in die Augen.

»Damit Ihr wisst, wer Euch in die Hölle schickt! Ich bin Guillaume la Ferte und das«, bei diesen Worten hob er die Axt, »sind die Grüße, die Euch König Philipp sendet!«

Der letzte Gedanke, den Richard hatte, galt Berengaria und dass er sie nun nie richtig in den Armen würde halten können. Dann fuhr die Axt herab, aber kraftlos und ohne Schaden anzurichten.

Als der König erstaunt aufblickte, sah er, wie ein gefiederter Pfeil aus Guillaume la Fertes Gesicht , genau über der Nasenwurzel, heraus ragte. Der Ritter hatte noch einen Ton gehört, das Anklopfen des Geschosses, das komplett durch sein Gehirn gedrungen war, an der Rückseite seines Helmes. Dann brach er tot zusammen.

Robin hatte gar nicht angenommen, dass ihm dieser Schuss gelingen würde. Seine Hoffnung war, auf eine Distanz von fast dreihundert Yards den Angreifer zu treffen, um ihn auf diese Weise abzulenken, bis Hilfe da war. Den Helm würde das Geschoss auf die Weite nicht durchschlagen können. Dann lüftete Guillaume la Ferte sein Visier und besiegelte damit sein Schicksal.

Schon war Baudouin de Bethune da und hieb vom Pferd herunter auf Richards Gegner ein. Auch andere Ritter waren nun auf das Geschehen aufmerksam geworden und eilten zu Hilfe. Gemeinsam war es ihnen ein Leichtes, die Angreifer zu überwältigen, und als der Falkenritter wieder auf dem Pferd saß, brauste der Jubel der vielen Zuschauer auf.

Richard musste zugeben, dass ihm die Knie zitterten. So nahe war er dem Tod noch nie gewesen und nun durchschaute er auch das Komplott, das sein ehemaliger Freund geschmiedet hatte. An der geschenkten Rüstung hatten ihn seine Angreifer erkannt, und nach dem Kampf wäre ihnen noch nicht einmal einen Vorwurf gemacht worden.

Er jagte zur Tribüne und riss sich dabei den Helm vom Kopf. Vor Philipp zügelte er sein Pferd so stark, dass der Hengst stieg und schleuderte ihm den Helm mit dem Falken vor die Füße.

»Danke für Dein Geschenk, das mich fast das Leben gekostet hätte!«, fuhr er den französischen König an. »Für so hinterlistig hätte nicht einmal ich Dich gehalten. Aber man lernt halt immer dazu!«

»Ich weiß gar nicht, was Du hast?«, stellte sich Philipp ahnungslos. »Du warst im Kampf, und andere wollten deine Waffen, wie es nun mal der Brauch ist. Der einzige, der tot ist, ist mein Ritter Guillaume la Ferte. Ich verlange, dass Du seinen Mörder hängst. Auf der Stelle!«

»Noch ein Wort, Du hinterhältige Schlange, und ich fordere Dich gleich hier zum Zweikampf und dann werden wir ja sehen, auf wessen Seite Gott steht.«

»Mach Dich nicht lächerlich. Ich beteilige mich doch nicht an diesen albernen Spielchen. Und außerdem kannst Du mich gar nicht fordern, Du bist mein Lehnsmann!«

Sprach's, stand auf, schlang seinen Mantel würdevoll wie ein römischer Imperator um sich und verließ ohne ein weiteres Wort und einen Gruß mit seinem Gefolge die Tribüne.

Richard sprang vom Pferd.

»Schafft mir diesen Robin Hood her, aber sofort!«, schrie er die Männer in seiner Umgebung an, die sofort losspritzten. Er wechselte in der Anrede zwischen Robin und Robert hin und her, wie es ihm gerade einfiel, und jetzt, im Zorn, war er wieder bei Robin Hood angelangt.

Der war etwas verblüfft, als er von vielen Händen gepackt und fast vor den König geschleift und getragen wurde.

»Was fällt Euch ein, in ein Gefecht einzugreifen, Sir Robert?«, fuhr Richard ihn an. »Wo kommen wir hin, wenn Bogenschützen die Kämpfe entscheiden und nicht mehr der ritterliche Zweikampf?«

»Nach ritterlichem Zweikampf sah das nicht gerade aus«, verteidigte sich der erstaunte Robin. »Ich dachte, ich rette Euer Leben. Aber wenn das falsch war, dann vergebt mir bitte, ich tue es auch nie wieder!«

Da tat Richard etwas, was die Menschen in seiner Umgebung noch nie erlebt hatten. Er trat auf Robin zu und schloss ihn fest in seine Arme.

»Das ist ja das Problem mit Euch« sagte er dabei leise. »Ich stehe schon wieder in Eurer Schuld, und langsam wird mir das lästig. Habt Dank, Robert von Loxley, mein Freund!«

Robin traten die Tränen in die Augen. Das letzte Wort war ihm mehr wert, wie der Ritterschlag. Noch einmal umarmten sich die beiden Männer und spürten dabei eine Verbundenheit, wie es sie nur selten gab.

Auch Berengaria hatte sich erhoben und trat auf Robin zu. Sie war fast so groß wie er und sah ihm direkt in die Augen.

»Ich bitte Euch, habt weiterhin ein Auge auf meinen zukünftigen Gatten. Seid sein Schutzengel, damit er mir erhalten bleibt.«

Robin verbeugte sich stumm. Ihm fehlten im Moment die Worte, was nicht oft vorkam.

»Ich werde tun, was ich kann«, brachte er dann leicht stammelnd hervor und verfluchte sich selbst für die Ungelenkigkeit seiner Worte. Doch niemand hatte ihn in seinem Leben darauf vorbereitet, ständig mit Königen und Prinzessinnen zu verkehren. Nun, er würde sich wohl in Zukunft daran gewöhnen müssen.

Richard grinste.

»Das mit dem Engel ist vielleicht ein bisschen über das Ziel hinaus geschossen. Dieses Wort passt viel besser auf Dich, mein Liebling«, meinte er galant und küsste die Hand seiner Herzensdame, was diese aufgrund der Anwesenheit der vielen Leute rings herum leicht erröten ließ.

»Feiert mit Euren Bogenschützen heute Abend auf meine Kosten!«, wandte er sich dann an Robin. »Ihr habt es mehr als verdient. Ich werde mich jetzt zurückziehen und meine Blessuren pflegen. Offenbar werde ich auch langsam zu alt für solche Art von Vergnügungen.«

»Das gebe Gott, dass Du endlich vernünftig wirst!«, seufzte Eleonore aus tiefster Seele und sprach damit aus, was allen Anwesenden dachten. Sie hatte gerade eine furchtbare Vision. Richard tot, Philipp Herr über ihr geliebtes Aquitanien und John König von

England. Bei dieser Vorstellung wurde ihr ganz schlecht und es schüttelte sie regelrecht. Manchmal allerdings, wie in diesem Fall, gingen Visionen in Erfüllung, auch wenn es glücklicherweise noch einige Zeit dauern sollte.

***

Am Abend ließ sich Richard ein heißes Bad in seinem Gemach richten. Er hatte sich bei dem Sturz etliche Prellungen zugezogen und fühlte sich am ganzen Körper zerschlagen. Als er wohlig ausgestreckt mit geschlossenen Augen halb schlafend im warmen Wasser lag, spürte er einen Lufthauch hinter sich und dann den Duft von Rosen und Veilchen im Raum. Plötzlich berührte ihn eine weiche Hand an der Schulter und begann ihn sanft zu massieren. Erstaunt blickte er auf und sah Berengaria, nur mit einem leichten, weißen Hemd bekleidet und offenem Haar hinter sich auf dem Rand des Zubers sitzen.

»Psst!«, machte sie und legte ihren Finger auf seine Lippen. »Sag gar nichts und genieße es einfach! Ich hatte heute solche unendliche Angst um Dich. Versprich mir, dass Du in Zukunft vorsichtiger sein wirst. Ich will noch lange etwas von Dir haben!«

Richard schmiegte sich regelrecht in ihre Hände.

»Das ist jetzt aber nicht sehr schicklich, was Du da machst«, schnurrte er wie ein Kater, der an der Sahne leckt.

»Muss denn immer alles schicklich sein?«, bekam er als Antwort zurück. Dann streckte Berengaria ihre lange, schlanke Hand aus und ergriff die seine.

»Komm!«, meinte sie nur und zog ihren Geliebten mit leichtem Druck aus dem Wasser. Sie reichte ihm ein weiches Tuch und half ihm beim Abtrocknen. Dann trat sie an das große, mitten im Raum stehende Himmelbett und ließ langsam ihr Hemd von den Schultern gleiten.

Richard glaubte, noch nie etwas Schöneres in seinem Leben gesehen zu haben. Ihr langes, schwarzes Haar floss ihr über den Rücken bis zu den Pobacken und glänzte im Kerzenlicht. Die Haut schimmerte wie Elfenbein, und als sie sich zu ihm umdrehte, sah er, wie ihre kleinen, festen Brüste sich ihm entgegen wölbten.

Seine Stimme krächzte regelrecht, als er fragte:

»Meinst Du wirklich, dass wir das vor der Hochzeit tun sollten?«

Sie lächelte ihn aus ihren blauen Augen von unten her an, umschlang mit ihren Armen seinen Nacken und zog seinen Kopf zu einem langen Kuss auf ihre weichen Lippen.

»Ich kann nicht mehr warten, ich will Dich jetzt und hier! Der heutige Tag hat mir gezeigt, wie schnell alles vorbei sein kann. Lass uns das Leben genießen, solange es uns vergönnt ist!«

Berengaria ließ sich auf das Bett sinken und gab ihrem zukünftigen Mann mit allen Fasern ihres Körpers zu verstehen, dass sie ihn erwartete.

Richard war ein erfahrener Liebhaber, der von den Damen des Hofes, die oft unverhohlen um seine Gunst buhlten, in das facettenreiche Spiel der körperlichen Lust eingewiesen worden war. Er nahm sich viel Zeit, um Berengaria, von der er zu Recht annahm, dass sie noch Jungfrau war, auf die kommende Vereinigung vorzubereiten. Er wollte, dass seine Frau so viel Freude an der Liebe empfand wie er und es nicht als eheliche Pflicht und notwendiges Übel ansah, um Kinder in die Welt zu setzen, wenn sie miteinander schliefen.

Seine Hände liebkosten ihren wunderschönen Körper, reizten ihre Brüste, deren Nippel sich sofort verhärteten und aufrichteten und strichen dann über das lockige Vlies zwischen ihren Beinen. Als er merkte, wie sie langsam feucht wurde, tauchte er zwischen ihre schlanken Schenkel und umkreiste mit seiner Zunge ihre Liebesperle, bis sie sich in Ekstase wand und den kurzen Schmerz kaum spürte, als er das erste Mal in sie Eindrang.

Die Prinzessin war eine sinnliche Frau, die dem hohen Lied der Minne noch nie viel hatte abgewinnen können und den Freuden des Lebens durchaus zugetan war. Wenn auch noch unberührt, so war sie doch nicht ganz unerfahren und genoss in vollen Zügen die Zärtlichkeiten des Mannes ihrer Träume. Sie liebte ihn, seit sie ihn am Hof von Pamplona gesehen hatte, und als er um sie freite, stand für sie der Himmel offen.

Natürlich hatte sie ihn etwas zappeln lassen. Es wäre ja wohl auch nicht angegangen, sich ihm sofort an den Hals zu werfen. Aber es hatte sie bei ihrem spanischen Temperament schon viel Willensanstrengung gekostet, es nicht zu tun. Was die Zeit noch bringen würde, wusste sie nicht, aber im Moment zählte nur das Hier und Jetzt und das wollte sie auskosten.

Sie umschlang Richard mit Armen und Beinen, um ihn ganz fest in sich aufzunehmen, und scheute sich nicht, ihre Lust herauszustöhnen. Sie konnte gar nicht genug von seiner Männlichkeit bekommen und klammerte sich wie eine Ertrinkende an ihm fest.

Richard war hin und weg. Eine so lustbetonte Frau hatte er sich erträumt, aber kaum zu hoffen gewagt, sie auch zu bekommen. Berengaria war für die Liebe wie geschaffen und ließ ihn das spüren. Plötzlich warf sie sich herum und kam auf ihm zu liegen, was ihn bei seiner Größe etwas überraschte und Zeugnis für ihre eigene Kraft und Stärke abgab. Sie richtete ihren Oberkörper auf, der von ihren langen Haaren wie von einem Schleier eingehüllt wurde. Ihr Mund war leicht geöffnet, die Lippen glänzten feucht, und ihre Augen blickten ihn verklärt an. Ihre Nägel krallten sich in seine Brust, als sie ihn zu reiten begann und die überschäumenden Gefühle einfach herausschrie. Als Richard sich aufbäumte und sich in sie ergoss, spürte sie mit all ihren weiblichen Instinkten, dass sie soeben ein Kind gezeugt hatten.

***

Am nächsten Morgen musterte Eleonore ihren Sohn beim Frühstück von oben bis unten und meinte leicht anzüglich:

»Na, eine schöne Nacht gehabt? Man hat Euch wahrscheinlich bis Palermo gehört. Hättet Ihr nicht bis zur Hochzeit warten können?«

Richard war leicht rot geworden, konterte aber sofort.

»Du hast es gerade nötig. Ich kann rechnen und weiß, wann Du Vater geheiratet hast und wann Wilhelm geboren wurde!«

Die Erinnerung an ihren jüngsten Sohn, dem nur ein kurzes Leben beschieden gewesen war, traf Eleonore immer noch hart.

»Lassen wir das. Übrigens, ich habe eine gute Nachricht für Dich. Philipp ist noch diese Nacht mit seiner gesamten Armee nach Palästina abgerückt. Die Schiffe lagen auslaufbereit vor Anker und unmittelbar nach dem Turnier haben sie sich eingeschifft und die Segel gesetzt. Er muss es schon länger geplant haben, denn so auf die Schnelle lässt sich das nicht bewerkstelligen.«

»Ich hätte nicht gedacht, dass er sich so vor mir fürchtet.«

»Richard, sei vorsichtig! Philipp ist gefährlich, das hast Du gerade selbst erlebt. Er will die Länder wiederhaben, die sein Vater durch die Scheidung von mir verloren hat. Und dafür ist ihm jedes Mittel recht, wie Du gesehen hast. Ich kann nicht einmal bis zu Deiner Hochzeit bleiben, ich muss sofort nach England zurück. John versucht mit all seiner Überredungskunst und Bestechung die Barone auf seine Seite zu ziehen und hat Longchamp schon in die Ecke gedrängt. Wenn er und Philipp sich verbünden, dann bist Du einmal König gewesen!«

»Verdammt! Ich hatte gehofft, dass Du bleiben kannst! Berengaria wird sich allein unter all den Männern nicht sehr wohl fühlen.«

»Keine Sorge, sie ist eine starke Frau. Nimm Joan mit nach Palästina! Mit ihrem lustigen Wesen ist sie eine gute Gesellschafterin und kann sicher etwas Abwechslung nach dem Tod ihres Mannes gebrauchen. Ich werde auf dem Rückweg noch einmal versuchen, Kaiser Heinrich zu treffen. Der ist glitschig wie ein Aal, grausam und rachsüchtig - und auch noch mit Philipp verbündet.«

»Eigentlich sollte ich sofort umkehren, in London heiraten und Berengaria krönen lassen.«

»Das wäre zwar zweifelsfrei das Beste, ist aber leider unmöglich. Du wärst für alle Zeiten entehrt, die Kirche würde Dich mit dem Bannfluch belegen, und Du selbst könntest Dich nie wieder im Spiegel anschauen. Heirate, sobald Du kannst, bringe diesen unseligen Kreuzzug hinter Dich und komm als strahlender Sieger zurück, dann bist Du nahezu unangreifbar. William Marshal und ich halten derweil die Stellung.«

»Hier auf Sizilien werde ich niemanden finden, der uns traut. Es ist gerade Fastenzeit.«

»Dann sieh zu, das Du ins Heilige Land kommst und Philipp nicht schon den ganzen Ruhm eingesackt hat, bevor Du da bist.«

Richard lachte laut auf.

»Der mit seinen paar Hanseln! Wir werden ihn wohl eher heraushauen müssen. Aber eine Hochzeit in Jerusalem, das wäre schon was.«

Eleonore schmunzelte.

»Ich weiß, für Symbolik bist Du immer zu haben. Doch gleich wie, lass es nicht zu lange dauern. Wir brauchen Dich zuhause, am besten mit Berengaria an Deiner Seite und einem Thronfolger daneben.«

»Du kannst versichert sein, wir werden uns Mühe geben.«

»Ohne Zweifel, es war nicht zu überhören.«

Eleonore reiste schon am nächsten Tag ab. Richard sammelte sein Heer, ließ die Schiffe verproviantieren und stach am 10. April 1191, knapp zwei Wochen nach König Philipp, in See. Er selbst segelte mit der Vorhut, Berengarias und Joans Transportschiff wurde in die Mitte der aus mehr als zweihundert Schiffen bestehenden Flotte beordert. Zu ihrem Schutz stellte der König Robert von Loxley mit hundert seiner besten Bogenschützen ab.

***

6. Kapitel

Zypern, April – Juni 1191

Die See war so ruhig, dass es nicht einmal Little John schlecht wurde – drei Tage lang. Dann brach die Hölle los. Ein Sturm kam von Westen her auf, wie ihn selbst die erfahrensten Kapitäne noch nicht erlebt hatten, trieb die Flotte vor sich her und verstreute sie in alle Himmelsrichtungen. Die Brecher schlugen die Aufbauten kurz und klein, zerfetzten die Segel und zerbrachen die Ruder. Hilflos schaukelten die großen Schiffe wie Nussschalen auf den gewaltigen Wogen, oft steuerlos und nicht in der Lage zu navigieren. Keiner konnte dem anderen helfen, jeder Kapitän war auf sich allein gestellt. Am Anfang hatte man sich noch bemüht zusammenzubleiben und am Tag mit Trompeten, nachts mit Fackeln Signale gegeben. Doch bald schon verschluckten Finsternis, Regen und Nebel ein Schiff nach dem anderen und man fühlte sich völlig allein und hilflos auf dem weiten Meer.

Keiner an Bord des Transportschiffes glaubte, dass er das Toben der Elemente überleben würde. Wer konnte, hatte sich irgendwo angebunden, um nicht über Bord gespült zu werden. Die Mannschaft arbeitete mit äußerster Anstrengung, aber nach mehr als zwei Wochen Kampf gegen die himmelhoch wogende See war jeder am Ende seiner Kräfte.

Endlich, am fünfzehnten Tag, das Schiff war eigentlich nur noch ein Wrack, riss der Himmel auf, und vor ihnen tauchte eine langgestreckte, felsige Küste auf. Alle verfügbaren Männer, die noch irgendwie auf den Beinen stehen konnten, wurden herangezogen, um mit Behelfsrudern zu versuchen, einen Schiffbruch in der Brandung zu verhindern, den keiner überlebt hätte.

Es gelang ihnen mit äußerster Mühe, das Schiff zwischen den größten Felsen hindurchzusteuern und in einer etwas geschützten Bucht Anker zu werfen. Danach brach jeder auf der Stelle, wo er gestanden hatte, zusammen, und wer noch konnte, sandte Dankgebete zum Himmel.

Als Robin wieder klar denken konnte, kämpfte er sich durch zerbrochene Spieren, ausgelaufene Trinkwasserfässer und überall mehr tot als lebendig herumliegende Menschen zur Kajüte der beiden Prinzessinnen nach Achtern durch. Berengaria und Joan lagen auf ihren Pritschen, völlig durchnässt, mit blau angelaufenen Lippen, verfilzten Haaren und salzverkrusteten Kleidern. Sie hatten seit Tagen keine Nahrung mehr zu sich nehmen können und auch die Wasser- und Weinvorräte waren verdorben oder über Bord gespült worden. Aber sie lebten noch, und das war im Moment die Hauptsache.

Robin suchte den Kapitän, der am Ruder zusammengebrochen war, und schüttelte ihn solange, bis er endlich zu sich kam.

»Wo sind wir hier? Könnt Ihr mir sagen, was das für eine Küste ist?«

»Ich habe keine Ahnung! Die Strände sehen in der ganzen Ägäis nahezu gleich aus. Ich vermute, wir sind auf einer größeren Insel. Es könnte Rhodos, Kreta oder Zypern sein.«

»Na prima!«, dachte Robin. »Wir sind fast tot, haben keine Nahrungsmittel mehr, geschweige denn Wasser, und wissen noch nicht einmal, wo wir sind. Kein anderes Schiff in der Nähe, von Richard keine Spur – und ich darf mich noch dazu um zwei Frauen kümmern.«

In diesem Moment erschienen Berengaria und Joan wie auf Kommando an Deck. Wenn an ihnen nach zwei Wochen Sturmfahrt auch nichts Königliches mehr war, so machte zumindest die Prinzessin von Navarra einen sehr gefassten Eindruck. Sie kam zu Robin, der an der Reling lehnte, und er sah, wie sie sich um Haltung bemühte.

»Wisst Ihr, wo wir sind, Sir Robert?« Das Sprechen mit den aufgeplatzten Lippen und der trockenen Kehle fiel ihr sichtlich schwer.

»Der Kapitän sagt, er weiß es auch nicht. Ich schlage vor, wir senden Erkundungstrupps in beide Richtungen an der Küste entlang aus. Irgendwer muss hier doch leben, und wir brauchen dringend Nahrungsmittel und Wasser. Vielleicht finden wir auch noch andere Schiffbrüchige.«

»Tut das! Joan und ich werden uns in der Zwischenzeit um die Verletzten kümmern. Material zum Schienen der vielen Knochenbrüche«, sie zeigte auf das zersplitterte Holz ringsherum, »haben wir ja genug. Aber bleibt nicht zu lange weg und lasst ein paar Männer hier, die Waffen führen können. Nur, falls Strandpiraten kommen, die von der Beute angelockt werden.«

»Und ich hatte gedacht, ich muss mich um sie kümmern«, dachte Robin anerkennend und war froh, eine Sorge los zu sein. Joan kniete bereits bei einem Seemann, der eine große, klaffende Platzwunde am

Kopf hatte, und riss Streifen aus einem ihrer Unterröcke, um ihn zu verbinden. Die Plantagenets schienen alle aus einem sehr harten Holz geschnitzt zu sein, und Berengaria passte in diese Familie, als wäre sie schon von Geburt an dafür vorgesehen.

Robin sammelte seine Männer um sich und stellte mit Genugtuung fest, dass alle noch da waren, wenn auch etliche Verletzungen davongetragen hatten. Von den Matrosen, die den Großteil des Kampfes gegen die Elemente zu tragen gehabt hatten, waren acht scheinbar über Bord gespült worden. Will, Much und Gilbert hatten Kommandos über die Bogenschützen auf anderen Schiffen übernommen. Nur Little John, der sich mehr vor der See wie vor allen anderen Dingen auf der Welt fürchtete, war von seinen engsten Vertrauten bei ihm. Als Robin seinem Freund sagte, es ginge an Land, krabbelte der auf allen Vieren an Deck, nur um endlich von diesem verfluchten Schiff herunter zu kommen.

Drei Trupps mit je fünfzehn Mann wurden ausgesandt, Hilfe zu holen und das Land zu erkunden. Jeweils eine Mannschaft ging nach Osten und Westen an der Küste entlang, die dritte marschierte ins Landesinnere. Der Rest blieb als Wache beim Schiff zurück. Ihre Bögen waren allerdings im Moment kaum zu gebrauchen. Keiner hatte mehr eine trockene Sehne und die meisten Pfeile waren zerbrochen.

Robin führte den Trupp, der nach Osten vordrang. Sie kletterten über scharfkantige Klippen und angeschwemmtes Holz und kamen nur langsam voran. Aber nach ungefähr einer Stunde stießen sie auf einen Bach, der hier ins Meer mündete und ihre Freude über das Süßwasser kannte fast keine Grenzen. Nachdem sie sich ausgiebig daran gelabt hatten, schickte Robin fünf Männer zurück, Gefäße zu holen, um den am Schiff Zurückgebliebenen Trinkwasser zukommen zu lassen. Er selbst zog mit dem Rest des Trupps weiter und hoffte, eine menschliche Ansiedlung zu finden. Doch als Nächstes stießen sie hinter einer Landzunge auf ein weiteres, leckgeschlagenes englisches Schiff, das allerdings völlig verlassen und anscheinend komplett ausgeplündert worden war. Einige Leichen trieben im vollgelaufenen Kielraum – und die waren eindeutig erschlagen worden.

Nach dieser grausigen Entdeckung gingen die Männer äußerst vorsichtig weiter und entdeckten nach einer weiteren Stunde ein Fischerdorf, das wie ausgestorben wirkte. Oberhalb des Ortes befand sich ein steinerner Wachturm, und dort hatten sich alle Bewohner versammelt. Robin und seine Männer schlichen sich im Schutz der Häuser und Hütten an um zu sehen, was vor sich ging.

Einige Bewaffnete in altertümlichen Rüstungen zerrten einen an Händen und Füßen gefesselten Mann aus dem Turm und stießen ihn auf die Knie. Der war zu keiner Gegenwehr mehr fähig und starrte nur völlig apathisch vor sich hin. Die Dorfbevölkerung stand abwartend und eher ablehnend daneben. Einer der Soldaten hob sein Schwert. Es sah ganz danach aus, als ob er den Gefangenen vor aller Augen köpfen wollte.

Das konnte und wollte Robin nicht zulassen. Er zählte nur sechs Bewaffnete, und denen fühlte er sich mit seinen Männern auch in ihrem geschwächten Zustand überlegen. Robin zog sein Schwert und war, gefolgt von seinem Trupp und Little John dicht an seiner Seite, mit wenigen, schnellen Schritten bei den Soldaten, die sich plötzlich umzingelt und in der Unterzahl sahen. Der Gefesselte schöpfte neue Hoffnung und flehte die wie vom Himmel gefallenen Männer an, ihm zu helfen – auf englisch.

Robin setzte dem Anführer der Soldaten, der gar nicht an Gegenwehr dachte, das Schwert an die Kehle und Little John schnitt dem Gefangenen die Fesseln durch und half ihm auf die Beine.

»Was geht hier vor?« herrschte Robin den Soldaten an, der nur mit den Achseln zuckte, da er die Frage nicht verstand.

»Mit Verlaub, Sir!«, mischte sich der Gefangene ein, dem die englischen Worte wie Balsam in den Ohren geklungen hatten. »Wir sind Schiffbrüchige aus König Richards Flotte. Die Menschen hier aus dem Dorf haben uns geholfen und zu Essen und zu Trinken gegeben. Aber dann sind Soldaten gekommen, haben alle Ritter, die an Bord waren, verschleppt, das Schiff geplündert und uns Matrosen hier im Turm eingesperrt. Der größte Teil ist wieder abgezogen, aber die Verbliebenen wollten gerade anfangen, uns hinzurichten. Die Dörfler sollten zusehen, weil sie uns geholfen haben.«

»Was habt Ihr ihnen denn getan?«, fragte Robin fassungslos.

»Nichts, Sir, gar nichts! Sie handeln auf Befehl ihres Kaisers Isaak Komnenos, der mit Saladin verbündet ist und versucht, die Kreuzfahrer daran zu hindern, das Heilige Land zu erreichen.«

In der Zwischenzeit hatten Robins Männer zwölf Seeleute aus dem Turm geholt, die dort auf ihren Tod gewartet hatten. Die sechs Soldaten wurden gefesselt und nun selbst eingesperrt. Sie wehrten sich kaum, da sie davon ausgingen, bald wieder befreit zu werden. Der Dorfvorsteher kam auf Robin zu und begann in einer unverständlichen Sprache auf ihn einzureden. Aber dann erkannten beide, dass sie sich, wenn auch nur schwer und radebrechend, lateinisch verständigen konnten, und so erfuhr Robin, was hier vor sich ging und warum man Schiffbrüchige wie Verbrecher behandelte.

Sie befanden sich auf Zypern, unweit der Haupt- und Hafenstadt Limassol. Isaak Komnenos, ein Großneffe des vor zehn Jahren verstorbenen byzantinischen Kaisers Manuel und Abenteurer, hatte sich 1185 mit gefälschten Dokumenten die Statthalterschaft von Zypern erschlichen und sich dann zum Kaiser einer Insel krönen lassen, die dreimal in die Bretagne passen würde! Er führte ein Schreckensregime, plünderte die Einwohner bis zum Bettelstab aus und wurde beschuldigt, seine erste Frau und seinen Sohn umgebracht zu haben. Schiffbrüchige und Pilger, die auf der Insel strandeten, verkaufte er in die Sklaverei oder tötete sie gleich. Um sich gegen Konstantinopel halten zu können, ging er ein Bündnis mit Saladin ein, der ihm die Gefangenen abkaufte.

Der Dorfvorsteher wusste von mehreren englischen Schiffen, die es vor kurzem in den Hafen von Limassol geschafft hatten und glaubten, nun in Sicherheit zu sein. Sie wurden schnell eines anderen belehrt, festgesetzt und all ihrer Habe beraubt. Die Einheimischen, meist orthodoxe Christen und Katholiken, hatten sich zähneknirschend der Übermacht der von Komnenos angeheuerten Söldner unterwerfen müssen und hofften nur auf ein Ende dieser für sie so leidvollen Herrschaft.

Robin nahm den Dörflern das Versprechen ab, die Soldaten erst nach zwei Stunden herauszulassen. Seine Männer und die geretteten Seeleute luden sich soviel Lebensmittel auf, wie sie tragen konnten, und als sie mit Silbermünzen bezahlten, waren die Herzen der Fischer endgültig gewonnen. Sie versprachen, täglich frischen Fisch, Obst und Gemüse zum Schiff zu liefern. Dann machten sich die Männer auf den Weg zurück und blickten etwas sorgenvoll in die Zukunft.

Auf dem Schiff hatten die Aufräumarbeiten begonnen. Die meisten Verletzungen waren versorgt worden, und das frische Wasser hatte allen den Lebensmut zurückgegeben. Auch die anderen beiden Trupps hatten Wasser und Nahrung mitgebracht und vor ungefähr einer

Stunde waren Reiter aufgetaucht, hatten sich nach der Nationalität der Schiffbrüchigen erkundigt und baldige Hilfe versprochen.

Robin hielt mit dem Kapitän des Schiffes, Berengaria und Joan Kriegsrat. Die beiden Frauen hatten sich so tapfer gehalten, dass sich mancher Mann beschämt abwandte. Da sie die gefährdetsten Personen an Bord waren, wollte der Hauptmann sie in seine Entscheidungen mit einbeziehen. Seine absolute Horrorvorstellung war, Richard melden zu müssen, dass Komnenos sich ihrer bemächtigt und sie an Saladins Harem weiterverkauft hatte. Doch im Moment wusste ja niemand, ob der König überhaupt noch am Leben war. Und bevor er diese Nachricht überbrachte, würde er sich eher in sein Schwert stürzen, dessen war sich Robin gewiss. Er berichtete, was er erfahren hatte, und wandte sich dann an den Kapitän.

»Bekommen wir das Schiff wieder flott, so dass wir die Fahrt fortsetzen können?«, war seine erste Frage.

»Völlig ausgeschlossen! Wir haben keinen Mast mehr, sind leckgeschlagen, und die meisten Ruder zerbrochen.«

»Trotzdem, versucht Euer Möglichstes. Wir müssen wenigstens ein Stück von der Küste weg. Gegen feindliche Schiffe können wir uns vielleicht mit Brandpfeilen wehren, doch hier so dicht am Strand haben wir gegen eine Übermacht von Bewaffneten keine Chance. Komnenos darf auf keinen Fall erfahren, wen wir an Bord haben.«

»Es könnte sein, er weiß es schon«, warf Berengaria ein und Joan sah schuldbewusst zu Boden. »Vorhin, als die Reiter auftauchten und wir noch nicht wussten, wo wir waren und wie hier die Verhältnisse sind, hat Joan ihnen zugerufen, wer wir sind und dass man sie für ihre Hilfe reich belohnen würde.«

Robin fluchte innerlich, legte aber der Prinzessin beruhigend die Hand auf den Arm.

»Macht Euch keine Vorwürfe, Ihr konntet es ja nicht wissen. An jeder anderen Küste würde man die Schwester und die zukünftige Frau eines Königs mit höchsten Ehren empfangen. Sollte Komnenos wirklich böse Absichten haben, werden wir Euch mit allen uns zur Verfügung stehenden Mitteln verteidigen und können nur hoffen, dass König Richard bald hier auftaucht.«

»Und wenn er gar nicht mehr lebt?«, Joan klang recht verzagt.

»So etwas will ich überhaupt nicht hören!«, fuhr Berengaria sie an. »Und wenn ich alle Küsten der Ägäis absuchen müsste, ich würde ihn finden!«

»Besser, er findet uns«, fuhr Robin dazwischen. »Wir werden das Schiff, so gut es geht, zu einer Bastion ausbauen. Ihr«, damit wandte er sich an den Kapitän, »versucht das Leck abzudichten und uns ein Stück vom Strand wegzubringen. Arbeitet mit allen Kräften daran, das Schiff soweit wie möglich seeklar zu machen. Vielleicht ist Flucht unsere einzige Chance, und besser ist es allemal, im Meer zu versinken, als hier an Land niedergemacht zu werden oder in Ägypten auf dem Sklavenmarkt zu landen.«

»Warum müssen Männer immer an das Schlimmste denken, Sir Robert?«, schalt ihn da Berengaria. »Aus Gefangenschaft kann es immer Rettung geben, aber von den Toten ist noch niemand zurückgekehrt. Wir werden uns verteidigungsbereit machen, aber auch verhandeln und, wenn es sein muss, uns ergeben. Sinnlos geopfert wird hier niemand!«

Robin glaubte Eleonore sprechen zu hören. Da hatte ihm die Prinzessin regelrecht eine Ohrfeige verpasst, aber er hatte sie auch verdient. »Gut, dann weiß jeder, was er zu tun hat«, leitete er seinen Rückzug ein. »Darf ich Euch bitten, meine Damen, Euch weitestgehend unter Deck aufzuhalten? Es muss wirklich nicht jeder sehen, dass Frauen an Bord sind.«

»Nein, das werden wir nicht tun«, fuhr Berengaria ihm schon wieder in die Parade. »Unsere Kleider sind sowieso alle verdorben und in der Kajüte ist es vor Nässe und Gestank nicht auszuhalten. Wir werden Männerkleider anlegen und mit Euch gemeinsam alles dafür tun, die Gefahr abzuwenden.«

Jetzt war es nicht mehr Eleonore, sondern Marian, die zu ihm sprach. »Das kann ja heiter werden«, dachte Robin. »Hoffentlich muss ich das nicht Richard erklären!«

Dann machten sich alle an die Arbeit. Vor allem zum Land hin wurde an der Reling aus überflüssigem Holz eine Brustwehr errichtet. Die Bogenschützen versuchten, ihre Waffen wieder in Stand zu setzen und so viele Pfeile wie möglich herzurichten. Schwerter wurden geschliffen, Rüstungen zusammengesucht und alles dafür getan, einen etwaigen Angriff abwehren zu können.

Derweil arbeitete die Schiffsbesatzung unter Aufbietung aller Kräfte an den Pumpen, um den Wasserstand im Inneren soweit abzusenken, dass man an die Lecks herankam und diese mit Werk, Pech und darüber genagelten Brettern abdichten konnte. Der Mast wurde notdürftig verlascht, konnte aber schon bald wieder eine Behelfsrahe tragen, an der man ein geflicktes Segel, das eher wie ein großer Lumpen aussah, aufzog. Und als dann noch darüber die englische Flagge mit den drei Löwen aufgezogen wurde, jubelte das ganze Schiff.

Am nächsten Morgen erschien eine Abordnung, bestehend aus Würdenträgern und Soldaten, am Ufer und verlangte, an Bord gelassen zu werden. Robin ließ nur Drei von ihnen auf das Schiff, was mit großem Missfallen registriert wurde. Die Gesandten luden die beiden Prinzessinnen ein, sich nach Limassol in den Schutz von Kaiser Komnenos zu begeben, traten dabei aber einerseits äußerst kriecherisch, andererseits aber wieder so herrisch auf, dass Robin die letzten Zweifel darüber schwanden, was hier gespielt wurde.

Die beiden Damen lehnten freundlich, aber bestimmt ab und begründeten es damit, dass ihre gesamte, an Bord befindliche Garderobe verdorben sei und sie sich so nicht einem Kaiser präsentieren könnten. Man bot ihnen an, Kleider zu schicken, aber Berengaria als Sprecherin der beiden blieb standhaft und gab unmissverständlich zu verstehen, dass sie lieber an Bord auf ihren Verlobten warten würde, um dann mit ihm gemeinsam den Herrscher der Insel angemessen aufsuchen zu können.

Die Delegation verabschiedete sich verstimmt, und Robin stellte fest, dass am Strand Wachen aufzogen, die die Bevölkerung davon abhalten sollte, sich dem Schiff zu nähern.

Mittlerweile hatte man den Rumpf soweit abdichten können, dass die Pumpen mit dem eindringenden Wasser fertig wurden. Der Kapitän ließ mit dem einzigen verbliebenen kleinen Boot den Anker seewärts ausbringen. Mit Hilfe ablandigen Windes und aller noch intakten Ruder gelang es, das Schiff vom Strand weg in die freie See zu warpen. Man verbrachte es mühsam bis zur Mündung des Baches und konnte so im Schutz der Bogenschützen zumindest vorläufig immer frisches Wasser mit dem Beiboot holen.

Einen Tag später war die Abordnung, jetzt in Begleitung einer ganzen Hundertschaft Soldaten, wieder da. Diesmal wurde der Ton wesentlich härter, vor allem, da Robin niemanden mehr an Bord ließ und das Wasser zwischen Schiff und Strand zu tief war, um hindurchzureiten. Die Abgesandten verlangten, dass die Damen sich unter ihren Schutz stellten und die Männer das Schiff verließen, unbewaffnet und in kleinen Gruppen, damit man sie fesseln könne.

Dies wurde natürlich mit Nachdruck abgelehnt, und da man gegen das im Meer schwimmende Schiff nichts unternehmen konnte, zogen die Gesandten unter wüsten Drohungen wieder ab. Man ließ allerdings einen Trupp Soldaten zurück, und als das Beiboot zum Wasserholen sich dem Bach näherte, wurde es vom Ufer aus beschossen. Komnenos Söldner hatten allerdings die Reichweite der englischen Langbögen unterschätzt, die jetzt von Bord aus Unterstützung gaben, und nach der ersten Salve suchten sie, etliche getroffen, schreiend das Weite.

Der nächste Tag verlief recht ereignislos. Es näherten sich sogar etliche kleine Fischerboote und brachten, wie versprochen, Lebensmittel. Am Horizont sichtete man ein Segel, und Robin, der über die schärfsten Augen verfügte, war der Meinung, das angevinische Banner gesehen zu haben. Doch das Schiff zog ab, ohne nähergekommen zu sein, und langsam machte sich Verzweiflung breit.

Dann tauchte hinter dem nächsten Felsvorsprung eine kampfbereite, zypriotische Galeere auf und jetzt wurde es brenzlig. Robin konnte nicht zulassen, dass sie sich ihnen weiter näherte. Er nahm seinen Bogen auf und schoss als Warnung auf maximale Entfernung einen Pfeil hinüber, der zitternd im Mast stecken blieb. Höhnisches Geschrei war die einzige Reaktion.

Über die darauf folgende Salve aus hundert englischen Langbögen, die Hälfte der Geschosse waren Brandpfeile, lachte allerdings niemand mehr. Das große Lateinersegel stand sofort in Flammen und die herunterstürzenden Fetzen setzten andere Teile des Schiffes in Brand. Nichts fürchteten Seeleute, die zur damaligen Zeit fast alle nicht schwimmen konnten, mehr wie Feuer an Bord. Zurückschießen konnten sie kaum, ohne die wertvolle Beute zu gefährden. Außerdem war die Distanz für ihre Bögen viel zu groß.

Verzweifelt versuchten die Zyprioten, das Feuer zu löschen, trieben dabei aber immer weiter auf das englische Schiff zu. Jetzt blieb Robins Bogenschützen gar nichts anders übrig, als gezielt zu schießen, und ihre Treffsicherheit verbreitete unter den Angreifern Angst und Schrecken. Sie versuchten abzudrehen, um aus dem tödlichen Pfeilhagel herauszukommen, streiften dabei aber mit den Steuerbordrudern das Heck ihres Gegners. Ihre Galeere geriet dadurch stark ins Schlingern, und mehrere der an der Reling stehenden Kämpfer stürzten über Bord. Sie wurden zwischen den Rümpfen der beiden Schiffe zerquetscht oder ertranken, von ihren schweren Rüstungen in die Tiefe gezogen. Jetzt hatten die Söldner des großen Kaisers endgültig genug und drehten, so schnell sie konnten, ab.

Als man schon glaubte, die Gefahr überwunden zu haben, kam der Kapitän mit schreckensbleichem Gesicht zu Robin gelaufen.

»Durch den Zusammenprall haben sich die Lecks wieder geöffnet!«, rief er schon von weitem. »Wenn wir hier draußen bleiben, sinken wir und ertrinken wie die Ratten!«

»Himmelherrgott noch mal!«, fluchte Robin. Er war nun bei Leibe kein Seemann und musste plötzlich entscheiden, wie mit einem Schiff zu verfahren war, da alle ihn erwartungsvoll ansahen.

»Bringt das Schiff so dicht ans Ufer, dass das Deck über der See bleibt, wenn es sinkt. Dann haben wir wenigstens noch etwas Wasser als Schutz vor uns. Zumindest Fußsoldaten sollte das behindern. Wie lange wir uns so aber noch halten können, liegt ganz in Gottes Hand.«

Die Nacht blieb erstaunlich ruhig, aber am nächsten Tag rückten die Soldaten, wie nicht anders zu erwarten, in großer Stärke an. Gegen die nun schon mehr als gefürchteten Pfeile schützten sie sich durch große Geflechte aus Zweigen, dünnen Ästen und dicht gewebten Matten, die sie an Stangen vor sich her trugen. Die Geschosse drangen zwar durch, blieben dann aber ohne Schaden anzurichten stecken, und nur vereinzelt wurde jemand getroffen.

An Bord bereitete man sich auf den Nahkampf vor, den man aber auf die Dauer nur verlieren konnte. Stark gepanzerte Reiter, die sich noch dazu hinter ihren Schilden duckten, gelangten bis an die Reling und versuchten sich an Bord zu ziehen. Ihnen nach drängten Fußsoldaten mit Sturmleitern.

Joan hatte man einen Schutz hinter Kisten und Ballen errichtet und Little John zu ihrem persönlichen Schutz abkommandiert. Berengaria, die sich nicht davon abhalten ließ, kämpfte in Robins Rüstung Seite an Seite mit seinen Männern. Den ersten Angriff konnten sie zurückschlagen, doch schon sammelten sich die Söldner erneut, und, wie meist im Kampfrausch, ließen sie alle Vorsicht außer Acht und stürmten nur noch voran.

Wieder kletterten die Ersten über die Verschanzung. Robin schlug einem Angreifer, der sich gerade über die Reling ziehen wollte, mit einem Schwerthieb beide Hände ab und sah, wie der Mann rückwärts in die See stürzte und versank. Er versuchte immer noch ein Auge auf die Prinzessin zu haben, die wie eine Amazone kämpfte und keine Furcht zu kennen schien. Aber langsam mussten sie zurückweichen, und das Ende des Kampfes war abzusehen. Immer mehr Söldner strömten an Bord und drängten die Verteidiger zusammen.

Gerade als Robin überlegte, ob es für die beiden Frauen nicht besser wäre, hier zu sterben, als in die Sklaverei zu gehen, stockte plötzlich der Angriff. Ein großes Geschrei erhob sich, die Söldner zogen sich immer schneller zurück und verließen in Windeseile das Schiff.

Robin sah ihnen fassungslos nach, bis Little John ihm auf die Schulter tippte und nach Achtern zeigte. Der ganze Horizont war weiß von Segeln und schwarz von Schiffen, die ersten schon ganz nahe. Die Flotte und der König waren endlich eingetroffen.

***

Wenig später schloss Richard seine Verlobte und seine Schwester in die Arme und ließ seinen Blick über das letzte Häuflein der Verteidiger schweifen, von denen keiner unverwundet geblieben war. Mehr als die Hälfte der Seeleute und Bogenschützen aber waren gefallen, und der Krieg hatte sie nun endgültig eingeholt. Er drückte Robin wortlos fest die Hand, aber das sagte zwischen den beiden Männern alles.

Der Großteil der Flotte hatte es geschafft, den vorbestimmten Sammelpunkt auf Kreta anzulaufen. Doch fünfundzwanzig Schiffe fehlten, und der König, krank vor Sorge, lief sobald als möglich wieder aus, nur um vom nächsten Sturm erfasst und nach Rhodos abgetrieben zu werden. Von dort schickte er Schnellsegler aus, nach den Vermissten zu suchen, und einer von ihnen hatte zerschellte Schiffe an der Südküste Zyperns entdeckt. Sofort ließ Richard die Anker lichten und war, wie vom Himmel geschickt, gerade noch rechtzeitig angekommen.

Als er mit Berengaria in seiner großen, kostbar ausgestatteten Kajüte allein war, umarmte er sie stürmisch, und die beiden Verliebten küssten sich voller Leidenschaft.

»Ich hatte schon geglaubt, ich sehe Dich nie wieder!«, seufzte Richard erleichtert und musterte seine Verlobte von oben bis unten schmunzelnd. »Du trägst Robins Rüstung! Ich habe sie ihm selbst zu seiner Hochzeit geschenkt. Sie steht Dir gut. Vielleicht solltest Du sie behalten, und er bekommt eine neue.«

Berengaria schmiegte sich fest an ihn.

»Gib sie ihm wieder, Richard. Sie würde mir bald nicht mehr passen.«

Der König sah sie fragend an.

»Wir sollten mit unserer Hochzeit nicht mehr allzu lange warten«, flüsterte sie zärtlich in sein Ohr. »Wir bekommen ein Kind.«

Richard war einen Moment sprachlos, dann hob er seine Verlobte an der Hüfte empor und schwenkte sie mit vor Glück strahlenden Augen im Raum herum.

»Du bekommst die schönste Hochzeit, die Du Dir vorstellen kannst!«, rief er wie im Freudentaumel. »Und eine Krönung zur Königin von England gleich noch oben drauf. Wir heiraten hier auf Zypern, länger kann und will ich nicht mehr warten!«

»Hier, auf dieser ungastlichen Insel?«

»Sei versichert, sie wird sehr gastlich zu uns sein, wenn ich mit diesem Möchtegernkaiser fertig bin«, knurrte Richard mit einer Stimme, die es Berengaria eiskalt den Rücken herunterlaufen ließ.

Sie schlug züchtig die Augen nieder, aber ein schelmisches Lächeln umspielte ihre Lippen.

»Es geht trotzdem nicht«, flüsterte sie mit gekünstelt, weinerlicher Stimme. »Ich habe nichts anzuziehen!«

Sie wäre allerdings neben ihrem Geliebten auch nackt oder in Lumpen zum Altar gegangen

Richard lachte schallend.

»Du wirst die strahlendste Braut sein, die diese Insel seit Aphrodite, die ja hier dem Meer entstiegen sein soll, je gesehen hat! Und wenn ich Komnenos solange schüttle, bis er Dir persönlich ein Hochzeitskleid, nur bestehend aus Edelsteinen und Perlen, spendiert. Es wird Zeit, dass ich mich einmal mit ihm befasse.«

***

Richard ließ seine Flotte im Halbrund um den Hafen und die Stadt Limassol ankern und sperrte damit den Zugang zum Meer. Dann schickte er zwei Abgesandte zu Isaak Komnenos und forderte die sofortige Freilassung aller Gefangenen und die Herausgabe des geraubten Gutes.

Der beging den ersten einer Reihe von Fehlern, die ihn letztendlich seine Insel und auch seine Freiheit kosten sollten. Er trat Richards Botschaftern mit beispielloser Arroganz gegenüber und ließ ihm ausrichten, er wäre kaiserlichen Geblütes, ließe sich von niemandem zu irgend etwas zwingen und außerdem kenne er keinen König von England. Als man dann auch noch am östlichen Strand von Limassol zahlreiche erschlagene Kreuzfahrer fand, unter ihnen den Vizekanzler und Lordsiegelbewahrer Roger Malcael, war das Maß endgültig voll.

Hatte die Erstürmung Messinas nur so lange gedauert, wie ein Priester für sein Morgengebet benötigte, so brauchte Richards Heer für Limassol nicht länger wie ein Bischof für seinen Messwein. Komnenos Söldner hatten den Strand mit allem verbarrikadiert, was sie finden konnten. Doch dem Angriff der angevinischen Truppen, angeführt von Richard persönlich, der seinem immer häufiger benutzten Beinamen Löwenherz alle Ehre machte, hatten sie nichts ernsthaftes entgegen zu setzen. Die Bogenschützen hielten die Verteidiger von Bord der Schiffe aus nieder und mit kleinen Booten gelang es den Rittern anzulanden und die Söldner zurückzudrängen.

Richard stürmte so vorwärts, dass er, dicht gefolgt von seinen Männern, gemeinsam mit den Zurückweichenden durch das Stadttor eindringen konnte. Im Handumdrehen war ganz Limassol eingenommen, was aber auch daran lag, dass sich außer bei den Söldnern keine Hand zur Verteidigung Komnenos rührte. Die Bürger empfingen die Truppen eher als Befreier und jubelten ihnen zu, was Richard ihnen damit dankte, in dem er jedwede Plünderung und alle Ausschreitungen bei Androhung strengster Strafen untersagte.

Komnenos war gerade noch die Flucht aus der Stadt gelungen und da die Angreifer über keine Pferde verfügten, konnten sie ihn im Moment nicht verfolgen. Er schickte einen Boten zu Richard und ließ ihm ausrichten, er würde sich am nächsten Tag unweit der Stadt zur Schlacht stellen. Das war sein zweiter Fehler.

Noch in der Nacht wurden die Pferde aus den Transportschiffen ausgeladen und Kundschafter ausgesandt, das feindliche Lager auszuspähen. Als dann der Morgen graute, brach über Komnenos Söldner die Hölle herein.

Erstmals trug Robin seine Rüstung im Kampf. Auf Roncall, der wie alle anderen Pferde mehr als glücklich war, wieder festen Boden unter den Hufen zu haben, und sich kaum bändigen ließ, stürmte er an der Seite Richards in das langsam erwachende zypriotische Lager und hieb wie die anderen alles nieder, was sich ihm in den Weg stellte. Auch in ihm brodelte die Wut über seine so zahlreich gefallenen Kameraden, deren Tod völlig sinnlos gewesen war und die niemals wieder die rauschenden Bäume des Sherwood sehen würden.

Mit dem Schlachtruf „Saint George“ auf den Lippen griff er gemeinsam mit seinen Mitstreitern, die Ankunft der Fußtruppen nicht abwartend, das immer noch zahlenmäßig überlegene Heer des Titularkaisers an, der sich unter Zurücklassung all seines Hab und Gutes, seiner Pferde, Waffen und Kleidung, dem Tod oder seiner Festnahme durch kopflose Flucht entzog.

Der Großteil seiner Söldner hatte weniger Glück. Die meisten rieben sich noch den Schlaf aus den Augen, als das Verderben in Gestalt gepanzerter, nach Rache für ihre getöteten Kameraden dürstender Ritter auf ihren ausgeruhten Pferden über sie kam. Die Schlacht artete bald in ein Gemetzel aus, dem keiner Einhalt gebot. Und wem von den Söldnern die Flucht in die unwirtlichen Berge gelang, der wurde meist von der einheimischen Bevölkerung niedergemacht, die so lange unter ihnen gelitten hatte.

Richard erbeutete nicht nur den Kronschatz, sondern auch die kaiserliche, mit Goldfäden so dicht bestickte Standarte, dass sie nicht im Wind wehen konnte, sondern steif wie ein Brett vor dem Heer einhergetragen wurde. Er stiftete sie der Abtei Bury St. Edmunds in England,

Komnenos, nahezu nackt, jagte mit wenigen entkommenen Getreuen ins Landesinnere und versuchte, von hier Widerstand zu organisieren.

Richard hatte erst einmal keine Lust, ihn zu verfolgen, noch dazu, wo die Bevölkerung von Zypern nahezu geschlossen auf seiner Seite stand. Er hatte Besseres vor, er wollte heiraten.

***

Die Hochzeit wurde auf den 12. Mai festgesetzt, und Schneider, Tischler, Bäcker, Metzger und auch alle anderen Gewerke bekamen jede Menge zu tun. Richard wollte zu Ehren seiner Braut ein Fest ausrichten, von dem man noch in Jahrhunderten sprechen sollte. Der griechisch-orthodoxe Patriarch fügte sich in sein Schicksal, dass in seiner Kathedrale eine katholische Hochzeit abgehalten werden würde, bei der er nur als Zuschauer geduldet war. Dass die Kirche dem Heiligen Georg, Englands und Richards Schutzpatron, geweiht war, kam gerade recht.

Da der König äußerst freigiebig mit dem von Komnenos erbeuteten Gold umging und alles Bestellte umgehend bezahlte, flogen ihm die Herzen der über Jahre von ihrem Kaiser ausgeplünderten Zyprioten nur so zu.

Einen Tag vor der Hochzeit tauchten plötzlich neue Schiffe am Horizont auf. Der König von Jerusalem, Guido von Lusignan, dessen Neffe Hugo eine Abteilung im angevinischen Heer führte, war mit großem Gefolge Richard entgegen gesegelt, um ihn zur Eile zu drängen, und kam jetzt gerade rechtzeitig, um seiner Eheschließung noch größeren Glanz zu verleihen.

Es war der gleiche Mann, der einmal versucht hatte, Eleonore in Aquitanien gefangen zunehmen. Nur dem beherzten Eingreifen des jungen William Marshal, der dabei verwundet wurde und in Gefangenschaft geriet, hatte sie es zu verdanken gehabt, dass sie entkommen konnte. Guido war danach aus dem Land verbannt worden. Er ging nach Palästina, heiratete dort Sybille, die Schwester des jungen, an Lepra erkrankten Königs Balduin von Jerusalem und wurde dadurch nach dessen frühem Tod sein Nachfolger.

Richard, nicht gerade ein Freund der Lusignans, gegen die er im Poitou mehr als einmal hatte kämpfen müssen, versprach, bald zum Kampf um Akkon zu stoßen, der verloren zu gehen drohte. Philipp hatte sich erwartungsgemäß als unfähig erwiesen, die Stadt einzunehmen, und die Belagerer gerieten immer mehr in Bedrängnis, da Saladin sie ständig angriff und die Eingeschlossenen von See her versorgte. Doch der englische König ließ sich nicht drängen, und so wurden aus den hilfesuchenden Bittstellern plötzlich Hochzeitsgäste, die ihre besten Kleider heraussuchen mussten.

Am nächsten Morgen läuteten in der ganze Stadt die Glocken. Es war ein herrlicher Tag, noch nicht zu heiß, aber sonnig. Die ganze

Insel war ein einziger Blumengarten, und das Mittelmeer lag völlig ruhig da und glänzte wie blaue Seide.

Richard, der die Nacht vor der Hochzeit im Zeltlager vor den Toren der Stadt zugebracht hatte, ritt auf einem feurigen, schwarzen Hengst zu Komnenos ehemaligem Palast, der als Quartier für die Damen hergerichtet worden war. Er trug ein rosenfarbenes Gewand, bestickt mit den goldenen Leoparden des Anjou und die Säume mit Edelsteinen verziert, eine purpurne Kappe, an der keck Reiherfedern wippten und ein seidenes Wehrgehänge für sein Schwert, das dem angeblichen Excalibur in Nichts nachstand.

Berengaria erwartete ihn vor dem Tor des Palastes in einem reinseidenen, blütenweißen und über und über mit kostbaren Perlen bestickten Hochzeitskleid, das schwere, schwarze Haar sittsam mit einem Schleier bedeckt. Ihr wurde in den Sattel eines wunderschönen, arabischen Schimmels geholfen, den sie mit leichter Hand zügelte und mit dem sie durch ihr Kleid in gleicher Farbe zu verschmelzen schien, so dass sie an eine Sagengestalt aus der griechischen Mythologie erinnerte.

Gemeinsam ritt dann das Paar durch die jubelnde Menge, die den Weg mit Blumen bestreut hatte, zur Kuppelkathedrale des Heiligen Georg, wo sie von Erzbischöfen, Bischöfen, Prälaten, Priestern und der ganzen Hochzeitsgesellschaft erwartet wurden.

Für die Rettung seiner Braut hatte sich Richard für Robin eine besondere Ehre ausgedacht. Sir Robert von Loxley trug auf einem Samtkissen die Krone, mit der Berengaria nach der Hochzeitszeremonie zur Königin von England gekrönt werden würde, und hatte damit den Vorzug vor vielen Würdenträgern erhalten, die sich um diese Gunst fast geschlagen hätten.

Auch bei der kirchlichen Zeremonie handelte der König nicht anders. Keiner der anwesenden, hochrangigen Kirchenfürsten vollzog die Trauung, sondern Richards Vertrauter und Hauskaplan Nikolas, der ihn schon zu Beginn des Kreuzzuges eingesegnet hatte.

Die Krönung Berengarias nahm dann allerdings stellvertretend für den Erzbischof von Canterbury, dessen angestammtes Recht es eigentlich war, der anwesende Bischof von Evreux vor. Wie bei seiner eigenen Krönung hob Richard die Krone von Robins Kissen und reichte sie dem Bischof, damit er sie seiner Frau aufs Haupt setzte.

Berengaria, jetzt Frau von Richard Löwenherz, dem gefeiertesten Ritter der Christenheit, und Königin von England, war in diesem Moment ihrer Meinung nach der glücklichste Mensch auf Erden. Ihre Augen strahlten ihren Gatten und die ganze Welt an, und wenn sie in acht Monaten ihr Kind zur Welt bringen würde, dann wäre ihr Glück kaum noch zu überbieten.

Das Brautpaar trat vor das Portal der Kathedrale um die Huldigungen entgegenzunehmen, und der Jubel der Gäste und des Volkes kannte keine Grenzen. Vom Turm der Kirche regnete es Rosenblätter herab, und die Luft war erfüllt von ihrem Duft und dem eines wunderschönen Frühlingstages.

Da der Palast von Limassol zu klein für die große Hochzeitsgesellschaft war, hatte Richard riesige Zelte aufstellen lassen, in denen man bis zum frühen Morgen tafelte. Auf den Straßen der Stadt feierte das Volk bei Spießbraten, und der Wein floss in Strömen. Der englische König zahlte alles – aus der Kasse des Kaisers Komnenos, der währenddessen in seiner Felsenfestung Kantara saß und mit seinem Schicksal haderte.

Robin war natürlich zum Fest geladen, zog es allerdings vor, mit seinen Männern zu feiern. Er ging davon aus, dass ihn schon niemand vermissen würde. So rechte Stimmung wollte allerdings nicht aufkommen. Zu viele Kameraden, mit denen man noch vor zwei Jahren im Mai durch den Sherwood gestreift war, weilten nicht mehr unter ihnen. Gern hätte er auf ihr Gedenken einen Krug englisches Ale geleert, aber hier gab es nur süßen Wein, und der hing ihm langsam zum Halse heraus. Er suchte sich zusammen mit Little John ein lauschiges Plätzchen unter einem knorrigen Olivenbaum, dessen silbrige Blätter sie beschatteten.

»Meinst Du, dass es wirklich richtig ist, hier zu sein?«, fragte er seinen Freund und konnte die Melancholie in seiner Stimme, in der die Sehsucht nach dem Mai im Sherwood mitschwang, nicht verbergen. Der heutige Tag erinnerte ihn an seine Hochzeit mit Marian, die er nun so lange schon nicht mehr in den Armen gehalten hatte. Und nach dem Töten am Tag nach der Einnahme von Limassol war ihm bewusst geworden, dass auch er dem Blutrausch verfallen konnte, was ihn richtiggehend erschreckt hatte. Robin hatte Einblicke in die Tiefen seiner Seele bekommen, die ihm bisher verborgen geblieben waren.

Little John war ein gutmütiger Mensch, der sich als Bauer oder Handwerker viel wohler gefühlt hätte wie als Geächteter oder gar Krieger im fernen Land. Andererseits war er aber auch Pragmatiker und hatte es sich abgewöhnt, über Dinge nachzugrübeln, die er doch nicht ändern konnte. Er nahm das Leben, wie es kam, verteidigte es, wenn man ihn angriff, und war dankbar für jeden Tag, den Gott ihm schenkte und an dem er zu essen und zu trinken hatte. In den Sherwood war er geflohen, weil man ihm wegen einem gefangenen Hasen die Hand abhacken wollte. Jetzt lehnte er mit dem Rücken an einem Olivenbaum in Zypern, einer Insel, von der er früher noch nie gehört hatte, wurde als Lieutenant der Bogenschützen hoch geachtet, auch wenn er lieber mit dem Stock kämpfte, und brauchte sich um Brot, Fleisch und Wein keine Gedanken zu machen. Auch bei ihm griff das Heimweh oft mit fester Hand nach dem Herzen, doch seine größte Sorge war im Moment, wie er die nächste Schifffahrt überstehen sollte.

»Was hätten wir sonst tun sollen, Robin?«, fragte er zurück. »Wenn ich sehe, wie dieser Löwenherz angreift, hätten wir uns im Sherwood nie halten können. Und gehängt oder gar aufs Rad geflochten zu werden ist auch kein schöner Tod. Wir werden für jeden Gefallenen eine Kerbe in die große, alte Eiche zum ehrenden Andenken schnitzen. Das wird uns zumindest an sie erinnern.«

»Hoffentlich übersteht sie das, wenn wir ihrer Rinde so viele Verletzungen zufügen«, knurrte Robin bitter.

Little John drehte nachdenklich den Krug in seinen großen Händen hin und her und fuhr nach einer kleinen Pause fort:

»Vielleicht stimmt es ja wirklich, was uns die Priester erzählen. Dass jeder, der auch nur auf dem Weg ins Heilige Land ist, im Todesfall sofort ins Paradies kommt. Mühsal und Pein haben ein Ende, und es herrscht ewiger Frieden und Eintracht unter den geretteten Seelen.«

Robin hatte da so seine Zweifel. Zu unterschiedlich war seiner Meinung nach das, was die Religionen vom Himmel predigten. Das Paradies der Christen unterschied sich doch sehr von dem der Muslime oder der Juden, und auch die Könige und Fürsten hatten andere Vorstellungen von ihrem Leben im Jenseits, im Vergleich zu Menschen wie ihn und Little John. Ihm würde ein ruhiges und selbstbestimmtes Leben auf Erden völlig reichen. Aber meist bestimmten andere über sein Schicksal und er gehörte nun einmal nicht zu denen, die das als Gott gegeben hinnahmen. Robin vermutete ganz stark, dass Sizilien und Zypern erst ein ganz kleiner Vorgeschmack auf das waren, was sie in Palästina erwartete.

»Wir müssen zusehen, dass wir unsere Männer, soweit wie möglich, aus den Nahkämpfen heraushalten. Ich will so viele von ihnen wieder nach Hause bringen, wie ich nur kann.«

John nickte nur. Er hatte auf dem Schiff wie ein Löwe gekämpft, aber trotzdem um sich herum seine Kameraden fallen sehen. Der Krieg kostete immer auf beiden Seiten Opfer, was man allerdings nur allzu gern verdrängte.

Robin nahm noch einen kräftigen Schluck aus seinem Krug, auch wenn ihm der Wein heute nicht schmecken wollte. Er schaute zum sternenübersäten Himmel empor und hoffte, dass Marian es auch gerade tun würde. Über die Sterne fühlte er sich mit ihr verbunden und als er seine Gedanken auf die Reise schickte, glaubte er, in seinem Inneren einen Gruß von ihr erhalten zu haben.

***

Die Hochzeit eines Königspaares war nie ein reines Vergnügen. Viele dem Hofprotokoll geschuldete, zeremonielle Verrichtungen gab es zu beachten, und so zog sich die Zeit, bevor das Brautpaar endlich zu Bett gehen konnte, nahezu endlos hin. Anzügliche Bemerkungen der Gäste waren gang und gäbe und hatten so manche junge Frau - viele waren damals zum Zeitpunkt der Eheschließung eigentlich noch Kinder - in Angst und Schrecken vor dem versetzt, was sie in der Hochzeitsnacht zu erwarten hatten.

Richard setzte wie sooft seinen eigenen Kopf durch und sich über einen Großteil der Bräuche einfach hinweg. Er wollte die wenigen Stunden, die ihm verblieben, bis ihn neue Aufgaben riefen, nicht mit endlosen, langweiligen Zeremonien verbringen, sondern seine Frau und ihre gemeinsame Lust genießen. Ihre Schönheit, ihr Charme und vor allem ihr Lächeln überstrahlte den ganzen Glanz des Festes. Der König konnte seine Augen gar nicht von seiner Braut abwenden und war für die Gäste, die an ihn mit zahlreichen Anliegen herantraten, ein äußerst unwirscher und unaufmerksamer Gesprächspartner

So verabschiedete er sich auch schon bald von seiner Hochzeitsgesellschaft, befahl seinem Gefolge zu dessen Entsetzen an der Tafel zu verbleiben und entschwand, sich jede Begleitung verbittend, mit seiner Frau in Komnenos Palast.

In Berengarias Kemenate angekommen, die festlich für die Hochzeitsnacht hergerichtet worden war, fielen sie wie Ertrinkende übereinander her. Sie konnten sich gar nicht schnell genug gegenseitig aus ihren Festgewändern mit den komplizierten Verschnürungen helfen, und viele Perlen von Berengarias Kleid kullerten bald auf dem Fußboden herum, da Richard die Geduld verlor und von seiner lachenden Frau nur mit Mühe davon abgehalten werden konnte, ihr Mieder mit dem Dolch zu öffnen.

»Wir hätten vielleicht doch einen Pagen und eine Zofe mitnehmen sollen«, schmunzelte sie ihn an.

»Und womöglich noch ein paar Bischöfe zum Einsegnen des Brautbettes, Earls für schmutzige Bemerkungen und kichernde Hofdamen! Danke, darauf kann ich verzichten. Und wenn ich uns die Kleider vom Leib schneiden muss, ich bekomme uns da schon heraus!«

Berengaria war etwas schneller als ihr Mann und räkelte sich lasziv vor ihm auf dem breiten Bett.

»Komm Richard«, gurrte sie. »Jetzt dürfen wir nicht nur, jetzt müssen wir sogar.«

Und dann mit gespielt ernster Stimme:

»Ich hoffe, mein Herr Gemahl, ich bin Euch recht.«

Dabei spreizte sie ihre langen, schlanken Beine und hob mit ihren Händen ihre Brüste an, so dass sie sich ihrem Mann wie feste Äpfel entgegen wölbten.

Richard hechtete fast auf das Bett und zwischen ihre Schenkel, aber kurz, bevor er in sie eindrang, hielt er inne.

»Und Du bist sicher, dass wir unserem Kind nicht schaden?« fragte er etwas unsicher.

»Männer!«, stöhnte Berengaria. »Du schadest nur unserer Liebe und meiner Achtung vor Dir, wenn Du nicht bald zu mir kommst.«

Dann umschlang sie ihn mit ihren Armen und Beinen und zog ihn ganz fest an sich.

»Richard«, flüsterte sie in sein Ohr, »ich will immer Deine Geliebte, Deine Frau und Deine Gefährtin sein, in guten wie in schlechten Tagen. Ich bitte Dich nur, enttäusche mich nicht! Und jetzt – liebe mich so, dass wir uns ein Leben lang an unsere Hochzeitsnacht erinnern!«

Als sie im Morgengrauen engumschlungen, erschöpft, aber glücklich, nebeneinander lagen, fragte Richard fast etwas schüchtern:

»Und wie erklären wir jetzt, dass kein Blut im Laken ist? Unsere Ehe gilt nicht als vollzogen und ist angreifbar, wenn wir es nicht vorweisen können.«

Berengaria richtete sich auf den Ellenbogen auf und sah ihren Mann kopfschüttelnd an.

»Du bist ja richtig süß! Glaubst Du vielleicht auch noch an den Klapperstorch? Bei den vielen geschlachteten Kapaunen habe ich mir doch selbstverständlich ein bisschen Hühnerblut besorgt. Keine Sorge, Du wirst Deinen Rittern meine Jungfräulichkeit und Deine Männlichkeit schon beweisen können.«

Richard kapitulierte vor soviel weiblicher Raffinesse und wurde das Gefühl nicht los, schon des Öfteren unbewusst in weibliche Fallen getappt zu sein.

***

Am nächsten Tag ließ Richard den König von Jerusalem rufen, eigentlich befahl er ihn zu sich. Die Lusignans waren ursprünglich Barone in der Marche und er damit ihr Lehnsherr in Aquitanien. Und nur, weil so ein eingeheirateter Abenteurer sich König einer Stadt nannte, die ihm gar nicht mehr gehörte, hatte er noch lange nicht vor, mit ihm auf gleicher Augenhöhe zu verkehren.

Guido von Lusignan gab sich da auch gar keinen Illusionen hin. Ohne Richards Hilfe konnte er sein Königreich vergessen. Noch dazu, wo König Philipp Konrad von Montferrat bevorzugte, der mittlerweile die jüngere Schwester des verstorbenen Königs Balduin geehelicht hatte. Da Guidos Frau Sybille und auch seine zwei Töchter zwischenzeitlich im Lager vor Akkon einer Seuche erlegen waren und er damit den Anspruch auf den Thron von Jerusalem eigentlich verloren hatte, stellten sich die Verhältnisse mehr als verworren dar.

Er, der König von Jerusalem, hatte noch dazu bei Hattin das Kreuzfahrerheer in die Katastrophe geführt. Die vereinigte Armee der Barone des Königreiches, der Templer, Johanniter und anderen Ordensritter war von Saladin vernichtend geschlagen worden. Als

Folge davon gingen Jerusalem und weite Teile des christlich beherrschten Reiches verloren, was den Kreuzzug überhaupt erst nötig gemacht hatte.

Der englische König wurde aus dieser ganzen Geschichte nur bedingt schlau und Robin, der wie die anderen Hauptleute anwesend war, um Neues über die Belagerung von Akkon zu erfahren, schon gar nicht. Richard verlor immer mehr die Lust, überhaupt ins Heilige Land zu segeln. Nicht dass er den Kampf scheute, bei Leibe nicht. Doch ihm grauste vor dem kleinlichen Gezänk der Könige und Fürsten, die alle nur ihre eigenen Interessen sahen und nichts zu Wege brachten.

König Philipp von Frankreich, König Guido von Jerusalem oder vielleicht doch König Konrad von Jerusalem? Dazu Herzog Leopold von Österreich als Vertreter des deutschen Kaisers. Wie sollte man mit so einem Oberkommando, wo jeder glaubte, mitreden zu können, einen Krieg führen? Ja, wenn er das alleinige Sagen hätte, dann würde ihm die Sache schon Spaß machen, aber so?

Also beschloss er, die Abfahrt nach Akkon weiter zu verschieben und erst einmal Zypern zur Gänze zu erobern. Hier würde ihm garantiert niemand hereinreden, und eine gute Übung für sein Heer war es außerdem.

Richard unterstellte Guido von Lusignan einen kleinen Teil seiner Armee, um dessen Führungsqualitäten zu überprüfen. Er schickte ihn quer durch die Insel mit dem Auftrag, ihm Komnenos entgegenzutreiben. Der Rest des Heeres wurde eingeschifft und die Flotte geteilt. Die eine Hälfte unter Richards Kommando umfuhr Zypern in östlicher, die andere unter Robert von Thorham als Befehlshaber in westlicher Richtung. Unterwegs wurden alle Küstenbefestigungen eingenommen und Städte besetzt, was sich nicht weiter schwierig gestaltete. Die Einwohner hatten schon aus Limassol gehört, wie nobel sich der englische König gegeben hatte, und liefen mit fliegenden Fahnen zu ihm über. Die wenigen Widerstandsnester wurden einfach überrannt.

Komnenos versuchte noch einmal zu verhandeln und nahm auch zum Schein Richards Bedingungen an. Aber es ging ihm nur darum, Zeit zu gewinnen. Er dachte nicht im Traum daran, sich auch an die Vereinbarungen zu halten. Sein Plan war, aus den dichtbewaldeten Bergen im Norden der Insel heraus eine Art Guerillakampf gegen seine Feinde zu führen, bis diese entnervt aufgaben und nach Palästina absegeln würden. Als Robin sah, wie Richard reagierte, bekam er eine ungefähre Vorstellung davon, was ihm und seinen Männern im Sherwood geblüht hätte.

Unbarmherzig ließ der König die Wälder durchkämmen, kam gleichzeitig von Süden und Norden mit seinen Truppen, und als sich Komnenos bei Tremythos gut verschanzt zum Kampf stellte, war das sein letzter Fehler. Die Pfeile der englischen Bogenschützen prasselten wie Hagelkörner auf seine Söldner nieder, und die angevinischen Ritter durchbrachen auf ihren gepanzerten Pferden jede Stellung und kämpften mit einer Verbissenheit, wie man sie hier seit Römerzeiten nicht mehr erlebt hatte.

Guido von Lusignan schlug sich mit dem Mut der Verzweiflung, um vor Löwenherz eine gute Figur zu machen. Er eroberte mehrere Burgen, wobei auch Komnenos Tochter in seine Hände fiel. Richard zeigte sich durchaus beeindruckt und beschloss im Inneren, sich für seinen ehemaligen Lehnsmann einzusetzen. Im Gegenzug hoffte er auf die Unterstützung seiner in Aquitanien verbliebenen Verwandtschaft, falls es zu Auseinandersetzungen mit Philipp von Frankreich kommen würde

Noch einmal gelang Komnenos die Flucht, doch selbst die Mönche im Kloster San Andrea gewährten ihm nur vorübergehend Asyl. Der Kaiser bot dem König an sich zu ergeben, wenn dieser sich um seine Tochter kümmern und ihn nicht in Eisen legen lassen würde.

Richard, von dem jeder verschlagene, levantinische Händler noch etwas lernen konnte, sagte das sofort zu. Komnenos Tochter übergab er der Fürsorge seiner Frau und seiner Schwester und ihn selbst ließ er natürlich doch in Ketten legen, allerdings in silberne. So konnte ihm niemand nachsagen, dass er nicht sein Wort gehalten hatte. Der König nahm Komnenos mit nach Palästina und übergab ihn dort den Johannitern, deren Orden der Gefangene immer besonders drangsaliert hatte. Und so verbrachte der Kaiser von Zypern den Rest seines Lebens in den Verliesen der mächtigen Johanniterfestung Margat.

Aus Akkon kamen immer bedrohlichere Nachrichten. Mehr als die Hälfte der Kreuzfahrer war erkrankt, die Belagerung stockte, die Nahrungsmittel gingen aus und Philipp und Leopold konnten sich kaum noch der Angriffe Saladins erwehren.

Richard hatte keine guten Gründe mehr, sich noch länger auf Zypern aufzuhalten. Außerdem reizte es ihn schon, als Retter in der Not zu erscheinen. Er übergab die Verwaltung Zyperns zwei seiner engsten Vertrauten, ließ eine kleine Besatzungstruppe zurück und stach am 5. Juni anno 1191, die Kriegskasse mit den Schätzen der reichen Insel gut gefüllt und die Bäuche seiner Schiffe voller Lebensmittel, in See.

Es war nicht mehr weit. Bei gutem Wetter sah man von Zypern aus schon die Höhenzüge des Libanon.

***

7. Kapitel

Akkon, Juni – August 1191

Akkon, einst von den Phöniziern gegründet, lag auf einer Landzunge im Norden einer mehr als acht Meilen langen Bucht, der einzigen größeren Unterbrechung der Küstenlinie Palästinas.

Für die Kreuzfahrerstaaten im Heiligen Land hatte sich in Europa der Name Outremer, jenseits des Meeres, eingebürgert. Schon das allein zeigte, wie überlebensnotwendig Stützpunkte an der Küste waren. In Akkon hatten alle großen Handelshäuser der Seerepubliken Genua, Pisa, Venedig und Amalfi ihre Niederlassungen, da hier viele Handelsrouten aus Ägypten, vom Roten Meer aus Aquaba, aber auch aus dem fernen Persien, Indien und sogar Kathy endeten oder in umgekehrter Richtung ihren Anfang nahmen.

Der Hafen der Stadt war der einzige an der ganzen Ostküste des Mittelmeeres, in dem zu jeder Jahreszeit und bei fast jedem Wetter Schiffe be- und entladen werden konnten, was für die Handelsherren, aber natürlich auch für die Kreuzfahrer, deren Versorgung und Nachschub fast ausschließlich über die See erfolgte, von immenser strategischer Bedeutung war.

Akre, wie die Araber sie nannten, zählte zu den größten, reichsten und am stärksten befestigten Städten in der ganzen Levante und war damit der Schlüssel zu Palästina. Zu allen Zeiten heiß umkämpft waren ihre Mauern, von zahlreichen Türmen zusätzlich geschützt, so breit, dass sich auf ihnen zwei Pferdefuhrwerke begegnen konnten, ohne einander ausweichen zu müssen.

Nach der Niederlage der Kreuzritter bei Hattin und dem Fall von Jerusalem war es Saladin nicht schwer gefallen, die meisten übrigen Stützpunkte der Christen in Outremer einzunehmen. Er ließ nach der Schlacht alle gefangenen Ordensritter, mit Ausnahme ihrer Anführer, gnadenlos hinrichten, schleppte die Herren der Städte und Burgen vor deren Mauern und drohte, sie vor den Augen ihrer zurückgebliebenen Familien und der Besatzungen zu köpfen, wenn man ihm die Befestigungen nicht kampflos übergab.

Nur die fast dreitausend Jahre alte Stadt Tyros hielt unter Konrad von Montferrat, einem Cousin Kaiser Barbarossas, stand und wehrte die Angriffe Saladins ab. Mehr noch, mit nur wenigen Schiffen bezwang er eine zu Hilfe gerufene ägyptische Flotte und konnte so die Abriegelung seiner Stadt von der Seeseite aus verhindern.

Guido von Lusignan, gesalbter König von Jerusalem und bei Hattin in Gefangenschaft geraten, verlangte nach seiner Freilassung die Übergabe von Tyros. Aber Konrad, der Sieger, wollte Guido, dem Verlierer, nicht den letzten größeren Stützpunkt der Christen im Heiligen Land übergeben und verweigerte ihm den Zugang zur Stadt. Guido zog wutschnaubend ab und machte sich an die Belagerung des vierzig Meilen weiter südlich gelegenen Akkon, das 1187 Saladin in die Hände gefallen war – ein für ihn mit seinen wenigen, verbliebenen Getreuen hoffnungsloses Unterfangen.

Doch immer mehr Kämpfer strömten zu seinen Fahnen. Verstreute Ordensritter aus Outremer, über das Meer kam ein Kontingent von Friesen und Dänen, französische und flämische Soldaten stießen ebenso zu ihm wie Deutsche unter der Führung des Landgrafen Ludwig von Thüringen, Herr auf der Wartburg, und Italiener unter dem Erzbischof Gerhard von Ravenna.

Man errichtete gegenüber von Akkon ein befestigtes Lager, um dem zu erwartenden Angriff Saladins trotzen zu können. Der kam auch in Eilmärschen angerückt und griff die Christen mehrmals mit aller Macht an, aber obwohl sie große Verluste hinnehmen mussten, konnte sie der sieggewohnte Sultan nicht aus ihren Stellungen vertreiben. Es gelang Guido mit seinen Verbündeten, Akkon von der Landseite her abzuriegeln, aber gleichzeitig errichtete Saladin wiederum einen Belagerungsring um die Kreuzfahrer.

So ging es nun schon fast zwei Jahre und auch das Eintreffen von Herzog Leopold mit dem kläglichen Rest von Kaiser Barbarossas Heer und von König Philipp im April 1191 änderte nicht viel. Die Stadt, aber auch die Belagerer wurden von Zeit zu Zeit über das Meer versorgt, wobei es zu heftigen Seegefechten zwischen den feindlichen Flotten, die jeweils nur über eine begrenzte Anzahl von Schiffen verfügten, kam.

Angreifer und Verteidiger hungerten gleichermaßen, und Seuchen, an denen mehr Männer als im Gefecht starben, wüteten innerhalb und außerhalb der gewaltigen Stadtmauern. Wasser war immer knapp, und die hygienischen Zustände eine Katastrophe. Die Belagerer waren nahe daran aufzugeben. König Philipp spielte bereits mit dem

Gedanken, wieder abzureisen, als die Meldung kam, dass ein großes Schiff gesichtet worden war, welches auf den Hafen von Akkon zuhielt. Wer konnte, stürzte an den Strand, in der Hoffnung, dass Nahrungsmittel kamen, denn wie meist würden nur die Ersten oder die Stärksten etwas abbekommen.

Plötzlich tauchte am Horizont ein weiteres Segel auf, das sich dem zuerst gesichteten Schiff, das scheinbar europäischer Bauart war und neben den großen Rahsegel an Haupt- und Fockmast nur Hilfsruder führte, rasch näherte. Man erkannte bald, dass es sich um eine Galeere handelte, wie sie von allen Ländern rund ums Mittelmeer, also auch von den Sarazenen, benutzt wurde. Ihr Hauptantrieb waren Ruder an Back- und Steuerbord, oft in zwei Reihen übereinander, und nur bei günstiger Witterung wurde ein Lateinersegel an einer schrägen Rute aufgezogen.

Da der Wind immer mehr abflaute, war die Galeere eindeutig im Vorteil und holte mehr und mehr auf. Es sah aber so aus, als würde der Segler es schaffen, den rettenden Strand zu erreichen. Etliche Fahnen wurden aufgezogen; unter anderem stieg am Hauptmast die des Königs von Frankreich empor, was um Ufer regelrechten Freudentaumel auslöste. Aber dann schien der Kapitän des Schiffes nicht so recht zu wissen, wo er anlanden sollte, und hielt auf die Hafeneinfahrt von Akkon zu, was bei den Beobachtern zu Entsetzensschreien führte, befand der sich doch nach wie vor in der Hand der Muslime. Doch bevor der Segler einlaufen konnte, kam die Galeere herangeflogen und rammte ihn und die am Strand versammelten Kreuzfahrer und die Verteidiger auf den Mauern mussten mit ansehen, wie es vor ihren Augen zu einem Kampf Mann gegen Mann auf den beiden Schiffen kam.

***

Richard hatte mit der Flotte von Zypern aus die kürzeste Strecke zum Festland gewählt und kam jetzt die Küste herunter, nachdem er Kaiser Komnenos bei den Johannitern auf Margat abgeliefert hatte, einer Burg, die so gewaltig war, dass selbst Saladin an ihr vorbeigezogen war, ohne sie anzugreifen. Er hatte aber einen Schnellruderer unter dem Befehl eines erfahrenen Kapitäns, der diese Gewässer wie die Taschen seines Kaftans kannte, nach Akkon vorausgeschickt, um seine unmittelbar bevorstehende Ankunft zu melden. An Bord befand sich außerdem Sir Robert von Loxley mit einem Teil seiner Männer, die es gar nicht abwarten konnten, endlich wieder an Land gehen zu können.

Auf der Höhe von Sidon war ihnen ein südwärts segelndes Schiff aufgefallen, das sich zwar europäisch gab, aber aufgrund seiner Route verdächtig war und auch auf Flaggensignale nicht reagierte. Anfangs war der Segler mit achterlichem Wind im Vorteil, aber nachdem der langsam abflaute, kam die Galeere immer mehr auf.

Robin gefiel gar nicht, was er an Bord sah. Die Ruderer waren, seit es diesen Schiffstyp gab, fast immer Kriegsgefangene oder Sklaven, die zu arm waren, um sich freikaufen zu können. So hatte man sie an die langen Riemen gekettet, und nur ihr Tod würde sie aus der immerwährenden Pein und Gefangenschaft erlösen.

Den Takt gab ein am Heck stehender Seemann vor, der mit zwei großen Klöppeln auf eine gewaltige Pauke schlug, und wer ihn nicht halten konnte, bekam gnadenlos die Peitsche zu spüren. Die Männer konnten ihre Plätze nicht einmal verlassen, um ihre Notdurft zu verrichten, und so stank es aus der Bilge heraus zum Gotterbarmen. Robin schwor sich, wenn möglich nie wieder eine Galeere zu betreten, auch wenn das die schnellsten und gebräuchlichsten Schiffe im Mittelmeer waren.

Der Kapitän ließ das Letzte aus den Ruderern herausholen, um zu dem Schiff vor ihnen aufzuschließen. Er hatte den begründeten Verdacht, dass es sich dabei um einen getarnten Sarazenen handelte, der Versorgungsgüter nach Akkon bringen sollte. Mit Robins Männern an Bord fühlte er sich stark genug, das Schiff aufzuhalten und zu entern.

Der Hauptmann war sich da nicht so sicher, vor allem, als er sah, wie die Flagge des französischen Königs am Großmast emporstieg. Er scheute jede Art von diplomatischer Verwicklung und hatte schon gar nicht die Absicht, sich mit König Philipp anzulegen.

Der Kapitän beschwor ihn, dass das doch nur eine Kriegslist sei, die Belagerer dringend auf jede Unterstützung angewiesen seien und man sich die Beute nicht entgehen lassen dürfe! Als das Schiff dann kurz vor dem Auflaufen auf das Ufer abdrehte und Kurs auf den Hafen von Akkon nahm, da war auch Robin davon überzeugt, dass der alte Seemann recht hatte. Die Ruderer wurden zu einer letzten Kraftanstrengung angetrieben und die Galeere rammte mit voller Wucht das fremde Schiff.

Doch von dort sprangen sofort Bewaffnete mit dem fürchterlich anzuhörenden Geschrei »Allahu Akbar« herüber und trugen den Kampf auf den Schnellruderer.

Nur mühsam gelang es Robin und seinen Männern, sie zurückzudrängen. Das erste Aufeinandertreffen mit den Sarazenen gestaltete sich äußerst blutig. Die zum großen Teil etwas kleineren, dunkelhäutigen Männer schlugen sich verzweifelt und kämpften mit Krummsäbel und Dolch gleichermaßen geschickt. Doch die gegen sie stehende Übermacht war zu erdrückend, und bald konnten die Engländer trotz heftigster Gegenwehr den feindlichen Segler entern. Etliche der Sarazenen sprangen von Bord und versuchten, den Hafen von Akkon schwimmend zu erreichen, was aber nur den wenigsten gelang. Die anderen wurden niedergemacht; keiner ergab sich freiwillig. Ihr Schicksal wäre sowieso nur der Tod oder die Ruderbank einer Galeere gewesen.

Aus dem Unterdeck drangen Geschrei und Kampflärm herauf, dort tobte das letzte Gefecht. Einige Sarazenen deckten ihren Kapitän, der alles daransetzte, das Schiff zu versenken, bevor es dem Feind in die Hände fiel. Aber sein Versuch war nicht von Erfolg gekrönt. Zu schnell waren Robins Männer da, drängten die Muslime ab und rissen ihm die Axt aus den Händen, mit der er den Rumpf aufschlagen wollte. Aus mehr als hundert Kehlen brauste der Siegesschrei über das Meer und drang bis zu den Zuschauern am Ufer, für die sich das alles sehr widersprüchlich dargestellt hatte. Erst als auf dem Segler das Löwenbanner aufstieg und das Schiff Kurs auf den Strand nahm, wusste man, wer Freund und wer Feind war, und Jubel brach aus.

Plötzlich spritzte die See neben den beiden Schiffen hoch auf. Auf den Mauern von Akkon standen Katapulte, die gewaltige Steinbrocken schleudern konnten und nun den Segler und die Galeere unter Beschuss nahmen. Mit letzter Kraft gelang es den Seeleuten, die beiden Schiffe aus der Gefahrenzone zu manövrieren, und langsam näherte man sich dem rettenden Ufer.

Der Kapitän ließ nach Robin rufen, der auch gleich zu ihm in den Laderaum eilte.

»Sir Robert, ich will Euch nur mal zeigen, was sie hier unter anderem an Bord haben.«

Er deutete auf eine Reihe von Tongefäßen, die in einem Regal auf Stroh gebettet lagen. Sie waren noch zusätzlich mit Latten gesichert und mit dicken Tüchern, in denen sich kleine Löcher befanden, verschlossen.

»Was soll das sein? Griechisches Feuer?«, erkundigte sich Robin interessiert.

»Tretet einmal näher heran. Hört Ihr es zischen?«

Aus den Tongefäßen drangen eigenartige Geräusche, die Robin zuerst nicht einordnen konnte. Dann ging ihm ein Licht auf.

»Das sind Schlangen! Die mehr als zweihundert Krüge hier sind voller giftiger Reptilien! Was hatten sie denn damit vor?«

»Kommt Ihr nicht selbst darauf?«

Der Hauptmann dachte einen Moment nach. Tonkrüge, Schlangen? Dann kam ihm ein schrecklicher Verdacht.

»Sie wollten die Krüge mit ihren Katapulten in unser Lager schießen und die Reptilien hätten vor Angst wie wild um sich gebissen, viele mit ihrem Gift getötet und Angst und Schrecken verbreitet! Was für eine Niedertracht!«

»Nun, wir sind auch nicht viel besser. Unsere Katapulte schießen die Leichen von an Typhus Gestorbenen in die Stadt, um dort Seuchen zu verbreiten. Ihr seht, in diesem Krieg sind Allen alle Mittel recht.«

Die Schiffe waren am Strand vorsichtig aufgelaufen, und die von Bord springenden Männer wurden stürmisch umringt und freudig begrüßt. Hubert Walter, der streitbare Bischof von Salisbury, hatte nach dem Tod des Erzbischofs Balduin von Exeter, der wie viele andere den grassierenden Krankheiten zum Opfer gefallen war, die Führung der englischen Vorausabteilung übernommen. Er strahlte über das ganze Gesicht und klopfte Robin immer wieder anerkennend auf die Schulter.

»Willkommen im Heiligen Land, Robert von Loxley!« Die Männer kannten sich noch von Richards Krönung in London. »Wann kommt der König?«

»In ein bis zwei Tagen müsste er hier sein. Er hat noch schnell Zypern eingenommen und dort geheiratet. Seine Frau und seine Schwester bringt er mit. Wir sollten alles für ihre Ankunft vorbereiten.«

Hubert Walter lachte schallend.

»Das sieht ihm ähnlich! Unser Nachschub dürfte damit erst einmal gesichert sein. Es wird aber auch Zeit, dass die Not ein Ende hat.«

Robin sah sich um. Die Männer sahen ausgemergelt und abgezehrt aus. Die eingefallenen Gesichter waren von Hunger und Krankheiten gezeichnet. Es war ein erschreckendes Bild, welches sich ihm darbot. Wie würden er und seine Gefährten wohl in ein paar Wochen aussehen?

Da drängte sich die Leibwache des französischen Königs rücksichtslos durch die Menge, um ihrem Herren Platz zu verschaffen. Philipp musterte die Ankömmlinge von oben herab und fuhr Robin dann an:

»Was fällt Euch ein, Eure Fahne über die meine zu setzen? Das Schiff segelte unter französischer Flagge, und Ihr habt es aufgebracht. Ich verlange, dass dieser Vorfall strengstens untersucht wird.«

»Eure Fahne wurde als Kriegslist von den Sarazenen benutzt«, versuchte Robin zu erklären, als er wie schon in Messina von Philipp angefahren wurde.

»Ich habe Euch schon einmal gesagt, dass Männer wie ihr vor mir knien, wenn sie mit mir sprechen. Nieder mit Euch, oder ich lasse euch auf der Stelle wegen eurer Respektlosigkeit hängen!«

»Ich bin ein Gefolgsmann Richards von England und nicht der Eure. Wenn nötig, knie ich vor ihm und, so Gott will, vor dem Heiligen Grab, aber sonst vor niemandem!«, schleuderte Robin wutentbrannt Philipp entgegen.

Der winkte seiner Leibgarde.

»Nehmt den Mann fest! Er wird noch heute Abend gehängt. Ich bin der König und gottgegebene Anführer der Kreuzfahrer und jedermann schuldet mir Gehorsam!«

Robins Männer drängten nach vorn und fassten nach ihren Waffen. Nie im Leben würden sie ihren Hauptmann von hier ohne Gegenwehr wegschleppen lassen. Doch schon ging Hubert Walter dazwischen und gab seinen Engländern ein Zeichen, sich ebenfalls bereitzuhalten.

»Mit Verlaub, Sire, und bei allem schuldigen Respekt! In Vezelay wurde festgelegt, dass König Richard nach dem Tod Kaiser Barbarossas den Kreuzzug anführt, da er das größte Kontingent stellt. Wenn Ihr es wünscht, werde ich ihm diesen Mann übergeben, sobald er eingetroffen ist.«

»Wo ist denn Euer glorreicher König? Während wir hier kämpfen und sterben, überfällt er christliche Länder und geht seinen

Vergnügungen nach! Ich bin nicht länger gewillt, das hinzunehmen. Entweder, Ihr gehorcht meinen Befehlen oder ich beteilige mich nicht länger mit meinen Rittern am Kampf und kehre nach Frankreich zurück!«

»Sire, das besprecht am besten mit König Richard, der ja bald hier sein wird. Bis dahin sollten wir uns lieber freuen und dafür dankbar sein, dass so ein großes Schiff mit Versorgungsgütern erbeutet worden ist und uns, nicht dem Feind, zugute kommt. Lasst es uns entladen und die Beute christlich teilen.«

Philipp ließ sich nicht beirren.

»Liefert Ihr mir jetzt den Mann aus, oder nicht?«, blaffte er Hubert Walter an.

»Nein, Sire, das werde ich nicht tun«, entgegnete dieser mutig und entschlossen. »Ich nehme ihn aber gern in Gewahrsam, bis unser König angekommen ist und über ihn entscheidet.«

Philipp konnte sich eine weitere Auseinandersetzung hier vor aller Welt, die er womöglich auch noch verlor, nicht leisten. Sein Ansehen war schon nicht das beste, hatte es doch seit seiner Ankunft vor sechs Wochen keine bedeutenden Erfolge gegeben, auf die alle nach dem Eintreffen des französischen Kontingents so gehofft hatten. Nun konnte nur noch der sehnsüchtig erwartete König von England das Blatt wenden. Innerlich kochend zog Philipp ab, nicht ohne vorher den Befehl gegeben zu haben, seinen Anteil an der Ladung des Schiffes zu sichern.

»Manchmal führt Ihr Euch immer noch auf, als wärt ihr ein Geächteter im Sherwood« meinte Hubert Walter schmunzelnd zu Robin. »Dabei habe ich gehört, Richard hat Euch zum Ritter geschlagen? Kann man da nicht einem König mit angekratztem Selbstbewusstsein ein bisschen entgegenkommen?«

»Philipp hat in Messina versucht, Richard umzubringen. Ich war dabei. Bevor ich vor ihm knie, müsste man mir schon die Beine abschlagen!«

»Oh, ich verstehe«, entgegnete der Bischof von Salisbury erschrocken. »Aber dann passt nur auf, dass das nicht geschieht und Ihr immer fest auf ihnen stehen bleibt.«

***

Das erbeutete Schiff enthielt große Mengen an Lebensmitteln, die den Belagerern wie gerufen kamen, und so feierten sie schon in Vorfreude auf Richards Ankunft ein Freudenfest. Von den Mauern der Stadt und den Hügeln der Umgebung, auf denen Saladins Heer stand, sah man neidisch auf sie herab. Doch am nächsten Tag fuhr den Muslimen der eigentliche Schreck in alle Glieder. Soweit das Auge reichte, war das Meer voller Schiffe!

Saladin, der die Ankunft von einem nahen Hügel aus beobachtete, hatte gehofft, dass auch diesmal Allah, sein Name sei gepriesen, gnädig und seinen Gläubigen zur Seite stehen würde. Hatte er nicht Kaiser Barbarossa den Tod geschickt und Hader und Zwist in das Lager der Christen getragen, von denen sich jetzt schon zwei König von Jerusalem nannten, einer Stadt, die seit vier Jahren ihm gehörte? Der Allbarmherzige hätte doch einen Sturm senden und diese Flotte auf den Grund des Meeres schicken können. Doch sicherlich war es sein unergründlicher Ratsschluss, die Ghiaur an Land zu verderben. Was er, Salah ad-Din Yussuf bin Ayyub, Beherrscher der Gläubigen, dazu beitragen konnte, würde er als Allahs Werkzeug natürlich nach Kräften tun. Doch auch wenn sein Gottvertrauen nahezu unerschütterlich war, machte ihn doch die Menge der Soldaten, Ritter, Pferde und des schweren Belagerungsgerätes, das von den Schiffen regelrecht ausgespuckt wurde, betroffen.

Die Freude im Lager der Christen hingegen war grenzenlos. In ihren kühnsten Träumen hätten sie nicht auf ein so starkes Heer zu ihrer Unterstützung gehofft. Und alle Not hatte ein Ende, denn die Bäuche der Schiffe waren gefüllt mit den Köstlichkeiten Zyperns. Getreide, Fleisch, Wein, Früchte gab es plötzlich im Überfluss.

Der Graf von Flandern ließ wie in seiner Heimat auf die Schnelle Windmühlen errichten, um das Korn zu mahlen, und bald stieg der Duft von frisch gebackenem Brot den Männern in die Nase. Die Verteidiger von Akkon erschraken fast zu Tode, als sie die Flügel dieser Teufelsdinger sahen. Sie glaubten, dass die Christen damit die Pest und andere Krankheiten in ihre Stadt blasen wollten.

Richard, kaum von Bord, war in das Zelt von Philipp gestürmt. Seine Galle war nahe am Überlaufen, und statt einer Begrüßung fuhr er den französischen König an:

»Was fällt diesem Konrad von Montferrat ein, vor mir die Tore von Tyros zu verschließen? Er ist Dein Favorit im Streit um den

Königstitel von Jerusalem und ließ mir ausrichten, Du hättest es ihm geraten!«

Richard hatte außerhalb der Stadt nächtigen müssen, weil man ihm wie dazumal Guido von Lusignan den Zutritt verwehrt hatte.

»Ich habe ihm gar nichts geraten«, erwiderte Philipp amüsiert. »Aber vielleicht hat er auch nur gehört, wie Du Dich in Messina und auf Zypern aufgeführt hast und wollte nicht das gleiche Schicksal erleiden.«

»Das wird er noch bereuen, da kann er ganz sicher sein!«

»Nun beruhige Dich doch erst einmal. Ich habe hier etwas, das dir bestimmt gefallen wird.«

Philipp hatte die Tongefäße mit den Schlangen in sein Zelt bringen lassen und zeigte sie ganz stolz Richard.

»Meine Katapulte sind leider bei einem Ausfall zerstört worden, aber mit den Deinen können wir sie in die Stadt schießen und dort für Verwirrung sorgen. Sollen sie doch selbst erhalten, was sie uns zugedacht haben.«

»Mit Sicherheit nicht!« Richard war empört. »Dann richtet sich dieses giftige Gewürm dort häuslich ein und wenn wir in ein paar Tagen die Stadt erobern, haben wir es auf dem Hals. Lass die Krüge lieber im Meer versenken!«

»In ein paar Tagen, dass ich nicht lache! Die Belagerung dauert jetzt schon fast zwei Jahre, und ein Ende ist nicht abzusehen. Saladin zieht immer mehr Truppen in unserem Rücken zusammen und wird uns wohl bald angreifen.«

»Zwei Jahre sagst du? Ich wette tausend Goldbesants, dass wir in spätestens zwei Monaten Akkon genommen und Saladin geschlagen haben. Was ist, bist Du dabei?«

Philipp schluckte. Wenn er darauf einging und Richard gewann, würde er Schwierigkeiten haben, seine Schulden zu begleichen.

»Du weißt, ich wette nicht. Lass es uns lieber gemeinsam versuchen. Mit Gottes Hilfe schaffen wir es vielleicht.«

»Jeder will ihn ständig auf seiner Seite haben, aber keiner weiß, wo er wirklich steht. Irgendwie sagt mir mein Gefühl, immer bei den Stärkeren.«

»Richard, das ist Blasphemie! Wie kannst Du nur so etwas sagen? Natürlich ist Gott bei uns. Schließlich sind wir hier, um das Heilige Kreuz und das Heilige Grab zurückzuerobern!«

»Und wieso gingen sie dann überhaupt verloren? Das Kreuz, an dem Christus gestorben sein soll, trugen die Ritter bei Hattin vor sich her. Was bitte hat es ihnen genutzt? Ich verlasse mich lieber auf die Stärke meiner Armee als auf Gebete. Denn die anderen beten auch, und manchmal müssen Gott ganz schön die Ohren davon klingeln.«

Richard stand der Kirche durchaus skeptisch gegenüber und achtete in seinen Ländern sehr darauf, ihr nicht zuviel Macht zukommen zu lassen. Sein Vater hatte den Erzbischof von Canterbury, damals Thomas Becket, sogar töten lassen, wenn er das auch nie wirklich zugab.

Philipp, Sohn eines frömmelnden Königs, der lieber Mönch als Monarch geworden wäre und den man als Kind „Gottgegebener“ genannt hatte, war dagegen ganz anders und im Sinne der Kirche erzogen worden. Auch jetzt waren seine engsten Ratgeber alle Kleriker, und nie wäre es ihm in den Sinn gekommen, an Gottes Unterstützung für sich und die von ihm vollbrachten Werke zu zweifeln.

»Du versündigst dich ständig an unserer heiligen Mutter Kirche mit deinen ketzerischen Reden! Außerdem hat der Papst ausdrücklich untersagt, Frauen mit auf den Kreuzzug zu nehmen«, begann er erneut auf Richard herumzuhacken. »Und Du bringst gleich deine Frau und deine Schwester mit hierher. Das kann nicht gottgefällig sein!«

»Lass es sein, Philipp! Ich tue, was ich will, und weder Du, noch der Papst, werden mich daran hindern. Und jetzt gehe ich Belagerungsmaschinen ausladen, ich muss mich bewegen. Wir werden unsere Rammböcke „Gottes Fäuste“ nennen und dann ja sehen, ob wir damit Erfolg haben.«

Das schwere, teilweise in England und später in Messina vorgefertigte Gerät wurde mit Flaschenzügen aus den Laderäumen der Schiffe gehoben, um dann durch pure Muskelkraft an Land geschafft zu werden. Little John tat sich dabei besonders hervor und war froh, seine immense Körperstärke wieder einmal voll zur Geltung bringen zu können. Er wäre allerdings fast tot umgefallen, als er plötzlich angesprochen wurde und erkannte, mit wem er es gerade zu tun hatte.

»Kommt, Master John! Der Balken hier ist gerade richtig für uns beide. Die Schwächlinge ringsherum würden ihn nur zu sechst schaffen!«

Nur im Hemd und wie die anderen Männer ein Tuch gegen die sengende Sonne um den Kopf geschlungen stand am anderen Ende des

Katapultarmes ein rothaariger, rotbärtiger Riese, der König. Er wuchtete sich das schwere Teil auf die Schulter und schleppte es zusammen mit Little John fast eine Meile durch den glühenden Sand bis zu der Stelle, wo die einzelnen Teile zusammengesetzt werden sollten.

Dem Vorbild Richards folgend mussten sich notgedrungen auch die anderen hohen Herren, denen das sonst nie eingefallen wäre, an den Arbeiten beteiligen, und so sah man Bischöfe und Grafen, Earls und Barone, Tempelritter und Johanniter neben einfachen Soldaten in der Gluthitze schuften. Doch das brachte einen nie gekannten Zusammenhalt unter die Männer und in die Belagerung ganz neuen Schwung.

Den Verteidigern von Akkon wurde es angst und bange, als sie sahen, wie riesige Wandeltürme emporwuchsen, ein großer Katapult nach dem anderen zusammengesetzt wurde und die Zahl der gewaltigen, gegen feindlichen Beschuss mit nassen Tierhäuten überdachten Rammböcke fast stündlich zunahm.

So ging es über mehrere Tage, denn auch das Kastell Mategriffon war sorgfältig zerlegt worden und wurde vor Akkon als Wohnsitz für Berengaria und Joan wieder aufgebaut. Richard selbst blieb allerdings nachts vorgeblich im Zeltlager, da er sich nicht nachsagen lassen wollte, dass er als Einziger von allen seine Frau dabeihaben durfte und mit ihr noch dazu eine frohe Zeit verbrachte. So stahl er sich im Schutze der Dunkelheit wie ein verliebter Troubadour in das Kastell, um es schon lange vor dem Morgengrauen wieder zu verlassen und unter seinen Männern zu weilen. Doch so hatten er und Berengaria wenigstens ein paar wenige Stunden für sich, auch wenn man nicht wirklich von Flitterwochen sprechen konnte.

***

Richard hatte Robin am Tag nach seiner Ankunft zu sich rufen lassen.

»Wie ich höre, seid Ihr nun unter die Seeräuber gegangen, Sir Robert«, begann er schmunzelnd das Gespräch. »Vielleicht tut sich da ja ein neues Tätigkeitsfeld für Euch auf?«

»Danke, Sire, aber fester Boden unter den Füßen ist mir doch lieber. Als Räuber hätte ich auch im Sherwood bleiben können.«

»Meinen königlichen Vetter habt ihr jedenfalls ganz schön gegen Euch aufgebracht. Ihm den Kniefall zu verweigern, und das schon zum zweiten Mal! Ich glaube, ich muss zusehen, dass ihr Euch nicht zu oft über den Weg lauft. Ich hätte da eine Aufgabe für Euch.«

Robin und ein Teil seiner Männer bekamen den Auftrag, mit den schnellsten Pferden auszuschwärmen, um die feindlichen Stellungen hinter dem Belagerungsring auszuspähen und die Bewegungen von Saladins Heer zu melden.

Am dritten Tag trafen sie erstmals auf einen Trupp der gefürchteten, sieggewohnten seldschukischen Reiter.

Ihre Kampfweise hatte den Ritterheeren in der Vergangenheit enorme Verluste beschert. Sie griffen auf ihren zähen und schnellen kleinen Pferden blitzschnell an, schossen ihre Pfeile ab und zogen sich wieder zurück. Das wiederholten sie so oft, bis der Gegner völlig demoralisiert war und sich zu einem ungeordneten Angriff hinreißen ließ. Gut getarnt wartete dann meistens die Hauptstreitmacht, um die Verfolger nieder zu machen.

So war es Eleonores erstem Mann, König Ludwig von Frankreich, aber auch den Resten von Kaiser Barbarossas Heer ergangen.

Robin hatte schon viel davon gehört und lange darüber nachgedacht, wie man dem begegnen konnte. Die Seldschuken kämpften mit Kurzbögen, die sich für die Reiterei wesentlich besser eigneten wie die englischen Langbögen. Dafür war deren Reichweite und Durchschlagskraft wesentlich höher. Und genau das wollte er sich zunutze machen.

Die muslimischen Reiter, etwa doppelt so stark wie ihr Gegner, hielten noch weit außerhalb der Reichweite der Pfeile auf einem Hügel, um sich ihre Feinde genau anzuschauen. Sie erblickten nur leicht gerüstete Männer, die scheinbar von einigen Rittern mit Schilden und Lanzen beschützt wurden. Sie hätten erwartet, dass sich der kleine Trupp zurückziehen würde, und freuten sich schon auf die Verfolgung. Statt dessen saßen die Männer am Fuße einer Geröllhalde, die sie von hinten schützte, ab und trieben ihre Pferde zwischen die Felsen. Mit ihrem Kampfschrei „Allahu Akbar“ auf den Lippen jagten die Seldschuken den Hügel herunter auf den Feind zu.

Robin hatte nur fünfzehn Männer dabei, da ein kleiner Spähtrupp weniger auffiel. Fünf von ihnen trugen Lanzen und Schilde. Sie stellte er in die erste Reihe, seine zehn Bogenschützen versetzt, aber dicht beieinander, dahinter.

Die muslimischen Reiter, sich ihrer Übermacht und Überlegenheit bewusst, rechneten mit allem, aber nicht damit, mit ihren eigenen Waffen geschlagen zu werden. Auf zweihundert Yards, einer Entfernung, die ihre Kurzbögen nicht überbrücken konnten, schlugen die ersten Pfeile durch ihre leichten Panzer, und Verwirrung machte sich breit. Überaus verblüfft, versuchten sie ihre Pferde zu wenden, was ihnen aber hügelabwärts bei dem eingeschlagenen, mörderischen Tempo nicht sofort gelang. Pfeil um Pfeil schlug in ihre Reihen ein und lichtete sie. Als die ersten Reiter auf Schussentfernung ihrer eigenen Bögen heran waren und ihre Pfeile von den Sehnen schnellen ließen, rissen die Männer in der ersten Reihe die Schilde hoch und die Bogenschützen dahinter gingen für einen Moment in die Knie, nur um sofort danach aufzuspringen und zurückzuschießen.

Wie gewohnt hatten die Seldschuken nach dem ersten, abgeschossenen Pfeil abgedreht, um einen neuen aufzulegen und erneut anzugreifen. Doch dieser Kampf war anders. Sie entgingen den tödlichen Geschossen der englischen Langbögen auch auf ihrer vorgetäuschten Flucht nicht, und nach weniger als zwei Minuten saßen von anfangs mehr als dreißig Reitern nur noch zwei im Sattel, beide verwundet. Der Anführer des Reitertrupps, der durch seine Plattenrüstung am besten geschützt gewesen war, hielt auf der Hügelspitze und drohte wütend mit seinem Krummsäbel herüber.

»Den kriege ich auch noch«, stieß Will Scarlett grimmig zwischen den Zähnen hervor und spannte seinen Bogen mit äußerster Kraft.

»Lass das, Will!«, bremste ihn Robin. »Sie müssen nicht gleich beim ersten Mal erfahren, wie weit wir wirklich schießen können. Ich nehme an, sie haben genug und werden es sich reiflich überlegen, uns noch einmal zu nahe zu kommen.«

Die Männer fingen die reiterlosen Pferde ein und sammelten die erbeuteten Waffen auf. Drei Schwerverletzte wurden wie üblich von ihren Qualen erlöst. Robin hoffte, dass ihm im gleichen Fall auch diese Gnade gewährt werden würde. In den meisten Gefallenen steckten vier bis fünf Pfeile, die ihr Leben beendet hatten. Leider war es nicht gelungen, Gefangene zu machen. Aber es gab auch so genug, was man Richard melden musste.

Vor Akkon machte die Belagerung deutliche Fortschritte. Ununterbrochen schleuderten die Katapulte schwere Wurfgeschosse gegen die Mauern und mittlerweile auch in die Stadt. Nirgends waren die Verteidiger mehr sicher, sogar ihr Schlachthof hatte Treffer abbekommen, und die letzten Rinder waren unter den Trümmern verendet. Teile der Befestigungen drohten unter dem ständigen Beschuss einzustürzen.

Richard hatte einen fast fünfzig Yard hohen Belagerungsturm bauen lassen, der die Stadtmauer weit überragte. Die oberste Plattform war für die Bogenschützen vorgesehen, die von dort auf die Verteidiger auf den Mauern unter ihnen schießen sollten. Darunter befand sich die Sturmebene mit einer aus dicken Bohlen gefertigten Zugbrücke, die auf die Mauerkrone heruntergelassen werden konnte. Auf großen Rollen gelagert, ließ sich der Turm über Winden im Inneren in Richtung der Befestigungen bewegen. Noch war er nicht ganz fertig und stand in vor den Wurfgeschossen der Verteidiger sicherer Entfernung vor der Stadt. Doch es war schon abzusehen, wann er zum Einsatz kommen würde.

Der König besprach sich gerade mit den Hauptleuten seiner Mineure und Sappeure. Sie gruben Tunnel unter die Mauern, stützten sie sorgfältig ab und füllten dann die entstandenen Hohlräume mit Reisig, das zum Schluss angezündet wurde. Wenn die Stützbalken weggebrannt waren, stürzte die Grube ein und mit ihr der darüber befindliche Mauerabschnitt.

Robin hörte aufmerksam zu, wie die Ingenieure vom Voranschreiten der Arbeiten berichteten. Eins war sicher, das war nichts für ihn! Wie ein Maulwurf in der Erde herumbuddeln, ohne Tageslicht und über sich Unmengen von Steinen und Tonnen von Mauerwerk, das jeden Moment durchbrechen konnte, bei dem Gedanken schüttelte es ihn regelrecht!

»Morgen komme ich zu Euch runter und sehe mir selbst an, wie weit Ihr vorgestoßen seid«, beendete Richard die Besprechung.

»Der schreckt auch vor gar nichts zurück«, dachte Robin und prompt kam das Angebot:

»Ah, Sir Robert! Wollt Ihr mich begleiten?«

»Danke ergebenst, Sire, nicht wenn es sich vermeiden lässt! Aber Akkon sollte bald fallen. Saladin zieht sein Heer zusammen und kommt von Norden herunter. Wir haben verschiedene, verstreute

Truppenteile gesehen. Mit leichter seldschukischer Reiterei hatten wir auch ein Gefecht.«

Richard blickte auf. »Verluste?«

»Zwei Leichtverletzte.«

»Und der Gegner?«

»Dreißig tot, zwei Überlebende, leider keine Gefangenen.«

Der König zog eine Augenbraue hoch. »Wie habt Ihr denn das fertig gebracht?«

»Wie Ihr schon vermutet habt, Sire. Unsere Langbögen sind ihren kurzen in der Reichweite überlegen. Wir können bis auf zweihundertfünfzig Yards mit Erfolg schießen, sie frühestens ab einhundert Yards, wenn sie Treffer setzen wollen. In der Zeit, die sie selbst mit schnellsten Pferden brauchen, um die Entfernung zu überbrücken, haben wir noch zweimal geschossen und wenn sie sich zurückziehen, ebenfalls zweimal, bis sie außer Schussweite sind. Das dürfte ihre Reihen ganz schön ausdünnen.«

Richard hieb Robin wieder einmal seine Pranke auf die Schulter, was dieser gar nicht schätzte, aber als Gunstbeweis hinzunehmen hatte.

»Ich wusste es, als ich gesehen habe, wie Ihr meinen Helm im Sherwood durchbohrt habt", lachte er dröhnend. „Nichts fürchten meine Ritter so sehr wie die plötzlichen Überfälle dieser Pferdebogner. Wenn Ihr uns die vom Halse halten könnt, seid Ihr unsere wichtigste Waffe im Gefecht.«

»Dann brauchen die Bogenschützen aber Deckung. Sind die Seldschuken durch unseren Beschuss durch, schützt uns nichts mehr vor ihnen.«

»Keine Sorge, die werden sie bekommen. Ich lasse mir da etwas einfallen. Übrigens, Philipp ist immer noch sauer auf Euch. Ich habe erst jetzt erfahren, dass Ihr meine Fahne über die seine gesetzt habt. Das verzeiht er Euch nie! Und wenn es dreimal eine Kriegslist war. Am besten, Ihr verlasst gleich wieder das Lager. Ich will eine Abordnung zu Saladin schicken und ihm ein Treffen vorschlagen. Wollt Ihr den Sultan kennen lernen?«

»Aber gern!« Robins Interesse war sofort geweckt.

»Gut, dann meldet Euch mit ein paar Männern bei Hubert Walter. Ihr werdet auf das Prächtigste ausstaffiert werden. Wir wollen doch nicht, dass der Beherrscher aller Gläubigen denkt, wir wären Bettler.«

Richard war selbst neugierig auf Saladin. Außerdem war es immer gut zu wissen, mit wem man es zu tun hatte. Alles, was er bisher über den Sultan gehört hatte, war recht widersprüchlich. Einerseits lobten sogar seine Feinde seine Ritterlichkeit – von den Klerikern einmal abgesehen – andererseits wurde er auch als äußerst grausam und rücksichtslos geschildert. Das, da machte sich Richard gar nichts vor, traf auch auf ihn selbst zu und deshalb würde er seinen Gegner gern persönlich kennen lernen. Saladin sollte siebzehn Söhne und zahlreiche Brüder haben, die alle nach der Macht gierten. Da Richard familiäre Auseinandersetzungen um den Thron mit wesentlich weniger Anwärtern aus eigenem Erleben mehr als genug kannte, beneidete er den Sultan darum wahrlich nicht.

***

Hubert Walter, der Richards Botschafter sein sollte, war eine beeindruckende Persönlichkeit. Blitzgescheit, schlau wie ein Fuchs und redegewandt eignete er sich bestens für diese Mission. Sein Onkel, Ranulf de Glanvill, langjähriger oberster Richter von England unter Henry II. und vor kurzem hier vor Akkon gestorben, hatte seine Begabungen schon früh erkannt und ihn gefördert. Jetzt war Hubert Walter auf dem Weg, Richards einflussreichster Berater zu werden, da er in unverbrüchlicher Treue zu ihm und dem Haus Plantagenet stand.

Mit hundert Reitern, alle in ihre besten Rüstungen und edle Gewänder gekleidet, brach er auf. Obwohl Bischof von Salisbury, trug Hubert Walter ebenso Kettenhemd, Brustpanzer und Helm wie alle anderen. Er fühlte sich in der Schlacht oder bei der Verwaltung des Königreiches sowieso wesentlich wohler als in der Soutane vor dem Altar.

Robin hatte Little John das Kommando übertragen, da dieser sowieso nicht hätte mitkommen können. Ihm passte einfach keine Rüstung - es sei denn, der König hätte ihm seine geliehen - und auch alle Pferde sahen unter ihm aus, als wären sie Ponys. Schon bald aber verfluchten die Männer Richards Anordnung bezüglich der Kleidung. Die Sonne brannte unbarmherzig auf sie nieder, und es wurden jetzt hier im Sommer Temperaturen erreicht, die man sich in England gar nicht vorstellen konnte. Den Männern lief der Schweiß in Strömen den Körper herunter. Das Metall ihrer Rüstungen wurde so heiß, dass man es fast nicht berühren konnte und sie hofften nur, Saladins Lager baldmöglichst zu finden.

Ihr Ritt blieb nicht unentdeckt. Bald tauchten Patrouillen auf den Hügeln auf, die sie beobachteten. Hubert Walter winkte Robin nach vorn.

»Sir Robert, Ihr habt wohl das schnellste Pferd von uns. Seht doch einmal zu, ob Ihr an die Muselmanen herankommt, damit sie uns zu Saladin führen. Nehmt den Reiter mit der Parlamentärsflagge mit und seid ja vorsichtig.«

Robin gab Roncall den Kopf frei und galoppierte, dicht gefolgt von dem Fahnenträger, auf die Reiter zu. Auch aus ihren Reihen lösten sich zwei Männer, und man traf sich etwa in der Mitte zwischen den beiden Abteilungen. Robin wusste nicht so recht, wie er beginnen sollte, da er kein Wort arabisch sprach. Er zeigte auf die Ritter hinter ihm, beschrieb dann mit dem Arm einen weiten, das Land umfassenden Kreis und fragte: „Saladin?"

Sein Gegenüber, ein langaufgeschossener, braunhäutiger, hagerer Reiter, dessen Augen amüsiert unter dem spitz zulaufenden Helm hervorblitzten, sprach ihn zu seiner Überraschung französisch an:

»Bemüht Euch nicht, Franke. Ich spreche und verstehe Eure Sprache. Was ist Euer Begehr?«

»Wir haben eine Botschaft für Sultan Saladin von König Richard von England. Könnt Ihr uns sagen, wo wir ihn finden?«

»So, so. Ihr wollt also zu meinen Bruder.« Robin sah überrascht auf. »Aber vielleicht ist er an Eurer Botschaft gar nicht interessiert und lässt Euch als Spione hängen?«

»Wenn das Gottes Wille sein sollte, oder, wie Ihr sagt – Inschallah.«

Saladins Bruder lachte, dass sein Schnurrbart zuckte.

»Ihr habt schon viel gelernt, Franke. Folgt mir, ich führe Euch zum Beherrscher der Gläubigen!«

Er riss sein Pferd brutal herum – so wäre Robin mit Roncall nie umgesprungen – und preschte davon, ohne sich noch einmal umzusehen. Die Kavalkade der Ritter folgte ihm, allerdings ohne den Versuch zu unternehmen, sein vorgegebenes Tempo mitzuhalten. Das hätten ihre Pferde, die das Klima nicht gewohnt waren, auch nicht lange durchgehalten. Man sah ja die Staubwolke, die den Weg wies.

Nach etwa zwei Stunden strammen Rittes tauchte am Horizont ein großes Zeltlager am Rand einer lieblichen Oase auf. An vielen Stellen übten Bewaffnete zu Fuß oder zu Pferd, wurden Reiterwettkämpfe ausgetragen und Bogenschützen brachten ihre Pfeile ins Ziel.

»Kein Unterschied zu uns«, dachte Robin. Er hätte vermutet, dass man nur einen Teil von ihnen, und den mit verbundenen Augen, in das Lager lassen würde, aber nichts dergleichen geschah. Offensichtlich wollte man den Besuchern zeigen, mit was für einer Streitmacht sie es zu tun bekommen würden.

Ein Reitertrupp kam ihnen entgegen. Der Anführer verneigte sich vor Hubert Walter, wies einladend auf eine sich durch die Reihen der Krieger öffnende Gasse und geleitete die Ankömmlinge zum Zelt des Sultans. Robin blickte in finstere Gesichter, und die Worte, die ihnen hinterhergerufen wurden, waren mit Sicherheit keine Willkommensgrüße.

Das Zelt, vor dem sie hielten, erinnerte ihn in Größe und Ausstattung an das von Philipp in Vezelay. An Prunkentfaltung schienen sich der französische König und der morgenländische Sultan nichts zu nehmen. Den Männern wurden die Pferde abgenommen und man reichte ihnen erfrischende Getränke. Dann erschien erneut der Mann, der sie vor dem Lager begrüßt hatte – er war vielleicht so etwas wie Saladins Haushofmeister – und eröffnete ihnen, dass der Sultan drei von ihnen empfangen würde. Die anderen sollten sich in der Zwischenzeit an einem rasch aufgetragenen Mahl stärken.

Hubert Walter winkte Baudouin de Bethune und Robert von Loxley an seine Seite. Robin griff sich die Zügel des prachtvollen, spanischen Rappen, den sie als Geschenk von Richard für Saladin mitgebracht hatten. Sie folgten dem Haushofmeister zu einem kleineren, eher unscheinbaren Zelt, wo ihnen Wachen unmissverständlich zu verstehen gaben, dass sie ihre Waffen abzugeben hätten.

Die Gäste nahmen an, dass sie hier auf die Audienz warten sollten. Plötzlich trat ein einfach gekleideter, älterer Herr auf sie zu. Er musterte mit Kennerblicken den Rapphengst, fuhr ihm mit der flachen Hand über die Nüstern, wie Robin es auch immer zur Begrüßung bei einem fremden Pferd tat, und forderte dann die Delegation mit einer Handbewegung auf, ihm in das Innere zu folgen. Auf dem Boden lagen weiche Teppiche und Sitzkissen und der Fremde ließ sich auf einem etwas erhöhten Podest nieder. Zwei regelrechte Muskelberge, nicht kleiner wie Little John, nahmen mit vor der Brust verschränkten Armen hinter ihm Aufstellung.

»Nun«, meinte der ganz in schwarz gekleidete, distinguiert wirkende Herr in bestem französisch, »Ihr wolltet mich sprechen? Ich bin der, den Ihr Saladin nennt.«

Die drei überraschten Männer verneigten sich tief. Dann wurden sie zum Sitzen aufgefordert, und während Hubert Walter Richards Grüße mit blumigen Worten ausrichtete, hatte Robin ausgiebig Gelegenheit, den Sultan zu mustern.

Der Turban, nur von einer recht schmucklosen Agraffe mittig zusammengehalten, bedeckte das lange, schwarze Haupthaar, das ebenso wie der Bart von grauen Strähnen durchzogen war. Die dunklen Augen schauten interessiert und wachsam drein. Der Sultan war von ähnlich hagerer Gestalt wie sein Bruder, aber im Gegensatz zu diesem nur mittelgroß, wirkte aber kräftig und energisch. Alles an ihm schien gebändigte Energie zu sein.

Hubert Walter wusste natürlich, dass man im Orient nicht gleich zur Sache kam und übte sich in diplomatischen Floskeln. Saladin hatte sich ausgiebig für das Geschenk bedankt und ließ keine Ungeduld erkennen.

Keiner sprach das eigentliche Thema, den Krieg, an, stellte Robin erstaunt fest. Man ging miteinander um, als wären die Heere, die in absehbarer Zeit aufeinander treffen würden, zu einem Höflichkeitsbesuch hier. Schon jetzt starben in und vor Akkon täglich Männer und Tausende würden ihnen bald folgen Und wofür? So sehr er sich bemühte, er hatte keine ihn befriedigende Antwort darauf.

Als Hubert Walter zum Kern ihres Besuches kam und in Richards Namen ein Treffen zwischen den beiden Herrschern vorschlug, lächelte Saladin in sich hinein und strich sich nachdenklich über seinen Bart.

»Sagt Eurem König«, antwortete er dann mit ruhiger Stimme, »ich fühle mich geehrt. Aber ich glaube, die Anführer von Armeen sollten sich erst begegnen, wenn sie miteinander Frieden geschlossen haben. Wir können gern in Verbindung bleiben und Verhandlungen miteinander führen, die zum Beispiel das Los von Gefangenen erleichtern. Von unserer Seite wird mein Bruder al-Adil, Ihr habt ihn schon kennen gelernt, die Verhandlungen für mich führen. Ich treffe Richard Löwenherz, dessen Ruhm schon bis zu uns gedrungen ist, gern, wenn er mit seinen Rittern wieder abzieht und das Land denen überlässt, denen es schon immer gehört hat.«

»Ist es nicht so«, konnte sich der Bischof in aller Höflichkeit nicht verkneifen anzumerken, »dass Ihr aus Tikrit im Kurdenland stammt und der Großteil eurer Armee aus Syrien und Ägypten, also auch nicht aus Palästina? Korrigiert mich bitte, wenn ich falsch unterrichtet sein sollte, Eure Hoheit. Aber haben die Muslime das Land nicht von den Byzantinern erobert, die Nachfolger der Römer waren, und diese wiederum haben es etwa zu der Zeit, als Christus, unser Herr, geboren wurde, den Juden abgenommen? Bei allem nötigen Respekt, ich glaube, die Menschen, die immer hier gelebt haben, gibt es schon lange nicht mehr.«

In Saladins Gesichtsausdruck konnte Robin Veränderungen bemerken, die ihm gar nicht gefielen. Die Augen waren hart geworden und die Lippen verkniffen. Widerspruch schien er nicht zu kennen und auch nicht zu dulden. Er war vom kleinen Offizier zum bedeutendsten Herrscher der Muslime aufgestiegen. Das erreichte man nicht mit Sanftmut und Güte. Womit er es geschafft hatte, das ließ er jetzt für einen Moment erkennen. Seine Stimme klang wie Stahl, als er Hubert Walter antwortete:

»Wir führen einen heiligen Krieg um die wichtigsten Stätten des Islam, und Allah wird an unserer Seite streiten und die Christen verderben, die sie uns entreißen wollen.«

»Und wir führen einen heiligen Krieg um die wichtigsten Stätten unseres Glaubens«, gab Hubert Walter sehr ruhig, aber bestimmt zurück. »Es wird sich weisen, auf wessen Seite Gott letztendlich steht.«

»Nun, nicht einmal das Kreuz, an dem Euer Jesus gestorben sein soll, hat den Rittern bei Hattin geholfen. Es zählte zu meiner Beute und bestärkt uns nur in unserem Glauben an die Allmacht Allahs.«

»Wenn das alles so heilig ist, warum, zum Teufel, kann man sich dann darüber nicht friedlich verständigen?«, fluchte Robin innerlich. »Unzählige gute Männer werden sterben, nur weil sich Priester und Imame nicht einigen können, ob Gott nun Gott oder Allah genannt werden will und wie man zu ihm beten soll.« Er für seinen Teil war recht sicher, dem Herrn dort oben im Himmel war das völlig gleich und vielleicht schüttelte er über die Unvernunft seiner Geschöpfe nur den Kopf. Allerdings war Robin sich auch völlig klar darüber, dass er für diese Häresie, sollte er sie laut aussprechen, jederzeit auf dem Scheiterhaufen enden konnte.

Saladin schnitt Hubert Walter, der zu einer Erwiderung ansetzte, mit einer Handbewegung das Wort ab.

»Wir werden demnächst mit Waffen, nicht mit Argumenten streiten. Lasst uns das Gespräch an dieser Stelle beenden, aber über Unterhändler in Verbindung bleiben. Euer Weg zurück ist noch ein weiter. Nehmt das als Geschenk für Euren König von mir mit und richtet ihm meine Grüße aus. Ich habe gehört, er liebt diese Tiere.«

Der Sultan klatschte in die Hände, und ein Page erschien mit einem schneeweißen Falken auf dem Arm, den Hubert Walter mit einer Verbeugung entgegennahm.

»Na, da bekommt er ja jetzt endlich seinen Vogel!«, dachte Robin recht respektlos von seinem König. »In Italien wäre er dafür fast umgebracht worden und hier erhält er einen geschenkt. Dafür sollte sich die weite Reise doch schon gelohnt haben!«

Als die Abordnung schon am Horizont verschwunden war, sah Saladin ihr noch immer nach. Sein Bruder al-Adil gesellte sich zu ihm und brach als erster das Schweigen.

»Allah wird uns beistehen, auch diese Ghiaur zu vernichten. Unsere Händler berichten uns, sie sterben vor Akkon wie die Fliegen.«

»Die Verteidiger in den Mauern aber auch. Ich glaube, wir werden es mit diesem englischen König nicht leicht haben. Seine Männer sind anders als die, mit denen wir es in letzter Zeit zu tun hatten, und er führt sie immer von der Spitze aus an. Hast Du gehört, was mit unserer Reiterpatrouille geschehen ist? Wir haben nicht einen toten Franken gefunden und nur wenige Pferdespuren – aber dreißig erschossene Seldschuken. Und die Emire lassen sich Zeit, zu unseren Fahnen zu stoßen. Sie sind seit Hattin und Jerusalem bequem geworden. Allah möge sie dafür in der Hölle schmoren lassen! Wir werden wohl nicht mit einer Übermacht angreifen können.«

»Aber die Mauern von Akkon werden wie ein Amboss sein und wir der Hammer. Was sich dazwischen befindet, wird zerschlagen!«

»Oder es ist so hart, dass die Werkzeuge daran zerbrechen«, meinte Saladin nachdenklich.

***

Hubert Walter wurde nach seiner Rückkehr mit seinen Begleitern gleich zu Richard gerufen. Robin fiel sofort auf, dass der König schlecht aussah. Das Gesicht war grau, große Schweißperlen standen auf seiner Stirn und die Augen lagen tief in ihren Höhlen und glänzten fiebrig.

»Und, war Eure Mission erfolgreich?«, forderte er knapp den Bericht ein.

»Saladin lehnt ein Treffen zum gegenwärtigen Zeitpunkt ab«, gab Hubert Walter Bescheid. »Er würde dem erst zustimmen, wenn wir abziehen.«

»Da kann er lange warten!«, knurrte Richard. »Was könnt Ihr mir sonst noch über ihn sagen?«

»Ein Machtmensch, aufgestiegen aus kleinen Verhältnissen. Unsicher, weil die eigene Stellung nicht ausreichend gefestigt ist«, analysierte der Bischof leidenschaftslos. »Gibt sich gern bescheiden und ritterlich, kann aber mit Sicherheit grausam sein, wenn er sich in die Enge gedrängt fühlt oder glaubt, Härte beweisen zu müssen. Hat zu viele Männer im Nacken, die ihm gern nachfolgen würden und ist deshalb besonders gefährlich, da er Siege zum Überleben braucht.«

»Eure Meinung, Baudouin.«

»Sire, sein Heer ist kleiner, als wir gedacht haben. Ich glaube kaum, dass er in der Lage ist, in den nächsten Wochen wirkungsvoll anzugreifen. Aber er wird von Tag zu Tag stärker. Wir sollten uns mit Akkon beeilen. Fällt die Stadt, kratzt das gewaltig an seinem Ruf.«

»Meint Ihr, wir könnten ihn zur Feldschlacht stellen?«

»Das würde er sicherlich nicht riskieren und ausweichen. Im Landesinneren, wo alle Vorteile auf seiner Seite sind, vielleicht.«

»Könnt Ihr etwas ergänzen, Sir Robert?«

»Seine Bogenschützen sind schlecht trainiert, die leichte Reiterei undiszipliniert. Ihnen sind die letzten Erfolge anscheinend zu Kopf gestiegen. Es wird sicherlich nicht einfach werden, aber er ist zu schlagen, wenn wir nicht von Wasser und Verpflegung abgeschnitten werden.«

Der König, der bisher gestanden hatte, ließ sich plötzlich schwer in den hinter ihm stehenden Klappstuhl fallen.

»Sire, geht es Euch nicht gut?«, erkundigte Robin sich besorgt, während Hubert Walter schon aus dem Zelt stürzte und nach Richards jüdischem Leibarzt Milo rief. Der kam sofort, schickte alle nach draußen und untersuchte den König fast eine Stunde lang. Dann trat

Milo aus dem Zelt, kam auf den Bischof zu, und Robin, der ganz in der Nähe stand, konnte hören, was er ihm berichtete.

»Der König leidet unter Wechselfieber«, erklärte er. »In Italien nennt man die Krankheit „mala aria“, schlechte Luft. In der medizinischen Akademie von Salerno nimmt man aber an, dass sie von Mücken übertragen wird. Schüttelfrost und Fieberanfälle werden sich abwechseln. Erst in vier Tagen werden wir wissen, ob er es übersteht.«

»Um Gottes Willen! Kann man denn gar nichts dagegen tun?«

«Leider nur wenig. Ihn kühlen, wenn das Fieber zu hoch steigt, und in Decken wickeln, wenn er friert. Und er muss essen, damit er nicht zu schwach wird, aber er wird keinen Appetit haben und unter Übelkeit, Erbrechen und Durchfall leiden.«

»Wir werden alle für den König beten! Stirbt er, ist alles verloren.«

Hubert Walter, bleich wie eine frisch gekalkte Wand, wusste, dass der schlimmstmögliche Fall eingetreten war. Der vor Gesundheit strotzende König war noch nie krank gewesen, abgesehen von kleineren Blessuren, die er sich beim Kampf oder Turnier zugezogen hatte. Sollte Gott etwa nicht wollen, dass sie hier waren? Würde Richard wie Kaiser Barbarossa sterben, wäre ihre Mission mit Sicherheit endgültig gescheitert, denn Philipp war kaum der Mann, sie zu Ende zu bringen. Und was würde dann aus England werden? Nein, er durfte gar nicht daran denken!

Sorgsam abgeschirmt schaffte man Richard in das Kastell, wo er neben der Behandlung durch seinen Arzt auch von Berengaria und Joan gepflegt werden konnte. Philipp und Guido von Lusignan wurden informiert, und während Letzterer sofort zu Richard eilte, ließ der französische König niemanden an sich heran, der Kontakt zu dem Erkrankten gehabt hatte. Die Belagerung stockte, und die Verteidiger bekamen eine unverhoffte Verschnaufpause.

Am nächsten Tag wurde Robin zu Berengaria gerufen. Die Königin sah völlig übernächtigt aus, die Kleidung klebte verschwitzt an ihrem Körper und ihr sonst so glänzendes Haar hing wirr und strähnig an ihr herab. Man sah ihr an, dass sie die ganze Nacht über ihren Mann gepflegt und ihn abwechselnd in warme Decken gehüllt oder mit nassen Lappen gekühlt hatte. Robin war ernsthaft erschrocken, dass sie sich ihm so zeigte. Ihre Verzweiflung musste grenzenlos sein.

»Sir Robert, ich brauche Eure Hilfe«, begann sie ohne Einleitung. »Mein Mann stirbt mir unter den Händen weg, wenn wir ihm nicht die

Kraft geben können, gegen die heimtückische Krankheit anzukämpfen. Aber er verweigert jede Nahrungsaufnahme und trinkt nur wenig Wasser. Ich muss ihm eine Brühe kochen, die ich ihm einflößen kann, am besten von Hühnern. Aber im ganzen Lager ist kein Geflügel aufzutreiben! Kaninchen würde zur Not auch gehen, doch auch die gibt es nicht. Könnt ihr mit Euren Männern auf die Jagd gehen und versuchen, Rebhühner oder Fasane zu schießen? Ihr seid meine letzte Hoffnung.«

»Selbstverständlich, Madam! Wir machen uns sofort auf die Suche und wenn es etwas zu erlegen gibt, werden wir es finden!«

Robin eilte zu seinen Männer und rief die besten Jäger aus dem Sherwood zusammen. Sie schwärmten rund um das Lager aus und kämmten jedes Buschwerk und jede noch so kleine Baumgruppe durch. Aber das Land lag wie ausgestorben da, und nicht das geringste Stück Federvieh oder Wild wollte ihnen vor die Bögen kommen.

Da packte Robin die pure Verzweiflung. Er sattelte Roncall und, ohne auch nur irgend jemanden etwas davon zu sagen, ritt er zu Saladins Lager und begehrte den Sultan zu sprechen. Das rief bei den Wachen große Heiterkeit hervor, aber als man dem Herrscher Meldung machte, ließ der zu aller Überraschung den Franken zu sich bringen.

»Ich hätte nicht erwartet, so schnell wieder eine Botschaft von Eurem König zu erhalten«, eröffnete er diesmal ohne Umschweife das Gespräch. »Was habt Ihr mir zu sagen? Fasst Euch kurz, ich bin sehr beschäftigt.«

»Eure Hoheit, mit Eurer gütigen Erlaubnis, ich habe keine Nachricht, sondern eine Bitte meines Königs zu überbringen. Der Falke, den Ihr ihm geschickt habt, hat ihn entzückt. Doch er findet kein jagdbares Wild rund um das Lager und rührt das ihm von uns angebotene Fleisch nicht an. Wir haben Angst, er geht uns ein, was den König sehr betrüben würde. Könntet Ihr mir vielleicht ein paar Hühner oder anderes Kleinwild übereignen, bis wir andere Nahrung für den Vogel gefunden haben? Es würde das Herz meines Königs erfreuen und er wäre Euch große Dankbarkeit schuldig.«

Saladin sah Robin nachdenklich an.

»Seid Ihr der Mann, der mit seinen Bogenschützen meine seldschukischen Reiter abgeschossen hat?« fragte er, ohne auf die Bitte einzugehen.

Robin lief es eiskalt den Rücken herunter und er hoffte nur, dass man ihm den Schreck, der ihm durch alle Glieder gefahren war, nicht angemerkt hatte. Er straffte sich und gab wahrheitsgemäß Antwort:

»Ja, Eure Hoheit, ich denke, das war ich mit meinen Männern. Wir wurden angegriffen und haben uns verteidigt.«

»Ihr seid schon ein sehr tapferer Mann, wenn ihr Euch danach allein und ohne jede Begleitung hierher wagt. Ich denke, Ihr seid ein sehr ergebener Untertan eures Königs – aber auch ein Lügner.«

Robin verstand die Welt nicht mehr. Hatte er nicht gerade zugegeben, Saladins Reiter getötet zu haben und damit seinen Kopf eigentlich auf den Richtblock gelegt. Was warf der Sultan ihm denn vor? Doch das sollte er gleich erfahren.

»Ihr braucht die Hühner nicht für den Falken, sondern für Euren erkrankten König! Ist es nicht so? Aber er kann sich glücklich schätzen, Männer wie Euch um sich zu haben, die viel für ihn wagen. Ihr sollt das Geflügel, aber auch frische Früchte erhalten. Überbringt es ihm mit meinen besten Genesungswünschen. Und wenn es ihm nicht besser geht, schicke ich ihm auch gern meinen Leibarzt, der sich mit unseren Krankheiten hier natürlich auskennt, und gegen das Fieber Schnee von den Bergen.«

Robin nahm innerlich alles zurück, was er bisher über den Sultan gedacht hatte. Ob sich Richard in gleicher Situation ebenso großherzig gezeigt hätte? Nun, er vielleicht, Philipp mit Sicherheit nicht und die beiden Männer, die sich Könige von Jerusalem nannten, nie im Leben.

»Eure Hoheit, ich weiß gar nicht, wie ich Euch danken soll?«

»Das braucht Ihr nicht, denn es macht uns nicht zu Freunden. Aber vielleicht erkennt Ihr, dass wir keine blutrünstigen Barbaren sind, wie man Euch vielleicht bisher erzählt hat.«

Ein Diener brachte einen Draht, an dem sechs frisch geschlachtete Kapaune aufgereiht waren und legte Roncall einen Sack auf, aus dem es nach frischen Früchten, vor allem Orangen, duftete.

»Sagt Eurem König, wir werden eine einwöchige Waffenruhe einhalten. Und wenn er noch etwas zu seiner Genesung braucht, dann soll er Euch als Boten schicken und wird es erhalten. Wie nennt man Euch, fremder Ritter?«

»Sir Robert von Loxley, Euer Hoheit, immer zu Diensten.« Robin ging sein Titel immer noch schwer von den Lippen. Ob er sich jemals ganz daran gewöhnen würde? Aber in diesem Fall war er sicher ganz angebracht. Er verneigte sich zum Abschied noch einmal tief, schwang sich in den Sattel und ließ Roncall ausgreifen. Er konnte gar nicht schnell genug wieder ins Lager kommen, um Berengaria das Gewünschte zu bringen.

»Allah wird von Deinem Großmut überwältigt sein«, meinte al-Adil spöttisch zu seinem Bruder. »Vielleicht hatte er aber beschlossen, den Frankenkönig zu verderben und ist nicht begeistert, wenn Du in seinen Ratsschluss eingreifst.«

»Gottes Wege sind unergründlich! Was in seinem Buch geschrieben steht, wird geschehen und ist durch uns Menschen nicht beeinflussbar. Wir können vorläufig sowieso nicht angreifen und die Waffenruhe – ich gehe davon aus, dass die Franken sich auch daran halten werden – verschafft den Verteidigern von Akkon eine Ruhepause. Und wer weiß schon, wofür Großmut unter Königen einmal gut ist?«

***

Berengaria musste an sich halten, Robin nicht um den Hals zu fallen, als er das Geflügel und die Früchte bei ihr ablieferte. Es ging dem König immer noch nicht besser. Heftige Fieberanfälle wurden von Schüttelfrostattacken abgelöst, die so heftig waren, das Milo ihm ein Holz zwischen die Zähne steckte, damit er sich nicht die Zunge abbiss.

Robin begab sich danach zu Hubert Walter, um ihm wahrheitsgemäß von seinem Treffen mit Saladin zu berichten.

»Der Sultan hat eine einwöchige Waffenruhe angeboten, und ich glaube, wir sollten uns auch daran halten«, meinte Robin zum Schluss seines Rapports. »Ohne den König kämpfen die Männer nur mit halber Kraft. Wenn wir Glück haben, ist er nach dieser Zeit wieder wohlauf, wie mir Milo sagte. Saladin muss aber jede Menge Spione in unseren Reihen haben. Er wusste schon von Richards Erkrankung und sogar, dass ich der Anführer der Bogenschützen war, die seine Reiterei zusammengeschossen haben.«

»Ihr seid wirklich immer für eine Überraschung gut, Sir Robert«, meinte der Bischof kopfschüttelnd. »Man kann das, was Ihr getan habt, auch als Konspiration mit dem Feind bezeichnen. Doch wenn es dem König hilft, sei Euch alles verziehen. Nur wäre ich Euch sehr verbunden, wenn Ihr mich das nächste Mal vorher informieren würdet. Die Waffenruhe werde ich vor dem Rat zur Sprache bringen und mich dafür aussprechen. Und wenn wir nicht kämpfen, tun es die anderen auch nicht. Jeder Händler, der uns mit Waren versorgt, jede Waschfrau und was weiß ich, wer sonst noch, wird Saladin mit Informationen versorgen. Er hat tausend Augen in unserem Lager, das sollten wir bei allem, was wir tun, berücksichtigen. Jetzt zieht Euch zurück, Sir Robert. Wenn ihr den König versorgt, werde ich jetzt mit Gebeten versuchen, Gott davon zu überzeugen, ihm zu helfen. Auf die eine oder andere Art werden wir schon Erfolg haben.«

Solche Kirchenfürsten, die mit beiden Beinen im Leben standen, waren Robin mit Abstand die liebsten. Frömmelnde Fanatiker dagegen konnte er für den Tod nicht ab. Beschwingt und mit dem Gefühl, für Richard getan zu haben, was er nur konnte, verließ er das Zelt, um sich zu seinen Männern zu begeben Die waren etwas frustriert, dass sie so gar kein Jagdglück gehabt hatten, ließen allerdings ihren Hauptmann hoch leben, als sie von seinem Abenteuer erfuhren. Es war fast wie zu Hause im Sherwood. Sie machten die Arbeit, und er hatte die Ideen, die letztendlich zum Erfolg führten.

***

Nach zwei Tagen ging es Richard etwas besser und nach weiteren drei fieberfreien Tagen zeigte er sich erstmalig wieder seinen Männern, die von großer Sorge um ihn erfüllt gewesen waren und ihm begeistert zujubelten. Jetzt würde bald der Sturm auf Akkon beginnen, die Stadt war mehr als reif. Doch vorher gab es noch ein wichtiges Problem zu lösen und davor graute es ihm mehr wie vor jedem Kampf auf den Mauern.

Es konnte nicht angehen, dass zwei Männer Anspruch auf den Titel „König von Jerusalem“ erhoben, und da Philipp Konrad von Montferrat protegierte und er Guido von Lusignan notgedrungen unterstützen musste, würde es wohl wieder argen Streit geben. Doch es nützte alles nichts, der Stier musste bei den Hörnern gepackt und das Problem gelöst werden.

Philipp war auch leicht erkrankt gewesen und hatte das ganze Unternehmen mehr als satt. Die Hitze, der Staub, die nicht enden wollende Belagerung, alles ging ihm auf die Nerven. Dazu kam, dass kürzlich der Graf von Flandern verstorben war und er Anspruch auf dessen Ländereien erhob, da es keine direkten Erben gab. Allerdings würde Richard das gar nicht passen, da Flandern direkt an die Normandie grenzte und für ihn eine immense strategische Bedeutung hatte.

Das war die Situation, als sich die Könige und ihre hochrangigsten Berater trafen, um die Schwierigkeiten aus dem Weg zu räumen und die Eintracht unter den Kreuzfahrern wiederherzustellen. Gemäß dem Motto „Angriff ist die beste Verteidigung" eröffnete Philipp den Schlagabtausch mit der Forderung an Richard, ihm die Hälfte der eroberten Insel Zypern abzutreten.

»Wie kommst Du denn darauf? Ich glaube nicht, auch nur einen einzigen Deiner Ritter beim Kampf um Zypern gesehen zu haben!«

»Wir haben in Vezelay vereinbart, dass alle Eroberungen während des Kreuzzuges zwischen uns geteilt werden. Hast Du das schon vergessen?«

»Da ging es um das, was hier im Heiligen Land passiert und was wir gemeinsam angreifen! Wohl kaum um eine Insel, von der nie vorher die Rede war.«

»Man kann das so oder so sehen. Ich halte daran fest, dass alles seit unserem Aufbruch im vergangenen Jahr dazu zählt.«

»Gut, kannst Du haben. Als Ausgleich für die Hälfte von Flandern, die direkt an mein Herzogtum grenzt.«

»Das vergiss gleich! Du hast keinerlei begründete Ansprüche auf Flandern!«

»Und Du keine auf Zypern!«

Es wäre sicherlich noch ewig so weitergegangen, hätte sich Hubert Walter nicht mit dem Hinweis eingemischt, dass es doch in diesen Verhandlungen eher um die Königskrone von Jerusalem als um Inseln und Landstriche in Europa ging. Nach zähem Hin und Her einigte man sich auf einen Kompromiss, dem beide Seiten zähneknirschend zustimmten.

Guido behielt zwar formell den Titel, Konrad und seine Nachfahren wurden aber als seine Erben eingesetzt. Die Einkünfte der Krone sollten sie sich teilen.

Auch Richard war während der Verhandlungen zu dem Schluss gekommen, dass Konrad eigentlich der bessere Mann für die Aufgabe war. Tatkräftig, anpackend, aber auch skrupellos kam dem englischen König dessen Mentalität eher entgegen wie die des vorsichtigen und oft ängstlich agierenden Lusignan. Doch er hatte keine Wahl, hier standen Vasallen – und Lehnsherrentreue auf dem Spiel und dadurch konnte er nicht frei entscheiden.

Philipp hatte innerlich schon beschlossen, bei nächster Gelegenheit abzureisen. Er war es leid, immer die zweite Geige hinter Richard zu spielen, und befürchtete, dass das, was er ständig herunterschlucken und einstecken musste, bei ihm zu Magengeschwüren führen würde. Doch zuvor galt es wenigstens einen Erfolg zu erringen, wollte man nicht mit ganz leeren Händen nach Hause kommen und sich damit dem Gespött der ganzen Welt aussetzen.

***

Wenige Tage später, nach dem Ablauf der Waffenruhe, begann der Sturm auf Akkon. Die Stadt war mittlerweile völlig von der Außenwelt abgeschnitten. Den Hafen blockierte die englische Flotte, und die Belagerer hatten den Ring so eng gezogen, dass keinerlei Lebensmittel mehr hineingelangten und man mit Saladin nur noch über Brieftauben Nachrichten austauschen konnte.

An mehreren Stellen war die Mauer sturmreif geschossen worden und nahezu eingestürzt. Einer der Türme, von den Mineuren unterhöhlt, hatte nachgegeben, und wo er zuvor trutzig aufgeragt hatte, klaffte jetzt eine notdürftig von den Belagerten gestopfte Bresche.

Im Morgengrauen griffen die Fußsoldaten unter Mercadiers Führung mit langen Sturmleitern an. Auch die Belagerungstürme waren trotz heftiger Gegenwehr und Beschuss mit griechischem Feuer bis an die Mauern herangeschafft worden und die Rammböcke hämmerten gegen die verbarrikadierten Tore der Stadt. Der Lärm war infernalisch und schon bald hatten etliche der Angreifer die Mauerkrone erstürmt, wo es zum Kampf Mann gegen Mann kam, der gnadenlos ausgetragen wurde. Trotz alledem hörte man plötzlich, wie große Trommeln geschlagen wurden. Wenig später stürmte Saladins Reiterei von den Hügeln herab und griff das Christenheer von der Landseite her an.

Doch Richard wäre nicht er selbst gewesen, wenn er damit nicht gerechnet hätte. Das Lager war verschanzt worden, und alle Bogenschützen standen gut geschützt hinter einer Brustwehr. Der Pfeilhagel, der den Angreifern entgegenschlug, war mörderisch. Welle auf Welle der mutigen Seldschuken ritt gegen das Lager an, nur um in den Tod zu gehen.

Saladin sah mit unbewegter Miene, dass es kein Durchkommen für seine sonst so gefürchtete leichte Reiterei gab. Bevor er sie ganz verlor, befahl er den Rückzug und schickte seine schwer gepanzerte Kavallerie in das Gefecht.

Doch darauf hatten die fränkischen Ritter nur gewartet, das war ihre Art zu kämpfen. In breiter Front mit eingelegter Lanze gingen sie zum Gegenangriff über und warfen den Gegner zurück, der dieser geballten Macht aus Eisen und Stahl nur wenig entgegenzusetzen hatte.

Befehlsgemäß wandten sich die Sarazenen danach zur Flucht und hofften, dass die Ritter ihnen im Siegesrausch wie schon so oft in kleinen Gruppen folgen und damit in geschickt gelegte Hinterhalte geraten würden. Doch der englische König hatte jedem Anführer mit dem Strang gedroht, der seine Männer nicht unter Kontrolle hatte und zur Verfolgung ansetzte. Und diesmal hielt die Disziplin. Die Ritter machten kehrt, bevor sie in Saladins ausgeklügelte Fallen tappten.

Der Sultan musste zähneknirschend zur Kenntnis nehmen, dass nicht einmal der Angriff auf Akkon abgebrochen wurde und die Christen stark genug waren, an beiden Fronten zu kämpfen, und, wie er befürchtete, auch zu siegen. Es blieb ihm gar nichts anderes übrig, als sich zurückzuziehen, wollte er nicht Verluste hinnehmen, die ein späteres Weiterkämpfen unmöglich gemacht hätten.

Als die Verteidiger sahen, wie die zu ihrer Unterstützung herbeigeeilten Truppen geschlagen wurden und abzogen, sank ihnen der Mut. Nach zwei Jahren Belagerung müde und erschöpft, vom Hunger ausgezehrt und ausgemergelt, dachten sie erstmals an Kapitulation und hissten die Parlamentärsflagge.

Richard hätte es gern ausgekämpft und die Stadt gestürmt, aber Philipps Truppen brachen daraufhin den Angriff ab, und die Deutschen unter Herzog Leopold schlossen sich ihnen an.

Mit einer weißen Fahne erschien der muslimische Befehlshaber Maschtub mit einer Abordnung vor dem Tor und wurde zum Zelt der Könige geleitet. Philipp wollte die Verhandlungen führen, aber Richard unterbrach ihn rüde.

»Wir nehmen von Euch nur die bedingungslose Kapitulation entgegen!«, fuhr er den Sarazenen an. »Ansonsten machen wir jeden nieder, den wir noch lebend in Akkon antreffen!«

Der englische König war immer noch nicht ganz genesen. Er fühlte sich unwohl und gereizt und in dieser Stimmung war mit ihm nicht gut Kirschen essen.

»Wir bieten Euch für alle Menschen in den Mauern ein Lösegeld, wenn Ihr sie vor dem Tod und dem Schicksal der Sklaverei verschont«, bot Maschtub im Gegenzug an.

»Darüber können wir verhandeln, wenn Ihr Euch ergeben habt«, knurrte Richard, den gerade wieder Magenkrämpfe heimsuchten.

»Wir werden unser Leben teuer verkaufen und noch viele von Euch müssen sterben, wenn Ihr uns keine annehmbaren Kapitulationsbedingungen zugesteht«, warnte der Befehlshaber der Garnison.

»Soviel Geld habt Ihr gar nicht in Euren Mauern, um Euch freizukaufen,« höhnte der König.

»Das ist richtig. Aber ich kann im Namen von Sultan Saladin verhandeln, der uns auslösen wird«, erwiderte Maschtub und legte ein Dokument vor, welches seine Worte bestätigte. Saladin erklärte sich darin bereit, die ausgehandelten Bedingungen zu akzeptieren, als wären sie von ihm selbst angenommen worden. Damit sah die Sache natürlich ganz anders aus, doch Richard war immer noch nicht bereit zurückzustecken.

»Dann hört unsere Forderung! Wir verlangen die Rückgabe aller seit 1187 eroberten Gebiete, Burgen und Städte, einschließlich Jerusalem, die Freilassung aller christlichen Gefangenen und als Entschädigung für ihre erlittenen Qualen fünfhunderttausend Golddinare!«

Maschtub glaubte seinen Ohren nicht zu trauen. Dieser rothaarige Barbar da vor ihm stellte Forderungen auf, die völlig unerfüllbar waren. Ganz offensichtlich bedeuteten ihm Menschenleben rein gar nichts und er war bereit, Christen und Muslime gleichermaßen in den Tod zu schicken.

Philipp, Leopold und die anderen Anwesenden drängten Richard in eine Ecke, wo die Delegation aus der Stadt nicht hören konnte, was man zu besprechen hatte.

»Richard, das ist doch völlig illusorisch«, flüsterte Philipp leise, aber eindringlich. »Das können sie nie annehmen und werden bis zum letzten Mann kämpfen. Wer weiß, wie lange wir dann noch vor ihren Mauern liegen und wie viele von uns sterben werden. In der Stadt gibt es tiefe Brunnen mit sauberem Wasser, woran es uns hier draußen mangelt. Stell ihnen von mir aus harte, aber annehmbare Bedingungen, damit wir das zu einem Ende bringen können.«

Der englische König hätte sich am liebsten auf den Boden geworfen und vor Schmerzen gekrümmt, so schlecht ging es ihm gerade wieder. Nur mit äußerster Anstrengung hielt er sich überhaupt aufrecht. Unter anderen Umständen wäre er sicherlich zugänglicher gewesen, aber so war er kein angenehmer Verhandlungspartner.

»Was bietet Ihr uns denn an?«, fragte er Maschtub wenig gnädig.

»Einhunderttausend Golddinare als Lösegeld für die Besatzung und die Übergabe der Stadt ohne weiteres Blutvergießen.«

»Raus!«, brüllte Richard. »Diese Unverschämtheit ist Euer Todesurteil! Morgen komme ich in Euer Drecknest und räuchere es persönlich aus, bis kein Stein mehr auf dem anderen liegt und ich bis zu den Knöcheln in Eurem Blut wate!«

Das war keine leere Drohung, wie Maschtub wusste. Genauso hatten sich die Eroberer beim ersten Kreuzzug in Jerusalem verhalten. Er hatte auch Frauen und Kinder in der Garnison, denen er dieses Schicksal gern ersparen würde. Seine Männer selbst hätten kein Problem damit, freudig in den Tod zu gehen, um von Allah an den Pforten des Paradieses begrüßt zu werden.

Philipp mischte sich jetzt direkt ein.

»Euer Vorschlag ist für uns völlig unannehmbar und das angebotene Lösegeld viel zu gering«, unterstützte er in diesem Fall Richard, wohl wissend, dass auch dessen Forderung völlig überzogen waren. Aber wie auf einem orientalischen Basar würde man hier mit Geduld feilschen müssen, um zu einer einigermaßen akzeptablen Lösung zu kommen.

»Wir brechen unser Gespräch für heute ab und erwarten Euch morgen früh mit einem deutlich verbesserten Angebot zurück. Doch sollte uns dieses auch nicht zusagen, stürmen wir die Stadt, und dann wird keiner von Euch überleben.«

Als die Delegation das Zelt verlassen hatte, fuhr Richard Philipp an:

»Was soll das? Die Stadt fällt uns wie ein reifer Apfel in den Schoß! Warum sollen wir überhaupt noch verhandeln?«

»Und was hast Du gekonnt, wenn Du sie alle umbringst? Dann verlierst Du noch viele Deiner Männer, siehst überhaupt kein Lösegeld und kannst auch sonst keinerlei Forderungen stellen. Ganz nebenbei, niemand würde sich Dir danach noch ergeben wollen.«

Auch wenn es Richard schwer fiel, er musste Philipp recht geben. Die Verhandlungen erstreckten sich noch über drei Tage, dann hatte man sich über die Bedingungen geeinigt. An die Sieger sollten zweihunderttausend Golddinare gezahlt werden, es mussten von Saladin eintausendfünfhundert christliche Gefangene, darunter fünfhundert namentlich benannte Adelige, freigelassen werden – und er hatte das bei Hattin erbeutete Heilige Kreuz, von dem die Christen glaubten, dass Jesus daran gestorben war, herauszugeben.

Als der Sultan davon erfuhr, bekam er einen Tobsuchtsanfall. Dass die Garnison von Akkon so harte Bedingungen annehmen würde, war außerhalb seiner Vorstellungskraft gewesen. Warum war die Besatzung nicht eher frohen Mutes in den Tod gegangen? Jetzt musste er sich an den geschlossenen Vertrag halten, ob er wollte oder nicht. Aber nie wieder würde er in seinem Namen verhandeln lassen, ohne die Bedingungen selbst festlegen zu können. Wütend sah er zu der mächtigen Hafenstadt hinüber, wo gerade die grüne Fahne des Propheten eingeholt und die der christlichen Herrscher gehisst wurden.

Am 12. Juli 1191 zogen die Kreuzfahrer nach fast zweijähriger Belagerung in Akkon ein, und die Besatzung ging in Gefangenschaft, bis Saladin sie auslösen würde. Richard hatte recht behalten. Es waren nach seiner Ankunft keine zwei Monate vergangen, bis die Stadt fiel, und Philipp war froh, nicht gewettet zu haben.

***

Akkon, diese reiche Handelsstadt, verfügte über viele Paläste, Villen und Prachtbauten. Philipp, der sich Richards Rolle bei der Erstürmung durchaus bewusst war und diesmal keinen Streit wollte, verzichtete auf den Sultanspalast und richtete sich im ehemaligen Ordenshaus der Tempelritter ein.

Mercadier, Robin und die anderen Hauptleute standen mit dem König auf einem weitläufigen Platz vor Saladins Burg und nahmen Befehle entgegen, wo sie ihre Männer unterbringen und wie der Wachdienst eingeteilt werden sollte. Da wurde über ihnen, auf dem höchsten Turm des Palastes, die Fahne des Babenberger Herzogs Leopold von Österreich, der den Beinamen „der Tugendhafte“ trug, aufgezogen. Philipp, der gerade mit seinen Anführern zu der Gruppe gestoßen war, machte Richard hämisch darauf aufmerksam.

»Schau mal nach oben!«, meinte er anzüglich. »Ich glaube, Du musst Dir ein neues Quartier suchen. Auf dieses hier hat schon jemand anderer Ansprüche angemeldet.«

Richard glaubte seinen Augen nicht zu trauen.

»Was fällt dem denn ein? Glaubt Leopold etwa, dass er mit seiner Handvoll Ritter irgendwelche Ansprüche auf den Palast hat?«

»Es sieht ganz danach aus. Wenn seine Fahne da oben weht, dann hat er auch das Recht auf einen gleichwertigen Anteil an der Beute, obwohl sein Beitrag bei der Erstürmung von Akkon mehr als dürftig war.«

»Nun, ein tapferer Mann ist er schon, vor allem wenn er es wagt, mich so zu provozieren.«

Richard rief nach seinem Mann für das Grobe.

»Mercadier, lasst das Ding da runterholen, besetzt die Burg und hisst unsere Flagge! Soweit kommt es noch, dass ein Herzog – von was überhaupt? – den Palast bezieht und ich mir irgend ein Haus suchen muss.«

»Oh, oh«, dachte Robin, »das gibt Ärger! Zuerst Streit mit Philipp und jetzt mit Leopold, der von allen am längsten vor Akkon gekämpft hatte. Der König verfährt wohl nach der Maxime viel Feind, viel Ehr!«

Es dauerte nicht lange, da flog das goldene Banner mit dem schwarzen Adler, der seine Flügel weit spreizte, in hohem Bogen vom Turm und landete in der Jauche, die sich auch hier im Burggraben gesammelt hatte und aus den Abtritten des Palastes stammte. Stolz wehten nun an seiner Stelle die Leoparden der Plantagenets. Mercadier hatte auch mit seinen vielen Söldnern im Rücken den Österreichern in der Burg schnell klargemacht, dass sie sich „schleichen“ sollten, und jetzt kamen sie, ihr Herzog an der Spitze, wutschnaubend aus dem Tor gestürmt.

»Was fällt Euch ein«, brüllte Leopold schon von weitem, „meine Fahne in die Latrine werfen zu lassen! Ist Euch denn gar nichts heilig!«

Richard schaute sich verblüfft um. Er hatte nach seinem Befehl nicht weiter auf den Vorgang geachtet und wusste natürlich, welche Bedeutung das Banner für jeden Fürsten hatte. Runterholen ja, in den Schmutz, oder gar in die Jauche werfen, nein. Niemals wäre ihm ein solcher Befehl über die Lippen gekommen. Hätte das jemand mit seiner Fahne gemacht, er würde es keinen Tag überleben. Nun aber galt es sich hinter seine Männer zu stellen.

»Ihr glaubt doch wohl nicht, dass Ihr den Palast bewohnen und Euch über die Könige stellen könnt?«, fuhr er Leopold an, den er als tapferen Mann und beherzten Kämpfer kennen gelernt hatte und durchaus schätzte.

»Und warum nicht? Schließlich kämpfen und sterben wir hier vor Akkon schon seit einem Jahr, Ihr erst seit einem Monat! Wer hat da wohl das größere Anrecht, seine Fahne auf den höchsten Punkt auf zu pflanzen?«

»Sicherlich kein Herzog, dem ich erst Geld geben musste, damit er überhaupt seine Männer bezahlen kann!«

Richard und Leopold standen sich mit den Händen an den Schwertgriffen gegenüber, als würden sie im nächsten Moment aufeinander losgehen.

»Ihr macht Eurem Namen Löwenherz wirklich alle Ehre«, höhnte der Babenberger. »Grausam und sich über alles hinwegsetzend wie dieses Raubtier geht Ihr vor!«

»Es ist wohl nicht sehr tugendhaft, wenn ein Herzog glaubt, sich über Könige erheben zu können!«, donnerte Richard zurück, dem es langsam reichte. »Ich lasse Eure Fahne holen und säubern, wenn Euch so daran gelegen ist. Im Gegenzug verlange ich von Euch eine Entschuldigung dafür, dass Ihr sie überhaupt am höchsten Punkt gehisst habt.«

»Darauf könnt Ihr in diesem Leben ewig warten! Behaltet die Fahne! Nie wieder würde ich etwas berühren, was Eure Männer in den Schmutz geworfen haben!«

Leopold, der wie ein Löwe gekämpft hatte, riss sich seinen ehemals weißen, jetzt vom Blut gefallener Feinde rot gefärbten Waffenrock vom Leib. Nur in der Mitte, wo eine Schärpe und der Schwertgurt ihn zusammengehalten hatten, war noch die ehemalige Farbe als weiße Binde zu erkennen. Er winkte einen seiner Männer mit einer Lanze herbei und spießte den Rock als Flagge an der Spitze auf.

»Das soll in Zukunft und für alle Zeiten unser Banner sein und uns immer an die Schlacht von Akkon und die hier erlittene Schmach erinnern!«, rief er in die Runde und zog mit seiner kleinen Truppe, immer noch wutentbrannt, ab. Nur wenige Tage später machte sich das deutsche Kontingent unter seiner Führung auf den Heimweg.

Richard sollte den Vorfall später noch einmal bitter bereuen. Und bis heute wehen die Farben Rot-Weiß-Rot über Österreich.

***

Nach der Eroberung von Akkon gab es für die Kreuzfahrer viel zu tun. Die Stadt sollte der erste Pflasterstein auf dem Weg nach Jerusalem und die Ausgangsbasis für weitere Unternehmungen sein. Die Kirchen wurden durch die Bischöfe neu geweiht, und die Befestigungen mussten wieder aufgebaut und sogar noch verstärkt werden, da man nur eine kleine Besatzung zurück lassen konnte.

Die kranken und verwundeten Kreuzfahrer erholten sich in den schattigen Häusern und großen Gärten, die meist dazu gehörten. Die schwersten Fälle wurden in den Hospitälern der Johanniter und des von Kaufleuten aus Lübeck und Bremen gegründeten Deutschen Ordens gepflegt. Frisches Wasser aus Tiefbrunnen stand ausreichend zur Verfügung und seit der Eroberung Zyperns und der Vorherrschaft auf See durch die englische Flotte stellte die Versorgung mit Lebensmitteln kein Problem mehr da.

Es blieb auch ausreichend Gelegenheit, nach den langen, harten Tagen im Lager die Annehmlichkeiten der vielen türkischen Bäder, Schenken und Wirtshäuser zu genießen. Zahlreiche aufgeschlossene Frauen, die sich ihre Dienste ausgiebig bezahlen ließen, verkürzten und versüßten den Männern die Zeit, und es riss ein regelrechtes Lotterleben ein.

Richard hatte seine Frau und seine Schwester in den Palast holen lassen. Jetzt, wo es auch seinen Kämpfern gut ging, brauchte er sich keine Beschränkungen mehr aufzuerlegen und genoss die wenigen Mußestunden mit Berengaria. Sie ergingen sich in den weitläufigen Palastgärten, in dem Springbrunnen lieblich plätscherten, nutzten gemeinsam Saladins privaten Hamam und ließen sich am Abend beim Mahl von Blondel de Nesle und Alan a Dale mit ihren traurigen oder lieblichen Weisen unterhalten.

Wenn Richard mit seiner Frau alleine war, fuhr er oft liebevoll und vorsichtig mit seiner Hand über ihren sich langsam rundenden Bauch oder legte sein Ohr darauf um zu lauschen, ob vielleicht schon etwas zu hören war. Berengaria fand das süß, strich ihm dabei immer wieder durch das lockige, rote Haar und machte ihm klar, dass sie durchaus auch weiterhin für seine Liebe empfänglich war. Diese Tage zählten zu den schönsten, die sie bisher gemeinsam verbracht hatten, aber beide wussten, dass es nicht ewig so weitergehen würde.

In diese entspannte Atmosphäre platzte die Nachricht, dass nach Herzog Leopold auch König Philipp die Heimreise antreten und die Kreuzfahrer verlassen wolle. Richard erfuhr durch Hubert Walter davon, der seine Spione überall hatte. Er war gerade dabei, mit Robin die Marschordnung für das Heer zu besprechen, das demnächst Richtung Süden nach Jaffa aufbrechen sollte, und die Rolle, die seine Bogenschützen dabei zu übernehmen hatten.

Wie von der Tarantel gestochen fuhr der König auf, befahl allen Anwesenden, ihm als Zeugen zu folgen, und stürmte zum ehemaligen Sitz der Tempelritter.

Philipp empfing ihn äußerst zuvorkommend und stritt auch gar nicht ab, dass seine Rückreisepläne schon weit gediehen waren.

»Was willst Du Richard? Sei doch froh, wenn ich zurückfahre! Dann hast Du völlig freie Hand und brauchst mit niemanden mehr deine Pläne abzusprechen. Du kannst entscheiden und befehlen und alle haben zu tun, was Du anordnest.«

»Und warum so plötzlich? Was ist mit Deinem Schwur, Jerusalem und das Heilige Grab zu befreien? Glaubst Du wirklich, Du kannst ihn so einfach brechen, ohne dass der Papst Dich exkommuniziert?«

»Ich fühle mich einfach hier nicht wohl und bin ständig krank.« Richard erinnerte sich, dass Philipp schon immer ein Hypochonder gewesen war. »Und tu nicht so, als ob Du noch nie einen Eid gebrochen hättest! Lass Coelestin meine Sorge sein. Vielleicht suche ich den Papst sogar in Rom auf und lasse mich von dem Gelübde entbinden.«

»Gib doch zu, der eigentliche Grund ist, dass Du Dir Flandern unter den Nagel reißen willst!«

»Es gibt dort im Moment Erbstreitigkeiten, richtig. Als oberster Lehnsherr bin ich verpflichtet, sie zu schlichten. Aber sei beruhigt, Deine Belange werden davon nicht berührt. Außerdem lasse ich Dir Hugo von Burgund mit dem Großteil meiner Ritter hier. So hast Du genügend Männer und brauchst auf niemanden mehr Rücksicht zu nehmen.«

Richard hatte eine ganz andere Sorge. Er sah sich in dem Raum um, und als er eine Bibel erblickte, nahm er sie und knallte sie vor Philipp auf den Tisch.

»Leg die Hand auf die Heilige Schrift und schwöre bei Gott und vor allen Anwesenden, dass Du meine Länder während meiner Abwesenheit in Ruhe lassen und keine Bündnisse gegen mich eingehen wirst. Schwöre es!«

»Aber Richard, das ist doch völlig überflüssig. Wir haben es uns doch schon in Vezelay gegenseitig geschworen. Was soll diese Wiederholung? Vertraust Du mir nicht?«

Löwenherz, und jetzt machte er seinem Namen alle Ehre, packte Philipps Hand und drückte sie gegen dessen Widerstand zur Bibel nieder.

In der Runde standen viele hochgestellte Persönlichkeiten aus beiden Lagern wie der Herzog von Burgund, Hubert Walter, Baudouin de Bethune, Guido von Lusignan und andere mehr. Sie alle schwiegen verlegen und sahen der Auseinandersetzung der beiden Könige fassungslos zu. Philipp glaubte, sein Arm würde gleich unter Richards eisernem Griff brechen, und gab nach. Als seine Hand auf der heiligen Schrift lag, brüllte ihn Löwenherz mit einer Stimme an, die allen das Mark in den Knochen erstarren ließ.

»Schwöre es, oder bei Gott, ich werde verhindern, dass Du zu Hause ankommst!«

»Wenn Dir soviel daran liegt, gut, dann schwöre ich es eben nochmals.«

Richard ließ Philipps Arm los und der rieb sich seine schmerzende Hand.

»Verdammt, Du hättest mir fast den Arm gebrochen.«

Löwenherz ging nicht darauf ein und wandte sich an die Umstehenden.

»Ihr habt es alle gehört und ich werde Euch als Zeugen vor allen Fürsten dieser Welt aufrufen, wenn er seinen Schwur bricht.«

Dann wandte er sich um und verließ ohne ein weiteres Wort das Gemach und den Palast.

Philipp war kreidebleich geworden. Diese Demütigung würde er Richard nie verzeihen, ebenso wie die anderen, die er hatte einstecken müssen. Wenn sein Wort schon hier vor versammelter Mannschaft in

Frage gestellt wurde, dann sah er sich auch nicht verpflichtet, es zukünftig zu halten.

Am nächsten Tag bestieg er in aller Herrgottsfrühe eine seiner Galeeren, bestimmte zwei weitere zu seinem Schutz und stach Richtung Frankreich in See. Vorher wollte er aber noch nach Rom, dem neuen Papst das Vorgefallene berichten, und hoffte, neben seinem Kreuzzugsschwur auch von seinem Friedensgelübde gegenüber seinem Lehnsmann entbunden zu werden.

***

Richard rief in seinem Quartier seine engsten Berater zusammen.

»Ich traue Philipp keinen einzigen Schritt über den Weg. Mercadier, so sehr ich Euch hier bräuchte, Ihr segelt nach Aquitanien und sichert es ebenso wie die Normandie gegen Frankreich. Erhöht den Sold der Besatzungen der Grenzfestungen und werbt zusätzliche Söldner. Ich vertraue Euch meine wichtigsten Besitzungen an!«

Es gab Robin einen Stich in die Brust, als er hörte, dass der König von England seine Ländereien auf dem Festland über die seines Kronlandes stellte.

Aber Richard fuhr schon fort und gab weitere Befehle.

»Hubert Walter, Ihr schreibt an alle Bischöfe im ganzen Angevinischen Reich und macht Philipps Schwur bekannt. Und wer sich von meinen Lehnsmännern, die daheim geblieben sind, auf seine Seite stellt, der soll exkommuniziert und mit der Acht belegt werden. Und schreibt auch an meine Mutter, dass sie Augen und Ohren offen halten und John kontrollieren soll, damit er nicht mit Philipp Ränke schmieden kann. Die beiden zusammen würden wirklich ein feines Gespann abgeben.«

Der König war in ernster Sorge. Er spielte mit dem Gedanken, ebenso abzureisen. Doch das konnte er vor sich und dem Anspruch, den er an sich selbst stellte, nicht vertreten. Mit dem Ziel gekommen, Jerusalem zurückzuerobern, wollte er jetzt nicht nach Hause fahren und nichts weiter vorzuweisen haben wie eine Stadt, die außer einer Handvoll Kaufleuten in Europa kaum jemand kannte. Ein paar Erfolge musste er schon noch an seine Fahnen heften, um sich nicht wie ein geprügelter Hund zurückzuziehen. Aber jetzt würde er umso mehr

Kontakt zur Heimat halten und die Vorgänge dort mit wachem Blick verfolgen. Sein Leben war gerade nicht einfacher geworden.

***

Weder war Saladin in den von ihm eroberten Ländern unumstritten, noch der Islam eine einheitliche Religion. Aufmerksam hatten Emire und Anhänger unterschiedlicher Glaubensrichtungen die Erfolge der Kreuzfahrer und vor allem von Richard Löwenherz vor Akkon beobachtet. Fast täglich musste der König Abordnungen aus Städten und Regionen empfangen, die ihm Bündnisse gegen Saladin anboten oder um seinen Schutz baten. Viele hatten dem Sultan nie verziehen, dass er den minderjährigen Sohn seines Gönners Nur ad-Din um sein Erbe und den Thron gebracht und sich selbst zum Herrscher von Syrien und Ägypten empor gehoben hatte.

Früher hatte es in dem Land, das man gemeinhin Syrien nannte, viele kleinere Fürstentümer, wie Aleppo und Mossul, gegeben, die alle von Saladin nach und nach erobert und seiner Zentralgewalt unterstellt worden waren. Nur an einer Stelle scheiterte er gleich zweimal und musste den Angriff sowie die Belagerung der Festung Masyaf abbrechen. Eine ismailitische Sekte machte ihm sehr nachdrücklich klar, dass auch er sterblich war, die Assassinen.

Als sich eine Delegation dieser sagenumwobenen Bergbewohner bei Richard melden ließ, zögerte dieser zuerst, sie zu empfangen, da er grundsätzlich nichts mit sektiererischen Fanatikern zu tun haben wollte, die noch dazu in dem Ruf standen, bei der Durchsetzung ihrer Glaubensvorstellungen auch vor Meuchelmord nicht zurückzuschrecken, gab dann aber doch seiner Neugier nach. Bei Hubert Walter, dessen Wissen nahezu unerschöpflich war, erkundigte er sich vorab, mit wem man es eigentlich zu tun hatte.

»Es ist, soweit mir bekannt ist, eine Glaubensgemeinschaft, die ursprünglich aus Persien stammt und nach starken, religiösen Überzeugungen handelt. Sie wollen den Gottesstaat wieder einführen, wie ihn der Prophet Mohammed hinterlassen hat. Dafür ist ihnen jedes Mittel recht, auch und gerade der Mord mit Dolch und Gift. Ihre Opfer sind meist sunnitische Muslime, von denen sie sich bedrängt fühlen.«

»Keine Christen?«

»Bisher ist noch kein Fall bekannt. Die Sunniten, Schiiten, Ismailiten und wie sie alle heißen, bekämpfen sich mit einer solchen Inbrunst untereinander, dass es mich wundert, wieso es sie überhaupt noch gibt. Die Assassinen sind wohl die Fanatischsten von allen. Der Gehorsam gegenüber ihrem Sheikh, den man den Alten vom Berge nennt, soll absolut bedingungslos sein. Er prüft sie immer wieder, indem er einem von ihnen befiehlt, von den Zinnen ihrer Burg Masyaf in den Tod zu springen, oder einen Auftrag erteilt, von dem es keine Rückkehr gibt. Die Fida'i leben dafür, für ihn sterben zu dürfen.«

»Aber wie ist es möglich, dass er eine derartige Selbstaufgabe einfordern kann?«

»Sie sind fest davon überzeugt, auf jeden von ihnen wartet das Paradies, wenn er bei der Erfüllung seines Auftrages sein Leben gibt. Ihr Sheikh soll in der Lage sein, es den jungen Männern vor ihrem Einsatz mit all seinen Schönheiten zu zeigen. Und diese Fida'i suchen danach nur noch den Tod, um wieder dahin zurückkehren zu können.«

»Wie soll denn das gehen?«, fragte der König interessiert. »Ist dieser Alte vielleicht ein Zauberer oder Hexenmeister?«

Hubert Walter zuckte mit den Achseln.

»Genau weiß das niemand. Man munkelt von einem Kraut, welches die Kraft hat, den Gläubigen eine Traumwelt zu zeigen, in der sie von wunderschönen Jungfrauen, den Huris, empfangen werden, die ihnen ständig zur Verfügung stehen. Junge Männer sind dafür natürlich besonders empfänglich.«

»Weil sie noch nicht wissen, wie anstrengend das auf die Dauer sein kann«, meinte Richard, der jetzt noch neugieriger geworden war.

Er empfing die Delegation im großen Saal des Palastes in Anwesenheit seines Gefolges, das den Vertretern des Alten vom Berge genauso gespannt entgegensah wie er.

Drei Männer in schlichten Gewändern traten ein. Ein älterer, weißbärtiger und zwei jüngere, die ihn flankierten. Beide trugen Kissen in den Händen. Auf einem lagen drei kostbare, mit Juwelen verzierte, geschwungenen Dolche, auf dem anderen ein schneeweißes, zusammengefaltetes Leinentuch. Die Männer verbeugten sich tief vor Richard und warteten höflich darauf, angesprochen zu werden.

»Seltsame Geschenke überbringt Ihr mir da«, eröffnete Richard das Gespräch. »Haben sie eine besondere Bedeutung?«

»Sie bedeuten das größte Geschenk, das es überhaupt geben kann, das Leben.«

»Nur Gott allein kann Leben schenken!«, fuhr der König die Männer an, jetzt schon gereizt von ihrer überheblichen Art.

Der ältere Mann lächelte auf eine Art, die man nur als mitleidig bezeichnen konnte.

»Unser erhabener Herr, der Sheikh Raschid ad-Din Sinan, lässt Dir folgende Botschaft ausrichten:

Unseren Freunden sind wir treue Verbündete und gehen, wenn es sein muss, für sie auch in den Tod. Keiner unserer Feine aber überlebt. Die drei Dolche stehen dafür, dass so lange ein Fida'i kommen wird, bis der Auftrag ausgeführt ist. Das Leichentuch symbolisiert, was unsere Gegner erwartet, wenn sie unsere Warnungen nicht berücksichtigen.«

»Ihr glaubt doch nicht ernsthaft, dass ich mich vor Euch fürchte?«, Richard war nahezu sprachlos über diese Dreistigkeit. »Keiner von Euren gedungenen Mördern käme auch nur in meine Nähe.«

»Dies glaubte der große Saladin auch, bis ich ihn besuchte«, führte der ältere Mann aus. »Er ließ mich bis auf die Haut entkleiden und schickte alle Anwesenden bis auf seine zwei treuesten Leibwächter hinaus, da ich ihm die Botschaft nur allein ausrichten konnte. Nun sprich, forderte er mich auf. Da wandte ich mich an seine Leibwache und fragte sie: Würdet ihr auf Befehle Sheikh Raschid ad-Din Sinan euren Herrn jetzt und hier töten? Und die beiden Männern zogen ihre Schwerter und hätten den Sultan auf der Stelle in Stücke gehackt, wenn ich es ihnen nicht untersagt hätte. Sie hatten ihm mehr als zwanzig Jahre treu gedient und waren nie von seiner Seite gewichen. Wir verließen zu dritt das Lager und Saladin hatte die Botschaft verstanden. Er brach die Belagerung unserer Festung ab. Seitdem hat er uns in Ruhe gelassen, und seine Heere beschreiten einen Bogen um unser Land, wenn sie durchziehen.«

»Und was wollt Ihr jetzt von mir?« erkundigte sich Richard gespannt.

»Wir bieten Euch unsere Freundschaft und unseren Beistand gegen eure Feinde an. Als Ausgleich erwarten wir nicht mehr, als dass Ihr unseren Glauben und unser Territorium respektiert.«

»Soll das heißen, Ihr würdet Saladin für mich beseitigen, wenn ich Euch darum bäte?«

»Auch das wäre möglich, allerdings müsste es in unserem beiderseitigen Interesse liegen«, antwortete der Gesandte selbstbewusst.

Der König brauchte nicht lange, um seine Erwiderung zu formulieren.

»Richtet Eurem Sheikh aus, dass ich keinen Wert auf ein Bündnis mit Meuchelmördern lege, gleich wofür sie kämpfen und an was sie glauben. Ihr mögt eure Beweggründe vor Euch und eurem Glauben rechtfertigen und womöglich sogar für ehrenhaft halten. Ich halte sie für verbrecherisch. Höre ich auch nur von einem einzigen Fall von Mord in meiner Nähe, unabhängig davon, ob Freund oder Feind betroffen sind, komme ich zu Euch und hole mir Euren Alten von seinem Berg herunter. Und seid gewiss, ich werde die Belagerung erst abbrechen, wenn kein Stein eurer Burgen mehr auf dem anderen liegt und der Letzte von Euch zur Hölle gefahren ist, denn dort gehört ihr hin. Niemand von uns fürchtet Euch! Haltet Euch weit weg, so dass sich unsere Wege niemals kreuzen. Und sollten sie es doch tun, dann, das schwöre ich Euch, so wahr man mich in letzter Zeit Löwenherz nennt, werdet Ihr es sein, die es bereuen.«

Sheikh Raschids Botschafter war unter seiner braunen Haut erkennbar bleich geworden. So hatte noch niemals jemand gewagt, mit einem Abgesandten der gefürchteten Assassinen zu sprechen. Er wollte seinem Herrn die Beleidigungen Wort für Wort wiedergeben, und der verfluchte Ghiaur, der sie ausgesprochen hatte, würde schon sehen, was er davon hatte. Wer nicht ihr Freund war, der war ihr Feind.

Die beiden Fida'i, die bisher schweigsam und wie zur Säule erstarrt dagestanden hatten, wollten mit einer Verbeugung die Kissen ablegen, als Richard sie anfuhr:

»Nehmt Eure Geschenke wieder mit und seid froh, dass ich auf die Kissen nicht Eure Köpfe legen lasse. Der nächste, der mir ein solches Angebot unterbreitet, findet sich schneller im Paradies, oder, wie ich glaube, in der Hölle wieder, als ihm lieb ist.«

Die beiden jungen Männer sahen aus, als würden sie sich auf den König stürzen wollen. Ihre Augen blitzen in wildem Fanatismus, wie die Anwesenden es noch nie gesehen hatten. Mehrere Ritter griffen zu ihren Schwertern, um notfalls ihren Herren schützen zu können, aber der weisbärtige Mann verbeugte sich ebenfalls, drehte sich grußlos um und ging, gefolgt von seinen Begleitern, gemessenen Schrittes in Richtung der großen, zweiflügligen Eingangstür.

Nun war es absolut unüblich, einem Herrscher die Kehrseite zuzuwenden - man entfernte sich von ihm rückwärts schreitend - und Richard nahm es als das, was es war, einen neuerlichen Affront. Er sprang auf, griff sich aus den vielen herumliegenden Waffen einen Wurfspieß und schleuderte ihn mit aller Kraft den sich Zurückziehenden hinterher. Der Speer krachte vor ihnen auf Augehöhe in die Tür, die weit aufsprang. Die drei Männer konnten ein Zusammenzucken nicht verhindern.

»Sagt Eurem Sheikh, so kann der König von England auch das Tor Eurer Burg öffnen, wenn ihm danach ist. Ich will niemanden von Euch jemals wieder zu Gesicht bekommen.«

Die Gesandten schritten scheinbar unbeeindruckt weiter, und Robin konnte sich des Eindrucks nicht erwehren, dass das eben nicht sehr diplomatisch und vor allem keine von Richards Glanzleistungen gewesen war.

Ein ungutes Gefühl war bei allen, die diesen Besuch erlebt hatten, zurückgeblieben. An diesem Abend hatte der König seine engsten Vertrauten zu seiner Tafel geladen und das Gespräch drehte sich nur um den Besuch der Assassinen.

Wie meist sprachen die Gäste dem Wein kräftig zu, und auch Richard hielt sich weniger zurück als sonst. Irgendwann begann er die Männer, die in seiner Nähe saßen, zu fragen, ob sie auch für ihn in den Tod gehen würden, und erwartungsgemäß bekam er nur zu hören, was er hören wollte. Jeder versicherte ihm seine unverbrüchliche Treue und dass er selbstverständlich jederzeit über ihr Leben verfügen könnte. Robin hielt sich wohlweislich heraus und hoffte, dass der Kelch an ihm vorübergehen und er die Frage nicht würde beantworten müssen.

Aber es kam, wie es kommen musste, und Richard sprach ihn direkt an.

»Nun, Sir Robert, wie ist das mit Euch? Würdet auch Ihr ohne zu zögern für mich in den Tod gehen, wenn ich es Euch befehlen würde?«

Robin drehte den Becher in seiner Hand hin und her und starrte auf den Wein, der darin kreiste. Er merkte wohl, wie alle im Saal auf seine Antwort warteten, und wohl war ihm nicht zumute, als er sie gab.

»Nein Sire, das würde ich nicht.«

Auf einmal war es so still geworden, dass man einen Strohhalm zu Boden hätte fallen hören.

»Ihr würdet nicht für Euren König sterben?« Richard war völlig fassungslos. So eine Antwort hatte ihm noch nie jemand gegeben und er hatte sie auch nicht erwartet.

»Ich würde jederzeit für euch kämpfen, so wie ich und die anderen es Tag für Tag tun«, gab der Angesprochene mutig zurück. »Dabei setze ich ständig mein Leben für Euch ein. Doch einen sinnlosen Befehl befolgen, wie von den Zinnen einer Burg zu springen oder einen Mord zu begehen, das würde ich nicht tun. Dafür wäre ich der falsche Mann.«

»Wofür würdet Ihr dann sterben, für Euren Glauben vielleicht?«

Robin sah nachdenklich vor sich hin.

»Ich glaube nicht, dass Gott so etwas von uns verlangt. Er ist ja für uns gestorben, damit wir leben und nicht, damit wir unser Leben wegwerfen. Vielleicht für meine Frau, vielleicht, um das Leben eines anderen zu schützen, aber mit Sicherheit nicht, um die Willkür eines Menschen, ob Papst, König oder wer auch immer es sein mag, zu befriedigen.«

Richard war angetrunken, und da wurde er oft unberechenbar. Die ihn kannten, hüteten sich davor, ihm in diesem Zustand zu widersprechen.

»Ihr hängt, wie es scheint, sehr an Eurem Leben, Robin Hood. Passt auf, dass ich es Euch nicht hier und jetzt nehme!«

»Genau das ist es, Sire, was ich mit Willkür meine.«

»Ein König hat jederzeit das Recht, das Leben seiner Untertanen zu fordern!«, brüllte Richard unbeherrscht durch den Saal.

»Wollt ihr euch wirklich auf eine Stufe mit diesem Alten vom Berge stellen, oder seid ihr nicht eher der Mann, dem wir freiwillig durchs Feuer folgen, weil ihr nur das von anderen verlangt, was ihr auch selbst zu geben bereit seid?«

»Erhebt Euch nicht auf eine Ebene mit einem König!« Richard wurde gefährlich leise.

»Ich kenne einen König, der mit seinen Männern Seite an Seite kämpft, der Verwundeten die beste Pflege angedeihen lässt und Krüppel mit Geldmitteln versorgt, damit sie nicht hungern müssen. Der sich um seine Soldaten kümmert, als wären es seine Kinder. Soll ich jetzt einen König kennen lernen, der nur um seine Launen zu befriedigen, von Männern verlangt, dass sie für ihn in den Tod gehen? Diesem wären ich und meine Männer nicht bis hierher gefolgt.«

Atemlos hatten die Anwesenden den Wortwechsel verfolgt. Der König und sein Vasall funkelten sich über den Tisch hinweg an und keiner war bereit, auch nur einen Schritt zurückzuweichen. Das konnte für den ehemaligen Geächteten nur schlecht ausgehen und die ersten rückten bereits von ihm ab. Doch da griff Hubert Walter ein und rettete die Situation, wie es sonst nur Eleonore konnte.

»Frieden, Frieden, liebe Christenbrüder!«, rief der Bischof in den Saal. »Das würde den Heiden gerade so passen, dass wir uns gegenseitig bekriegen! Lasst uns lieber noch einen Krug von diesem herrlichen Wein leeren und darauf anstoßen, dass wir bald in Jerusalem, unserem eigentlichen Ziel, sind. Stoßt an, Brüder in Christi, stoßt an!«

Richard schaute immer noch düster und finster drein, und Robin hütete sich, ein weiteres Wort zu verlieren.

Bald verabschiedete sich der König und zog sich in seine Gemächer zurück. Berengaria erwartete ihn schon und half ihm, da er nicht mehr ganz sicher auf den Beinen stand, aus seinen Kleidern. Als sie nebeneinander im Bett lagen, kam Richard auf das Vorgefallenen zu sprechen, da es ihn immer noch beschäftigte.

»Glaubst Du, dass mir dieser Robert von Loxley glatt in das Gesicht gesagt hat, er würde nicht für mich in den Tod gehen? Hat so etwas schon einmal ein Untertan seinem König gegenüber ausgesprochen? Soll ich dem Kerl den Kopf vor die Füße legen, damit er lernt, wie man mit seinem Herrscher spricht?«

»Das kannst Du sicherlich tun, mein Liebster. Die Macht dazu hast Du. Allerdings kann er Dir dann nicht wieder bei nächster Gelegenheit das Leben retten, wenn es mal wieder nötig ist. Wie ja erst unlängst erst geschehen.«

Richard sah Berengaria fragend an.

»Gibt es da etwas, was ich wissen sollte?«

»Als Du so krank warst, dass wir alle dachten, wir verlieren Dich, ist er zu Saladin geritten und hat Hühner und Früchte für Dich geholt, mit denen wir Dich nach Aussage Deines Arztes gerettet haben. Er hat sein Leben riskiert, denn Saladin wusste, dass er der Hauptmann der Bogenschützen war, die seine Reiterei zusammengeschossen haben. Brauchst Du noch mehr Beweise für seine Ergebenheit?«

»Oh Gott«, stöhnte Richard, der durchaus in der Lage war, Fehler einzusehen. »Bin ich mal wieder jemandem auf die Füße getreten, der es nicht verdient hat! Wie soll ich ihm nur morgen wieder in die Augen sehen?«

»Lass Dir mal etwas einfallen, mein Lieber! Auch ein König sollte nicht seine besten Männer verprellen, er braucht sie nämlich meist noch. Und jetzt schlaf, vielleicht kommt dir ja im Traum eine Erleuchtung.«

Richard dämmerte schon weg und hatte zum Schluss den Eindruck, seine Mutter hätte zu ihm gesprochen.

Am nächsten Morgen inspizierte Robin seine Bogenschützen, die auf der Stadtmauer Dienst taten. Er beugte sich über die Mauerkrone um zu sehen, welche Fortschritte die Ausbesserungsarbeiten machten, als er hinter sich eine Stimme hörte.

»Wegen mir müsst Ihr da nicht runterspringen, Robin«, meinte der König, der unbemerkt ohne Gefolge und nur mit Hemd und Beinlingen bekleidet, herangekommen war. So lief er meist herum, wenn er sich an den Arbeiten beteiligte und selbst mit Hand anlegte. Robin wollte respektvoll das Knie beugen, aber Richard meinte nur:

»Bleibt aufrecht, eine Demutshaltung steht Euch nicht. Seid Ihr wirklich alleine und ohne den Schutz eines Parlamentärs zu Saladin geritten?«

»Ja, Sire.« Was gab es da anderes zu sagen?

Richard schüttelte den Kopf.

»Gestern sagtet Ihr, Ihr würdet nicht Euer Leben für mich geben, aber ein paar Tage vorher riskiert Ihr es nahezu tollkühn. Der Sultan hätte jedes Recht gehabt, Euch in Stücken zurückzuschicken. Das war schon sehr wagemutig! Aber meinen Dank dafür! Meine Frau und Milo meinten, ohne Eure Hilfe hätte ich dieses heimtückische Fieber, das angeblich von jetzt an immer einmal wieder kommen soll, nicht überstanden.«

»Es ist ein großer Unterschied, ob ich selbst bestimmen kann, was ich tue oder auch nicht. Ich führe auch Befehle aus, die mich überzeugen, und wenn sie in den Tod führen, dann soll es eben so sein. Doch ich glaube an keine Sache der Welt genug, um dafür zum Mörder zu werden oder mich sinnlos zu opfern. Oder auch nur, weil vielleicht jemand aus einer Laune heraus es so will. Ich halte diese

Assassinen oder Fida'i für völlig verblendet, und wir sollten sie uns sicherlich nicht zum Vorbild nehmen.«

»Aber dass dieser Alte vom Berge so über sie verfügen kann, das ist schon erstaunlich und gibt ihm eine große Macht über Menschen«, meinte der König nachdenklich. »Ich würde zu gern wissen, wie ihm das gelingt!«

»Soll ich hinreiten und ihn fragen?«, scherzte Robin

»Bloß nicht! Ihr kriegt das fertig!« Und dann sagte er sehr nachdrücklich:

»Robin, man sagt, in uns Plantagenets fließt das Blut des Teufels, und viele nennen uns auch die Wolfsbrut. Manchmal bekomme ich so einen Anfall wie gestern Abend und dann geht mir lieber aus dem Weg. Am nächsten Tag bereue ich meist das Vorgefallene, doch dann kann es zu spät sein. Ich möchte Euch und Eure Freundschaft nicht verlieren.«

Richard, der um seinen Jähzorn und seine gelegentlichen Wutausbrüche, die auch schon mal Leben kosten konnten, wusste, fiel es sicherlich nicht leicht, so zu sprechen. Dass er es dennoch tat, ehrte ihn umso mehr.

***

Die Verhandlungen mit Saladin über den Gefangenenaustausch und die Lösegeldzahlungen zogen sich in die Länge. Mehrfach waren Unterhändler zwischen den beiden Lagern hin und her gependelt, aber es ging einfach nicht voran.

Der Ruf des Sultans, unbesiegbar zu sein, hatte nach dem Fall von Akkon stark gelitten. Die Emire zögerten, ihren Beitrag für das Lösegeld zu leisten, und gaben die christlichen Gefangenen, die sich in ihrer Obhut befanden, nur widerwillig heraus. Saladin selbst sträubte sich, das Heilige Kreuz als Bestandteil des Vertrages auszuliefern. Hatte es auch für die Muslime keine große Bedeutung, so war ihm doch sein Wert für die Christen ausreichend bekannt. Es war ihm natürlich nicht verborgen geblieben, mit welchem Eifer und Fanatismus sie bei Hattin hinter dieser Reliquie in den Kampf gezogen waren. Das Kreuz ihnen nun zurückzugeben, wäre einer erneuten Niederlage gleichgekommen.

Außerdem hinderten die Verhandlungen die Kreuzfahrer daran, weiter in Richtung Jerusalem, ihrem eigentlichen Ziel, zu ziehen. Damit schützte der Sultan die Städte, die auf ihrem Weg gelegen hätten, ohne auch nur einen Soldaten abziehen zu müssen, und konnte weiter an deren Befestigungen arbeiten lassen. Letztendlich schwächte jeder Tag in Akkon die Kampfkraft der Christen und stärkte seine eigene.

Richard, nunmehr alleiniger Anführer des Kreuzfahrerheeres, war dies alles natürlich völlig bewusst. Umso ungeduldiger drängte er auf die Lösung des Problems und zeigte sich bereit, Konzessionen zu machen. So bot er Ratenzahlung für das Lösegeld und einen gestaffelten Gefangenenaustausch an. Doch ein Drängen auf einen raschen Abschluss war im Orient immer ein Zeichen von Schwäche und ein Hinweis, dass sich vielleicht noch mehr herausschlagen lassen würde, zog man die Verhandlungen nur weiter in die Länge.

Hubert Walter und Robin, der mittlerweile zu dessen ständiger Begleitung gehörte und sogar schon etwas arabisch sprach, kannten den Weg zu Saladins Lager zwischenzeitlich bereits im Schlaf. Alle verfluchten innerlich die ewigen Debatten und hassten die endlosen Ritte durch die sengende Hitze der Wüste. Je gereizter die Stimmung auf Seiten der Christen wurde, desto kühler und hinhaltender reagierten Saladins Unterhändler, deren Sprecher in erster Linie sein Bruder, al-Adil war. Nur selten erschien der Sultan selbst zu den Verhandlungen und wenn, hüllte er sich meist in Schweigen oder gab seinen Männern nur geflüsterte Anweisungen. Heute allerdings schaltete er sich nach den üblichen, blumigen Vorreden zu aller Überraschung direkt ein.

»Die ersten fünfhundert Gefangenen sind eingetroffen und auch ein Drittel des Lösegeldes können wir jetzt übergeben. Ich schlage vor, dass der Austausch in zwei Tagen auf der Ebene vor Akkon am Fluss Belus stattfindet.«

»Fluss nennt er dieses ständig versiegende Rinnsal«, dachte Robin, der sich nur zu gut an die Wasserprobleme während der Belagerung erinnerte.

»König Richard wird erfreut sein, dies nach fast einem Monat zu hören«, erwiderte der Bischof höflich, konnte sich aber die Spitze nicht verkneifen. »Kann ich ihm auch ausrichten, dass die namentlich genannten Christen und das Heilige Kreuz dabei sein werden?«

»Geduld, Geduld, mein lieber Freund! Oder, wie man bei Euch sagt, Rom wurde auch nicht an einem Tag erbaut«, kam die hinhaltende Antwort. »Etliche der gewünschten Personen sind in weit entfernte Gebiete verbracht worden. Es gestaltet sich schwierig, sie so schnell hierher zu bringen.«

Hubert Walter seufzte tief, war er sich doch der Reaktion seines Königs auf diese Nachricht gewiss.

»Und wird das Heilige Kreuz nun endlich übergeben?«, hakte er nach. »Uns liegt sehr viel daran!«

Das hätte er so vielleicht nicht so deutlich zu erkennen geben sollen, doch der Sultan wusste es ohnehin.

»Wir suchen danach. Wie Ihr vielleicht wisst, ist euer Jesus, den wir Isa ibn Maryam nennen, nach unserem Glauben einer von Gottes Propheten, die vor Mohamed wirkten, und keinesfalls am Kreuz gestorben, sondern von Allah abberufen worden. Deshalb hat dieses Stück Holz für uns auch keine große Bedeutung und ist zur Zeit verschollen.«

Der Bischof glaubte davon kein Wort. Er wollte Saladin zwar nicht direkt der Lüge bezichtigen, ging aber mit Sicherheit davon aus, dass der Sultan um die Bedeutung der Reliquie für die ganze Christenheit wusste und sie sich als Verhandlungsmasse für eine spätere Gelegenheit aufsparen wollte. Außerdem würde es einen großen Gesichtsverlust für ihn bedeuten, müsste er dieses Symbol des Sieges über die Kreuzritter in der Schlacht bei Hattin wieder herausgeben. Und viele Niederlagen konnte er sich nicht mehr leisten. Mehrere potentielle Nachfolger, sein Bruder inbegriffen, belauerten ihn ständig und warteten nur auf eine Schwäche, um ihn vom Thron zu stoßen.

»Mein Herr wird nicht sehr erfreut sein, diese Botschaft zu hören«, merkte Hubert Walter an. »Ich kann bald nicht mehr für das Wohl der mehr als dreitausend Gefangenen garantieren, solltet Ihr weiterhin die Bedingungen des bei der Übergabe von Akkon geschlossenen Vertrages nicht erfüllen.«

»Aber wir bemühen uns doch! Es braucht halt alles seine Zeit, und vielleicht verbringt Ihr einfach den Herbst und den Winter in dieser schönen Stadt. Bis dahin werden wir sicherlich eine Lösung gefunden haben.«

Robin hätte dem Sultan nahezu wörtlich sagen können, was Richard darauf antworten würde. Nur den Tonfall und die Lautstärke zu treffen, traute er sich nicht zu.

Der tobte auch wie ein Berserker durch den Raum, und kein Gegenstand war vor ihm sicher, als Hubert Walter Bericht erstattete.

»Was bildet sich dieser Heide eigentlich ein? Glaubt er, dass ich mich von ihm zum Narren halten lasse? Das könnte ihm so passen, uns hier festzuhalten! Im Winter will ich schon in Jerusalem sein! Ich habe schließlich nicht ewig Zeit für diesen verfluchten Krieg! Wenn er übermorgen nicht die geforderten Gefangenen bringt, verfahre ich mit seinen Leuten, wie er mit den Rittern bei Hattin. Dann kann er ihre Köpfe in Körben abholen!«

Hubert Walter hätte ihm sagen können, dass der Sultan genau darauf spekulierte, hütete sich aber davor, Richard in dieser Stimmung etwas mitzuteilen, was dieser sowieso wusste.

»Sire, wenn Ihr mir eine Bemerkung gestattet«, schaltete sich Robin ein. »Unter den Getöteten bei Hattin waren eine ganze Menge übler Kerle, in unserer Gefangenschaft befinden sich außer der Besatzung auch Frauen und Kinder.»

»Falls Ihr unter anderem auf Rainald von Chatillon anspielt, dem der Sultan eigenhändig den Kopf abgeschlagen hat, darf ich Euch daran erinnern, dass ein Räuber nicht unbedingt schlecht von einem anderen sprechen sollte«, entgegnete der König eisig. »Die Muslime haben sich angewöhnt, ständig mit zweierlei Maß zu messen. Den Angriff Rainalds auf Mekka verdammen sie als verabscheuungswürdige Tat, ihre Eroberung von Jerusalem hingegen ist Allah gefällig. Es schreiben immer die Sieger die Geschichte, Sir Robert, und hätte Chatillon Erfolg gehabt, würde man ihn heute als Helden feiern. Und dass er Karawanen auf dem Weg von Ägypten nach Damaskus überfallen hat, erinnert mich an etwas, was mir einmal in England zu Ohren gekommen ist.«

Robin verkniff sich auszusprechen, was er sonst noch über diesen Raubritter gehört hatte, und nahm Richard schwer übel, sie beide miteinander zu vergleichen. Zugegeben, auch er und seine Männer hatten Reisende im Sherwood überfallen und um ihre Waren und ihr Geld erleichtert, aber nicht gemordet und vergewaltigt, wie es bei Rainald von Chatillon an der Tagesordnung gewesen war.

»Im Übrigen waren unter den hingerichteten Ordensrittern viele junge, gute Männer, die nur ihrem Glauben gefolgt sind, wie es ja die Muslime auch für sich in Anspruch nehmen«, fuhr der König fort, der sich gar nicht beruhigen konnte. »Damit mich niemand falsch versteht, ich will keine Rache nehmen, aber ich will, dass Verträge mit uns eingehalten werden und wenn ich dafür ein Exempel statuieren muss, werde ich es tun.«

Die Unnachgiebigkeit in Richards Stimme war unüberhörbar, und Robin hätte sich gewünscht, Saladin könnte ihn so hören. Vielleicht glaubte der Sultan wirklich, Richard hinhalten zu können, aber da kannte er Löwenherz schlecht. Robin wurde angst um die Gefangenen, denn er traute dem König durchaus zu, sie bis zum letzten Mann töten zu lassen, nur um seine Entschlossenheit zu demonstrieren.

***

Zwei Tage später sah man von den Mauern der Stadt, wie sich ein Elendszug von den Hügeln herunter der Ebene näherte. Al-Adil begleitete die Gefangenen, die sich teilweise schon seit dem Fall von Jerusalem vor vier Jahren und noch länger in der Sklaverei befanden, mit seiner Leibwache persönlich und händigte Richard fünfzigtausend Golddinare als ersten Teil der versprochenen Summe aus. Der König schritt durch die Reihen der Menschen, die meist völlig erschöpft auf dem Boden hockten, aber ständig versuchten, seine Kleider oder Stiefel zu küssen, und Dankesworte stammelten.

Robin, der ihn begleitete, sah in verhärmte Gesichter von Männern, Frauen und Kindern und fragte sich, ob dieses Elend wirklich den Kampf für einen Glauben rechtfertigte. Viele Familien waren auseinander gerissen worden, hatten nie wieder etwas voneinander gehört und suchten jetzt hier nach ihren Angehörigen in der Hoffnung, sie zu finden oder vielleicht von anderen etwas über sie zu erfahren.

Von den namentlich geforderten Gefangenen hatte Saladin allerdings nur einen kleinen Teil geschickt, wie Richard zähneknirschend feststellte.

»Wo sind die anderen Gefangenen, die auf der Liste standen, die ich Euch übergeben habe?«, fuhr er al-Adil an. »Ich habe keine Lust, weiterhin ständig um die Erfüllung des Vertrages zu feilschen.«

»Wir haben getan, was wir konnten«, entgegnete dieser selbstbewusst. »In der Schnelle der Zeit waren nicht mehr von ihnen zu finden. Unser Land ist groß, und wohin es einen Sklaven verschlägt, weiß oft nur Allah.«

»Dann beeilt Euch! Ich gebe Euch noch genau zehn Tage, die ausgehandelten Bedingungen zu erfüllen. Danach werde ich alle in meiner Hand befindlichen Muslime hinrichten lassen, um ihnen das Elend der Sklaverei zu ersparen, die ich für schrecklicher als den Tod halte. Richtet das Eurem Bruder aus! Er kann gern von seinen Hügeln aus zusehen, wie seine Untertanen sterben, weil er sein Wort nicht hält.«

Die Stimme Richards klang wie geschmiedeter und gehärteter Stahl, und al-Adil zögerte keinen Moment zu glauben, dass der Ghiaur die Drohung wahrmachen würde. Doch genauso sicher wusste er auch, dass Saladin das Geld einfach nicht hatte, einen Großteil der Gefangenen tatsächlich zwischen Ägypten und Mesopotamien nicht finden konnte und das Heilige Kreuz als sein größtes Siegeszeichen niemals herausgeben würde.

Der König ließ ebenfalls fünfhundert Muslime, meist Frauen und Kinder, frei, die sich nach der vergleichsweise kurzen Gefangenschaft in einem wesentlich besseren Zustand als ihre ausgetauschten Leidensgenossen befanden.

»Vergesst nicht, zehn Tage!«, gab er zum Abschied al-Adil nochmals mit auf den Weg und Robin lief es eiskalt den Rücken herunter, als er das Klirren in Richards Stimme hörte.

***

Saladin hörte aufmerksam zu, als sein Bruder berichtete, und schwieg dann eine ganze Weile um nachzudenken.

»Ich glaube nicht, dass der englische König so etwas tut. Wo bliebe dann seine christliche Nächstenliebe, zu der er ja nach ihrer Heiligen Schrift verpflichtet ist? Und wenn doch, Inschallah! Es ist einfach nicht möglich, die Bedingungen des Vertrages zu erfüllen. Ich hätte Maschtub keine freie Hand lassen dürfen, doch wer ahnt schon, dass er auf solche Forderungen eingeht? Wenn es sein Kismet sein soll, in Akkon mit seinen Leuten zu sterben, dann ist es Allahs Wille.«

Al-Adil sah das etwas anders. Nach dem Sieg über die Kreuzfahrer vor vier Jahren waren ihnen mehr als fünfzig Städte und Burgen ohne große Gegenwehr in die Hände gefallen und der Preis für Sklaven daraufhin so verfallen, dass man einen Mann schon für den Gegenwert von ein paar Sandalen bekam. Er selbst hatte sich von seinem Bruder tausend Gefangene übereignen lassen und diesen die Freiheit geschenkt. Saladin selbst hatte allen Greisen von Jerusalem ebenfalls das Schicksal der Sklaverei erspart. Aber viele andere, die sich nicht hatten freikaufen können, waren auf den Sklavenmärkten von Kairo bis Bagdad gelandet. Jetzt fehlten sie, um die eigenen Gefangenen auszulösen.

Die Christen verabscheuten die Sklaverei, auch wenn es ihren Leibeigenen oft nicht besser ging, und waren deshalb so erzürnt. Nach al-Adils Meinung sollte man sie lieber nicht weiter reizen. Die Kreuzfahrer waren noch nie so stark gewesen, und dieser englische König führte sie auf eine Art und Weise, die einem Angst machen konnte. Und ob es für die Moral der Truppe besonders gut war, wenn man die Besatzung von Akkon einfach ihrem Schicksal überließ, zweifelte er auch an.

Saladin dachte allerdings genau entgegengesetzt. Wer sich ergab, den erwartete ein ungewisses Schicksal. Das sollte das Zeichen sein, welches er setzen wollte. Außerdem hatte ihn eine Botschaft aus Tyros von Konrad von Montferrat erreicht, der ihm separate Friedensverhandlungen hinter Richards Rücken anbot. Seinem Günstling hatte Philipp zum Abschied das französische Kontingent der Gefangenen übergeben, und dieser warf es jetzt als Verhandlungsbasis gegenüber dem Sultan in die Waagschale.

Doch kaum hatte Saladin die Nachricht erhalten, wusste auch Richard schon davon, denn Hubert Walter hatte überall seine Spione. Der König ließ – sehr zum Verdruss Konrads, der aber nicht wagte, sich zu widersetzen – die Gefangenen aus Tyros wieder nach Akkon schaffen, um alle beieinander zu haben und größeren Druck auf den Sultan ausüben zu können.

Die Tage vergingen, und Robin wurde immer unruhiger. Etwa zweitausendsiebenhundert Muslime, darunter auch einige Frauen mit ihren Kindern, aber vor allem Soldaten, befanden sich noch in der Festung. Am Abend, bevor das Ultimatum ablief, wurde er zu Richard befohlen.

»Sir Robert«, begann der König ganz offiziell, »alle Verhandlungen mit Saladin sind gescheitert. Wenn kein Wunder geschieht, wird er den morgigen Tag wieder verstreichen lassen. Doch das nehme ich nicht hin. Wir können hier nicht ewig bleiben, und wenn wir Richtung Jerusalem marschieren, eine Anzahl von Gefangenen im Rücken haben, die unserer zurückgelassenen Besatzung in der Stadt zahlenmäßig weit überlegen ist. Zeigt der Sultan bis morgen Mittag kein Entgegenkommen, lasse ich alle noch in unserer Hand befindlichen Muslime vor den Toren der Stadt hinrichten, damit er zuschauen kann.«

»Sire!«, fuhr Robin auf, aber Richard unterbrach ihn sofort mit schneidender Stimme.

»Ich wünsche darüber keine Diskussion mit Euch! Es wurde von unserer Seite aus wirklich alles versucht, zu einer Einigung zu gelangen. Doch ich lasse mich auch nicht zum Narren halten und an meiner Entschlossenheit Zweifel aufkommen. Das vergossene Blut möge über Saladin kommen, ich wasche meine Hände in Unschuld.«

»Das hatte Pontius Pilatus auch gesagt und anschließend Christus kreuzigen lassen«, dachte Robin sofort und wollte es auch sagen, doch der König fuhr schon fort.

»Ich rechne mit Angriffen der seldschukischen Reiterei während der Hinrichtungen. Das ganze Heer wird vor der Stadt aufmarschieren, falls sich der Sultan dazu hinreißen lässt, die Schlacht anzunehmen, was ich aber nicht glaube. Ihr werdet mit Euren Bogenschützen in Richtung der Hügel sichern. Dreht Euch nicht um, wenn ihr nicht sehen könnt, was hinter Euch geschieht. Doch solltet Ihr den Befehl verweigern, dann landet Ihr im Kerker und seht in diesem Leben kein Tageslicht mehr, so wahr man mich Löwenherz nennt!«

Da war sie wieder, eine von diesen Drohungen, die Robin so hasste. Ihm krampfte sich das Herz zusammen, wenn er daran dachte, was der morgige Tag bringen würde. Doch sein Widerstand würde niemandem helfen und kein einziges Leben retten.

»Wir werden da sein, Sire«, sagte er und blickte Richard fest in die Augen. Dann drehte er sich ohne Verbeugung um und verließ gemessenen Schrittes den Saal, immer gegenwärtig, vielleicht einen Wurfspieß in den Rücken zu bekommen.

Er konnte nicht ahnen, welche Überwindung es den König gekostet hatte, diesen Befehl zu geben, der ihm selbst so zuwider war. Sogar vor dem Gespräch mit Robin, den er mittlerweile als eine Art persönliches Gewissen betrachtete, hatte Richard sich gescheut. Innerlich hoffte er immer noch, Saladin würde nachgeben. Und wenn nicht, dann würde er sich morgen Abend mordsmörderlich betrinken und hoffte anschließend Vergessen in den Armen seiner Frau zu finden.

***

Der 20. August anno 1191 brach an und bis Mittag tat sich nichts. Dann öffneten sich die Tore der Stadt und das ganze Heer in all seiner Pracht mit Wimpeln und Fahnen, blank geputzten Rüstungen, geschmückten Pferden und unendlichen Kolonnen von Soldaten strömte heraus und nahm auf der Ebene vor Akkon breitgefächerte Aufstellung.

In der ersten Linie hinter der noch aus der Zeit der Belagerung stammenden Brustwehr standen die Bogenschützen, dahinter von links nach rechts die Kontingente der Tempelritter, dann die angevinischen Truppen mit Richard in der Mitte, und den rechten Flügel bildeten die französischen Ritter unter Hugo von Burgund sowie die Johanniter mit den übrigen Kämpfern des Königreiches Jerusalem, geführt von ihrem Titularkönig Guido von Lusignan.

Saladin sah von einem der Hügel aus diesen Aufmarsch mit gemischten Gefühlen. Die schweren Rüstungen waren in dieser mörderischen Hitze sicherlich kein Vergnügen, aber kam diese gewaltige Streitmacht einmal gut geordnet in Bewegung, würde sie alles niederwalzen, was ihr im Weg stand. Er musste versuchen, eine offene Feldschlacht zu vermeiden und wie bisher immer sehr erfolgreich die Nadelstichtaktik anwenden, die den Gegner zermürbte und unvorsichtig werden ließ. Wenn er das Kreuzfahrerheer bei Hattin und dieses hier verglich, so lagen Welten dazwischen. Besonders beeindruckte ihn die absolute Disziplin, die von dieser Armee ausging und die er bei seinen Männern niemals erreichen würde.

Dann erklangen zuerst Trommeln und anschließend Fanfaren, und aus der Festung heraus ergoss sich ein nahezu unendlicher Strom von Gefangenen, die von Bewaffneten mit Spießen und Lanzen vor sich her getrieben wurden. Vor den Toren von Akkon und so, dass man es von den Hügeln aus sehen konnte, bildeten Fußtruppen einen dichten

Ring um die Muslime, die sich ängstlich zusammendrängten und auf die Knie gezwungen wurden.

»Seht her!«, hörte man plötzlich eine mächtige Stimme rufen, die bis weit hinein ins Land trug und auch von Saladin gehört wurde. »Es sind Eure Brüder und Schwestern, die sterben müssen, weil Ihr den geschlossenen Vertrag nicht erfüllt! Ist das wirklich Euer Wille?«

Tödliche Stille breitete sich über die Ebene, nur unterbrochen vom Knarzen der Sättel und Klirren der Zaumzeuge und Rüstungen.

Richard wartete nach seinem letzten Appell noch einige Minuten, dann gab er das vereinbarte Zeichen, und die Fußtruppen fielen mit ihren langen Schwertern über die wehrlosen, gefesselten Menschen her und richteten ein furchtbares Blutbad an. Viele der Soldaten fanden regelrecht Gefallen an ihrer grausigen Tätigkeit und mähten Köpfe wie Schnitter das Korn.

Robin hätte sich am liebsten die Ohren zugehalten, um die Schreie der Unglückseligen nicht hören zu müssen, und sah, wie Little John rechts und Will Scarlett links von ihm gleichermaßen mit den Zähnen knirschten. Aber da kam der von Richard vorhergesehene Angriff und die Männer waren fast froh, dadurch von dem schrecklichen Geschehen in ihrem Rücken abgelenkt zu werden.

Pfeil auf Pfeil sandten sie den todesmutig anstürmenden Reitern entgegen, die ihren Landsleuten zu Hilfe eilen wollten und deren Angriff im dichten Hagel der Geschosse stecken blieb. Viele von ihnen ließen an diesem Tag zusätzlich zur Besatzung von Akkon ihr Leben.

Als sie endlich die Sinnlosigkeit ihres Opfers einsahen und sich zurückzogen, wollten die Templer nachsetzen. Deren Großmeister, Gerad de Ridefort, war bei der Schlacht um Akkon vor zwei Jahren in Gefangenschaft geraten und auf Geheiß Saladins hingerichtet worden. Sein Kopf hatte noch lange auf einer Lanzenspitze gesteckt und von den Hügeln herunter gegrüßt.

Jetzt sahen seine Ordensbrüder eine gute Gelegenheit, seinen Tod zu rächen, aber ein donnerndes »Halt!« von Richard ließ sie zurückschrecken und an seine Drohung denken, jeden hinrichten zu lassen, der die Schlachtordnung verließ.

In der Zwischenzeit ging das Morden vor der Stadt weiter, und keiner, gleich ob Mann, Frau oder Kind, wurde verschont.

Die Schreie der Gequälten drangen bis in die Burg zu Berengaria und Joan, die noch am Abend zuvor wie besessen auf Richard eingeredet hatten, um ihn von seinem Vorhaben abzubringen. Das Ergebnis war jedoch nur gewesen, dass der König ihnen befahl, sich weder auf den Mauern noch vor der Stadt sehen zu lassen. Doch jetzt hielt es Berengaria nicht mehr in ihrer Kemenate und befehlen ließ sie sich schon gar nichts. Immer hatte sie sich zu den Armen, Schwachen und Kranken hingezogen gefühlt, sie, wo sie nur konnte, unterstützt und in Navarra ein Hospital am Jakobsweg gegründet. Hätte sie Richard nicht geheiratet, wäre sie dort die erste weibliche Vorsteherin geworden. Leben erhalten war ihre Maxime, nicht Leben nehmen.

Als sie die Klagelaute der gemarterten Menschen hörte, raffte sie ihre Röcke, ließ sich von niemandem aufhalten und lief, so schnell sie in ihrem Zustand konnte, vor die Stadt. Joan und ihre Hofdamen waren kaum in der Lage, ihr zu folgen.

Der Anblick, der sich den Frauen darbot, war einfach grauenvoll. Mittlerweile waren die Soldaten mit ihrer furchtbaren Arbeit fast fertig, und der Ring, der die Gefangenen an der Flucht hatte hindern sollen, hatte sich nahezu aufgelöst. Somit war der Blick auf den Schlachtplatz frei, der mit Blut und Leichen nur so übersät war. Einige der Damen übergaben sich sofort oder fielen in Ohnmacht, nur Berengaria starrte vor Schreck auf das Bild und konnte nicht glauben, was sie sah. Das hatte ihr Mann befohlen? Sie konnte es nicht fassen!

Dort lagen gleich mehrere abgeschlagene Köpfe nebeneinander und die gebrochenen Augen schienen sie anzuklagen, da türmten sich die Leichen übereinander, als ob einer den anderen noch hätte schützen wollen. Sie trat zwischen die Toten, nicht darauf achtend, dass ihre Schuhe voll Blut liefen. Immer wieder sah sie neben den hingerichteten, muslimischen Kämpfern auch Frauen und selbst Kinder, oft furchtbar verstümmelt. Als sie eine Mutter mit von einem Schwerthieb gespaltenem Kopf erblickte, die ihren schreienden, noch lebenden Säugling nach wie vor fest in den Armen hielt, da gaben ihre Knie nach und sie sank zu Boden, Frau und Kind dabei umarmend.

Ein paar Soldaten wurden aufmerksam und als sie die Königin erkannten, fuhr ihnen der Schreck in alle Glieder. Sie eilten zu ihrem Anführer, dem fast das Herz stehen blieb, als er Richards Frau zwischen all den Leichen liegen sah. Er organisierte auf der Stelle Tragen und ließ Berengaria und die anderen Frauen, von denen nur noch Joan auf eigenen Füßen stand, in die Burg zurückschaffen.

Nach und nach kamen die Hofdamen wieder zu sich und besannen sich auf ihre Pflicht, sich um die Königin zu kümmern. Berengaria lag immer noch ohnmächtig auf ihrem Bett, die Kleider über und über voller Blut und der Körper von Krämpfen geschüttelt. Joan schickte nach Richards Leibarzt Milo, der auch sofort zur Stelle war und alle hysterischen Frauen aus dem Raum wies. Nur Joan durfte ihm helfen, die Patientin von ihren Kleidern zu befreien.

Was er sah, ließ ihm den Atem stocken.

Das viele Blut an der Königin stammte nicht nur von den Toten, es kam auch aus ihr selbst. Berengaria von Navarra, Königin von England, im fünften Monat schwanger, hatte ihr Kind verloren.

***

Als Richard am Abend mit kleinem Gefolge durch das Haupttor des Sultanspalastes ritt, war hier, wo es sonst vor geschäftig hin und her eilenden Menschen nur so wimmelte, niemand zu sehen. Der Burghof lag wie ausgestorben da, und erst nach mehrmaligem Rufen kamen ein paar Knappen mit gesenkten Köpfen herbeigelaufen, um die Pferde abzunehmen und zu versorgen. Der König schüttelte nur den Kopf und schritt gedankenversunken durch das Portal in den großen Saal, als ihm sein Vertrauter und Hauskaplan Nikolas entgegen trat.

»Was ist denn hier los?«, fragte Richard geistesabwesend und dann, einen Scherz versuchend: »Keiner zu Hause?«

»Mein König«, meinte Nikolas mit belegter Stimme, »es ist ein großes Unglück geschehen. Ihr müsst jetzt sehr stark sein!«

Diese Floskel versetzte Richard nahezu in Panik, wurde sie doch meist gebraucht, um eine Todesnachricht zu überbringen.

»Wer?«, stieß er hervor. »Berengaria?«

»Sie lebt, aber sie hat ihr Kind verloren.«

Mit zwei Sätzen war Richard an der Treppe, die zu den Kemenaten führte und stürmte, vier, fünf Stufen auf einmal nehmend, hinauf. Vor der Tür zum Zimmer seiner Frau standen mehrere Personen wispernd herum, die er gar nicht wahrnahm und zur Seite stieß. Er hielt kurz inne, um sich etwas zu fassen, und trat denn ein. Was er sah, warf ihn fast um.

Nur seine Schwester und der Arzt waren in dem Raum. Berengaria lag auf dem breiten Bett, wachsbleich, aber mit offenen Augen, und aus ihrer Scheide sickerte Blut. Davor lagen ihre Kleider und darauf ein kleiner, vielleicht einen halben Fuß großer Fötus.

Milo versuchte mit sauberen Tüchern und Tinkturen den Blutfluss zu stillen. Richard wollte zu seiner Frau stürzen, als ihm Joan den Weg verstellte.

»Du verfluchter Mörder!«, fuhr sie ihn mit zornbebender Stimme an. »Wage es nicht, ihr zu nahe zu kommen! Zuerst hast Du diese wehrlosen Menschen und dann Deinen Sohn getötet und vielleicht verlierst Du auch noch deine Frau! Warum müssen immer andere unter Deinen Untaten leiden?«

Richard war wie vom Donner gerührt. Hatte ihn Gottes Zorn derart schnell ereilt? War es ein so gewaltiges Unrecht gewesen, was er getan hatte, dass ihn auf der Stelle eine solch furchtbare Strafe traf? Aber er war doch hier, um Gottes Willen zu erfüllen!

»Gott will es!«, hatte der Papst als Schlachtruf ausgegeben und verkündet, das Leben der Ungläubigen sei ohne jede Bedeutung, da sie sowieso zu Höllenqualen verdammt waren.

Und jetzt das! Selbst ein im Glauben so wankelmütiger Charakter wie er konnte Berengarias Fehlgeburt nur als Strafe und Zorn des Himmels deuten. Richard merkte gar nicht, wie Joan mit ihren Fäusten auf ihn eintrommelte. Er wollte zu seiner Frau, aber deren abweisender Blick stand wie eine Mauer zwischen ihnen.

»Wird sie am Leben bleiben?«, fragte er den Arzt mit ganz leiser Stimme.

»Wenn ich die Blutung zum Stehen bringen kann, werden wir es morgen früh wissen«, antwortete Milo, sich weiter um seine Patientin kümmernd, ohne den König auch nur anzublicken.

Richard trat an das blutverschmierte Kleiderbündel und hob das kleine, tote Kind, kaum größer als seine Hand, sanft auf. Die Haut schimmerte noch rötlich, doch sogar Finger- und Fußnägel und selbst die ersten Haare waren schon zu erkennen. Mit aller Zartheit, zu der er fähig war, strich Richard über den winzig kleinen Kopf. Und dann sah Joan, was sie noch nie an ihrem Bruder gesehen hatte, er weinte.

Nikolas, der wie ein Geist erschienen war, legte Richard tröstend die Hand auf den Arm.

»Auch wenn es eigentlich nicht nötig war, da Gott ihn sicherlich mit offenen Armen empfangen hat, habe ich ihn auf den Namen Henry getauft. Ich hoffe, Sire, es ist Euch recht.«

Bei Richard brachen alle Dämme. Waren zu Joans großem Erstaunen gerade Tränen geflossen, so waren es jetzt wahre Sturzbäche, die aus seinen Augen schossen. Dazwischen stammelte er immer wieder mit nahezu erstickender Stimme:

»Was habe ich getan, oh Herr, was habe ich nur getan? Strafe mich und nicht meine Frau!

Ich flehe Dich an, großer Gott! Schone ihr Leben, nimm sie mir nicht auch noch! Ich flehe Dich an!«

Der König war auf einem Stuhl regelrecht zusammengebrochen. Nur mühsam gelang es Nikolas, ihn wieder auf die Beine zu bringen und zu seinem Gemach zu geleiten, da die Kranke dringend der Ruhe bedurfte. Joan, in ihrer energischen Art, hatte alle vor der Tür Stehenden verscheucht. Niemand sollte ihren Bruder, den gefürchteten Richard Löwenherz, so in Tränen aufgelöst sehen.

Der Kaplan blieb die ganze Nacht bei ihm. Immer wieder flehte der König ihn an, Gott für ihn um die Vergebung seiner Sünden zu bitten, und bot sein Leben für das Berengarias an. Aber Nikolas, ein aufrechter Mann, blieb sich selbst in dieser so schwierigen Situation treu und gab Richard zu verstehen, dass Gott nicht mit sich handeln ließe. In seinen Augen war die Tötung so vieler Menschen großes Unrecht gewesen, mochten andere, hochrangigere Kleriker wie er, darüber auch anders denken. Er selbst hatte schon öfters davon gehört, dass Frauen bei besonders furchtbaren Anblicken eine Fehlgeburt erlitten oder das Kind tot zur Welt kam. Und der tausendfache Mord an den Muslimen war ein grauenvolles Schauspiel gewesen und hatte härter verpackte Seelen wie die der Königin zutiefst erschüttert.

Von Nikolas erfuhr Richard auch, was seine Frau und seine Schwester gesehen hatten, und das war fast mehr, als er selbst ertragen konnte. Da er mit dem Heer vor dem eigentlichen Geschehen gestanden und selbst nur wenig mitbekommen hatte, schilderte ihm der Kaplan sehr eindringlich die Grausamkeiten seiner Soldaten, und der König zeigte sich tief erschüttert. So hatte er es nicht gewollt, aber auch nichts getan, es zu verhindern.

Gemeinsam beteten und wachten die beiden Männer, und als der Morgen graute, schlich der König auf Zehenspitzen zu Berengarias Kemenate, um sich nach ihrem Befinden zu erkundigen.

Milo öffnete die Tür nur einen Spaltbreit und huschte heraus, als er Richard erkannte.

»Eure Frau lebt und ich glaube, sie wird es überstehen. Jetzt schläft sie, und das ist ein gutes Zeichen. Aber sie hat gesagt, dass sie Euch nicht sehen will.« Milo schlug die Augen nieder. »Nie mehr wieder sehen will.«

Richard fuhr auf. War er für Berengaria, mit der er die schönsten Stunden seines Lebens verbracht hatte, auf einmal ein Dämon, ein Monster geworden?

»Aber sie ist meine Frau, die Königin von England!«

»Sire, der Verlust eines Kindes ist für eine Frau ein sehr traumatisches Erlebnis und mehr, als viele von ihnen verkraften können. Gebt ihr Zeit, darüber hinwegzukommen. Es ist vielleicht besser, Ihr seht sie eine Weile nicht. Die Zeit heilt alle Wunden, wie man zu sagen pflegt. Aber wenn ihr jetzt einen Besuch oder ein Gespräch erzwingt, dann wird sich das fest in ihr einprägen und das Trauma noch verschlimmern. Glaubt mir, es ist besser, wenn Ihr im Moment ihren Wunsch respektiert. Sie ist eine starke Frau. Ich denke, sie wird darüber hinwegkommen."

»Wird sie in Zukunft noch Kinder bekommen können?«, fragte der König besorgt.

»Das zu beurteilen, dafür reicht mein Wissen nicht aus. Sie hat sehr viel Blut verloren und ist stundenlang von Krämpfen geschüttelt worden. Ich glaube, alles Weitere liegt allein in Gottes Hand.«

Mit gesenktem Haupt verließ Richard seinen Arzt. Schon am nächsten Tag versammelte er das Heer und rückte nach Süden, Richtung Jerusalem, ab. Für die, die ihn gut kannten, sah es so aus, als wäre er auf der Flucht vor sich selbst.

***

8. Kapitel

Arsuf / Jerusalem, August – November 1191

Die Armee marschierte am Meer entlang Richtung Jaffa, der Jerusalem am nächsten gelegenen Hafenstadt. Der große Vorteil dabei war, dass man nicht die rechte Flanke schützen musste. Sie wurde durch das Meer und die parallel dahinsegelnde Flotte gedeckt, die gleichzeitig auch die Versorgung übernahm. Die linke Flanke schützte die Infanterie, zu der auch Robins Bogenschützen gehörten.

Aber der Heerwurm zog sich endlos lang dahin, obwohl Richard alles dafür tat, die Truppe zusammenzuhalten. An der Spitze ritten die Templer, ihnen folgten die angevinischen und englischen Truppen, danach kamen die Johanniter, und den Schluss bildeten die Franzosen unter Hugo von Burgund. Die schwergerüsteten und bewaffneten Ritter hielten sich so dicht wie möglich am Meer, während die Fußtruppen eine lebende, marschierende Mauer bildeten, die die Reiter vor den pausenlosen Angriffen von Saladins leichter Kavallerie schützen sollten.

Jeder Bogenschütze trug zusätzlich einen großen, rechteckigen Schild. Vor und hinter ihm marschierte jeweils ein Spießträger, ebenfalls mit einem Schild zur Deckung. Brachen plötzlich die seldschukischen Reiter hinter einer Sanddüne oder einem kleinen Wäldchen hervor, machten die Fußtruppen Front gegen sie, gingen hinter ihren Schilden in Deckung, steckten, die langen Spieße nach vorn, und die Bogenschützen erwiderten den Beschuss der Angreifer. Das Problem war nur, dass ihre Reihen aufgrund der Länge des Zuges sehr dünn waren, und als sich die französischen Truppen zwei Tage nach dem Aufbruch weit hatten zurückfallen lassen, kam es beinahe zur Katastrophe.

Robin jagte auf Roncall fast ununterbrochen die Linie auf und ab, sprach seinen Männern Mut zu, feuerte sie an und tat alles dafür, die Reihen geschlossen zu halten, damit die Seldschuken an keiner Stelle durchbrechen konnten. Als er sah, wie hinter den Johannitern der Abstand zu den Franzosen immer größer wurde, ritt er bis zu deren Spitze. Hier traf er auf Philipp von Dreux, den Bischof von Beauvais, einen Cousin König Philipps.

»Eure Exzellenz«, wandte er sich eindringlich an den streitbaren Kirchenmann, der sich wohler in seiner Rüstung als in einer Bischofssoutane fühlte, »wir müssen die Truppen enger zusammenhalten. In eine Lücke kann jeder Zeit Saladins Reiterei hineinstoßen, und dann seid Ihr vom restlichen Heer abgeschnitten.«

»Mein Sohn«, gab der Bischof einerseits überheblich, andererseits gönnerhaft zurück, »ich habe hier schon gekämpft, da wusstest Du noch nicht einmal, wo sich das Heilige Land überhaupt befindet. Sollte sich Saladin wirklich stellen, wäre es unseren Rittern eine Freude, seine Truppen in den Staub der Wüste zu stampfen.«

Der Bischof war kaum älter als Robin, und dieser ärgerte sich jedes Mal, wenn er von Klerikern als „mein Sohn“ bezeichnet wurde, und wenn es dreimal üblich war. Nun wusste er zwar, das Philipp von Dreux vor ein paar Jahren schon einmal für kurze Zeit gemeinsam mit seinem Onkel und Heinrich von der Champagne in Palästina gewesen war, aber auch, dass sie damals den Kampf gegen Saladin gescheut hatten.

»Exzellenz, meine Bogenschützen können Euch nicht schützen, wenn Ihr Lücken in der Linie aufreißen lasst«, drängte er noch einmal nach. »Wir sind zu wenige, um Eure Truppen von drei Seiten umgeben zu können.«

Jetzt wurde der Bischof richtig zornig.

»Sehen wir so aus, als ob wir den Schutz von englischen Bauern nötig hätten? Hier reitet die Blüte der französischen Ritterschaft, die, wenn es sein muss und es Gott gefällt, mit jedem Gegner fertig wird. Wir lassen uns von niemanden unser Marschtempo befehlen!«

»Pass nur auf, Du arroganter Hund, dass die Blüte nicht vom Stängel geschlagen wird!«, dachte Robin bei sich und hätte es fast laut ausgesprochen. Doch er konnte es sich schenken, denn es kam, wie es kommen musste.

***

Saladin stand seit dem Fall Akkons unter immensem Druck. Sein makelloser Ruf als Feldherr war angekratzt und als er noch dazu ohnmächtig hatte zusehen müssen, wie seine Glaubensbrüder abgeschlachtet wurden, da regte sich, selbst in der eigenen Familie, immer mehr Widerstand gegen seine Kriegsführung. Sein Heer, das aus dem Landesinneren versorgt wurde, hielt sich parallel zu dem der Kreuzfahrer in sicherer Entfernung, aber dazwischen stießen immer wieder seine leichten Reiter wie Raubvögel auf die lange Marschsäule der Christen herab.

Saladins Sohn az-Zahir Ghazi führte eine dieser Abteilungen an und sah die sich auftuende Lücke. Obwohl ihm nur ein begrenztes Truppenkontingent zur Verfügung stand und er strikten Befehl hatte, sich in keine Kampfhandlungen verwickeln zu lassen, griff er die isolierten Franzosen sofort von Norden und Süden her an.

Am Ende der Kolonne beim Tross hielt sich Hugo von Burgund auf, der aufgrund einer leichten Übelkeit auf einem Wagen mitfuhr. Er saß natürlich sofort auf und ließ Front gegen die Angreifer machen. Seiner straffen Führung war es zu danken, dass sich die Reihen schnell schlossen und die Reiter gegen eine Wand aus Schilden, Speeren und Stahl anritten, aus der ihr noch dazu ein treffsicherer Pfeilhagel entgegenschlug.

An der Spitze des französischen Kontingents, das von Philipp von Dreux geführt wurde und den Anschluss zu den Johannitern verloren hatte, sah es ganz anders aus. Hier kämpfte der zwanzigjährige az-Zahir selbst an der Spitze seiner Truppen, und es gelang ihm, tief in die Reihen der französischen Ritter einzudringen, bevor diese sich formieren konnten.

Robin befand sich von einer Sekunde zur anderen im Kampf Mann gegen Mann. Er sah noch, wie die Fußtruppen von der Spitze her umgangen und niedergemacht wurden; dann konnte er nur noch sein Schwert ziehen und um sein Leben kämpfen. Zum ersten Mal war er wirklich dankbar für die Rüstung, die ihm Richard geschenkt hatte. Die Pfeile aus den leichten Bögen der seldschukischen Reiter konnten sie auf weitere Entfernung nicht durchdringen. Er spürte immer wieder, wie er getroffen wurde, und sah auch das eine oder andere Geschoss in den Kettenringen stecken. Am meisten Sorge hatte er aber um Roncall. Wurde ihm sein Pferd weggeschossen, hatte er zu Fuß keine Chance zu überleben. Hier half nur der direkte Gegenangriff und damit die Verkürzung der Entfernung zum Gegner, der dadurch seine Pfeile nicht mehr einsetzen konnte.

Die Ritter in seiner Umgebung dachten ebenso, und in wenigen Augenblicken war die glühend heiße Luft erfüllt vom Klirren der aufeinander treffenden Schwerter und Streitäxte.

Auch wenn die Franken sich tapfer hielten, wären sie doch der Übermacht der Angreifer bald erlegen. Robin merkte, wie sein Arm langsam erlahmte und er das Schwert kaum noch führen konnte. Doch da schmetterten Trompeten in den Kampflärm hinein, denn die Johanniter, geführt von ihrem Großmeister Garnier von Nablus, hatten kehrtgemacht und kamen ihren bedrohten Glaubensbrüdern im gestreckten Galopp mit eingelegten Lanzen zu Hilfe.

Nun musste az-Zahir in zwei Richtungen kämpfen, und die Seldschuken begannen sich zurückzuziehen. Als auch noch Richard an der Spitze der englischen Ritter auf dem Kampfplatz erschien und wie der Kriegsgott Mars persönlich unter den Muslimen wütete, blieb diesen nur noch die heillose Flucht.

Niemand war mit dem Ausgang dieses Geplänkels zufrieden. Richard brüllte Hugo von Burgund an, seine Truppen gefälligst zusammenzuhalten, was dieser sofort an den Bischof weitergab. Der König beorderte ab sofort die disziplinierten und kampferprobten Johanniter in die Nachhut. Fast wäre der Tross verlorengegangen und das ganze französische Kontingent aufgerieben worden.

Und az-Zahir erging es bei seinem Vater nicht besser. Der Sultan riss seinen Sohn vom Pferd und wünschte ihm alle Dämonen der Dschahannam, der Hölle, an den Hals. Viel mehr Niederlagen konnte er sich nicht leisten, das wusste er genau. Dabei war es völlig gleichgültig, ob er den Angriffsbefehl gegeben hatte oder nicht. Der Sieg hatte immer viele Väter, einen Misserfolg lastete man nur dem Feldherren selbst an.

Grämten sich die Anführer eher um die verpasste Gelegenheit und taten Verluste als notwendiges Übel ab, so trauerte Robin umso mehr um die so sinnlos gefallenen Männer, unter denen sich auch Kameraden aus dem Sherwood befanden. Little John war mit seiner Abteilung ebenfalls herbeigeeilt, zu Fuß allerdings erst zu spät auf dem Kampfplatz erschienen. Gemeinsam blieb ihnen nur, ihren alten Freund Gilbert Whitehand zu betrauern und in fremder Erde zu bestatten.

In Robin kochte es und am Abend nach der Lagebesprechung in Richards Zelt beim anschließenden Nachtmahl sprach er dem Wein mehr als sonst zu. Als auch noch der Bischof von Beauvais aufforderte, für die gefallenen Ritter zu beten, die viel größeren

Verluste der Fußtruppen, die meist aus einfachen Männern bestanden, aber mit keinem Wort erwähnte, da brach es aus ihm heraus.

»Und was ist mit den Männern, die keine Pferde und Rüstungen hatten und durch Eure Schuld ihr Leben lassen mussten? Die ihre Familien nie wieder sehen werden, nur weil ihr nicht in der Lage seid, eine Truppe zu führen?«

Robins Stimme war nicht gerade leise. Alle Köpfe wandten sich ihm zu, und Philipp von Dreux lief knallrot an.

»Welcher Edelmann betet schon für Bauern«, zischte er wütend. »Sie können dankbar dafür sein, dass sie für Christus, unseren Herrn, ihr Leben geben durften.»

»Ach ja, und die Männer, die Ihr vor ein paar Jahren in der Normandie abgeschlachtet habt, starben die auch für Gott?«

Robin war aufgesprungen und schleuderte die Worte nur so aus sich heraus. Baudouin de Bethune hatte ihm nach dem Kampf erzählt, welche grausamen Verwüstungen dieser Kirchenfürst im Kampf gegen Richards Vater in dessen Ländern angerichtet hatte.

»Was erdreistet Ihr Euch?«, brüllte der Bischof. »Ich glaube kaum, hier jemandem Rechenschaft schuldig zu sein. Im Krieg sterben Menschen, das ist so und wird immer so bleiben!«

»Nur, weil Männer wie Ihr fortwährend zum Krieg aufstacheln und es ihnen nahezu egal ist, gegen wen es geht. Ganz gleich, ob Christen oder Heiden, Hauptsache, man kann töten, morden, plündern, brandschatzen. Und so etwas nennt sich Bischof!«

Robin war nahe daran, dem Kirchenfürst ins Gesicht zu speien.

Hubert Walter wollte eingreifen, aber Richard gab ihm einen Wink, sich nicht einzumischen. Ihm war Philipp von Dreux selbst höchst unsympathisch – und sollte es noch viel mehr werden. Der König lehnte sich entspannt zurück und beobachtete den Fortgang der Auseinandersetzung.

»Ich bin ein Vertreter Gottes auf Erden, und was ich tue, ist Gottes Wille«, keifte Philipp mit überschnappender Stimme.

»Ist das so?«, höhnte Robin. »Wir sind hier in dem Land, durch das Jesus, gekleidet in eine einfache Tunika, gegürtet mit einem Strick und in Sandalen gezogen ist. Er war Zimmermann und der Sohn eines Zimmermanns. Und ihr weigert Euch, für einfache Männer zu beten? Seht Euch doch nur einmal an. Es kann gar nicht genug Prunk an euren Gewändern sein! Könnt Ihr den vielen Schmuck, der an Euch dran hängt, überhaupt noch tragen? Was haben Männer wie ihr noch mit Gott zu tun?«

Jetzt war der Tumult im Zelt riesengroß. Robin hatte das ausgesprochen, was durchaus etliche dachten, aber niemals den Mut gehabt hätten, es zu äußern. Andere wiederum schrieen wie wild durcheinander und nannten ihn einen Ketzer und Schlimmeres.

»Das ist übelste Häresie!«, brüllte der Bischof und wandte sich direkt an Richard. »Ich verlange, dass dieser Mensch auf der Stelle festgenommen und hingerichtet wird! Er hat in meiner Person Gott gelästert!«

»Nun mal langsam«, versuchte Richard zu beruhigen. »Robert von Loxley und seine Männer haben ein großen Anteil daran, dass Ihr überhaupt noch am Leben seid. Manchmal gehen mit ihm die Pferde etwas durch, was ich selbst schon leidvoll habe erfahren müssen. Doch wenn ich das ertragen kann, dann solltet Ihr es auch können. Es war wirklich keine Glanzleistung, was Ihr Euch heute geleistet habt! Viele Männer hätten nicht sterben müssen, wenn Ihr Euch an meine Befehle gehalten hättet.«

»Ihr unterstützt diesen Gotteslästerer auch noch?«

»Haltet Ihr Euch vielleicht schon für Jesus Christus, wenn Ihr mich wegen meiner Worte an Euch der Häresie bezichtigt?« Robin war nicht mehr zu bremsen. »Wenn ich mir Euer Kruzifix ansehe, dann war Jesus ein hagerer, von Strapazen ausgezehrter Mann. Ausgezehrt sind hier aber nur die Männer, die jeden Tag durch tiefen Sand stapfend schwere Ausrüstungen schleppen und kaum genug Wasser und Nahrung haben, um zu überleben. Was man von Euch nun wahrlich nicht sagen kann, feist und speckig und voller Selbstgerechtigkeit, wie Ihr so dasteht.«

»Es reicht jetzt, Robin!« Richard konnte das nicht länger dulden.

»Ach ja? Ich habe heute einen meiner besten Freunde begraben müssen, weil dieser Fettsack denkt, auf niemanden hören zu müssen, und noch dazu glaubt, sein Wort sei Gottes Wort. Wenn sich hier alles ständig und immerfort um Gott dreht, warum zeigt er sich nicht einfach und sagt uns direkt, was richtig und falsch ist? Ein Wort von ihm könnte allen Streit und Krieg auf dieser Welt beenden. Sollen wirklich solche Vertreter wie der da«, Robin zeigte mit dem ausgestreckten Finger auf den Bischof, »seinen Willen an uns weitergeben? Das halte ich für Anmaßung und Ketzerei, denn dafür ist Jesus sicherlich nicht für uns am Kreuz gestorben!«

Nach den letzten Worten brach die Hölle los. Es war nun wirklich unerhört und noch nie da gewesen, dass ein einfacher Ritter, vor kurzem noch geächtet, einen geweihten Bischof so offen angriff und beschimpfte. Ein Mann aus Philipp von Dreux Gefolge brüllte am lautesten und forderte den Scheiterhaufen für den Ketzer und andere stürzten vor, um ihn zu packen. Aber Robins Mut, seine Kameradschaft und ständige Hilfsbereitschaft hatten ihm auch viele Freunde gemacht, die sich jetzt um ihn drängten, um ihn zu schützen.

Richard musste eingreifen, wollte er die Situation nicht eskalieren lassen. Doch er kam gar nicht zu Wort, zu groß war der Tumult, und immer wieder brüllte der Mann aus Philipps Gefolge nach dem Scheiterhaufen.

»Bei Gottes Beinen, wer seid Ihr überhaupt?«, donnerte der König ihn an.

»Alain de Tours, der Secretarius unseres heiligen Herrn Bischofs«, kam die Antwort.

»Ach, heilig ist er auch schon! Was mischt Ihr Euch hier überhaupt ein?«

»Der Mann beleidigt unseren Glauben an den Herrn, wenn er fordert, dass dieser sich zeigen soll. Das ist Gotteslästerung in ihrer schlimmsten Form! Er gehört vor ein Kirchengericht und dann soll Feuer seine arme, verlorene Seele läutern.«

Robin holte schon tief Luft, um eine Erwiderung hinüber zu rufen, da erhielt er von Baudouin einen Stoß in die Rippen, der ihm den Atem aus den Lungen presste.

»Jetzt seid endlich still, sonst kann Euch keine Macht der Welt mehr retten! Ihr seid hier nicht im Sherwood, wo Ihr sagen könnt, was Ihr wollt und nichts dafür zu befürchten habt.«

»Dann lassen wir doch gleich Gott entscheiden«, fuhr Richard Alain de Tours an. Der Bischof war kein Gesprächspartner mehr. Auf einem Sessel zusammengesunken sah er aus, als hätte ihn der Schlag getroffen. Diener fächelten ihm Luft zu und hofften nur, er würde sich wieder erholen.

»Damit Ihr einmal seht, Alain de Tours, was dieser Ketzer und seine Männer jeden Tag, den Gott ihnen schenkt, zu ertragen haben und leisten, dürft Ihr ihn morgen begleiten, wenn er mit seinen Bogenschützen in Reihe durch die glühende Wüste marschiert und unsere Reiter vor den Seldschuken schützt. Ihr bekommt die gleiche Ausrüstung zu tragen, und dann schauen wir mal, ob Ihr am Abend immer noch nach dem Scheiterhaufen ruft.«

So rot wie der Bischof im Gesicht war, so blass wurde sein Secretarius.

»Sire, ich bin kein Ritter«, stammelte er entsetzt.

»Das sind die Männer, neben denen Ihr marschieren werdet, auch nicht«, wehrte Richard ab. „Aber wie ein Streiter für den Herrn habt Ihr Euch schon aufgeführt und ich gebe Euch Gelegenheit, Euch vor ihm auszuzeichnen. Und Ihr, Robert von Loxley, werdet morgen ebenfalls laufen, um euren Kopf freizubekommen und Zeit zum Nachdenken zu haben. Ein Marsch durch die Wüste soll da Wunder wirken.«

Robin wollte noch einmal aufbegehren, aber Richard schnitt ihm das Wort ab.

»Schluss jetzt, ich will nichts mehr hören. Bei Sonnenaufgang ziehen wir weiter.«

***

Am nächsten Morgen reihte sich Robin neben seinen Männern ein. Für ihn bedeutete das keine Strafe, im Gegenteil. Nirgends fühlte er sich wohler wie an ihrer Seite. Die Rüstung und Roncall hatte er Baudouin de Bethune übergeben, der ihm versprochen hatte, sich vor allem um den Hengst zu kümmern. Mit einem Erscheinen Alain de Tours rechnete Robin nicht, doch da wurde dieser schon von Kriegsknechten mehr herangeschleift, als dass er selber ging. Nach dem gestrigen Tag hatte sich nicht einmal der Bischof getraut, dem Befehl des Königs, dem auch er unterstellt war, nicht zu folgen. Doch Philipp von Dreux sollte sich dafür später noch grausam an Richard rächen.

Die Johanniter bildeten jetzt die Nachhut und schützten den Tross. Sie ritten so dicht an die Franzosen heran, dass sie diese regelrecht vor sich her trieben. Hugo von Burgund, ein aufrechter und welterfahrener Mann, war das alles mehr als peinlich und ohne seine leichte Erkrankung sicherlich auch nicht passiert. Solch eine Blöße wollte er sich nicht noch einmal geben und die Scharte bei nächster Gelegenheit auswetzen. Philipp von Dreux hatte er sich so zur Brust genommen, dass dieser geglaubt hatte, die Engel singen zu hören.

Die Trompeten bliesen zum Aufbruch, und das gewaltige Heer setzte sich wie ein Mann in Bewegung. Robin hatte Bogen und Pfeile geschultert, nahm den großen, schweren Schild auf und marschierte los. Wie die anderen Infanteristen trug er einen leichten Lederhelm und einen Koller aus Filz, der den besten Schutz gegen Pfeile bot. Hinter sich hörte er schon jetzt Alain de Tours jammern.

In dieser Gegend war es im August Tag und Nacht sehr warm, aber als die Sonne am Himmel immer höher kletterte, wurde es mörderisch. Der Schweiß lief Fußtruppen wie Reitern in Strömen den Körper herunter und manch einer kippte einfach um und musste von seinen Kameraden mit Meerwasser abgekühlt werden. Oft stützten sie ihn dann beim Weitermarsch, damit er nicht zurückblieb und den Seldschuken in die Hände fiel, die keine Gefangenen machten und jeden Christen, dessen sie habhaft werden konnten, sofort töteten. Seit dem Massaker von Akkon gab es keine Gnade mehr.

Erstaunlicherweise blieb es lange ruhig und die Marschkolonne von Angriffen verschont. Über Mittag legte das Heer eine Rast ein, und Wasser und Essen wurden von den Fouragewagen verteilt. Wie das wohl werden würde, wenn man sich von der Küste entfernte und ins Landesinnere marschierte, fragten sich alle, die nicht nur bis zum nächsten Tag dachten.

Der Secretarius fühlte sich am Ende seiner Kräfte. Er verfluchte innerlich das Land, die Hitze und, je länger er marschieren musste, auch Gott, der ihm das antat. Er wäre sofort bereit gewesen, Abbitte zu leisten. Als es nach der Pause, die sie ohne Schatten in der glühenden Hitze verbringen mussten, weiterging, glaubte er sich nicht mehr auf den Beinen halten zu können. Genau in diesem Moment erfolgte der Angriff.

Wie auch an den vergangenen Tagen brach die muslimische Reiterei blitzartig aus ihren Verstecken hervor und versuchte die christliche Infanterie zu überraschen, bevor diese sich formiert hatte. Doch die Männer kannten das Spiel schon und waren auf der Hut. Aus den großen Schilden wurde eine Mauer, aus der die Spieße dicht wie die Stacheln eines Igels hervor lugten. Die Männer duckten sich hinter ihre Deckung, nur die Bogenschützen blieben stehen und schickten der anstürmenden Reiterei Salve um Salve entgegen.

Robin war richtig froh, mal wieder einen Bogen in der Hand zu halten. Hatte er früher, wenn möglich, seine Gegner geschont, so war diese Stimmung mittlerweile wie bei allen anderen im Wüstensand verglüht. „Lieber du als ich“, lautete die Devise, und wer heute getötet wurde, konnte morgen nicht wiederkommen.

Am ehesten erkannte man die Anführer an ihrem Helmputz und genau auf die hatte er es abgesehen. Den Ersten erwischte er mit einem Pfeil durch die Kehle, eine Zweiten mitten in die Brust, bevor dieser seinen Pfeil abschießen konnte. Dann musste auch Robin in Deckung gehen und die Geschosse der Reiter prasselten auf die Schilde ein, ohne sie ernsthaft durchschlagen zu können. Sofort waren Robins Bogenschützen wieder oben. Ihre nächste Salve lichtete die Reihen der Angreifer weiter, die schreckliche Verluste hinnehmen mussten, aber immer wieder mit Todesverachtung anritten.

Alain de Tours war schon beim ersten Pfeilhagel in Panik geraten. Er warf Schild und Speer weit von sich und rannte, was ihn die Beine trugen, Richtung Meer auf die Ritter zu. Doch die Geschosse der Pferdebogner waren schneller, und endlich fanden sie ein ungeschütztes Ziel. Wie vor etwa neunhundert Jahren der heilige Sebastian wurde der Secretarius von zahllosen Pfeilen durchbohrt und zu seinem Schöpfer befohlen.

Danach rief niemand mehr nach dem Scheiterhaufen für Robert von Loxley, aber Richard nahm ihn am Abend unter vier Augen zur Seite.

»Robin, legt Euch nicht mit den Vertretern der Kirche an! Auch wenn ich manchmal sogar Eure Meinung teile, noch einmal kann ich Euch nicht schützen. Ich bin nur der König von England, sie beherrschen die ganze Welt. Die Kirche hat die wahre Macht. Erinnert ihr Euch an Thomas Becket? Er war zuerst der beste Freund meines Vaters, und nachdem der ihn zum Erzbischof hat salben lassen, sein größter Feind. Als meinem Vater treu ergebene Ritter ohne seinen Befehl und seine Einwilligung ihn auf den Stufen des Altars der Kathedrale von Canterbury töteten, musste König Henry barfuss einen Bußgang dorthin antreten und sich von den Mönchen bis aufs Blut geißeln lassen. Also hütet Eure Zunge, das ist nur ein gut gemeinter Rat. Es ist hier auch ohne Scheiterhaufen warm genug.«

»Ihr habt recht, Sire. Ich werde es versuchen«, entgegnete Robin zerknirscht und meinte es auch so. Natürlich war er nicht naiv genug davon auszugehen, dass er alles sagen konnte, was er dachte, aber manchmal sprudelten die Worte einfach so aus ihm heraus. Er hatte Marian geschworen, zu ihr zurückzukehren, komme, was da wolle, und konnte sich genau ausmalen, was sie von ihm denken würde, könnte er sein Versprechen wegen solch einer Dummheit nicht halten.

Richard lachte und Robin bekam wieder einen der gefürchteten Prankenhiebe auf die Schulter, doch damit war die Angelegenheit auch erledigt.

***

Trotz Hitze, Staub, quälender Insekten, deren Bisse wie Feuer brannten, und ständiger Angriffe der Seldschuken wälzte sich der Heerwurm Tag für Tag weiter nach Süden auf die Hafenstadt Jaffa zu.

Saladin hatte das Land vor den Kreuzfahrern verwüstet, Burgen und Befestigungen geschliffen, Ernten vernichtet und die Stadt Haifa niedergebrannt, nur damit sie den verfluchten Ungläubigen nicht in die Hände fiel. Aber langsam zeichnete sich ab, dass er sie so nicht würde aufhalten können. Zu straff war die Führung, zu gut die Moral der Truppe, die von einem König geführt wurde, der alle Strapazen wie der einfachste seiner Soldaten klaglos ertrug und seinen Männern mit bestem Beispiel voranging.

Dem Sultan blieb keine Wahl. Er sammelte seine Armee, zog alle Truppenteile, die Nubier und Beduinen, die Sudanesen, Turkmenen und Syrer und natürlich seine Hauptstreitmacht, die gefürchteten ägyptischen Mamelucken, zusammen und suchte nach einem geeigneten Kampfplatz, um sich den Kreuzfahrern in einer Feldschlacht entgegenzustellen. Sorgfältig wählte er aus, besichtigte und verwarf immer wieder Stellungen und versuchte, alle Vorteile auf seine Seite zu ziehen.

Endlich hatte er einen Platz gefunden, der ihm günstig erschien. Nördlich von Arsuf gab es einen Wald, in dem er einen Teil seiner Truppen verstecken konnte. Auf der Ebene davor wollte er dann das christliche Heer erwarten.

Richard vermutete schon einige Zeit, dass es bald zur Entscheidungsschlacht kommen würde. Ewig konnte ihn Saladin nicht ziehen lassen, ohne endgültig sein Gesicht zu verlieren. Schnell sagte man einem Feldherren gerade im Morgenland, wo der Ehrbegriff einen noch viel höhern Stellenwert als in Europa hatte, Feigheit nach. Und

Heerführer hier wie dort waren zum Erfolg verdammt, sonst endeten sie oft unter den Klingen der eigenen Männer.

Als es einen ganzen Tag lang ruhig blieb, wurde der englische König misstrauisch. Er wollte einen Spähtrupp vorausschicken und ließ Robin kommen.

»Sir Robert, nehmt Euch ein paar von Euren Männern und die schnellsten Pferde und klärt das Gelände vor uns auf. Ungefähr soweit, wie wir an einem Tag marschieren. Stoßt Ihr auf feindliche Kräfte, zieht Ihr Euch sofort zurück. Ich werde das Gefühl nicht los, da vorn erwartet uns etwas!«

Robin nahm nur Will Scarlett und Much mit, die gute Reiter und nicht zu schwer waren. Rüstungen ließen sie zurück, die hätten sie nur behindert. Die Schnelligkeit ihrer Pferde und ihre Bögen mussten im Notfall genügen.

Es war für Roncall nur so eine Freude, am Strand entlang ausgreifen zu können. Aber alles durften die drei Männer aus ihren Pferden nicht herausholen, vielleicht brauchte man deren Kräfte noch für die Flucht. Vor ihnen war das Land wie ausgestorben und keine Menschenseele zu sehen.

Am Wald angekommen, saßen sie ab und zogen die Pferde in dichtes Gehölz als Deckung. Much blieb bei ihnen zurück, und Robin und Will schlichen sich im Schutz der Bäume zu Fuß weiter. Schon bald sahen sie, dass der hintere Teil des Waldes voller Reiter steckte. Als sie sich im Buschwerk am Rand niederkauerten, um genau beobachten zu können, erblickten sie ein riesiges Heerlager, welches sich vom Meer bis zum Horizont erstreckte. Hier würde sich Saladin stellen, das stand fest.

»Was meinst Du Robin, wie viele werden es sein?«, fragte Will Scarlett mit leicht belegter Stimme. Eine so große Anzahl von Menschen auf engstem Raum hatte er noch nie zuvor gesehen.

»Ich schätze etwa Fünfzigtausend« meinte sein Hauptmann, nachdem er die Zeltreihen überschlagen hatte. »Mehr als doppelt soviel wie wir.«

»Um Gottes Willen, das können wir doch nie im Leben schaffen!« Will war kein verzagter Mann und im Sherwood immer einer der Ersten gewesen, die den Kampf gesucht hatten, aber die riesige Zahl machte ihm doch Angst.

»Sie sind bei jedem Angriff in der Überzahl und trotzdem werfen wir sie immer wieder zurück«, entgegnete Robin trocken, aber auch ihm war bei dem Anblick mulmig zumute. »Ich nehme mal an, dass der König weiß, was er tut.«

»Dein Wort in Gottes Ohr! Ich würde zu gern unsere grüne Insel wieder sehen. Hier tun mir schon die Augen weh von dem ewigen Graugelb. Eine andere Farbe scheint es in dieser ganzen verfluchten Gegend nicht zu geben.«

»Na, na, wie sprichst Du denn vom Heiligen Land«, schmunzelte Robin, dem es ebenso ging. »Hier hast du doch zumindest einen Wald.«

»Ja, aber richtig grün ist der auch nicht. Lass uns zurückgehen, bevor uns noch jemand sieht.«

Vorsichtig krochen sie rückwärts und schafften es auch unentdeckt zu den Pferden. Sich lautlos und unsichtbar zwischen Bäumen zu bewegen, das hatten sie nun wirklich gelernt. Der Weg am Strand entlang bot keine Deckung, aber offenbar hatte Saladin Patrouillen untersagt und so erreichten sie unbeschadet das Heer.

»Und, habt Ihr etwas entdeckt?« fragte Richard sofort neugierig.

»Saladin erwartet uns auf der Ebene hinter dem Wald. Ich schätze seine Armee auf etwa fünfzigtausend Mann, vorwiegend Berittene. Hinter den Bäumen haben sie einen Teil ihrer Reiterei versteckt, die uns wahrscheinlich in die Flanke oder den Rücken fallen soll.«

»Die Zahl behaltet ihr für Euch. Ich brauche keine Panik unter den Männern, wenn sich herumspricht, dass uns die Sarazenen Zweieinhalbfach überlegen sind. Aber da wir jetzt wissen, was auf uns zukommt, werden wir vorbereitet sein.«

Richard ließ Halt machen und berief den Kriegsrat ein. Im Sand des Strandes zeichnete er auf, wie er sich die Schlachtordnung vorstellte.

»Wir werden aus der Bewegung aufmarschieren und im Wesentlichen alles so lassen, wie es sich bisher hervorragend bewehrt hat. Die Bogenschützen und die Infanterie bleiben in der ersten Linie, nur sichern sie diesmal nach vorn und gegen den Wald. Die Johanniter werden ebenfalls die linke Flanke decken und verhindern, dass uns Saladins Reiterei in den Rücken fallen kann.«

»Lasst sie mich mit unseren Rittern unterstützen!«, bat Hugo von Burgund fast flehentlich. »Wir haben einiges gutzumachen und ich denke, dass es hier wohl am heftigsten zugehen wird.«

Richard hätte die Franzosen lieber unter seiner direkten Kontrolle gehabt, konnte die Bitte dem Herzog aber kaum abschlagen.

»Gut, aber merkt Euch alle, wir werden sie Stunde um Stunde anrennen lassen und uns nicht vom Fleck rühren, was auch immer passiert. Erst wenn ihre Kräfte erschöpft und die Pferde müde sind, dann kommt unser gemeinsamer und geschlossener Sturmangriff. Ich selbst werde das Zentrum führen und meine Fahne ist der Sammelpunkt. Gnade Gott dem, der vor meinem Zeichen angreift oder sich zu einer Verfolgung hinreißen lässt! Wir reiten auf breiter Front gleichzeitig an und bleiben in einer Linie. Bricht sie auf, wird sich wieder gesammelt und erst dann erneut angegriffen. Wer sich nicht daran hält, dem lege ich persönlich den Kopf vor die Füße! Habe ich mich verständlich ausgedrückt?«

Allgemeines Gemurmel signalisierte Zustimmung. Zu groß war der Respekt vor den kriegerischen Leistungen des Löwenherz, als dass ihm jemand offen widersprochen hätte. Richard verabschiedete die Truppenkommandeure und gab Robin einen Wink, noch zu bleiben.

»Sir Robert, für Euch habe ich einen speziellen Auftrag. Ihr nehmt euch hundert Eurer besten Bogenschützen und macht sie beritten. Ich will, dass Ihr sie immer an den Punkt führt, wo es kritisch zu werden droht. Eine solche Truppe, so klein sie auch ist, die plötzlich auftaucht, kann schlachtentscheidend sein und hebt vor allem die Moral. Fühlt Ihr Euch dieser Aufgabe gewachsen?«

»Ich denke schon, Sire. Wir waren schon immer dafür bekannt, dort zu sein, wo uns niemand erwartet hat.«

»Na prächtig, dann sind wir uns ja einig. Kommt, trinkt einen Schluck mit mir! Das wird morgen sicher ein toller Spaß!«

Das sah Robin etwas anders. Wenn Männer starben, wofür auch immer, fand er es keinesfalls lustig. Der Krieg war grausam und dieser, wo es um den Glauben ging, besonders. Doch Richard ging darin völlig auf und hielt den Kampf für seine Lebensaufgabe. Im Gegensatz zu anderen schätzte er allerdings jeden Soldaten und war sich auch nicht zu schade, für Robin den Mundschenk zu spielen. Die beiden Männer prosteten sich zu, und da die Atmosphäre gerade so entspannt war, gestattete sich Robin eine Frage, die ihn schon lange beschäftigte.

»Sire, was denkt Ihr, wie lange wird dieser Krieg noch dauern?«

Richard dachte einen Moment nach, bevor er bedächtig antwortete.

»Das kann sich morgen entscheiden. Gelingt es uns, Saladin vernichtend zu schlagen, dann können wir ihn immer weiter zurückdrängen und vielleicht Weihnachten in Jerusalem feiern. Siegt er, ist der Krieg für viele von uns vorüber. Wie auch immer, in spätestens einem Jahr muss ich nach England zurück, sonst wird von meinem Königreich kaum noch etwas übrig sein.«

»Noch ein Jahr!"« dachte Robin. »Das muss doch auszuhalten sein! Hoffentlich wird der Rückweg nicht genau so lang wie die Herfahrt. Wer weiß schon, was dieser König unterwegs noch so alles erobern will. Ein paar Inseln im Mittelmeer soll es ja noch geben.«

***

Pferde hatten sie in letzter Zeit genug erbeutet. Es gestaltete sich also nicht weiter schwer, eine berittene Eingreiftruppe aufzustellen. Nur dünnten sich dadurch die Reihen der Fußtruppen noch weiter aus. Doch Richard ließ ganz dicht zusammenrücken, so dass auch nicht die kleinste Lücke zwischen den Truppenteilen entstand.

Als die Tempelritter an der Spitze der Armee den Wald passiert hatten, stand vor ihnen das gewaltige, muslimische Heer. Befehlsgemäß schwenkten sie nach rechts und schlossen die Front, bis die ersten Hufe ihrer Pferde vom Meer gekühlt wurden. Die angevinischen und englischen Truppen mit dem König in der Mitte schlossen dicht auf und die Franzosen und Johanniter bezogen Stellung in Richtung des Waldes.

So standen sich die beiden Armeen auf Sichtweite gegenüber und jeder der beiden Heerführer wartete darauf, dass der andere den ersten Schritt tat.

Saladin hatte mit Entsetzen festgestellt, dass offensichtlich seine im Wald versteckten Reiter doch entdeckt worden waren und er dieses Überraschungsmoment verloren hatte. Sollte er warten, bis die Sonne den schwergepanzerten Rittern noch weiter zusetzte oder sie mit seinen vor Ungeduld brennenden Truppen gleich angreifen? Er bewunderte Richard für die absolute Ruhe, die dessen Heer ausstrahlte, und begann sich trotz seiner Übermacht Sorgen zu machen.

Als Erstes ließ der Sultan seine Militärkapellen aufmarschieren, die mit ihren Pauken, Zimbeln und Tamburinen einen infernalischen, entnervenden Lärm veranstalteten. Doch das beeindruckte die

Kreuzfahrer wenig, noch dazu, als Richard mit Hugo von Burgund, den beiden Großmeistern der Ritterorden und dem Titularkönig Guido von Lusignan in aller Ruhe vor den Reihen entlang ritt und für alle, vom einfachsten Spießträger bis zum Grafen aus der Auvergne, ein aufmunterndes oder beruhigendes Wort hatte.

Saladin hatte sein Zelt auf einem Hügel aufstellen lassen, von dem er die ganze Ebene überblicken konnte. Im Gegensatz zum englischen König zog er es vor, lieber alle Fäden in der Hand zu behalten statt selbst mitzukämpfen, auch wenn es ihm wahrlich nicht an Mut fehlte. Ununterbrochen wurde er bestürmt, endlich den Befehl zum Angriff zu geben. Wieder jagte ein Reiter hügelan und zügelte sein Pferd erst kurz vor dem Sultan.

»Vater, ich kann meine Männer nicht länger zurückhalten! Lass uns die Ghiaur endlich in den Staub der Wüste stampfen!«, rief ihm sein Sohn al-Afdal zu, der die Kreuzritter schon einmal bei Cresson vernichtend geschlagen hatte und sich darauf viel zu gute hielt. Allerdings waren die Situationen damals und heute nicht vergleichbar. Der junge Prinz hatte mit seinen siebentausend Reitern die unüberlegt angreifenden hundertvierzig christlichen Ritter in eine Falle locken können, aus der nur drei von ihnen entkamen. Dementsprechend fiel auch Saladins Reaktion aus.

»Hier bin ich nicht dein Vater, sondern dein Sultan, und wenn Du nicht in der Lage bist, meinen Befehlen Geltung zu verschaffen, dann lasse ich Dich wieder in Deine Kinderkleider stecken und schicke Dich zu den Weibern in den Harem!«, schrie er seinen Sohn an. »Ihr werdet warten, bis ich die Zeit für gekommen halte und keine Sekunde früher mit dem Angriff beginnen!«

Doch mangelnde Disziplin und überschäumendes Temperament in seiner Truppe machte Saladin schon immer zu schaffen und kaum hatte er seine letzten Worte ausgesprochen, da waren sie auch schon überholt. Aus dem Wald brach die versteckt gehaltene Reiterei mit tosendem Gebrüll hervor und stürzte sich auf die linke Flanke des Christenheeres. Ein Schwall von Pfeilen, so dicht, dass er die Sonne verdunkelte, flog ihnen entgegen, und wer es doch bis zu den Linien der Kreuzfahrer schaffte, dem streckte sich ein Wall von Lanzen entgegen, durch den es keinen Weg gab.

»Bei allen Schaitanen der Dschahannam!«, fluchte Saladin, auch nicht anders als sein christliches Pendant in gleicher Situation. »Was machen diese Wahnsinnigen da? Das war unsere Reserve, die den Ghiauren den Todesstoß versetzen sollte. Gut, wenn Allah es so will, dann soll es sein. Angriff!«

Die Trompeten schmetterten und der Grossteil der muslimischen Reitertruppen donnerte über die Ebene auf den Feind zu. Sie stürmten heran, schossen ihre Pfeilsalven ab, schwenkten zur Seite, um den Nachfolgenden Platz zu machen und griffen erneut an, obwohl die Pfeile und Speere der Christen ein wahres Blutbad unter ihnen anrichteten. So ging es Stunde um Stunde, aber es gab einfach kein Durchkommen für die leichten Reiter durch die eng geschlossenen Reihen.

Saladin packte die pure Verzweiflung, als er sah, wie ein Angriff nach dem anderen von der Infanterie abgeschlagen wurde und die Ritter nach wie vor dahinter mit aufgestellten Lanzen verharrten, als wären sie Denkmäler.

Doch ganz so einfach war es für diese auch nicht. Die Hitze machte ihnen gewaltig zu schaffen. Der Staub, aufgewirbelt von Tausenden Hufen, brannte Pferden und Menschen in den Augen, und manch einem Ritter wurde gleich mehrmals das Ross unter ihm weggeschossen.

Robins Truppe jagte hin und her und kam oft als Retter in der Not. Da sie im inneren Teil des Heeres operieren konnten, waren ihre Wege kurz. Er hatte seine Schützen angewiesen, keine Salven, sondern nur gezielt zu schießen, und um so tödlicher war ihre Ausbeute. Er selbst suchte sich nach Möglichkeit immer die Anführer heraus und schickte so manchen von ihnen in die Hölle oder in sein Paradies.

Der Großmeister der Johanniter hatte schon dreimal zu Richard geschickt und um Erlaubnis gebeten, endlich angreifen zu dürfen, war aber immer wieder abschlägig beschieden worden. Garnier von Nablus und seine Männer hatten die Hauptlast des Angriffes auszuhalten, und langsam verloren die Ordensritter die Nerven. Als die Seldschuken, diesmal auch unterstützt von der schweren Kavallerie der Mamelucken, erneut bis an die Linien der Infanterie vordrangen und die Männer, die schon den ganzen Tag mehr als tapfer gekämpft hatten sich hilfesuchend nach den Rittern umdrehten und man in ihren Augen die nackte Verzweiflung und Todesangst sehen konnte, da gab es für die Johanniter kein Halten mehr. Mit dem Schlachtruf „Sanctum sepulcrum adiuva!“ – Heiliges Grab, hilf uns – auf den Lippen gingen sie im vollen Galopp zum Gegenangriff über.

Saladin frohlockte, als er dies sah. Darauf hatte er die ganze Zeit gewartet, dass eine Gruppe aus dem Christenheer ausscherte und losgelöst von den anderen operierte. Seine Reiterei wurde zwar durch die Wucht des Angriffes zurückgeworfen und erlitt schon beim ersten Zusammenprall große Verluste, doch sofort beorderte er die Hauptstreitkraft an diese Stelle, und es hätte böse für die Kreuzritter ausgehen können.

Richard fluchte innerlich, weil er eigentlich noch etwas hatte warten wollen. Doch jetzt konnte er keine Sekunde länger zögern und gab das Zeichen für den Generalangriff. Wie eine riesige Welle aus Eisen brachen die geschlossenen Reihen der Ritter hinter ihrer Infanterie, die sofort Gassen frei gab, hervor und walzten alles nieder, was sich vor ihnen befand.

Diesem Ansturm waren die Sarazenen nicht gewachsen. Mit müden Pferden, kaum noch Pfeile in den Köchern, wurden sie aufgespießt, zusammengehauen oder einfach niedergeritten. Hinter den gepanzerten Rittern stürmten die Fußtruppen auf das Schlachtfeld und machten mit Gestürzten und Verwundeten kurzen Prozess.

Der Sultan hoffte immer noch, dass die Christen sich zersplittern würden oder einzelne Verbände zu weit vorstürmten. Dafür hielt er als Reserve seine bestens ausgerüstete Leibwache bereit, die jeder Abteilung, die isoliert vorging, blitzschnell den Garaus machen konnte. Doch eisern hielten die Franken ihre Formation, nahmen die Pferde immer wieder zurück, richteten sich nach Richards Fahne aus, um dann einen erneuten, gemeinsamen Angriff vorzutragen.

Der König kämpfte an vorderster Front. Er hieb mit seinem Schwert regelrechte Schneisen in die Mamelucken, und jeder in seiner Nähe bemühte sich nach Kräften, es ihm gleichzutun. Die Franzosen fochten mit großer Verbissenheit und kamen den Johannitern zu Hilfe, wie diese ihnen ein paar Tage zuvor, und die Templer sangen sogar noch fromme Lieder, während sie auf ihre Gegner einschlugen.

Dem Sultan blieb nichts anderes übrig, er warf alles nach vorn, was er hatte und hoffte die Ghiaur durch seine Übermacht regelrecht zu ersticken. Doch auch Richard hatte Reserven zurückbehalten, und als die Trompeten die englischen und normannischen Elitetruppen riefen, da war die Schlacht entschieden und artete in eine regelrechte Flucht der muslimischen Armee aus.

Saladins Ruf der Unbesiegbarkeit war endgültig dahin und sein Heer demoralisiert. Mehr als siebentausend gefallene Sarazenen blieben auf dem Schlachtfeld zurück, wohingegen die Verluste der Christen nicht einmal ein Zehntel davon betrugen. In Hattin war seine Übermacht nicht so erdrückend gewesen und trotzdem hatte er den Kreuzfahrern unter Guido von Lusignan eine vernichtende Niederlage beigebracht.

Den hatte Richard sicherheitshalber gar nicht erst mit wichtigen Aufgaben betraut. Gegen das strategische Genie des Löwenherz und die bis zur Selbstaufgabe eingehaltene Disziplin der Christen hatten seine Truppen trotz allen gezeigten Heldenmutes diesmal keine Chance gehabt, musste sich der Sultan eingestehen.

Seine Armee war in alle Himmelsrichtungen verstreut. Die vordringlichste Aufgabe war es jetzt, sie zu sammeln. Aber in absehbarer Zeit würde er sich den Christen nicht wieder entgegen stellen können. Der Beherrscher der Gläubigen sah schwere Zeiten auf sich und sein Reich zukommen.

***

Robin ritt mit Little John und Will Scarlett an seiner Seite über das Schlachtfeld. Tote und Schwerverletzte, die um Erlösung baten, lagen oft übereinander. Angehörige der Pflegeorden bemühten sich nach besten Kräften um diejenigen, denen noch zu helfen war. Soldaten zogen plündernd herum, und niemand gebot ihnen Einhalt, denn es war das Recht der Sieger.

»Und wofür das alles?«, fragte sich Will. »Nur weil die einen Gott und die anderen Allah zu dem da oben sagen? Denn um dieses Stück vertrocknetes Land kann es ja wohl nicht wirklich gehen!«

»Aber schon lieber im Kampf sterben, als so abgeschlachtet werden wie die dreitausend bei Akkon«, warf Little John ein.

»Tot ist letztendlich tot«, knurrte Robin. »Wenn ich daheim wieder Priester von Gottes Frieden reden höre, werde ich immer an die Zeit hier denken müssen. Ich kann mir wirklich nicht vorstellen, dass das Gottes Wille sein soll! Und wenn doch, was für ein grausamer Gott soll denn das sein? Meiner bestimmt nicht!«

»Du wirst langsam ein richtiger Ketzer, Robin«, meinte Will. »Lass das mal einen dieser Kleriker hören, die hier überall herumschwirren, dann kann das böse enden.«

»Ach was! Die sind doch die wahren Schuldigen an dem Desaster! Ob Bischof oder Imam, alles das gleiche, fanatische Gesindel! Rufen die Gläubigen zum Kreuzzug oder zum Dschihad auf, statt zu Frieden und gegenseitigem Respekt. Da zieht ein einfacher Mann, den beide Religionen vorgeben zu verehren, durch dieses Land, predigt von Versöhnung und sagt: „Liebet eure Feinde“! Und tausend Jahre später fordern die, die angeblich seine Stellvertreter auf Erden sind, zu Hass und Mord auf. Irgend etwas läuft hier doch gründlich falsch.«

»Aber das gilt für beide Seiten«, meldete sich Little John zu Wort. »Das kannst Du nicht nur unseren Priestern vorwerfen.«

»Tue ich doch gar nicht. Die Geistlichen der Sarazenen sind keinen Deut besser. Tun so, als wäre das schon immer ihr Land gewesen. Die Juden, Römer, Byzantiner vergessen sie dabei völlig. Und ihr Mohammed kam auch erst lange nach Christus hierher. Doch das löst nicht das Problem Wenn dieser Gott alle seine Kinder so liebt, warum kann er dann nicht einfach dafür sorgen, dass sie sich nicht ständig in seinem Namen und zu seinen Ehren umbringen?«

»Robin, zu uns kannst Du so reden, aber behalte das um Himmels Willen für dich. Du hast gesagt, sogar der König hat es Dir geraten. Wenn Du Deine Frau und England wiedersehen willst, dann halte dich besser daran!«

»Du hast ja recht, Will. Aber manchmal läuft mir einfach die Galle über, wenn ich sehe, welche unsäglichen Verbrechen immer wieder für den einzig wahren Glauben von beiden Seiten verübt werden. Kommt, lasst uns lieber zusehen, dass unsere Männer vernünftig versorgt werden. Sie haben es sich wahrlich verdient.«

***

Nach dem Sieg bei Arsuf konnten die Kreuzfahrer drei Tage später Jaffa kampflos einnehmen. Sie hatten nach den Strapazen des Marsches und der Schlacht eine Ruhepause auch dringend nötig.

Da Saladin nicht mit einer Niederlage gerechnet hatte, waren die Zerstörungen in dieser wichtigen Hafenstadt nur gering und vor allem war das Umland nicht verwüstet. Weidegründe für die Pferde standen nahezu unbegrenzt zur Verfügung, Obst- und Olivenhaine spendeten Schatten und vor allem herrliche Früchte. Feigen, Datteln, Mandeln, Trauben und Granatäpfel gab es in Hülle und Fülle, und die Männer konnten nach den Entbehrungen der letzten Zeit gar nicht genug von diesen Köstlichkeiten bekommen.

Richard ließ die Befestigungen wieder herstellen und verstärken und schmiedete schon Pläne für sein weiteres Vorgehen. Doch am meisten fehlte ihm Berengaria und auch seine Schwester Joan hätte er gern bei sich gehabt. Nur kam absolut keine Nachricht von den beiden Frauen, und langsam machte sich Verzweiflung in ihm breit.

Hatte er vielleicht doch die falsche Frau geheiratet, eine Frau, die nicht zur Königin geboren war? Sie musste doch Verständnis für sein Handeln vor Akkon aufbringen! Was hätte er denn anderes tun sollen? Nicht einmal von Saladin war es ihm verübelt worden. Seiner Konsequenz soll der Sultan sogar Respekt gezollt haben, wie ihm Hubert Walter nach einer Verhandlung mit al-Adil berichtet hatte. Warum konnte seine Frau nicht den ersten Schritt tun und auf ihn zugehen? Gut, oder auch nicht gut, sie hatte ihr Kind verloren, aber das sagte doch nicht, dass sie nicht andere Kinder würden haben können. Sie mussten nur gemeinsam etwas dafür tun.

So sehr sich Richard in andere Feldherren und deren Überlegungen hinein versetzen konnte, die Gedankengänge einer Frau blieben ihm verschlossen. Seine Mutter hätte ihm auf die Sprünge helfen können, aber die war damit beschäftigt, sein Reich für ihn zusammenzuhalten. Wie traumatisch der Anblick der hingeschlachteten Menschen und der daraus resultierende Verlust ihres Sohnes für Berengaria war, konnte er nicht nachvollziehen. Genau so wenig wie seine Frau seine Überlegungen, die zu diesem grausamen Befehl geführt hatten, verstand. Im Gegensatz zu Saladin, der Richard nahezu seelenverwandt war und in ähnlicher Situation gleich gehandelt hatte.

Der König war nicht nachtragend und vergaß Unstimmigkeiten schnell. Von seinen Liebschaften hatte er sich meist mit einem Lächeln getrennt und keiner nachgetrauert. Mit Berengaria war das anders, sie liebte er aufrichtig. Und deshalb schmerzte ihn das Schweigen zwischen ihnen beiden auch so. Kein Brief, kein Gruß, einfach nichts. Dabei klappte die Nachrichtenübermittlung zwischen den beiden Hafenstädten auf dem Seeweg hervorragend, daran konnte es also nicht liegen. Von Milo hatte er so erfahren, dass es seiner Frau langsam wieder besser ging und sie erste, kurze Spaziergänge unternehmen konnte.

Was sollte er nur tun, mit wem konnte er darüber sprechen, wer ihm einen Rat geben? Ein Priester? Lieber nicht, auf die salbungsvollen Worte konnte er verzichten. Baudouin de Bethune? Der würde wahrscheinlich nur sagen, was er glaubte, dass sein König hören wollte, weil sein anerzogener Respekt ihm eine eigene Meinung gegenüber seinem Souverän verbot. Der einzige, der ihm einfiel und der immer sagte, was er dachte, war Robert von Loxley. Aber er scheute sich, seine Seelenlage vor irgendjemandem auszubreiten, und stürzte sich statt dessen lieber in die Arbeit. Wie vor Akkon packte er bei den Bauarbeiten selbst mit an und schuftete bis zum Umfallen, um nicht ständig an seine Frau denken zu müssen.

Doch nach ein paar Tagen hielt er es nicht mehr aus und ließ am Abend Robin in sein Quartier rufen. Der König schickte alle Bediensteten weg, nötigte seinen Gast Platz zu nehmen und rang nach Worten, da es ihm verständlicherweise schwer fiel, über dieses heikle Thema zu sprechen.

»Sir Robert«, raffte er sich dann endlich auf. »Ihr seid doch schon länger mit eurer Marian zusammen. Wie verhaltet Ihr Euch denn, wenn es Probleme zwischen euch gibt? Wie kann ich Berengaria verständlich machen, dass ich vor Akkon nicht anders handeln konnte?«

»Sire, soll ich wirklich ganz offen sprechen?«

»Genau deshalb habe ich Euch ja kommen lassen.«

»Also gut, auch wenn Euch nicht gefallen wird, was ich sage. Ihr werdet Eurer Frau wahrscheinlich nie erklären können, warum Ihr so viele Menschen habt umbringen lassen. Vielleicht versteht sie es eines Tages mit dem Verstand, aber niemals mit dem Herzen. Ihr seid für sie Schuld am Tod ihres Kindes und sie sieht den Verlust als Gottes Strafe an. Das wird sie Euch so schnell nicht vergessen.«

»Aber nicht einmal der Sultan wirft mir den Tod seiner Untertanen vor!«

»Wenn Ihr den Unterschied zwischen den Gefühlen Eurer Frau und den rationellen Überlegungen Saladins nicht erkennt, dann kann ich Euch auch nicht helfen. Ob König oder Sultan, für Euch sind Menschen oft nur Zahlen oder Figuren im großen Spiel. Ich bin sicher, noch in tausend Jahren werden sich die Bewohner dieses Landes daran erinnern, wie ein christlicher, der Nächstenliebe verpflichteter König, ihre Ahnen hat ermorden lassen. Ihr mögt Verständnis bei den Herrschern finden, aber nicht bei den einfachen Menschen, die immer die Lasten der Kriege zu tragen haben. Und bei Eurer Frau, die sich am liebsten um jeden Pilger mit Blasen an den Füßen in Navarra persönlich kümmern würde, schon gar nicht.«

Richard blickte nachdenklich vor sich hin. Als Schlächter wollte er nun wirklich nicht von der Geschichte gesehen werden. Hatte er wirklich einen so unverzeihlichen Fehler begangen?

»Wie hättet Ihr denn an meiner Stelle entschieden?«, fragte er erst nach längerem Schweigen.

Robin zuckte mit den Schultern.

»Ich weiß es nicht, aber ich bin auch kein König. Ihr könnt über das Wohl und Wehe vieler Menschen entscheiden, doch das ist sicherlich auch eine große Bürde, die ich nicht mit Euch teilen möchte. Nur hätte sich bestimmt mit etwas Mühe auch eine andere Lösung finden lassen. Ich glaube, man muss nur einfach manchmal versuchen, sich in die Gefühle derjenigen hineinzuversetzen, die Eure Entscheidungen letztendlich betreffen.«

»Ich kann Geschehenes nicht ungeschehen machen und nur Gott um Vergebung bitten. Noch einmal würde ich es sicherlich nicht tun und meine Unbedachtheit tut mir auch aufrichtig leid. Doch das löst nicht mein Problem mit Berengaria.«

Robin hätte seinem König wirklich gern geholfen, aber einen richtigen Rat wusste er auch nicht. Trotzdem wollte er es versuchen.

»Geht zu ihr und versucht sie in ihrer Trauer zu trösten. Ich glaube, sie braucht Euch ebenso sehr wie Ihr sie. Sie ist mit ihrem Kummer und dem Verlust allein und verzehrt sich vielleicht nach Eurer Liebe.«

»Aber sie war es doch, die mich nicht sehen wollte und weggeschickt hat!«, brauste Richard auf.

»Könnt Ihr den Schmerz nicht verstehen, der sie innerlich zerrissen hat? Ich habe gesehen, wie aufopferungsvoll und voller Zärtlichkeit sie Euch gepflegt hat, als Ihr krank wart. So eine Liebe stirbt nicht von einem Moment auf den anderen. Und außerdem sollte man nicht alles, was Frauen sagen, unbedingt wörtlich nehmen.«

»Meint Ihr wirklich, dass ich zu ihr gehen soll? Und wenn sie mich nicht sehen will?«

Robin musste fast lachen. Der Mann, der zur Not jedes Burgtor mit dem Kopf einrannte, fürchtete sich vor einer Abfuhr durch seine Frau. Doch wenn er ehrlich war, bei seiner Marian ging es ihm nicht anders.

»Nun Sire, das werdet Ihr erst wissen, wenn Ihr es versucht habt. Glaubt mir, ich weiß, dass so ein Gang für keinen Mann leicht ist. Doch er wird euch auch als König nicht erspart bleiben.«

Richard seufzte tief.

»Ich wollte, ich könnte stattdessen lieber noch eine Schlacht schlagen.«

»Und dabei wieder Tausende in den Tod schicken, nur weil Du nicht den Mumm hast, Deiner Frau gegenüberzutreten«, dachte Robin, behielt es aber für sich.

Richard schaute grüblerisch in seinen Weinkelch.

»Eure Frau hatte doch auch eine Fehlgeburt, wie ich gehört habe. Wie ist es ihr denn danach ergangen? Wie lange hat es gedauert, bis sie es überwunden hatte, und glaubt Ihr, dass Ihr noch Kinder haben werdet?«

Das waren schon recht intime Fragen, fand Robin. Aber was sollte er machen, der König erwartete eine Antwort.

»Sie war böse gestürzt, weil sie wie immer zu schnell unterwegs war, und konnte niemandem außer sich selbst einen Vorwurf machen. Trotzdem hat es fast ein Jahr gedauert, bis sie einigermaßen wieder die Marian war, die ich kannte. Ganz überwunden hat sie es wahrscheinlich bis heute nicht. Und ob wir noch mal ein Kind werden haben können, das wusste die Hebamme nicht zu sagen, die ihr geholfen hat. Ich habe Marian versprochen, am Heiligen Grab dafür zu beten.«

Richard sah überrascht auf.

»Für so fromm hätte ich euch gar nicht gehalten!«

»Nun, schaden kann es bestimmt auch nicht«, meinte Robin versonnen. Er hätte schon viel darum gegeben, so ein kleines Kind in den Armen halten zu können und später heranwachsen zu sehen.

»Dann werden wir schon allein deshalb Jerusalem erobern müssen«, scherzte der König. »Nie würde ich es wagen, Eure Frau zu enttäuschen.«

»Ich würde vorschlagen, Ihr kümmert Euch erst einmal um Eure«, gab Robin etwas gereizt zurück. Wenn es um seine Marian ging, verstand er keinen Spaß.

»Gleich morgen fahre ich nach Akkon, und Ihr begleitet mich, falls ich noch weitere Ratschläge brauche. Obwohl, wenn ich es recht bedenke, so wirklich geholfen habt Ihr mir eigentlich auch nicht.«

»Da müsst Ihr letztendlich alleine durch. Richtig raten kann Euch da glaube ich keiner. Aber es wird schon werden, da bin ich mir ganz sicher.«

Richard war Robin für dessen aufmunternden Worte aufrichtig dankbar. Manchmal war so ein Gespräch unter Männern einfach wichtig. Seine Mutter hatte schon recht gehabt. Wenigstens einen, der sagte, was er dachte, in seiner Umgebung brauchte er.

Am nächsten Tag segelten sie schon bei Sonnenaufgang nach Akkon, denn wenn der König sich etwas in den Kopf gesetzt hatte, konnte ihn niemand aufhalten. Der Bug der schnittigen Galeere teilte die See wie vor langer Zeit Moses das Rote Meer und die Entfernung schmolz nur so dahin.

Den Weg, für den sie auf dem Marsch fast drei Wochen gebraucht hatten, legte das Schiff in knapp zwei Tagen zurück. Gehörte die Wüste hinter dem schmalen Küstenstreifen, den sie jetzt bis Jaffa erobert hatten, den Sarazenen, so beherrschten die Kreuzfahrer das Meer davor, und Robin verstand, wie wichtig Richard die Stützpunkte an der Küste waren.

Gegen Jaffa war Akkon riesig, doch die kleinere Hafenstadt war lieblicher, von viel Grün umgeben und für den Nachschub für Jerusalem sogar wichtiger. Deshalb durfte sie auf keinen Fall verloren gehen, und bis nicht alle Festungsanlagen zu Richards Zufriedenheit ausgebaut waren, gab es keinen Weitermarsch. Doch die Aufsicht über die Bauarbeiten konnten auch andere führen. Er hatte sich vorgenommen, sich jetzt endlich einmal um seine Familie zu kümmern.

In Akkon angekommen suchte er zuerst seinen Arzt auf, der ihn sonst immer auf seinen Kriegszügen und Reisen begleitete, aber den er natürlich für Berengaria zurückgelassen hatte. Milo war ebenso wie Josef von Salamanca Jude und mit dem Leibarzt Eleonores seit langem befreundet. Beide hatten sie an den maurischen Universitäten Spaniens und in Salerno studiert und betrachteten Körper und Geist als Einheit. Nach ihrer Auffassung musste beides im Einklang sein, wenn der Mensch gesund sein sollte.

»Milo, wie geht es meiner Frau?«, fiel Richard ohne große Vorrede gleich mit der Tür ins Haus. »Wird sie wieder ganz gesund?«

»Sie war lange schwer krank, hat noch öfters nachgeblutet und wollte keinerlei Nahrung zu sich nehmen. Nachts hatte sie Alpträume, die sie wie im Fieber geschüttelt haben. Eure Schwester hat sie hingebungsvoll gepflegt. Körperlich befindet sie sich langsam auf dem Weg der Besserung. Aber wie es in ihrem Inneren aussieht, das wissen wir nicht. Sie gewährt niemandem Einblick, spricht kaum und ist völlig in sich gekehrt.«

»Kann ich sie sehen?«

»Kommt, Sire. Tretet an das Fenster, aber bleibt im Schatten. Seht Ihr sie dort auf der Bank bei den Rosen?«

Richard erschrak fast zu Tode. Wo war die strahlende Schönheit, die ihn in Pamplona, Messina und Limassol so bezaubert hatte? Diese verhärmte, zusammengesunkene Gestalt mit den eingefallenen Gesichtszügen sollte seine Frau sein? Wollte Gott ihn noch härter strafen, indem er ihm auch noch ihren Liebreiz nahm?

Milo hatte den König genau beobachtet.

»Das wird schon wieder«, meinte er beruhigend. »Sie braucht jetzt einfach Ablenkung, um auf andere Gedanken zu kommen, und muss mit dem Grübeln aufhören. Vielleicht ist es gut, dass Ihr hier seid. Nehmt sie mit nach Jaffa, damit sie aus dieser Umgebung herauskommt, wo sie alles an die Toten und ihre Fehlgeburt erinnert. Den Rest muss die Zeit heilen. Ärztliche Kunst ist hier am Ende.«

»Ich gehe zu ihr. Und wenn ich sie mit Gewalt auf das Schiff bringen muss, hier kann sie nicht bleiben!«

»Gewalt ist nicht immer der richtige Weg, Sire! Geht sanft mit ihr um, wenn Ihr sie nicht verlieren wollt!«

Ein Löwe war aber nun mal kein verschmuster Kater und nichts fiel Richard schwerer, als hier die richtigen Worte zu finden. Lieber hätte er ihr ein Lied geschrieben, denn als Troubadour war er gar nicht schlecht, wie ihm immer wieder versichert wurde.

Berengaria hatte ihn nicht kommen hören und schreckte auf, als plötzlich sein Schatten auf sie viel. Sie drängte sich wie ein scheues Reh an die Wand hinter sich, als könnte sie darin Schutz finden.

»Nicht, lass mich! Ich will Dich nicht sehen«, hauchte sie mehr, als sie sprach.

Alles hätte Richard ertragen, Vorwürfe, Geschrei, Wutausbrüche, was auch immer. Aber dieses verschüchterte, ängstliche Geschöpf vor ihm, war das wirklich die Frau, die ihn in Messina verführt und auf Zypern eine Hochzeitsnacht beschert hatte, die er sein Leben lang nicht vergessen würde? Er konnte es nicht fassen.

»Berengaria, meine Liebe«, versuchte er zu beginnen und streckte die Hand nach ihr aus. Aber sie wich zurück und krümmte sich zusammen, als wäre er ein Ungeheuer. Doch Richard wollte sich nicht so schnell geschlagen geben. Behutsam nahm er neben ihr Platz und strich sanft mit der Hand über ihr Haar, das stumpf und glanzlos an ihr herunterhing.

»Liebste, Du wirst wieder richtig gesund, und wir beginnen noch einmal ganz von vorn«, machte er einen neuen Anlauf. »Es war falsch, was ich getan habe, aber ich wusste keinen anderen Weg, um Saladin von meiner Entschlossenheit zu überzeugen. Gott hat mich durch Dich gestraft, und ich werde alles tun, um seine und Deine Vergebung zu erlangen. Ich habe alle gefangenen Frauen und Kinder ohne Lösegeld freigelassen, und der Deutsche Orden wird hier in Akkon ein modernes, neues Hospital errichten. Sie bekommen von mir eine sehr großzügige Spende, wenn sie Kranke aller Konfessionen behandeln. Die Ordensleute haben es mir zugesagt und werden sich hoffentlich auch daran halten. Wenn Dir noch etwas einfällt oder am herzen liegt, was ich tun kann, damit Du mich wieder ansiehst, dann sage es mir bitte. Ich weiß einfach nicht mehr weiter.«

»Mich plagen so schreckliche Alpträume, seit ich die vielen Toten gesehen habe. Nachts strecken sie ihre Arme nach mir aus und wollen mich zu sich ziehen. Viele, die mich ansehen, haben keine Köpfe, und das ist besonders grauenvoll. Ich glaube, Gott straft mich, weil ich Dich nicht davon abgehalten habe«, flüsterte Berengaria mehr an die Mauer als an ihren Mann gewandt.

»Niemand hätte mich zurückhalten könne, höchstens Gott allein! Du wusstest ja gar nicht genau, was ich vorhatte. Ich war wie verblendet und habe auf niemanden gehört. Auch Hubert Walter und andere haben mich vor den Folgen gewarnt, doch ich hatte es mir eingebildet, und da musste es eben sein. Das passiert mir manchmal und danach tut es mir oft schrecklich leid. Ich brauche Dich, damit Du mir in Zukunft den richtigen Weg zeigst, wenn ich wieder einmal dabei bin, mich zu verirren.«

Berengaria drehte sich langsam zu Richard um und sah ihn aus ihren tief in den Höhlen liegenden Augen an.

»Willst Du das wirklich tun, zukünftig Deine Entscheidungen mit mir besprechen und Dich von mir beraten lassen?«, fragte sie nahezu fassungslos. Das tat kein Mann mit seiner Frau, den sie kannte.

»Ja, das will ich, mein Herz. Und glaube nicht, dass das einfach so dahergeredet ist. Mit meiner Mutter tue ich es schon seit langem, und warum soll es da meiner Ehefrau verwehrt sein?«

»Richard, was wird mit meinen Alpträumen? Ich fürchte mich so schrecklich. Sie kommen jede Nacht wieder, und ich glaube, sie treiben mich in den Wahnsinn.«

»Ab sofort schläfst Du jede Nacht in meinen Armen, und wenn ich Dich ganz festhalte, dann haben sie keine Macht über Dich. Vertrau mir, sie werden verschwinden, wenn Du mich wieder liebst und mir verzeihst.«

»Kannst Du mir denn verzeihen? Ich habe unser Kind verloren! Hätte ich Deinem Befehl gehorcht und das Morden nicht gesehen, wäre es vielleicht noch am Leben.«

„Du bist, wie Du bist, und ich bin, wie ich bin«, meinte der König philosophisch. »Wir wissen oft nicht, was aus unserem Handeln entsteht. So Gott will, werden wir noch viele Söhne und Töchter haben. Seine Wege sind unerforschlich, wie die Priester uns ja immer wieder zu verstehen geben. Ich sollte einmal meinen Hausketzer fragen, was er darüber denkt.«

»Du kennst einen Ketzer?«, fragte Berengaria mit erwachendem Interesse.

»Ja, Robert von Loxley! Der muss wirklich aufpassen, dass es unter ihm nicht einmal sehr warm wird.«

Milo sah von seinem Fensterplatz aus das erste Lächeln seit langem auf Berengarias Lippen. Und als der König und seine Frau später Arm in Arm langsam auf den Palast zukamen, da stahl sich sogar eine winzige Träne in seinen Augenwinkel, die er ärgerlich wegwischte.

Berengaria schlief wie versprochen in Richards Armen ein und als die Dämonen wieder nach ihr greifen wollten und sie zusammenzuckte, da hielt er sie ganz fest und sprach leise und beruhigend auf sie ein. Gegen Morgen war sie endlich in einen tiefen, erholsamen Schlaf gefallen, der es auch ihm gestattete, die Augen zu schließen.

Beim gemeinsamen Frühstück verzichtete der König auf Milos Rat hin auf alle Fleischspeisen, da Berengaria deren Anblick noch nicht ertrug, und begnügte sich wie sie mit Brot, Käse und Früchten. Ein Hauch von Rot zeigte sich auf ihren Wangen, und bei ihrem Arzt wuchs die Hoffnung, dass das Schlimmste endlich überstanden war.

Joan gesellte sich zu den beiden und Richard konnte ihr gar nicht genug danken. Seine Schwester wehrte nur ab, aber man sah auch ihr an, dass die letzten Wochen nicht gerade leicht für sie gewesen waren. Das freundliche und grüne Jaffa würde ihnen sicherlich allen gut tun.

Robin nutzte die Zeit in Akkon, um seine in den Kämpfen verwundeten Männer zu besuchen, die zum größten Teil im St. Marien Hospital der Deutschen versorgt wurden. Als Kaufleute aus den Hansestädten an Nord- und Ostsee die katastrophalen Zustände während der Belagerung sahen, gründeten sie unter dem Schutz des aufgespannten Segels einer Kogge das erste Feldlazarett. Nach der Eroberung der Stadt wurde dem neuen Orden einer der vielen Paläste zugeteilt. Das Haupthaus sollte dann später in Jerusalem errichtet werden, mit dessen Einnahme man fest rechnete.

Die Brüder kümmerten sich wirklich aufopferungsvoll um die Verwundeten und Kranken, und Robin war beruhigt, seine Kameraden in den besten Händen zu wissen. Immer wieder wurde er gefragt, wann es wieder nach Hause ginge, doch darauf wusste auch er keine befriedigende Antwort. Einige seiner Gefährten aus dem Sherwood waren mittlerweile genesen oder befanden sich auf dem Weg der Besserung und schlossen sich ihm an, als es wieder nach Jaffa zurückging.

Langsam erholte sich Berengaria, und Ende des Monats konnte sie Richard zusammen mit Joan auf Ausritten in das Umland und auf die Falkenjagd begleiten. Mit Saladin wurden zur Zeit wieder einmal Friedensgespräche geführt, so dass eine Art Waffenstillstand herrschte. Der Unterhändler von muslimischer Seite war wiederum al-Adil, und als der König mit ihm zusammentraf, kam ihm eine Idee.

Warum sollten seine Schwester und Saladins Bruder nicht ein Paar werden? Das wäre doch eine nahezu ideale Lösung und sie könnten gemeinsam über das Heilige Land herrschen. Er würde seiner Schwester als Mitgift die Küstenstädte von Tyros bis Jaffa abtreten und Saladin dafür seinen Bruder mit Jerusalem und dem umliegenden Land belehnen. Christen und Muslime könnten gleichberechtigt nebeneinander leben und hätten uneingeschränkten Zugang zu ihren heiligen Stätten.

Richard war von seiner Eingebung so begeistert, dass er Hubert Walter mit dem Vorschlag zu Saladin schickte, ohne ihn allerdings vorher auch nur ansatzweise mit seiner Schwester besprochen zu haben. Der Sultan hörte aufmerksam zu und zur größten Verblüffung des Bischofs lehnte er nicht rundheraus ab.

»Sagt Eurem König, ich werde darüber nachdenken«, gab er Hubert Walter mit auf den Weg. »Es ist genug Blut auf beiden Seiten geflossen, und vielleicht wäre dies eine Lösung, mit der Christen und Muslime leben könnten.«

Als er dann mit seinem Bruder allein war, bekam al-Adil fast einen Schreikrampf.

»Ich glaube, Allah hat Dir Deine Sinne vernebelt! Nie im Leben heirate ich so ein verzogenes, fränkisches Weib und teile womöglich noch den Thron mit ihr. Wenn sie sich wie meine anderen Frauen in die Demut des Harems zurückzieht und mir als ihrem Herren und Gebieter jederzeit gehorsam und zu Willen ist, soll es mir gleich sein.«

»Beruhige Dich, niemand würde Dir so etwas zumuten. Aber es ist doch eine herrliche Gelegenheit, die Verhandlungen in die Länge zu ziehen. Bei Deinem nächsten Besuch in Jaffa siehst du sie Dir einmal an und tust so, als würdest Du über den Vorschlag des englischen Königs, Allah verdamme ihn, nachdenken. Solange wir verhandeln, wird er nicht marschieren, und wir gewinnen Zeit.«

»Wenn Du das so siehst! Wie haben sich denn die Emire entschieden? Verteidigen wir Jerusalem oder Askalon?«

Askalon war eine äußerst wichtige Festungsstadt am Meer und sicherte den Weg nach Ägypten. Beide Städte zu verteidigen, dazu reichten die Kräfte der Muslime nicht aus.

Saladin hätte lieber Askalon gehalten, weil er fürchtete, dass Richard mit der Einnahme der Stadt ihn von seinem Nachschub aus dem Niltal würde abschneiden können. Der Rat der Emire entschied sich jedoch dagegen und für die Verteidigung von Jerusalem und der Sultan, dessen Ruf nach den beiden Niederlagen von Akkon und Arsuf stark gelitten hatte, musste erstmalig klein beigeben.

»Allah hat sie mit Blindheit geschlagen! Sie wollen Jerusalem unter allen Umständen verteidigen, weil von hier angeblich der Prophet in den Himmel geritten ist. Dafür geben sie Askalon auf, das für unser

Überleben viel wichtiger ist. Jetzt müssen wir dort die mühsam errichteten Befestigungen schleifen, damit sich die Christen nicht dahinter verschanzen können. Ich hätte lieber Jerusalem zur offenen Stadt gemacht. Wenn dieser Löwenherz nach der Einnahme wieder abgereist wäre, hätten wir die Stadt jederzeit zurückerobern können. Kommt er aber auf die Idee, nach Ägypten zu marschieren, dann sind wir wirklich in Bedrängnis. Wie sagte der Graf von Tripolis immer – die Schlüssel von Jerusalem liegen in Kairo. Und Raimund war ein weiser Mann.«

»Du meinst, dieser königliche Ghiaur ist auch so klug?«

»Wir sollten mit Sicherheit nicht den Fehler machen und ihn unterschätzen. Er hat uns ja schon gezeigt, wozu er fähig ist. Ohne ihn wären wir mit Sicherheit besser dran.«

Die letzten Worte seines Bruders prägten sich al-Adil tief ein. Vielleicht musste man versuchen, den Kopf der Christen abzuschlagen, wenn nichts anders half. Er wollte einmal in Ruhe darüber nachdenken und gegebenenfalls darauf zurückkommen.

Das, was von Saladins Heer nach der Niederlage von Arsuf noch übrig geblieben war, hatte sich nach Ramla, das auf der halben Strecke zwischen Jerusalem und Jaffa lag, zurückgezogen. Auf seinem Weg zum Meer sah al-Adil, wie Richards Baumeister und Soldaten die von den Muslimen zerstörten Kreuzritterburgen an der Straße nach Jerusalem Stück für Stück wieder in Stand setzten. Das Ziel war eindeutig, der englische König wollte seine Nachschubwege sichern, und immer näher rückten seine Truppen an die für Christen und Muslime Heilige Stadt heran.

Am Abend nach den langwierigen Verhandlungen lud Richard Saladins Unterhändler zu einem Festbankett ein, an dem auch seine Frau und seine Schwester ganz gegen sonstige Gepflogenheiten teilnahmen. Dabei stellte er erstaunt fest, dass durchaus die meisten der Muslime dem angebotenen Wein kräftig zusprachen. So eng schienen sie also ihren Koran auch wieder nicht auszulegen. Sänger aus beiden Kulturen lieferten sich einen Wettstreit und wurden jeweils vom eigenen Lager bejubelt.

Al-Adil war entsetzt. Zeigten sich doch die Christenfrauen völlig unbefangen und unverhüllt in der Öffentlichkeit! Sogar ihre Arme und der Brustansatz waren unbedeckt, und der leichte Schleier über dem kunstvoll aufgesteckten Haar war mehr Schmuck als Verhüllung.

Zugegeben, Richards Schwester war eine bildschöne Frau. Blond und blauäugig, dabei schlank und hochgewachsen hätte sie ihn als Sklavin durchaus gereizt, auch wenn man ihren Stolz sicherlich erst einmal würde brechen müssen. Doch die Franken hatten schon eigenartige Bräuche. Heirateten zumindest offiziell nur eine Frau, auch wenn er wusste, dass viele von ihnen sich nebenbei Konkubinen hielten, von denen aber die Kinder nicht erbberechtigt waren. Dann konnte man doch gleich einen Harem unterhalten und zumindest alle Söhne gleich behandeln.

Oder, wie er zu seinem Erstaunen gehört hatte, regierte nicht sogar die Mutter des englischen Königs in dessen Abwesenheit seine Länder? Das verstieß doch eindeutig gegen alle Gesetze Allahs! Wie konnte sich nur ein Mann dem Wort einer Frau fügen? Ihn schüttelte es regelrecht bei dem Gedanken. Sollte es tatsächlich dazu kommen, dass er diese Christin in seinen Harem würde aufnehmen müssen, würde sein Obereunuch mit Sicherheit viel Mühe haben, ihr die anerzogene Aufsässigkeit aus dem Leib zu prügeln. Bei dem Gedanken an dessen Jammerei über seine Schmerzen in Rücken und Arm nach jeder notwendigen Züchtigung grauste ihn allerdings schon jetzt.

Als Richard sich mit seinen beiden Begleiterinnen spät am Abend zurückzog und mit ihnen allein war, fragte er seine Schwester ganz unbefangen:

»Und, wie fandest Du den Bruder des Sultans? Ein sehr gutaussehender und kultivierter Mann, nicht wahr?«

Joan gähnte ausgiebig und zuckte mit den Schultern.

»Vielleicht für jemanden, der auf ausgemergelte, braunhäutige Bohnenstangen steht. Und die Musik erst! Grauenhaft dieses Geklimpere. Alles nicht mein Fall.«

»Du sprichst aber nicht sehr nett über einen Mann, den ich Dir als zukünftigen Gemahl vorschlagen wollte.«

Joan schaute ihren Bruder einen Moment lang verständnislos an, dann musste sie lachen.

»Richard, ich bin zu müde für Deine Scherze. Komm, lass uns lieber schlafen gehen!«

»Nein, ich meine es ernst. Wenn Du ihn heiratest, würde ich Dir das ganze Küstenland als Mitgift geben, und Du könntest zur Königin von Jerusalem gesalbt werden. Würde Dich das nicht reizen? So habe ich es jedenfalls Saladin vorschlagen lassen.«

»Sag mal Richard, Dir hat wohl die Sonne endgültig das Hirn ausgetrocknet?«, fuhr Joan ihn wie eine Löwin an und war auf einmal putzmunter. Ihrem Bruder war so etwas durchaus zuzutrauen, und ehe sie sich versah, hatte er sie womöglich in dieses öde Land an einen Beduinensheikh verschachert, nur weil der ihm gerade für seine Pläne nützlich war.

»Nie im Leben heirate ich einen Sarazenen, noch bleibe ich einen Tag länger als nötig in dieser gottverdammten Einöde! Ich war Königin von Sizilien und könnte Königin von Frankreich sein, wenn Du dich nicht querstellen würdest! Du glaubst doch nicht ernsthaft, dass Du mich hier verhökern und dann glorreich nach England zurückkehren kannst!«

»Nun, ich fand meine Idee gar nicht so schlecht. Schließlich ist die Krone von Jerusalem die heiligste der ganzen Christenheit. So ein Angebot bekommt man nicht alle Tage. Denk doch noch einmal in Ruhe darüber nach!«

Was Joan ihrem Bruder darauf entgegnete, kann hier nicht wiedergegeben werden, da es gegen jede gute Form und gebotenen Anstand verstoßen würde. Ihr kam die berüchtigte schwarze Galle der Anjou hoch, und ihre Kraftausdrücke standen denen, die Richard in Wut verwendete, in keiner Weise nach. Joans Stimme war bis in die letzten Winkel des Palastes zu hören, und die Dienerschaft duckte sich regelrecht ab, da sie befürchten musste, gleich kämen auch noch Krüge, Becher und Kerzenleuchter geflogen.

Richard, der seine Schwester kannte, verließ fluchtartig mit seiner Frau die Kemenate, um sich nicht noch mehr Ärger einzufangen. Als sie ihr eigenes Schlafgemach erreicht hatten, fragte Berengaria ihn fassungslos:

»Das war doch nicht Dein Ernst, was Du Joan da vorgeschlagen hast, oder? Du konntest doch nicht ernsthaft erwarten, dass sie darauf eingeht und diesen Barbaren heiratet!«

»Wir sollten uns vielleicht mal etwas von unserer Überheblichkeit trennen und nicht alles, was wir nicht kennen und uns fremd ist, als Barbarei abtun.« Richard war ernsthaft gekränkt.

»Sieh Dir doch nur einmal die feine Architektur dieser Bauwerke hier an! Diese traumhaften Gärten, durchsetzt mit Springbrunnen! So etwas gibt es im ganzen Abendland nicht. Ich will für meine Schwester doch nichts Schlechtes. Sie und Saladins Bruder gemeinsam auf den

Thron von Jerusalem, Christen und Muslime gleichberechtigt nebeneinander, alle Probleme wären gelöst!«

»Das kann aber auch ganz anders ausgehen. Joan verschwindet als eine von al-Adils vielen Frauen in seinem Harem, und dich exkommuniziert der Papst auf der Stelle als Verräter am wahren Glauben. Manchmal bist Du ein ganz schöner Träumer, Richard.«

»Saladins Bruder müsste natürlich zuerst Christ werden, das ist doch selbstverständlich.«

»Und er würde verlangen, dass Joan zum Islam übertritt! Richard, dafür ist die Zeit noch nicht reif.«

»Du hast ja wie immer recht«, seufzte der König. »Aber die Idee an sich hätte schon ihre Reize, musst Du zugeben«, um dann nachdenklich noch anzufügen, »und würde vielen Männern das Leben erhalten.«

Die Verhandlungen über die Eheschließung zogen sich auf beiden Seiten der Form halber noch einige Zeit hin, um dann, wie nicht anders zu erwarten, im Sande zu verlaufen. Jede Partei verlangte wie Berengaria vorausgesagt hatte, dass der jeweils andere zum wahren Glauben übertreten müsse und dies war natürlich für beide unannehmbar. So scheiterte ein Vorschlag, der dem Töten ein Ende gesetzt hätte, wieder einmal an der Unvereinbarkeit der Religionen.

***

Ende Oktober begann der Vormarsch auf Jerusalem Das Kreuzfahrerheer wälzte sich auf der alten Pilgerstraße in Richtung der Heiligen Stadt mühsam voran, immer wieder in kleinere Scharmützel mit Saladins leichter Reiterei verwickelt. Das Hauptproblem war jetzt jedoch die Sicherung der Nachschubwege, da die Flotte ja im Landesinneren ausfiel und man sich jeden Tag weiter von der Küste entfernte.

Saladin versuchte seine Emire noch einmal dazu zu bewegen, ihre Truppen für eine Feldschlacht zu sammeln, stieß aber nur auf Ablehnung. Noch zu gut war ihnen in Erinnerung, welch blutige Köpfe sie sich beim Angriff auf die eisernen Männer geholt hatten. Also blieb dem Sultan nichts anderes übrig, als sich mit seinen verbliebenen Truppen nach Jerusalem zurückzuziehen und die Stadt auf eine Belagerung vorzubereiten.

Trotzdem gingen die Verhandlungen weiter. Man verkehrte äußerst höflich und freundlich miteinander, tauschte Geschenke aus und versicherte sich gegenseitiger Wertschätzung - bis wieder im Pfeilhagel oder Nahkampf Männer fielen.

Am 22. November erreichte das Hauptheer Ramla, das die Muslime vollständig geräumt hatten. Einsetzender Winterregen stoppte hier den Weitermarsch. Alle Wege waren nur noch tiefe Schlammpisten. Für das schwere Belagerungsgerät, das jetzt mit Ochsengespannen transportiert werden musste, gab es kein Durchkommen mehr. Die Räder blieben im Morast stecken, Achsen brachen und selbst zwölf Ochsen konnten einen Rammbock nicht mehr von der Stelle bewegen.

Richard, der zumindest für dieses Jahr seine Felle davonschwimmen sah und langsam die Hoffnung verlor, wie geplant Weihnachten in Jerusalem verbringen zu können, wollte es noch einmal mit Verhandlungen versuchen. Er schickte Hubert Walter mit dem Angebot zu Saladin, bei kampfloser Übergabe der Stadt alle Bewohner zu schonen, keine Plünderungen zuzulassen, der Armee freien Abzug zu gewähren und die heiligen Stätten des Islam zu achten. Im Falle einer Ablehnung drohte er mit Versklavung oder Hinrichtung aller Gefangenen und Niederreißung des Felsendoms und der Al-Aqsa-Moschee.

Sorgfältig wählte der Bischof sein Gefolge aus, denn in die Heilige Stadt wollten alle, aber nur eine kleine Zahl konnte er mitnehmen.

»Vergesst Robert von Loxley nicht!«, rief der König seinem Unterhändler zu. »Er hat etwas Dringendes zu erledigen.«

Richard zwinkerte Robin verschwörerisch zu, und so fand dieser sich, ehe er sich versah, als einer der ersten Kreuzfahrer auf dem Weg nach Jerusalem wieder. Schon von weitem sahen sie die himmelhoch aufragenden Mauern der Stadt. Viele fragten sich, ob diese überhaupt zu bezwingen seien, aber da Saladin es geschafft hatte, keimte Hoffnung auf, dass es ihnen auch gelingen könnte.

Durch das alte Davidstor, von den Muslimen Jaffator genannt, unmittelbar neben der Zitadelle, gelangten sie in das Innere der Stadt. Pilger betraten sie immer zu Fuß, aber da Richards Unterhändler als kriegerische Abordnung kamen, blieben sie beritten, bis man ihnen vor dem Sultanspalast die Pferde abnahm.

Saladin empfing Hubert Walter äußerst freundlich, umringt von Vertretern seiner umfangreichen Familie und seinen bedeutendsten

Emiren. Er hörte sich Richards Angebot interessiert an, lehnte aber, wie nicht anders zu erwarten, in höflichen Worten ab.

»Sagt Eurem König, dass auch wir Eure heiligen Stätten achten. Wir bieten Euch an, sie in kleinen Gruppen und unbewaffnet zu besuchen. Ihr könnt Euch später gern von ihrer Unversehrtheit überzeugen. Freiwillig werden wir die Stadt, die uns ebenso heilig ist wie Euch, niemals räumen. Solltet Ihr sie stürmen, wird kein Stein in Jerusalem auf dem anderen bleiben, und Ihr findet nichts als ein Trümmerfeld vor.«

»Das hat Euch Balian von Ibelin als Befehlshaber der Christen vor vier Jahren auch mit Euren Heiligtümern angedroht und trotzdem habt Ihr Jerusalem eingenommen«, entgegnete der Bischof, der bestens informiert war.

Der Sultan lächelte milde.

»Balian ist ein kluger Mann, den ich nach wie vor sehr schätze. Er hat uns Jerusalem zu Bedingungen übergeben, die wir akzeptieren konnten. Doch so weit sind wir jetzt noch lange nicht. Will Euer König die Stadt, muss er sie erobern.«

Es ging noch eine Weile hin und her, aber der Bischof merkte bald, dass seine Mission gescheitert war. Was er nicht ahnte, war, dass sich Saladin liebend gern auf einen Frieden und auch die Übergabe eingelassen hätte, aber in seiner Position zu geschwächt war, um sich gegenüber seinen anderen Heerführern durchzusetzen zu können. Da ihm nichts anderes übrig blieb, machte er sich deren Standpunkt zu Eigen und vertrat ihn mit Nachdruck. Eine Niederlage hätte sein Renommee verkraftet, die zweite war zu viel gewesen. Als erfahrener Stratege befürchtete er, dass die Kreuzfahrer, sollten sie vor Jerusalem scheitern, sich gegen Askalon und damit Ägypten wenden würden, und sollte recht behalten.

Hubert Walter wusste, dass seine Begleiter ebenso wie er darauf brannten, die heiligsten Stätten der Christenheit zu sehen, und nahm Saladins Angebot, sie zu besuchen, dankend an. Vom Stephanstor, das von zwei in Stein gehauenen Leoparden geschützt wurde - was Richard sicherlich besonders gefallen hätte - gelangten sie durch die Via Dolorosa, Jesus Schmerzensweg zur Kreuzigung, vorbei an der jüdischen Klagemauer, zur Grabeskirche, dem Ziel ihrer Sehnsucht. Um hier einmal zu beten hatten viele der Kreuzfahrer unsägliche

Strapazen auf sich genommen. Wenigstens einem kleinen Teil von ihnen war es jetzt vergönnt.

Robin war Richard dankbar, dass er sein Marian gegebenes Versprechen, am Heiligen Grab um ein Kind zu bitten, einlösen konnte. Er hatte so seine Zweifel, dass alle Kreuzfahrer hier her gelangen würden. Die Stadt war stark befestigt, die Moral der Verteidiger hoch und ihr Anführer ein erfahrener, mit allen Wassern gewaschener Mann.

Wie die anderen Mitglieder der christlichen Abordnung schritt Robin durch den Portikus, vorbei am Salbungsstein und Golgathafelsen zu der von einer Rotunde umgebenen, eigentlichen Grabeskapelle. Auch ihn nahm die von dieser heiligen Stätte ausgehende Atmosphäre gefangen und andächtig kniete er nieder und verrichtete seine Gebete, wie alle anderen in der Hoffnung, dass sie an Christi Grab besonders erhört würden. Doch selbst hier konnte er sich den Gedanken nicht verkneifen, das Gott damit bitte warten sollte, bis er selbst wieder zuhause war.

Noch benommen von den überwältigenden Eindrücken verabschiedete sich die Abordnung mit der Gewissheit, demnächst auf dem Schlachtfeld darum zu kämpfen, wer zukünftig die Oberhoheit über diese Orte haben würde.

Nach ihrer Rückkehr von der gescheiterten Mission, was Richard nicht wirklich überrascht hatte, erkundigte er sich bei Robin, ob wenigstens für ihn alles zu seiner Zufriedenheit abgelaufen sei. Der war außergewöhnlich in sich gekehrt und noch gefangen in dem Erlebten.

»Sire«, meinte er ernst, »ich habe mir erlaubt, auch für Euch einen reichen Kindersegen zu erflehen. Ich hoffe, ich hatte Euer Einverständnis.«

»Es ist nie verkehrt, wenn Untertanen für ihre Könige beten und, wie Ihr unlängst schon sehr richtig bemerkt habt, schaden kann es bestimmt nicht.«

Robin kam diesmal um den befürchteten Prankenschlag auf die Schulter herum, denn auch Richard wirkte seltsam nachdenklich.

***

Das Kreuzfahrerheer rückte trotz des grässlichen Wetters langsam weiter vor. Schwere Regenfälle, immer wieder durchsetzt von heftigen Hagelschauern, brachten Waffen und Rüstungen zum Rosten, weichten das Leder auf und verdarben die Lebensmittel. Umso wichtiger war, dass die Fourage von der Küste die Armee auch wirklich erreichte.

Immer wieder wurden die Karawanen von sarazenischen Patrouillen angegriffen. Als eine von ihnen um Hilfe schickte, da sie einer erdrückenden, seldschukischen Übermacht zu erliegen drohte, schickte Richard den Earl von Leicester und Robin mit einer schnell zusammengerufenen Truppe zur Unterstützung voraus, um selbst mit einem größeren Kontingent zu folgen.

Als er auf dem Kampfplatz erschien und auf einem Hügel hielt, um die Lage zu sondieren, war die Schlacht schon fast vorbei, und die Muslime hatten eindeutig die Oberhand gewonnen. Sein Gefolge wollte ihn davon abhalten, sich noch in den Kampf zu stürzen, der aussichtslos schien.

»Sire, wenn Ihr fallt, ist der ganze Kreuzzug gefährdet«, versuchte Guido von Lusignan ihn zurückzuhalten. »Die Männer dort unten sind sowieso verloren. Es wird uns nicht gelingen, sie zu retten! Wir werden eine neue Karawane losschicken und sie noch stärker bewachen. Lasst uns zurückreiten, ich bitte Euch.«

Richard sah seinen Lehnsmann nur verächtlich an.

»So spricht kein König! Wir haben diese Männer hierher in den Kampf geschickt und wir werden ihnen zu Hilfe kommen, wie sie es erwarten dürfen. Und wenn wir alle dabei umkommen! Vorwärts, mir nach! Für England und Sankt Georg!«

Schwerter flogen aus den Scheiden, Lanzen wurden eingelegt und im gestreckten Galopp ging es hügelabwärts und mit Schwung in die feindlichen Reihen hinein. Die Muslime, überrascht von der plötzlichen Attacke in ihrem Rücken, zogen sich trotz ihrer Übermacht zurück. Sie hatten, was sie wollten. Die Fourage war zum Teil schon abtransportiert oder vernichtet und das Schlachtfeld übersäht mit Toten und Verwundeten.

Der König war abgesessen und schritt die Reihen der Gefallenen ab. So manches bekannte Gesicht sah ihn mit gebrochenen Augen an. Der Earl von Leicester war unter den Verwundeten, doch so sehr Richard auch suchte und Ausschau hielt, von Robin fehlte jede Spur. Nur

Roncall trabte zwischen den vielen Leichen herum und wieherte ständig, als riefe er nach seinem verschollenen Herren.

***

9. Kapitel

Masyaf / Jaffa, Dezember 1191 – Oktober 1192

Eine kleine Karawane Reisender auf Pferden und Kamelen näherte sich den südöstlichen Ausläufern des Dschebel Ansariye. Sie hatten den Orontes durchquert, der in diesem Jahr viel Wasser führte, die fast unbesetzte Johanniterfestung Krak de Chevaliers passiert und ritten jetzt parallel zum Fluss auf eine mächtige, alles überragende Burg zu.

Die Dromedare mussten sich abmühen, die schweren Kisten und Ballen zu tragen. Aber am härtesten hatte es das Tier getroffen, an dessen Seite ein eiserner Kasten hing. Er ähnelte einem Sarg, wie ihn die Franken für ihre Verstorbenen verwendeten, aber die Luftschlitze an Stirn- und Rückseite deuteten auf eine andere Verwendung hin.

Dem Mann, den man mehr tot als lebendig in den Kasten hineingepfercht hatte, brachten sie kaum Erleichterung. Er lag nun schon mehr als eine Woche in seinen eigenen Ausdünstungen und Exkrementen in der Kiste, die es ihm aufgrund ihrer beschränkten Größe nicht gestattete, seine Lage zu verändern. Nur einmal am Tag wurde ihm etwas Wasser und Nahrung gereicht, die er mit seinen gefesselten Händen kaum halten konnte. Seine Kopfwunde schmerzte höllisch. Verkrustetes Blut bedeckte sein Gesicht und lockte Fliegen und anderes Ungeziefer an, das den Weg durch die Luftschlitze fand. Niemand hatte seine Verletzung versorgt, und schon gar nicht hielt man es für nötig ihm mitzuteilen, dass man das Ziel ihrer Reise fast erreicht hatte.

Masyaf war die Hauptburg der Assassinen in Syrien und die Residenz von Sheikh Raschid ad-Din Sinan, den man weit und breit nur den Alten vom Berge nannte. Er führte seine Abstammung direkt auf den Propheten Mohammed zurück und gab vor, Gläubigen schon zu Lebzeiten das Paradies zeigen zu können. Da er auch der geistliche Führer der Ismailiten, einer fanatischen, religiösen Sekte innerhalb der Schiiten war, und es sich zur Aufgabe gemacht hatte, deren Glauben zu verbreiten, sprachen ihn seine Anhänger auch ehrfurchtsvoll mit Da'i an.

Schon fast dreißig Jahre herrschte er auf seiner uneinnehmbaren Festung und schmiedete unterschiedliche Bündnisse, teilweise sogar mit den Kreuzfahrern, vor allem den benachbarten Johannitern, um seine Macht zu festigen und den Einfluss seiner Glaubensgefährten weiter auszubauen.

Die Hauptfeinde der Assassinen waren die Sunniten, deren Glauben sie für falsch und ketzerisch hielten und die sie mit Gift und Dolch bekämpften. Auch Saladin war von ihnen schon bedroht worden und selbst er zog es nach eindeutigen Warnungen vor, keinen Streit mit diesen zu allem bereiten Fanatikern zu suchen. Wehe, man weckte ihren Zorn oder sie fühlten sich bedroht. Dann schickte der Alte vom Berge seine gefürchteten Fida'i aus, die jeden Mordauftrag mit Leidenschaft ausführten und die Gegner in Angst und Schrecken versetzten.

Das Land rings um ihre Burgen hatten die Assassinen in blühende und fruchtbare Gärten verwandelt. Ausgeklügelte Bewässerungssystem leiteten das Wasser des Orontes in Kanäle, und das milde Klima machte mehrere Ernten im Jahr möglich. Auch pflegten sie Handelsbeziehungen mit weit entfernten Ländern und unterhielten sogar eigene Schiffe auf dem Mittelmeer.

Der Weg zur alles beherrschenden, riesigen Burg wand sich wie eine Schnecke um den Berg und war von den Zinnen jederzeit mit Wurfgeschossen zu erreichen. Aus den Felsen schienen die Mauern regelrecht herauszuwachsen und sich bis zum Himmel darüber zu erstrecken. Die Karawane passierte das erste, stark befestigte und von Türmen geschützte Tor, nur um in einen Innenhof zu gelangen, in dem eindringende Feinde von allen Seiten beschossen werden konnten. Weiter ging der Weg bergan, immer von unbezwingbaren Mauern gesäumt, bis man durch ein weiteres, ebenso gesichertes Tor in den zweiten Hof der Vorburg gelangte, wo schon ein Empfangskomitee auf die Ankömmlinge wartete.

»Sei gegrüßt, Hajat al-Rahman, der du das Land von Ost nach West und von Nord nach Süd bereist!«, sprach ein in kostbare Gewänder gehüllter, fülliger Mann mit hoher Stimme den Karawanenführer an. »Hast Du alles bekommen, was unser erhabener Da'i bei Dir bestellt hat?«

»Wie könnte ich es wagen, verehrungswürdiger Mahmud, Beherrscher des Serail, Dir unter die Augen zu treten ohne das Gewünschte! Edle Seide aus Kathy, feinste, durchsichtige Stoffe aus Mossul und Duftessenzen aus Arabien bringe ich Euch. Auch beste

Damaszenerklingen habe ich dabei, auf dass Eure Krieger im Gefecht die Feinde in der Mitte spalten können.«

Der mit Mahmud angesprochene Eunuch trat heran, um die Ballen zu begutachten, schrak dann aber zurück, als er den eisernen Kasten sah und vor allem den Geruch wahrnahm, der von diesem ausging.

»Beim Allmächtigen und Allgewaltigen, was ist denn das für ein bestialischer Gestank? Bringt Ihr wilde Tiere aus der Hölle mit?«

»Dieser Kasten, mein lieber Mahmud, enthält eine Ware, die ich nur dem Hauptmann der Fida'i oder dem edlen Sheikh persönlich übergeben darf«, erklärte der Karawaneführer. »Seid so gütig und schickt mir vier Eurer jungen Männer, um die Kiste in ein Verlies zu bringen. Der Da'i wird dann nach meinem Bericht sicherlich entscheiden, wie weiter zu verfahren ist.«

Der Eunuch beeilte sich, dem Wunsch seines Gastes nachzukommen und sandte einen Pagen, den Besuch beim Sheikh anzumelden. Hajat al-Rahman wusste, dass er sich jetzt auf eine längere Wartezeit einrichten musste, denn der Da'i ließ nie jemanden sofort vor. Doch es galt, die Waren abzuladen, um den Preis zu feilschen und neue Waren zu erwerben. Zwischendurch wurden Erfrischungen gereicht, und als die Sonne sich langsam dem Horizont näherte, kam die Nachricht, Sheikh Raschid ad-Din Sinan sei jetzt bereit, ihn zu empfangen.

Durch endlose, verschlungene Gänge, die einem Irrgarten glichen, und über nicht enden wollende Treppen führte Mahmud den Händler zu einem Turmgemach, wo ihn der Da'i erwartete. Der Raum war mit kostbarsten Teppichen aus Persien ausgelegt, und an den Wänden hingen Seidenstickereien aus dem fernen Kathy. Auf zerbrechlich fein wirkenden Tischen lagen unzählige Pergamentrollen, und Hajat sah viele kunstvolle Gerätschaften, deren Bedeutung sich ihm nicht erschloss.

Der Händler verbeugte sich tief vor dem Sheikh, der auf einem Diwan ruhte und wartete, bis er angesprochen wurde.

Raschid ad-Din Sinan war im wahrsten Sinne des Wortes dem Äußeren nach ein alter Mann, obwohl er gerade sechzig Jahre zählte. Die Statur wirkte hager und ausgezehrt. Volles, aber schlohweißes Haupt- und Barthaar rahmten ein edel geschnittenes, von tiefen Furchen durchzogenes Gesicht ein.

Auf den ersten Blick machte der Da'i einen gütigen und Vertrauen erweckenden Eindruck. Wer aber genauer hinsah, erkannte dahinter die Bösartigkeit eines Fanatikers, der nichts neben seiner eigenen Überzeugung und seinem Glauben bestehen lassen konnte. Wie in allen Religionen und Kulturen sahen sich solche Menschen selbst als Heilige und waren doch nichts als Teufel in Menschengestalt.

Als er die Augen auf seinen Gast richtete, blitzte darin eher das Feuer der Jugend als die verglimmende Glut des Alters auf.

„Du hast uns eine besondere Ware mitgebracht? Was hat es damit auf sich?“ Die Stimme war klar und hart wie der Stahl aus Damaskus.

»Ehrwürdiger Da'i, Prinz al-Aziz Utman sendet Euch seine besten Grüße und wünscht Euch Allahs Segen. Er hat bei einem Überfall auf die Christen einen Franken gefangen nehmen können, der vielleicht noch nützlich sein könnte. Dieser Ghiaur ist ein Freund des englischen Königs, den Allah verdammen möge. Der Prinz hat sich mit seinem Onkel al-Adil beraten, und beide lassen fragen, ob Du, hochwürdiger Sheikh, nicht versuchen könntest, mit den nur Dir gegebenen Möglichkeiten einen Fida'i aus diesem Franken zu formen. Vielleicht kann man ihn später einmal gegen seinen König schicken, denn er würde ohne weiteres in dessen Nähe gelangen.«

Der Alte vom Berge ließ sich Zeit mit der Antwort und begann dann mit einer Gegenfrage.

»Weiß Salah ad-Din Yusuf von diesem Plan?«

»Soweit mir bekannt ist nicht, Erhabener.«

»Handelt es sich um den König, der in Akkon meine Botschafter so tödlich beleidigt hat, die ihm unseren Beistand anbieten wollten?«

»So ist es, weiser Da'i.«

Der Sheikh lehnte sich in die Polster des Diwans zurück und dachte nach. Er fand es hoch interessant, dass scheinbar Sohn und Bruder Saladins ohne dessen Kenntnis Pläne schmiedeten, die dieser sicherlich nicht gebilligt hätte. Deutete sich da jetzt schon ein Machtkampf innerhalb der Familie an? Und wenn ja, auf wessen Seite schlug man sich in diesem Fall am besten? Nun, die Zeit würde es letztendlich weisen. Und mit diesem Frankenkönig hatte er sowieso noch eine Rechnung offen.

Nach längerem Schweigen, während dem der Händler wie auf glühenden Kohlen saß, gab er dann seinen Entschluss bekannt.

»Du kannst Deinen Auftraggebern ausrichten, ich werde versuchen, ihrem Wunsch nachzukommen. Aber die Ausbildung eines Fida'i braucht Zeit und nicht jeder ist dafür geeignet. So oder so, für unsere

Bemühungen erwarte ich eine adäquate Gegenleistung. Nicht heute, nicht morgen, aber eines Tages.«

Hajat al-Rahman verbeugte sich erneut tief.

»Ich werde Eure Worte getreulich ausrichten, Großmächtiger!«

Der Sheikh klatschte in die Hände, und wie ein Geist erschien der Eunuch. Der Händler zog sich unter weiteren Verneigungen rückwärts gehend zurück, die Audienz war beendet. Kaum hatte er den Raum verlassen, sprang der Alte vom Berge mit nahezu jugendlichem Elan vom Diwan. Den beiden Wachen vor der Tür winkte er, ihn zum Verlies zu begleiten, und schickte einen Pagen zum Anführer der Fida'i mit dem Befehl, sich dort mit ihm zu treffen.

Batran al-Nufus, der Hauptmann, beeilte sich, seinem Herrn noch zuvorzukommen. Die gewaltige Burg verfügte in ihren in die Felsen gehauenen Kellern über Unmengen von Gefängniszellen, in die nie ein Sonnenstrahl hinein- und aus denen kein Schrei hinausdrang.

In einer von ihnen stand immer noch der geschlossene Kasten, der jetzt auf den Befehl des Sheikhs geöffnet wurde. Im Licht der rußenden Fackeln sah man eine zusammengekrümmte Gestalt, in der kaum noch Leben zu sein schien. Zwei Fida'i hoben den Körper heraus und ließen ihn angeekelt auf eine Schütte fauliges Stroh fallen. Der Gestank, der aus dem Kasten kam und von der Gestalt ausging, raubte allen Anwesenden fast den Atem.

Der Mann hatte am ganzen Körper Schwären vom Liegen in seinen eigenen Exkrementen, die bluteten und eiterten. Er zitterte wie Espenlaub und konnte mit seiner vor Durst geschwollenen Zunge nur lallen. Der Sheikh gab den Wachen einen Wink und diese schütteten zwei Kübel Wasser über die sich krümmende Gestalt, die versuchte, einige Tropfen des köstlichen Nass in den Mund zu bekommen.

»Wo bin ich?«, krächzte der Gefangene, oder eher das, was von ihm übriggeblieben war.

»In der Hölle, und da werdet Ihr auch bleiben für alle Ewigkeit. Doch vielleicht, nur vielleicht, zeige ich Euch einmal das Paradies!«

Die schwarzen Gestalten, die Felsen, das glühendes Licht der Fackeln, die unerträglichen Schmerzen, der quälende Durst! Ja, das konnte nur die Hölle sein!

Robert von Loxley glaubte es sofort.

***

»Was machen wir mit diesem Ghiaur, ehrwürdiger Da'i?«, erkundigte sich der Hauptmann der Fida'i unterwürfig. »Seid so gütig und unterrichtet mich über Eure Pläne!«

»Gebt ihm soviel Nahrung, dass er am Leben bleibt, und lasst ihn das Rad bedienen. Da hat er genug Wasser, mehr braucht er nicht. Und von Zeit zu Zeit werden wir ihm die Kammer des Schreckens zeigen, damit die Furcht vor der Dschahannam in ihm noch wächst. Wenn er dann völlig gebrochen ist, lassen wir ihn einen Tag im Paradies verbringen, um ihn anschließend in die Finsternis zurückzustoßen. Er soll darum winseln, ein Fida'i werden zu dürfen.«

»Und wenn er an seinen Verletzungen stirbt? Sie sind nicht gerade pfleglich mit ihm umgegangen.«

»Dann ist es Allahs Wille, der uns von der Anwesenheit des Ghiaurs befreien will.«

»Hören und gehorchen!«

Batran al-Nufus legte die rechte Hand auf sein Herz und verneigte sich. Jeder auf der Burg begegnete dem Alten vom Berge mit höchstem Respekt und war davon überzeugt, dass er über magische Kräfte verfügte. Oft war er wochenlang nicht zu sehen, um dann plötzlich an Stellen zu erscheinen, an denen es weder Tür noch Fenster gab. Auch der geringste Ungehorsam wurde mit dem sofortigen Tode und ewiger Verdammnis in der Dschahannam bestraft. Der Weg in das Paradies war denen vorbehalten, die die Aufträge des Da'i getreulich ausführten und dabei ihr Leben mit Freude opferten.

***

Robin lag in völliger Finsternis auf dem fauligen Stroh in dem tiefen Felsenverlies und fror am ganzen Körper. Seit er in dem engen Kasten aus seiner Ohnmacht erwacht war, versuchte er sich daran zu erinnern, was überhaupt passiert war, doch sein Gedächtnis war wie ausgelöscht. Er wusste noch, wie er auf Richards Befehl mit anderen zusammen der Karawane zu Hilfe geeilt war, alles danach lag im Dunkeln. Bei jedem Atemzug hoffte er, dass endlich die wahnsinnigen Schmerzen aufhören würden, konnte sich aber noch nicht einmal den Tod wünschen, da er annehmen musste, bereits gestorben und den Teufeln der Hölle ausgeliefert zu sein.

War das Gottes Strafe für seine Zweifel und seinen oft geäußerten Unglauben? Wenn dem so war, dann war er ein grausamer und rachsüchtiger Gott. Robin aber glaubte, wenn überhaupt, eher an einen gütigen und verzeihenden und deshalb verstand er diese Strafe nicht. Wie musste es dann denen ergehen, die Hunderte und Tausende von Menschen umbrachten, raubten, plünderten und vergewaltigten – und das meist im Namen der Religion? Oder taten diese wirklich ein Gott gefälliges Werk?

Während er noch grübelte, wurde die Kerkertür aufgestoßen, und zwei Gestalten traten im Schein von Fackeln, die seine Augen blendeten, auf ihn zu. Schwarzer Turban, schwarze Gesichtsschleier, schwarzes, wallendes Gewand und sogar schwarze Stiefel, das konnten nur Knechte des Teufels sein. Sie packten den Gefangenen und rissen ihn auf die Beine, die aber sofort wieder unter ihm wegknickten.

Robin stöhnte vor Schmerzen laut auf, doch das entlockte den beiden nur höhnisches Gelächter. Sie schleiften ihn mit sich den Gang empor. Langsam wich die Dunkelheit einer leichten Dämmerung, und er konnte wieder etwas erkennen. Die Felsen gingen in Mauerwerk über, und je höher sie kamen, desto heller wurde es.

»Also doch nicht die ewige Finsternis der Hölle«, dachte Robin und war trotz aller Qualen erleichtert. Seine Schmerzen waren also Menschen- und nicht Teufelswerk, und obwohl das letztendlich gleich war, bekam er dadurch doch Hoffnung, dass sie vielleicht vergehen würden.

Er wurde in einen Burghof gebracht, wo unter einem Vordach ein großes Speichenrad auf einem Sockel ruhte, wie Robin es von den Ankerwinden der Schiffe kannte. Zwölf Spieren kamen aus dem Rad, und an jeder war ein Mann angekettet. Einem löste man jetzt die Fesseln, und Robin wurde an seiner Stelle an die Speiche gestellt. Seine Handfesseln wurden durchgeschnitten, und man steckte die Arme durch eiserne Schellen, die an dem Holz verschraubt waren, so dass er die Spiere umfassen konnte.

Kaum war das passiert, brüllte ein Aufseher einen Befehl. Die anderen Männer liefen los, und das Rad begann sich zu drehen. Robin, der sich kaum aufrecht halten konnte, wurde davon überrascht und mitgeschleift. Doch schon spürte er einen brennenden Schmerz auf dem Rücken und hörte erst danach das Klatschen der Peitsche, die auf ihn niederfuhr. Er krümmte sich und biss die Zähne zusammen, um nicht laut aufzuschreien.

Schon spürte er den nächsten Hieb und merkte, dass er dem nur entgehen konnte, wenn er mit im Kreis stapfte und dadurch das Rad drehte. Unter Aufbietung aller Kräfte bemühte er sich zu laufen, auch wenn er kurz vorher noch geglaubt hätte, dass ihm das völlig unmöglich wäre. Er hatte noch keinen Blick für seine Leidensgefährten und schleppte sich nur vorwärts, um der Peitsche zu entgehen.

Die Achse des Rades, das die zwölf Männer zu drehen hatten, war mit mehreren anderen Rädern kunstvoll verzahnt. Diese wiederum bewegten eine Kette, die in einem tiefen Schacht verschwand und an der jede Menge Schöpfeimer befestigt waren, Damit holte man Wasser aus den Tiefen des Berges nach oben. Am Umkehrpunkt wurde das kühle Nass in mehrere Rinnen ausgekippt und floss in verschiedene Richtungen davon. Wer gerade an der Stelle war, wo das Wasser aus den Schöpfeimern kippte, bekam jedes Mal einen Schwall ab und Robin reckte sehnsüchtig den Kopf empor, um Feuchtigkeit in seine trockene Kehle zu bekommen.

Stunde um Stunde drehten sie das Rad ohne Unterbrechung. Nur manchmal wurde kurz gestoppt, um einen zusammengebrochenen Sklaven, den auch die Peitsche nicht mehr hoch brachte, gegen einen anderen auszutauschen. An Arbeitskräften schien kein Mangel zu herrschen, die Verliese spuckten immer neue Männer aus.

Das überschwappende Wasser hatte Robin völlig durchnässt, und langsam merkte er, wie die Dreckkruste von ihm abplatzte, der Schmutz den Körper herunterrann und die Wunden ausgewaschen wurden. Der Nachteil war, dass ein eisiger Wind über die Höhen strich und selbst die ständige Bewegung ihn nicht erwärmen konnte. Er fror bitterlich und fürchtete sich davor, wieder in den kalten, feuchten Felsenkerker geworfen zu werden.

Auch als der Tag bereits der Nacht gewichen war, mussten sie immer noch das Rad in Bewegung halten. Erst ungefähr eine Stunde nach Einbruch der Dunkelheit kam wieder ein gebrüllter Befehl, und die Männer stoppten, nur um über den Speichen entkräftet zusammenzusinken. Einem nach dem anderen wurden die Arme aus den Schellen befreit, um sofort wieder in eiserne Ketten gelegt zu werden. Jeden Einzelnen trieb man dann in die abschüssigen Gänge der Festung hinein und stieß ihn in sein dunkles Verlies.

Robin hörte mehr, als dass er im Schein der Fackel sah, wie ihm etwas nachgeworfen wurde und krabbelte auf allen Vieren über den Boden in der Hoffnung, etwas Essbares zu finden. Tatsächlich entdeckte er zwei Fladen trockenes Brot, in die er wie ein Besessener hineinbiss, völlig vergessend, dass sie kurz vorher noch im knöcheltiefen Dreck des Kerkers gelegen hatten. Völlig erschöpft kroch er danach auf seine Strohschütte und fand endlich in Morpheus Armen Vergessen.

***

Tag reihte sich an Tag, Woche an Woche, und auch Monate vergingen, ohne dass sich an seinem Tagesablauf etwas geändert hätte. Kein Wort durften die Männer miteinander wechseln, und wer es dennoch versuchte, bekam sofort die Peitsche zu spüren. Nichts konnte stupider sein, wie Runde um Runde das schwere Rad zu drehen. In den Steinboden unter ihnen hatten die nackten Füße der Sklaven über viele Jahre eine regelrechte Rinne getreten.

Robin sah Leidensgefährten im Joch sterben und ging davon aus, dass ihn über kurz oder lang das gleiche Schicksal erwartete. Manchmal wurde ein Toter einen halben Tag mitgeschleift, bis ihn endlich die Wächter aus den Handschellen befreiten und einfach über die Mauer warfen.

Um der Eintönigkeit zu entgehen, versuchte Robin alles Mögliche zu beobachten und die Gedanken schweifen zu lassen. So fiel ihm unter anderem einen Eimer auf, der eine Beule hatte, und er zählte immer wieder die Schöpfgeräte, bis dieser Eimer erneut aus der Tiefe auftauchte. Es waren genau einhundertzwanzig Stück, die im Abstand von jeweils ungefähr drei Yards an der Kette befestigt waren, und so schätzte er die Tiefe des Schachtes auf einhundertachtzig Yards. Es konnte sich kaum vorstellen, dass Menschen solch einen langen, senkrechten Stollen in den Berg getrieben hatten. Vielleicht gab es weiter unten eine Felsspalte, auf die man gestoßen war, und dann nach oben hin erweitert hatte. Und wohin floss eigentlich das ganze Wasser? Wofür brauchte man solche Mengen? Wurden damit Äcker bewässert und wenn ja, wo lagen die? Robin hatte wenig Hoffnung, es in diesem Leben noch herauszufinden.

Wider Erwarten heilten seine Wunden und trotz der kargen Nahrung spürte er, wie seine Kräfte wuchsen. An jedem siebten Tag bekamen die Männer einen Topf Suppe, in dem etwas Gemüse und Hammeltalg schwamm, und fieberten dem Ereignis entgegen, als würde man sie zu einem Festmahl laden.

Robin befürchtete, dass ihn über kurz oder lang der Wahnsinn packen würde. Einige seiner Leidensgefährten am Rad, deren Bärte und Haupthaar bis auf Brust und Rücken reichte und die demzufolge schon Jahre hier geschuftet haben mussten, machten genau diesen Eindruck.

Eines Tages wurde er nach der Schufterei nicht in seine Zelle zurückgebracht, sondern weiter vorwärtsgestoßen, und der Weg führte noch tiefer in den Berg hinein. Am Ende des Ganges stieß man ein zweiflügliges Tor vor ihm auf. Was er dahinter erblickte, ließ ihm das Blut in den Adern erstarren. Es war, als sähe er direkt in die Hölle.

In einem großen Gewölbe loderten mehrere Feuer, die durch Blasebälge weiter angefacht wurden und deren Rauch durch unsichtbare Luftschlitze abziehen konnte. Überall standen die unterschiedlichsten, grauenvollsten Foltergeräte herum, und an den Wänden hingen in unterschiedlichen Höhen Ketten für die Delinquenten.

Robin wurde von mehreren Männern gepackt, auf einen großen, rauen Holztisch geworfen und mit gespreizten Armen und Beinen festgeschnallt. Vorher hatte man ihm auch die letzten Lumpen vom Leib gerissen.

Eine vermummte Gestalt mit einer Fackel in der Hand trat auf ihn zu und stimmte ein diabolisches Gelächter an. Dann hielt sie ihm die brennende Fackel in die Achselhöhle und ein wahnsinniger Schmerz breitete sich in Robin aus. Er brüllte auf und nahm den Geruch nach verbrannten Haaren und verkohltem Fleisch war, bevor ihn eine gütige Ohnmacht umfing.

Doch man gönnte ihm keine lange Pause. Ein kalter Wasserguss brachte ihn wieder zu sich, und als er die Augen aufschlug, sah er erneut diese scheinbar direkt der Hölle entstiegene, teuflische Gestalt vor sich. Schlimmer noch als der Anblick war das höhnische Gelächter, das dieser Teufel immer wieder erschallen ließ.

Der Folterknecht fuhr in kurzer Entfernung von Robins Haut mit der Fackel an seinem Körper auf und nieder und sengte ihm unter unsäglichen Schmerzen die Körperbehaarung ab. Zwei andere Folterknechte fuchtelten mit rotglühende Zangen vor seinem Gesicht herum, und er wollte sich gar nicht vorstellen, was sie damit anstellen würden. Da stieß ihm der Teufel in Menschengestalt die Fackel in die andere Achselhöhle und das Letzte, was Robin hörte, bevor glücklicherweise die Ohnmacht den Schmerz ausschaltete, war das grausame Lachen seiner Henker.

***

Langsam kam er wieder zu sich und hörte erneut Gelächter, aber ein zartes, freudiges, nicht vergleichbar mit dem, das ihm noch in den Ohren klang, und noch dazu – von Frauen. Er fühlte eine sanfte Berührung, ein Streicheln über sein Haar und seine Wange und hatte den Eindruck, auf etwas Weichem zu liegen. Robin hielt die Augen fest geschlossen, weil er fürchtete, dass alles vorbei sein würde, wenn er sie öffnete. Er nahm den süßen Geruch von Blumen war, hörte Vögel singen und als er in seinen Körper hinein lauschte, spürte er keine Art von Schmerz. Im Gegenteil, eine wohlige Wärme durchströmte seine Adern und er hatte das Gefühl, zu schweben.

War das eingetreten, was er befürchtet hatte? War er wahnsinnig geworden? Wenn ja, dann wollte er, dass dieser Zustand ewig so blieb. Auf seinen Lippen spürte er etwas, so zart wie der Schlag eines Schmetterlingsflügels. Robin öffnete nun doch die Augen, und was er sah, raubte ihm schier den Atem.

Er lag auf Kissen inmitten einer blühenden Wiese, und sein Kopf ruhte im Schoß einer wunderschönen, jungen Frau, die ihn zärtlich liebkoste und wohl gerade geküsst hatte. Ihre rehbraunen Augen blickten voller Hingabe auf ihn herab, und Robin stellte fest, dass sie nur spärlich bekleidet war. Glänzendes, leicht gelocktes, schwarzes Haar fiel in sanften Wellen bis auf ihren Rücken. Als sie merkte, dass er erwacht war, lächelte sie ihn verführerisch an und hielt ihm einen gefüllten Pokal an die Lippen.

Robin trank wie ein Verdurstender. Nie hatte ihm kühler Wein köstlicher geschmeckt. Die junge Frau beugte sich über ihn und küsste ihm die letzten Tropfen vom Mund. Gleichzeitig gingen ihre Hände auf Wanderschaft und streichelten sanft über seinen ganzen Körper. Die letzten, derartigen Berührungen hatte Robin vor fast zwei Jahren gespürt und er konnte nicht verhindern, dass sich unter dem langen, seidenen Kaftan, in den er gekleidet war, sein Glied langsam bemerkbar machte und aufrichtete.

Sanft schob er die junge Frau von sich und kratzte die arabischen Brocken zusammen, deren er mächtig war.

»Wer bist Du und vor allem, wo bin ich hier?«, radebrechte er mühsam, nur um von einem glockenhellen Lachen unterbrochen zu werden und in bestem Französisch die Antwort zu erhalten.

»Ich bin eine Huri des Paradieses und mit meinen Gefährtinnen nur für Dich da.«

Sie richtete sich etwas auf und zeigte mit ihrem schneeweißen, nackten Arm in die Runde. Unter Obstbäumen und üppig blühenden Rosensträuchern sah Robin noch mehrere junge Frauen, die ihn anlächelten und winkten, als er zu ihnen blickte. Er versuchte sie zu zählen, aber es wollte ihm nicht gelingen. Sein Verstand war wie im Nebel gefangen und gestattete es ihm nicht, sich zu konzentrieren. Einige von ihnen labten sich gerade an Früchten, andere spielten miteinander Ball oder kämmten lasziv ihr Haar.

Einen schöneren Ort hatte er noch nie gesehen. Obwohl die Sonne hoch am Frühlingshimmel stand, war es doch angenehm kühl. Das kam von den zahllosen Wasserläufen, die sich plätschernd durch die Wiese schlängelten, sich dann vereinigten und in einem kleinen Wasserfall in ein Becken ergossen, in dem einige junge Frauen ausgelassen und völlig nackt badeten. Sie bespritzten sich gegenseitig mit dem köstlichen Nass, und die Tropfen schillerten in allen Farben des Regenbogens auf ihrer Haut.

Eine von ihnen sprang aus dem Wasser. Als sie sah, dass Robin sie beobachtete, griff sie nach einer silberne Platte, voll beladen mit allerlei erlesenen Speisen, und ließ sich völlig unbefangen neben ihm im Gras nieder. Sie reichte ihm einen gebratenen Hühnerschenkel, in den er hungrig hineinbiss, und als Nachspeise saftige Trauben.

Nach dem Mahl kam eine weitere Huri und brachte eine Schüssel mit klarem Wasser, damit er sich die Hände säubern konnte. Die ganze Zeit über streichelten ihn die Frauen immer wieder und flüsterten ihm unentwegt Zärtlichkeiten ins Ohr.

Sollte er nach der Hölle nun wirklich im Paradies sein? Oder war das vorher das Fegefeuer gewesen und jetzt der Himmel? So sehr er sich bemühte, es gelang ihm einfach nicht, klare Gedanken zu fassen. Alles war verwirrend und irgendwie nicht fassbar. Doch wenn sich seine Seele vom Körper getrennt hatte, dann war das jetzt vielleicht für alle Ewigkeit die Realität und er ein Geist.

Robin bekam Kopfschmerzen, je mehr er versuchte, darüber nachzudenken. Auch die Erinnerungen an sein vorheriges Leben wirkten wie ausgelöscht oder in der Zeit vergangen. Aufseufzend ließ er sich in den Schoß der Huri zurücksinken und genoss deren Liebkosungen. Er war der Meinung, er hatte sie sich verdient.

***

Der Sheikh stand mit dem Aufseher des Harems, hier hieß es das Paradies, hinter einem verborgenen Fenster im Turm über dem sorgfältig angelegten Garten und beobachtete die Szene.

»Die Christen sind auch nicht anders, wie unsere jungen Männer«, merkte der Alte vom Berge hämisch an. »Etwas Haschisch, etwas Opium, und sie vergessen alles, was vorher war. Ich bin sicher, auch aus diesem Ghiaur wird ein guter Fida'i.«

»Erhabener, wir haben ihn fast eine Woche im Rausch halten müssen, und der Hakim hat ganze Töpfe voller Salben gebraucht, bis seine Verbrennungen soweit abgeheilt waren, dass er sie nicht mehr spürt und wir ihn zu den Huris geben konnten. Diesmal waren Eure Knechte etwas sehr eifrig im Zufügen des läuternden Schmerzes«, wandte der Eunuch unterwürfig ein.

»Umso mehr wird er die Hölle fürchten und das Paradies herbeisehnen, wenn wir ihn vor die Alternative stellen. Zeigt ihm noch ein bisschen den Himmel und dann betäubt ihn und schafft ihn zurück in den Kerker. Wir lassen den Franken zwei Tage in der Dunkelheit schmoren und werden ihn dann zu seiner Zukunft befragen. Aber dosiert die Rauschmittel nicht zu hoch, damit er die Erinnerungen an Hölle und Paradies im Gedächtnis behält und abwägen kann.«

Mahmud nickte zustimmend. Das war die übliche Vorgehensweise zur Rekrutierung der jungen Männer, die dann auf ihre tödliche Missionen ausgeschickt wurden, von denen es kein Zurück gab. Auf sie stützte sich die furchteinflößende Macht der Assassinen.

***

Robin genoss die Umarmungen und Fürsorge der Huris, die er allerdings nur wie durch einen leichten Schleier wahrnahm. Manchmal wollte er sich erheben, um ein paar Schritte zu gehen oder in das Wasserbecken zu steigen, verwarf allerdings den Gedanken als zu anstrengend immer wieder.

Eine der Frauen brachte eine Schale mit kandiertem Knabbergebäck, von dem sie alle naschten und ausgesuchte Stücke Robin in den Mund schoben, immer wieder von zarten Küssen begleitet. Dazu reichten sie ihm kühlen Wein, und langsam breitete sich in ihm eine angenehme Schläfrigkeit aus, der er versuchte sich zu entziehen, um das süße Leben weiter genießen zu können. Doch schließlich fielen ihm die Augen zu und sanft entschlummerte er in den Armen der schönen Frauen des Paradieses.

Um so grausamer war das Erwachen in absoluter Dunkelheit mit rasenden Kopfschmerzen auf dem fauligen Stroh in seiner Zelle. So sehr er auch rief und bettelte, er bekam von nirgends eine Antwort und war nahe am Verzweifeln. Sollte alles nur ein Traum gewesen sein, der ihm das Glück vorgegaukelt hatte, um ihn dann wieder in die Hölle zurückzustoßen? War er nun wirklich gestorben oder nur lebendig begraben?

Robin hatte jedes Zeitgefühl verloren, Hunger und Durst quälten ihn, und er war nahe daran, mit dem Kopf so lange gegen die Wand zu schlagen, bis er mit Sicherheit tot war. Diesen Schwebezustand glaubte er nicht länger ertragen zu können.

Da öffnete sich die Zellentür und vier vermummte, schwarz gekleidete Gestalten mit Fackeln in den Händen traten ein und nahmen an den Wänden Aufstellung. Robin kroch in den äußersten Winkel der Zelle, auch wenn ihm das nichts nützen würde. Er fürchtete sich mittlerweile nicht mehr vor dem Tod, den sehnte er fast herbei, sondern vor den unerträglichen Schmerzen und Qualen, die ihm immer wieder zugefügt wurden. Zwei Diener brachten einen thronähnlichen Sessel in das Verlies, und nach einiger Zeit folgten zwei Männer, von denen der ältere sich auf dem Sessel niederließ und der andere neben ihm Aufstellung nahm.

Robin verfolgte alles mit angespannten Sinnen. Er war recht sicher, dass sich hier und jetzt sein weiteres Schicksal entscheiden würde.

»Nun Ghiaur« , sprach ihn der alte Mann, der vor ihm saß, mit fast sanfter Stimme an, »wie haben Dir Himmel und Hölle gefallen? Wisse, dass ich als Nachfahre unseres Propheten die Macht habe, Dich für alle Ewigkeiten die Freuden des Paradieses kosten zu lassen oder Dir die Qualen der Dschahannam zu bescheren. Es wird Deine Entscheidung sein, welchen Weg Du beschreiten willst. Aber wähle weise, es ist ein Entschluss für alle Zeit.«

Sheikh Raschid ad-Din Sinan wusste genau, dass sein Gefangener nach jedem Strohhalm greifen würde, um diesem Verlies und dem, was er ihm bisher hatte zufügen lassen, zu entkommen. Und er hatte sich auch diesmal nicht getäuscht.

»Was verlangt Ihr für eure Gnade, Herr?«, kam die erwartete Frage.

»Dass Du mir treulich dienst und alle meine Befehle sofort und ohne Widerspruch ausführst. Du sollst zu einem Fida'i ausgebildet werden, und so es Allah gefällig ist, wirst Du einen seiner Wünsche erfüllen. Dafür winkt Dir die ewige Seeligkeit in den Gärten des Paradieses, wie Du sie schon kurz schauen durftest. Aber verrätst Du ihn oder mich, dann waren die Qualen, die Du bisher erleiden musstest, nur ein kleiner Vorgeschmack auf das, was Dich dann bis an das Ende aller Zeiten erwartet.«

»Verfügt über mich, Gebieter! Ich werde tun, was Ihr befehlt«, flehte der Franke sehr zur Erbauung des Alten vom Berge. So leicht hatte er es sich in diesem Falle gar nicht vorgestellt. Doch scheinbar hatte es ihm bei den Huris so gut gefallen, dass er es kaum erwarten konnte, wieder in ihren Armen zu liegen. Nun, das war ja nichts Neues. Umso besser, wenn er einen Trumpf in der Hand hatte, mit dem er sich diese Sunnitendynastie, Allah möge sie verfluchen, geneigt machen konnte.

»Merke Dir gut, Franke, versuchst Du mich zu betrügen, dann werden meine Rache und Deine Strafe fürchterlich sein. Folge allen Anweisungen meines Hauptmanns Batran al-Nufus, als kämen sie direkt von mir, und Du wirst es gut haben, bis wir Dich auf Deine Mission schicken und Du danach die ewige Glückseligkeit erlangst. Erhebe Dich und folge diesen Männern! Sie bringen Dich in Dein neues Quartier.«

Der Sheikh nickte Robin huldvoll zu. Zwei der Wachen halfen ihm auf die Beine und führten ihn aus der Zelle. Raschid ad-Din blieb noch einen Moment sitzen und blickte nachdenklich vor sich hin.

»Ich traue diesem Ghiaur nicht. Er hat fast zu schnell nachgegeben. Vielleicht haben ihn Schmerzen, Drogen und die Verlockungen des Paradieses so gefügig gemacht, doch es kann auch sein, dass er uns nur etwas vorspielt. Lass ihn streng bewachen, damit ihm ja nicht die Flucht gelingt. Und nur wenn wir uns seiner ganz sicher sind, schicken wir ihn aus. Bestehen auch nur die geringsten Zweifel an seiner Treue, dann senden wir dem Frankenkönig lieber andere Todesboten.«

»So wird es geschehen, ehrwürdiger Da'i«, beeilte sich Batran al-Nufus zu versichern. »Ich werde ihn hart rannehmen und so schleifen, dass er am Abend froh sein wird, irgendwo liegen zu können, und keinen Gedanken an Flucht verschwendet. Und wenn er dann vor seiner Mission noch einmal alle Freuden des Paradieses auskosten darf, wird er sicherlich nur noch das Ziel kennen, dorthin zurückzukehren. Warum sollte er anders sein, als die Männer, die wir bisher ausgeschickt haben und die alle erfolgreich waren?«

»Ich weiß nicht, ich habe bei diesem Ungläubigen kein gutes Gefühl. Ihm fehlt der Glaube an Allah und noch nicht einmal seinen Gott hat er angerufen, als er auf der Folterbank lag. Sehen wir, wie er sich anlässt und entscheiden dann.«

***

Den Alten vom Berge hatte seine Menschenkenntnis nicht getäuscht. Schon auf dem Weg nach oben ans Tageslicht hielt Robin nach Fluchtwegen Ausschau. War er erst einmal aus dem Verlies heraus und seine Ketten los, würde sich schon ein Weg finden.

Paradies und Hölle, was gaukelte man ihm hier vor? Das eine war eine simple Folterkammer gewesen, wie es sie in fast jeder Burg in England gab, das andere ein geschickt angelegter Garten, für den er über Monate das Wasser geschöpft hatte und der sich deshalb ganz in der Nähe befinden musste. Ließen sich andere Männer wirklich von solchen Taschenspielertricks beeindrucken?

Gut, mit den Drogen hatten sie ihn schon berauscht, doch ihre Wirkung hielt nicht ewig an. Sobald er wieder klar denken konnte, war ihm natürlich schnell aufgegangen, wie man ihn zu manipulieren versucht hatte. Jetzt galt es nur, sein Wissen zu verbergen und herauszubekommen, was man mit ihm vorhatte. Er würde ihnen schon einen zu allem bereiten Fida'i vorspielen, wenn sie das von ihm erwarteten. In den Kerker zurück oder an das Rad bekamen sie ihn jedenfalls nicht mehr lebend.

Robin wurde in einen Schlafsaal gebracht, den er sich mit elf anderen Männern teilen musste. Man führte ihn allerdings zuerst in den Hammam, damit er sich säubern konnte und gab ihm dann neue Kleider. Er erhielt weite Hosen, einen Kaftan und einen Turban, alles in schwarz. Jetzt kam er sich wirklich vor wie ein Sarazene.

Beim Morgengrauen wurden sie geweckt. Die Muslime verrichteten ihre Gebete, aber niemand forderte Robin auf, sich daran zu beteiligen. Offensichtlich gab es kein Interesse, ihn zu bekehren. Nach einem eher spartanischen Frühstück begann eine Kampfausbildung, wie er sie bisher noch nicht erlebt hatte.

Die Fida'i führten das Schwert anders, als die Ritter. Ihr Schild war ihre Schnelligkeit und immer wieder musste Robin üben, hoch in die Luft zu springen, sich zu drehen, sich blitzschnell fallen zu lassen, wegzurollen und im nächsten Moment den Angriff neu zu beginnen. Man lehrte ihn sogar, drei Schritte an einer senkrechten Mauer in hoher Geschwindigkeit empor zu laufen, um dann mit einem Überschlag nach hinten wieder auf den Füßen zu landen. Das misslang natürlich am Anfang, und Robin taten von den vielen Stürzen am Abend alle Knochen weh. Er fühlte sich wie zerschlagen, wollte aber um nichts in der Welt mit seinem vorherigen Schicksal tauschen.

Ein weiterer Teil der Ausbildung bestand im völlig lautlosen Anschleichen an den Gegner. In einem Zelt saß ein Mann und von der Decke hingen zahlreiche Seidenfäden mit kleinen Glöckchen daran. Die Aufgabe war, das imaginäre Opfer zu erreichen und zu berühren, ohne dass ein Glocke angeschlagen wurde. Für jeden Fehlversuch gab es drei Stockschläge, und Robin war grün und blau, bis es ihm endlich gelang.

Am leichtesten fielen ihm erstaunlicherweise die Kletterübungen, auch wenn es hier nicht die Bäume des Sherwood, sondern senkrecht aufragende Mauern zu erklimmen galt. Robin musste lernen, mit Fingern und Zehen zwischen den Steinen Zwischenräume zu ertasten, die Halt gaben. Manchmal erhielten die Rekruten auch zwei schmale, gerade Messer, mit denen sie Ritzen im Mauerwerk ausnutzen konnten, um sich nach oben zu arbeiten.

Der Fida'i Dolch selbst, mit dem die meisten Tötungsaufträge ausgeführt wurden, war allerdings anders gearbeitet. Man nannte ihn Handschar, und die äußerst scharfe, zweischneidige Klinge war leicht gekrümmt. Immer wieder wurde geübt, dem Feind mit dem linken

Arm die Kehle zuzudrücken und mit der rechten Hand den Dolch tief in den Körper, vorrangig im Bereich der Nieren, zu stoßen, was zum sofortigen Tode führte.

Robin spähte ständig nach Fluchtmöglichkeiten aus, doch es wollte sich einfach keine ergeben. Immer waren Wachen in unmittelbarer Nähe, meist mit Bögen bewaffnet, die ihre Schießkünste ausgiebig demonstrierten. Bevor er ein Tor würde erreichen können, sähe er wahrscheinlich aus wie ein Igel. Also stellte er den Gedanken an Flucht erst einmal zurück. Wenn man ihn auf eine Mission schickte, würde er ja notgedrungen die Burg verlassen müssen.

Eines Tages sahen die Rekruten, wie sich eine Reitergruppe der Festung im Galopp näherte und ohne angehalten zu werden die Tore passieren konnte. Vor dem Hauptgebäude sprangen die Männer ab und wurden sofort von Pagen empfangen. Robin konnte nicht erkennen, um wen es sich handelte, aber dass es hochrangiger Besuch sein musste, sah man schon allein an den edlen Pferden, die sie ritten.

Prinz al-Aziz Utman war gekommen. Für die Muslime sah es jetzt im April des Jahres 1192 gar nicht gut aus. Hatten die Kreuzfahrer auch bisher Jerusalem nicht einnehmen können, so waren sie doch, wie Saladin vorausgesehen hatte, nach Askalon marschiert, hatten die Stadt zur stärksten Festung Palästinas ausgebaut und fingen von hier aus die Karawanen ab, die von Ägypten kamen und Nachschub nach Syrien brachten. Jetzt schickten sie sich sogar an, Daron einzunehmen, von wo es nur noch ein Katzensprung bis an den Nil war.

Noch dazu hatten sich die christlichen Fürsten darauf verständigt, den schwachen Guido von Lusignan als König von Jerusalem abzusetzen und dafür dem tatkräftigen Konrad von Montferrat die Krone angeboten. Es musste dringend etwas passieren, sonst waren die verfluchten Ungläubigen bald Herren des ganzen Landes.

Den Sohn Saladins, vor allem, wenn er in friedlicher Absicht mit einer Bitte kam, konnte nicht einmal der Alte vom Berge warten lassen. Er empfing die Abordnung in seinen Turmgemächern und, nachdem Erfischungen gereicht und Höflichkeiten ausgetauscht worden waren, kam man zur Sache.

»Der Frankenkönig, den Allah verderben möge, wird zu einer echten Plage. Er beginnt wie damals Rainald von Chatillon unsere Handelswege zu bedrohen und steht mit seinen Truppen nicht mehr weit vor Kairo«, eröffnete al-Aziz das Gespräch. »Wir hatten gehofft, dass er sich vor Jerusalem festbeißt, aber dazu ist er zu klug. Sollte ihm durch Allahs Hilfe ein Unglück zustoßen, hielte sich das Wehklagen unter uns Gläubigen sicherlich in Grenzen.«

»Verstehe ich richtig, edler Prinz, dass es Euch recht wäre, wenn dieser König mit Hilfe meiner Fida'i zu Allah abberufen würde?«, hakte Sheikh Raschid nach. Doch so leicht ließ al-Aziz sich nicht festlegen. Einen direkten Mordauftrag wollte er nicht aussprechen.

»Wie auch immer«, gab er wage zurück. »Ob durch einen Unfall, die Hand eines gläubigen Muslimen oder auch nur dringende Geschäfte in der Heimat, die ihn zurückrufen. Es wäre allerdings rasches Handeln nötig. Bisher hat sich Konrad von Montferrat aus diesem ganzen Krieg herausgehalten, doch als neuer König von Jerusalem kann er das nicht mehr. Wenn er seine Kräfte mit denen Richards von England verbündet, geraten alle Gläubigen in Palästina in die Zange. Das kann auch Euch nicht recht sein, hochwürdiger Sheikh.«

»Dieser Ghiaur, der in Tyros sitzt und sich jetzt König nennen darf, hat es vor kurzem gewagt, eines meiner Schiffe zu kapern und die Waren zu stehlen«, entrüstete sich der Da'i. »Ich glaube, es wird wirklich Zeit, ihm eine eindeutige Botschaft zu senden.«

Der Prinz neigte zustimmend den Kopf.

»Und was meint Ihr zu dem Franken? Glaubt Ihr, uns in diesem Fall behilflich sein zu können?«

Der Alte vom Berge beantwortete die Frage mit einer Gegenfrage.

»Weiß Euer Vater von Eurer Absicht und Eurem Besuch bei mir? Wie man hört, soll er große Achtung vor diesem König haben, wie auch der Franke vor ihm!«

Der junge Prinz brauste auf.

»Ich soll nach dem Tod meines Vaters, dem Allah ein langes Leben schenken möge, Sultan von Ägypten werden. Wenn wir jetzt nichts unternehmen, gehört uns das Land am Nil dann aber vielleicht gar nicht mehr!«

Er hatte die Frage zwar nicht eindeutig beantwortet, doch dem Sheikh genügte die Antwort.

»Es wird nicht leicht werden, an den Frankenkönig heranzukommen. Die Zeit, die uns zur Verfügung stand, um etwas vorzubereiten, hat dafür kaum gereicht.«

»Was ist mit dem Ghiaur, den ich euch geschickt habe? Lebt er noch?«

Der Alte nickte bejahend.

»Wir haben getan, was wir konnten, einen Fida'i aus ihm zu machen. Doch wie ich schon sagte, die Zeit war sehr kurz, und er ist auch kein wahrer Gläubiger. Ich traue ihm nicht.«

»Meint Ihr nicht, dass es einen Versuch wert wäre?«

Der Sheikh blickte versonnen vor sich hin.

»Ich werde ihn noch einmal in das Paradies schicken. Vielleicht sehe ich danach klarer. Doch so oder so, ich werde Eurem Wunsch entsprechen und dem Frankenkönig zwei Boten schicken. Falls nötig, noch zwei und so weiter, bis Euer Problem gelöst ist. Und den neuen König von Jerusalem schenke ich Euch dazu.«

Al-Aziz verbeugte sich dankbar. Das war mehr, als er zu hoffen gewagt hatte.

»Eure Großzügigkeit wird nicht vergessen werden«, beeilte er sich dem Da'i zu versichern.

»Davon gehe ich aus«, merkte der Alte vom Berge bedeutungsvoll an. Nichts auf dieser Welt war umsonst, und wenn die Zeit reif war, würde er seinen Lohn einfordern. Und dass dieser gewährt würde, dessen war er sich ganz sicher.

***

Nachdem sich die Abordnung verabschiedet hatte, ließ der Da'i seinen Hauptmann der Fida'i zu sich rufen.

»Was glaubt Ihr, können wir diesen Ghiaur schon auf eine Mission schicken?«, fragte er Batran al Nufus.

»Gebieter, körperlich wäre das überhaupt kein Problem. Auch wenn er fast doppelt so alt ist wie die jüngsten unserer Auserwählten, so ist der Franke doch ein begnadeter Kämpfer. Er ist schlau wie der Wüstenfuchs und geschickt wie ein stehlender Rabe. Doch ob er wirklich bereitwillig in den Tod gehen wird, das wage ich nicht zu beurteilen.«

Der Alte strich sich nachdenklich über seinen Bart, eine Geste, die seine Untergebenen kannten und ihnen zeigte, dass auch er sich nicht sicher war.

»Halte drei Deiner Zweimanntrupps bereit!«, befahl er dann. »Einen senden wir nach Tyros zu diesem Dieb, der sich König von Jerusalem nennt. Sollten wir den Franken zu seinem Lehnsherren schicken, brauchen wir einen besonders zuverlässigen und zu allem bereiten Partner an seiner Seite. Und wenn ich mich doch dagegen entscheide, dann muss es eine Ausweichmöglichkeit mit zwei Fida'i geben, die darauf brennen, in das Paradies zu gelangen. Ich will, dass diese beiden Christenkönige am gleichen Tag sterben. Das wird dann auch diese arroganten Sunniten das Fürchten lehren. Von dieser Mission hängt viel ab, bereite sie sorgfältig vor!«

Batran verstand die unausgesprochene Drohung.

»Was soll mit dem Ghiaur geschehen, ehrwürdiger Da'i?«, erkundigte er sich unterwürfig. »Habt Ihr noch etwas Besonderes mit ihm vor?«

»Betäubt ihn und übergebt ihn Machmud. Ich werde ihm Anweisungen geben, wie er verfahren soll, um den Franken zu prüfen. Schickt Kundschafter aus, die uns berichten können, wo sich die Opfer aufhalten, damit die Fida'i nicht herumirren und sie suchen müssen. Wir werden sie in Gewändern der christlichen Mönche aussenden. Denen misstraut man am wenigsten.«

»Hören und gehorchen!« Batran al Nufus verbeugte sich und verschwand fast lautlos.

Kurz darauf erschien der Vorsteher des Harems, den der Hauptmann verständigt hatte, um seine Befehle entgegenzunehmen.

»Ich werde Dir den Ghiaur noch einmal übergeben. Lass ihn diesmal von Simeona verwöhnen. Wenn sie ihm nicht den Himmel zeigen kann, dann kann es keine. Ich will genau wissen, wie er auf ihre Verlockungen reagiert. Ob er nach ihnen lechzt oder ihnen eher gleichgültig gegenübersteht. Gebt ihm nur Haschisch, kein Opium, damit der Rausch nicht zu stark ist. Diese Mission ist sehr wichtig für uns. Wir müssen seiner völlig sicher sein, wenn wir ihn aussenden.«

»Großmächtiger Da'i, wenn Simeona es nicht schafft, ihn zu verzaubern, dann ist er kein Mann! Ich habe noch niemanden gesehen, der nicht alles, auch sein Leben, für sie geben würde. Nach einer Stunde mit ihr wird der Franke alles dafür tun, um für ewig ins Paradies einzugehen.«

»Möge Allah dich erhören! Nun eile und bereite alles vor. Es gilt keine Zeit zu verlieren.«

***

Robin merkte, dass der Fladen und der Tee, die täglich sein Nachtmahl darstellten, heute etwas anders schmeckten als sonst. Um keinen Verdacht zu erregen, ließ er sich nichts anmerken und aß und trank weiter. Gelegenheit, ihn umzubringen, gab es am Tag bei den Übungen unzählige. Deshalb konnte er sich zwar nicht vorstellen, dass man ihn hier vergiften wollte, versuchte aber trotzdem, unauffällig etwas von dem Getränk zu verschütten und nahm nur kleine Stücken Brot zu sich. Trotzdem wurde er schläfrig und spürte, wie ihm die Augen zufielen.

Nachdem man ihn im betäubten Zustand erneut in das Paradies gebracht und ihm noch intensiver als beim ersten Mal die Freuden des Himmels vorgegaukelt hatte, wurde er in eine Zelle des Kerkers zum Aufwachen gesteckt. Sheikh Raschid begab sich selbst in die an den Garten angrenzenden Gemächer, um Machmud und die nur für besondere Aufgaben herangezogene Simeona über ihre Eindrücke zu befragen.

»Ich bin mir noch nie bei einem Mann so unsicher gewesen, wie bei diesem Franken« jammerte der Eunuch. »Allah möge diese Ungläubigen verfluchen, die man nicht durchschauen kann!«

»Was meinst Du?«, wandte sich der Sheikh an die junge Frau. «Glaubst Du, dass er alles tun wird, um zu Dir in das Paradies zurückkehren zu können?«

Simeona gehörte zu den Frauen, die schon im Harem von Masyaf geboren worden waren und nie ein anderes Leben kennen gelernt hatte. Von ihrer Mutter, einer in die Sklaverei verschleppten Nordländerin, hatte sie ihr wunderschönes, langes, blondes Haar geerbt, von ihrem arabischen Vater die seidenweiche Haut und das Temperament. Kaum zwanzig Jahre alt, war sie durch die intensive Schule der Haremsdamen gegangen und zu einer betörenden, in allen Künsten erfahrenen Liebesdienerin ausgebildet worden. Ihre Schönheit und ihre Figur waren nahezu makellos, und wer ihre Nähe und Zuwendungen einmal genießen durfte, der war ihr im Allgemeinen für immer verfallen.

»Erhabener Da'i, dieser Franke ist anders als alle anderen davor. Sicherlich hat er sich an meinem Anblick erfreut, doch schon bei meinen ersten Berührungen habe ich seine innere Abwehr gespürt«, antwortete Simeona durchaus selbstbewusst dem Sheikh. Sie wusste um ihre Wirkung auf Männer, die sonst wie Wachs in ihren Händen waren. Niemand hatte ihr bisher widerstehen können, und es wurmte sie schon ein bisschen, dass der Ghiaur ihr nicht hörig geworden war.

»Wenn ich andere Fida'i gelockt habe, sind sie mir bisher immer wie kleine Hündchen, oft auf allen Vieren, durch den Garten gefolgt. Dieser Franke blieb einfach liegen und sah mir nur nach. Meine Küsse hat er erwidert, aber das Spiel seiner Zunge war sehr zurückhaltend. Ich hatte das Gefühl, er wollte sich mir schon hingeben, doch irgend etwas in ihm hat es nicht zugelassen. Natürlich wuchs auch seine Männlichkeit, als ich sein Glied mit meinen Lippen verwöhnte. Dann habe ich ihn bestiegen und geritten. Immer wieder hielt ich dabei inne und fragte ihn, ob er seinen König für mich töten würde. Jeder andere hat mir bisher sein »Ja« entgegen geschrieen, nur damit ich mich weiter auf ihm bewege. Der Franke jedoch hat nur unverständlich gemurmelt. Selbst als ich seinen Samen zum Schluss mit meinem Mund aus ihm heraus gesaugt habe, mussten ihn drei Huris festhalten, damit er sich mir nicht entzog. Und dabei hat er immer einen Namen gerufen. Es klang wie Miriam oder Maryam.“

»Heißt so nicht die Mutter ihres Gottes?«, warf Machmud ein. »Vielleicht hat er zu ihr gebetet, weil er sich wie im Himmel gefühlt hat!«

Der Da'i sah den Eunuchen missbilligend an.

»Du sprichst von dem Propheten Isa, Sohn der Maryam, den Allah zu sich abberufen hat und der nicht, wie die Christen glauben, am Kreuz gestorben ist. Ich kann mir nicht vorstellen, dass er nach ihr gerufen haben soll. Eher glaube ich, dass er vielleicht in seiner Heimat mit einer Frau zusammenlebt, an die er dabei gedacht hat. Schließlich ist er älter als die meisten Fida'i, denen wir sonst das Paradies zeigen und die oft gänzlich unerfahren in den Freuden der Liebe sind.«

Simeona konnte sich nicht vorstellen, dass ein Mann, der in ihren Armen lag, mit seinen Gedanken bei einer andere Frau war, und fühlte sich etwas in ihrer Ehre gekränkt, hütete sich aber sehr, es sich anmerken zu lassen.

Der Sheikh entließ seine beiden Untergebenen mit einer Handbewegung. Auch er war sich unsicher, wie er weiter verfahren sollte. Der Ghiaur hatte uneingeschränkten Zugang zu seinem König, was ein unschätzbarer Vorteil wäre, würde er die Tat auch ausführen. Doch wenn er sein Opfer statt zu töten warnte, wäre ein neuerlicher

Versuch noch viel schwieriger. Der Da'i rief nach seinem Hauptmann, um sich gemeinsam mit ihm in die Zelle zu dem Franken zu begeben.

Der lag nach wie vor völlig regungslos auf der Strohschütte. Nur das leichte Heben und Senken des Brustkorbes zeigten an, dass er überhaupt am Leben war. Nachdenklich sah der Alte vom Berge auf ihn herab, bis er endgültig seine Entscheidung fällte.

»Schicke deine ausgewählten Fida'i los. Sie sollen ihr Werk vollbringen und die beiden Christenkönige in die Dschahannam schicken, um selbst in der Ewigkeit die Freuden der Huris des Paradieses genießen zu können. Dann komm zurück und töte diesen da!« Damit zeigte er auf die bewusstlose Gestalt am Boden. »Ich traue ihm nicht, so wie ich eigentlich keinem Ungläubigen traue. Wir sollten nur von Allah ausgewählte Söhne aussenden!«

Dann drehte er sich abrupt um und verließ die Zelle. Batran al Nufus beeilte sich, ihm zu folgen, um die erhaltenen Befehle auszuführen.

***

Robin war schon eine ganze Weile wach gewesen, hatte sich aber nach Kräften bemüht, weiter den Schlafenden zu spielen. Anscheinend war er darin besser, als den zu allem bereiten Fida'i zu geben. Er verstand mittlerweile auch genug arabisch und hatte dem Gespräch der beiden Männer in seiner Zelle folgen können. Was im Paradiesgarten geschehen war, hatte er wieder wie durch Schleier und Nebel wahrgenommen, aber offensichtlich hatten die Rauschmittel nicht mehr die starke Wirkung entfaltet wie beim ersten Mal. Er führte das auf seinen gekräftigten Körper und die bessere Ernährung zurück.

Den Gunstbeweisen der blonden Huri hatte er sich in seinem Zustand nicht entziehen können, dabei aber immer an Marian gedacht, deren Haarflut ihn beim Liebesakt meist genau so eingehüllt hatte wie die der bestellten Liebesdienerin. Er hoffte nur, seiner Frau das nie erklären zu müssen.

Soweit er verstanden hatte, war er dafür vorgesehen gewesen, Richard umzubringen. Scheinbar hatte man den Plan nun doch verworfen und andere mit der Mission betraut. Er war wohl nicht sehr überzeugend gewesen und hatte das Misstrauen des Alten vom Berge geweckt. Aber wer war der zweite König, der ermordet werden sollte? Egal, er musste hier raus und Richard warnen, koste es, was es wolle.

Kaum hatten die beiden Männer das Verlies verlassen, sprang Robin auf und machte sich fieberhaft auf die Suche nach etwas, das man als Waffe verwenden konnte. Da er nun nicht ausgeschickt würde, musste er einen anderen Weg aus der Festung finden. Der Sheikh hatte sein Todesurteil ausgesprochen, doch leicht würde er es seinem Mörder nicht machen, das war ganz sicher.

Doch so sehr er auch im Dunklen herumtastete, außer dem glatten Boden und dem Stroh war nichts zu finden. Kein Stein war locker, kein Gefäß vergessen worden. Er selbst hatte fast nichts am Leibe, keinen Gürtel, nicht einmal Schuhe, nur diesen lächerlichen, seidenen Kaftan, in den man ihn wieder gesteckt hatte.

Aber halt, ließen die Herrscher des Morgenlandes nicht zum Tode verurteilte mit einer Seidenschnur erdrosseln? Robin untersuchte sein Gewand, und nach einiger Mühe gelang es ihm, einen schmalen Streifen abzutrennen und eine Art Strick daraus zu drehen. Doch er misstraute dem Material und nahm an, dass es bei stärkerer Belastung vielleicht zu schnell reißen würde. Er musste es irgendwie nass machen, denn Feuchtigkeit erhöhte die Festigkeit. Natürlich hatte man ihm kein Wasser dagelassen und die Wände der Zelle waren zu trocken. Was sollte er nur tun? Sein Speichel reichte nicht aus, sosehr er sich auch bemühte.

Plötzlich kam ihm die rettende Idee. Er legte das Stück Stoff auf den Boden, sammelte sich kurz und erleichterte sich dann darauf. Jetzt kam es nur noch darauf an, ob der Hauptmann allein zurückkehren oder mehrere Wachen mitbringen würde. Wenn es Robin gelänge, an ein Schwert zu kommen, rechnete er sich sogar gegen drei Gegner eine Chance aus. Die Überraschung war auf seiner Seite, und auf Schnelligkeit in den Bewegungen hatte man ihn wochenlang hart trainiert.

Als er Schritte auf dem Gang hörte, presste er sich neben der Tür dicht an die Mauer, so dass man ihn nicht sofort erblicken konnte. Der Riegel wurde zurückgeschoben, und Batran al Nufus, in einer Hand sein bereits gezogenes Schwert, in der anderen eine Fackel, trat in das Verlies.

Robin konnte sein Glück kaum fassen, nur er und der Hauptmann. Batran beugte sich vor, um die Zelle mit der Fackel auszuleuchten, da warf ihm der Gefangene schon die Schlinge um den Hals und zog mit aller Kraft zu. Der Sarazene war so überrascht, dass er Schwert und

Fackel fallen ließ, um mit beiden Händen nach seiner Kehle zu fassen und gegen den würgenden Strick anzukämpfen.

Das war für so einen erfahrenen Mann ein törichter und damit tödlicher Fehler. Hätte er mit beiden Waffen nach hinten geschlagen, wäre die Wahrscheinlichkeit groß gewesen, seinen Angreifer zu verletzen. So blieben ihm nur seine Fäuste, um sich zu wehren, denn die sich immer fester zuziehende Schlinge konnte er nicht lösen. Robin merkte, wie die Kräfte seines Gegners erlahmten, der Widerstand immer schwächer wurde. Er hasste den Mann abgrundtief und es bereitete ihm Genugtuung, dass dieser Schinder letztendlich den Tod durch seine Pisse finden würde. Als er keine Regungen mehr in Batran spürte, ließ er ihn lautlos zu Boden gleiten. Er hob die Fackel auf und leuchtete in die gebrochenen Augen des Hauptmanns.

»Sei versichert, für Dich gibt es keinen Platz in eurem Paradies«, knurrte Robin wie ein Wolf kurz vor dem Angriff. »Ich hoffe nur, die Teufel haben genug Zeit, sich ausgiebig mit Dir zu beschäftigen.«

Dann griff er sich das Schwert, nahm den Dolch aus dem Gürtel und spähte vorsichtig in den Gang hinaus. Weit und breit war niemand zu sehen. Der Hauptmann war sich seiner Sache eindeutig zu sicher gewesen. Doch einen betäubten Gefangenen abzuschlachten, dazu gehörte schließlich auch nicht viel. Robin ließ die Fackel verlöschen und schlich sich vorsichtig nach oben.

Es war stockfinstere Nacht, und nur wenige Sterne leuchteten schwach vom wolkenverhangenen Firmament. Die Tür zum Hof stand offen, und Robin kroch die letzten Stufen der Treppe nach oben, damit sich sein Körper nicht trotz der Dunkelheit im Rahmen abzeichnete. Auf den Mauern rings um den Innenhof sah er mehrere Wachen patrouillieren, aber deren Blick war nach außen gerichtet.

Wie sollte es jetzt weitergehen? Durch die Tore oder über die Befestigung hatte er keine Chance. Die Wachen würden ihn zwangsläufig entdecken, und dass sie mit Pfeil und Bogen umgehen konnten, hatte er ausreichend zu sehen bekommen.

Da erinnerte Robin sich an das, was er sich oft überlegt hatte, als er noch an das Rad gekettet gewesen war. Sie hatten zuviel und zu frisches Wasser gefördert, als dass es aus einem einfachen Brunnen hätte kommen können. Er hatte eher vermutet, dass aus einem unterirdischen Flusslauf geschöpft wurde. Vielleicht bestand eine

Verbindung zum Orontes, und es gab eine Möglichkeit, auf diesem Weg zu entkommen.

Ihm blieb gar keine andere Wahl, er musste es einfach versuchen. Vorsichtig schlich er sich im Schutze der Mauer zu der Stelle, an der das Rad stand. Oft waren sie hier auf dem Weg zur Kampfausbildung vorbeigekommen und Robin hatte jedes Mal seine Leidensgefährten bedauert, ohne ihnen jedoch helfen zu können. Jetzt lag der Hof völlig still und verwaist in der Dunkelheit, gegen die sich nur das Gestell mit der langen Kette und den Schöpfeimern abzeichnete.

Robin war klar, gab es dort unten keinen Ausgang, kam er nie wieder an das Tageslicht und wenn doch, dann nur um zu sterben.

Die Kette war mit einem hölzernen Dorn verriegelt, damit die Eimer nicht unkontrolliert auf und ab glitten und des Nachts im Wind Geräusche machten. Das kam Robin sehr entgegen, da es sich so wesentlich besser kletterte und es hätte auffallen können, wenn sich die Schöpfgeräte plötzlich bewegten. Es graute ihm schon davor, in diesen engen, tiefen Schacht einzusteigen ohne zu wissen, was ihn am Ende erwarten würde. Doch von einem einmal gefassten Entschluss ließ Robin sich noch nicht einmal durch sich selbst abbringen und so begann er mit etwas bangem Herzen den Abstieg.

Wenn er sich richtig erinnerte, waren es hundertzwanzig Eimer an der Kette gewesen, also sechzig auf jeder Seite. Damit hatte er etwa aller drei Yards einen Halt für seine Füße und das musste doch zu schaffen sein. Allerdings merkte er bald, wie ihm die rostigen Kettenglieder die Hände zerschnitten. Zuerst die Haut und dann auch das darunter liegende Fleisch. Als er einen Eimer unter sich spürte, dem er glaubte, sein ganzes Gewicht anvertrauen zu können, stützte er sich mit den Beinen ab und riss Streifen aus seinem Kaftan, um sie sich um die geschundenen Hände zu wickeln.

Die Kletterei in dem stockdunklen, feuchten Schacht kam ihm endlos vor und wollte gar kein Ende nehmen. Dann spürte er bei Eimer achtundfünfzig plötzlich Wasser an den Füßen und wusste, dass er am Boden angekommen war. Er tastete mit den Beinen herum und fühlte eine recht starke Strömung. Also hatte er sich nicht getäuscht. Es war ein Fluss, aus dem er mit seinen Leidensgenossen hatte schöpfen müssen, damit durch den Paradiesgarten Bäche rinnen und alles zum Blühen bringen konnten.

Aber Robin machte noch zwei Entdeckungen. Seine nun an tiefstes Schwarz gewöhnten Augen nahmen einen leichten, grauen Schimmer wahr und er bekam festen Boden unter die Füße, als er leicht zur Seite ausschwenkte. Es war behauener Fels, auf dem er zu stehen kam, und Robin sandte ein Dankgebet zum Himmel. Als er herumtastete, fühlte er ein Gitter, das sich sogar in den Angeln quietschend bewegte und nicht verschlossen war. Dahinter waren die ersten Stufen einer Treppe, die steil nach oben führte.

»Schau an«, dachte Robin. »Es gibt also einen richtigen Weg hier runter. Eigentlich logisch, den irgendwo im Wasser muss es eine Umlenkrolle für die Kette geben, sonst würde sie ja nicht straff gespannt sein können und sich ständig verhaken. Dass ich da nicht eher draufgekommen bin!«

Doch es hätte ihm auch nichts genützt, denn wo hätte er den Zugang zu der Treppe suchen sollen? Die meisten Burgen verfügten über einen geheimen Fluchtweg und scheinbar hatte er ihn hier gefunden. Wenn dem so war, musste es auch einen Weg nach draußen geben!

Behutsam schob er sich an der Felswand entlang in Richtung des grauen Schimmers und stieß erneut auf ein Gitter, das sich allerdings nicht bewegen ließ und von außen mit Pflanzen bewachsen war. Vorsichtig steckte er die Hände durch die Stäbe und schob die Ranken zur Seite. Sofort wurde es heller, denn obwohl es noch Nacht war, schien jetzt der Mond, und es waren mehr Sterne aufgegangen.

Robin sah den Fluss unter sich mit starker Strömung wie durch einen Engpass dahinfließen. Gleich nach dem Passieren der Felsenpforte verbreiterte er sich allerdings und wirkte dann wesentlich ruhiger.

Das Problem bestand jetzt darin, das Gitter zu überwinden, denn wenn ihm das nicht gelang, waren alle Mühen umsonst gewesen. So sehr er auch drückte und sich dagegen warf, es gab kein kleines Stückchen nach. Ein Schloss oder eine Verriegelung war nicht zu finden, und die Verankerungen aus dem Felsen zu kratzen würde Tage dauern. Robin setzte sich auf den Felsvorsprung und dachte nach. Vielleicht gab es irgendeinen geheimen Mechanismus, doch wie sollte er den finden?

Am Himmel waren die ersten Anzeichen des anbrechenden Morgens zu sehen, und wenn man sein Verschwinden in der Burg bemerkte, war er auch hier unten nicht sicher. Er starrte auf das Wasser und zwang sich ruhig zu bleiben und nicht in Panik zu geraten.. Da kam ihm eine

Idee. Er war nur achtundfünfzig Eimer nach unten geklettert, aber sechzig waren auf einer Seite an der Kette. Also musste der Fluss hier zwischen den Felsen recht tief sein und vielleicht reichte das Gitter nicht bis auf den Grund.

Robin zögerte nicht und sprang vor den Streben in das Wasser, dessen eisige Kälte ihm im ersten Moment den Atem nahm. Er hangelte sich nach unten und richtig, das Gitter endete ungefähr einen Yard unterhalb der Wasseroberfläche! Er hatte also genügend Platz, darunter wegzutauchen. Prustend kam er auf der anderen Seite nach oben und ließ sich von der Strömung forttragen. Schnell wuchs der Abstand zu den Felsen, auf denen sich die Burg der Assassinen erhob, und seit langem genoss Robin wieder das überwältigende Gefühl der Freiheit.

Natürlich war die Gefahr noch lange nicht überstanden, doch zumindest gab es eine reelle Chance für ihn. Als der Fluss seichter und breiter wurde, ließ er sich ans Ufer treiben und kletterte an Land. Sein Kaftan war nur noch ein Fetzen, und ein anderes Kleidungsstück besaß er gar nicht. Besonders graute ihm davor, barfuss durch die Wüste laufen zu müssen, aber vom Herumstehen wurde es auch nicht besser. Zumindest war er mit Schwert und Dolch bewaffnet und zur Not musste er halt wieder zum Räuber werden und das stehlen, was ihm fehlte.

Robin wandte sich Richtung Westen zum Meer und hoffte, so am ehesten auf Menschen zu stoßen. Manchmal wandte er sich um, ob eventuelle Verfolger hinter ihm her waren, doch zu seiner Erleichterung blieb alles ruhig, und niemand war zu sehen. Die Sonne stieg immer höher und brannte bald unbarmherzig vom Himmel herab. Im Schatten einer kleinen Baumgruppe machte er Rast. Innerlich hatte er gehofft, hier vielleicht Wasser zu finden, sich aber leider getäuscht. Hunger und vor allem Durst machten sich unangenehm bemerkbar, doch es half alles nichts, er musste weiter.

Als er auf einer Ebene ohne jede Deckung war, sah er plötzlich am Horizont einen etwa zwanzig Mann starken Reitertrupp, der genau auf ihn zuhielt. Robin erspähte in einiger Entfernung Felsgeröll und rannte darauf zu, in der Hoffnung, noch nicht gesehen worden zu sein. Doch der Reitertrupp kam schnell näher und würde ihn bald eingeholt haben. Hier gab es mit Sicherheit nur Feinde und es waren zu viele, als dass ein Kampf aussichtsreich gewesen wäre. Robin lief, was seine Beine hergaben, doch das Hufgetrappel kam immer näher und eine Stimme rief ihm zu:

»Halt! Bleib stehen! Wir kriegen Dich doch sowieso!«

Robin verharrte mitten im Lauf, als wäre er plötzlich zur Salzsäule erstarrt und fuhr herum. Denn es war eine englische Stimme, die ihn angerufen hatte - und sie gehörte niemand anderem als Will Scarlett!

»Will!«, mehr brachte er im ersten Moment nicht heraus.

»Robin?«, stieß der Angesprochene voller Überraschung hervor und dann noch einmal erkennend und voller Freude: »Robin!«

Und schon war er vom Pferd und die beiden Freunde lagen sich in den Armen. Robin sah sich von seinen Gefährten aus dem Sherwood umringt, und Tränen der Freude und Erleichterung schossen ihm in die Augen, ohne das er sich dessen schämte. Die Männer sahen in ihren wallenden Burnussen und Turbanen aus wie Beduinen, deshalb hatte er sie auf die Entfernung nicht erkannt.

»Was zum Teufel tut Ihr hier?«, entfuhr es ihm, als er wieder Luft bekam und sich aus den vielen Umarmungen befreien konnte.

»Eigentlich das Gleiche wie zuhause«, schmunzelte Will. »Nur dass wir in königlichem Auftrag handeln. Wir überfallen Karawanen und stören Saladins Nachschub. Irgendwo hier in der Gegend sind auch Little John, Much und andere mit ihren Trupps unterwegs. Inzwischen kontrollieren wir das ganze Land zwischen Antiochia und Askalon.«

Es klang schon richtig ein bisschen stolz, wie Will Scarlett das vorbrachte. Robin stellte fest, dass sich seine lustigen Männer aus dem Sherwood immer mehr mit dem Krieg identifizierten, was ihn mit Sorge erfüllte. Irgendwann würde es hoffentlich auch wieder nach Hause gehen, und dann?

»Wo ist Richard? Ich muss so schnell wie möglich zu ihm. Der Alte vom Berge hat Assassinen mit dem Auftrag ausgeschickt, ihn umzubringen.«

»Wahrscheinlich noch in Akkon. Es gibt jede Menge Streit zwischen den hohen Herren, den er zu schlichten versucht.«

»Das kannst Du mir alles unterwegs erzählen. Wo sind wir hier eigentlich, und wie kommen wir am schnellsten nach Akkon?«

»Du weißt wirklich nicht, wo du bist?«, staunte Will. »Das hier ist die Grafschaft Tripolis und dort drüben liegt die riesige Johanniterfestung Krak des Chevaliers. Wir sind gemächlich die Bekaa-Ebene heraufgekommen, aber für den gleichen Rückweg bräuchte man ungefähr fünf Tage und würde dabei die Pferde zuschanden reiten. Außerdem müssten wir ständig mit Angriffen der Sarazenen rechnen. Die nächste Hafenstadt ist Tortosa, sicherlich noch heute zu erreichen. Da sitzen die Templer und die haben bestimmt mindestens eine Galeere im Hafen.«

»Dann lasst uns so schnell wie möglich dorthin reiten! Habt Ihr vielleicht irgend etwas für mich zum Anziehen?«

Robin konnte gar nicht so schnell schauen, wie sich seine Männer bemühten ihn einzukleiden. Sie waren immer noch völlig fassungslos, dass ihr Hauptmann so plötzlich wieder vor ihnen aufgetaucht war, den sie längst tot geglaubt hatten. Unterwegs bestürmten sie ihn mit Fragen, wie es ihm ergangen war, aber er vertröstete sie auf später, denn der schnelle Ritt durch das teilweise zerklüftete Gelände erforderte die ganze Aufmerksamkeit. Mit den zerschundenen Händen konnte er die Zügel kaum führen und sein ganzer Körper schmerzte von den überstandenen Strapazen. In den kurzen Schrittphasen erkundigte er sich bei Will, wie lange er eigentlich gefangen gewesen war, denn er hatte jedes Zeitgefühl verloren, und was in dieser Zeit passiert war.

»Es sind ungefähr fünf Monate vergangen, seit Du verschwunden bist. Der König hat zu Saladin geschickt und Lösegeld für Dich angeboten, aber der Sultan hat ihm hoch und heilig versichert, er wisse nichts von Deinem Verbleib. Ja, er hat sogar versprochen, Nachforschungen anzustellen, die allerdings ohne Ergebnis verlaufen sind.

Wir standen kurz vor Weihnachten ungefähr zehn Meilen vor Jerusalem, und man konnte die Stadt in der Ferne schon sehen. Doch dann hat Richard Halt machen lassen und den Kriegsrat einberufen. Es gab großen Streit über die weitere Vorgehensweise. Der König sah keine Chance, Jerusalem einzunehmen, ohne dass der Nachschub zur Küste völlig abgeschnitten würde. Es stand zu vermuten, dass man bei einer Belagerung in die gleiche Situation kam, wie damals die Kreuzfahrer vor Akkon. Nur diesmal konnte nicht mit Entsatz über das Meer gerechnet werden. Er wollte deshalb lieber Askalon einnehmen und Saladin damit aus der Stadt herauslocken. Doch die Franzosen waren wieder einmal dagegen und zogen sich nach Jaffa zurück.

Wir haben weitere Küstenstädte erobert, Burgen instandgesetzt und alles getan, um Saladin zu einer neuen Feldschlacht zu provozieren. Deshalb überfallen wir auch Karawanen wie früher Rainald von

Chatillon, denn Richard meint, das hätte schließlich zur Schlacht bei Hattin geführt.«

»Dafür seid Ihr aber sehr weit im Norden!«

»Andere sind nach Süden fast bis an den Nil vorgestoßen. Die haben so reiche Beute gemacht, dass mit dem Erlös die Festung Askalon wieder aufgebaut werden konnte. Der König hat den Spieß einfach umgedreht. Wir wenden jetzt Saladins Taktik gegen ihn selbst an und das scheint den Sarazenen sehr zuzusetzen. Wenn es nicht soviel Streit unter den christlichen Heerführern gäbe, würde sicherlich auch bald Jerusalem fallen.«

»Es soll ein zweiter König getötet werden. Könnten die Assassinen damit Guido von Lusignan meinen?«

»Kurz bevor wir nach Norden aufgebrochen sind, hieß es, dass er auf die Krone verzichtet und dafür von Richard Zypern erhält. Konrad von Montferrat hat mehr Zustimmung unter den Baronen und wohl auch den größeren Anspruch. Er soll demnächst in Akkon gekrönt werden.«

»Dann war sicherlich von ihm die Rede, und er steht auf der Todesliste der Fida'i. Aber ihn zu warnen, können die Templer übernehmen. Wir müssen Richard schützen.«

Die Männer gaben ihren Pferden die Köpfe frei, und schon bald tauchte in der Ferne die mächtige Zitadelle der Hafenstadt von Tortosa auf.

Hier hatten die Tempelritter einen ihrer wichtigsten Stützpunkte errichtet. Sie waren die Ersten gewesen, die die Ideale des Rittertums mit denen von Mönchen vereinten. Ihren Namen bekamen sie von ihrem Quartier in Jerusalem, das sie auf den Mauern des alten Tempels Salomons errichtet hatten. Der Orden war vor allem nach dem ersten Kreuzzug zu dem Zweck gegründet worden, Pilger auf dem Weg von der Küste nach Jerusalem vor Angriffen zu schützen. Schnell hatten die Templer an Macht gewonnen und im ganzen Land Burgen errichtet.

Es tauchten immer wieder Gerüchte auf, dass sie in den Ruinen unter ihrem Hauptsitz den riesigen, sagenumwobenen Schatz Salomons gefunden hatten und deshalb unermesslich reich seien. Einen Beweis dafür gab es allerdings nicht. Doch wie es mit Legenden oft so ist, sie leben ewig.

Die Männer zügelten ihre Pferde erst vor dem mit einem Fallgatter verschlossenen Burgtor.

»Sir Robert von Loxley mit einer wichtigen Botschaft für den Komtur!«, rief Robin den Männern auf der Mauer zu.

Quietschend wurde das Gatter aufgezogen, und der Hauptmann der Wache trat den Ankömmlingen entgegen.

»Der Komtur befindet sich in einer Unterredung mit dem Großmeister«, eröffnete der Templer Robin. »Es wird wohl einige Zeit dauern, bis er Euch empfangen kann.«

»Robert de Sablé ist hier? Dann meldet ihm, es geht um das Leben des König! Ich bin sicher, dass ihn das vorrangig interessiert.«

Der Großmeister des Ordens war ein Lehnsmann Richards aus dem Anjou und enger Vertrauter. Robin kannte ihn aus den Lagebesprechungen und wusste, dass er sein Amt nur der Führsprache des Königs zu verdanken hatte. Und richtig, es dauerte nur wenige Augenblicke, da wurde er in das Refektorium der Burg geleitet, wo ihn der Großmeister und der Komtur schon erwarteten. Als Hauptmann der Bogenschützen, die sich als so schlachtentscheidend erwiesen hatten, besaß er höchstes Ansehen.

»Sir Robert, wir haben alle gedacht, Ihr wäret tot!«, rief Robert de Sablé überrascht aus. »Der König war richtig verzweifelt!«

»Ich war Gefangener der Assassinen und bin ihnen soeben erst entkommen«, berichtete Robin knapp. Er wollte sich nicht mit langen Erklärungen und Einzelheiten aufhalten.

»Diese verfluchte Mörderbande! Es wird Zeit, dem Spuk endlich ein Ende zu setzen«, schaltete sich der Komtur ein.

»Falls es Euch interessiert, es gibt einen Geheimgang in die Burg. Ich kann Euch den Einstieg gern beschreiben. Ihr und die Johanniter habt große Burgen mit starken Garnisonen ganz in ihrer Nähe. Wieso unternehmt Ihr eigentlich nichts gegen diese religiösen Fanatiker?«

Dem Komtur war die Frage äußerst peinlich. Wie sollte er auch auf die Schnelle erklären, dass die Glaubensgemeinschaft der Ismailiten, zu denen auch die Assassinen zählten, als Verbündete gegen die Sarazenen, in erster Linie Sunniten, manchmal ganz nützlich war. Und bisher hatten sie sich nicht an Christen vergriffen. Sollte sich das jetzt allerdings ändern, musste man die Lage natürlich neu überdenken.

»Die Burg Masyaf ist sehr stark befestigt«, versuchte er sich herauszureden. »Sogar Saladin hat vor ihr kapituliert.«

»Sie haben Fida'i ausgeschickt, um Richard und, ich nehme an, Konrad von Montferrat zu töten. Wisst Ihr, wie wir die beiden am schnellsten warnen können?«, erklärte Robin zum Schrecken der Tempelritter.

Der Großmeister wurde blass. Das fehlte gerade noch, dass Assassinen mit Meuchelmord in den Kreuzzug eingriffen und er und der Großmeister der Johanniter sich dann würden fragen lassen müssen, warum sie so lange ihre gefährlichen Nachbarn unbehelligt gelassen hatten.

»Meine Galeere liegt im Hafen. Mit der gelangt Ihr am schnellsten nach Akkon«, bot Robert de Sablé sofort an. »Zu Konrad schicken wir berittene Boten. Ich bin hierher gekommen, um den Brüdern mitzuteilen, dass er auf Beschluss des Konzils der neue König von Jerusalem ist.«

»Vielleicht nicht lange, wenn die Assassinen Erfolg haben.«

»Dann lasst uns eilen! Ich segle mit euch nach Akkon.«

Robin verabschiedete sich von seinen Männern. Sie sollten nach Süden reiten und unterwegs die Augen offen halten. Vielleicht entdeckten sie ja die ausgeschickten Fida'i. Junge, drahtige, zu allem bereite Männer würden nicht allzu viele unterwegs sein.

Robin hatte sich zwar geschworen, nie wieder eine Galeere zu betreten, doch jetzt blieb ihm nichts anderes übrig. Noch mehr als früher bemitleidete er die an die Ruder geketteten Männer, da er über Monate im Prinzip ihr Schicksal geteilt hatte und damit ihr Leid nachfühlen konnte.

Das Schiff flog von günstigem Wind und Ruderschlägen angetrieben nur so dahin. An der Küste sah man befestigte Burgen und die Städte Tripoli, Beirut, Sidon und Tyros auftauchen und hinter dem Horizont wieder verschwinden. Nirgends wurde angehalten, nur nachts die Ruder eingeholt und unter Segeln weitergefahren.

Es war bekannt, dass die Assassinen, war der Auftrag einmal erteilt, ihn so schnell wie möglich ausführten. Deshalb galt es keine Zeit zu verlieren, wollte man den König rechtzeitig warnen. Robin wusste nur zu gut, wie unbedacht und völlig sorglos Richard sich unter seinen Männern bewegte. Zugegeben, von ihnen drohte auch keine Gefahr, denn es gab kaum einen, der für ihn nicht durch das Feuer gegangen wäre. Doch wie leicht konnten sich zu allem bereite Attentäter unter Soldaten oder Bauarbeiter mengen und eine günstige Gelegenheit abwarten, ihr Vorhaben vollenden zu können.

Die Planken der Galeere hatten den Kai von Akkon noch nicht berührt, da sprang Robin schon von Bord. In der großen Stadt brodelte das Leben. Im Hafen lagen Schiffe aus Genua, Pisa, Venedig und anderen Mittelmeerländern, die be- und entladen wurden. Ritter, Kaufleute, Lastenträger und fliegende Händler strömten durch die Stadttore ein und aus, und man hatte den Eindruck, sich im tiefsten Frieden zu befinden. Robin drängte sich durch die Menge in Richtung des Königspalastes und verlangte am Tor, sofort zu Richard vorgelassen zu werden.

Der Hauptmann der Wache, der ihn erfreut erkannte und sicherlich keine Schwierigkeiten gemacht hätte, schüttelte nur bedauernd den Kopf.

»Der König beaufsichtigt den Bau der neuen Ringmauer im Osten der Stadt. Ihr müsstet ihn dort aufsuchen, wenn Ihr ihn gleich sprechen wollt, Sir Robert. Oder Ihr wartet bei uns in der Wachstube, bis er zurückkehrt. Wir haben auch einen guten Becher Wein für Euch.«

»Danke, ein anderes Mal gerne. Aber meine Nachricht duldet keinen Aufschub. Sollte ich den König verfehlen, warnt ihn. Der Alte vom Berge hat seinen Tod befohlen und Fida'i ausgesandt, die ihn umbringen sollen. Haltet die Augen offen, jeder Fremde ist verdächtig.«

»Allmächtiger!«, stöhnte der Hauptmann auf. »Ich schicke sofort die Leibwache hinterher. Er ist natürlich mal wieder ohne jeden Schutz unterwegs. Hier, nehmt mein Pferd, dann seid Ihr schneller. Die innere Ringmauer ist so angelegt, dass man auf ihr reiten kann.«

Robin zögerte keine Sekunde und schwang sich in den Sattel. Über eine Rampe gelangte er auf die breite Mauerkrone, wo sogar Gespanne fahren konnten. Er gab dem Pferd die Sporen und sah, wie vor ihm Menschen nach rechts und links auseinander stoben.

Nach Osten hin, woher die größte Bedrohung zu erwarten war, wurden die Befestigungen verstärkt und ein zweiter Mauerring errichtet, der nach außen hin schon fertig war. Nur innen wurde noch gearbeitet, und zwischen den ganzen Soldaten, die dafür abgestellt worden waren, sah Robin wie sooft den König nur im Hemd mit anpacken.

Es war fast ein idyllisches Bild. Steinmetze karrten behauene Steine heran, die sich dann Männer in einer Kette zuwarfen. Maurer passten sie am Ende ein und verschmierten sie mit Mörtel. Gerade reichte einer von ihnen Richard wie seinesgleichen einen Becher, und der trank in vollen Zügen. Doch irgendetwas stimmte an der Szene nicht, die Robin von oben überblickte.

Dann sah er, was nicht ins Bild passte. Unterhalb der Mauer gingen zwei Mönche gemessenen Schrittes ihres Weges und hielten genau auf die Stelle zu, wo der König stand. Sie hatten die Kapuzen tief über den Kopf gezogen, die Arme vor der Brust verschränkt und die Hände in den Kutten versteckt.

Robin war sich sicher, das waren die Attentäter! Denn was hatten Mönche hier zu suchen? Sie brachten weder Essen noch Trinken, Verletzte waren nicht zu sehen und die nächste Kirche weit entfernt. Er versuchte zu rufen, um den König zu warnen, aber gegen das Hämmern und Klopfen der Steinmetze und Maurer drang seine Stimme nicht durch.

Die Mönche liefen genau unter ihm und in wenigen Augenblicken würden sie Richard erreichen. Er konnte doch nicht unbeteiligt mit ansehen, wie sie vor seinen Augen den König erstachen! Die Mauer war an dieser Stelle gut zehn Yards hoch, aber er zögerte keinen Moment und ließ sich von oben auf die beiden vermutlichen Attentäter fallen. Im Sturz riss er sie um und ein Knäuel von Kutten und Männern wälzte sich am Boden.

Richard und auch andere ringsum waren aufmerksam geworden und schauten verwundert, interessiert, aber verständnislos herüber. Robin, immer noch am Boden liegend und bestrebt, die Dolche von sich fern zu halten, die die vermeintlichen Mönche gezogen hatten, rief in die Menge:

»Schützt den König! Es sind Assassinen!«

Dann spürte er einen brennenden Schmerz und um ihn herum wurde es Nacht.

***

Robin lag im weichen Gras, und über ihm rauschten die Bäume. Es waren Eichen und Buchen, und es schien zu regnen, denn sein Gesicht fühlte sich feucht an. Er spürte die Berührung und den Duft einer Frau. War es Marian, oder war er tatsächlich im Paradies? Er wollte dort nicht hin, er hatte seiner Frau versprochen, nach Hause zu kommen!

Beruhigende Wort drangen an sein Ohr, doch er konnte sie nicht verstehen und auch nicht die Augen öffnen. So sehr er sich bemühte, es wollte ihm nicht gelingen die Dunkelheit zu durchdringen. Seufzend ließ er sich wieder zurück in die Arme der gütigen Ohnmacht fallen, die ihn wie eine weiche Daunendecke einhüllte.

Irgendwann drangen Wortfetzen an sein Ohr, und diesmal gelang es ihm, einzelne Laute aufzufangen, die sich langsam auch zu Sätzen zusammenfügen ließen.

»Er ist nun schon fünf Tage ohne Bewusstsein«, hörte er jemanden sagen. War das der König? »Ihr meintet doch, seine Wunde wäre nicht so gefährlich!«

»Es ist weniger die Stichverletzung, die das Fieber hervorruft«, antwortete eine sanfte Stimme. »Auch unsere Seele kann erkranken und dann das Bewusstsein nicht zu uns durchlassen. Er muss unendlich viel durchgemacht haben. Seht nur die Verbrennungen hier in den Achselhöhlen oder die Peitschenstriemen auf dem ganzen Körper. Es ist ein Wunder, dass er sich bei dem Sprung von der Mauer nichts gebrochen hat. Eure Frau hatte vor zwei Tagen das Gefühl, er wolle aufwachen, als sie ihm die glühend heiße Stirn und das fiebernde Gesicht gekühlt hat. Sie verbringt oft Stunden an seinem Lager.«

»Ich weiß, aber wir sind ihm auch einiges schuldig. Ohne ihn wäre ich heute so tot wie Konrad von Montferrat. Er nimmt den Auftrag meiner Mutter, auf mich aufzupassen, wirklich sehr wörtlich. Meint Ihr, dass er jemals wieder aufwachen wird?«

»Nun Sire, das kann ich unmöglich voraussagen«, antworte Milo, dessen Stimme Robin jetzt erkannte. »Seinen Zustand nennen wir Koma, aber wir wissen noch sehr wenig darüber. Oft schützt der geschundene Körper sich offensichtlich einfach selbst, indem er in eine tiefe Bewusstlosigkeit fällt. Man hat schon von Fällen gehört, die über Jahre so erstarrt waren, aber wieder völlig genesen sind. Oft dauert das Koma allerdings nur ein paar Tage. Viele Patienten können sich danach aber an nichts mehr erinnern und haben alles vergessen, was sie vorher erleiden mussten.«

»Vielleicht ist das manchmal gar nicht das Schlechteste«, hörte Robin Richard nachdenklich sagen. Er sammelte soviel Speichel wie möglich in seinem Mund um Zunge und Lippen zu befeuchten und meldete sich dann mit krächzender Stimme zu Wort.

»Ich hoffe, Ihr seid wohlauf, Sire.«

Mit einem Satz waren Richard und Milo, die gerade den Raum verlassen wollten, an seinem Bett. Der König griff nach seiner Hand und schnauzte ihn dann in seiner unnachahmlichen Art an.

»Verdammt, Sir Robert, Ihr habt mich fast zu Tode erschreckt! Seit mehr als einem halben Jahr wart Ihr verschwunden, und fallt dann vom Himmel wie der Erzengel Gabriel! Könnt Ihr Euch vielleicht zukünftig einen weniger dramatischen Auftritt vorstellen, wenn ihr uns wieder zu beehren gedenkt?«

Mühsam schlug Robin die Augen auf und blinzelte in das helle Sonnenlicht, das durch die großen Fenster in das Zimmer fiel.

»Ich werde mich bemühen, Sire«, brachte er mühsam hervor und versuchte ein Grinsen, das aber gründlich misslang.

Richard drückte ihm fast zärtlich die Hand.

»Robin, Ihr habt mir schon wieder das Leben gerettet. Langsam wird es mir unangenehm, Euch ständig dafür danken zu müssen. Der König von Jerusalem hatte keinen so guten Aufpasser. Er konnte sich seiner neuen Würde nur kurz erfreuen, dann haben ihm zwei Männer in Mönchskutten, ähnlich wie bei mir, aufgelauert und ihn abgestochen.«

»Sire, Ihr müsst weiter vorsichtig sein!« Robin musste alle Kraft zusammennehmen, um sprechen zu können. »Wenn ein Anschlag misslingt, schicken sie solange Todesboten, bis der Auftrag endgültig ausgeführt ist. Sie geben nicht eher auf und gehen mit Freuden in ihr Paradies ein.«

»Diesmal nicht, dessen könnt Ihr versichert sein! Wir haben zwei von ihnen lebend erwischt, und der Spuk hat hier und jetzt ein Ende. Nach dem, was ich mit den beiden habe machen lassen, kommt keiner mehr auf die Idee, dass er in dem Zustand noch viel von den versprochenen Jungfrauen im Himmel hat.«

Robin sah den König fragend an, aber der schüttelte nur den Kopf.

»Das wollt Ihr gar nicht wirklich wissen. Belastet Euch nicht damit, sie haben ihre gerechte Strafe erhalten. Werdet lieber schnell gesund, ich brauche Euch beim Marsch auf Jerusalem! Wir wollen schließlich alle bald nach Hause.«

Da war es, das erlösende Wort, auf das alle so voller Hoffnung warteten, nach Hause!

Milo schob den König behutsam zur Tür hinaus. Er brauchte gar nicht zu betonen, dass sein Patient der Ruhe bedurfte; das sah man ihm überdeutlich an. Deshalb ordnete er strenge Bettruhe an, erlaubte jedoch Besuche.

Täglich sah der Arzt selbst mindestens zweimal nach dem Verletzten, erneuerte die Verbände, verabreichte Tinkturen und trug Salben auf die Verbrennungen und Peitschennarben auf. Die Stichwunde in der Schulter von dem Assassinendolch heilte am schnellsten. Robin hatte richtig Glück gehabt. Einen Zoll tiefer, und der Fida'i hätte sein Herz durchbohrt.

Richard war nach Askalon zurückgekehrt, aber Berengaria und Joan kamen regelmäßig auf einen Besuch bei dem Kranken vorbei. Weder der König, noch die beiden Frauen waren sich je zu schade gewesen, in den Spitälern nach dem Rechten zu sehen und den verwundeten Soldaten Mut zuzusprechen oder Trost zu spenden. Am meisten freute sich Robin aber, wenn er seine alten Kameraden um sich hatte. Von Little John erfuhr er dann auch, was Richard mit den überlebenden Attentätern gemacht hatte.

»Er greift schon manchmal zu recht drastischen Mittel, dieser Löwenherz«, berichtete sein Freund auf Robins Nachfrage, nachdem er lange versucht hatte, der Antwort auszuweichen.

»Der König ließ einen Koben voller Schweine drei Tage lang hungern. Dann hat er den Fida'i, der Konrad von Montferrat erstochen hat, langsam bei lebendigen Leib in Stücke schneiden lassen und diese den hungrigen Sauen vorgeworfen. Der Verurteilte konnte also noch eine ganze Zeit miterleben, wie Teile von ihm durch den Magen der Schweine wanderten, bis er endlich sterben durfte. So wollte und konnte er sicherlich nicht in sein Paradies eingehen.«

Robin schüttelte sich angeekelt.

»Und der König denkt, die Assassinen so von ihrem Vorhaben abbringen zu können?«

»Pass auf, es geht noch weiter. Als von dem einen Verurteilten nichts mehr übrig war, die Schweine haben ganze Arbeit geleistet und nicht einmal die Knochen übrig gelassen, musste der andere einen Tag lang deren Kot aufsammeln und in einen Art Urne füllen. Dann hat der König ihm die Zunge rausschneiden lassen und ihn mit den Überresten seines Kameraden und einer schriftlichen Botschaft zurück nach Masyaf geschickt. So konnte der Fida'i den Alten vom Berge nicht warnen und dessen Gesicht hätte ich gern gesehen, als der den stinkenden Behälter geöffnet hat.«

»Da soll der König sich mal nicht täuschen, der Da'i ist eiskalt. Er wird den Mann sofort getötet haben, kein Wort zu den anderen verlauten lassen und die nächsten ausschicken.«

»Genau so scheint es gelaufen zu sein, doch Richard ist ja nicht dumm. Er hat bei der Hinrichtung ganz Akkon zusehen lassen und in alle Dörfer und Städte Boten geschickt, die vor der Bevölkerung seinen Befehl verlesen haben, zukünftig mit allen Attentätern so zu verfahren. Nun weißt du ja selbst, welche Abscheu die Muslime vor den Rüsseltieren haben und nicht einmal der Alte vom Berge kann seinen Männern einreden, dass sie in Form von Schweinescheiße Zugang zum Himmel erlangen. Er hat tatsächlich zwei neue Fida'i losgeschickt, aber die haben unterwegs vom Schicksal ihrer Kameraden erfahren und sich schleunigst abgesetzt.«

»Woher wisst Ihr denn das alles überhaupt?«

»Nun, zurück konnten sie ja schlecht und so haben sie sich bei Saladin gemeldet. Der hatte auch schon Ärger mit den Assassinen und fand Richards Vorgehensweise wohl sehr wirkungsvoll, auch wenn er sie als Moslem nicht selbst anwenden kann. Jedenfalls hat der Sultan dem König einen Brief geschrieben und ihm mitgeteilt, dass sich wohl kaum noch ein Fida'i finden wird, der bei der Aussicht, den Huris danach in Form von Schweinekot zu begegnen, zu einem Attentat bereit ist. Übrigens hat niemand mehr etwas von diesem Da'i gehört, und es geht das Gerücht, dass er tot ist. Entweder umgebracht von den eigenen Leuten oder an den Drogen, mit denen er ständig experimentiert, gestorben. Uns kann sicherlich beides recht sein.«

»Was hat denn Saladin mit den beiden Männern gemacht, die zu ihm gekommen sind?«

Little John zuckte mit den Achseln.

»Ich nehme an, beim nächsten Kampf stellt er sie in die erste Reihe. Dann sehen sie ihr Paradies schneller, als ihnen lieb ist.«

Robin war bei dem Bericht ganz übel geworden, doch vielleicht rettete Richards Handeln andererseits auch wieder Leben. Gegen religiöse Fanatiker, gleich welchen Glaubens, die sich als Märtyrer sahen, halfen wohl oft nur drastische Maßnahmen, um sie von ihrem Vorhaben abzuhalten.

***

Nach dem Tod Konrads von Montferrat heiratete wenige Tage später Herzog Heinrich von der Champagne, der gleichzeitig Neffe von Richard Löwenherz und Philipp von Frankreich war, dessen Witwe Isabella und wurde damit dessen Nachfolger im Rang des Königs von Jerusalem, auch wenn er diesen Titel nie annahm. Dem englischen König standen damit erstmalig alle Streitkräfte der Kreuzfahrer und des Königreiches zur Verfügung, und er zögerte nicht, sie einzusetzen. Am 22. Mai anno 1192 fiel die Festung Daron, und der Weg nach Ägypten war endgültig offen. Jetzt musste Saladin doch endlich aus Jerusalem herauskommen und sich zur Schlacht stellen!

Doch der dachte gar nicht daran. Der Sultan hatte seine Spione überall und wusste, was Richard viel größere Sorgen bereitete. Der König hatte Nachricht erhalten, dass sein Bruder John in England nach der Krone griff und Philipp gegen den geleisteten Eid seine Besitzungen in der Normandie und Aquitanien zu überrennen versuchte. Der Vizekanzler Jean de Alencon selbst war mit dieser Botschaft und der Bitte, den Kreuzzug schnellstmöglich zu beenden und nach England zurückzukehren, von Eleonore geschickt worden.

Richard rann die Zeit unter den Händen davon. Er musste dringend nach Hause, wollte er nicht Krone und Reich verlieren. Auf der anderen Seite lag Jerusalem, das Ziel seiner und aller Kreuzfahrer Wünsche, zum Greifen nahe. Deshalb sammelte er seine Truppen und marschierte am 7. Juni das zweite Mal in Richtung der Heiligen Stadt. Schon fünf Tage später erreichte das Heer Beit Nuba, nur dreizehn Meilen von Jerusalem entfernt, und bei klarem Wetter konnte man die Stadt deutlich am Horizont liegen sehen.

Heinrich von der Champagne sollte die Verstärkung von Akkon aus heranführen, ließ sich damit aber viel Zeit. Zuerst war die Verbindung mit Isabella von Montferrat nur eine Vernunftehe gewesen. Dann aber hatten sich die beiden jungen Leute näher kennen gelernt und bis über beide Ohren ineinander verliebt. Danach kam der Herzog einfach nicht mehr aus dem Bett seiner jungen Gemahlin heraus.

Als er sich dann doch endlich dazu aufraffen konnte, seinem Onkel zu Hilfe zu eilen, schloss sich ihm der weitgehend wieder genesene Sir Robert of Loxley an.

Erst am 29. Juni erreichten sie das Hauptheer, und Robin meldete sich sofort bei Richard. Er erschrak sichtlich, als er dem König gegenüberstand. Der gab sich wie meist freundlich, wirkte aber mit den Gedanken abwesend und schien, seit Robin ihn das letzte Mal an seinem Krankenbett gesehen hatte, um Jahre gealtert.

Robin nahm bei erster Gelegenheit Baudouin de Bethune zur Seite und fragte ihn, was denn den König derartig bedrücken würde.

»Ihn hatte vor ein paar Tagen wieder das Wechselfieber befallen, doch vor allem die Nachrichten aus England sind verheerend. John hat sich mit seinem Halbbruder Geoffrey, dem Erzbischof von York, verbündet und jetzt versuchen sie Richards Abwesenheit zu nutzen und ihn vom Thron zu stürzen. Longchamp haben sie schon aus dem Land gejagt. Er musste in Frauenkleidern heimlich fliehen, sonst hätte ihn der aufgehetzte Mob gelyncht. Angeblich hat John sogar König Philipp einen Teil von Richards Länder in Frankreich angeboten, wenn er ihn unterstützt.»

»Um Gottes Willen! Hat denn John schon die Macht über ganz England?«

»Nein, soweit ist es noch nicht. Eleonore, William Marshal und der Kronrat halten ihn schon in Schach. Aber in seinen Grafschaften erhebt er ungeheure Steuern und behauptet, sie wären für Richards Kreuzzug. Das bringt natürlich die Menschen gegen den König auf und treibt sie John in die Arme.«

Robin lief es eiskalt den Rücken herunter. Fenwick und Loxley lagen in Nottinghamshire, und damit hatte Richard seinen Bruder unter anderem damals in Nottingham in seiner Gegenwart belehnt. Ihm kam das mittlerweile vor, als wäre es in einem anderen Leben gewesen. Wie würde es seiner Frau, seinem Schwiegervater und den anderen Zurückgebliebenen wohl ergehen? Er hatte sich schon die ganze Zeit über Sorgen gemacht, aber jetzt pressten sie sein Herz wie in einen Schraubstock gespannt zusammen.

»Richard bekommt doch schon seit Sizilien kein Geld mehr aus England! Tankred hat ihm seine Kriegskasse gut gefüllt, und seit er Zypern an Guido von Lusignan verkauft hat, quillt sie fast über.«

»Das wissen wir, aber das Volk nicht. Natürlich steckt sich John das Geld selbst ein. Nur, wer sagt das den Menschen in England, die bluten müssen? Der König will nach Hause, doch hier geht es durch die ewigen Streitereien und Verzögerungen nicht voran. Richard marschiert in fünf Tagen eine Strecke, für die sein Neffe mehr als drei Wochen braucht! Mehr muss man dazu sicherlich nicht sagen.«

»Glaubt Ihr denn, dass er Jerusalem überhaupt noch einnehmen will?«

»Wollen schon, aber wahrscheinlich nicht können. Saladins Armee ist noch stärker als vor einem halben Jahr und er hat sie in zwei Gruppen geteilt. Mit der einen verteidigt er die Stadt. Die andere Abteilung würde uns zwischen den Mauern und sich einschließen und von jedem Nachschub abschneiden. Der König lehnt es ab, das Heer in diese Falle zu führen, was man ihm hoch anrechnen muss. Er hat angeboten, den Oberbefehl abzugeben und als einfacher Soldat zu kämpfen, da er nicht das Leben von zig Tausenden auf seinem Gewissen haben will. Aber es findet sich natürlich niemand, der es wagt, an seine Stelle zu treten. Denn wenn Löwenherz es nicht schafft, dann gelingt es keinem!«

In dem Moment wurde Robin zum König befohlen, der in seinem Zelt über Karten gebeugt stand und darüber nachgrübelte, welchen Weg er wohl gehen sollte.

»Sir Robert, ich hätte einen Auftrag für Euch. Seid Ihr schon wieder ganz genesen?«

Robin fand, dass er wesentlich weniger krank aussah als der König und nickte sofort.

»Ich denke schon, Sire. Wie lautet Euer Befehl?«

»Etwas erledigen, das Euch bekannt sein dürfte, aber diesmal in königlichem Auftrag. Späher haben gemeldet, dass eine riesige Karawane mit Waffen, Proviant und anderen Gütern von Ägypten heraufkommt. Sie werden wahrscheinlich in der Oase bei den runden Zisternen lagern, und ich möchte, dass Ihr sie überfallt und Saladins Nachschub an Euch bringt. Na, ist das nach Eurem Geschmack?«

Robin gefielen diese immer mal wieder aufkommenden Verweise auf seine Vergangenheit noch weniger, wie Richards oft ausgesprochene Drohungen. Aber er verkniff sich diesmal einen Widerspruch, der König hatte schon so genug andere Sorgen. Und Waffen und Fourage des Feindes waren legitime Beute, da brauchte man nicht darüber nachzudenken.

»Wie stark ist die Begleitmannschaft, die wir niederkämpfen müssen?»

»Wie mir berichtet wurde, ungefähr hundert Sarazenen. Aber mehr als tausend Lasttiere, meist Dromedare. Nehmt Eure Gefährten aus den

Sherwood, die haben schon Erfahrung und sind froh, mal wieder mit euch vereint zu sein.«

Richard schaffte es doch immer wieder, Robin das zu geben, was dieser sich selber wünschte. Doch da dies bei ihm nicht kühle Berechnung, sondern einfach seine Art war, folgten ihm die Männer auch durch Himmel und Hölle.

Natürlich ließ sich ein Überfall in der Wüste nicht mit einem im Wald von Sherwood vergleichen, aber im Grunde genommen war es doch das Gleiche. Nur waren hier die Dimensionen wesentlich größer. Hatten sie rund um Nottingham kleine Gruppen von Kaufleuten, Priestern und Rittern erleichtert, was meist unblutig abging, und die Beute mit Bedürftigen geteilt, so war das hier reiner, unverfälschter Krieg mit all seinen Grausamkeiten.

Robin, wie alle seine Männer gekleidet wie ein Beduine, schlich mit Little John auf den Kamm einer Sanddüne, von der man die Oase überblicken konnte. Da lagerten die Dromedare rings um den Brunnen und wurden gerade getränkt. Die Begleitmannschaft hielt sich abseits und beteiligte sich nicht an den Arbeiten des Lagerlebens. Dafür waren sich die Mamelucken, Saladins Elitetruppen, einfach zu schade. Keiner schien aber einen Überfall zu befürchten. Hier, so weit im Landesinneren, wähnte man sich völlig sicher.

»So ein Leichtsinn«, meinte Robin zu John. »Kaum Wachen aufgestellt und die paar, die sie haben, schauen ins Lager, statt auf den Hügeln auszuspähen. Wir greifen von drei Seiten an. Wenn wir Glück haben, nutzen die Mamelucken dann die vierte zur Flucht.«

Die beiden Männer rutschten im Sand herunter. Robin teilte die Trupps auf. Er nahm nicht an, dass sich die Kameltreiber am Kampf beteiligen würden und wenn doch, keine ernsthaften Gegner wären. Den Mamelucken waren sie zahlenmäßig leicht überlegen. Trotzdem galt es vorsichtig zu sein, denn das waren erfahrene und kampferprobte Soldaten.

Robins Männern nutzten ihre Langbögen bei dieser Art des Kampfes wenig. Vom Pferd aus schoss man mit ihnen nur schlecht, und ein Angriff zu Fuß verbot sich bei dem Gelände von selbst. Hier halfen nur die Schnelligkeit der Pferde und das Überraschungsmoment. Dann würde es zum Nahkampf kommen, aber an Übung darin mangelte es ihnen auch nicht mehr.

Der Hauptmann schickte zwei Trupps unter Führung von Little John und Will Scarlett los, den Feind zu umgehen, und als der erste Haufen mit lautem Gebrüll zwischen den Hügeln hervorschoss, gab er Roncall die Sporen und führte seine Gefährten ins Gefecht.

Bevor die Sarazenen überhaupt zur Besinnung kamen, waren die Engländer schon unter ihnen, und Robin sah fast erschrocken, mit welcher tödlichen Präzision seine ehemaligen „Merry Men“ das blutige Handwerk des Krieges ausübten. Er selbst hatte die tödliche Kraft des Morgensterns erkannt, weit effektiver noch als das Schwert, und setzte die fürchterliche Waffe links und rechts um sich schlagend ein, bis ihm die Gegner ausgingen.

Es dauerte nicht lange, und wer es von den Mamelucken aufs Pferd geschafft hatte, wandte sich zur Flucht. Auch der Karawanenführer und die Kaufleute, die zu Pferd unterwegs gewesen waren, nutzten die bewusst offen gelassene Seite, um zu fliehen. Much, der neben Robin gehalten hatte, nahm den Bogen von der Schulter, um dem Karwan-Baschi einen Pfeil hinterher zu senden.

»Lass das!«, fuhr der Hauptmann seinen Freund aus dem Sherwood an. »Seit wann schießen wir Männern in den Rücken, die fliehen?«

Und so konnte Hajat al-Rahman entkommen und Saladin berichten, was bei den runden Zisternen vorgefallen war. Hätte Robin den Mann erkannt, der ihn bei den Assassinen abgeliefert hatte, wäre Much sicherlich zum Schuss gekommen.

Der Sultan war entsetzt. Dass die Christen seine gefährlichste Waffe, die Unterbindung des Nachschubs, so erfolgreich gegen ihn selbst einsetzen würden, hätte er nicht gedacht. Der Rat der Emire bestürmte ihn, die Stadt aufzugeben und sich nach Damaskus zurückzuziehen. Vor einem halben Jahr wäre Saladin dazu bereit gewesen, aber jetzt entschied er sich für das Ausharren, denn er glaubte, dass die Zeit auf seiner Seite war. Außerdem machte der Hochsommer den Christen in ihren schweren Rüstungen viel mehr zu schaffen als seinen an das heiße Wüstenklima gewöhnten Kriegern.

Als Robins Männer mit der reichen Beute in Beit Nuba erschienen, herrschte große Freude im Lager. Richard ließ die Waren zwischen den Soldaten so gerecht wie möglich aufteilen, und es gab frische Lebensmittel in Hülle und Fülle. Kamelkeulen wurden über offenen Feuern geröstet, und der Duft des gegarten Fleisches waberte in Schwaden fast bis Jerusalem.

Robin selbst nahm sich ein Schwert aus Damaszener Stahl, in dessen mit Golddraht umwickelte Parierstange und Knauf Smaragde eingelassen waren, deren Farbe und Glanz ihn an die Waldseen im Sherwood erinnerte. Außerdem fand er bei den Traglasten getrocknetes Haschischharz und Opium, für das sich niemand interessierte. Die Karawanenführer verfütterten bei aufkommenden Sandstürmen kleine Kügelchen davon an die Kamele, damit diese ruhig blieben und nicht in Panik durchgingen. Er kannte die Droge aus seiner Gefangenschaft auf Masyaf, und auch Milo hatte seine Schmerzen damit gelindert. Also packte er einen Teil davon sorgfältig ein und hoffte, es heil nach Hause zu bringen und Marian für ihre Kräuterapotheke übergeben zu können.

Robin hatte aber auch noch eine schlechte Nachricht für den König. Auf seinem Ritt war ihm nicht entgangen, dass Saladin zwischen Beit Nuba und Jerusalem sämtliche Brunnen hatte zuschütten und Wasserlöcher vergiften lassen. Sie würden jetzt im regenarmen Sommer keinerlei Trinkwasser haben, wenn sie sich weiter auf die Heilige Stadt zu bewegten!

Das war eine erschreckende Botschaft, die das ganze Unternehmen in Frage stellte. Beim großen Kriegsrat plädierte Richard deshalb auch für den Abbruch des Feldzuges. Selbst wenn man Jerusalem einnehmen würde, wäre es nach dem Abzug des Kreuzfahrerheeres gegen eine starke sarazenische Armee nicht zu halten. Sein Plan war nach wie vor, Ägypten anzugreifen und damit Saladin zu zwingen, die Stadt zu verlassen. Doch die Franzosen unter Hugo von Burgund waren strikt dagegen. Für sie galt Jerusalem oder gar nichts. Und da der englische König nicht das Leben seiner Männer in einem hoffnungslosen Unternehmen vergeuden wollte, wurde der Sturm auf die Heilige Stadt zum zweiten Male abgebrochen.

Richard schickte noch einmal Unterhändler zu Saladin. Der nutzte die Chance und machte den Christen verlockende Zugeständnisse, die sie zum Abbruch des Krieges bewegen sollten. So bot er an, ihnen die Grabeskirche zurückzugeben und diese für Pilger zu öffnen. Auch die Teile des Heiligen Kreuzes, die sich in seinem Besitz befanden, wollte er dort deponieren. Er lud den englischen König persönlich ein, in Jerusalem zu beten, und sicherte ihm hoch und heilig freies Geleit zu. Aber Richard lehnte ab, auch wenn es ihn sehr gereizt hätte. Er wollte als Sieger in die Heilige Stadt einziehen – oder gar nicht.

Die Verhandlungen zogen sich natürlich hin, und als der Wassermangel bei den Kreuzfahrern nahezu unerträglich wurde, befahl der König schweren Herzens den Rückzug nach Akkon.

Der Sultan konnte es nicht fassen. Er ritt selbst auf einen Hügel, um sich davon zu überzeugen, und sah den schier unendlich langen Heerwurm sich langsam Richtung Nordwesten wälzen. Seine Dankgebete zu Allah kannten keine Grenzen, hatten er und seine Emire Jerusalem doch innerlich schon verloren gegeben.

***

Mutlos und enttäuscht marschierte die Armee zurück zur Küste. Nun stand endgültig fest, dass die meisten Männer das Ziel ihrer Träume, für das sie so viel auf sich genommen hatten, nie erreichen würden.

Während der König Trost und Vergessen in den Armen seiner Frau fand, wurde die Kluft in der Truppe immer größer. Die Franzosen dichteten Spottlieder auf Richard, und in den Hafenschenken kam es ständig zu Raufereien, denen die Büttel kaum noch Herr wurden. Die ersten Kreuzfahrer machten sich bereits still und heimlich auf die Heimreise, und es war nur eine Frage der Zeit, bis das Hauptheer folgen würde.

Der König wollte nur noch einen Friedensvertrag mit Saladin, der die Eroberungen sicherte und beide ihr Gesicht wahren ließ, aushandeln. Streit gab es vor allem um Askalon. Der Sultan konnte keine so mächtige Festung an der Karawanenstraße nach Ägypten in der Hand der Kreuzfahrer dulden. Richard hingegen hatte zuviel Kraft und Geld in den Aufbau gesteckt, um die Stadt einfach aufzugeben.

Als die Verhandlungen deshalb stockten, unternahm Saladin aus Jerusalem heraus einen raschen Vorstoß auf Jaffa. Die Hafenstadt, zwischen Akkon und Askalon gelegen und Jerusalem am nächsten, hatte nur noch eine schwache Garnison. So hoffte der Sultan, leichtes Spiel zu haben und sie im Handstreich nehmen zu können. Damit hätte er die Eroberungen der Kreuzfahrer an der Küste in der Mitte durchgeschnitten und ihnen einen schweren Schlag versetzt.

Als die Verteidiger das muslimische Heer anrücken sahen, schickten sie sofort in die benachbarten Städte nach Norden und Süden um Hilfe, schlossen die Tore und richteten sich auf eine Belagerung ein.

Der Bote aus Jaffa erreichte Akkon am Abend des zweiten Tages nach dem überraschenden Angriff auf die Stadt zu einem Zeitpunkt, als sich die meisten schon zur Ruhe begeben hatten. Die Wache wollte ihn gar nicht zu Richard vorlassen, aber der Templer, den man geschickt hatte, stimmte ein solches Geschrei an, dass er fast die Toten aufgeweckt hätte.

Der König glaubte einen Moment lang, Akkon selbst würde angegriffen, bis sich der Irrtum aufklärte. Baudouin de Bethune hatte gerade mit ihm gespeist, und so schickte ihn Richard aus, alle Männer zusammenzutrommeln, denen er habhaft werden konnte, und sie zum Hafen zu schicken.

Der Erste, der dem Ritter über den Weg lief, war Robin, der wie jeden Abend die Quartiere seiner Männer inspizierte. Der Hauptmann erklärte sich natürlich sofort bereit, dem Ruf des Königs zu folgen, und stürmte in die Unterkünfte seiner Gefährten. Da sie zu den leicht Bewaffneten und Ungepanzerten gehörten, waren sie am schnellsten auf den Beinen.

»Muss das sein?«, stöhnte Little John. »Nicht schon wieder auf ein Schiff!«

»Das Meer liegt ruhig wie ein Brett! Du wirst denken, Du kannst wie Jesus über Wasser gehen.«

Der König lief am Hafen ungeduldig auf und ab und platzte fast vor Ungeduld. Trotz aller Bemühungen hatte Baudouin in der Kürze der Zeit kaum fünfzig Ritter aufgetrieben. Als Robin mit seinen hundert Bogenschützen anrückte, strahlte Richard. Seine Galeere lag immer in Bereitschaft vor Anker und er wollte keine Minute warten, um der bedrängten Stadt zu Hilfe zu kommen. Nahm Saladin Jaffa ein, waren mit einem Schlag alle mühsam erkämpften Erfolge dahin.

Heinrich von der Champagne erhielt den Befehl, das Heer zu sammeln und in Eilmärschen über den Landweg zu folgen. Robin hatte so seine Zweifel, ob das, was Richard und Heinrich unter Eile verstanden, wirklich das Gleiche war.

Kaum eine Stunde, nachdem der König die Nachricht erhalten hatte, legte die Galeere ab und nahm Kurs nach Süden. Einige andere Schiffe, die im Hafen gelegen hatten, schlossen sich an, aber es war schon eine sehr kleine Truppe, die sich da auf den Weg machte, um eine sarazenische Armee unter dem bewährten Oberbefehl Sultan Saladins zu stoppen.

Als die Mauern von Jaffa in Sicht kamen, wehten auf ihnen bereits die grünen Banner der Muslime.

»Bei Gottes Beinen«, fluchte Richard voller Inbrunst. »Geht denn hier in diesem verdammten Heiligen Land auch alles schief!«

Sein Kaplan, der hinter ihm stand, schlug verstohlen mehrere Kreuzzeichen, um die Worte seines Königs gegen den Himmel abzumildern.

Hoch über der Stadt in der Nähe des Hafens erhob sich die Zitadelle. Robin glaubte, darauf andere Fahnen wehen zu sehe, war sich aber nicht sicher. Die Schiffe kamen nur langsam voran, da starke, ablandige Winde ihnen vom Karmelgebirge entgegenwehten und es den Ruderern schwer machten, dagegen anzukämpfen. Der Strand und das Umland wimmelten nur so von Sarazenen und Richard hatte die Hoffnung schon aufgegeben, die Stadt noch entsetzen zu können.

Doch je näher sie kamen, desto deutlicher wurde, dass auf der Burg das Leopardenbanner und die Flaggen der Templer und Johanniter wehten.

»Das kann auch eine Falle sein, Sire«, warnte der stets vorsichtige Baudouin. »Vielleicht wollen sie unsere kleine Streitmacht nur an Land locken, um uns niederzumachen. Die Sarazenen sind uns zahlenmäßig haushoch überlegen.«

»Das sehe ich selbst«, knurrte der König wie ein gereizter Löwe zurück. »Aber der Teufel soll mich holen, wenn ich mir auch noch Jaffa wegnehmen lasse!«

»Da, der Mann auf den Zinnen!«, rief Robin plötzlich, und alles blickte nach oben zur Zitadelle. Zuerst sahen sie einen Soldaten die angevinische Fahne schwenken und dann, die Zuschauer wollten es kaum glauben, von der Burgmauer hinab in das Hafenbecken springen. Alle waren überzeugt, der Mann käme nie wieder hoch, doch da tauchte sein Kopf über dem Wasser auf und mit kräftigen Stößen schwamm er auf die Schiffe zu. Aber obwohl Richard sofort den Kapitän anwies, mit aller Kraft auf den Schwimmer zuzuhalten, war die Entfernung sehr groß, und es schien fraglich, ob der Mann es schaffen würde. Seine Züge wurden immer kürzer und verzweifelt winkte er manchmal mit einer Hand um Hilfe.

Robin hielt es nicht an seinem Platz. Mit einem Ruck hatte er sein Wams abgestreift und hechte vom Schanzdeck des Schiffes ins Meer, um dem Boten entgegenzuschwimmen. Das gab dem Verzweifelten neue Kraft, und als Robin ihn erreichte, schafften sie es gemeinsam, solange über Wasser zu bleiben, bis die Galeere heran war und ihnen Taue zugeworfen wurden, um sie an Bord zu ziehen.

Der Gerettete fiel dem König regelrecht vor die Füße und spie als Erstes einen Schwall Wasser über dessen Stiefel aus seinen Lungen aus. Richard war aber der Letzte, der einem Mann, der ein solches Wagnis auf sich genommen hatte, etwas übel nahm. Andere hätten ihn dafür vielleicht hinrichten lassen, doch der König half dem Schwimmer fürsorglich auf die Beine.

»Sire, Saladins Truppen haben die Stadt eingenommen und sind am Plündern, aber wir halten noch die Burg! Helft uns, wir können es schaffen, sie zurückzuschlagen!«

»Deshalb sind wir ja hier, tapferer Mann! Auf geht's! Wir lassen die Schiffe auf den Strand laufen und stürmen das nördliche Tor. Sie werden uns eher am Hafen erwarten. Robin, Ihr deckt mit euren Bogenschützen unsere Landung, bis wir einen Brückenkopf gebildet haben. Es sei denn, Ihr habt Besseres vor oder wollt wieder schwimmen gehen.«

Robin grinste nur, denn er wusste langsam, wie Richard so etwas meinte. Das Lachen verging ihm aber, als er sah, wie der König die Beinschienen abstreifte, als Erster von Bord sprang und den Strand hinauf stürmte.

»John, übernimm hier, und haltet uns die Berittenen vom Leib!«, rief er seinem Freund zu, schnappte sich ein Schild und ein Schwert und sprang Richard hinterher. Er hatte Mühe, den König einzuholen, der schon von mehreren Seiten angegriffen wurde, und versuchte, dessen linke Flanke zu decken. Richard trug nicht einmal einen Helm und kämpfte nur mit dem Schwert barfuss im Sand. Wie Mühlenflügel ließ er die mächtige Klinge kreisen, doch viele Schakale konnten auch des Löwen Tod sein. Robin wehrte so manchen Angreifer in seinem Rücken ab, bis endlich mehr und mehr Ritter den Strand erreichten und die Pfeile der Bogenschützen die Sarazenen auf Distanz hielten.

»Hatte ich Euch nicht einen Befehl gegeben, Sir Robert?«, fauchte der König Robin an, als sie das erste Mal zum Luftholen kamen.

»Wenn ihr Euch ohne richtige Rüstung und Schild in den Kampf stürzt, muss doch schließlich jemand auf Euch aufpassen! Ihr selbst tut es ja nicht!«

»Ich glaube kaum, dass ich noch eine Amme brauche!«

»Und ich darf dann Eurer Mutter erklären, dass wir Euch am Strand von Jaffa begraben mussten!«

Richard lachte laut auf.

»Ach so ist das! Ihr fürchtet meine Mutter mehr als meinen Zorn! Aber gut, damit seid Ihr schließlich nicht allein. Dann vorwärts, werfen wir die Sarazenen aus der Stadt!«

Nachdem die Verteidiger Jaffas heldenhaft gekämpft und selbst, nachdem eine Bresche in die Mauern geschlagen worden war, mit einem Schildwall die Angreifer zurückgeschlagen hatten, wollten sie eigentlich am Vortag kapitulieren. Saladin sagte ihnen freien Abzug zu, doch seine Truppen, auf Beute aus, drangen gegen die Absprache in die Stadt ein. Um nicht von den undisziplinierten Seldschuken und Kurden niedergemetzelt zu werden, zogen sich die Christen in die Zitadelle zurück, bereit, ihr Leben so teuer wie möglich zu verkaufen.

Als jetzt Richard mit seiner kleinen Truppe wie ein Orkan unter die siegestrunkenen Muslime fuhr und diese glaubten, Allahs Zorn wäre über sie gekommen, wagten die Eingeschlossenen einen Ausfall. Der kam für die Belagerer der Burg so überraschend, dass sie ihr Heil nur noch in der Flucht suchen konnten, und am Abend wehten wieder die christlichen Banner über der Stadt.

Sofort machte man sich daran, die zerstörten Mauern in Stand zu setzen, denn Richard rechnete mit baldigen, neuen Angriffen, auch wenn es im Moment so schien, als ob Saladin sich zurückgezogen hätte. Die Straßen lagen voller Toter, die man noch nicht hatte begraben können, und so errichtete man das Lager für die Nacht lieber außerhalb der Stadt.

Robin gefiel das Ganze gar nicht. Wo war Saladins Hauptarmee? War der Sultan wirklich so sang- und klanglos abgerückt? Er musste doch gesehen haben, dass Richard nur mit einer Handvoll Männern gekommen war. Die Verteidiger Jaffas hatten von ungefähr siebentausend Angreifern gesprochen, und sie waren zusammen mit der Garnison noch nicht einmal fünfhundert! Auch wenn viele Sarazenen beim Sturm auf die Stadt und dem nachfolgenden Angriff Richards gefallen waren, der Vorteil war eindeutig auf ihrer Seite.

Robin ließen die Gedanken daran keine Ruhe und er beschloss, das vor ihnen liegende Gelände auszukundschaften. Im Schutz der Dunkelheit machte er sich mit Will Scarlett zusammen auf den Weg zur ersten Hügelkette, hinter der sich eine ganze Armee verstecken konnte. Und richtig, kaum hatten sie den Kamm der Anhöhe erreicht, sahen sie die kampfbereiten Truppen, die sich bereits formierten.

Doch irgendetwas stimmte hier nicht. Die Soldaten wirkten unmotiviert und lustlos. Offiziere schrieen herum und versuchten sie anzutreiben, aber es war nicht zu erkennen, dass sich jemand schneller bewegte, als er unbedingt musste. Ein Angriff stand allerdings fraglos unmittelbar bevor und wie es aussah, würde er im Morgengrauen erfolgen.

Die beiden Männer eilten, so schnell sie ihre Beine trugen, zurück und hofften noch vor den Reitern das Lager zu erreichen, um nicht zwischen die Fronten zu geraten.

Schon von weitem brüllte Robin den Wachen zu:

»Schnell, bereitet Euch auf einen Angriff vor! Die seldschukischen Reiter werden jeden Augenblick hier sein!«

Die ersten Männer taumelten schlaftrunken aus ihren Zelten, als der Boden auch schon unter den Hufen unzähliger Pferde erzitterte. Wie Donnergrollen klang es, als Saladins Reiterei heranstürmte. Da Robin den König nicht sah und seine Gefährten das Hauptkontingent stellten, gab er die Befehle, und niemand stellte seine Autorität in Frage.

»Bildet einen Halbkreis mit dem Rücken zur Mauer! Gepanzerte und Schildträger nach vorn! Spieße und Lanzen in den Boden und dann auf die Knie! Bogenschützen dahinter! Zwei zu jedem Ritter! Geschossen wird erst auf mein Kommando, doch dann will ich nur Treffer sehen! Bewegt euch, es geht um unser aller Leben!«

Und so kam es ähnlich wie bei Arsuf. Den Angreifern flog Wolke auf Wolke aus Pfeilen entgegen, die alles durchdrangen und ein Blutbad anrichteten. Sieben Wellen von je tausend Reitern ließ Saladin anstürmen, aber kaum einer schaffte es bis an den Schildwall und wenn doch, starb er auf den Spitzen der Lanzen oder wurde niedergehauen. Die Schlacht wogte hin und her, und das kleine Häuflein der Christen kämpfte mit dem Mut der Verzweiflung.

Irgendwie wirkten aber die Angriffe unkoordiniert und immer zögerlicher. Gegen Mittag zogen sich die Sarazenen ein Stück zurück, und eine Abordnung mit einer Parlamentärsflagge erschien. Der König, der zusammen mit seinen Männern in einer Linie gekämpft hatte und von oben bis unten mit Staub und Dreck bedeckt von ihnen nicht zu unterscheiden war, ließ sie auf Rufweite herankommen.

»Unser Sultan bietet Euch eine ehrenvolle Übergabe an«, rief der Verhandlungsführer herüber. »Legt die Waffen nieder und übergebt die Stadt, dann wird Euch nichts geschehen und ihr könnt auf die Schiffe zurückkehren.«

»Sag deinem Sultan, das passiert an dem Tag, an dem er sich taufen lässt«, höhnte Richard zurück. Für ihn ging es hier um alles. Nachdem er Jerusalem nicht einnehmen konnte, wollte er nicht auch noch Jaffa verlieren.

»Ihr werdet bis auf den letzten Mann niedergemacht, wenn ihr Euch nicht ergebt« versuchte es der Parlamentär noch einmal. »Mein Herr kennt dann keine Gnade mehr!«

»Es sieht wohl eher so aus, als hätte er bald keine Kämpfer mehr«, brüllte Baudouin zurück, bevor Richard antworten konnte, und das ganze, kleine Heer brach in schallendes Gelächter aus.

Der Unterhändler lief rot an.

»Mein gnädiger Herr sieht, dass der König der Christen ganz unstandesgemäß zu Fuß kämpfen muss. Er bietet ihm zwei Pferde aus seinem persönlichen Besitz an, damit er wie ein wahrer Herrscher in die Schlacht ziehen kann.«

»Ein König der Franken kämpft zu Fuß wie zu Pferd gleich gut! Richtet das eurem Sultan aus. Ich treffe mich gern mit ihm zum Zweikampf zwischen unseren Heeren, und dann kann Gott oder Allah bestimmen, wer der Bessere von uns ist«, gab Richard zurück, ohne allerdings die Hoffnung zu haben, dass sich Saladin ihm tatsächlich stellen würde.

»Um so ein Angebot abzulehnen, muss man schon ein König sein«, murrte Robin. »Pferde aus dem Marstall des Sultans! So etwas weist man doch nicht zurück!«

Richard hatte Robins Kommentar gehört und wie immer handelte er schnell entschlossen. Die Parlamentäre wollten sich schon abwenden, da rief er ihnen hinterher:

»Halt, wartet! Bringt die Pferde, wenn Saladin drauf besteht. Ich nehme sein Geschenk dankend an.«

Der Unterhändler nickte nur und ritt mit seinen Begleitern zurück. Wenig später tauchte er mit zwei Pferdeknechten erneut auf, die einen wundervollen Rapphengst und eine schneeweiße Araberstute am Zügel führten, beide prächtig gezäumt und gesattelt.

»Mit den besten Empfehlungen meines Herrn für den König der Christen. Auf dass er wie ein echter Ritter zu Pferd kämpfen kann!«

Die Reihen öffneten sich, um die beiden Pferde einzulassen. Robin schnalzte anerkennend mit der Zunge. Er hatte hier in Palästina schon viele edle Pferde gesehen und war mit Roncall weiß Gott nicht schlecht beritten, aber die beiden standen über allem, was ihm bisher untergekommen war.

Richard entschied sich für den Rappen, hatte bereits einen Fuß im Steigbügel und wollte gerade aufsitzen, als ihn Robin zurückhielt.

»Ihr habt doch nicht ernsthaft die Absicht, tatsächlich zu Pferd zu kämpfen, Sire?«, fuhr er den König regelrecht an.

Der schaute sich ganz verdutzt um. So einen Ton war er nun wirklich nicht gewohnt. Was erdreistete sich dieser Bauer eigentlich? Vorhin hatte er schon Befehle gegeben wie ein Heerführer und jetzt stellte er auch noch sein Handeln in Frage.

»Brauche ich dazu Eure gütige Erlaubnis, Sir Robert?«, war die eisige Antwort.

»Sicherlich nicht, doch wenn Ihr da aufsteigt, seid Ihr mit großer Wahrscheinlichkeit in wenigen Augenblicken tot. Oder was glaubt Ihr, warum der Sultan die Pferde geschickt hat? Der einzige Reiter auf unserer Seite ist der König! Ihr könnt versichert sein, alle Bogenschützen der Seldschuken und alle angreifenden Mamelucken haben nur noch ein Ziel. Ich wette, er hat noch eine hohe Belohnung für den ausgesetzt, der den Reiter aus dem Sattel holt.«

Betretenes Schweigen machte sich in der Runde breit.

»Traut Ihr Saladin wirklich so eine Hinterlist zu?«

»Wenn Ihr da aufsitzt, ist das keine Hinterlist, sondern ganz einfach Dummheit!« Robin konnte sich wiedereinmal nicht zurückhalten. »Und die wird er gnadenlos bestrafen. Ein besseres Ziel könnt ihr gar nicht abgeben.«

Richards Entgegnung ging im Alarmruf Baudouins unter, der einen neuen Angriff der Seldschuken vermeldete. Der König ließ die Pferde nach hinten bringen und reihte sich wieder neben seinen Männern ein. Auch wenn es ihn wurmte, so war er doch in der Lage, die Wahrheit hinter Robins Worten zu erkennen. Doch über die Art und Weise, wie sein Hauptmann sie ihm unter die Nase gerieben hatte, war noch nicht das letzte Wort gesprochen.

Saladin hatte von seinem Hügel aus alles beobachtet, und als sich jetzt während des Angriffs seiner Reiterei wieder dichte Staubwolken über der Ebene auftürmten und die Sicht nahmen, wandte er sich an seinen Sohn al-Afdal, der neben ihm auf seinem Pferd hielt.

»Siehst Du nun, dass dieser König klüger ist, als Du dachtest? Ich habe ihm auf deinen Rat hin meine besten Pferde geschickt, die direkt von den Stuten des Propheten abstammen! Und er nimmt sie als Beute und denkt gar nicht daran, sich dadurch auszuzeichnen, sie zu reiten!«, klagte der Sultan.

»Er ist eben kein Araber«, meinte al-Afdal schulterzuckend. »Kein Wüstensohn würde darauf verzichten, aber die Franken sind in ihrem Handeln einfach unberechenbar. Wir werden sie trotzdem bezwingen, denn sie sind sehr wenige, und wenn ihren von Allah verfluchten Bogenschützen endlich die Pfeile ausgehen, reiten wir sie nieder.«

»Nur dass dann unzählige unserer Krieger schon im Paradies sind! Wie Du siehst, haben wir wahnsinnige Verluste!«

In diesem Moment kam Emir Genah, der Bruder von Maschtub, der Akkon übergeben hatte, auf den Hügel geritten und wandte sich sofort an Saladin.

»Großmächtiger Sultan, die Seldschuken weigern sich, weiter anzugreifen! Sie sterben wie die Fliegen und fragen sich, wofür? Ihr habt ihnen die Plünderung von Jaffa untersagt und jetzt sehen sie keinen Sinn mehr in Kampf und Tod, wenn sie nicht einmal Beute machen dürfen. Sie sagen, sollen sich doch die Mamelucken abschlachten lassen, sie sind ja angeblich die Elite!«

»Verräter und Feiglinge, alle samt!«, fuhr der Sultan den Emir an. »Ihr genauso wie Euer Bruder Maschtub und dieses undisziplinierte Gesindel da! Allah wird euch dafür in der Hölle schmoren lassen, dass ihr sein Heiliges Land aufgebt!«

Genah war bleich geworden. Niemand nannte ihn ungestraft einen Feigling und beleidigte seinen Bruder, der in Akkon über zwei Jahre lang alles gegeben hatte. Was glaubte dieser Emporkömmling, Sohn eines räuberischen Kurden, eigentlich, wer er war? Nur die entschlossene Haltung der Leibwache des Sultans hielt den Emir davon ab, sich auf den Sultan zu stürzen. Doch der Tag der Abrechnung würde kommen! Wortlos und ohne Gruß wandte er sein Pferd und jagte den Hügel hinab zu seinen Truppen, um zu versuchen, sie noch einmal zu einem Angriff zu bewegen.

»Es bewahrheitet sich wieder einmal«, wandte sich Saladin an seinen Sohn, »nur dem Sieger gehört ihre Loyalität. Lerne daraus und zeige niemals Schwäche! Sonst zerreißen Dich deine angeblichen Verbündeten wie Löwen ein Kamel in der Wüste. Alle bisherigen Erfolge sind auf einmal vergessen und nichts mehr wert.«

»Vater, lass mich mit den Mamelucken angreifen! Dann kämpfen wir eben auch zu Fuß und Mann gegen Mann! Ihre verfluchten Bögen nutzen ihnen in diesem Fall nichts mehr. Und die Garde kann endlich einmal zeigen, wozu sie fähig ist!«

Saladin, der mit dem Rücken zur Wand stand, stimmte zähneknirschend zu. Sein mühsam nach der Verteidigung von Jerusalem zurückgewonnenes Prestige würde einen weiteren Fehlschlag kaum verkraften. Seine Mamelucken waren bereits als Knaben auf den Sklavenmärkten des Kaukasus, Anatoliens und Ägyptens gekauft worden, und man hatte sie jahrelang für den Kriegsdienst geschult. Wann, wenn nicht jetzt, galt es zu beweisen, was in ihnen steckte.

***

»Sire, lange halten wir nicht mehr durch«, meldete Robin dem König. »Noch zwei, drei Salven, dann sind unsere Pfeile verschossen.«

»Dann nutzt sie, denn wenn ich das richtig sehe, kommt jetzt der alles entscheidende Angriff.«

Richard zeigte mit dem Schwert nach vorn, wo die Mameluckengarde gerade den Hügel heruntergestürmt kam. Das Kampfgeschrei war ohrenbetäubend und sollte furchteinflössend sein, doch davon ließen sich die Franken schon lange nicht mehr beeindrucken.

»Die letzten Pfeile nur gezielt verschießen!«, rief Robin seinen Schützen zu. »Versucht, vor allem die Anführer auszuschalten!«

Robin selbst nahm sich den Sarazenen vor, der genau in der Mitte des Heeres voranlief und einen besonders prachtvollen Helm trug. Sein Pfeil durchschlug den Rundschild des Angreifers, drang noch durch den Kettenpanzer in die Schulter des Mannes ein und warf ihn zu Boden.

Das rettete al-Afdal wahrscheinlich das Leben, denn jetzt kamen die Franken aus ihrer Deckung heraus und stürmten den Mamelucken entgegen. Richard wütete wie ein Berserker, der nichts mehr um sich herum wahrnahm. Seine Ritter versuchten es ihm gleich zu tun und kämpften mit einer Verbissenheit, die ihresgleichen suchte. Auch Robins Schützen beteiligten sich jetzt natürlich am Nahkampf und zeigten, dass sie mit Schwert, Lanze und Keule ebenso gut umgehen konnten wie mit dem Bogen.

Little John und Richard standen wie Türme in der Brandung und schufen mit ihrer gewaltigen Kraft um sich herum Freiräume. Robin versuchte wieder die linke Seite des Königs zu schützen, auf die dieser wie stets kaum achtete. Dabei wurde er von der Schärfe seines neuen Schwertes überrascht, das durch den Stahl von Rüstungen schnitt, als wären sie aus weichem Brot.

Der Kampf wogte nicht lange hin und her, dann wichen auch die Mamelucken zurück, die der Wucht des fränkischen Angriffes nicht gewachsen waren. Hinter ihren Reihen galoppierte der Sultan selbst auf und ab und versuchte seine Kämpfer anzufeuern, aber auch er konnte ihre panische Flucht nicht verhindern.

Hätten Richards Ritter über Pferde verfügt, wäre ihr Sieg vollkommen gewesen. So mussten sie von einer Verfolgung absehen, doch dass die Schlacht gewonnen und Jaffa gerettet war, daran bestand kein Zweifel.

Erschöpft und schwer atmend standen Ritter und Bogenschützen nebeneinander und sahen dem fliehenden Feind nach, als sich der König umwandte und Robin anfuhr.

»So, und jetzt zu Euch, Sir Robert. Ihr seid ein einfacher Ritter, und auch das erst durch meine Gnade und wagt es, meinem Heer und selbst mir Befehle zu erteilen? Auf die Knie mit Euch, sofort!«

Richards Gesicht war knallrot angelaufen und der metallisch, scharfe Unterton in seiner Stimme furchteinflößend.

Robin war mehr als verblüfft. Hatten er und seine Gefährten nicht alles gegeben, um die Schlacht zu entscheiden? War er diesmal in seiner Wortwahl wirklich zu weit gegangen und hatte den König vor seinen anderen Rittern, darunter mehreren Grafen und Barone, zu sehr beleidigt? Doch das war keinesfalls seine Absicht gewesen, und so versuchte er einzulenken.

»Sire, ich wollte doch nur...«, begann er zu erklären, als ihn Richard erneut anbrüllte.

»Auf die Knie habe ich befohlen! Könnt Ihr nicht hören?«

Der König hob sein blutverkrustetes Schwert und zeigte drohend auf Robin.

»Streckt die Hände nach vorn!«

Was sollte das jetzt werden? Little John fasste den Speer, mit dem er gekämpft hatte, fester. Wollte Richard seinem Freund hier vor versammelter Mannschaft die Hände oder gar den Kopf abschlagen, nur um seine Unangreifbarkeit zu demonstrieren? Sollte er das tun, würde er seinen Gefährten im nächsten Augenblick rächen und England hätte keinen König mehr. Aus den Augenwinkeln heraus sah er, wie seine Kameraden genau wie er dachten und sich kampfbereit machten.

Mühsam ließ sich Robin auf das rechte Knie nieder. Zu mehr war er nicht bereit. Wollte Richard ihn hier wirklich töten oder verstümmeln? Er konnte es nicht fassen, nach allem, was er bisher erlebt und für ihn getan hatte. Aber dass der König teilweise völlig unbeherrscht handelte, war mehr als hinreichend bekannt. Oft bereute er seine spontanen Entschlüsse danach, doch dann war es für die Betroffenen meist zu spät.

Robin spürte den Luftzug an seiner Wange von Richards Schwert und wunderte sich nur darüber, keinen Schmerz zu empfinden. Da erst merkte er, dass der König die Waffe neben ihm in den Boden gerammt hatte und jetzt nach seinen Händen griff.

»Kraft meines mir durch Gottes Gnade verliehenen Königtums belehne ich Euch und Eure Nachkommen hiermit mit den Ländereien, Dörfern, Ortschaften und Burgen von Huntingdonshire und ernenne Euch mit sofortigen Wirkung zum Earl und Mitglied des Kronrates!«, donnerte Richards Stimme über das Schlachtfeld.

»Schwört mir Lehnstreue und dann erhebt Euch und gebt mir den Friedenskuss, Earl von Huntingdon!«, befahl der König.

Robin und auch die Männer um ihn herum waren völlig fassungslos. Er hatte mit seinem Leben gerade fast abgeschlossen, da machte ihn der König zum Grafen!

»Sire«, stotterte Robin verstört und dann nur noch, »ich schwöre!« Mehr brachte er einfach nicht heraus.

Richard hob ihn an den Händen empor und hielt ihm die Wange zum traditionellen Friedenskuss entgegen. Robin war das irgendwie peinlich, aber er kannte die Zeremonie. Nur dass ihn der König anschließend fest umarmte und so an sich presste, dass er seine Rippen knacken hörte, das gehörte eigentlich nicht dazu. Die Männer um sie herum brachen in unbändigen Jubel aus, nur einige der höher gestellten Ritter schauten etwas betreten.

»Damit wir uns richtig verstehen, Sir Robert! Ab heute dürft Ihr mir offiziell und respektvoll mit gesetzten Worten raten. Nicht befehlen, falls Ihr diesen kleinen Unterschied kennen solltet!«, hörte Richard den König sagen, doch es ging völlig an ihm vorbei. Sein erster Gedanke galt wie immer seiner Frau im fernen England. Ausgezogen war er als Sohn eines Freisassen und Befehlshaber von ein paar Dutzend Bogenschützen. So Gott wollte, würde er als Earl zurückkehren und hatte als Lehen eine der ältesten, wenn auch kleinsten Grafschaften seines Heimatlandes erhalten.

Robin wusste wirklich nicht, was er sagen sollte – und der König merkte das wohl.

»Danken könnt Ihr mir später, Sir Robert. Im Moment scheint Ihr ja kein Wort herausbringen zu können. Vielleicht hattet Ihr ja auch mit etwas ganz anderem gerechnet?«

Richard weidete sich regelrecht an Robins Fassungslosigkeit, dessen Zustand ihm einen Heidenspaß machte.

»Ach, noch etwas«, bemerkte der König schon im Weggehen. »Die beiden Gäule von Saladin könnt Ihr haben. Viel zu klein und zierlich für mich. Aber verderbt mir mit ihnen nicht die ganze englische Pferdezucht. Wir brauchen schließlich auch ein paar große, kräftige Schlachtrösser!«

Richard wandte sich ab und grinste über das ganze Gesicht. Er war mit sich rundherum zufrieden und der Meinung, für heute genug gute Werke vollbracht zu haben. Saladin geschlagen, und das auf eine Art und Weise, von der noch in Jahrhunderten die Troubadoure singen würden, Jaffa gerettet und wieder einmal mit einer seiner Entscheidungen alle verblüfft, so gefiel ihm das Leben.

Der Earl von Leicester schritt neben ihm her, und man sah ihm an, dass ihm etwas auf der Seele brannte.

»Wollt Ihr etwas sagen, de Beaumont? Dann raus damit!«, forderte der König ihn auf.

»Sire, meint Ihr nicht, dass Ihr ein wenig zu großzügig wart? Er ist doch letztendlich nur ein Bauer!«

Richard blieb stehen und musterte den Earl aus zusammengekniffenen Augen, dass dem der kalte Schweiß ausbrach.

»Ich glaube mich zu erinnern, dass ich Euch aussandte, einen Fouragetrupp vor Jerusalem zu sichern. Wie mir berichtet wurde, rettete Euch dabei Sir Robert von Loxley das Leben und geriet dadurch selbst in Gefangenschaft. Er wurde mehr als ein halbes Jahr von den Assassinen gefoltert, bis ihm die Flucht gelang. Gott möge mich davor behüten, mir Eure Dankbarkeit zu eigen zu machen.«

De Beaumont versank fast im Boden vor Scham. Einen neuen Freund hatte Robin allerdings gerade nicht gewonnen.

Der war inmitten seiner Gefährten auf einem Stein zusammengesunken und wusste noch immer nicht, wie ihm geschah.

»Eins kann ich Euch versprechen«, kam es dann mit einem tiefen Seufzer aus seinem Innersten heraus, »ganz gleich, was sie womöglich noch aus mir machen, zwischen uns wird sich nichts ändern. Das verspreche ich Euch hoch und heilig!«

Little John hieb ihm voller Anerkennung auf die Schulter, und Robin konnte keinen Unterschied zu Richards Prankenschlag feststellen.

»Das wissen wir doch«, meinte der Hüne mit der sanften Stimme. »Ich hoffe, Du lädst uns mal in die große Halle von Huntingdon Castle auf ein Bier ein.«

»Dessen könnt Ihr alle gewiss sein. Bis es Euch aus allen Körperöffnungen wieder herausläuft. Die Wälder von Huntingdonshire sollen mindestens so wildreich sein wie der Sherwood. Sie liegen ja auch nicht weit auseinander. Ich hoffe, Ihr geht oft mit mir zusammen dort jagen. Es wird allerdings ein völlig neues Gefühl sein, es offiziell zu dürfen.«

Die Männer lachten sich die ganze Anspannung von der Seele. Gerade hatten sie noch im Schlachtgetümmel gestanden, jetzt träumte jeder von ihnen von der Heimat. Und dass ihr Hauptmann zum Earl ernannt worden war, missgönnte ihm niemand. Sie waren recht sicher, das würde sich auch für sie auszahlen.

Much kam mit den beiden Pferden heran und jetzt hatte Robin endlich Zeit, mehr als einen Blick auf sie zu werfen. Der Sultan hatte sich natürlich keine Blöße geben wollen und das Beste geschickt, was er besaß. Ob er es vielleicht schon bereute?

Es waren beides Vollblüter aus den Wüsten Arabiens, garantiert mit einem Stammbaum, so dick wie der Koran. Vielleicht konnte man Saladin sogar darum bitten, ihn zu übergeben? Lieber nicht, das wäre dann wohl doch zu unverschämt und würde vielleicht tatsächlich den Kopf kosten.

Der Hengst und die Stute strahlten die ganze Eleganz ihrer Rasse aus. Der feine Kopf war leicht hechtförmig angelegt, die Sehnen an den Beinen fassten sich an wie Stahl und eine so schön geschwungenen Kruppe, aus der die Kraft des Pferdes kam, hatte Robin bisher nur ganz selten gesehen.

»Gäule nennt der König so etwas«, dachte er bei sich und strich zärtlich über die samtweichen Nüstern. Warum musste er dabei nur sofort an Marian denken? Die würde ihre wahre Freude an den beiden haben, das stand felsenfest. Hoffentlich bekam er sie heil nach England. Und wenn er sein letztes Hemd dafür geben musste, es würde ihm gelingen! Richard wusste gar nicht, was er da für einen Schatz verschenkt hatte. Robin jedenfalls waren sie mehr wert, als die ganze Grafschaft.

***

Eigentlich war der Sieg von Jaffa genau die Gelegenheit, auf die Richard immer gewartet hatte. Jetzt nachstoßen und Jerusalem einnehmen, das wäre es gewesen!

Saladin zog sich in Eilmärschen in die Heilige Stadt zurück, weil er genau damit rechnete. Sein Renommee war auf dem Tiefpunkt angelangt, und immer mehr Emire wandten sich von ihm ab. In dieser Situation hätten die vereinigten Kreuzfahrer leichtes Spiel gehabt.

Doch Richard konnte den Erfolg nicht nutzen. Die Anstrengungen der letzten Zeit waren selbst für ihn zuviel gewesen, und das Wechselfieber warf ihn einmal mehr auf das Krankenlager.

Und trotzdem hätte er es vielleicht geschafft, wenn ihm die Franzosen nicht erneut die Gefolgschaft versagt hätten. Ihr Anführer, Hugo von Burgund, starb am 25. August anno 1192 in Tyros, und der König konnte darüber kein Bedauern empfinden. Man sagte sogar, seine eigene Genesung setzte an dem Tag ein, als er davon erfuhr.

Die Christen wie die Muslime mussten die Sache jetzt zu Ende bringen. Das Land war völlig verwüstet und gab nichts mehr her. Der gesamte Nachschub der Kreuzfahrer kam über das Meer, meistens aus Zypern, der Saladins mit Karawanen aus Ägypten.

Neue Kämpfer konnte keine Seite mehr gewinnen. In den Heeren wüteten Krankheiten und Seuchen. Und so einigte man sich am 2. September in Ramla auf einen dreijährigen Friedensvertrag.

Den Kreuzfahrern blieben ihre Eroberungen an der Küste von Tyros bis Jaffa. Nur Askalon, das nach Richards Abzug sowieso nicht zu halten gewesen wäre, mussten sie aufgeben. Alle Pilger erhielten freien Zugang nach Jerusalem und Saladin selbst verbürgte sich für ihre Unversehrtheit und ihren Schutz.

Viele der Kreuzfahrer nutzten die Gelegenheit, um ihre Gelübde einzulösen und am Heiligen Grab zu beten. Richard selbst versagte es sich erneut. Als Sieger und Befreier hatte er in Jerusalem einziehen wollen, nicht als Pilger.

Stattdessen bereitete in Akkon alles für den Abzug des Heeres vor. Als Erstes schickte er Berengaria und Joan unter dem Schutz von Jean de Alencon voraus und bat den Vizekanzler, sie bis in die Champagne zu seiner Schwester Marie, oder, wenn möglich, nach Aquitanien zu Eleonore zu begleiten.

Dem König war zu Ohren gekommen, dass Philipp alle französischen Häfen für die Kreuzfahrer gesperrt hatte und die Genuesen auf Betreiben Kaiser Heinrichs mit den ihren das Gleiche taten. Die Fahrt um Spanien herum und weiter durch die Biskaya verbot sich bei dieser Jahreszeit von selbst. So wusste bei der Abfahrt aus dem Heiligen Land niemand genau, wo man überhaupt würde anlanden können.

Die Zeit wurde auch immer knapper, denn die Periode der Herbststürme nahte. Hubert Walter erhielt den Befehl, das Heer nach Hause zu führen. Das tat dieser so bravourös, dass Richard ihn dafür später zum Erzbischof von Canterbury und Lordkanzler von England ernannte.

Robin gelang es, für sich, seine Männer und auch die Pferde eine Passage Ende September zu bekommen.

Als einer der Letzten stach am 9. Oktober 1192 der König, nur in Begleitung von Baudouin de Bethune, seinem Sänger Blondel de Nesle, dem Kaplan Nikolas und zwei weiteren Getreuen in See.

Wäre er, wie er einmal geplant und auch versprochen hatte, bis Ostern des nächsten Jahres im Heiligen Land geblieben, hätte er Saladins Tod Anfang März 1193 und die danach sofort einsetzenden Machkämpfe unter seinen zahlreichen Brüdern, Söhnen und Neffen erlebt, die letztendlich zum Zerfall des vom Sultan geeinten Muslimischen Reiches führten. Ganz Palästina wäre Richard wie ein reifer Apfel in den Schoss gefallen.

***

10. Kapitel

Nottingham / Huntingdon, März 1193

Jetzt, im zeitigen Frühjahr, roch die Luft im Sherwood vor allem erdig. Die Blätter der Eichen und Buchen verbargen sich noch in den Ästen und Zweigen der Bäume, und die ersten vorwitzig herumschwirrenden Bienen fanden nur in den eben aufgebrochenen Weidenkätzchen Nahrung.

Auf einer Lichtung nahe der Straße nach Nottingham stand ein Sprung Rehe und äste überständiges Gras vom Vorjahr, das nach der Schneeschmelze zum Vorschein gekommen war. Ein dreijähriger Bock hielt sich etwas abseits. Auf einmal schien er etwas gehört zu haben und sicherte mit erhobenem Kopf und aufgestellten Lauschern. Da kam auch schon der Pfeil herangezischt und bereitete seinem noch jungen Leben mit einem Treffer ins Blatt ein jähes Ende. Die Ricken strichen mit erschrockenen Sprüngen ab und ließen nur kurz den weißen Spiegel aufblinken.

Aus dem Schatten der Bäume löste sich eine schlanke, knabenhafte Gestalt, die sich durch ihren grün-braunen Jagdrock kaum von der Umgebung abhob und eilte zu dem gefallenen Bock auf die Lichtung. Der Jäger, den Langbogen noch in der Hand und einen gut gefüllten Köcher mit gefiederten Pfeilen auf dem Rücken, kniete neben dem erlegten Wild nieder und zog sein Jagdmesser, um es fachgerecht aufzubrechen.

Plötzlich knackte hinter dem Schützen ein trockener Zweig, und noch bevor er sich erschrocken aufrichten konnte, wurde er brutal auf den Boden gestoßen. Drei grobschlächtige Wildhüter warfen sich auf ihn und hielten ihn fest.

»Haben wir Dich endlich, Bürschchen! Lange genug hat es ja gedauert, Dich zu fangen Aber jetzt winkt uns endlich eine fette Belohnung und Dir der Galgen!«

Verzweifelt versuchte die Gestalt am Boden sich zu befreien. Doch gegen den eisenharten Griff der drei Männer kam sie nicht an. Die lachten nur, wurden aber ganz still, als sich durch die heftigen Abwehrbewegungen des Jägers seine Kappe löste und eine Flut langer, blonder Haare zum Vorschein kam.

»Ich werd' verrückt, Ben! Das ist gar kein Junge, das ist ein Mädchen!«

»Umso besser und vor allem, umso mehr Spaß!«, grinste der Angesprochene und drehte mit einem brutalen Ruck die Gestalt vor sich auf den Rücken, nur um sofort danach einen wütenden Schmerzensschrei auszustoßen. Das Mädchen, oder besser die junge Frau, hatte ihn in die Hand gebissen, dass er dachte, damit in ein Fangeisen geraten zu sein. Als er sie erschrocken losließ, griff sie sofort nach dem neben ihr liegenden Jagdmesser.

Doch weit kam sie mit ihrer Gegenwehr nicht, denn der dritte Wildhüter trat ihr mit voller Wucht auf den Arm, so dass sie das Messer wieder fallen lassen musste und der Schmerz ihr fast den Atem nahm.

»Was für eine Wildkatze! Mit der werden wir noch unsere Freude haben. Komm Hugh, binde ihr die Arme zusammen, ich halte sie fest!«

Der Angesprochene beeilte sich, den Anweisungen seines Kameraden zu folgen, und schlang einen Lederriemen um die Handgelenke der Gefangenen. Die gab aber noch lange nicht auf, trat um sich und versuchte noch einmal zu beißen, was ihr aber nur eine schallende Ohrfeige eintrug, die ihre rechte Gesichtshälfte sofort anschwellen ließ.

»Wenn Du es so haben willst, Schätzchen«, höhnte Ben und stülpte ihr einen Sack über den Kopf, der ihr die Luft nahm. »Dann siehst Du eben nicht, wer Dich gleich beglücken wird.«

Die drei Männer standen feixend um ihr gefesseltes, hilfloses Opfer herum, dem sie mit dem festen Leinensack auch noch die Orientierung genommen hatten.

»Los Jungs, wer fängt an?«, fragte Hugh. »Zwei halten ihr die Beine fest und der Dritte zeigt ihr mal, wie gut er bestückt ist. Wir reichen sie solange reihum, bis der Letzte nicht mehr kann! Mal sehen, wer von uns am längsten durchhält!«

Gerade als die Männer sich daran machen wollten, ihrer Gefangenen die Beinkleider vom Leib zu reißen, hörten sie hinter sich eine Stimme, die so ruhig klang, als käme sie aus einer anderen Welt.

»Was soll das denn werden, was Ihr da vorhabt? Könnt Ihr drei großen Kerle nicht auf anständige Weise mit dem Jungen umgehen? Lasst ihn frei, oder sollte euch entgangen sein, dass die Jagdfrevelgesetze Henrys von König Richard aufgehoben worden sind.«

Die drei Wildhüter waren aufgesprungen und hatten sich erschrocken umgewandt. Da hielt mitten auf der Lichtung hinter ihnen ein Ritter zu Pferd, der unhörbar durch den aufgeweichten Boden und über das Moos herangekommen sein musste. Er trug den offenen, mit einem Nasenschutz versehenen normannischen Helm, der langsam aus der Mode kam, und über dem Kettenhemd den weißen Überwurf mit dem roten Kreuz der Kreuzfahrer, die jetzt zuhauf zurück ins Land strömten.

»Mischt Euch nicht ein und geht Eurer Wege!«, fuhr Ben den Ritter an, dessen abgenutzte Rüstung mit dem zerschlissenen Umhang ihm nicht gerade Respekt einflößte. »Wir haben einen Wilddieb gefasst, und falls es Euch entgangen sein sollte, Prinz John, oder vielleicht bald König John, hat die von seinem Vater erlassenen Gesetze noch verschärft. Jeder Wilderer wird in Nottingham gehenkt und bleibt zur Abschreckung solange am Galgen, bis die Krähen nichts mehr von ihm übrig gelassen haben.«

»Und ich sage Euch, Ihr lasst den da jetzt frei und seht zu, dass ihr aus meinen Augen kommt, dann geschieht Euch nichts. Und richtet Eurem Herrn aus, hier wird niemand mehr wegen einem Rehbock gehängt. Ich komme auch gern selbst vorbei und erkläre ihm König Richards Erlass sehr nachdrücklich!«

»Wer seid Ihr denn, dass Ihr glaubt, dem Sheriff von Nottingham etwas erklären zu können?«, höhnte der Wildhüter und kam drohend näher. Vor diesem aufgeblasenen Wichtigtuer fürchtete er sich kein kleines bisschen. Schließlich waren sie zu dritt. Der Ritter hatte nicht einmal eine Lanze, und das Schwert steckte gut gesichert in der Scheide. »Der da ist eine die da und mit der werden wir jetzt erst einmal eine Menge Spaß haben, bis wir die Reste von ihr dem Sheriff abliefern.«

Ben konnte nicht sehen, dass der Ritter unter seinem Helm kreidebleich wurde und schon gar nicht ahnen, dass sein eigenes Schicksal in diesem Moment so gut wie besiegelt war.

»Ich bin der Earl von Huntingdon, und Ihr verschwindet jetzt auf der Stelle, dann lasse ich noch einmal Gnade vor Recht ergehen!«

»Ein Earl, dass ich nicht lache.« So schnell war der Wildhüter nicht zu beeindrucken. »Und der reitet hier so mutterseelenallein und ohne jede Begleitung durch den Wald? Komm runter von deinem hohen

Ross, Du Großkotz, und dann bläuen wir Dich erst einmal richtig durch, bevor wir uns die Frau vornehmen.«

Ben sprang den Ritter an, um ihn vom Pferd zu ziehen – und das war das Letzte, was er in seinem Leben tat.

Robin hatte zuerst gedacht, die Wildhüter hätten einen Jungen aufgegriffen, da er nur den schlanken Oberkörper und die Beine in Hosen und Stiefeln sah. Als die Männer aber von einer »die da« gesprochen hatten, schwante ihm Fürchterliches. Welche Frau, außer seiner, lief hier im Sherwood schon in Hosen herum und konnte mit Pfeil und Bogen fast so gut umgehen wie er selbst?

Noch bevor der Wildhüter ihn ansprang, hatte Robin vorsichtig den Morgenstern gelockert, der rechts an seinem Sattel hing und den er in Palästina zu schätzen gelernt hatte. Als der Angreifer ihn unterstützt von seinen Kameraden vom Pferd ziehen wollte, schwang er blitzschnell die fürchterliche Waffe nach links und zerschmetterte ihm das Hirn. Den Schwung ausnutzend, schlug er sofort nach rechts hinüber, und die mit scharfen Stacheln gespickte Eisenkugel traf Hugh mitten ins Gesicht. Der dritte Wildhüter wandte sich erschrocken um und wollte nach dem Bogen greifen, da traf ihn der geworfene Morgenstern in den Nacken, und das Letzte, was der Mann hörte, war das Brechen seiner Halswirbel.

Das Ganze hatte nicht länger als einen Atemzug gedauert, und schon stand Robin neben der reglosen Gestalt am Boden, riss ihr den Sack vom Kopf und durchtrennte mit einem Schnitt seines Dolches die Fesseln. Die Frau vor ihm rang heftig nach Luft, und als er ihr Gesicht sah, schossen ihm die Tränen in die Augen.

»Warum weint Ihr, Sir?«, hörte er sie überrascht fragen. Erst da riss er sich den Helm vom Kopf und ihr Schrei »Robin!« entschädigte ihn auf einen Schlag für die lange Zeit, die er seine Frau nicht in den Armen hatte halten können.

Marian war völlig außer sich. Immer wieder küsste und streichelte sie ihren über sie gebeugten Mann, den sie so vermisst hatte. Und wie fast nicht anders zu erwarten, war er genau in dem Moment zur Stelle gewesen, wo sie ihn am allernötigsten gebraucht hatte. Wenn das kein guter Gott gelenkt hatte, dann wusste sie auch nicht.

Robin hatte sie aufgehoben und fort von den Toten an den Waldrand getragen, wo sie jetzt an den Stamm einer Eiche gelehnt nebeneinander saßen, sich an den Händen hielten und einander mit dem Blick durch die Augen die Seele ausleuchten wollten.

»Wo ist denn der andere, der bei Dir war?« fragte Marian, die als Erste die Sprache wieder fand.

»Welcher andere?« Robin verstand nicht, was sie meinte. »Little John und unsere Männer kommen nach. Ich bin nur vorausgeritten, weil ich es vor Sehnsucht nach Dir nicht mehr ausgehalten habe.«

»Aber da war doch noch jemand bei Dir. Ein Earl, wie ich gehört habe.«

Robin schwieg einen Moment, zupfte sich dann einen alten Grashalm aus der Wiese und kaute nachdenklich darauf herum.

»Du wirst es kaum glauben, aber ich bin der neue Earl von Huntingdon. Richard hat mich zuerst zum Ritter geschlagen und dann zum Grafen ernannt. Keine schlechte Karriere für den Sohn eines Bauern, nicht?«

»Heißt das, Du hast dem König das Leben gerettet?«

»Er mir, ich ihm, irgendwann kam es nicht mehr darauf an. Du kannst Dir im Leben nicht vorstellen, wie oft und wo wir überall gekämpft haben!«

Marian rückte ein Stück von Robin ab, um ihn aus der Distanz zu mustern.

»Mein Mann, ein Earl! Ich fasse es nicht! Wenn Vater das noch hätte erleben dürfen.«

»Um Gottes Willen, was ist mit Richard?«

»Vater ist vor ungefähr einem halben Jahr gestorben. Er hat einfach den Niedergang von Fenwick nicht länger ertragen und eines Tages ist er wie vom Blitz getroffen zu Boden gestürzt und war tot.«

»Es tut mir so leid, Marian!«

»Vater hatte einen leichten, schnellen Tod. Vielleicht ist ihm vieles erspart geblieben.«

»Was ist hier überhaupt los? Wieso wilderst Du?«

»Prinz John und der Sheriff saugen das Letzte aus den Menschen heraus, um es Richard für den Kreuzzug zu schicken. Das Land liegt völlig am Boden und ist ausgeblutet. Unsere Pferde mussten wir Stück für Stück weit unter Wert verkaufen, und ich gehe jagen, damit wir überhaupt etwas zu essen haben. Alles wegen diesem verfluchten Krieg!«

»Aber Richard hat überhaupt kein Geld aus England erhalten!« Robin war empört. »Im Gegenteil, er hat den Saladinzehnten seines Vaters abgeschafft. Gut, dass er damals nach seiner Krönung die Ämter neu besetzt und damit verkauft hat, weißt Du selbst. Seit wir in Sizilien waren, und das ist jetzt zweieinhalb Jahre her, kam von hier kein einziger Penny mehr!«

»Irgendwie haben wir uns alle schon fast gedacht, dass John den Großteil in die eigene Tasche steckt. Aber es hieß immer: Für den Kreuzzug!«

»Wer ist denn jetzt Sheriff von Nottingham? Richard hatte das Amt doch William de Wendenal anvertraut und der hat sich auch damals alle Mühe gegeben, das Vertrauen der Menschen zurückzugewinnen und Gerechtigkeit walten zu lassen.«

»Kaum wart Ihr alle weg, hat John ihn abgesetzt und wieder Ralf de Lacy mit der Verwaltung seiner Grafschaft betraut. Auch wenn er nicht direkt gewagt hat, gegen Loxley und Fenwick vorzugehen, so hat er uns doch mit seinen Steuern regelrecht den Hals abgeschnürt und die Luft zum Atmen genommen.«

»Das auch noch! Warum hast Du Dich nicht an Eleonore gewandt?«

»Du bist gut! Du hast ja keine Ahnung, was hier los war. Die Barone haben sich untereinander bekriegt. Die einen waren für Richard, die anderen für John. Die Königin ist im ganzen Land umher gereist und hat versucht, zu retten, was noch zu retten war. Aber Nottingham ist Johns Lehen, und als der heimlich und gegen seinen Eid aus der Normandie zurückgekommen ist, hat sie sich hier nicht mehr sehen lassen.«

»Jetzt ist Richard bald wieder da, und dann wird alles gut. Ich hatte gehofft, er ist schon in England, obwohl wir vor ihm abgesegelt sind. Doch wir mussten uns durch die Provence und Burgund nach Flandern durchschlagen, bevor wir übersetzen konnten. Nirgends wollte man uns landen lassen und freien Durchzug gewähren. Wir haben uns den Weg regelrecht Meile um Meile freigekämpft. Ich bin nur froh und glücklich, endlich wieder zu Hause zu sein!«

Der Seufzer kam aus so tiefer Seele, dass Marian nicht anders konnte, als ihren Mann erneut ganz fest zu umarmen. Sein Wort in Gottes Ohr! Es wurde wirklich höchste Zeit, dass der König zurückkam und für Ordnung in seinem Reich sorgte, sollte es nicht endgültig im Chaos versinken.

Hufgetrappel schreckte die beiden auf, und da kam auch schon die ganze Mannschaft auf die Lichtung geritten, mit der Robin vor fast drei Jahren aufgebrochen war. Einige, die ihr Grab in fernen Ländern gefunden hatten, fehlten, aber andere hatten sich ihnen angeschlossen und so wimmelte der gerade noch stille Wald von Männern, die Marian am liebsten alle umarmt hätte.

»Was war denn hier los?«, fragte Little John nach, als er die drei toten Wildhüter sah.

»Sie wollten gerade Marian schänden, als ich dazu kam«, erklärte Robin knapp.

Little John schüttelte missbilligend den Kopf .

»Du bist hier nicht mehr in Palästina, und keiner zeichnet Dich dafür aus, wenn Du Männer umbringst. Konntest Du nicht auf uns warten? Da hätten sie schon von alleine das Weite gesucht.«

»Dich will ich sehen, wenn sich drei Kerle über Deine Frau hermachen! Dann schaust Du ganz sicher ruhig zu und wartest, bis Hilfe kommt!«

Little John brummte nur. Wäre er an der Stelle seines Freundes gewesen, hätte er auch nicht anders gehandelt. Aber trotzdem mussten sie aufpassen. Denn das, was die letzten drei Jahre ihr Auftrag und richtig gewesen war, konnte sie jetzt an den Galgen bringen, auch wenn wohl so schnell niemand einen Earl hängen würde.

»Robin, was machen wir denn mit all den Männern?«, fragte Marian leise ihren Mann. »Wir haben weder in Loxley noch in Fenwick genug zu essen für alle.«

»Keine Sorge, wir sind bestens ausgestattet und haben alles Nötige dabei. Was Du hier auf den Packpferden siehst, sind die Schätze des Morgenlandes. Richard hat uns Karawanen überfallen lassen und die Beute sehr großzügig verteilt. Not braucht in nächster Zeit keiner von uns zu leiden, und ich habe den Männern, die keine Familien haben, angeboten, zunächst in Huntingdon zu bleiben, bis sie wissen, wohin sie gehen wollen.«

Marian war beruhigt und ließ ihre Blicke über die kleine Armee schweifen, bis ihr etwas auffiel.

»Wieso reitest Du eigentlich Roncall, und was sind denn das für Pferde, die Ihr da in Decken gehüllt habt?«

»Unseren Hengst hat mir Richard schon in Frankreich zurückgegeben. Er lässt Dir ausrichten, Du sollst ihm nicht böse sein. Er war ihm einfach zu klein. Und die beiden dort sind zwei echte Araber aus dem Stall Saladins, die ich mir in Jaffa verdient habe und die mein Geschenk an Dich sind.«

Marian wäre nicht sie selbst gewesen, wenn sie nicht sofort zu den beiden Vollblütern geeilt wäre, die sie jetzt voller Bewunderung begutachtete. Ihre Augen leuchteten voller Freude und Begeisterung und in Gedanken spielte sie jetzt schon die möglichen Anpaarungen durch. Gut, dass die Decksaison gerade erst begonnen hatte! Das mussten einfach prachtvolle Fohlen werden, auf die sie sich dann im kommenden Jahr würden freuen können. Nur schade, dass sie kaum noch Stuten in den Stallungen hatten."

»Komm, lass uns jetzt nach Fenwick reiten und ein großes Fest feiern!«, meinte Robin zu seiner Frau und nahm sie wieder zärtlich in die Arme. »Morgen können wir dann in Loxley vorbeischauen und Tuck seine Reliquien übergeben. Und dann will ich endlich wissen, was mir der König da mit Huntingdon tatsächlich verliehen hat.«

***

Der Jubel war groß, als die Gruppe endlich in Fenwick eintraf. Aber fast zweihundert Männer wollten verköstigt werden, und so brannten bald mehrere Feuer im Hof, über denen sich die Spießbraten drehten, und Marian sah mit besorgter Miene, wie die letzten Fässer Bier aus dem Keller gerollt wurden.

»Keine Angst«, schmunzelte Robin seine Frau an. »Wir reiten bald nach Nottingham und ordern Nachschub. Lass den Männern heute ihre Freude! Sie haben gutes, englisches Bier so vermisst. Wein, immer nur Wein, wird auf die Dauer richtig fad.«

»Was soll nur aus ihnen werden? Es sind so viele, und sie haben die letzten Jahre nichts anderes getan als zu kämpfen. Meinst Du, sie finden sich wieder im richtigen Leben zurecht?«

Marian verschwieg, dass sie sich auch darüber erschrocken hatte, mit welcher Gnadenlosigkeit Robin gegen die Wildhüter vorgegangen war. Drei Jahre im Krieg hatten sicherlich alle verändert.

»Einen Großteil von ihnen werden wir vielleicht in Huntingdon brauchen. Andere haben Familie, zu denen sie zurückkehren können. Und die meisten hatten ja einen Beruf, bevor sie geächtet wurden. Jetzt sind sie frei, und niemand kann ihnen verbieten, ihn wieder auszuüben.«

Seine Frau hatte da so ihre Zweifel. Das Land wartete nicht gerade auf die Heimkehrer aus Palästina. Im Gegenteil, man trat ihnen oft feindlich gegenüber. Arbeit war knapp, und es zogen schon genügend Bettler und Hausierer herum. Hoffentlich wurden die vielen Soldaten nicht zur Gefahr für alle, vor allem, wo die ordnende Hand des Königs fehlte.

Es wurde spät, bis die Feuer endlich erloschen und man sich zum Schlafen zurückzog. In der großen Halle, in den Ställen und auch unter geschützten Vordächern suchten sich die nicht gerade verwöhnten Männer ein Plätzchen für ihre Strohsäcke und Decken.

Robin war mehr als glücklich, sich mit Marian in die Abgeschiedenheit ihrer Kemenate zurückziehen zu können. Sie hatte einen Zuber mit heißem Wasser richten lassen, denn der Geruch, den ihr Mann verströmte, war wirklich unerträglich. Als er sein Hemd abstreifte, stockte ihr der Atem. Sein früher so ebenmäßiger Körper war von zahllosen Narben bedeckt. Am meisten erschreckten sie die Brandwunden unter seinen Achseln und die Peitschenstriemen, die immer noch sichtbar waren.

Robin grinste schief.

»Ein kleines Andenken an den Alten vom Berge. Du hättest mich mal sehen sollen, bevor mich Richards Arzt behandelt hat. Hoffentlich erträgst Du mich so, wie ich jetzt bin.«

»Wer auch immer dieser Alte ist, ich bringe ihn um!«

Marians Stimme kippte fast über vor Zorn. Eins war ihr bei diesem Anblick sofort klar. Es konnte lange dauern, bis ihr Mann die Erlebnisse der letzten Jahre verdrängt haben würde. Doch alles, was in ihrer Macht stand, würde sie dafür tun.

»Vergiss es! Die Mühe kannst Du Dir sparen. Ich bin wenigstens wieder bei Dir und er ist soweit ich weiß tot.«

Marian berührte sanft mit den Fingerspitzen die Verletzungen und hauchte dann mit ihren weichen Lippen Küsse darauf. Die äußerlichen Narben würden mit der Zeit verblassen, aber auch die seelischen?

»Geh jetzt ins Wasser, bevor es kalt wird! Und dann komm zu mir ins Bett! Darauf habe ich schließlich jahrelang gewartet!«

Robin hatte gehofft, dem Befehlston endlich entkommen zu sein und jetzt ging das hier schon wieder los. Seufzend ließ er sich in den Zuber gleiten und genoss die entspannende Wärme des Wassers. Marian hatte ihm vorgewärmte Tücher zum Abtrocknen bereitgelegt, und als er endlich unter ihre Decke schlüpfte, kuschelte sie sich sofort an ihn. Doch beide merkten, dass seine Ankunft zu überraschend und die Geschehnisse des Tages zu bedrückend für eine Liebesnacht gewesen waren und sich gegenseitig fest in den Armen zu halten schien ihnen beiden im Moment völlig ausreichend. Nie wieder würde Marian ihren Mann für solch ein Abenteuer hergeben, und wenn man ihr das Himmelreich selbst dafür verspräche.

Und auch Robin empfand den Frieden des ehelichen Bettes als etwas so Wunderschönes, dass er sich fest vornahm, alles dafür zu tun, ihn nie wieder vermissen zu müssen.

***

Am nächsten Morgen war er wie gewohnt schon beim ersten Dämmerlicht wach und stahl sich heimlich, ohne seine Frau zu wecken, aus dem Schlafgemach. Überall stieß er auf meist schnarchende Männer, die oft unwillig grunzten, als er über sie hinwegstieg. Robin wollte sich selbst ein Bild von den Verhältnissen auf Fenwick machen und war entsetzt, als er durch die fast leeren Stallungen ging. Hier, wo sonst um diese Jahreszeit schon die ersten Stuten mit ihren Fohlen im goldgelben Stroh standen und andere mit immer praller werdenden Bäuchen auf ihre Niederkunft warteten, empfand er die Leere als besonders bedrückend. Nur zwei ältere, nicht tragende Stuten standen in knapp eingestreuten Boxen, und man sah ihnen an, dass nicht einmal sie genügend Futter hatten. Im Hengststall, früher immer mit mehreren Beschälern verschiedener Kaliber gut bestückt, waren die beiden Araber und Roncall untergebracht worden. Vorwurfsvoll sahen ihn die drei Pferde an, denn ihre Krippen waren leer. Keine geschrotete Gerste oder duftenden Hafer hatte man ihnen vorsetzen können.

Robin jammerte das Elend aus jeder Ecke an. Wie erging es erst den Menschen, die schon vorher kaum etwas gehabt hatten? Ihm grauste es regelrecht davor, nach Loxley zu reiten, weil er sich ausmalen konnte, was ihn dort erwartete.

»So schlimm habe ich es mir auch nicht vorgestellt«, hörte er plötzlich Little John hinter sich. »Der Sheriff muss Steuern mit äußerster Härte eingetrieben haben, und niemand war da, ihn daran zu hindern.«

»Das wird jetzt ganz schnell anders, und wenn wir es wieder sein müssen, die ihm auf die Finger klopfen! Was mich am meisten ärgert, ist, dass sie allen weisgemacht haben, es wäre für Richard und den Kreuzzug. Als Erstes werden wir die Menschen darüber aufklären müssen, wer sich ihr Hab und Gut wirklich angeeignet hat.«

»Das wird aber den Sheriff und den Prinzen gar nicht freuen, und wir können ganz schnell wieder dort sein, wo wir vor dem Krieg waren.«

Robin schnaubte nur verächtlich.

»Ich weiß zwar nicht, warum Richard noch nicht zurück ist, aber lange kann es ja nicht mehr dauern. Die Dinge liegen heute schon etwas anders als damals. Sein Bruder hat versucht, ihn vom Thron zu stürzen, und du wirst mir sicher recht geben, das verzeiht ihm ein Löwenherz so schnell nicht. John hat noch nicht einmal das Recht, sich in England überhaupt aufzuhalten. Im Moment ist er nichts weiter wie der Graf von Mortain.«

»Aber immerhin Sohn und Bruder eines Königs.«

»Dann muss er sich auch so benehmen. Zwischen ihm und Richard liegen Welten und der Thronfolger ist er auch nicht, selbst wenn Berengaria keine Kinder mehr bekommen sollte.«

»John soll sich aber schon so aufführen, als wäre er bereits der Herrscher. Viele der Barone unterstützen ihn angeblich gegen seinen Bruder. Pass nur auf, dass wir nicht plötzlich auf der falschen Seite stehen.«

»Was auch immer geschieht, auf seiner stehe ich bestimmt nicht!«

Marian hatte die letzten Worte ihres Mannes gehört und ihn dafür umarmen mögen. Noch immer belastete sie das in Nottingham Vorgefallene, und sie entschied, dass sie ihm bei nächster Gelegenheit erzählen musste, was Prinz John mit ihr vorgehabt hatte.

***

Man konnte Ralf de Lacy viel vorwerfen, aber dass er nicht wusste, was rings um Nottingham vor sich ging, gehörte sicherlich nicht dazu. So hatten ihm seine Spione berichtet, auf Fenwick wäre ein großes Fest gefeiert worden. Das konnte nach dem Tod des alten Ritters doch nur bedeuten, dass dieser Robin Hood zurückgekehrt war. Nun, das

Beste war sicher, wenn er ihm gleich einen Besuch abstattete und die Fronten klärte. Mochte ja sein, dass König Richard ihn begnadigt hatte, aber für ihn war und blieb er ein Räuber und Verbrecher. Vielleicht hatte er ja auch etwas mit den drei toten Wildhütern zu tun, die im Sherwood gefunden worden waren. Oder man konnte es ihm wenigstens in die Schuhe schieben, und dann war ihm der Galgen gewiss.

Auf alle Fälle wollte er sich selbst vor Ort davon überzeugen, ob seine Vermutung richtig war, und sich wieder einmal an Lady Marians Verzweiflung weiden. Hatte er den arroganten Leafords dank Prinz Johns Steuerbefehlen doch nach und nach die Ställe ausräumen können. Der Alte, so war ihm zugetragen worden, soll aus Verzweiflung darüber sogar gestorben sein. Wenn er ihr jetzt noch den Mann nehmen konnte, würde sie wohl endlich auf Knien angekrochen kommen.

De Lacy ließ satteln und befahl zehn Kriegsknechte zu seiner Begleitung. Was man ihm nämlich nicht gesagt hatte, war, wie viele Männern er auf Fenwick vorfinden würde. Sonst hätte er sich einen Besuch dort sicherlich sehr reiflich überlegt.

Robins Männer hatten ihre Pferde auf die verwaisten Weiden rings um das Gut getrieben, und Nebel und Dunst verbargen sie vor den Augen des Sheriffs, als er die Auffahrt hochgaloppiert kam. Das Tor stand offen, und de Lacy jagte mit seiner Begleitung ohne Rücksicht bis vor die Halle. Gerade als er sich aus dem Sattel schwingen wollte, hörte er eine bekannte Stimme, die vielleicht eine Spur härter klang, als er sie in Erinnerung hatte.

»Ich glaube kaum, dass Ihr lange genug bleibt, dass sich ein Absitzen lohnen würde«, meinte Robin, der auf der obersten Stufe der Treppe stand, die zur großen, zweiflügligen Tür der Halle empor führte. »Ihr seid hier nämlich nicht willkommen.«

De Lacy lief zornrot an. Das ging ja schon gut los. Was bildete sich dieser Bauer eigentlich ein? So etwas konnte er sich auf keinen Fall bieten lassen, wollte er seine Autorität nicht gleich am Anfang untergraben lassen.

»Ich habe gehört, hier wurde ein Fest gefeiert. Wo kam das Geld dafür her? Als das letzte Mal Steuern bezahlt werden sollten, hieß es, hier wäre nichts mehr zu holen. Wir brauchen jeden Penny für König

Richards Kreuzzug! Ich werde jetzt kontrollieren, was ihr vor meinen Männern verborgen habt!«

Wieder wollte sich der Sheriff aus dem Sattel schwingen und gab seinen Soldaten ein Zeichen, es ihm gleichzutun, als er angefahren wurde:

»Ihr seid ein gottverdammter Lügner, de Lacy! Und hat unser Hauptmann Euch nicht gesagt, ihr sollt auf Euren Gäulen sitzen bleiben? Die Zeit, wo ihr machen konntet, was ihr wolltet, die ist vorbei! Wir sind wieder zurück!«

Es war nicht Robin, der gesprochen hatte, sondern Will Scarlett, der aus dem Stall geschlendert kam. Und hinter und neben ihm tauchten jede Menge Männer auf. Bei hundert hörte der Sheriff auf zu zählen.

»Verdammt, hatte man ihn hier in eine Falle gelockt? War womöglich die ganze verfluchte Bande wieder da?«, dachte er voller Schrecken.

Die Männer kamen bedrohlich näher. Sie waren alle bis an die Zähne bewaffnet, steckten zum Teil in Rüstungen, denen man ansah, dass sie nicht zur Zierde getragen worden waren, und wirkten wie eine eingeschworene Truppe, mit der man sich am besten nicht anlegte.

»Wie könnt Ihr es wagen, mich einen Lügner zu nennen!«, brauste er trotzdem auf.

»Weil ihr es seid!!« Diesmal war es Little John, der antwortete und dabei angriffslustig seinen Kampfstock herum wirbelte. »Kein Penny und kein Pfund sind aus England gekommen. Dieser feine Prinz, und ich nehme an, auch Ihr, hat sich das Geld selbst in die Tasche gesteckt und die Menschen belogen. Wieso seid Ihr eigentlich nicht im Tower? Nun gut, genießt noch etwas die gute Luft des Sherwood. Sobald der König wieder zurück ist, bezieht ihr dort bestimmt erneut Quartier.«

War de Lacy zunächst vor Wut rot angelaufen, so wurde er jetzt kreidebleich. Prinz John hatte ihm hoch und heilig versichert, Richard würde nie wieder zurückkommen. Sonst hätte er sich auf dieses gefährliche Spiel doch niemals eingelassen! Nach seiner Wiedereinsetzung als Sheriff und Longchamps Vertreibung aus England hatte er sich so sicher gefühlt, und nun das. Vorsichtig leitete er seinen Rückzug ein.

»Ich will für heute von einer Kontrolle des Hauses und des Hofes absehen, um die Widersehensfreude nicht zu stören. Morgen erwarte ich Euch in Nottingham, damit Ihr vor mir Rechenschaft ablegt, Robert von Loxley.«

»Das heißt für Euch ab sofort Sir Robert«, rief Much in die Runde und versetzte dem Sheriff einen erneuten Tiefschlag. Jetzt war Robin Hood auch noch ein Ritter! Nun, davon gab es viele, und deshalb beeindruckte ihn das wenig.

Lady Marian war herangeschlendert gekommen und hatte sich bei ihrem Mann untergehakt.

»Ich glaube kaum, dass Ihr meinen Mann zu Euch befehlen könnt, Sheriff«, meinte sie mit honigsüßer Stimme, aber einer nicht zu überhörenden Häme darin.

»Und warum sollte ich das nicht können?«, höhnte de Lacy zurück. »Als oberster Richter der Grafschaft haben alle meinem Befehl zu folgen, ob nun Sir oder auch nicht!«

»Weil mein Mann der neue Earl von Huntingdon ist«, lächelte Marian zurück. »Und der untersteht euch mit Sicherheit nicht.«

Der Sheriff glaubte, ihm hätte jemand ins Gesicht geschlagen. Hatte Richard diesen Bauernflegel tatsächlich zum Earl gemacht? Zuzutrauen war es ihm. Dann saß er allerdings furchtbar in der Tinte, denn nach dem König waren die Earls der höchste Adel in England und unterstanden nur der Krone.

»Ihr werdet dafür sicherlich einen Beweis vorlegen können«, krächzte er mit belegter Stimme.

»Schluss jetzt!«, donnerte Robin dazwischen, als wäre er schon als Graf geboren worden. »Mehr als zweihundert Männer können es bezeugen und zur Not auch ein Erzbischof, der die Urkunden ausgestellt hat. Ich reite nachher nach Loxley, und sollte es dort in der nur der Krone unterstellten Freisass genauso aussehen wie hier, dann komme ich Euch morgen besuchen! Aber nur, um Euch nach London zu bringen und der Gerichtsbarkeit des Lordkanzlers zu übergeben.«

De Lacy atmete auf. Loxley war ihm von Prinz John nach dessen Krönung versprochen worden und er hatte natürlich zugesehen, dass sein zukünftiges Eigentum weitgehend von allen Repressalien verschont blieb.

»Ihr werdet die Freisass selbstverständlich im besten Zustand vorfinden, Sir Robert. Natürlich musste auch Euer Gut seinen Anteil leisten und Steuern an die Krone abführen, doch es wächst und gedeiht wie kaum ein anderes weit und breit. Im Übrigen habe ich nur die

Befehle des königlichen Bruders ausgeführt, dem Nottinghamshire schließlich übergeben wurde. Wenn ich mich recht entsinne, wart Ihr sogar dabei.«

»Ich war vor allem auch dabei, als der König Euch wegen eurer Amtsführung Wilhelm Longchamp übergeben hat und bin mir recht sicher, ihr wandert nach seiner Rückkehr wieder in eine Zelle.«

»Apropos Zelle.« Noch einmal würde sich de Lacy nicht einsperren lassen. Lieber floh er mit dem, was er bisher beiseitegeschafft hatte, rechtzeitig nach Frankreich. König Philipp würde schon Verwendung für Männer wie ihn haben. »Unweit von hier hat man drei erschlagene Wildhüter gefunden. Ihr könnt nicht zufällig etwas zur Aufklärung des Verbrechens beitragen?«

»Doch, das kann ich!« Robin dachte gar nicht daran, die Tat zu leugnen. »Haltet gefälligst eure Kettenhunde unter Kontrolle. Ich kam gerade dazu, als sie meine Frau schänden wollten!«

»Lady Marian hatte sicherlich einen triftigen Grund, allein durch den Wald zu streifen? Man fand ganz in der Nähe der Stelle die Reste eines aufgebrochenen Rehbocks.«

»Es reicht jetzt, de Lacy. Es ist vor allem Eure Aufgabe zu verhindern, dass in Eurem Gebiet Menschen zu Schaden kommen. Es scheint aber, als ob Ihr anderes für wichtiger erachtet. Noch ein Grund mehr, Euch endlich aus eurem Amt zu entfernen.«

So leicht gab sich der Sheriff aber nicht geschlagen.

»Es war wohl nicht möglich, mit Euren vielen Männern die Wildhüter festzunehmen und der Gerichtsbarkeit zu übergeben?«

»Nein, das war es nicht! Denn ich war alleine und sehe sicherlich nicht zu, wie sich drei Kerle über meine Frau hermachen, ohne etwas zu unternehmen.«

De Lacy neigte leicht den Kopf, was man bei gutem Willen für eine Verbeugung halten konnte. Robin Hood hatte also gerade den Mord an drei Wildhütern gestanden. Für die angebliche, versuchte Vergewaltigung gab es keine Zeugen. Auch wenn er den Mann hier nicht festnehmen konnte und auch keine Verfügungsgewalt über einen Earl hatte, es würde mit Sicherheit eine Möglichkeit geben, ihn dafür zur Verantwortung zu ziehen. Darüber musste er in aller Ruhe nachdenken. Sollte sich Robert von Loxley allerdings nach Huntingdon zurückziehen, waren ihm die Hände gebunden, denn das lag außerhalb seiner Grafschaft.

»Dann darf ich Euch noch meinen Glückwunsch zu Eurem steilen Aufstieg aussprechen, Sir Robert. Ich hoffe Euch bald einmal mit Mylady in Nottingham begrüßen zu können. Vielleicht, wenn Prinz John uns demnächst wieder beehrt? Es wäre mir eine große Freude.«

»Das glaube ich Dir ganz sicher, du Schleimscheißer«, dachte Robin, allerdings ohne es auszusprechen.

»Man wird sehen«, war seine laute Antwort. »Und jetzt gestatte ich Euch, Euren Aufgaben nachzugehen und Euch zu entfernen.« Langsam gefiel ihm seine Rolle als Earl.

De Lacy blieb nichts anderes übrig, als sich tatsächlich zu verneigen, sein Pferd zu wenden und mit seinem kümmerlichen Gefolge das Weite zu suchen. Selten hatte er sich so gedemütigt gefühlt. Schon auf dem Weg nach Nottingham sann er auf Rache, die er kalt genießen wollte.

***

»Meinst Du wirklich, dass es klug war, ihm die Sache mit den Wildhütern so auf die Nase zu binden?«, knurrte der meist besonnene Little John seinen Freund an. »Halte Dich nur nicht für unangreifbar, weil Richard Dich geadelt hat. Die Kerle hatten nichts anderes verdient, aber beweise das mal.«

»Schon gut, John. Vielleicht hast Du ja recht, aber meine Frau ist kein Freiwild. Komm, lass uns nach Loxley reiten und nach Bruder Tuck und den anderen schauen! Das bringt uns auf andere Gedanken und vertreibt die Kopfschmerzen.«

»Ich komme mit«, schaltete sich Marian ein. »Dann kann ich gleich die Schimmelstute ausprobieren.«

Auch etliche andere von Robins Kameraden schlossen sich an und gemeinsam jagten sie über die brachliegenden, teilweise noch mit Schneeresten bedeckten Flächen vor dem Sherwood. Es war ein völlig neues Gefühl, sich hier frei und ohne Furcht vor Entdeckung und Verfolgung bewegen zu können, und es gab wohl keinen, der es nicht genoss.

Robin bewunderte vor allem seine Frau, die auf Saladins schneeweißer Stute wie eine aus dem Märchen entstiegene Feen-prinzessin wirkte. Ihr langes, blondes Haar wehte wie ein seidiger Schleier hinter ihr her, und sie juchzte vor Freude, als sie über den

Hals des Pferdes gebeugt nur so dahinflog. Robin konnte sich an ihrem Anblick gar nicht satt sehen und hielt Roncall immer dicht hinter ihr. Seine Augen streiften begehrend über ihre schlanke, zartgliedrige Figur, in der soviel Kraft wohnte. Gestern Abend war es ihnen genug gewesen, sich einfach nur wiederzuhaben. Bei dem Gedanken an die kommende Nacht zog es ihm allerdings schon jetzt in den Lenden. An Marians Küssen am Morgen hatte er gespürt, dass auch sie ihr Verlangen kaum zurückhalten konnte. Und wenn die Welt einstürzte, heute würde er seine Frau lieben, bis sie das Versäumte aus drei Jahren nachgeholt hatten. Hoffentlich redete er nicht im Schlaf und verriet dabei, was die Huris im Paradies mit ihm angestellt hatten.

Es gab ein großes Hallo, als die Gruppe das Dorf erreichte. Die Männer fielen sich gegenseitig in die Arme und Bruder Tuck sprach salbungsvoll den Segen über die Rückkehrer aus dem Heiligen Land. Danach erkundigte er sich allerdings sofort, was die Kreuzfahrer ihm denn nun an Schätzen für seine Kirche aus Palästina mitgebracht hatten.

Robin fand, dass der Mönch in der Zeit Ihrer Abwesenheit noch etwas feister geworden war. Er übergab ihm zwei kostbare Gefäße aus Bergkristall. In dem einen befand sich Wasser aus dem Jordan, das er selbst an der Stelle geschöpft hatte, wo der Überlieferung nach Johannes Jesus getauft hatte. In dem zweiten war ein Haar, das angeblich aus dem Schoß der Gottesmutter Marias stammte. Daran hatte er allerdings berechtigte Zweifel, waren unzählige Reliquien doch rund um die Grabeskirche von Händlern angeboten worden, die keinen übermäßig seriösen Eindruck machten. Das musste er dem freudestrahlenden Tuck allerdings nicht unbedingt auf die Nase binden, der seine kleine, aber schmucke Kirche schon im Rang von Bury St. Edmunds und Wallfahrer zuhauf herbeiströmen sah.

Im Gegensatz zu Fenwick hatte sich Loxley tatsächlich wieder zu einem blühenden Gemeinwesen entwickelt, was in erster Linie der Tatkraft seiner Bewohner zu verdanken war. Das Hochmoor hatten sie weitestgehend trocken gelegt, und jetzt gab es gutes Ackerland und Weideflächen her. Der nahe Fluss spendete das nötige Wasser.

Loxley lag nördlich von Fenwick, beide Orte aber am Rand eines riesigen Waldgebietes, das sich über mehrere Grafschaften erstreckte und eigentlich königliches Jagdrevier war. Die Forste von Sherwood, Barnsdale und Huntingdon, weiter südlich gelegen, gingen fast nahtlos ineinander über. In ihrer Mitte erhoben sich raue Berge, die im Winter immer schneebedeckt waren. Tiefe Schluchten durchzogen ebenso wie Flüsse und Bäche die wilde Landschaft und zahlreiche Höhlen boten denen, die sie kannten, Schutz vor Witterungsunbilden. Wer sich allerdings in den Tiefen der Wälder verirrte, der hatte oft keine Chance, wieder herauszufinden. Gefährliche Sümpfe und tückische Moore taten ein Übriges, um die Menschen davon abzuhalten, sich zu weit hineinzuwagen, und so waren nur an den Rändern Dörfer und Ansiedlungen entstanden und nur wenige Straßen zogen sich durch die Wildnis, um die nördlichen Gegenden Englands mit denen des Südens zu verbinden.

»Jetzt erzähl doch endlich, wie es Euch ergangen ist, Tuck!«, forderte Will Scarlett den Kameraden aus alten Tagen auf. »Euch scheint es ja richtig gut zu gehen, während man ringsum nur das heulende Elend sieht.«

»Wir verstehen es eigentlich auch alle nicht. Während der Sheriff andere Dörfer und Güter auspresst und die Menschen fast verhungern, lässt er uns zu unserem Erstaunen in Ruhe, obwohl er recht oft hier auftaucht. Im Gegenteil, er bestärkt die Bauern darin, immer mehr Wald zu roden und die Felder zu vergrößern. Manchmal blickt er über das Land, als wäre es seins. Vielleicht will er ja vor dem König glänzen, wenn dieser von ihm Rechenschaft fordert, und hat Angst, noch einmal in den Tower zu wandern.«

»Das kann ich zwar kaum glauben, doch mir fällt im Moment auch keine andere Begründung ein«, meinte Robin nachdenklich, auch wenn er sich natürlich darüber freute, wie die von seinen Eltern gegründete Freisass wuchs und gedieh.

Much, der wie Robin von hier stammte, gefiel das alles noch weniger.

»Wer weiß, was für eine Schweinerei de Lacy vorhat. Lass mich mit ein paar Männern hier bleiben und ihm auf die Finger sehen. Wir könnten eine Mühle bauen, dann brauchen wir das Korn zum Mahlen nicht jedes Mal nach Nottingham zu karren. Und gleichzeitig verstärken wir die Palisaden, und wenn der Sheriff sich nicht anständig benimmt, wird er sein blaues Wunder erleben.«

»Gut, Much, aber seid vorsichtig! Ihr wisst, wie es meinem Vater ergangen ist. Wenn Gefahr droht, zieht Euch lieber in die Wälder zurück und schickt um Hilfe! Zusammen sind wir so stark, dass de

Lacy zweimal darüber nachdenken wird, ob er sich wirklich mit uns anlegen will.«

So war schon ein Teil seiner Männer untergebracht, und für die anderen würde sich auch eine Lösung finden. Tuck bestand darauf, ihnen endlich seine Kirche zu zeigen, die mit einem Teil des Geldes, das Robin von Richard in Nottingham erhalten hatte, erbaut worden war. Die Kapelle hatte sogar einen Turm aus Stein, in dem eine kleine, bronzene Glocke hing und zur Andacht und zum Gottesdienst rief. Alles hier machte einen so friedlichen Eindruck, dass es Robin kaum glauben konnte. Irgendwo musste einfach ein Haken sein, er wusste nur noch nicht genau, wo.

Bruder Tuck trug die beiden Reliquien wie die größten Kostbarkeiten in seine Kirche und stellte sie voller Stolz für alle sichtbar auf den Altar. Zumindest für ihn hatte es sich gelohnt, dass seine Gefährten auf den Kreuzzug gegangen waren. Er versicherte ihnen auch hoch und heilig, täglich für ihre unbeschadete Rückkehr gebetet zu haben. Seiner Ansicht nach war es nur ihm zu verdanken, dass sie jetzt alle wieder vereint in England waren.

»Gilbert Whitehand und die, die wir in Palästina begraben mussten, hast Du wohl aus deinen Gebeten ausgeschlossen?«, konnte Robin sich nicht verkneifen anzumerken.

»Gottes Wege sind unerforschlich!«, war die zu erwartende Antwort, die man immer bekam, wenn die Geistlichen nicht weiter wussten. Tuck lagen noch ganz andere Worte auf der Zunge, doch am heutigen Tag verkniff er sich eine Strafpredigt lieber.

Nachdem sie alles besichtigt und viel erzählt hatten, wollte Robin sich mit Marian und dem Rest seiner Männer wieder auf den Rückweg machen. Little John aber hatte andere Pläne.

»Ich reite noch nach Hathersage«, teilte er seinem Freund lakonisch mit. »Ich will meinen Eltern erzählen, dass ich für sie im Heiligen Land gebetet habe.«

Johns Mutter war schon vor Jahren gestorben und sein Vater lag neben ihr auf dem kleinen Friedhof begraben, was Robin natürlich wusste.

»Das machst Du richtig John!«, stimmte er ihm zu. »Besuch das Grab deiner Eltern und dann komm zu uns zurück! Ich wollte dich sowieso fragen, ob du dir vorstellen könntest, Fenwick in Zukunft zu verwalten, wenn Marian und ich in Huntingdon sind.«

»Nein«, lautete die kurze, knappe Antwort.

»Aha!« Robin war leicht verstört. »Hast Du Besseres vor?«

»Ja, ich werde der Hauptmann Deiner Wache auf Huntingdon Castle«, erklärte er mit Bestimmtheit seinem völlig verblüfften Freund. »Will kann sich um Fenwick kümmern.«

Robin blieb fast der Mund offen stehen, und Marian zog eine Augenbraue hoch. Schließlich ging es hier um ihr Erbe.

»Schön, dass Ihr mir das nebenbei auch einmal mitteilt. Spielen wir in Euren Plänen überhaupt noch eine Rolle?«, erkundigte sich Robin mit mühsamer Zurückhaltung.

»Ich will Dir mal was sagen, mein Freund«, hob Little John zu einer für ihn völlig untypischen Rede an. »Seit dich der König zum Earl gemacht hat, glaubst Du anscheinend, Du bist unangreifbar. Aber lass Dir gesagt sein, niemand weiß, wo Richard ist. Es dürfte Dir bekannt sein, wie schnell Schiffe sinken, und wenn er nicht zurückkommt, ist John König.«

»Arthur von der Bretagne«, verbesserte ihn Robin. »Wir waren dabei, als Richard ihn zum Thronfolger ernannt hat.«

»John«, fuhr Little John unbeirrt fort. »Niemals krönen die Barone den Bengel, solange noch ein Sohn des alten Königs lebt. Auch Du wirst daran nichts ändern. Und dann kann es für uns alle auf einmal ganz düster aussehen. John wird sich kaum an Zusagen seines Bruders halten, und der Sheriff ist nicht gerade dein Freund. Du brauchst dringend jemand, der auf dich aufpasst, so wie Du mit de Lacy umgesprungen bist. Das wird der sich nämlich mit Sicherheit nicht noch einmal bieten lassen. Eine feste Burg als Rückzugsort wäre in dem Fall vielleicht keine schlechte Lösung. Und dass die sicher ist und keine Verräter unter den Wachen sind, dafür will ich sorgen.«

Robin war völlig fassungslos. So lange an einem Stück hatte er Little John noch nie reden hören. Seine Männer mussten sich echte Sorgen um ihre Zukunft machen, während er wie auf Wolken dahinschwebte. Sein Freund hatte völlig recht. Kam der König womöglich nicht zurück, hatten sie mit ihrem ganzen Kreuzzug nichts gewonnen. Dann waren sie ganz schnell wieder rechtlose Geächtete ohne jeden Besitz. Nur in einer Sache konnte er John nicht zustimmen.

»Das ist ja alles ganz gut und schön, nur hast Du ja selbst gesehen, wie schnell eine Burg fällt, wenn die Angreifer es ernst meinen. Ich würde mich im Zweifelsfall im Sherwood wesentlich sicherer fühlen, als hinter den Mauern von Huntingdon.«

»Schon, aber das eine schließt ja das andere nicht aus. Ob John gleich so viele Männer aufbringen kann, um Burgen zu stürmen, sollte man einmal dahingestellt lassen. Auf alle Fälle lebt es sich im Winter unter einem Dach und an einem Kamin besser, als in den feuchten Höhlen im Wald.«

Wurde Little John langsam alt und bequem? Seinen Überlegungen konnte Robin durchaus folgen. Der Winter, aber auch der Spätherbst und das zeitige Frühjahr waren im Sherwood nicht unbedingt ein Vergnügen.

»Wenn Du von Hathersage zurück bist, reiten wir gemeinsam nach Huntingdon und sehen uns das alles in Ruhe einmal an. Dann kannst Du immer noch entscheiden, ob Du da wirklich Burgvogt werden willst. Ich hatte nur geglaubt, das Leben in der Natur sei Dir lieber.«

»Will und ich haben uns schon gedacht, dass Du einem von uns die Verwaltung von Fenwick antragen würdest. Aber er ist dafür besser geeignet. Will kann zählen und auch etwas lesen und schreiben. Und ich habe bei Richard gelernt, Befestigungen zu errichten und Soldaten Befehle zu erteilen. Glaub mir, es ist die bessere Lösung.«

***

Auf dem Rückweg war Marian ausgesprochen schweigsam. Auch Robin hing seinen Gedanken nach und so trotteten die Pferde meist im Schritt dahin, und die Dunkelheit senkte sich bereits herab, als sie Fenwick erreichten. Marian warf ganz gegen ihre Gewohnheit einem Stallburschen die Zügel der Stute zu und eilte, ohne sich umzusehen, ins Haus. Robin blickte ihr kopfschüttelnd nach und kümmerte sich dann selbst um Roncall. Als er später die Halle betrat, war von seiner Frau nichts zu sehen. Eine unbehagliche Vorahnung überfiel ihn. War er mal wieder in irgendein Fettnäpfchen getreten, ohne es zu bemerken? Er hatte so gar keine Lust auf eine Auseinandersetzung und sich auf einen gemütlichen Abend und eine heiße Liebesnacht gefreut.

Seufzend stieg er die Treppe zu ihrem Schlafgemach empor und ging im Geiste noch einmal den heutigen Tag durch. Es fiel ihm aber wirklich trotz allen Grübelns nichts ein, was er verbrochen haben könnte.

Marian wirtschaftete in der Kammer herum, als wäre es das Wichtigste auf der Welt, und kochte dabei innerlich vor Zorn. Robin hatte es geahnt, diese Stimmung kannte er genau.

»Also raus damit, was ist los? Ich merke doch, dass etwas nicht stimmt«, begann er vorsichtig, um nicht womöglich noch mehr Schaden anzurichten, nachdem er sich auf der Bettkante niedergelassen hatte.

»Ach, der Herr merkt etwas«, gab seine Frau ätzend zurück. »Vielleicht, dass es mich überhaupt noch gibt?«

»Was soll das, Marian? Meine Gedanken sind nur bei Dir! Was habe ich Dir denn getan?«

»Du kommst nach Jahren zurück, weißt gar nicht, was hier los ist, wie wir gekämpft haben um zu überleben, und dann besprichst Du mit deinem Freund, ohne mich auch nur in Euer Gespräch einzubeziehen, wer meines Vaters Gut zukünftig verwaltet und wo ich zu leben habe! Ihr beide tut so, als könntet Ihr über mich wie über ein Pferd verfügen, ohne mich auch nur zu fragen. Lass Dir gesagt sein, und wenn Du jetzt dreimal ein Earl bist, über mein Leben bestimme nur ich!«

Ach, daher wehte der Wind. Robin war regelrecht erleichtert. Wenn er nicht wusste, was er angestellt hatte, malte er sich vorsichtshalber immer das Schlimmste aus.

»Aber Marian, so war das doch nicht gemeint. Du weißt genau, dass wir immer alles gemeinsam besprechen und dann entscheiden. Ich würde doch nichts über Deinen Kopf hinweg beschließen, noch dazu über Fenwick!«

Robin verkniff sich jede Bemerkung darüber, dass es sein gutes Recht gewesen wäre. Als ihrem Ehemann stand es ihm allein zu, über ihr Erbe nach Gutdünken zu verfügen. Und natürlich konnte er ihren Aufenthaltsort bestimmen und sie zur Not zwingen, ihm zu folgen, wohin er auch immer ging. Ob er das allerdings überleben würde, war eine ganz andere Frage. Schon seit sie sich kannten, war ihr Verhältnis zueinander ein ganz besonderes, von gegenseitigem Vertrauen und Respekt geprägtes, gewesen. Robin hätte nie eine Frau gewollt, die im stillen Kämmerlein am Stickrahmen saß und auf ihn wartete, und Marian keinen Mann akzeptiert, der sie bevormundete und nicht als gleichwertig ansah.

»Ach ja!«, fuhr sie ihn an. »Und wer bestimmt, wo wir in Zukunft leben werden? Ich kann Fenwick ganz gut alleine verwalten! Das habe ich schließlich lange genug getan. Wie kommst Du überhaupt auf die Idee, dass es mich von hier wegzieht?«

Robin war aufgestanden und zu seiner Frau getreten. Er fasste sie sanft an den Schultern, hielt sie etwas von sich ab und sah ihr tief in die Augen.

»Weil die Countess von Huntingdon schließlich zu ihrem Mann gehört und ihn wohl nicht allein in der Fremde wird hausen lassen wollen, auf dass er gänzlich verwildert. Marian, natürlich bestimmt niemand außer Dir, was aus Fenwick wird. Aber wenn Du einmal in Ruhe darüber nachdenkst, ist Will Scarlett als Verwalter vielleicht keine schlechte Lösung.«

»Das mag durchaus sein, aber ich möchte gefälligst gefragt werden! Du hast überhaupt keine Vorstellung davon, wie sehr ich an all dem hier hänge.«

»Doch Marian, das habe ich. Mir geht es doch genau so. Fenwick ist ebenso meine Heimat wie die Deine. Es war immer ein Zufluchtsort für mich, und um nichts in der Welt würde ich es aufgeben. Wir können hier sicherlich auch weiterhin viel Zeit verbringen, doch Richard hat mich nun mal zum Earl gemacht und Dich damit zur Countess.«

Robin wusste seit Jahren, dass er am ehesten einen Streit beenden konnte, wenn es ihm gelang, Marian zum Lachen bringen. Er kniete theatralisch vor ihr nieder, legte die rechte Hand auf sein Herz und sah mit treuem Dackelblick zu ihr auf.

»Willst Du mich nicht auf mein Schloss begleiten, holde Maid? Ich lege Dir all meine Schätze und Reichtümer zu Füßen und mein Herz obendrauf!«

Wie er richtig vorausgesehen hatte, lachte seine Frau laut auf.

»Komm hoch, Du Kindskopf, Du wirst wohl nie erwachsen? Und was sind das für Reichtümer, von denen ich nichts weiß? Her damit!«

Robin sprang auf die Beine, umarmte seine Frau und küsste sie voller Leidenschaft.

»Meine größten Schätze trage ich unter meiner Kleidung verborgen. Du wirst mir heraushelfen müssen, wenn Du sie haben willst.«

»Ich dachte schon, Du bist im Heiligen Land zum Mönch geworden«, hauchte Marian in sein Ohr. Dann konnten sie ihre Sachen gar nicht schnell genug abstreifen und wälzten sich nur Augenblicke später auf dem breiten Himmelbett. Keiner brauchte ein langes

Vorspiel, zu lange hatten sie aufeinander gewartet und sich nacheinander verzehrt. Als Robin in seine Frau eindrang, spürte er ihre ihn begehrende Feuchte und es dauerte nur wenige Augenblicke, bis sie gemeinsam den Gipfel der Lust erklommen und er sich in sie verströmte.

Als sie danach eng umschlungen beieinander lagen, immer noch einer auf den anderen hungrig, flüsterte Marian leise:

»Und, hast Du am Heiligen Grab gebetet?«

»Voller Inbrunst! Wenn Gott diese Gebete nicht erhört, dann weckt er nur noch mehr Zweifel an sich in mir.«

Seine Frau lächelte in sich hinein. Ihr Mann war noch nie übermäßig fest im Glauben gewesen, und der Aufenthalt in Palästina schien daran auch nichts geändert zu haben.

»Dann lass uns noch ein bisschen was dafür tun, dass Gott eine Chance hat! Oder bist Du zu müde?«

Marian hatte gerade ihre fruchtbaren Tage und wollte nichts unversucht lassen, doch noch einmal schwanger zu werden. Sie sehnte sich so danach, endlich ein Kind in ihren Armen halten zu können! Wer weiß, vielleicht hatten die Gebete ihres Mannes auch gegen seine Überzeugung etwas genutzt, und Gott wollte ihnen gerade beweisen, dass Zweifel an ihm unbegründet waren.

Robin wäre kein Mann gewesen, wenn er diese provokante Frage mit »Ja« beantwortet hätte. Diesmal ließen sie sich viel mehr Zeit, erkundeten gegenseitig ihre Körper, entdeckten, was sich in den Jahren der Trennung verändert hatte. Marian erschauerte, als sie erkannte, welche Schmerzen man ihrem Mann zugefügt haben musste. Sie sah allerdings nur die äußerlichen Narben, konnte sich aber gut vorstellen, dass die Misshandlungen auch Spuren in seiner Seele zurückgelassen hatten. Sie jedenfalls wollte alles dafür tun, dass die Verletzungen tief in seinem Inneren begraben blieben und nicht mehr an die Oberfläche gespült wurden.

Robin genoss seine Frau mit jeder Faser seines Leibes, sog ihren Duft in sich ein, ließ sich von ihrem seidigen Haar streicheln, knetete ihre kleinen, festen Brüste und strich immer wieder mit seinen Lippen über die zarte Haut. Gott, wie hatte er sie vermisst und es nur solange ohne sie ausgehalten!

Marian ging es nicht anders. Sie schmiegte sich immer wieder in die Handflächen ihres Mannes, während sie auf ihm saß und ihn langsam und genussvoll ritt. Mochte die Kirche noch so dagegen wettern, dass andere Stellungen in der Liebe als der Mann obenauf unsittlich und verderbt wären, sie ließ sich davon nicht beirren und wusste, dass auch Robin die Abwechslung als äußerst erregend empfand. Langsam steigerte sie ihr Tempo, und als sie merkte, dass sich ihre Erfüllung ankündigte, warf sie sich auf ihren Mann, der sie mit seinen Armen umschlang und ihr mit kräftigen Stößen entgegenkam. Ihr gemeinsames Stöhnen und Keuchen erfüllte den Raum und entlud sich in einem spitzen Schrei, als Robin sich zum zweiten Mal an diesem Abend in sie ergoss.

Erschöpft blieb sie danach auf ihm liegen und als Robin spürte, wie seine Frau in der kühlen Luft fröstelte, zog er die Felldecke ganz vorsichtig über sie beide, damit er noch etwas in ihr verweilen konnte. So lagen sie eine ganze Zeit, Wange an Wange, Brust an Brust, Schenkel an Schenkel, bis Robin leise in Marians Ohr flüsterte:

»Bist Du noch wach?«

»Gerade so.«

»Marian, ich habe Hunger!«

Schließlich hatte er keine Abendmahlzeit gehabt. Jetzt, wo Robin es sagte, spürte auch Marian das Rumoren in ihrem Magen. Einen Moment blieb sie noch still liegen und genoss den Augenblick, dann glitt sie bedauernd von ihm herunter, warf sich ihr Hemd und einen weiten Umhang über und tappte mit nackten Füßen in die Speisekammer. Als sie wenig später mit kaltem Braten, Fladenbrot und einem Krug Bier zurückkam, hatte ihr Mann das Feuer im Kamin angefacht und im Schein der Flammen labten sie sich auf dem großen Hirschfell davor an ihrer bescheidenen Mahlzeit, die ihnen so köstlich wie noch nie schmeckte.

Da sie so lange nichts voneinander gehabt hatten, war ihr Verlangen nacheinander nahezu unersättlich, und als Robin sie in der wohligen Wärme des Feuers ein weiteres Mal nahm, war Marians Glück nahezu vollkommen.

***

Zwei Tage gönnten sie sich noch in der Geruhsamkeit von Fenwick, dann wurde es langsam Zeit, nach Huntingdon zu reiten. Robin brannte es schon unter den Nägeln zu sehen, was ihm Richard da tatsächlich verliehen hatte. Natürlich wusste er, wo Huntingdon lag, war aber selbst noch nie dort gewesen.

Hubert Walter hatte ihm während der Ausstellung der Urkunden erzählt, dass die Burg von Wilhelm dem Eroberer auf den Grundmauern einer alten, sächsischen Wehranlage errichtet worden sei und dem Schutz der alten Handelsstrasse von London über Lincoln nach York diente, die hier den Fluss Great Ouse querte.

Eigentlich war der König von Schottland, Wilhelm der Löwe, der Earl von Huntingdon. Allerdings hatte er die Grafschaft bei seiner Thronbesteigung seinem Bruder David abgetreten. Da beide die Rebellion Heinrich des Jüngeren gegen seinen Vater Henry II. unterstützt hatten, belagerte der alte König 1174 die Burg, zerstörte sie und zog das Lehen ein. So lag es einige Jahre brach, bis Richard es im Heiligen Land Sir Robert von Loxley zusprach.

Robin nahm den Großteil seiner Männer mit, wusste er doch nicht, was ihn erwartete und ob er vielleicht um sein Lehen würde kämpfen müssen. Es konnte durchaus sein, dass jemand anderes es sich in der Zwischenzeit unter den Nagel gerissen hatte und nicht geneigt war, es wieder herauszugeben.

So war es schon eine respekteinflößende Truppe, die da am Rande der großen Wälder nach Süden ritt, bis man in den Huntingdon Forest gelangte. Sie sichteten auf ihrem Weg mehrere Dörfer und Weiler, hielten sich allerdings nicht mit Besichtigungen auf. Marian erwärmte die liebliche Landschaft das Herz, die nicht so rau und unwirtlich war wie der nördlichere Sherwood. Endlich erreichten sie die Great Ouse und hielten sich ostwärts, bis sie auf die Furt stießen. Am gegenüberliegenden Ufer erstreckte sich der Ort Huntingdon, ein kleines, schmuckes Städtchen, überragt von der Burg, die aber schon von weitem eher einer Ruine glich.

Die Einwohner versteckten sich ängstlich in ihren Häusern, als die große Reitergruppe durch den schäumenden Fluss ritt. In diesen unruhigen Zeiten wusste man nie, was einen erwartete, wenn Bewaffnete anrückten.

Robin hielt sich nicht lange bei den Häusern auf, das konnte warten. Er wollte als Erstes sein neues Heim sehen und hoffte nur, dass die Enttäuschung nicht gar so groß sein würde.

Die Burg war an drei Seiten von einem Graben umgeben, der Wasser aus der Ouse erhielt. Die vierte Seite schützte der Fluss selbst. Die

Mauern sahen aus, als könnten sie jederzeit einstürzen. Little John, der das ganze mit sehr skeptischem Blick musterte, hatte den Eindruck, dass man sie nebenbei auch als Steinbruch benutzte und das so gewonnene Material zum Hausbau verwendete. Eine Zugbrücke, die auch schon bessere Zeiten gesehen hatte, führte über den Graben zu einem offenen Tor, welches von zwei gewaltigen, quadratischen Türmen geschützt wurde.

Als die Männer unbehelligt zwischen ihnen hindurchritten, öffnete sich vor ihnen ein großer, halbkreisförmiger Innenhof, der am südlichen Ende von einem Hügel begrenzt wurde, auf dem sich ein baufälliger, viereckiger Donjon, noch einmal von hölzernen Palisaden geschützt, erhob. Die ganze Anlage war äußerst weitläufig, aber in einem völlig verwahrlosten Zustand. Anscheinend hatte es wirklich über Jahre keinen Burgherrn gegeben, der sie instandgehalten hatte. Die Wirtschaftsgebäude wirkten verfallen, und die Dächer der Stallungen waren fast nicht mehr vorhanden

Robin hielt auf den Eingang zur Hauptburg zu, der noch einmal von Türmen und einer über einen Wassergraben führenden Zugbrücke geschützt wurde. Da trat ein Mann unter das Tor, der sich bisher verborgen gehalten hatte, und verwehrte ihnen mit einem uralten Spieß in der Hand den Einlass.

»Halt!«, fuhr er die mehr als hundert Reiter an. »Keinen Schritt weiter, oder Ihr seid des Todes! Ich dulde nicht, dass hergelaufenes Gesindel sich hier breit macht.«

»Nun mal langsam, guter Mann!“, meinte Robin versöhnlich. „Wer seid Ihr überhaupt?«

»Ich bin der Kastellan dieser wehrhaften Burg und werde sie mit meinen Soldaten bis zum letzten Atemzug verteidigen.«

»So lange können wir zur Not warten, das kann nicht mehr lange dauern«, spottete Little John. »Der Gute ist doch schon mindestens neunzig.«

»Nun, wenn Ihr der Kastellan seid, dann bin ich ja genau auf den Richtigen gestoßen. Ich bin Robert von Loxley, der neue Earl von Huntingdon, und hoffe, Ihr heißt uns willkommen.«

»Das kann jeder sagen. Habt Ihr Beweise für eure Behauptung?«

»Mehr als hundert Zeugen, falls Ihr das gelten lasst.«

Robin zeigte mit weit ausholender Geste in die Runde.

»Alles Gesindel, Strauchdiebe! Ich glaube Euch kein Wort! Keinen Schritt näher, sonst ist es Euer letzter! Ihr könnt heute Nacht in der Vorburg lagern, aber morgen bei Tagesanbruch verzieht Ihr Euch wieder. In die Burg selbst kommt mir niemand!«

»Jetzt mach mal einen Punkt!«, mischte sich Little John erneut ein, dem das alles zu lange dauerte. »Wir sind hungrig und müde und daher nicht sehr verträglich. Mach Platz und lass uns herein, sonst musst Du auf Deine alten Tage noch ein Bad im Burggraben nehmen.«

Kaum war das letzte Wort verklungen, da kam aus einer der Schießscharten des Turmes ein Pfeil herangezischt und bohrte sich unmittelbar vor Little Johns Pferd in den Boden, so dass dieses erschrocken kerzengerade emporstieg und der überraschte Reiter sich plötzlich auf dem Boden wiederfand. Doch John, in zahllosen Kämpfen geschult, kam blitzschnell auf die Beine, sprang nach vorn, packte den alten Mann am Kragen und hielt ihn wie einen Schild vor sich. Seine Kameraden hatten sofort nach ihren Waffen gegriffen, denn aus eigener Erfahrung wussten sie, welchen Schaden der Beschuss mit Pfeilen aus sicherer Deckung anrichten konnte.

Der Kastellan schrie Zeter und Mordio und schlug um sich, aber dem eisernen Griff Little Johns war er nicht gewachsen.

»Sag Deinen Leuten, sie sollen die Waffen wegwerfen und sich ergeben, sonst ergeht es ihnen wie Dir und wir knüpfen sie an den Zinnen der Burg auf. Begrüßt man so seinen neuen Herrn?«

Marian konnte es nicht länger mit ansehen.

»Little John, lass ihn los! Du tust dem alten Mann noch weh. Er kommt doch nur seiner Pflicht nach, wenn er die Burg verteidigt.«

»Little John?«, fragte der Kastellan erstaunt, als er wieder auf seinen Füssen stand. »Seid Ihr etwa der Riese aus Hathersage, der mit Robin Hood auf den Kreuzzug gegangen ist und vorher mit ihm im Sherwood gelebt hat?«

»Genau der«, antworte John erstaunt.

»Dann könnt Ihr uns vielleicht sagen, was aus Robin und seinen Männern geworden ist, auf die wir alle so sehnsüchtig warten?«

»Was wollt Ihr denn von ihnen?«, stellte Robin die Gegenfrage.

»Prinz John und der Sheriff von Nottingham verlangen, dass wir an sie Steuern bezahlen, obwohl sie gar kein Recht auf Huntingdonshire haben! Wenn nur Robin Hood endlich wieder da wäre; der könnte uns bestimmt helfen.«

Robin musste über den Kinderglauben des alten Mannes schmunzeln.

»Wohl eher der König, der bald zurückkommen wird.«

»Habt Ihr es denn noch nicht gehört? Der König soll auf dem Rückweg aus dem Heiligen Land gefangengenommen worden sein. Auf ihn werden wir wohl noch lange warten müssen.«

Robin blieb vor Schreck fast das Herz stehen. Hoffentlich war das, was der Kastellan da von sich gab, nur ein unwahres Gerücht. Wer würde es wagen, sich an einem heimkehrenden Kreuzfahrer zu vergreifen und damit den Bannfluch des Papstes und der Kirche auf sich ziehen? Vielleicht Philipp? Nun, das würde sich hier und jetzt nicht klären lassen.

»Ich bin Robin Hood«, gab er sich zu erkennen, »und war mit Richard im Heiligen Land. Dort hat er mich mit Huntingdon belehnt und jetzt bin ich hier, um es in Besitz zu nehmen.«

Aus dem Turm hörte man einen Schrei und dann kamen Schritte eine Treppe herunter gepoltert. Ein weiterer alter Mann stürzte auf die Brücke und rief schon von weitem:

»Meine Augen sind nicht mehr so gut, sonst hätte ich Dich doch erkannt, Robin! Ich bin Bertram, der Metzger, erinnerst Du Dich nicht? Du hast mir einmal meinen ganzen Laden abgekauft, um unerkannt nach Nottingham zu gelangen und den Sheriff zu narren.«

»Doch, ich entsinne mich. Das war damals ein toller Spaß!«

Robin war abgesessen und umarmte den Mann, der über das ganze Gesicht vor Freude strahlte.

»Winfried, das sind Robin Hood und all' seinen Gefährten, die Du hier vor Dir siehst. Wenn er der neue Earl von Huntingdon ist, dann hat unsere Not ein Ende!«

»Der König hat Euch wirklich zum Earl gemacht, Euch, einen Räuber?«, fragte der Kastellan immer noch misstrauisch.

Robin wollte schon die Urkunden aus der Satteltasche holen, als ihm etwas einfiel.

»Könnt Ihr denn überhaupt lesen?«, wandte er sich an den Alten.

»Nein«, war die beschämte Antwort.

»Wie wollt Ihr dann die Echtheit der Dokumente prüfen? Ich könnte Euch doch sonst etwas vorlegen?«

»Ich glaube Euch auch so. Wenn mein Freund sagt, ihr seid Robin Hood, dann seid ihr ein ehrlicher Mann!«

»Ein guter Ruf ist wirklich goldeswert«, schmunzelte Robin in sich hinein.

»Wie viele seid Ihr denn, die die Burg verteidigen?«, erkundigte er sich dann.

»Nur wir zwei«, kam die verlegene Antwort. »Die anderen sind schon lange fort, seit sie keinen Sold mehr erhalten haben. Aber wir wollten ausharren, bis ein neuer Herr kommt und die stolze Burg wieder herrichtet.«

»Sehr mutig!«, musste Robin eingestehen. »Doch jetzt lasst uns hineingehen, bevor es gänzlich dunkel wird.«

Sie überquerten die Zugbrücke, die dringend ausgebessert gehörte. Dahinter ging der Weg hügelan zum Wohnturm, dem Donjon, der am höchsten Punkt der Anlage gebaut worden war und von dessen oberster Plattform man weit ins Land spähen konnte.

Diese Art der Burgen nannte man Motte. Sie hatten meist zuerst aus hölzernen Befestigungen bestanden, die man dann nach und nach durch Steinbauten ersetzte. Huntingdon Castle wirkte vor allem deshalb recht wehrhaft, weil die Gräben tief und mit Wasser gefüllt waren.

Nach der großen Vorburg, die hinter den Gräben Palisaden mit Wehrgängen, aber abschnittsweise auch Mauern schützten, musste man erneut einen Graben überqueren, um zur mit doppelter Befestigung gesicherten Hauptburg auf dem Hügel zu gelangen. Es würde für Angreifer nicht leicht werden, diese Hindernisse zu überwinden, auch wenn die Burgen und Städte, die Robin in Palästina gesehen hatte, wesentlich uneinnehmbarer erschienen waren. Und auch sie hatte man bezwungen, was wieder einmal bewies, dass es wirkliche Sicherheit hinter Mauern, und waren sie auch noch so stark, nicht gab.

Vor dem Donjon hielten sie an und blickten nach oben, denn der Zugang zum Wohnteil befand sich gut zehn Yards über dem Boden. Eine schmale Stiege führte empor, die bei Gefahr hochgezogen werden konnte.

»Mein Gott«, stöhnte Marian. »Was für ein grässlicher, grauer Kasten!«

Die dicken Mauern des rechteckigen Donjon waren aus schweren Feldsteinen errichtet worden und erst auf der luftigen Höhe des Einganges gab es Unterbrechungen in der Front, die man aber schlecht Fenster, eher Schießscharten, nennen konnte.

»Ihr solltet die Burg einmal im ersten Morgenlicht sehen«, versuchte der Kastellan Huntingdon Castle zu verteidigen. »Dann erstrahlt sie oft, als wäre sie aus purem Gold und der Fluss zu ihren Füßen aus Silber. Und wenn Ihr auf dem Dach steht und nach Süden schaut, erstreckt sich bis zur alten Römerstadt Godmanchester die schönste Wiese der Welt.«

»Ihr werdet ja richtig poetisch! Lasst uns mal in das Innere schauen, ich habe da so meine Befürchtungen.«

Und Marian sollte recht behalten. Als sie die Stiege erklommen hatten und die sich anschließende Halle betraten, waren sie zwar von der Größe überrascht, hatten aber auch den Eindruck, dass seit König Henrys Eroberung vor zwanzig Jahren hier nie wieder sauber gemacht worden war. Der Dreck lag knöcheltief, Spinnweben hingen von der Decke, und die wenigen herumstehenden Möbel waren völlig verschlissen. Robin machte sich schon auf einen Wutausbruch seiner Frau gefasst, als diese nur lakonisch anmerkte:

»Das wird aber eine Weile dauern, bis wir hier Ordnung geschaffen haben. Kennt Ihr vielleicht ein paar Frauen aus der Umgebung, die uns helfen könnten?«

»Aber natürlich! Sie werden erfreut sein, der neuen Countess zu Diensten sein zu können. Sicherlich werdet Ihr sowieso ein paar Mägde brauchen, wenn Ihr euch hier einrichten wollt. Dann könnt ihr gleich eine Auswahl treffen.«

Robin beschloss auf der Stelle, am nächsten Tag auf Erkundungsritt zu gehen. Nichts wie weg von putzwütigen Weibern, die sich noch dazu um die Gunst der neuen Herrschaft bemühten. Stellte sich nur die Frage, wo sie heute schlafen sollten. Die anderen Räume würden sicherlich auch nicht viel besser aussehen.

Doch auch dafür wusste Marian Rat. Lieber schlief sie unter freiem Himmel, als in diesem Drecksstall und da der Donjon sowieso von oben nach unten sauber gemacht gehörte, würde sie für sich und ihren Mann aus mitgebrachten Fellen und Decken auf der Turmplattform ein Lager errichten. Es schien ja trocken zu bleiben, und so war es kein großes Opfer, unter dem Sternenhimmel zu nächtigen. Die Männer suchten sich meist in der Vorburg ein Plätzchen, und beim ersten Dämmerlicht waren alle wieder auf den Beinen.

Der Kastellan hatte noch am Abend in der Ortschaft verkündet, dass der neue Earl eingetroffen sei und so kam am Morgen eine Abordnung der Bürger herauf, um Sir Robert von Loxley ihrer Treue und Ergebenheit zu versichern. Er bat den Town Major um Baumaterial und Unterstützung durch die ansässigen Handwerker sowie um Frauen für die Aufräumarbeiten in der Burg, und als er noch dazu erklärte, dass er keine Frondienste erwarte, sondern dafür bezahlen wolle, soweit man sich auf angemessene Preise verständigen könne, war die Freude groß.

Robin übergab Little John die Aufsicht über die Instandsetzungsarbeiten und wusste den Donjon bei Marian in besten Händen. Er selbst nahm sich fünf Männer zur Begleitung, um seine Grafschaft zu erkunden und in alle Himmelsrichtungen zu durchstreifen. Sie waren mehrere Tage unterwegs, besuchten die Benediktinerabtei in Ramsey, den Marktflecken St. Ives im Osten, der nur fünfzig Meilen vom Meer entfernt lag, und St. Neots im Süden. So bekam Robin einen ersten Überblick und war erfreut, offensichtlich überall gern gesehen zu sein. Die Menschen traten ihm äußerst freundlich entgegen und waren sichtlich froh, wieder einen Earl zu haben, der vor Ort war und sich um ihre Belange kümmerte.

Es sah hier im Allgemeinen etwas besser aus als in Nottingham. Sheriff de Lacy hatte erst vorsichtig begonnen, seine Fühler nach Süden auszustrecken, und es war ihm noch nicht gelungen, die Menschen ganz an den Bettelstab zu bringen. Hier zumindest konnte Robin seinem Treiben Einhalt gebieten, was ihm ein ganz neues, befriedigendes Gefühl gab.

Als sie nach fünf Tagen zurückkehrten und durch Huntingdon zur Burg ritten, versteckten sich die Einwohner nicht mehr ängstlich in ihren Häusern, sondern winkten den Reitern freudig zu. Robin wurde es ein wenig mulmig, als er daran dachte, für wie viele Menschen er auf einmal verantwortlich war und welche Aufgaben noch auf ihn zu kommen würden. Doch er hatte nie viele Zweifel an sich selbst gehabt und irgendwie würde sich schon alles finden.

In Huntingdon gab es auch eine kleine Gruppe von Juden wie fast überall, wo der Handel blühte, und als Robin an ihren Häusern vorbeiritt, trat Isaac, der Gemeindevorsteher, ihm respektvoll entgegen, verneigte sich tief und hieß ihn im Namen seiner Glaubensbrüder willkommen.

Robin merkte genau, wie gespannt die Juden auf seine Reaktion warteten. Sie, die auf der ganzen Welt herumgestoßen wurden, waren oft der Spielball der Mächtigen und ihnen weitestgehend ausgeliefert.

Doch als der neue Earl sogar absaß, dem Vorsteher die Hand reichte und ihm versicherte, dass seine Gemeinde von ihm nichts zu befürchten habe und unter seinem ganz besonderen Schutz stehe, da fiel ihnen allen ein mächtiger Stein vom Herzen. Das hätte auch ganz anders ausgehen können, war der neue Herr doch sogar ein Kreuzritter, und gerade die kühlten gern ihr Mütchen an den angeblichen Christusmördern.

Als die Männer in die Burg einritten, das Tor jetzt sorgfältig durch Wachen gesichert, erkannten sie die Anlage kaum wieder. Little John hatte wirklich viel von Richard gelernt und legte auch dessen Ungeduld an den Tag. Die Stallungen und Wirtschaftsgebäude der Vorburg hatten allesamt neue Schilfdächer erhalten und die Ausbesserungsarbeiten waren fast abgeschlossen. Teilweise war die baufällige Steinmauer entfernt worden. Die gewonnenen Steine hatte man für die Häuser verwendet, und statt dessen oben angespitzte Palisaden zur Verteidigung in den Boden gerammt. Das war wirkungsvoller als die einsturzgefährdete Mauer. Später konnte man immer noch einen höheren, steinernen Ringwall errichten.

Freudestrahlend kam Little John Robin entgegengelaufen.

»Na, was sagst Du?«, forderte er mit Beifall heischender Stimme Lob ein. »Gefällt Dir, was Du siehst?«

Robin wusste, dass Little John jetzt seelisch gestreichelt werden wollte, und er tat ihm gern den Gefallen. Schließlich hatte er es auch verdient.

»Ich bin beeindruckt! Habt Ihr überhaupt mal eine Pause gemacht und geschlafen?«

»Nicht viel. Die Handwerker wollten mir schon weglaufen und haben mich Sklaventreiber geschimpft. Aber ich habe es wie der König gemacht und war immer vor Ort. Da konnten sie nicht anders, und keiner wollte hinter dem anderen zurückstehen.«

Robin war vom Pferd gesprungen, streckte seine müden Glieder und klopfte Little John anerkennend auf die Schulter. Er hoffte nur, dass Marian etwas zu essen für ihn hatte und vielleicht schon ein weiches Bett.

»Schau mal nach oben zur Burg!«, forderte sein Freund ihn auf.

Der verstand nicht recht, was sollte es da auf diese Entfernung schon zu sehen geben?

»Ich habe einen Boten geschickt, der ausrichten sollte, dass der Earl zurück ist, und jetzt pass mal auf.«

Dann sah Robin, was Little John meinte. Oben auf dem Dach des Donjon war ein Flaggenmast errichtet worden und an dem stieg ein grün-goldenes Banner empor, in dessen Mitte ein braunes Jagdhorn aufgestickt worden war. Sein neues Wappen und Zeichen dafür, dass der Herr zu Hause war. Noch heute weht es über Huntingdonshire.

Robin wurde es richtig warm ums Herz. Er sprang auf sein Pferd, galoppierte den Burghügel hinauf, warf einem Stallknecht die Zügel mit dem Befehl zu, Roncall gut abzureiben und zu versorgen, und nahm immer zwei bis drei Stufen der Stiege auf einmal, so eilig hatte er es plötzlich. Er stieß die Tür auf und wollte seinen Augen nicht trauen.

Vor ein paar Tagen hatte er einen wahren Saustall verlassen, jetzt blitzte alles nur so vor Sauberkeit. Der Boden war mit frischen Binsen bestreut, in der Mitte der Halle stand eine lange Tafel, eingerahmt von hochlehnigen Stühlen, und an den Wänden hingen Wandteppiche und Kränze aus den ersten Frühlingsblumen, die einen angenehmen Duft verströmten.

Im Kamin prasselte ein lustiges Feuer, und davor stand seine Frau, die sich noch schnell ein Kleid übergeworfen hatte, aber nicht mehr dazu gekommen war, ihr zerzaustes Haar zu richten. Sie versank vor ihm in einem tiefen Hofknicks und fragte mit viel Schalk in der Stimme:

»Ist alles zu Eurer Zufriedenheit gerichtet, mein Gebieter?«

Das war die Revanche für seinen Kniefall vor ihr in Fenwick.

»Mylady haben sich wirklich Mühe gegeben, ich bin sehr angetan.«

Dann zog er sie hoch, und lachend fielen sie sich in die Arme.

»Du hast hier ja ein wahres Wunder bewirkt!», musste er zu geben.

»Ich hatte auch eine Menge Hilfe. Die Leute haben ja solche Angst, dass sie unter die Herrschaft von Prinz John und de Lacy geraten! Sie tun alles in ihrer Macht Stehende dafür, nur dass wir nicht wieder weggehen.«

»Das Gleiche ist mir auch unterwegs aufgefallen. Überall sind die Menschen bereit, Abgaben an die Krone oder auch an uns zu leisten, wenn ihnen nur das Schicksal von Nottinghamshire erspart bleibt. Wir sollten demnächst mal nach London reiten und bei Hofe nachfragen, ob das Gerücht stimmt, dass Richard in Gefangenschaft ist. Ich kann es nämlich nicht glauben. Es wäre so gegen jedes Recht, dass es schier unvorstellbar ist.«

»Als ob sich irgendjemand an Recht hält, wenn es nicht seinen Interessen dient! Gott erhalte Dir Deinen Kinderglauben!«

»Na, so naiv bin ich auch wieder nicht! Mit den einfachen Menschen mögen die hohen Herren ja umspringen, wie sie wollen, aber jetzt auch schon mit Königen? Dann wäre ja in dieser Welt auf überhaupt nichts mehr Verlass!«

»Lassen wir das. Komm, ich zeige dir jetzt die anderen Räume. Es bringt doch nichts, wenn wir uns hier die Köpfe heiß reden. Außerdem brauchst Du dringend ein Bad, Du stinkst.«

Der Donjon war recht geräumig, und Marian hatte zwei Gemächer für sich und Robin herrichten lassen. In dem ersten konnten auch Gäste in kleinem Rahmen zu Gesprächen empfangen werden, das zweite war ihr gemeinsames Schlafgemach.

Auch für Gesinde war ausreichend Platz vorhanden, und in der Küche prasselte ein mächtiges Feuer im Kamin. Unterhalb der großen Halle befanden sich Kellerräume für Vorräte und von hier führte sogar ein Brunnenschacht nach unten bis zum Bett der Great Ouse, was Robin zwar sehr freute, hatte man doch selbst bei einer Belagerung immer frisches Wasser, ihn aber auch unangenehm an seine Gefangenschaft auf Masyaf erinnerte.

Alles in allem ließ es sich jetzt hier schon aushalten, wenn auch die Leichtigkeit von Fenwick fehlte und der Burg trotz aller Bemühungen ihr grauer Charakter nicht zu nehmen war. Doch sie bot Schutz und ein Auskommen für alle, die bleiben wollten, und das war schließlich im Moment die Hauptsache.

***

Zwei Tage nach Robins Rückkehr hielt ein Herold im Waffenrock Prinz Johns vor dem Burgtor und begehrte Einlass. Robin war froh, dass man ihn in einem repräsentativen Rahmen empfangen konnte, und bemerkte von der Plattform des Donjon, wie der Bote auf dem Weg nach oben die Blicke schweifen ließ. Zweifelsohne würde er nach seiner Rückkehr sehr genau Bericht erstatten müssen. Es war vielleicht gar nicht schlecht, wenn er sah, wie umfangreich die Verteidigungsanlagen in Stand gesetzt worden waren und sich jede Menge waffenfähiger und kampferprobter Männer innerhalb der Mauern befanden.

Robin und Marian empfingen den Herold in Anwesenheit von Little John und einem angemessenen Gefolge im großen Saal der Burg. Der Bote verbeugte sich respektvoll und überreichte ein reich mit Siegeln versehenes Dokument. Innerlich grinste er in sich hinein und erwartete, dass man ihn bat, seine Nachricht mündlich auszurichten. Nur in den seltensten Fällen konnte außerhalb des Klerus jemand lesen und schreiben und so verblüffte es ihn außerordentlich, als Robin die Siegel erbrach, einen Blick auf das Dokument warf und es dann seiner Frau weiterreichte.

»Der Sheriff lädt uns im Namen von Prinz John in fünf Tagen zu einem Festmahl nach Nottingham ein, versichert uns seiner Gastfreundschaft und bietet selbstverständlich freies Geleit an«, erklärte dann der Burgherr und bewies damit, dass er hatte lesen konnte, was in der Pergamentrolle stand.

Die Dame an seiner Seite ergänzte:

»Doch er bittet uns gleichzeitig nur mit kleinem Gefolge zu kommen, da auch viele andere Gäste anwesend sein werden und der Platz in der Burg beschränkt ist.«

Der Herold wurde in die Küche geleitet, wo man ihm ein kräftiges Mahl vorsetzte, und in der Halle hielt man sofort Kriegsrat.

»Das ist eine Falle!«, waren Little Johns erste Worte. »Ihr geht da nicht hin.«

»Langsam, John. Ein bisschen bestimmen wir auch noch mit. Ich glaube kaum, dass der Prinz sich an uns vergreifen wird. Als Earl unterstehe ich nur der Gerichtsbarkeit des Königs.«

»Hoffentlich weiß das auch Dein Gastgeber. Außerdem hält er sich schon für den König, so wie er sich aufführt.«

»Ich glaube eher, er wird versuchen, uns auf seine Seite zu ziehen. John braucht jeden Verbündeten, den er kriegen kann. Es wäre vielleicht eine gute Gelegenheit herauszubekommen, was wirklich mit Richard geschehen ist und welche Pläne sein Bruder in Bezug auf ihn verfolgt.«

»Ich bleibe dabei, es ist viel zu riskant. Du kannst Dich ganz schnell in den Kerkern von Nottingham Castle wiederfinden, und wir haben dann das zweifelhafte Vergnügen, Dich dort wieder herauszuholen.

Außerdem denk mal an Deine Frau, wenn sie in die Hände von Prinz John oder de Lacy fällt.«

»Das wagen sie nicht, in Anwesenheit aller Lords der Grafschaft, sich an einer Lady zu vergreifen! Damit hätten sie auch das letzte bisschen Vertrauen unwiederbringlich verspielt.«

»Hört auf, Ihr Streithähne!«, mischte sich Marian ein. »Wir können die Einladung nicht einfach ignorieren, ohne uns für alle Zeiten Prinz Johns Missfallen zuzuziehen. Andererseits ist es natürlich gefährlich, sich in die Höhle des Löwen zu begeben. Vor allem, wenn mein geliebter Gatte dann wieder seine Zunge nicht im Zaum halten kann. Ich glaube, wir sollten der Einladung Folge leisten, schon um nicht die letzte Chance zu verspielen, eventuell mit dem zukünftigen Herrscher doch noch auf längere Sicht auszukommen.«

»Ihr tut alle so, als wäre Richard schon tot«, brauste Robin auf. Wenn er heute an den Kreuzzug zurück dachte, dann verklärten sich bereits einige Dinge in seiner Erinnerung und die Waffenfreundschaft zwischen dem König und ihm trat immer stärker in den Vordergrund.

»Wir sollten einfach in alle Richtungen denken und nicht rigoros ausklammern, dass John vielleicht bald der neue König sein könnte.«

Ihr Mann wollte das zwar unter keinen Umständen wahrhaben und brummelte mürrisch vor sich hin, gab aber letztendlich nach.

»Also bist Du auch dafür, dass wir seine Einladung annehmen und hinreiten?«

»Ja, aber Little John verteilt alle unsere Männer heimlich in der ganzen Stadt und wenn möglich auch ein paar in der Burg. Er sollte gleich morgen damit anfangen, damit es nicht so sehr auffällt. Und wenn die aus Fenwick und Loxley dazustoßen, sollte es doch möglich sein, dass sie uns heraushauen, wenn es wirklich nötig sein sollte.«

»An Dir ist ein Heerführer verloren gegangen, Marian«, grinste Little John. »Wenn es sein muss, übernehmen wir die ganze Grafschaft Nottingham.«

»Nun übertreib mal nicht!«, bremste ihn Robin. »Es wird schon schwer genug werden, diese hier zu halten.«

***

Am Abend im Bett hielt Marian die Zeit endlich für gekommen, ihrem Mann mitzuteilen, was Prinz John damals in Nottingham mit ihr vorgehabt hatte. Robin, der gerade am Einschlafen war, fuhr wie von der Tarantel gestochen auf.

»Und das sagst Du mir erst jetzt? Ich hätte den Kerl umgebracht!«

»Eben, und Dich damit an den Galgen. Ich habe ihm schon gegeben, was er verdient hat, und an meine Ohrfeigen wird er sicherlich noch lange gedacht haben. Von dem Tritt in seine Eier ganz abgesehen. Aber jetzt weißt Du, dass wir uns bereits beide mit dem Bruder des Königs angelegt haben. Wir sollten also doppelt vorsichtig sein.«

»Hat er sich Dir noch einmal genähert, während ich auf dem Kreuzzug war? Sag es mir lieber gleich, ich erfahre es sowieso irgendwann.«

»Die Befürchtung hatte ich auch, doch zuerst musste er ja England verlassen, und seit er zurück ist, war er wohl zu sehr beschäftigt, um an solche Kleinigkeiten wie Rache zu denken. Schließlich möchte er König werden.«

»Und Du willst trotzdem seiner Einladung nach Nottingham folgen?«

Robin sah seine Frau zweifelnd an.

»Uns bleibt doch gar nichts anderes übrig. Als Earl kannst Du ihm nicht ewig aus dem Weg gehen. Irgendwann müsst ihr euer Verhältnis zueinander klären. Und da ist es sicherlich besser, wir sind darauf vorbereitet, als dass es uns ohne jede Vorwarnung trifft. Versprich mir, dass Du dich zurückhältst und ihn nicht provozierst.«

»Aber nur, wenn er seine Finger von dir lässt. Sonst schneide ich sie ihm einzeln ab und andere weniger wichtige Teile dazu! Das ist so sicher wie das Amen in der Kirche!«

Marian bezweifelte langsam, dass es wirklich eine gute Idee war, nach Nottingham zu reiten. Sie jedenfalls würde während des Festes keinen Schritt von Robins Seite weichen, und wenn sie ihre Notdurft diesmal im Schutze ihres Kleides in der Halle verrichten musste.

***

Der Herold wurde mit der Botschaft zurückgeschickt, der Earl von Huntingdon und seine Frau Lady Marian Leaford würden sich geehrt fühlen und die Einladung dankbar annehmen.

Noch am gleichen Tag zogen die ersten von Robins Männern los, um Verwandte und Freunde in Nottingham zu besuchen. Andere folgten ihnen verkleidet als fahrende Handwerker, Trödler, Bauern und heimkehrende Kreuzfahrer auf dem Weg nach Norden. Sorgfältig versteckt hatten sie ihre Waffen dabei, und da die Kontrollen jetzt noch Tage vor dem Fest an den Toren sehr nachlässig waren, kamen sie alle unbeschadet durch. Die Herbergsväter und Wirte freuten sich über gute Geschäfte, während die Männer sorgfältig darauf achteten, dass man sie niemals in größeren Gruppen zusammen sah.

Little John hatte sich als buckliger Bettler verkleidet, damit seine Größe nicht so auffiel. Bevor er nach Nottingham ging und sich bei seinem Freund Matthew im Gasthof „Ye old Trip to Jerusalem“ unterhalb der Burg einquartierte, hatte er Will Scarlett und Much aufgesucht, die natürlich auch mit ihren Gefährten zu kommen versprochen hatten. Zusammen würden sie den Kräften des Sheriffs mindestens gewachsen und an Kampferfahrung noch dazu weit überlegen sein.

Prinz John traf zwei Tage vor dem Fest mit überraschend kleinem Gefolge ein. Als er durch die Stadt in Richtung Burg ritt, konnte jeder sehen, in welch abgekämpftem Zustand sich die Pferde befanden. Die Reiter waren staubbedeckt, und nur einer stach neben dem Prinzen auf Grund seiner überaus prächtigen Kleidung aus dem Pulk heraus.

Little John erkannte ihn sofort, auch wenn er keine guten Erinnerungen an ihn hatte. Es war Ranulph de Blondeville, Earl von Chester, der größte Grundbesitzer und reichste Mann Englands. Chesterfield, eine seiner vielen Besitzungen, lag nicht weit von Johns Geburtsort Hathersage entfernt, und so hatte sich schnell bis dorthin herumgesprochen, wie brutal der junge Earl mit allen umging, die das Pech hatten, ihm ausgeliefert zu sein. Er galt als äußerst grausam, hinterhältig, verschlagen und maßlos von sich selbst eingenommen.

»Wirklich ein feines Gespann«, dachte sich Little John, als er Ranulph de Blondeville an der Seite von Prinz John sah. Aus dieser Verbindung konnte mit Sicherheit nichts Gutes erwachsen.

Der König hatte vor dem Kreuzzug den Earl von Chester mit der Witwe seines Bruders Geoffrey, Konstanze von der Bretagne, verheiratet. Somit war Ranulph de Blondeville eigentlich der Stiefvater des von Richard auf Sizilien eingesetzten Thronfolgers Arthur. Trotzdem zog er es vor, lieber mit Prinz John gegen dessen Bruder zu paktieren und damit gegen die Interessen des ihm anvertrauten Jungen zu handeln. Doch der Earl versprach sich einfach von einem zukünftigen, schwachen König John mehr, als von einem starken Richard Löwenherz, der nun schließlich auch verheiratet war und vielleicht noch viele Söhne in die Welt setzen würde.

***

Ralf de Lacy erwartete seine hohen Gäste schon vor der Burg und verneigte sich unterwürfig. Wie einst Richard, so stapfte jetzt auch John wortlos an ihm vorbei, warf sich in der großen Halle auf den prächtigsten Stuhl und rief als Erstes nach Wein. Mochte das auf den Sheriff bei Richard furchteinflößend gewirkt haben, so empfand er die nachgeahmte Geste bei dessen Bruder einfach nur als lächerlich und aufgesetzt.

»Habt Ihr alles erledigt, was ich Euch aufgetragen habe?“, wandte sich der Prinz dann an seinen Gastgeber, ohne ihn zum Platz nehmen aufzufordern.

»Selbstverständlich, Sire. Für Euer großes Fest ist alles vorbereitet, und die Gäste sind geladen. Ich bin sicher, Ihr werdet alles zu eurer Zufriedenheit vorfinden.«

»Wir werden sehen. Es darf diesmal nichts schief gehen. Wir müssen die Barone unbedingt für uns gewinnen. Kommt dieser Robin Hood auch?«

»Der Earl von Huntingdon hat ausrichten lassen, er fühle sich geehrt und werde selbstverständlich gern mit seiner Gattin der Einladung Folge leisten.«

»Das ist der neue Earl von Huntingdon!«, schnauzte John gereizt und zeigte auf de Blondeville, der sich ebenfalls lässig auf einen Stuhl geflätzt hatte. »Ich habe Sir Ranulph die Grafschaft als Lohn für seine treuen Dienste und seinen Beistand versprochen. Soweit kommt das noch, dass wir einen Bauern zum Grafen machen! Ihr könnt Euren Kerker und den Galgen schon vorbereiten. Übermorgen endet hier die Karriere dieses Räubers und Mörders und der Hure, die er seine Frau nennt.«

Ralf de Lacy lief ein Schauer der Vorfreude über den Rücken. Endlich würde er seine langersehnte Genugtuung erhalten. Er zweifelte nicht daran, dass Robin Hood, auf seine neue Würde vertrauend, wirklich kommen würde. Doch dies sollte dann sein endgültig letzter Auftritt in Nottingham werden.

»So, und nun lasst uns ein Bad richten!«, holte John den Sheriff aus seinen Träumen zurück. »Wir kommen direkt aus Frankreich vom Hofe König Philipps und sind völlig erschöpft. Aber es hat sich gelohnt. Mein verehrter Herr Bruder wird wohl nie wieder das Glück haben, das Licht der Sonne zu erblicken.«

Weiter äußerte sich der Prinz an diesem Tag dazu nicht. Das wollte er übermorgen vor den versammelten Baronen seiner Grafschaften tun und sie dann den Eid auf sich und seine Regentschaft schwören lassen, bevor er sich in Westminster zum König krönen ließ.

***

Robin und Marian nahmen wie Little John im Gasthof „Ye old Trip to Jerusalem“ Quartier. Allerdings hatten sie ein Zimmer für sich, während der bucklige Bettler im Gastraum auf einer Schütte Stroh nächtigte. Man hätte sie zwar als geladene Gäste auch in der Burg untergebracht, doch Robin wollte sich in Nottingham Castle nicht länger aufhalten, als er unbedingt musste.

Little John kauerte vor der Treppe und bat um Almosen, und als sein Freund ein paar Pennys in seine Hand fallen ließ, raunte er ihm zu:

»Bei Einbruch der Dunkelheit im Brauhaus hinter der Gaststube bei den Fässern.«

Robin hatte verstanden. John wartete also mit wichtigen Nachrichten auf ihn. Der Gasthof, der auch über das Braurecht verfügte, schmiegte sich mit seiner Rückseite direkt an den Berg, auf dem vierzig Yards darüber die Burg von Nottingham thronte. Zahllose Höhlen durchzogen den porösen Sandsteinfelsen und eine besonders geräumige und tiefe schloss sich direkt an das große Haus an und beherbergte den Braukeller sowie das Lager für die Bierfässer.

Neben der Stiege zum Obergeschoss gab es eine sonst immer verriegelte Tür, die nach hinten führte und jetzt nur angelehnt war. Robin glitt vorsichtig hindurch und sah am Ende des Gewölbes eine Fackel aufblitzen, die gleich wieder gesenkt wurde. Vorsichtig tastete er sich an den Bierfässern entlang, bis er seinen Freund erreicht hatte.

»Es wird aber langsam Zeit«, knurrte der ihn zur Begrüßung an. »Ich warte schon eine Ewigkeit.«

»Draußen dämmert es gerade! Ich bin überpünktlich«, verteidigte sich Robin und spürte mehr als er sah, dass sie nicht allein waren. Er griff zu seinem Dolch, aber Little John legte ihm beruhigend die Hand auf den Arm.

»Das ist nur Matthew, der Wirt. Ihr kennt Euch doch, ihm kannst Du vertrauen. Wenn einer weiß, was in Nottingham vor sich geht, dann er.«

Die beiden Männer gaben sich die Hand. Schon Marians Vater war hier zu Gast gewesen, und Robin hatte über Jahre bei Matthew das Bier für seine Männer gekauft. Mit der Zeit war eine enge Vertrautheit zwischen dem Wirt und Brauer und den Männern aus dem Sherwood entstanden, die beiden Seiten schon oft genutzt hatte

»Was habt Ihr denn herausgefunden?«

Es war der Wirt, der antwortete.

»Prinz John hat alle Barone der umliegenden Grafschaften geladen, aber etliche sind nicht gekommen. Er selbst war gerade in Frankreich und scheint über wichtige Neuigkeiten in Bezug auf König Richard zu verfügen, die er morgen verkünden will.«

»Da können wir ja alle gespannt sein. Allerdings vermute ich nichts Erfreuliches aus seinem Mund zu hören.«

»Damit wirst Du sicher Recht haben«, schaltete sich Little John ein. »Seit heute sind die Stadttore und die Burg streng bewacht. Es war also mehr als richtig, die Männer schon vor Tagen herzubringen. Und der Witz ist, der Sheriff hat Verstärkung für seine Kriegsknechte gesucht und die kräftigsten aus den zurückgekehrten Kreuzfahrern genommen, die auf Nachfrage natürlich noch nie von dir gehört haben. Es sind jetzt zwei Dutzend von unseren Gefährten in der Burg!«

»Na, da kann ja gar nichts mehr schief gehen!« Robin klopfte John anerkennend auf die Schulter. »Ganz wohl ist mir bei der Sache nicht, vor allem, weil Marian dabei ist und sie mir gebeichtet hat, dass der Prinz sich schon einmal an ihr vergehen wollte. Ich verlasse mich darauf, dass Ihr notfalls wenigstens sie heraushaut.«

»Mach Du nur keine Dummheiten, damit man Dich nicht womöglich gleich umbringt. Nehmen sie Euch nur fest, können wir sicher etwas tun.«

»Dein Wort in Gottes Ohr! Ich komme mir vor, als tappe ich sehenden Auges in eine Falle. Dass Brüder so verschieden sein können! Richards Wort würde nie jemand in Zweifel ziehen. John dagegen hat seins schon so oft gebrochen, dass ich ihm nicht im Geringsten über den Weg traue», seufzte Robin.

»Wir passen schon auf Euch auf«, meinte Matthew aufmunternd, und Little John machte dazu ein Gesicht, als wolle er sofort die Burg stürmen.

***

Am nächsten Tag fanden sich Robin und Marian wie geladen zur Mittagstafel in Nottingham Castle ein, die wie Jahre zuvor in der großen Halle angerichtet worden war. Meist waren bei solchen Festen Männer und Frauen getrennt, doch hier hatte man bewusst darauf verzichtet, da viele Paare anwesend waren.

Der Zeremonienmeister kündigte die jeweils Eintreffenden an und geleitete sie dann zu ihren Plätzen. Es verwunderte Robin nicht und war ihm außerdem sehr angenehm, dass man ihnen am Ende einer Tischreihe Bänke zuwies. Dem Rang nach hätte er mit Marian weiter vorn Platz nehmen müssen, doch er würde den Teufel tun und darauf bestehen.

Das Gelage war schon seit dem Morgen im vollen Gange, der Wein floss in Strömen und ständig wurden auf großen Platten neue Speisen aufgetragen. Hier, am Rande der großen Forste, kamen vor allem Wildbret und Wasservögel auf die Tafel, und es wurden ganze Hirsche und Wildschweine, sowie jede Menge Hasen, Enten und im eigenen Federkleid zubereitete Schwäne aufgetragen.

Marian kannte etliche der anwesenden Lords und Robin, der sich recht unwohl fühlte und froh war, dass man scheinbar keine Notiz von ihnen nahm, entdeckte nur ein bekanntes Gesicht. Es war Sir Edward Hastings, mit dem er Seite an Seite bei Arsuf und vor Jaffa gekämpft hatte, und man nickte sich erkennend über die Tische hinweg zu.

Kein Mitglied des Kronrates und kein Vertreter der Königin waren zu entdecken. Prinz John unterhielt sich angeregt mit dem Earl von Chester zu seiner Rechten und ab und zu mit de Lacy zu seiner Linken und schien ansonsten niemanden um sich herum zu bemerken.

Die Zeit schleppte sich dahin, und alles wartete darauf, endlich die angekündigten Neuigkeiten über König Richard zu erfahren. Auf einen Wink des Sheriffs wurden auf einmal die großen Tore geschlossen und an den Wänden nahmen schwer bewaffnete Kriegsknechte Aufstellung.

»Also doch eine Falle« fuhr es Robin sofort durch den Kopf und schon suchten seine Augen nach einer Fluchtmöglichkeit.

Da erhob sich Prinz John von seinem thronartigen Stuhl am Ende des Saales und wandte sich an die Anwesenden.

»Meine verehrten Ladys« er verneigte sich leicht nach links und rechts. »Meine Lords« bequemte er sich auch die Männer zu begrüßen. »Ich habe Euch zusammenrufen lassen, da Ihr sicher alle gespannt seid zu erfahren, was meinen verehrten Herrn Bruder davon abhält, endlich in sein Reich zurückzukehren. Nun, ich will Euch nicht länger auf die Folter spannen, wir werden ihn wohl nie wieder sehen.«

Robin hielt sichtlich die Luft an, und auch alle anderen Gäste hingen regelrecht an Johns Lippen.

»Manche glaubten ja schon immer, in meinem Bruder stecke eine gewisse Art von Wahnsinn«, fuhr der Prinz fort. »Anders ist es kaum zu erklären, dass Richard bei seiner Heimreise aus dem Heiligen Land eine Route über Österreich einschlug. Das Land, dessen Herzog er in Akkon, wie vielleicht einige wissen, auf das Tödlichste beleidigt hat. Er ließ sich auch noch wie ein Klosterschüler vor Wien in einem Gasthaus festnehmen und wurde auf Burg Dürnstein inhaftiert. Mittlerweile hat ihn der Herzog allerdings an Kaiser Heinrich ausgeliefert, damit dieser ihm den Prozess für die vielen Verbrechen machen kann, die mein bedauernswerter Bruder vor und während des Kreuzzuges begangen hat.«

Hätte man zuvor eine Stecknadel fallen hören können, so leise war es während Johns Rede gewesen, so ging jetzt ein Raunen durch die Menge. Wie konnte es sein, dass man einen heimkehrenden Kreuzfahrer gefangen nahm? Sie standen allesamt unter dem besonderen Schutz der Kirche und des Papstes! Jedem drohten der Kirchenbann und die Exkommunikation, der sich während ihrer Abwesenheit an ihrem Eigentum vergriff oder sie gar an Leib und Leben bedrohte! Und wie konnte ein Herzog, den man noch dazu den Tugendhaften nannte, sich an einem König vergehen und ihn an einen Kaiser weiterreichen? War denn die Welt völlig aus den Fugen geraten? Die anwesenden Bischöfe und hohen Kleriker waren besonders entsetzt.

Prinz John genoss die sich ausbreitende Erregung und ließ sie erst etwas abklingen, bevor er fortfuhr.

»Kaiser Heinrich hat darüber König Philipp von Frankreich in Kenntnis gesetzt, der es wiederum mir mitgeteilt hat. Frankreich und England werden zukünftig enger zusammenrücken. Ich habe König Philipp den Lehnseid für die angevinischen Besitzungen in Frankreich geleistet, ihm das normannische Vexin abgetreten und werde seine Schwester ehelichen, die mein Bruder so schnöde verschmäht hat. Dafür wird er mich notfalls mit einer Armee unterstützen, sollte sich jemand gegen mich als neuen König auflehnen.«

Jetzt war im Saal die Hölle los. Marian klammerte sich mit beiden Händen an Robin um zu verhindern, dass er aufsprang und sich an dem Tumult beteiligte.

»Das ist Verrat an König Richard!«, rief einer der Lords in den Saal, um sofort von Johns Anhängern niedergeschrieen zu werden. Nur langsam beruhigte sich die Stimmung wieder, und endlich konnte sich Prinz John erneut Gehör verschaffen.

»England kann nicht ewig ohne einen König sein! Mein Bruder ist schon mehr als drei Jahre nicht mehr in diesem Land gewesen, und sein Herz schlug immer mehr für Aquitanien. Ich hingegen liebe das Königreich über alles«, versuchte er sich bei den Anwesenden einzuschmeicheln. »An allen Grenzen lauern Feinde, bereit auf das kleinste Zeichen von Schwäche über England herzufallen. Meine Mutter, so leid es mir tut, das sagen zu müssen, ist eine alte Frau. Sie regiert zusammen mit Männern, die ihr nur nach dem Munde reden und die Lage nicht überschauen. Lasst uns diesen unseligen Kronrat auflösen und entmachten und krönt mich zu eurem König! Ich schwöre Euch, ich werde mich allen, die für mich sind, dankbar und erkenntlich erweisen!«

»Man munkelt, der Kaiser würde für König Richard ein Lösegeld fordern«, meldete sich der Earl von Derby, William de Ferrers, der anscheinend über Informationen verfügte, die John den Lords vorenthalten wollte. Lügen konnte der Prinz hier aber vor versammelter Mannschaft nicht und so versuchte er mit einer wegwischenden Handbewegung den Einwand bei Seite zu fegen.

»Die Summe, die genannt wurde, ist so abenteuerlich und so absurd, dass sie nie aufzubringen ist und die Forderung nur der Form halber aufgestellt worden sein kann. Der Kaiser verlangt einhundertfünfzigtausend Mark Silber in Kölner Gewicht, das sind ganze fünfunddreißig Tonnen des Edelmetalls! So viele Schätze besitzt kein Land der Welt!«

»Vor allem, nachdem wir über Jahre jeden Penny für den unsinnigen Kreuzzug abführen mussten«, schaltete sich der Earl von Chester zur Unterstützung Johns ein. »England ist völlig ausgeblutet. Richard hat Unmengen Geldes aus dem Land herausgepresst, nur um seinen Abenteuerdrang zu befriedigen, und jetzt sollen wir noch einmal für seine Freilassung zahlen? Das ist völlig unmöglich und würde uns alle und das Land in den Ruin treiben!«

»Ihr seid ein Gott verdammter Lügner, Chester!«, meldete sich von weit hinten eine laute, volltönende Stimme.

Auch Marian hatte Robin nicht mehr auf seinem Platz halten können. Er war aufgesprungen und schleuderte die Anschuldigung wie der Rachegott persönlich durch den Saal.

»Seit Sizilien ist kein Geld mehr aus England eingegangen, obwohl hier angeblich Steuern für den Kreuzzug erhoben und die Menschen bis aufs Blut ausgesaugt wurden. Ich gehe davon aus, dass es in erster Linie in den Taschen der Daheimgebliebenen und Eures Gönners Prinz John geflossen ist. Und jetzt wollt Ihr den König in einem deutschen Kerker elendiglich verrecken lassen! Pfui und Schande über alle, die das auch nur in Erwägung ziehen! Doch ich verspreche Euch, da haben andere auch noch ein Wort mitzureden! Richard wird zurückkommen und dann den Verrätern gegenüber sicher keine Milde walten lassen. In Palästina hat er seine Feinde lebendig an die Schweine verfüttert! Hütet Euch lieber davor, seinen Zorn auf Euch zuziehen, damit es Euch nicht womöglich ebenso ergeht!«

Ein Schauder lief durch die Reihen und manche der Damen waren der Ohnmacht nahe. Man hatte ja schon einiges über die Grausamkeiten des Krieges gehört, aber so direkt damit konfrontiert zu werden, war wiederum etwas anderes.

»Wer zum Teufel seid Ihr überhaupt und wie kommt Ihr dazu, solche Behauptungen aufzustellen?«, brüllte Chester zurück.

»Ich weiß, wovon ich spreche! Ich war im Gegensatz zu Euch dabei! Meine Männer haben vor Messina gehungert, weil Richard keinen Sold mehr zahlen konnte, da sein Bruder alle Zahlungen unterbunden hat. Außer Edward Hastings hat sich ja jeder der hier Anwesenden vor dem Kriegszug gedrückt. Fragt ihn, wenn Ihr mir nicht glaubt. Ich bin Robert von Loxley, durch Richards Gnade der Earl von Huntingdon, und viele von euch kennen mich noch unter dem Namen Robin Hood und wissen, dass ich noch nie die Unwahrheit gesagt habe.«

»Nein, Ihr seid nicht der Earl von Huntingdon!«, rief Prinz John mit vor Hohn triefender, süffisanter Stimme durch die Menge. »Das ist nämlich der Mann hier an meiner Seite, den ICH mit der Grafschaft belehnt habe. Und ähnliches haben meine Verbündeten von mir zu erwarten. Meine Feinde hingegen werde ich vernichten, so wie Euch, Robin Hood.«

Aus den Reihen der Wachleute, die an den Wänden standen, und von den umliegenden Tischen lösten sich plötzlich Männer, die auf Robin und Marian zusprangen, sie ergriffen und ihnen die Arme auf den Rücken drehten, um sie zu binden. Das Ganze ging so schnell, dass die beiden sich kaum wehren konnten und überwältigt worden waren, bevor der Großteil der Anwesenden im Saal es überhaupt mitbekommen hatte.

»Das ist also Eure versprochene Gastfreundschaft!«, brüllte Robin mit zornrotem Gesicht. »Euer Herold hat uns freies Geleit und Euer Wort darauf zugesichert!«

Der Prinz lachte nur.

»Ja, dem Earl von Huntingdon! Aber keinem Geächteten, den mein Bruder nur in einem Anfall von Irrsinn geadelt und zum Grafen erhoben haben kann. Glaubt Ihr wirklich, so etwas hätte Bestand? Ihr seid nichts als ein Bauer, der drei meiner Wildhüter erschlagen hat, wie Ihr selbst vor dem Sheriff eingestanden habt! Und Ihr, Marian Leaford, die Ihr diesen Bauern geehelicht und damit Euren Adel aufgegeben habt, seid der Wilderei überführt worden. Wir können uns jede Gerichtsverhandlung sparen, der Tatbestand steht fest. Ihr, Robin Hood, werdet morgen Vormittag auf dem Hinrichtungsplatz in der Vorburg gehängt, und ganz Nottingham soll Zeuge sein, wie ich mit Räubern und Mördern verfahre. Und mit Euch, Lady Marian, die Ihr einmal meine königliche Zuneigung so schnöde zurückgewiesen habt, werde ich trotzdem gnädig verfahren. Ich verurteile Euch nur zu fünfzig Peitschenhieben, die Ihr erhalten sollt, während Euer Mann mit dem Tode ringt. Danach allerdings übergeben wir das, was von Euch noch übrig ist, den Gefährten der getöteten Wildhüter zur freien Verfügung. So lautet mein Urteil, und so soll es geschehen!«

Viele der Frauen im Saal konnten sich vorstellen, was der Prinz mit schnöder Zurückweisung meinte, und manch eine war im Nachhinein froh, ihm zu Willen gewesen zu sein. Nicht wenige Männer hatten ihm ihre Ehefrauen und auch Töchter ins Bett gelegt, nur um sich sein Wohlwollen zu sichern. Marian Leaford schien anders gehandelt zu haben, und das hatte sie nun davon.

Mit ihrem Mann hatte nur einer Mitleid, und das war Edward Hastings.

»Hoheit«, wandte er sich an Prinz John und versuchte ein gutes Wort für seinen Kampfgefährten einzulegen, was Robin ihm hoch anrechnete, »ich war dabei, als Euer Bruder Sir Robert von Loxley nach der Schlacht bei Jaffa zum Earl ernannt und mit Huntingdon belehnt hat. Richard ist doch noch der König, auch wenn er in Gefangenschaft ist! Sein Wort sollte gelten.«

»Die Anrede ist Sire und noch ein Wort, und ihr hängt neben diesem Verbrecher wegen Insubordination«, donnerte John im Rausch seiner Macht. Endlich konnte er schalten und walten, wie er wollte. Hier und heute wollte er ein Exempel statuieren. Speichellecker, er sah sie als echte Freunde, belohnen und Gegnern zeigen, wozu er fähig war. Nach dem Willen seines Vaters hätte er König sein sollen und jetzt war es nur noch ein kleiner Schritt, bis sein Traum in Erfüllung gehen würde.. Das wollte er sich von niemandem verderben lassen.

»Dank für eure Worte, Sir Edward!«, tönte da Robins volle Stimme durch den Saal. »Doch spart sie euch. Jetzt kann jeder sehen, was er von einem König John zu erwarten hat. Noch ist er aber nur der Graf von Mortain, und Richard trägt die Krone. Wenn er zurückkommt, verzeiht er vielleicht seinem Bruder, aber niemals denen, die ihn im Kerker haben schmachten lassen.«

Auch Marian ließ sich nicht ohne Widerstand einfach abführen.

»Myladies, Mylords, und auch Ihr, hohe, geistliche Herren«, klang ihr Ruf durch den Raum. »Seht mich an! Was uns passiert, kann schon morgen Euch geschehen! Wollt ihr wirklich, dass England von diesem Ungeheuer beherrscht wird, das Frauen nur deshalb verurteilt, weil sie ihm nicht widerstandslos in die Arme sinken?«

Betretenes Schweigen machte sich in der Runde breit, und manch einer überdachte gerade noch einmal seine Position. Hier hieß es wirklich, alles auf eine Karte setzen, und keiner wusste, wie das Spiel letztendlich ausgehen würde.

»Bringt die beiden endlich weg!«, keifte John außer sich vor Zorn. »Morgen nach dem Frühstück wird dem Kerl der Hals lang gezogen! Und diese Hure will ich aus all ihren Löchern bluten sehen!«

Einen Moment glaubte Robin, dass den Prinzen der Schlag treffen würde, so rot war er angelaufen. Aber kein gütiger Gott hatte ein Einsehen, und so wurden er und Marian in den Kerker geschleift. Allerdings konnte Robin sehen, wie einige der Wachen ihm verstohlen zuzwinkerten, und da er wusste, dass Little John sich mit den Männern bereithielt, gab er die Hoffnung nicht verloren.

»Marian, halt durch!«, raunte er seiner Frau noch zu, bevor ihm ein Stoß in die Rippen die Luft aus den Lungen trieb. Dann sah er noch, wie seine Frau in ein dunkles Loch von Zelle gestoßen wurde, während man ihn weiter vorantrieb. Am Ende des Ganges gab es einen größeren Raum, an dessen Wänden Ketten hingen, aber auch ein Tisch und Stühle für die Wachen. Rostige Hand- und Fußschellen schlossen sich um seine Arme und Beine und zwangen ihn, mit gespreizten Gliedmaßen mehr an der Wand zu hängen als zu stehen.

Ein vierschrötiger Kriegsknecht mit einer Fackel in der Hand trat auf ihn zu, und Robin fühlte sich sofort an die Hölle von Masyaf erinnert.

»Sei bloß froh, dass der Sheriff verboten hat, dass wir uns mit Dir beschäftigen«, knurrte der Söldner ihn an und das Widerlichste dabei war sein stinkender Atem. »Du sollst morgen voller Kraft zum Galgen gehen und lange zappeln, denn der Henker darf Dir nicht das Genick brechen. Und das Letzte, was Du in diesem Leben sehen wirst, ist, wie wir uns Deine Frau vornehmen!«

Meckernd lachend drehte der Mann sich um, ließ sich dann schwer auf einen Stuhl fallen und streckte die Beine von sich. Ein Kumpan brachte einen Krug Bier und setzte sich neben ihn. Scheinbar sollte Robin keinen Moment allein gelassen werden. So sehr fürchtete der Sheriff, dass er doch noch im letzten Moment entwischen könnte.

***

Die Nachricht über Robin und Marians Gefangennahme war mittlerweile schon bis zu Little John vorgedrungen, der sofort seine engsten Vertrauten im Keller der Brauerei zusammenrief.

»Ich habe so gehofft, dass dieser Kelch an uns vorübergeht«, fluchte er vor sich hin. »Es war ja abzusehen, aber man denkt immer, es passiert doch nicht.«

»Wieso Kelch?», meldete sich Will Scarlett zu Wort. »Das wird doch morgen ein Mordsspaß! Der Sheriff will ganz Nottingham der Hinrichtung beiwohnen lassen. Leichter können wir doch niemals in die Burg gelangen, und dann wird dieser Prinz sein blaues Wunder erleben. Mit den paar Hampelmännern werden wir doch im Handumdrehen fertig!"

»Du bist ja schon wie Richard und findest jeden Kampf anscheinend lustig. Aber erstens werden sie am Tor alle sorgfältig auf Waffen kontrollieren, und zweitens kann es immer noch passieren, dass sie Robin und Marian in diesem Fall töten, bevor wir zu ihnen vorstoßen können«, gab Much zu bedenken.

»Dann müssen wir halt schnell sein! Und die Waffen holen wir uns von den herumstehenden Wachen!«

»Ein paar Bögen wären aber schon eine tolle Sache, und da bevorzuge ich eindeutig meinen eigenen.«

»Na ja, ich hätte da vielleicht eine Idee«, schaltete sich der Wirt ein. Matthew hatte noch einen besonderen Trumpf im Ärmel.

»Raus damit, spann uns nicht auf die Folter!«

»Kommt mal mit!«, forderte der Wirt seine Freunde auf und schritt noch tiefer in die Höhle hinter dem Brauhaus hinein. Der Gang zwischen den Felsen wurde immer schmaler und führte permanent bergan. Trotzdem sah Little John, dass das Gestein bearbeitet worden war.

»So, weiter brauchen wir jetzt nicht zu gehen. Hier seht ihr den geheimen Fluchtweg des alten König Henry!«, verkündete Matthew voller Stolz.

»Du meinst, der Gang führt bis in die Burg?« Little John konnte es kaum fassen.

»Genau! Nottingham ist ja eine Königspfalz, und Henry hat in allen seinen Burgen Geheimgänge anlegen lassen, die nur ihm bekannt waren.«

»Und woher kennst Du ihn dann? Oder hast du ihn zufällig entdeckt?«

Matthew lachte leise vor sich hin.

»Nein, irgendjemand musste ihn ja durch den Felsen treiben. Mein Vater war König Henrys Baumeister und hat, als er zu alt wurde, als Lohn den Gasthof und die Brauerei erhalten.«

»Glaubst Du wirklich, der Sheriff weiß nichts davon?«

»Mit Sicherheit nicht! Die Bauleute wurden dafür immer aus Irland oder Schottland geholt und danach wieder fortgeschickt. Meinem Vater hat der alte Henry vertraut. Er sollte dem jeweils neuen König die Gänge zeigen. Aber dann sind beide gestorben, und so bin ich der Einzige, der sie kennt.«

»Wo kommt denn der Gang in der Burg heraus?«

»Am tiefsten Punkt, im Kerker. Der Zugang ist durch Mauerwerk verkleidet, das sich um einen Zapfen drehen lässt.«

»Du meinst wirklich, wir kommen so einfach über diesen Weg in die Burg von Nottingham?« Much war fast sprachlos vor Staunen.

Matthew nickte. »Vorausgesetzt, es gelingt Euch, die Wachen im Kerker auszuschalten, damit sie nicht Alarm schlagen können.«

»Kinderspiel«, meinte Will, der alles nicht so ernst nahm.

»Du weißt schon, dass es für Dich danach gefährlich werden kann?«, gab Much zu bedenken. »Wenn auch nur einer nicht dicht hält, hat der Sheriff Dich sofort in Verdacht.«

Matthew winkte ab. »Ich habe unter de Lacy sowieso keine Zukunft. Er hat mich und meine Familie schon lange auf seine Abschussliste gesetzt und will das Wirtshaus und die Brauerei auf eigene Rechnung betreiben lassen. Am liebsten würde ich mich Euch anschließen«

»Herzlich willkommen, kann ich da nur sagen«, strahlte Little John. »Und Dein Bier kannst Du dann direkt bei uns in den Dunwoldhöhlen brauen. Die Zutaten besorgen wir Dir schon, keine Sorge.«

»Dann lasst uns mal unauffällig unsere Männer zusammenholen und hier verstecken. Platz genug ist ja vorhanden. Am besten, wir dringen so zwischen Mitternacht und Morgengrauen in die Burg ein. Dann ist die Aufmerksamkeit der Wachen am geringsten und keiner mehr so richtig wach«, entwickelte Will Scarlett den Schlachtplan, dem alle zustimmten.

***

Robin hing in seinen Fesseln, und alle Glieder schmerzten mittlerweile höllisch. Die Wachen dösten meistens an ihrem Tisch vor sich hin und würdigten ihn kaum eines Blickes. Mit den Fingern der rechten Hand war es ihm gelungen, den Bolzen der Handschelle ein Stück heraus zu ziehen, so dass er sie mit einem Ruck sicherlich würde öffnen können. Er hatte es mehr aus Langeweile und weil es ihm Abwechslung verschaffte versucht, denn was würde es ihm nutzen? Beine und die linke Hand steckten felsenfest, und selbst wenn er einen Arm frei bekam, konnte er die anderen Fesseln nicht lösen.

Nun schöpfte Robin allerdings wieder etwas Hoffnung. Zweimal hatten die Wachen bisher gewechselt, und beim letzten Mal vor etwa einer Stunde hatten ihn die lustigen Augen von James Grosmont, ehemaliger Bäckergeselle aus Lincoln und seit vier Jahren einer seiner besten Bogenschützen, angeblitzt. Das Problem war nur, dass der andere Wächter ein wahrer Hüne und James eher klein und zierlich war. Auf einen Kampf Mann gegen Mann konnte er sich also nicht einlassen. Und dummerweise wollte dieser große Kerl einfach nicht einnicken, sondern hielt sich an seinem Krug mit Dünnbier fest, nahm von Zeit zu Zeit einen Schluck und rülpste danach jedes Mal aus tiefster Kehle.

Robin versuchte immer wieder Blickkontakt zu James herzustellen und ihm zu signalisieren, dass er einen Arm freibekommen könnte, aber der schien es einfach nicht zu bemerken.

Langsam wurde es Robin zu bunt. Wollte er aus dem Kerker vor dem Morgengrauen entkommen, musste es nach seiner Berechnung bald geschehen. Also würde er wohl die Initiative ergreifen müssen.

»He!«, rief er dem riesigen Wachmann zu. »Gib mir doch auch mal einen Schluck ab. Ich denke, Ihr wollt mich hängen und nicht vorher verdursten lassen!«

Der Hüne sah ihn eine ganze Weile nachdenklich an, bevor er sich mühsam in die Höhe stemmte und auf Robin zukam.

»Pass mal auf, Du Wicht!«, meinte er belehrend zu dem Gefangenen und blies ihm seinen sauren Atem ins Gesicht. »Wir dürfen Dich zwar nicht foltern, doch das heißt noch lange nicht, dass wir Dich verwöhnen sollen. Machst Du noch einmal Dein Maul auf, dann bekommst Du von mir eins in die Fresse, dass Du anschließend alle Deine Zähne ausspuckst. Befehl des Sheriffs hin oder her.«

Robin merkte während dieser Ansprache, dass er seine Hand endgültig frei bekommen würde. Mit einem Ruck riss er den rechten Arm aus der Kette und nutzte den Schwung und all seine Kraft aus, um die Wache zu packen und den Kopf des Hünen mit voller Wucht gegen die Kerkerwand zu schmettern. James war zwar klein und zierlich, aber aufgeweckt und flink wie ein Wiesel. Er war aufgesprungen, hatte den Schemel gepackt und hieb ihn dem zusammensackenden Wächter in den Nacken, so dass sogar Robin die Halswirbel brechen hörte. Einen Moment später war er frei und rieb sich die schmerzenden Gelenke, während er seinem Gefährten dankte.

»Schon gut, Hauptmann!«, wehrte James ab. »Jeder von uns hat gehofft, zur Wache eingeteilt zu werden. Doch allem Anschein nach traut man uns doch noch nicht ganz. Nur bei mir haben sie wohl keine Gefahr gesehen, noch dazu mit diesem Bären als zweitem Mann.«

Robin bückte sich, um die Waffen des Toten an sich zu nehmen. Als er sich wieder aufrichtete, glaubte er einer Halluzination zu erliegen. Die Mauer an der Rückwand des Kerkers schien sich zu bewegen und auf ihn zuzukommen. Gleichzeitig entstand auf der anderen Seite ein großes, dunkles Loch, aus dem wie Geister Little John, Will Scarlett und die anderen herausstürmten. Fast hätten sie James Grosmont erschlagen, den sie im trüben Fackelschein nicht gleich erkannten.

»Wozu brauchst Du uns eigentlich, wenn Du alles selber machst?«, knurrte Little John in gewohnter Weise seinen Freund an. »Wir dachten, wir finden dich auf der Folterbank oder in Ketten schmachtend vor und können uns mal an Deinem Elend weiden. Statt dessen empfängst Du uns mit dem Schwert in der Hand.«

»Ja, ich freue mich auch, Dich zu sehen. Es wird langsam Zeit, dass sich mal jemand blicken lässt! Aber seit wann könnt Ihr durch Wände gehen?«

»Nicht schlecht, was? Ein Geheimgang, der unten im Braukeller endet! Hätten wir schon eher etwas davon gewusst, wäre de Lacy der eine oder andere Besuch nicht erspart geblieben.«

»Dann schaffen wir Marian durch den Gang nach unten und verschließen die Tür wieder. Sollen sie doch grübeln, wie wir in die Burg gekommen sind.«

»Wo ist denn deine Frau?«

»Dort vorn, in der ersten Zelle!«

Will, wie meist galant, beeilte sich, die niedrige Tür zu öffnen und hätte es fast mit seinem Leben bezahlt. Marian hatte in ihrem Verlies einen zerbrochenen Wasserkrug gefunden und sich neben der Tür postiert, als sie auf dem Gang Stimmen hörte. Die Tür ging auf und sie schmetterte die scharfkantige Tonscherbe der vermeintlichen Wache entgegen. Will erkannte glücklicherweise aus dem Augenwinkel die Bewegung und sprang reflexartig zurück.

»Robin, bitte sag Deiner Frau, sie soll das lassen! Wir wissen jetzt wirklich alle, dass Ihr Euch selbst befreien könnt und uns dazu nicht braucht!«

»Komm raus, Marian, alles ist gut. Es sind nur Freunde hier.«

Das ließ sich Robins Frau nicht zweimal sagen, und gleich darauf lag sie in den Armen ihres Mannes. Als sie über seine Schulter blinzelte, sah sie den ganzen Gang entlang kampfbereite, bewaffnete Männer stehen.

»Wo kommt Ihr denn auf einmal alle her?«, fragte sie über alle Maßen verblüfft.

»Direkt aus der Unterwelt, aber das wirst Du gleich selber sehen. Es gibt einen Geheimgang, der direkt im Gasthof endet. Da gehst Du jetzt mit einer Begleitung runter und wartest, bis ich Dich abhole oder nach dir schicke.«

»Wovon träumst Du sonst noch, Robert von Loxley? Natürlich komme ich mit! Ich will sehen, wie Du diesen verkommenen Prinzen vor aller Augen ausweidest und aus seinen Därmen Packgurte für Maulesel machst!«

»Spricht so eine Lady?«, grinste Little John über das ganze Gesicht.

»Er hat gestern behauptet, ich hätte meinen Adel aufgegeben, als ich Robin geheiratet habe. Da kann ich auch wie eine Bauersfrau reden und vor allem, wenn nötig, auch so handeln!«

»Solange Du Dich danach wieder in meine Marian zurückverwandelst, einverstanden. Na gut, dann komm eben mit. Aber bleib hinter Little John! Der ist breit genug, Dich zu decken. Jetzt los, es gibt noch einiges zu tun!«

Pfeile zischten durch die Nacht, Dolche verrichteten ihr blutiges Werk, und Kampstöcke schmetterten in Rippen und auf Schädel. Die Männer hatten in den Wäldern von Sherwood und den Wüsten Palästinas mehr als genug Zeit damit verbracht zu lernen, sich lautlos wie Schatten zu bewegen. Als der Morgen graute, war Nottingham Castle in ihrer Hand, und sie steckten in den Kleidern der Wachen des Sheriffs. Wer keine abbekommen hatte, verbarg sich hinter den Zinnen und in den Rundtürmen der äußeren Mauer.

Langsam erwachte die Burg zum Leben. Als Erstes befahl der Sheriff, den Hinrichtungsplatz herzurichten. Die neuen Wachen taten es mit Feuereifer, versprachen sie sich doch einen Heidenspaß. Alle anwesenden Lords waren mit ihren Damen aufgefordert worden, der Exekution beizuwohnen und anschließend den Treueeid auf den zukünftigen König John zu schwören.

Das Podest mit den Stühlen für die Ehrengäste befand sich mit dem Rücken zur Mauer der Hauptburg, während die Leute aus Nottingham davor Aufstellung nehmen sollten. Dazwischen standen der Galgen und der Schandpfahl und warteten auf die Verurteilten.

Robins Männer hatten natürlich auch die Wachen am Tor der Vorburg überwältigt und winkten alle Ankommenden, unter denen sich auch noch etliche ihrer Gefährten befanden, einfach mit ihren kaum versteckten Waffen durch. Als einer der Sergeanten des Sheriffs, der sich in der Nacht nicht in der Festung aufgehalten hatte, das sah, wollte er lauthals einschreiten, verschwand aber blitzschnell in der Wachstube und ward nie wieder gesehen.

Langsam füllten sich die Stuhlreihen, und als die Glocke zur zehnten Stunde schlug, erschien Prinz John mit seinem Gefolge und dem Earl von Chester sowie Ralf de Lacy an seiner Seite unter dem Burgtor. Gemessenen Schrittes stieg er auf das Podest und nahm auf einem Sessel Platz, den man wie einen Thron hergerichtet hatte.

»So ein schönes Ziel«, dachte sich Will Scarlett, der direkt über ihm auf der Mauer stand und wie seine Kameraden den Langbogen schussbereit hatte.

De Lacy musterte stolz die überall postierten Wachen. So diszipliniert hatte er seine Truppe selten gesehen. Auf allen Mauern und Türmen Bogenschützen, Spieß- und Schwertträger als Kordon vor den Bürgern aus der Stadt und Wachen mit Lanze und Schild hinter den Ehrengästen. Ob sich niemand vor dem zukünftigen König blamieren wollte? Egal, er durfte nicht vergessen, dem Hauptmann der Wache gegenüber seine Zufriedenheit auszudrücken.

Der Prinz gab das Zeichen, und der Sheriff befahl, die Delinquenten vorzuführen. Eine Weile passierte gar nichts, und als schon alle zu tuscheln begannen und Prinz John seine Ungeduld bereits deutlich zeigte, kam der beauftragte Henkersknecht mit schreckensbleicher Miene auf den Sheriff zu gestürzt. Er beugte sich zu de Lacy herab, um ihm leise etwas ins Ohr zu flüstern, was wiederum diesen erbleichen und sich an seinen hohen Gast wenden ließ.

Nachdem die beiden eine Weile miteinander getuschelt hatten, gebot der Prinz mit einer herrischen Geste Schweigen. Als endlich Ruhe rings um den Hinrichtungsplatz eingetreten war, versuchte er mit seiner nicht sehr kräftigen Stimme sich Gehör zu verschaffen.

»Ich bedaure zutiefst, dass Ihr Euch heute Morgen umsonst hierher bemüht habt. Gern hätte ich Euch demonstriert, wie zukünftig in meinem Reich mit Verbrechern umgegangen wird. Doch leider haben die Verurteilten sich in dieser Nacht selbst gerichtet und sich damit der ewigen Verdammnis preisgegeben!»

»Die wird wohl eher Euch für Eure ständigen, gottlosen Lügen zuteil werden!«, donnerte es von einem Treppenabsatz an der Ringmauer zurück. Sofort wandten sich alle Augen zu der Stelle, von wo die Stimme gekommen war. Hoch aufgerichtet standen da die beiden soeben Totgesagten für jeden sichtbar und ohne Furcht, obwohl von jeder Menge Wachen umgeben.

»Ergreift sie!«, keifte auch sofort der Sheriff und wies mit ausgestrecktem Zeigefinger auf Robin und Marian.

Pfeile wurden auf Bogensehnen gelegt, Schwerter flogen aus den Scheiden und Spieße wurden gesenkt, doch niemand schien dem Befehl de Lacys weiter Folge leisten zu wollen.

Während Marian mit einem überlegenen Lächeln auf den Lippen und im Licht der Frühsonne schön wie eine nordische Göttin auf dem Absatz stehen blieb, schritt Robin langsam, fast schlendernd, die Treppe hinunter. Vor ihm teilten sich die verblüfften Bürger Nottinghams wie einstmals das Rote Meer vor Moses, als er auf das Podest zuging.

»Ihr werdet nicht viel Glück haben, Sheriff. Statt uns selbst umzubringen, haben wir uns in dieser Nacht erlaubt, die Burg zu übernehmen. Die meisten Eurer Männer liegen gefesselt in den Kasematten. Ein Teil hat es allerdings nicht überlebt.«

Prinz John fand langsam seine Fassung wieder. Noch war er von bewaffneten Lords und Rittern seines Gefolges umgeben und gab die Sache nicht verloren.

»Auf, nehmt ihn fest!«, schrie er in die Runde und einige seiner Gefolgsleute griffen, wenn auch zögerlich, zu ihren Waffen.

»Lasst das lieber bleiben«, mahnte Robin. »Ihr seht Euch mehr als zweihundertfünfzig in den Kreuzzügen gestählten und zu allem entschlossenen Kämpfern gegenüber! Meine Bogenschützen nageln Euch schneller an Euren Stühlen fest, wie Ihr Amen sagen könnt! Diese Männer haben Akkon und Askalon eingenommen, die Sarazenen bei Arsuf und Jaffa geschlagen! Provoziert sie lieber nicht, denn nannte man sie früher auch die „Merry Men“, so ist der Spaß jetzt vorbei. Mehr als drei Jahre nur Krieg und Kampf, das verändert jeden.«

Keiner hatte nach dieser Warnung noch Lust, sich für Prinz John abschlachten zu lassen.

Robin sprang auf das Podest und stand jetzt neben dem Galgen, an dem er eigentlich hängen sollte.

»Bürger von Nottingham, Myladies und Mylords, hohe Geistlichkeit!«, wandte er sich an die Menschen um sich herum. »Viele von Euch kennen uns noch. Wir haben früher in den Wäldern von Sherwood gelebt und von denen genommen, die es hatten, um es denen zu geben, die es brauchten. Jetzt sind wir aus dem Heiligen Land, wo wir an der Seite König Richards gekämpft haben, endlich zurück in der Heimat und hatten gehofft, dass das nicht mehr nötig sein würde. Doch wie wir zu unserem Leidwesen sehen müssen, hat sich alles zum Schlechteren gewandt. Willkür und Unrecht herrschen schlimmer als je zuvor. Schuld daran ist vor allem ein Mann, und der will auch noch König werden!«

Robin zeigte mit ausgestrecktem Arm auf John. Der Prinz wollte aufspringen, da zischten zwei Pfeile heran und bohrten sich links und rechts neben seinem Kopf in die Lehne des Sessels.

»Bleibt sitzen und kein Wort will ich von Euch hören, sonst geht der dritte in die Mitte!«, fuhr Robin ihn an. Das Schweigen, das sich darauf hin rundherum ausbreitete, war fast körperlich spürbar, doch schon fuhr der Sprecher fort.

»Dieser Mann, der England während der Abwesenheit seines Bruders nicht betreten sollte, weil nicht einmal dieser ihm traute, hat Euch belogen und ausgeplündert bis aufs Blut. Und damit er das weiterhin ungestraft tun kann, will er, dass Richard in deutschen Kerkern verrottet. Dafür schließt der Bruder des Königs sogar Bündnisse mit den Feinden Englands und schenkt ihnen Land, welches ihm gar nicht gehört. Er verweigert das Lösegeld für den Kaiser, das zugegeben exorbitant hoch ist. Doch wo sind die Gelder, die angeblich für den Kreuzzug eingesammelt wurden, aber nie bei den Soldaten angekommen sind? Sie würden schon einen großen Teil der geforderten Summe ausmachen!«

Robin zog mit schneller Bewegung sein Schwert und setzte die Klinge an Johns Kehle.

»Also, wo sind sie? Jetzt dürft Ihr sprechen!«

Der Prinz war noch nie so gedemütigt worden und kochte nicht, er siedete vor Zorn.

»Sucht sie doch, verfluchter Räuber. Dafür werdet Ihr hängen!«

Jetzt lachte Robin schallend auf.

»Aber das sollte ich doch schon heute, ist es Euch tatsächlich entfallen? Und meine Frau wolltet Ihr am Pfahl auspeitschen lassen, nur weil sie Euch nicht zu willen war. Doch dazu komme ich noch, seid gewiss. Jetzt wollen wir erst einmal die Sache mit den zu unrecht eingetriebenen Steuern klären. John, nimm Dir ein paar Männer und kehre in der Burg das unterste zu oberst. Ich will, dass Ihr jeden Wertgegenstand, jeden silbernen Teller, jeden Leuchter, jedes kostbare Gewand, alles, was sich zu Geld machen lässt, hier her bringt. Und vor allem, findet die Steuern!«

»Nichts, was ich lieber täte«, freute sich der Riese, winkte ein paar von seinen Gefährten heran und machte sich auf die Suche.

»Also doch nur ein Dieb«, traute sich der Sheriff aufzumucken.

»Ganz recht, aber einer, der für den König stiehlt! Jeder Penny, den wir erbeuten, und darauf habt Ihr alle mein Wort, geht nach London und wird Königin Eleonore ausgehändigt, damit sie das Lösegeld für ihren Sohn bezahlen kann!«

Jetzt klangen schon Jubelrufe aus den Reihen der Bürger herauf und Prinz John wurde ganz schlecht. Aber Robin war noch lange nicht fertig.

»Chester!«, fuhr er den Earl an, der in sich zusammensackte und sich ganz klein zu machen versuchte. War er jetzt an der Reihe und wenn ja, was hatte dieser unhöfliche, grobe Kerl mit ihm, dem noch nie im Leben etwas Schlechtes widerfahren war, vor? »Ihr wolltet doch Huntingdon? Nehmt es Euch!«

Der Earl verstand die Welt nicht mehr, doch Robin erklärte sie ihm.

»Ihr werdet allerdings teuer dafür bezahlen müssen. Denn ich gebe das Lehen an Eleonore zurück, damit sie es für Richard verkaufen kann. Nur, ich warne Euch! Sollte die Summe, die Ihr dafür bietet, zu gering sein, wird sich der König sicherlich an Euch schadlos halten, wenn er erst wieder da ist.«

Jetzt lachten die Leute aus Nottingham schon schallend als sie das betretene Gesicht von Ranulph de Blondeville sahen. So hatte er sich das Ganze nicht vorgestellt. Was Eleonore fordern würde, konnte er sich ungefähr ausmalen. Danach war er wahrscheinlich bankrott und konnte gleich von den Zinnen seiner Burg springen.

»Euch allen hier, die Ihr der Einladung des Grafen von Mortain gefolgt seid, will ich auch Gelegenheit geben, für die Freilassung König Richards zu spenden. Ihr habt Euch so prächtig gekleidet, tragt Ringe und anderes Geschmeide, vor allem die Ladys. Meine Männer werden Euch jetzt von diesem Zierrat befreien. Gebt ihnen lieber freiwillig, was Ihr an Geld und Wertgegenständen bei Euch habt. Sie könnten sonst grob werden!«

»Das geht jetzt aber wirklich zu weit!«, ereiferte sich der Earl von Derby. »Ich denke, Ihr seid ein Edelmann! Da könnt Ihr doch keine Damen bestehlen!«

»Ach, und wo war Euer Einspruch, William de Ferrers, als meine Frau, Lady Marian Fenwick, aus altem englischen Adel, ausgepeitscht und danach geschändet werden sollte? Eure Gattin ist doch hübsch genug! Wofür braucht sie da Ohrgehänge und Perlenketten?«

Jetzt tobte das Volk von Nottingham vor Vergnügen. Da raubte doch tatsächlich dieser Robin Hood vor ihrer aller Augen die versammelten Lords und Ladys aus und keiner wagte es, sich auch nur ansatzweise zur Wehr zu setzen.

»Wenn wir von Euch, die Ihr viel habt, alles nehmen, was wir kriegen können, dann nehmen wir von den Menschen, die wenig haben, nur das, was sie geben können«, wandte sich der auf dem Podest stehende jetzt an die Zuschauer. »Aber ich rate Euch, Volk von Nottingham, gebt lieber reichlich für König Richard. Oder wollt Ihr, dass der dort«, wieder zeigte sein Finger auf Prinz John, »tatsächlich euer Herrscher wird?«

Ein paar der ehemaligen Geächteten – sie gingen allerdings mit Sicherheit davon aus, dass sie es bald wieder sein würden - schritten mit Säcken durch die Reihen und sammelten ein, was die Bürger der Stadt geben konnten. Das ging recht problemlos, fast jeder gab, was er hatte. Nur die Ärmsten zeigten ihre leeren Hände und der eine oder andere von Robins Männern griff dann in seinen Sack und legte etwas in sie hinein.

Unter den Edlen der Grafschaft sah es allerdings ganz anders aus. Hier war das Geschrei groß und kaum einer rückte freiwillig heraus, was er dabei hatte. Doch Robins Männer waren nicht zimperlich und wo sie glaubten, dass jemand etwas versteckte, zogen sie ihn auch schon mal bis aufs Hemd aus.

Den Sheriff und den Earl von Chester nahm sich der Hauptmann selbst vor. De Lacy zeterte wie ein altes Waschweib, als ihm Robin die goldene Amtskette vom Hals riss.

»Zieht Eure Ringe lieber von den Fingern, sonst schneide ich sie Euch einzeln herunter« fuhr Robin seinen Widersacher aus vielen Jahren an und zog seinen Dolch. Doch es war nicht nötig. De Lacy kroch fast in seinen Stuhl hinein und beeilte sich alles auf den Teller zu legen, den Robin ihm vorhielt, was er nur an sich finden konnte. Ebenso Ranulph de Blondeville, der allerdings zumindest mit seinen Blicken versuchte, den Mann vor sich zu töten.

»Darüber ist noch nicht das letzte Wort gesprochen«, fauchte er und Robin sah abgrundtiefen Hass in seinen Augen.

»Ich stehe Euch jederzeit und an jedem Ort zur Verfügung und lasse Euch die Wahl der Waffen«, grinste er den Earl an. Eigentlich kein Feigling, erkannte dieser sofort, dass er sich darauf lieber nicht einlassen sollte.

Der Einzige, der sich noch im Besitz der Insignien seiner Macht befand und dessen Person von Edelsteinen sowie Gold- und Silberschmuck geradezu übersäht war, war Prinz John. Ihn hatte sich Robin bis zuletzt aufgespart. Eigentlich war es ihm zuwider, was er jetzt zu tun beabsichtigte, aber er wollte den Bruder des Königs vor aller Augen der Lächerlichkeit preisgeben, damit sich möglichst viele seiner Anhänger von ihm abwandten und auf König Richards Seite zurückschwenkten. Das letzte nämlich, was England brauchen konnte, war ein Bruderkrieg und den zu verhindern, würde Robin alles tun, was in seiner Macht stand.

»Und nun zu Euch, Graf von Mortain«, fuhr er John an und legte alle Verachtung in seine Stimme, die er aufbringen konnte. Bewusst verweigerte er den Titel Prinz und demütigte John damit ein weiteres mal. Der hatte nahezu vor Angst schlotternd schon darauf gewartet, an die Reihe zu kommen, irgendwie aber doch gehofft, sein Rang und

Titel würden ihn schützen. Diese Illusion zerstörte Robin jetzt gnadenlos. Laut, so dass es jeder weit und breit hören konnte, nahm er ihn sich vor.

»Ihr habt meine Frau und mich gestern verurteilt, ohne uns auch nur anzuhören. So etwas nennt Ihr Gerechtigkeit? Wie mir meine Frau sagte, habt Ihr bei unserem ersten Zusammentreffen hier in Nottingham versucht, Euch an ihr zu vergehen. Aber da seid Ihr wohl an die Falsche geraten! Spürt ihr noch den Schmerz in Euren Hoden von ihrem Tritt und die Ohrfeigen auf Euren Wangen? Nein? Dann wird es Zeit, das aufzufrischen! Ich stehe hier vor Euch als beleidigter Ehemann und Earl von Huntingdon, der den Grafen von Mortain fordert!«

Robin holte aus und schlug dem Prinzen mit dem Handrücken links und rechts so fest ins Gesicht, dass diesem die Haut über den Wangenknochen aufplatzte und Blut hervor sickerte. Dann nahm er sein Schwert und rammte es vor sich in die Holzplanken.

»Nun, ich warte! Hat Euch das noch nicht gereicht oder seid Ihr zu feige euch zu stellen?«, donnerte seine Stimme über den Platz und es gab niemanden im weiten Rund, der nicht die Luft anhielt.

»Ich bin ein königlicher Prinz! Ihr könnt mich nicht fordern«, jammerte John vor sich hin und strich über seine Wangen, die wie Feuer brannten. Er rollte sich zusammen wie ein getretener Hund und wirkte, schon von Natur aus nicht sehr groß, in seinem Sessel wie ein Gnom.

»Nein, kann ich nicht? Will ich auch nicht!«

Robin sprang vor, packte John am Kragen seines Mantels, riss ihn auf die Beine und hielt ihn wie ein Strohpuppe in die Höhe.

»Und so etwas will König werden? Jemandem, der sich ungeniert an Euren Frauen und Töchtern vergeht, wollt Ihr huldigen?«

Und als er nach einer kurzen Pause, in der er den zu keiner Gegenwehr fähigen John durchschüttelte, die Frage in die Menge rief:

»Wie will so eine Jammergestalt denn dieses Land schützen und seinen Reichtum mehren, wozu sich jeder Herrscher in seinem Eid verpflichtet? Wollen wir nicht lieber alles dafür tun, damit unser wahrer König zurückkommt?«, brauste Jubel und Beifall auf und es gab selbst unter Johns engsten Vertrauten niemanden, der sich nicht angewidert abwandte.

Die Worte waren nahezu prophetisch. Als John nach dem Tod seines Bruders doch noch König wurde, ging unter seiner Herrschaft mehr als die Hälfte des angevinischen Reiches verloren.

Robin dachte einen Moment lang daran, die Gestalt in seinen Händen einfach vom Podest herunter vor die Füße der Bürger von Nottingham zu schleudern, überlegte es sich allerdings im letzten Augenblick dann doch anders. Diese letzte Demütigung wollte er ihm ersparen, es reichte auch so. Er ließ den Prinzen in seinen Sessel fallen, wo er wimmernd zusammengekauert liegen blieb.

»Und jetzt Eure Spende für euren im Kerker schmachtenden Bruder«, fuhr er ihn an und John konnte gar nicht schnell genug alles abstreifen, was er an Geschmeide und Juwelen bei sich hatte. Als letztes nahm Robin ihm seinen kostbaren, mit Perlen und Edelsteinen bestickten Mantel ab und warf ihn Much zu, der sich darin einhüllte und auf dem Podest zur Erheiterung der Bürger von Nottingham ein paar mal hin und her stolzierte, bevor er ihn zu der übrigen Beute legte.

In diesem Moment tauchte Little John unter dem Burgtor auf und hatte mit seinen Männern sechs Packpferde im Schlepp.

»Das glaubst Du nie im Leben!«, rief er schon von weitem seinem Freund zu. »Da haben sich die Truhen voller Silber nur so gestapelt! Es bedurfte einiger Überredung, aber dann hat uns ein Diener den Weg in die Schatzkammer gezeigt. Wir sind fix und fertig von der Schlepperei! Hier, schaut alle her!«

Er öffnete eine Truhe, die voller Lederbeutel war und entnahm einen davon. Als er die Bänder aufzog rann reines, geprägtes Silber in seine Hand. Die Münzen warf er mit weitausholendem Schwung in die Menge und sofort begann darum eine Balgerei.

»Womit wir bereits einen nicht unbeträchtlichen Teil des Lösegeldes zusammen hätten!«, verkündete Robin. »Eleonore wird sich freuen, dass ihr jüngster Sohn so vorausschauend war. Gern würde ich es denen zurückgeben, denen es genommen wurde, doch wir brauchen es für die Auslösung des Königs. Ich werde mich aber bei der Königin dafür verwenden, dass die Bürger von Nottinghamshire von weiteren Abgaben verschont bleiben. Sie haben weiß Gott schon genug gelitten!“

Hatte Prinz John bisher noch alles einigermaßen ertragen, so war es jetzt mit seiner Fassung endgültig vorbei. Alle seine Pläne hingen von diesem Silber ab. Es war nicht etwa für Richards Lösegeld bestimmt, sondern im Gegenteil. Der Kaiser sollte diese Geld erhalten, um den König weiter in Gefangenschaft zu behalten. Philipp hatte eine noch höhere Summe geboten, erwartete aber, dass John sich beteiligte.

»Das dürft Ihr nicht, das ist mein Schatz!«, keifte der Prinz, sprang auf, stieß den überraschten Robin zur Seite und rannte wie ein Irrwisch auf dem Podest hin und her. »Dieses Geld ist für König Philipp bestimmt, damit er uns in Frankreich nicht angreift. Nur unter dieser Bedingung hat er dem Vertrag zugestimmt!«

Jetzt war es heraus und John hatte den Verrat vor aller Ohren selbst eingestanden. Er erpresste in England Steuern, um sich das Wohlwollen und die Unterstützung des französischen Königs zu erkaufen.

Angewidert wandten sich die Lords von ihm ab und die Buhrufe der Bürger von Nottingham schallten so laut über den Platz, dass eine weitere Verständigung unmöglich war. Nur mühsam gelang es Robin, sich wieder Gehör zu verschaffen.

»Nun habt Ihr alle selbst gehört und gesehen, was von einem König John zu halten wäre!«, rief er über den Platz, nachdem er John wieder auf seinen Sessel zurück befördert hatte. »Tun wir also lieber alles dafür, dass es nicht soweit kommt. Euch, Mylords, empfehle ich nur, kommt gar nicht erst auf den Gedanken, Euch an euren Untertanen für den heutigen Tag schadlos zu halten. Ihr bekommt sonst schneller von mir und meinen Männern Besuch, als es Euch lieb sein kann. Mit dem Grafen von Mortain, mehr ist er nämlich nicht, soll sich sein Bruder nach seiner Rückkehr befassen. Ich mache mir an ihm nicht die Hände schmutzig. Das gleiche gilt für Euch, de Lacy. Aber Gott stehe Euch oder jedem anderen bei, der sich auch nur in die Nähe von Loxley oder Fenwick wagt! Sollte es jemandem einfallen, sich an den dort lebenden Menschen oder Gütern zu vergreifen, mache ich Euch persönlich dafür verantwortlich. Und das schwöre ich Euch, verglichen mit dem, was Euch dann erwartet, werdet Ihr in der Hölle frieren!«

Marian stand immer noch auf dem Treppenabsatz und sah auf ihren Mann herunter, der vor all den Lords, Earls und Bischöfen auf und ab schritt, völlig unbeeindruckt von der versammelten Macht. Seine Person allein hatte die sonst so selbstbewussten, hohen Herren derart eingeschüchtert, dass keiner an Widerstand dachte. Sie hatte immer gewusst, dass Robin zu harten, schnellen Entscheidungen fähig war.

Ohne dieses Talent hätte er es nicht zum Anführer einer großen Schar von Geächteten und zum Hauptmann König Richards wichtigster Truppe auf dem Kreuzzug gebracht. Doch trotzdem sie ihn von Jugend an kannte, hatte sie das wahre Ausmaß dieses Charakterzuges bis heute morgen nicht einmal erahnt. So jedenfalls hatte sie ihren Mann noch nie erlebt und fast schüchterte diese Demonstration der Stärke sie selbst ein.

Den Anwesenden, vom großen Landbesitzer bis hin zum Bettler, ging es nicht anders. Niemand stellte die Autorität des Mannes auf dem Podest in Frage, als wäre es König Richard selbst, der gesprochen hatte.

Robin winkte und jemand brachte ihm Roncall und für Marian die Schimmelstute. Vom Pferd aus wandte er sich nochmals an alle auf dem Platz.

»Wir gehen wieder in die Wälder, bis der König zurückgekehrt ist. Sie waren unser Reich und werden es wieder sein. Wer versucht, uns dort zu bekämpfen, wird kaum wiederkommen. Lasst es lieber gleich bleiben, das spart Menschenleben. Gehabt Euch wohl und lang lebe König Richard!«, rief er zum Abschied in die Runde.

»Lang lebe König Richard!«, schmetterten die Bürger von Nottingham zurück und viele der von John geladenen Gäste stimmten zu dessen Missmut ein.

Robin und Marian setzten sich an die Spitze des Zuges, und wer von ihren Gefährten beritten war, saß auf. Die anderen schlossen sich zu Fuß an und eine große Karawane zog ungehindert und von der Burgmauer noch lange zu sehen in Richtung Sherwood Forest.

***

Die Bürger von Nottingham winkten dem Zug lange nach und verstreuten sich dann, doch etwas ängstlich der Dinge harrend, die da wohl noch auf sie zukommen würden. Viele der Lords und Ladys versuchten klammheimlich es ihnen gleichzutun, doch so leicht kamen sie nicht davon. Kaum war die Gefahr vorüber, und John hatte wirklich um sein Leben gefürchtet, war er wieder obenauf.

»Halt, Mylords und Myladies!«, rief er in die Runde. »Vergessen wir den unerfreulichen Zwischenfall! Diese Männer sind vom heutigen Tag an Gesetzlose, Geächtete! Ich werde eine Armee aufstellen und diese Verbrecher jagen, bis jeder von ihnen an einem Ast im Wald baumelt. Doch zuvor erwarte ich von Euch den Treueschwur, wie wir es vereinbart haben.«

Es war der Earl von Derby, der ihm zuerst antwortete, aber fast allen aus dem Herzen sprach.

»Ich glaube, wir sollten damit lieber warten, bis endgültig geklärt ist, was mit König Richard wird. Zum jetzigen Zeitpunkt halte ich einen Thronanspruch von Euch vielleicht für etwas verfrüht, Graf.«

John glaubte das zweite Mal am heutigen Tag ins Gesicht geschlagen worden zu sein. Nicht Sire, noch nicht einmal Prinz, war die Anrede gewesen! Der Earl behandelte ihn als seines gleichen, ohne Respekt vor seiner königlichen Herkunft. Erst jetzt begriff er, welch enormen Schaden seine Autorität genommen hatte. Hätte er doch nur die Finger von diesem verfluchten Robert von Loxley und seiner Hure gelassen!

Der Earl deutete nur eine Verbeugung an, reichte dann seiner Frau den Arm und zog sich, gefolgt von nahezu allen anderen Lords der Grafschaft, ihren Damen und auch der Geistlichkeit, zurück. Bei John blieben nur Ranulph de Blondeville und Ralf de Lacy, die sich liebend gern den anderen angeschlossen hätten, aber schon zu sehr in die Machenschaften des Prinzen involviert waren, um einfach verschwinden zu können.

»Das wird mir dieser Bastard büßen!«, knirschte der Prinz, die Situation völlig verkennend, zwischen den Zähnen hervor und stellte dabei entsetzt fest, dass mindestens zwei von ihnen wackelten.

»Sheriff, Ihr werdet alle verfügbaren Männer sammeln und diesen verdammten Wald Strauch für Strauch und Baum für Baum durchkämmen, bis Ihr dieser Bande habhaft geworden seid. Und dann keine Gnade! Henkt sie, vierteilt sie, macht mit ihnen, was ihr wollt, nur bringt jeden einzelnen um! Chester, könnt Ihr de Lacy mit Rittern und Kriegsknechten unterstützen? Huntingdon will verdient sein!«

»Ich werde mein Möglichstes tun, Sire«, richtete der Earl das angeschlagene Selbstbewusstsein des Prinzen wieder etwas auf, wusste aber schon jetzt, dass er selbst für keinen Preis der Welt in nächster Zeit einen Fuß in den Sherwood und alle angrenzenden Wälder setzen würde. Dem Sheriff sah er an, dass dieser absolut das Gleiche dachte. Doch das galt natürlich nicht für die Soldaten, die schließlich ihren Befehlen zu folgen hatten.

»Diese Verräter, die heute so wankelmütig waren, werden noch bereuen, sich von mir abgewandt zu haben. Ich weiß jetzt, wer meine Freunde sind und werde sie zu belohnen wissen, wenn ich erst die Krone trage.«

Darauf setzten seine letzten beiden Verbündeten all ihre Hoffnung. Sie waren auf Gedeih und Verderb mit dem Schicksal des Prinzen verknüpft, und so blieb ihnen gar nichts anderes übrig, als ihn mit allen Kräften zu unterstützen.

»Ich werde so schnell wie möglich in die Normandie zurückkehren und versuchen, König Philipp zu besänftigen. Es ist schließlich in dessen ureigenstem Interesse, dass Richard in Gefangenschaft bleibt. Trotzdem müssen wir Geld auftreiben, denn allein kann selbst er nicht die riesige Summe aufbringen, die der Kaiser fordert. Also denkt nach und gebt Euer Bestes! Auch Euer Schicksal hängt davon ab!«

»Als ob wir das nicht wüssten!«, dachte de Lacy. »Du kannst Dich immer noch Deinem Bruder zu Füßen werfen und um Vergebung bitten, wenn der Plan schief geht. Und bei dem Familiensinn der Plantagenets ist es sogar gut möglich, dass er Dir verzeiht. Doch uns rettet mit Sicherheit nichts vor dem Zorn des Löwenherz!«

Der Earl von Chester vermutete ähnliches, obwohl es keiner von beiden aussprach. Gemeinsam würden sie versuchen, die Schmach des heutigen Tages zu rächen, dabei allerdings äußerst vorsichtig zu Werke gehen. Schließlich wollten sie die in Aussicht gestellten Belohnungen noch selbst genießen und nicht an ihre Erben weiter reichen.

***

Außer Sichtweite von Nottingham hielt Robins kleine Armee an, und er rief seine engsten Vertrauten zusammen.

»So, jetzt sind wir wieder dort, wo wir auch vor dem Kreuzzug waren. Hätten wir uns alles sparen können und viele von uns wären noch am Leben«, stellte Will Scarlett nüchtern fest. »Was hast Du denn jetzt vor? Wieso verschenkst Du einfach Huntingdon? Wäre das nicht der ideale Rückzugsort für uns alle?«

»Die Burg ist nie zu halten, rückt John mit Unterstützung von Chester und de Lacy an. Unsere beste Waffe war immer unsere Beweglichkeit und Unauffindbarkeit im Wald. Und so soll es auch wieder sein, nur viel weiter ausholend als früher. Von Sheffield bis

Huntingdon werden wir John und seinen Schergen zusetzen! In der Burg lassen wir nur eine kleine Besatzung die sich ebenfalls in die Wälder zurückzieht, sobald jemand Huntingdon besetzen will. Es kann aber durchaus sein, dass der Earl meine Warnung verstanden hat und die Finger von der Grafschaft lässt, die Richard mir übertragen hat. Wichtiger sind aber Loxley und Fenwick. Sie gilt es in erster Linie zu schützen. Ich will, dass immer eine Truppe in der Nähe der beiden Siedlungen ist und sofort Alarm gibt, will sich jemand daran vergreifen. Ansonsten haben wir nur eine Chance, zu unserer versprochenen Begnadigung zu kommen. Wir müssen alles dafür tun, Richards Lösegeld aufzutreiben. Deshalb reite ich noch heute mit dem erbeuteten Silber nach London zu Königin Eleonore. Nur dort werden wir auch die ganze Wahrheit erfahren.«

»Und was machen wir in der Zwischenzeit?«, erkundigte sich Little John, der gern klare Anweisungen hatte, auch wenn er durchaus bei Not am Mann selbst entschlussfreudig handeln konnte.

»Du übernimmst in meiner Abwesenheit das Kommando. Als erstes räumt Ihr Huntingdon und übergebt es wieder an den alten Kastellan. Dann verteilt Ihr Euch in drei Gruppen. Eine bleibt im Sherwood in unserem alten Versteck, eine geht in den Barnsdale Forest nach Norden und eine nach Westen in den Royal Forest. Aber alle bleiben ständig untereinander in Verbindung! Damit haben wir das ganze Gebiet von York über Doncaster, Nottingham und Derby unter Kontrolle und kein Silberpenny darf uns entgehen, wenn wir König Richard wiedersehen wollen.«

Begeistert stimmten seine Männer zu. Sie fühlten sich nach ihren Erfahrungen im Heiligen Land und dem heutigen Erfolg stark genug, es mit allen aufzunehmen, die sich ihnen entgegen stellen sollten.

»Gut, dann treffen wir uns bei den Dunwoldhöhlen, wenn Du zurück bist. Aber beeile dich! Nicht dass Du unterwegs auf Prinz John triffst und es doch noch zum Kampf kommt.«

Little John konnte es einfach nicht lassen, Robin ständig zu ermahnen. Der wandte sich zuerst einmal an seine Frau.

»Willst Du mit zur Königin oder lieber hier bei den Männern bleiben? Ich glaube, im Wald wäre es sicherer für dich.«

»Wir waren lange genug getrennt, jetzt verlässt Du mich gefälligst nicht schon wieder. Ich begleite Dich natürlich nach London.«

»Eigentlich war mir das doch von Anfang an klar«, dachte Robin bei sich. »Warum habe ich überhaupt gefragt?«

Laut sagte er dann:

»Ich brauche zwei Dutzend Männer als Begleitschutz für das Silber. Das müsste reichen. Sie sollen die besten Pferde nehmen, leichte Rüstungen und gute Waffen. Wir reiten so schnell wie möglich und ohne jede vermeidbare Rast. Ich werde erst wieder ruhig schlafen, wenn das Geld in den Kellern des Tower liegt.«

So trennte man sich und während Little John mit einem Teil der Männer Richtung Huntingdon zog, marschierten Will Scarlett und Much mit dem Rest nach Norden. Die Kavalkade mit Robin und Marian an der Spitze und den unter den schweren Lasten ächzenden Packpferden erreichte bald die Straße nach London und niemand wagte es, sich den wie der Wind dahinjagenden, entschlossen aussehenden Männern in den Weg zu stellen.

***

11. Kapitel

London / Sherwood, April – November 1193

»Schreibt, was ich Euch diktiere, und nicht, was Ihr glaubt, was ich meine!«, befahl die Königinmutter und Herzogin von Aquitanien ihrem verstörten Sekretär mit wutschnaubender Stimme. Walter de Coutances, William Marshal und der soeben vom Festland eingetroffene Baudouin de Bethune, die um sie herumstanden, zogen die Köpfe ein, denn wenn mit der Frau vor ihnen das Temperament durchging, wurde sie so unberechenbar wie ihr Sohn.

»Also, noch einmal von vorn! Ich, Eleonore, durch Gottes Zorn Königin von England, an Papst Coelestin in Rom! Ja Himmelherrgott noch Mal, was ist denn jetzt schon wieder?«, fluchte sie wie ein Fuhrknecht bei Unwetter dem Haushofmeister entgegen, der durch die Halle auf sie zugeeilt kam.

»Verzeiht, Madam, aber der Earl von Huntingdon bittet darum, unverzüglich empfangen zu werden. Er versichert, sein Anliegen duldet keinen Aufschub.«

»Es gibt schon seit zwanzig Jahren keinen Earl von Huntingdon mehr«, schnauzte Eleonore den Boten nicht sehr huldvoll an. »Es sei denn, Ihr meldet den König von Schottland. Aber dessen Kommen wäre mir mit Sicherheit angekündigt worden.«

»Madam, wenn Ihr gestattet«, meldete sich Baudouin de Bethune vorsichtig zu Wort.

»Ja?«, war das einzige, was er von der sonst so beherrschten Königin zu hören bekam.

»Euer Sohn hat vor Jaffa einen neuen Earl von Huntingdon ernannt.«

»Und wer bitte soll das sein? Spannt mich nicht auf die Folter!«

»Ich bin sicher, Ihr werdet überrascht sein«, wagte de Bethune einen Rückfall in alte Gewohnheiten, wo es in Eleonores Gegenwart wesentlich lockerer zugegangen war.

»In Gottes Namen, schickt ihn rein!«, befahl Eleonore, da stürmte Robin auch schon auf sie zu.

»Robert von Loxley!«, meinte die Königin überrascht bei seinem Anblick. »Man hatte mir den Earl von Huntingdon gemeldet.«

»Das ist der neue Earl von Huntingdon!«, erlaubte sich Baudouin de Bethune vorzustellen.

»Ihr? Ich glaube es nicht! Sollte mein Sohn doch von Zeit zu Zeit noch lichte Momente haben? Nach der Irrsinnsidee, durch Österreich heimzukehren, habe ich das ernsthaft bezweifelt!«

»Madam! Ist es wirklich wahr, dass der König in Deutschland gefangen gehalten wird und nur gegen ein immenses Lösegeld freigelassen werden soll?« Robin hielt sich nicht mit Förmlichkeiten und Vorreden auf.

»Das ist richtig. Und warum wart Ihr nicht bei ihm, wo ich Euch doch gebeten hatte, nicht von seiner Seite zu weichen?«

»Wenn ihr verzeiht, Madam?«, mischte sich de Bethune erneut ein, bevor Robin ob der ungerechtfertigten Anschuldigung ein falsches Wort sagen konnte. »Sir Robert hat Euren Sohn ebenso wie ich beschworen, nicht ohne den Schutz des Heeres zu reisen und sich ihm natürlich auch als Begleitung angeboten. Doch der Befehl des Königs war unmissverständlich und eindeutig. Er durfte nicht bleiben.«

Eleonores Miene hellte sich etwas auf, aber übermäßig freundlich blickte sie immer noch nicht drein.

»Ich weiß ja, wie Richard sein kann! Aber jetzt dürfen wir sehen, wie wir ihn da wieder herausbekommen. Woher wisst Ihr eigentlich von dem Lösegeld? Ich habe es ja selbst gerade erst durch ein Schreiben von zwei Äbten erfahren, das Baudouin de Bethune als Bote des Kaisers überbracht hat.«

»Da scheint Euer Sohn John bessere Informanten zu haben. Er wollte die Barone in Nottingham auf sich einschwören und hat die unglaubliche Summe von einhundertfünfzigtausend Mark Silber genannt.«

»Dieser elende Mistkäfer!« Eleonore sprach nicht gerade hochachtungsvoll von ihrem Jüngsten. »Er muss es von Philipp wissen. Als ich gerade in Winchester war, hat John versucht, den Kronrat zu entmachten. Sie sollten ihm als neuem König den Treueeid schwören. Das muss man sich mal vorstellen! Doch William Marshal hat ihm was gehustet. Jetzt versucht er es also in Nottingham! Hoffentlich hat er da auch nicht mehr Erfolg.«

Die Königin klang besorgt.

»Ich glaube kaum, dass er mit viel Unterstützung rechnen kann. Er hatte sich seinen Auftritt wohl etwas anders vorgestellt.«

Eleonore zog fragend eine Augenbraue in die Höhe. Notgedrungen machte sich Robin daran, wahrheitsgemäß Bericht zu erstatten. Die anwesenden Männer des Kronrates hörten interessiert zu und konnten sich nur mit Mühe und aus Respekt vor der Königin zurückhalten, in lautes Gelächter auszubrechen.

»Falls Ihr Euch weiter so mit John anlegt, habt Ihr vielleicht einmal ein echtes Problem, sollte er eines Tages womöglich doch König werden. Aber Ihr hattet sicher recht. Wenn die Barone die Achtung vor ihm verlieren, werden sie ihn auch nicht unterstützen. Von wenigen Ausnahmen einmal abgesehen. Doch mit denen werden wir fertig. Wenn ich nur wüsste, wie ich diese riesige Summe aufbringen soll? Schon bei unserem ersten Zusammentreffen mit dem Kaiser in Italien war mir klar, diesen Mann mag ich nicht! Schleimig wie eine Giftkröte! Er hat jede Menge Probleme mit den Fürsten im eigenen Land und will sie jetzt mit Richards Hilfe und vor allem Geld besänftigen oder kaufen.«

»Ein bisschen was davon habe ich schon mitgebracht«, meinte Robin bescheiden. »Wenn ihr einmal schauen wollt.«

Die Königin und ihre Berater traten an die hohen Bogenfenster und blickten auf die kleine Karawane, die unten auf dem Hof hielt. Die Männer saßen ebenso wie Marian immer noch im Sattel und hatten die Packpferde umringt. Nur der Königin selbst wollten sie ihre Beute übergeben.

»Was habt Ihr denn da so Wertvolles auf den Pferden, dass Eure Gefährten sie gar nicht aus den Augen lassen? Und ist nicht auch Eure Frau dabei?«

»Ganz recht, Madam. Sie war nicht davon abzuhalten. Wir haben Euch sechs Traglasten gemünztes Silber aus den Kellern von Nottingham gebracht. Es sind die Steuern, die Euer Sohn John erhoben hat, um damit angeblich den Kreuzzug zu finanzieren. Und dann werdet Ihr noch Geschmeide, Edelsteine und allerlei andere Wertgegenstände finden. Wir waren so frei, sie unter den Edlen in Nottingham einzusammeln. Auch Prinz John hat sich dankenswerter Weise, wenn auch nicht ganz freiwillig, beteiligt.«

Eleonore, welche die Siebzig schon weit überschritten hatte, eilte die Treppe in den Hof hinunter, als wäre sie ein junges Mädchen. Sie winkte Marian und ihren Begleitern einen Gruß zu, ohne sich allerdings im Moment weiter mit ihnen zu beschäftigen. Dann untersuchte sie eigenhändig die Traglasten und von Truhe zu Truhe hellte sich ihr Gesicht mehr auf.

»Auch wenn das noch lange nicht reicht, so ist es doch zumindest ein Anfang«, seufzte sie beim Anblick des vielen Silbers und der anderen Kleinodien. »Ich danke Euch von Herzen, Sir Robert. Auch wenn Ihr dadurch wieder zum Räuber geworden seid.«

»Ich ein Räuber?« Robin war wirklich empört. »Wie nennt Ihr dann den Herzog von Österreich und den Deutschen Kaiser, die einem Land den König und einem ganzen Volk seinen Reichtum stehlen?«

»Ich nenne sie Diebe, Geschmeiß, Hundsfott, widerwärtigen Auswurf und was mir sonst noch so einfällt. Aber Hubert Walter, der sich gerade in Speyer aufhält und mit ihnen verhandelt, wird hoffentlich diplomatischere Worte finden.«

Robin musste über die drastischen Ausdrücke schmunzeln, die so ganz das südländische Temperament Eleonores wiedergaben. Er half Marian vom Pferd, die vor der Königin anmutig knickste. Dann winkte er nach dem Rapphengst Saladins.

»Madam, das, was Ihr hier seht, kommt von den Bürgern aus Nottinghamshire, die bis auf das Blut ausgeplündert wurden. Meine Frau und ich möchten natürlich auch unseren Beitrag leisten und Euch diese beiden wertvollen Pferde übergeben, die mir der König im Heiligen Land geschenkt hat. Dieses Schwert, dessen Scheide voller Edelsteine ist und das aus einem ganz besonderen Stahl in Damaskus geschmiedet wurde, habe ich selbst erbeutet. Es gehört Euch. Und vor allem geben wir dem König die Grafschaft Huntingdon zurück. Nehmt sie und legt die Einnahmen daraus zu Richards Lösegeld als unseren Beitrag.«

Die Königin sah die beiden vor sich lange an.

»Solange mein Sohn solche Freunde hat, braucht mir um ihn nicht bange zu sein«, meinte sie dann endlich. »Das Schwert behaltet, Sir Robert. Es kann Richard in Eurer Hand noch gute Dienste leisten. Und Eurer Frau soll die Stute als Ausgleich dafür gehören, dass Ihr solange von ihr getrennt wart. Sie sah so wunderschön darauf aus! Der Anblick hat mein altes Herz richtig erfreut. Den Rappen nehme ich allerdings gern. Ein derart edles Pferd, welches noch dazu einem Sultan gehört hat, wird eine stolze Summe bringen. Doch was bitte, soll ich mit eurer Grafschaft? Das Verschenken von Lehen scheint gerade in Mode zu kommen! Sowohl William Marshal, wie auch Baudouin de Bethune, haben mir ihre auch schon angeboten. Es gibt nur niemanden, der das Geld hätte, sie zu kaufen. Wir müssen einen anderen Weg finden. Doch darüber lasst uns drinnen beraten. Hier wird es mir langsam zu kühl. Ich bin schließlich nicht mehr die Jüngste!«

Die Königin, die immer öfter mit ihrem Alter kokettierte, gab Befehl, den Schatz in die Keller von Westminster zu schaffen, bevor er endgültig im Tower verwahrt wurde. Sie ließ für Marian eine Kemenate in der Nähe ihrer eigenen Gemächer herrichten, wo sie sich ausruhen und ein Bad nehmen konnte. Dankbar nahm Robins Frau an, denn sie fühlte sich merkwürdig erschöpft und auch leicht unwohl.

Die Männer bat die Königinmutter wieder zu sich, um die Beratungen fortzusetzen, und dem Earl von Huntingdon wurde bedeutet, sich anzuschließen. Ab sofort gehörte er zum erlauchten Kreis ihrer engsten Vertrauten, und das war manchmal mehr Fluch als Ehre.

»Ich war gerade dabei, einen Brief an den Papst zu diktieren. Coelestin hat zwar Leopold exkommuniziert, aber an den Kaiser traut er sich offenbar nicht heran. Das lasse ich ihm aber nicht durchgehen! Schließlich haben die Päpste zum Kreuzzug aufgerufen und sind jetzt für den Schutz der Kreuzfahrer auch verantwortlich!«

»Ihr solltet aber vielleicht nicht gleich mit der Loslösung der Kirche Englands von Rom drohen«, erlaubte sich der bedächtige Walter de Coutances anzumerken. »Eure Worte sind deutlich genug, und ich denke, der Papst wird sie verstehen. Doch was soll er denn tun? Kaiser Heinrich wird sicherlich bald wieder durch Italien nach Sizilien ziehen, um es endgültig für sich einzunehmen. Wenn Coelestin ihn zu sehr reizt, besucht ihn dann der Deutsche womöglich in Rom, und das nicht nur aus Höflichkeit.«

»Was glaubt Ihr eigentlich, wie egal mir das ist! Eure Einwände mögen ja berechtigt sein, aber er soll gefälligst alles in seiner Macht stehende tun, damit Richard frei kommt. Sonst sind die Päpste mit dem Interdikt doch auch nicht zimperlich und werfen damit nur so um sich. Jetzt wäre es einmal eine wirksame Waffe, denn die deutschen Fürsten warten nur darauf, um den verhassten Kaiser loszuwerden. Und da bleibt dieses scharfe Schwert einfach in der Scheide!«

»Zugegeben, der Staufer hat viele Feinde. Vor allem die Welfen sowie die Fürsten und Bischöfe am Niederrhein. Aber eben auch starke

Verbündete im Süden. Man muss versuchen, diese geschickt gegeneinander auszuspielen«, gab William Marshal zu bedenken.

«Hat eigentlich schon mal jemand daran gedacht, den König zu befreien, statt ihn auszulösen?«, stellte Robin die berechtigte Frage, für die er aber nur mitleidige Blicke erntete.

»Sie schleppen ihn ständig von einem Ort zum anderen«, erklärte Baudouin de Bethune, der ja mit Richard gemeinsam gefangen genommen worden war. »Zuerst hatte man uns auf Burg Dürnstein oberhalb der Donau eingesperrt. Ein gruseliges Loch! Dann brachte man uns nach Regensburg, und Leopold wollte König Richard an Heinrich übergeben. Doch die beiden konnten sich nicht über den Anteil des Herzogs am Lösegeld einigen, und so mussten wir wieder nach Österreich zurück. Dort hat man Blondel de Nesle und mich frei gelassen und davongejagt. Nur Kaplan Nikolas durfte bei Richard bleiben, um ihm geistlichen Trost zu spenden. Blondel, der als Sänger unauffällig herumreisen kann und sich durch das Vortragen seiner Balladen über Wasser hält, versucht den Kontakt zum König aufrechtzuerhalten und in seiner Nähe zu bleiben. Die letzte Nachricht kam aus Ochsenfurt am Main. Dort haben zwei vom Kronrat ausgeschickte Äbte Richard gefunden. Sicherlich ist er aber schon wieder woandershin verschleppt worden. Ihr könntet mit einem Trupp jahrelang durch Deutschland ziehen, ohne den König zu finden! Und ob man ihn dann tatsächlich befreien kann, steht noch auf einem ganz anderen Blatt.«

»Diese Überlegung führt zu gar nichts«, schaltete sich Eleonore ein. »Uns bleibt nichts weiter übrig, als zu verhandeln, wollen wir das Leben meines Sohnes nicht gefährden. Hubert Walter ist von Italien nach Worms gereist und wird sein Möglichstes tun, die Forderungen herunterzuschrauben. Gleichzeitig werden wir versuchen, über den Papst und die deutschen Fürsten Druck auf den Kaiser auszuüben. Man muss sich das einmal vorstellen! Er fordert fünfunddreißig Tonnen Silber! Sir Robert, wenn auf jedem Eurer Packpferde ein Zentner war, bräuchten wir siebenhundert davon! Wie wir das schaffen sollen, ist mir schleierhaft.«

»Madam, denkt über meinen Vorschlag nach, von jedem Freien im angevinischen Reich eine Steuer in Höhe eines Viertels seines Besitzes zu erheben. Nach meinen Berechnungen würden wir dann das

Lösegeld aufbringen können, und es wäre nur gerecht, weil jeder den gleichen Teil geben müsste.«

Walter de Coutances warb für seine Idee, doch William Marshal widersprach ihm.

»Gerade die Mächtigen würden ihre Reichtümer verstecken und die leeren Hände vorzeigen. Wenn Ihr den einfachen Bürgern, die diese Möglichkeit nicht haben, ein Viertel ihres Besitzes nehmt, treibt Ihr sie an den Bettelstab. Oder was meint Ihr, Sir Robert?«

»Der Earl von Pembroke hat völlig recht», stimmte Robin zu. »Nehmt mich als Beispiel. Gebe ich ein Viertel meines Besitzes, habe ich immer noch Dreiviertel mehr als vor dem Kreuzzug. Aber nehmt Ihr es nach all den Steuern und Abgaben von den Bauern, verhungern sie. Also werden sie den König, den sie jetzt lieben, hassen und verfluchen. Was man damit erreichen würde, wäre nur eine Welle von Bettlern, die durch das Land zöge, auf der Suche nach Almosen. Und wer bestellt dann im nächsten Jahr die Felder? Die Folge wäre eine Hungersnot ungeahnten Ausmaßes!«

Nachdenklich rieb sich Eleonore über das Kinn.

»Zuerst war ich geneigt, dem Kanzler zuzustimmen. Doch was Ihr sagt, hat auch viel für sich. Nur löst es nicht unser Problem. Irgendwoher muss das Geld ja kommen. Die Juden können wir auch nicht heranziehen. Nach dem Pogrom zu Richards Krönung haben viele von ihnen das Land verlassen.«

»Ohne den Kreuzzug wäre der König nicht in dieser Lage. Lasst doch in erster Linie die Schuldigen dafür bezahlen.«

Alle sahen Robin fragend an.

»Wen? Die Sarazenen und Saladin?«, fragte Baudouin de Bethune verblüfft.

»Nein, die Kirche! Schließlich waren es doch ihre Priester und Prediger, allen voran der Papst, die zum Heiligen Krieg aufgerufen haben. Und jetzt sind sie nicht in der Lage oder weigern sich die Männer zu schützen, die jahrelang für den von ihnen vertretenen Glauben gekämpft haben!»

»Ihr wollt die Kirchenschätze rauben?« Walter de Coutances war völlig fassungslos.

»Baudouin, Ihr wart mit mir gemeinsam in Palästina. Und auch Ihr, Sir William, habt dort gelebt und gekämpft. Hat einer von Euch, den Sultan vielleicht ausgenommen, einmal gesehen, dass die Menschen im Heiligen Land von silbernen Tellern gegessen oder aus goldenen Pokalen getrunken haben? Dass sie in kostbaren, mit Perlen und Edelsteinen bestickten Gewändern herumlaufen? Ich jedenfalls nicht. Unser Herr Jesus Christus und seine Jünger haben es sicherlich auch nicht getan. Warum tun es dann ihre Nachfolger? Nirgends gibt es so viel Gold und Silber wie in den Kirchen und Klöstern. Lasst es uns einsammeln und den Rest von denen nehmen, die viel haben und trotzdem gut weiterleben können. Das ist mit Sicherheit ergiebiger, als den Bauern das letzte Ferkel oder Huhn aus den Ställen zu holen oder gar das Saatgetreide zu stehlen. Dann haben wir nämlich alle nächstes Jahr nichts mehr zu essen.«

Der Kanzler sah Robin mit großen Augen an.

»Ihr meint das tatsächlich ernst? Aber wenn Ihr das tut, dann steht bald ganz England unter dem Interdikt!«

»Und?«, schaltete sich Eleonore ein. »Meine beiden Ehemänner wurden vom Papst exkommuniziert und sind damit auch fertiggeworden. Außerdem würde Coelestin es sich reiflich überlegen. Wenn er schon nicht gegen den Kaiser vorgehen kann, wird er uns Zugeständnisse machen müssen. Ich neige dazu, mich dem Vorschlag anzuschließen. Lasst uns eine Nacht darüber schlafen und morgen weiter beraten.«

Es war allgemein bekannt, dass Eleonore nicht zu übermäßig großer Frömmigkeit neigte. Von ihrem ersten Mann hatte sie sich in erster Linie deswegen scheiden lassen. Sie galt als weltoffen, förderte Künste und Wissenschaften und ihrem Musenhof in Poitiers sagte man nach, dass es dort zuweilen recht frivol zugegangen war.

Die Damen des Hofstaates versammelten sich um die Königin zum Nachtmahl, und auch Marian wurde dazu geladen. Robin speiste mit William Marshal und Baudouin de Bethune und kam endlich dazu, die ihn brennend bewegenden Fragen zu stellen.

»Wie zum Teufel kamt Ihr denn überhaupt nach Österreich? Wir waren beide dabei, wie Herzog Leopold dem König in Akkon Rache schwor! Und dann ausgerechnet durch dessen Länder zu reiten grenzt ja schon an sträflichen Leichtsinn!«

Robins Kampfgefährte aus zahlreichen Gefechten im Heiligen Land winkte nur resignierend ab.

»Wem sagt Ihr das? Aber erklärt es einmal Richard! Was der sich in den Kopf gesetzt hat, führt er auch durch. In Brindisi haben wir erfahren, dass man überall Befehl hat, uns gefangen zu setzen. Trotzdem wollten wir eigentlich an der Küste der Provence landen und uns dann nach Aquitanien durchschlagen. Doch ein Sturm trieb das Schiff immer tiefer in die Adria hinein und der König nahm es für ein Zeichen Gottes. Er muss ihn da aber gründlich missverstanden haben. In der Nähe von Aquilea sind wir dann an Land gegangen. Richard wollte über Ungarn und Böhmen nach Sachsen zu seinem Schwager Heinrich dem Löwen. Dazu mussten wir aber erst einmal durch Österreich. Der König war der Meinung, wir würden schon nicht auffallen und gab sich als Kaufmann Hugo aus. Er und nicht auffallen! Fast zwei Yard groß und rothaarig wie ein Wikinger. Dazu warf er noch mit byzantinischen Goldbesants nur so um sich. In Edberg bei Wien haben sie uns dann erwischt. Der König saß selbst am Feuer und drehte einen Kapaun am Spieß, als die Büttel erschienen. Denen hätte er sich aber nie ergeben, und so holten sie den Herzog selbst. Niemals hätten wir vermutet, was dann dieser angeblich so tugendhafte Leopold uns Kreuzfahrern antat! Noch am gleichen Tag hat er uns in die Festung Dürnstein bringen lassen. Das Weihnachtsfest durften wir in einem eiskalten, feuchten Verließ feiern!«

»So verhält sich ein christlicher Fürst!«, empörte sich William Marshal. »Da konnte man ja unter den Sarazenen mit mehr Mitgefühl rechnen.«

»Na ja«, erinnerte sich Robin. »Meine Gefangenschaft bei den Assassinen war auch kein Zuckerschlecken.«

»Um dem ganzen den Anschein einer gewissen Rechtmäßigkeit zu geben, hat man den König mit den unsinnigsten Anklagen konfrontiert«, fuhr Baudouin de Bethune fort. »Unter anderem, dass er mit Tankred in Sizilien ein Bündnis eingegangen ist. Man warf ihm die Eroberung von Zypern vor und behauptete, er hätte das Heilige Land verraten und mit Saladin kollaboriert. Und die größte Lüge war, Richard soll den Assassinen den Auftrag gegeben haben, Konrad von Montferrat zu töten!«

Robin war völlig sprachlos.

»Aber nichts davon ist wahr! Habt Ihr denn nicht für Richard gesprochen, Ihr wart doch überall dabei?«

»Es wurden gar keine Zeugen gehört. Der Kaiser schreckte wirklich vor nichts zurück. Nur fiel ihm diese Ungeheuerlichkeit letztendlich auf die eigenen Füße. Bei der Gerichtsverhandlung vor den deutschen

Fürsten hat der König so überzeugend argumentiert, dass alle Anklagepunkte fallen gelassen werden mussten und Heinrich gezwungen war, ihm zähneknirschend den Friedenskuss zu geben. Jetzt hätte er ihn eigentlich ziehen lassen müssen, doch er hält ihn weiter fest und beharrt gegen jedes Recht und Gesetz auf dem Lösegeld. Übrigens hat der französische König über seinen Botschafter Philipp von Dreux angeboten, die Summe zu bezahlen und noch etwas draufzulegen, wenn man ihm Richard ausliefert.«

»Dieser Bischof war mir schon in Palästina mehr als unsympathisch«, knurrte Robin.

»Es ist doch unglaublich, welcher Schacher hier getrieben wird«, empörte sich William Marshal. »Einem Bettler, der einen Kanten Brot stiehlt, hackt man die Hand ab. Hier stiehlt man die Zukunft eines ganzen Landes und wir sollen auch noch still schweigen, um die Verhandlungen nicht zu gefährden.«

»Was sagt eigentlich Berengaria dazu und wo ist sie überhaupt?«

»Sie hat sich mit Richards Schwester Joan von der Champagne nach Le Mans durchgeschlagen und versucht in der Normandie, Aquitanien, Navarra und sogar Kastilien Geld für ihren Mann aufzutreiben. Ich habe die Königin nur kurz gesehen, aber sie war völlig verzweifelt, wie Ihr Euch vorstellen könnt. Sie hatte endlich auf eine ruhige Zeit mit Richard gehofft, und nun so etwas!«

Die Männer schauten trübsinnig in ihre Weinbecher, und jeder hing seinen eigenen Gedanken nach. Wie das alles enden würde, wusste wahrscheinlich nur Gott allein.

***

An Eleonores Tafel ging es etwas weniger ernst zu. Das lag aber vor allem daran, dass viele der geladenen Damen einfach zu oberflächlich waren, die Bedrohlichkeit der Lage überhaupt zu erkennen.

»Kein Wunder«, dachte Marian. »Wer sich den ganzen Tag über nur mit seinem Stickrahmen und der neusten Mode bei Hofe beschäftigt, dessen Horizont muss einfach begrenzt bleiben.«

Allerdings nahm sie den Gedanken innerlich gleich wieder zurück und schalt sich selbst wegen ihrer Ungerechtigkeit. Viele Männer sprachen einfach mit ihren Frauen nicht über Politik oder Geschäfte. Woher sollten sie dann auch wissen, was in der Welt vor sich ging.

Glücklicherweise war Robin da ganz anders. Sie allerdings hätte sich auch niemals an den Herd verbannen lassen oder sich ausschließlich der Handarbeit und wohltätigen Werken gewidmet, wie es die Kirche eigentlich erwartete.

Isabel de Clare, die junge Frau von William Marshal, machte da eine rühmliche Ausnahme. Sie plauderte offen mit Eleonore und zeigte dabei, dass sie über alles eingeweiht war und ihr Mann offensichtlich keine Geheimnisse vor ihr hatte. Damals, bei ihrer Hochzeit, war sie zwar ein strahlendes, junges Mädchen gewesen, aber jetzt, nachdem sie bereits zwei Kinder geboren hatte, zu einer beeindruckenden Schönheit herangereift. Dabei war sie genau so wenig dünkelhaft wie ihr Mann, und Marian hätte sich gern mehr mit ihr unterhalten, wenn ihr nicht die ganze Zeit über so speiübel gewesen wäre. Das kannte sie gar nicht an sich und führte es auf den Fisch zurück, den man ihnen gestern Abend in dem Gasthof an der Themse vorgesetzt hatte.

Eleonore, der kaum etwas entging und die trotz ihrer Sorgen immer einen Blick für die Menschen in ihrer Umgebung hatte, beugte sich zu Marian herüber.

»Geht es Euch nicht gut, mein Kind?«, erkundigte sie sich fürsorglich. Sie hatte Marian ein wunderschönes, flaschengrünes Seidenkleid geschenkt und ihr eine Zofe geschickt, die ihre blonde Mähne gebändigt und kunstvoll frisiert hatte. Eigentlich sollte die neue Countess von Huntingdon heute Abend der strahlende Mittelpunkt sein, doch statt dessen schwieg sie ganz ungewohnt und sah recht blass um die Nase aus.

»Ich bitte um Vergebung, Madam, wenn ich keine gute Gesellschafterin bin«, entschuldigte sich Marian. »Aber ich muss mir wohl den Magen verdorben haben. Sicherlich war der Hecht gestern nicht mehr frisch.«

Isabel de Clare schenkte ihr von der gegenüberliegenden Seite des Tisches ein Lächeln.

»Es kann aber auch andere Ursachen haben. Bei meinem Sohn war mir von Anfang an und dann noch lange Zeit kotzübel«, erklärte sie völlig ungeniert. »Mädchen scheinen unkomplizierter zu sein. Meine Tochter Maud habe ich kaum gespürt. Oder was meint Ihr, Madam?«

Eleonore, Mutter von zehn Kindern, lächelte vor sich hin. Sie schätzte die beiden Frauen an ihrer Seite, die sie in ihrer Ungezwungenheit an sich selbst in ihrer Jugend erinnerten.

»Wenn es Euch morgen nicht besser geht, schicke ich Euch Josef von Salamanca, damit er nach Euch schaut. Doch vielleicht seid Ihr tatsächlich schwanger und nicht krank. Habt Ihr überhaupt schon einmal daran gedacht?«

Marian fiel es wie Schuppen von den Augen. Aber da sie nach ihrer Fehlgeburt nie wieder guter Hoffnung gewesen war, hatte sie die Gedanken daran völlig verdrängt. Natürlich, ihr Monatsfluss war auch schon längst überfällig. Sie wurde richtig rot vor Scham, so ärgerte sie sich. Bei keiner ihrer Stuten wäre ihr das entgangen, nur sie selbst kam nicht auf die naheliegendste Idee. Jetzt, wo sie wusste, woran es lag, ging es ihr sofort besser, und die Freude verdrängte jedes Unwohlsein.

»Danke, Madam!«, entfuhr es ihr mit einem Seufzer der Erleichterung. »Und auch Euch, Isabel. Ihr habt mir gerade die Augen geöffnet. Manchmal ist man wie vernagelt und sieht den Wald vor lauter Bäumen nicht. Und ich dachte, ich hätte eine Fischvergiftung! Mein Gott, ist das peinlich!«

Eleonore lachte, dass ihr die Tränen über die Wangen rollten, und die Countess von Pembroke und auch Marian stimmten herzhaft ein. Die anderen Damen, die von dem Gespräch nichts mitbekommen hatten, schauten pikiert herüber. So etwas gehörte sich schließlich nicht am Tisch der Königin. Aber kein Wunder, bei dem Volk, mit dem sie sich in letzter Zeit umgab. Es war einfach ein Skandal!

***

Als Robin in ihr gemeinsames Schlafgemach trat, saß Marian vor dem Spiegel und kämmte gedankenversunken ihr Haar. Er blieb im Türrahmen stehen und konnte sich gar nicht satt genug an seiner Frau sehen. Wenn das überhaupt möglich war, wuchs seine Liebe zu ihr noch Tag für Tag ein bisschen mehr. Auch wenn er es sehr schätzte, dass Marian nicht zimperlich war und sich zu Pferd und in Männerkleidung wie einer der besten Ritter Richards zu bewegen wusste, so sah er sie doch auch gern in einem eleganten Kleid, was allerdings zu seinem Leidwesen recht selten vorkam. Langsam näherte er sich ihr, umfasste zärtlich ihre straffen Schultern und versenkte sein Gesicht in ihrem duftenden Haar.

»Manchmal scheint Gott auch die Gebete von Männern zu erhören, deren Glaube nicht gerade der festeste ist«, murmelte Marian vor sich hin.

Robin, der nicht verstand, was sie meinte, gähnte herzhaft. Es war vielleicht ein Becher Wein zu viel gewesen und jetzt sehnte er sich nur noch danach, sich lang auszustrecken und die Augen schließen zu können.

»Bitte keine Gebete heute Abend und auch keinen Besuch der Frühmesse morgen«, flüsterte er an ihrem Ohr. »Ich will mal eine Nacht ohne die Hand am Schwert schlafen und mich im Morgengrauen noch einmal umdrehen.«

»Wenn Gott alle Wünsche der Kreuzfahrer so erfüllt wie Deine, werden wir hoffentlich bald ein sehr glückliches Land sein«, fuhr seine Frau fort in sybillinischen Rätseln zu sprechen.

»Marian, ich verstehe kein Wort! Ich gehe jetzt ins Bett und sehe Dir gern dabei zu, wie Du Dich entkleidest. Doch wenn Du noch lange brauchst, Dich zu mir zu legen, bin ich mit Sicherheit eingeschlafen.«

Seine Frau legte den Kamm beiseite, drehte sich herum und verschränkte ihre Hände in seinem Nacken. Dann schaute sie ihrem Mann tief in die Augen, küsste ihn sanft auf den Mund und meinte:

»Ihr seid aber heute Abend schwer von Begriff, Sir Robert von Loxley. Dann muss ich es eben so sagen, dass es auch ein leicht angetrunkener Earl versteht. Wir bekommen ein Kind!«

Robin konnte nicht länger in der gebückten Haltung vor ihr stehen und sank auf die Knie. Für einen Moment sah es so aus, als hätte die frohe Kunde ihn glatt umgehauen. Sprachlos sah er zu seiner Frau auf, und es dauerte geraume Zeit, bis er seine Worte wiederfand.

»Und du bist dir ganz sicher?«, brachte er mühsam hervor.

Marian dachte gar nicht daran zuzugeben, dass sie erst von anderen darauf gebracht worden war. So etwas hatte eine Frau gefälligst selbst zu merken, und Robin würde wohl kaum bei Eleonore nachfragen.

»Ich glaube schon! Du kannst da durchaus meinem weiblichen Instinkt vertrauen. Aber wenn Du bei dem da oben schon so einen Stein im Brett hast, solltest Du ihn vielleicht öfters um etwas bitten.«

»Gleich morgen früh um Richards Heimkehr! Hoffentlich strapaziere ich aber seine Geduld nicht über. Ich fasse es nicht! Hat sich der ganze Kreuzzug womöglich doch noch gelohnt!«

Robin sprang auf die Beine, packte seine Frau bei den Hüften und drehte sich mit ihr im Kreise, bis sie beide wie Mehlsäcke auf das Bett plumpsten und sich vor Lachen kaum halten konnten. Vorsichtig strich er mit seiner Hand über den Bauch seiner Frau, als wollte er erkunden, ob er sich ihm schon entgegen wölbte.

»Da wirst Du frühestens in zwei bis drei Monaten etwas fühlen«, schmunzelte Marian. »Mir graust davor auszusehen wie eine tragende Stute, und Du kannst es offenbar gar nicht abwarten.«

»Für mich bist und bleibst Du die schönste Frau der Welt! Und daran ändert mit Sicherheit auch ein gerundeter Bauch nicht das Geringste«, beteuerte Robin, und für solche Worte liebte ihn seine Frau immer wieder aufs Neue.

***

Am nächsten Tag versammelten sich die Mitglieder des Kronrates und die Vertreter des Hochadels in der großen Halle von Westminster, um die Beratungen fortzusetzen, doch die Königin ließ auf sich warten. Als sie endlich in den Saal gestürmt kam, befanden sich in ihrer Begleitung zwei Zisterzienseräbte, die in dieser Nacht aus Deutschland kommend eingetroffen waren.

»Wir haben Nachricht von Richard!«, rief sie den Wartenden zu und wedelte mit dem Brief, der ihr gerade überbracht worden war. »Auf dem Reichstag zu Speyer sind die Bedingungen für die Freilassung meines Sohnes endgültig festgelegt worden. Der Kaiser teilt die Summe von einhundertfünfzigtausend Mark Silber in drei Raten auf. Die erste muss bis zum Michaelitag im September bezahlt werden, die zweite bis zum Beginn der Osterfastenzeit im nächsten Jahr. Hat er zwei Drittel erhalten, lässt er den König frei. Für das letzte Drittel müssen wir Geiseln stellen, vierzig für den Kaiser und sieben für den Herzog von Österreich.«

Baudouin de Bethune hielt es nicht auf seinem Stuhl.

»Verfügt über mich, Madam!«, rief er mit lauter Stimme in die Runde und erntete dafür ein Lächeln der Königin und böse Blicke manch anderer Barone.

»Mein Sohn hat auch klare Anweisungen erlassen, wie das Lösegeld zu beschaffen ist. So sollen unter anderem alle Gold – und Silbergerätschaften der Kirchen und Klöster eingezogen werden.«

Eleonore schaute betont langsam von dem Schreiben auf und sah zuerst zu Robin hinüber, der hörbar tief ausatmete. Hatte er doch seinen König wieder einmal richtig eingeschätzt. Dann blickte sie zu Walter de Coutances und konnte sich nicht verkneifen anzumerken:

»Womit sich Eure Einwände von gestern wohl erledigt hätten, Kanzler!«, bevor sie fortfuhr.

»Orden, die nach ihren Regeln keinen Besitz haben dürfen, steuern Naturalien bei. So haben sich die Zisterzienser, wie mir die beiden Äbte versicherten, schon jetzt bereiterklärt, ihren gesamten Jahresertrag an Schafwolle zu spenden. Des Weiteren will der König von jedem einzelnen der Edlen im Reich detailliert wissen, was dieser für seine Freilassung gegeben hat, damit er später weiß, ich zitiere: „inwieweit wir jedem Dank schulden". Dazu brauche ich sicherlich nicht mehr zu sagen!«

Eleonore musterte die Männer im Saal mit festem Blick, von denen sich die meisten bereits innerlich von einem Großteil ihres Vermögens verabschiedeten. Sie war aber noch nicht fertig, denn die Liste der notwendigen Grausamkeiten war lang.

»Auf die Einkünfte und das bewegliche Vermögen aller Freien erheben wir eine Sondersteuer von fünfundzwanzig Prozent. Ausgenommen davon bleibt, um die Einwände der Earls von Pembroke und Huntingdon zu berücksichtigen, was die Menschen dringend zum Überleben brauchen. Die Sheriffs werden angewiesen, streng darauf zu achten, dass niemand von seinem Land vertrieben oder dem Hunger preisgegeben wird.«

Das Raunen der Anwesenden im Saal erreichte langsam Orkanstärke. Robin hingegen saß sprachlos auf seinem Stuhl, hatte die Königin doch gerade vor aller Ohren seinen Titel bestätigt, ihn in eine Reihe mit den Granden des Reiches gestellt und ganz nebenbei erwähnt, dass sie seinen Ratschlägen zu folgen gedachte. William Marshal zwinkerte ihm verschwörerisch zu und nach dem gestrigen Abend war er sich nicht sicher, ob er so viel Glück wirklich verdiente.

»Das waren bisher die guten Nachrichten«, verkündete Eleonore, und mehrere Lords stöhnten laut hörbar auf. Einer von ihnen murmelte, aber so, dass ihn alle in seiner Nähe verstanden:

»Ich glaube kaum, dass ich noch weitere, gleich welcher Art, verkrafte. Zumindest nicht ohne eine entsprechende Stärkung.«

»Die sollt Ihr nachher schon bekommen, Sir Gerald«, wies ihn die Königin zurecht und stellte damit unter Beweis, trotz ihres hohen Alters noch über ein hervorragendes Gehör zu verfügen.

»König Philipp greift unsere Besitzungen in der Normandie an und bereitet sogar eine Invasion Englands vor! Auf dem Festland leistet ihm Mercadier bisher erfolgreich Widerstand. Auf dieser Seite des Kanals werden wir die Küstenbefestigungen verstärken und Soldaten ausheben müssen. Ihr seht also alle, wie wichtig es ist, dass König Richard bald wieder zurückkehrt. Er wird dann die Treuen zu belohnen und Verräter zu bestrafen wissen.«

»Madam, nicht jeder Bischof wird tatenlos zusehen, wie die Kirchenschätze abgeführt werden. Vor allem glaube ich kaum, dass Ihr den Erzbischof von York dazu überreden könnt«, wandte der Earl von Arundel ein.

»Das lasst ruhig meine Sorge sein!«, entgegnete Eleonore selbstbewusst. »Mit dem Sohn meines verstorbenen Mannes werde ich schon fertig!«

Geschickt verwies sie darauf, dass Geoffrey von York zwar König Henrys, aber nicht ihr Kind war. Allerdings kannten ihn alle als äußerst streitsüchtig und kriegerisch. Leicht würde es sicherlich nicht werden, ihm etwas für seinen ungeliebten Halbbruder abzuringen.

Es ging noch eine Weile hin und her, doch da am Willen der Königin nicht zu rütteln war, trennte man sich bald, um die Beschlüsse so schnell wie möglich in die Tat umzusetzen. Nicht jeder stand auf Richards Seite, und manch tiefer Graben ging sogar durch die Familien. So tat William Marshal alles in seiner Macht Stehende, damit der König so schnell wie möglich nach Hause kommen konnte und spendete dafür große Teile seines Besitzes, während sein älterer Bruder die große und wichtige Festung Marlborough Castle für Prinz John hielt.

Robin drängte mit den anderen Männern aus dem Saal, als er plötzlich am Ärmel festgehalten und angesprochen wurde.

»Musste das in Nottingham wirklich sein, Huntingdon?«, blaffte ihn der Earl von Derby an. Mit dem Namen einer Burg oder Grafschaft angesprochen zu werden, daran musste sich Robin erst gewöhnen. Von Robert Fitzooth, seinem Geburtsnamen, über Robert von Loxley, Robin Hood, Sir Robert bis hin zu einfach Huntingdon war es ein weiter Weg gewesen.

»Ich stehe ja auch auf Seiten König Richards«, fuhr der Earl wütend fort. »Doch das gibt euch noch lange nicht das Recht, meine Frau auszurauben. Ihr könnt euch gar nicht vorstellen, was ich mir anhören konnte! Eigentlich müsste ich Euch sofort fordern!«

»Das überlegt Euch gut, William«, warnte Baudouin de Bethune im Vorbeieilen. »Der Letzte, der das meines Wissens nach getan hat, ist in den Kellern von Nottingham Castle verblutet, nachdem ihm Sir Robert den Arm abgeschlagen hat.«

Der Earl von Derby winkte ab.

»Schon gut, ich habe davon gehört. Um den Kettenhund von de Lacy war es auch nicht wirklich schade.«

William de Ferrers hatte beschlossen, sich mit Robert von Loxley gut zu stellen, und wenn der dreimal der Sohn eines Freisassen war. Über welchen Einfluss der neue Earl von Huntingdon verfügte, hatte er soeben in der Ratsversammlung selbst gesehen.

»Ich habe gehört, dass der Graf von Mortain dem Sheriff und Chester von ihm angeworbene flämische Söldner zur Unterstützung versprochen hat, um Eure Männer in den Wäldern aufzuspüren und zu vernichten. Er wird Euch allerdings kaum am Hofe zu Westminster suchen.«

»Danke für die Warnung! Ich bin zwar sicher, dass meine Gefährten auch ohne mich mit ihnen fertig werden. Doch nun habe ich noch einen Grund mehr, mich zu beeilen.«

Eleonore war lautlos wie ein Schatten herangetreten, und der Earl von Derby sah zu, dass er aus ihrer Reichweite kam. Wer wusste schon, was sie sonst noch alles von ihm fordern würde.

»Habt Ihr tatsächlich seine Frau um ihr Geschmeide erleichtert?«, erkundigte sich die Königin amüsiert. »Ihr Mann hatte sicherlich wirklich nichts zu lachen. Alle Welt kennt doch die Putzsucht von Lady de Ferrers.«

»Ich fand, der Schmuck stand ihr nicht«, gab Robin trocken zurück.

»Erbarmen, Sir Robert! Bitte habt Mitleid und schwingt Euch nicht zum Richter über Tand und Putz auf! Und seid nicht zu rigoros! Gestattet Eurer Frau wenigstens, mein Hochzeitsgeschenk zu behalten. Ich möchte es nicht eines Tages unter den für das Lösegeld bestimmten Schmuckstücken sehen. Passt vor allem gut auf sie auf. Ich nehme an, sie hat Euch ihr kleines Geheimnis verraten?«

»Ihr seht einen überaus glücklichen Mann vor Euch, Madam«, erwiderte Robin mit einer leichten Verbeugung. »Und dass ich sie wie meinen Augapfel hüten werde, dessen könnt Ihr gewiss sein.«

»Was habt Ihr jetzt vor? Gern würde ich Euch helfen und eine königliche Besatzung nach Huntingdon verlegen, aber uns fehlen die Kräfte. Es kann schon sein, dass Chester oder mein missratener Sohn versuchen, die Burg und die Grafschaft an sich zu reißen.«

»Madam«, meinte Robin ernst, »macht Euch bitte in dieser Richtung keine Sorgen. Ihr habt schon genügend andere. Um Nottingham, Huntingdon und das umliegende Land kümmere ich mich mit meinen Männern. Was wir an Wertgegenständen zusammentragen können, schicke ich Euch zu eurer gütigen Verwendung.«

Eleonore stellte sich schon jetzt auf zahlreiche Beschwerden des Klerus und des Adels ein. Robin Hood würde ihnen gegenüber sicherlich keine große Zurückhaltung üben.

»Wie erreiche ich Euch, wenn ich einmal Eure Hilfe benötigen sollte, Sir Robert? In Eurer Burg werdet Ihr ja wohl kaum anzutreffen sein.«

»Schickt einen Boten an die Stelle, an der wir uns das erste Mal getroffen haben. Er soll dreimal lang in sein Jagdhorn stoßen. Kurz darauf wird einer von uns zur Stelle sein und ihn zu mir bringen.«

»Dann gehabt Euch wohl, Robert von Loxley. Auf dass wir uns in besseren Zeiten wiedersehen. Weder mein Sohn noch ich werden je vergessen, was Ihr für uns und England getan habt.«

Robin verneigte sich mit dem Gedanken, dass dies zumindest, was ihn und Marian betraf, auf Gegenseitigkeit beruhte. Er wurde aber das Gefühl nicht los, dass es sicher noch ein weiter Weg war, bis Richard wieder wohlbehalten seine Länder regieren konnte.

Nachdem er seine Begleiter zusammengerufen hatte, half er Marian aufs Pferd, und gemeinsam verließen sie London in Richtung Norden, einer ungewissen Zukunft entgegenreitend.

***

Auf dem Weg in den Sherwood machten sie kurz in Huntingdon Halt. Von fremden Soldaten war nichts zu sehen und so ließ Robin die Honoratioren der Stadt in der Burg zusammenrufen.

»Prinz John hat Huntingdonshire dem Earl von Chester versprochen, und es kann sein, dass dieser hier demnächst auftaucht und seine Rechte geltend macht«, eröffnete er den versammelten Männern. »Ich kann im Moment nicht mit ihm um die Grafschaft kämpfen. Es gibt Wichtigeres zu tun. Das Lösegeld für König Richard muss aufgetrieben werden, denn nur wenn er zurückkommt, zieht wieder das Gesetz in England ein. Auf alle Fälle werden meine Männer und ich ein wachsames Auge auf die Grafschaft und Euer Wohlergehen haben. Also kämpft nicht, wenn Chesters Soldaten hier anrücken! Die Besatzung geht vorüber und wir werden wiederkommen, so wahr die Sonne am Morgen aufgeht.«

Robin blickte in viele besorgte Gesichter und nahm sich vor, für diese Menschen, die soviel Hoffnung in ihn gesetzt hatten, zu tun, was auch immer er konnte. Dass er sie womöglich der Willkür des Earl von Chester überlassen musste, kam ihn hart an.

»Sir Robert«, meldete sich Isaac, der Vorsteher der jüdischen Gemeinde, »auch wir wollen unseren Beitrag zum Lösegeld für den König leisten. Wir haben unter unseren Glaubensbrüdern in Nottingham und York, die zu ihren Oberen kein Vertrauen haben, zusammengetragen, was wir nur konnten. Und alle Bürger von Huntingdon, Christen und Juden, haben sich beteiligt. Es sind fünftausend Mark Silber geworden. Wir bitten Euch, nehmt es und übergebt es der Königin als unseren Beitrag zum Lösegeld.«

Robin bekam kugelrunde Augen. Er hatte zwar gehofft, auch etwas Geld aus der Grafschaft zu bekommen, doch mit einer so hohen Summe hatte er nie im Leben gerechnet. Schon machte sich aber eine Sorge in ihm breit. Wie sollte er das Silber sicher verwahren? Hier in Huntingdon konnte er es nicht lassen, und bis zu den Höhlen des Sherwood war es noch weit.

»Ich nehme es im Namen des Königs gern an und werde Eleonore gegenüber Eure Opferbereitschaft deutlich hervorheben«, versicherte er dankbar und erwartete, dass jetzt mehrere Maultiere oder Packpferde vorgeführt würden. Statt dessen trat der Gemeindevorsteher auf ihn zu und überreichte ihm ein Pergament.

»Dies ist ein Wechsel für unsere Brüder in Köln oder Mainz. Wer ihn dem dortigen Rabbi vorlegt, wird auf der Stelle die darin verbürgte Summe in der jeweiligen Landeswährung ohne Abzug erhalten.«

Robin schaute etwas skeptisch in die Runde.

»Ich versichere Euch, ihr braucht keine Sorge zu haben«, beschwor ihn Isaac. »Ich bürge mit meinem Leben dafür, dass alles seine Richtigkeit hat.«

»Ich glaube Euch«, meinte Robin und verwahrte das Schriftstück sicher in seinem Wams. »Was für eine bequeme Art, Silber zu transportieren!«

Das ausbrechende Gelächter löste die etwas verkrampfte Stimmung, und als die kleine Kavalkade kurze Zeit später weiterritt, winkten ihr die Bürger von Huntingdon lange und hoffnungsvoll nach.

***

Es dauerte nicht mehr lange, und sie tauchten endlich in die schier unendlichen Wälder des Sherwood ein. Hier fühlte Robin sich sicher, hier war er zu Hause. Er kannte jeden Weg und Steg, jeden Sumpf, jeden Bach und jeden Weiher. Wer ihn oder seine Gefährten hier aufspüren wollte, der musste lange suchen und war hundert Mal entdeckt, bevor er auch nur einen von ihnen zu Gesicht bekommen hätte.

Auf verschlungenen Pfaden ritten sie immer tiefer in den Wald hinein. Normalerweise nahm Robin keine Pferde mit zu ihrem Versteck, aber diesmal beschloss er eine Ausnahme zu machen. Das Gras schoss mit Macht aus dem Boden hervor, und so würden sie zumindest bis in den Herbst hinein ausreichend Futter haben. Und ab und an konnte es nötig werden, auf die Schnelligkeit der Rösser zurückgreifen zu müssen. Außerdem wäre es ihn bitter angekommen, Roncall und die Stute seiner Frau, die diese Snowwhite getauft hatte, zurücklassen zu müssen.

Robin merkte bald, dass sie entdeckt worden waren und Begleitung bekommen hatten.

»Wie die kleinen Kinder«, dachte er. »Spielen mit uns verstecken.«

Er wollte ihnen den Spaß nicht verderben und tat so, als hätte er sie nicht gesehen, nahm sich aber vor, wieder härter an der Ausbildung seiner Männer zu arbeiten. Denn wenn er sie bemerkte, konnten das womöglich auch andere. Es musste unbedingt vermieden werden, dass so etwas im Ernstfall womöglich sogar tödlich ausging.

Als sie auf den Platz vor den Dunwoldhöhlen sprengten, wartete Little John schon auf sie.

»Es wird auch langsam Zeit!«, begrüßte er die Ankömmlinge auf die ihm eigene, brummige Art. »Irgend etwas braut sich zusammen. Ich habe da so ein ganz ungutes Gefühl!«

»Ich freue mich auch, Dich zu sehen, Du alte Unke«, begrüßte Robin seinen Freund und umarmte ihn fest. »Was habt Ihr denn so in den letzten Tagen getrieben?«

»Nun, zuerst einmal mussten wir die ganzen Wildhüter aus dem Wald werfen. Die hatten es sich hier richtig gemütlich gemacht. Aber ich traue den Burschen nicht, alles Spione für den Sheriff. Sie können ihm ruhig ausrichten, dass wir jetzt hier wieder das Sagen haben. Dann mussten wir das Lager einrichten und waren jagen. Schließlich brauchen wir ja etwas zu essen. Oder glaubst Du, wir haben uns gelangweilt und faul herumgelegen?«

»Keine Spur!«, beschwichtigte ihn Robin. »Weißt Du, was in Fenwick und Loxley vor sich geht?«

»Zu unser aller Erstaunen ist es da völlig ruhig. Ob der Sheriff nach unserem Auftritt vielleicht die Hosen gestrichen voll hat? Aber es strömen seit Tagen Soldaten in die Stadt. Und keiner darf sie verlassen, so dass wir keine Informationen erhalten, wer sie sind und woher sie kommen. Irgendwie gefällt mir diese Geheimniskrämerei nicht.«

»Das werden Chesters Männer und flämische Söldner sein, die Prinz John schickt. Ich nehme an, wir bekommen bald Besuch.«

»Soll mir recht sein. Wir werden viel Spaß mit ihnen hier in unserem Wald haben.«

»Da gebe ich Dir recht, doch vorsichtshalber sollten wir vorübergehend alle Männer an dieser Stelle zusammenziehen. Nicht dass sie unsere drei Abteilungen womöglich einzeln aufspüren und angreifen. Dann könnte es brenzlig werde.«

»Was glaubst Du eigentlich, mit wem Du es zu tun hast?«, kehrte Little John den Lieutenant aus den Kreuzzügen heraus. »Das habe ich doch schon längst in die Wege geleitet. Spätestens morgen sind Will und Much mit ihren Männern hier und dann warten wir mal gelassen ab, was da so auf uns zukommt.«

»Auch recht, ziehe ich mich eben auf mein Altenteil zurück«, merkte Robin sarkastisch an. »Meldet Euch einfach, falls ihr mich noch einmal brauchen solltet.«

Dann trollte er sich zu Marian und genoss es einfach, wieder einmal von seinem geliebten Wald umgeben zu sein. Überall grünte und blühte es, dass es nur so eine Pracht war, und an diesem Wiedererwachen der Natur konnte er sich in keinem Jahr satt sehen. Über den Feuern brutzelten Rehe und Wildschweinkeulen, und um nichts in der Welt hätte er im Moment irgendwo anders sein wollen.

***

In Nottingham Castle ging es derweil etwas anders zu. Die Burg quoll nur so über vor Rittern und Söldnern, die hier zusammengezogen wurden. Prinz John plante nach wie vor einen Staatsstreich, um den Thron an sich zu reißen und seinen Bruder in deutscher Gefangenschaft schmoren zu lassen. Er rechnete fest mit König Philipps Beistand, der eine Invasion Englands vorbereitete. Nach geglückter Landung sollte er von Süden her auf London vorrücken, während Johns Truppen von Norden kamen. Damit der Plan nicht verraten werden konnte, wurden seit Tagen alle Tore strengstens bewacht, und niemand durfte Burg und Stadt verlassen.

Bevor man Richtung London marschierte, sollte aber noch ein für alle mal das Problem mit den Geächteten im Sherwood beseitigt werden. Zu tief saß die Schmach in Ralf de Lacy, und auch der Earl von Chester konnte die erlittenen Demütigungen kaum verwinden. Er war von John als Oberbefehlshaber der angeworbenen, flämischen Söldner und englischen Truppen, die auf seiner Seite standen, eingesetzt worden und wollte die ihm verliehene Macht nutzen, sich an Robert von Loxley zu rächen und damit auch endgültig Huntingdon zu gewinnen.

Als das Heer versammelt war, zog Ranulph de Blondeville mit vierhundert Rittern und jeder Menge Fußsoldaten vor den Sherwood und errichtete in der Nähe des kleinen Weilers Edwinstowe ein befestigtes Lager, von dem aus er zu operieren gedachte. Wildhüter hatten ihm berichtet, dass sich zwar tief im Inneren des Waldes, aber doch von hier am ehesten zu erreichen, das Lager der Geächteten befand.

Ralf de Lacy hatte da so seine Zweifel, hielt sich aber zurück, sie zu äußern. Er war seit Jahren Sheriff von Nottingham und hatte Robin Hood genau so lange nachspioniert, ohne jemals einen verwertbaren

Hinweis trotz ausgesetzter, hoher Belohnungen erhalten zu haben. Glücklich, keine Verantwortung tragen zu müssen, schloss er sich der Truppe an und harrte der Dinge, die da kommen würden.

Die Bewohner von Edwinstowe hatten beim Herannahen der Truppen das Weite gesucht, ihr Vieh soweit wie möglich in den Sherwood getrieben und hofften nur, dass von ihrem kleinen Dorf noch etwas stand, wenn die Soldaten wieder abgezogen waren. Von ihnen erfuhren auch Robin und seine Männer zur ihrer Verblüffung, was da auf sie zukam. Die Dunwoldhöhlen lagen viel weiter südlich, und nie im Leben würde es ein Heer dieser Größe schaffen, sich den Weg quer durch den Sherwood bis zu ihnen zu bahnen.

»Komm John, das sehen wir uns mal an!«, rief Robin, der vor Tatendrang fast platzte, seinem Freund zu. Etwa ein Dutzend Männer schloss sich ihnen an, und gemeinsam machten sie sich auf den Marsch. Als sie sich der Stelle näherten, die ihnen die Dörfler beschrieben hatten, wurden sie vorsichtig und schlichen sich im Schutz der Bäume und des Unterholzes vorwärts.

Tatsächlich, etwa zwei Pfeilschusslängen vor dem Waldrand breitete sich ein Heerlager mit allem, was dazu gehörte, aus. Fußsoldaten übten exerzieren, Ritter tummelten ihre Pferde, Armbrustschützen zielten auf Scheiben, aber jeder schien sich davor zu hüten, dem Sherwood auch nur nahe zukommen.

»Was machen die denn da?« Will Scarlett schüttelte ungläubig den Kopf. »Einen Ausflug?«

»Ich habe nicht den blassesten Schimmer!« Auch Little John war völlig ratlos. »Am besten, wir gehen hin und fragen sie!«

»Auch wenn das ein Scherz war, lass es lieber bleiben!«, schaltete sich Robin ein. »Der Earl schien mir nicht sehr helle und noch recht jugendlich unbedarft. Vielleicht glaubt er tatsächlich, wir kommen aus dem Wald herausspaziert und stellen uns ihm zur Schlacht.«

»Und warum tun wir es nicht? Die Mamelucken vor Jaffa waren uns zigfach überlegen, und die dort sind doch höchstens doppelt so viele wie wir. Außerdem nicht gut ausgebildet, wie man sieht. Das müsste doch zu schaffen sein!«

»Möglich, aber völlig sinnlos. Ich setze keine Menschenleben aufs Spiel, nur wegen so einem Unfug. Sollen sie doch warten, bis sie schwarz werden. Sie müssen sicherlich von Nottingham aus mit Fourage versorgt werden. Die sollten wir uns mal vornehmen!«

Much lachte.

»Gut, sind wir jetzt die Sarazenen! Aber dazu bräuchten wir die Pferde, damit wir im Notfall schnell wieder verschwinden können. Bei Farnsfield wäre eine gute Stelle, da geht die Straße direkt am Waldrand lang.«

„Einverstanden! Postieren wir dort unsere Bogenschützen und verbergen die Pferde mit den Reitern im Wald! Wenn es sich machen lässt, überrumpeln wir sie und ziehen uns sofort zurück. Mal sehen, wie sie darauf reagieren.«

Als am nächsten Tag um die Mittagszeit vier schwer beladene Fuhrwerke aus Nottingham kommend etwa die Hälfte der Strecke zum Feldlager zurückgelegt hatten, surrten plötzlich Pfeile vom Waldrand herüber und gleich darauf brach ein Trupp Reiter aus dem Unterholz hervor. Ehe die Wachmannschaft sich überhaupt versah, war sie schon niedergekämpft oder tot. Das Umladen auf die mitgebrachten Packpferde ging blitzschnell, und als Letztes wurden die Wagen angesteckt, um weitere Transporte zu erschweren.

Ein Fuhrknecht aus Nottingham bat Robin, sich den Geächteten anschließen zu dürfen und von ihm erfuhren sie auch, wofür das Heer eigentlich vorgesehen war. Jetzt sah das Ganze natürlich anders aus und es galt am Abend Kriegsrat zu halten.

»Auf keinen Fall dürfen wir zulassen, dass sie in Richtung London ziehen! Wird John tatsächlich König, können wir den Rest unseres Lebens in den Wäldern verbringen«, ereiferte sich Will Scarlett. »Lasst sie uns doch mit vereinten Kräften angreifen! Ich sehe da eine gute Chance!«

Er erntete viel Beifall, doch Robin schüttelte nur den Kopf.

»Es wäre zwar mutig, aber unklug und würde nur sinnlose Opfer kosten. Nein, wir locken sie dahin, wo wir den Kampfplatz bestimmen können, in den Wald und in die Sümpfe. Hier sind wir ihnen so haushoch überlegen, dass sich unsere Verluste in Grenzen halten werden. Die Söldner aber können wir vielleicht völlig aufreiben, wenn sie so dumm genug sind, in die Falle zu tappen.«

»Und wie willst Du das anstellen? Sie trauen sich noch nicht einmal bis an den Waldrand!«

Little John war skeptisch.

»Wir müssen sie so provozieren, dass ihnen die Nerven durchgehen. Denkt mal an die Johanniter bei Arsuf! Wir überfallen weiterhin ihre

Fourage, nachts schießen wir Brandpfeile in ihr Lager und am Tag reiten wir vor ihrer Nase auf und ab, bis sie es einfach nicht mehr ertragen. Wenn sie an der Stelle, wo sie ihr Lager haben, in den Wald eindringen, geht es geradeaus genau in die Sümpfe von Springwater. Dort erwarten sie dann unsere Schützen. Ich glaube kaum, dass danach noch viel von Johns Armee übrig ist.«

Little John ließ seine Pranke auf Robins Schulter herunterdonnern, was dieser von Mal zu Mal weniger schätzte.

»Womit Du einmal wieder mehr bewiesen hast, dass wir Dich doch brauchen«, meinte er anerkennend, und dann wurden die Aufgaben verteilt.

Much übernahm die Überfälle auf die Versorgungswagen, musste aber versprechen, keine Risiken einzugehen. Little John würde sich um die Vorbereitung der Verstecke bei Springwater kümmern, und Robin und Will wollten Sir Ranulph bis aufs Blut reizen.

Marian war davon gar nicht begeistert.

»Hört denn der Kampf niemals auf? Ich bin froh, Dich endlich so einigermaßen heil wiederzuhaben, da ziehst Du schon wieder in den Krieg! Können das nicht auch einmal andere erledigen? Hältst Du dich vielleicht langsam für König Artus?«

»Das tut manchmal schon Richard, also sei in Bezug auf mich unbesorgt. Glaub mir, es ist nicht gerade eine Herzensangelegenheit von mir, schon wieder kämpfen zu müssen. Aber was bleibt uns denn übrig? Kommt der König nicht zurück, war alles Bisherige umsonst. Das sieht Will Scarlett vollkommen richtig. Du willst doch sicherlich auch nicht, dass John seinen Bruder vom Thron stürzt. Wir hatten uns schon einmal gegen Schottland entschieden. Die Gegend könntest Du dann für unseren Lebensabend wieder in Betracht ziehen.«

»Du hast ja sicher recht, aber ich habe es einfach satt, immer um Dich zu bangen. Und unser Kind sollte gefälligst nicht ohne seinen Vater aufwachsen müssen!«

»Sag das mal diesem Prinzen! Aber ich verspreche dir, ich werde vorsichtig sein. Sonst hätte ich ja auch der Schlacht zustimmen können, so wie die anderen es anfangs wollten.«

Marian gab es auf. Unter den unbedachten Blinden um sie herum war ihr Mann offenbar noch der weitsichtigste Einäugige. Sie würde sich mit den anderen Frauen schon einmal darauf vorbereiten, die zu erwartenden Verletzten zu versorgen.

Im Heerlager waren die Soldaten mehr als wütend darüber, dass ihre Verpflegung ausblieb und sich wahrscheinlich die Geächteten jetzt an Brot, Schinken und Bier labten. In der Nacht kamen dann auch noch feurige Pfeile angeflogen, setzten Zeltbahnen und Palisaden in Brand und verhinderten jeden Schlaf. Wachen vor dem Lager verschwanden spurlos, und als dann noch die Nachricht kam, dass erneut eine Fouragekolonne trotz stärkerer Begleitung in einen Hinterhalt geraten war, kochte die Stimmung über.

Nur mit Mühe konnte der Sheriff Sir Ranulph davon abhalten, an der Spitze seiner Männer in den Wald zu stürmen. Der Earl hatte mittlerweile fast vergessen, was er sich in Nottingham geschworen hatte. Doch als dann noch zwei Reiter auftauchten, aus schier unglaublicher Entfernung Pfeile abschossen, die genau die Mitte des blau-roten Wappenschildes Chesters trafen, war es mit dessen Zurückhaltung endgültig vorbei.

Er schickte seine Reiterei zur Verfolgung hinterher, befahl den Fußtruppen, sich im Laufschritt anzuschließen, und hetzte selbst auf seinem Streitross allen voran. Wie ein Orkan brach die Armee in den Sherwood ein, walzte das Unterholz platt, verscheuchte das Wild und fand vor sich – nichts und niemanden! Die Reiter waren einfach spurlos verschwunden.

Der Vormarsch wurde immer beschwerlicher, der Wald ständig dichter und undurchdringlicher. Nur mühsam kam man noch voran und musste sich den Weg streckenweise mit Schwertern und Äxten bahnen. Seine Hauptleute beschworen den Earl umzukehren, denn sie hatten bald erkannt, dass ihre Soldaten unter diesen Umständen in ihren schweren Rüstungen kaum kämpfen konnten und jetzt schon völlig erschöpft waren.

Lange wollte Sir Ranulph davon nichts hören. Erst als sein Pferd mit den Vorderbeinen im Sumpf versank und ihn nur noch ein rascher Sprung aus dem Sattel vor dem Untergang rettete, gab er endlich den Befehl zum Rückzug. Doch in dem Moment brach das Inferno über ihn und seine Soldaten herein.

De Lacy hatte nicht im Traum daran gedacht, sich der Truppe anzuschließen und in den Sherwood zu reiten. Er blieb mit einem Teil seiner Männer als Wache für das Lager zurück. Ständig musste ein gesatteltes Pferd in seiner Nähe stehen, denn er wollte gegen alle Eventualitäten gefeit sein.

Bald hatte man von den vorrückenden Soldaten nichts mehr gehört, und von Stunde zu Stunde wurde der Sheriff unruhiger. Die Dämmerung kam und die Nacht brach herein, doch niemand kehrte aus dem Sherwood zurück. De Lacy ließ große Wachfeuer entzünden und verbot jedem, sich zur Ruhe zu begeben. In ihm krampfte sich alles zusammen. Noch hatte er Hoffnung, dass Sir Ranulph mit seinen Truppen im Wald kampierte, um am nächsten Tag die Säuberungsaktion fortzusetzen, doch er malte sich auch andere Schreckenszenarien aus. Als am Morgen zwei abgerissene Gestalten aus dem Wald herauswankten, wurde aus seinen schlimmsten Befürchtungen Gewissheit.

»Wir haben sie gar nicht zu sehen bekommen«, berichtete einer der Söldner, nachdem man seine Wunden versorgt und ihm eine Stärkung gereicht hatte. »Von überall kamen ihre Pfeile. Sie durchschlugen unsere Rüstungen, als wären sie aus Pergament. Wir versuchten uns mit unseren Schilden zu decken, doch der Wald war zu dicht, um eine Formation zu bilden. Sie saßen überall, auf hohen Bäumen, Felstürmen, vielleicht sogar auf den Wolken. Es regnete regelrecht Geschosse auf uns herunter. Viele versanken auch in den Sümpfen, die auf einmal rings um uns waren. Ich glaube kaum, dass viele entkommen sind. Wir waren recht weit hinten und sind nur noch gerannt, als wir gesehen haben, wie es unseren Kameraden weiter vorn erging.«

»Was ist mit dem Earl von Chester? Lebt er?«, bohrte de Lacy, doch der Soldat zuckte nur mit den Schultern. Er und sein Gefährte waren ausschließlich damit beschäftigt gewesen, das eigene Leben zu retten. Was scherte sie da ein Earl, der sie noch dazu in dieses Desaster hineingeführt hatte.

Noch vier weitere Soldaten stolperten im Laufe des Tages aus dem Sherwood heraus und erreichten das rettende Lager. Das war dann aber auch alles, was von Prinz Johns flämischen Söldnern und seinen englischen Anhängern übrig geblieben war.

***

Der Earl von Chester lag lebend, aber gefesselt und leicht verletzt zu Robins Füßen, der sich erschöpft auf einem Baumstumpf niedergelassen hatte und sein Schwert mit Grasbüscheln polierte.

»Wie viele Verluste?«, war seine erste Frage an Little John.
»Du wirst es kaum glauben, nur zwei. Einer ist aus der Krone eines Baumes gestürzt und hat sich das Genick gebrochen. Und ein Armbrustschütze hat Gernon wahrscheinlich eher zufällig getroffen. Ansonsten nur ein paar Verletzte.«
»Genau so habe ich mir das vorgestellt«, seufzte der Hauptmann erleichtert.
»Das war kein fairer Kampf, das war ein feiger Hinterhalt!«, bellte Ranulph de Blondeville voller Verzweiflung. Die Welt schien sich gegen ihn verschworen zu haben. Wie sollte er dem Prinzen jemals wieder unter die Augen treten, hatte er doch den Großteil seiner Armee in den Untergang geführt.
»Du halt lieber dein Maul, Du Wicht!«, wurde er von Little John ohne jeden Respekt angefahren und erhielt noch dazu einen Tritt in die Rippen. »Was machen wir denn mit diesem Jammerlappen hier, Robin? Soll ich ihn gleich aufknüpfen?«
Little John gefiel sich darin, dem Earl noch weiter Angst einzujagen, und Robin spielte gerne mit.
»Vielleicht keine schlechte Idee, aber ein zu schneller Tod. Wir übergeben ihn Eleonore. Sie zieht mit Sicherheit seinen gesamten Besitz ein. Außerdem sucht sie ja Hände ringend nach hochrangigen Geiseln. Ein paar Jahre, oder auch für immer, in einem österreichischen Verlies tun dem Herrn hier sicherlich gut.«
Bei den Aussichten zog es Chester erst einmal vor, in Ohnmacht zu fallen.
»Was tun wir denn mit denen, die sich ergeben haben?«, erkundigte sich Will Scarlett. »Wir können sie unmöglich durchfüttern und schon gar nicht mit zu unserem Versteck nehmen. Und alle umbringen? Also, ich weiß nicht!«
»Wie viele sind es denn überhaupt, die überlebt haben?«
»Ungefähr fünfzig. Unsere Männer waren nicht sehr gut auf die Söldner zu sprechen.«
»Traust Du Dir zu, sie mit ausreichender Bewachung nach Lincoln zu bringen? Bischof Hugo von Avalon ist ein ehrenwerter Mann und guter Freund König Richards. Uns hat er ja auch schon manches Mal geholfen. Kannst Du Dich noch daran erinnern, wie er sogar einmal einen königlichen Forstmeister exkommuniziert hat, als der uns zu sehr auf den Pelz rückte? Soll er sich doch am besten um die Gefangenen

kümmern. Bei seinem neuen Kirchenbau gibt es bestimmt genug für sie zu tun.«

»Ja, der treibt ihnen die Flausen mit Sicherheit aus«, lachte Will. »Natürlich bringe ich sie nach Lincoln. Ich glaube kaum, dass sich in absehbarer Zeit noch irgendwer in unsere Nähe traut. Vielleicht kann der Bischof auch die erbeuteten Rüstungen und überzähligen Waffen nach Schottland verkaufen. Wilhelm der Löwe soll doch für so etwas immer Bedarf haben.«

»Keine schlechte Idee. Ihren Sold haben Johns gedungene Schergen ja schon bei uns abgeliefert. Sie hatten die Taschen ganz schön voller Silberpennys. Die Königin wird's freuen.«

So trennte man sich nach der gewonnenen Schlacht im Sherwood. Während Ralf de Lacy zusah, dass er wieder hinter die Mauern von Nottingham kam, wurden dem Earl von Chester die Augen verbunden, da man ihn erst einmal mit in das Hauptlager nehmen wollte. Ein Trupp brachte die Gefangenen und die Beute nach Lincoln, andere schwärmten wieder in die ihnen zugeteilten Jagdgebiete aus, aber allen war bewusst, dass man einen großen Sieg errungen hatte und dementsprechend gut war die Stimmung.

Als König Philipp davon erfuhr, blies er die geplante Invasion Englands kurzerhand ab. Ohne Unterstützung aus dem Land selbst war der Erfolg mehr als fraglich. Und da Eleonore die Häfen befestigt hatte und ihr nun niemand mehr in den Rücken fallen konnte, wollte er das Risiko lieber nicht eingehen. Statt dessen machte er sich daran, in die Normandie einzufallen, und eroberte mehrere wichtige Grenzfestungen. Hier gab es wenigstens keine lästigen Wälder, in denen sich Geächtete verstecken und die Pläne von Königen und Prinzen zunichte machen konnten.

Prinz John war der Verzweiflung nahe, hatte er doch alles mühsam Errungene innerhalb weniger Tage verloren. Ohne Geld und Soldaten war er auch für den französischen König kein ernst zu nehmender Partner. Wollte er noch die Freilassung seines Bruders verhindern, musste er sich ganz dringend etwas einfallen lassen.

***

Bei den Dunwoldhöhlen erwartete Robin eine freudige Überraschung. Alan a Dale war eingetroffen und hatte viel zu berichten. Er war mit Richards Jugendfreund und Sänger Blondel durch Deutschland gezogen, um den König zu suchen. Man hatte Richard nach dem misslungenen Prozess auf die Festung Trifels gebracht, die als absolut uneinnehmbar und ausbruchssicher galt. Sogar die deutschen Reichskleinodien wurden hier verwahrt, sosehr vertraute der Kaiser dieser Burg im Pfälzerwald. Damit war die Idee von einer gewaltsamen Befreiung des Königs endgültig gestorben, und umso mehr galt es, alles für die Beschaffung des Lösegeldes zu unternehmen. Doch zumindest wusste man jetzt, wo er gefangengehalten wurde.

Wenn die Männer am Abend von ihren Streifzügen zurückkehrten und oft reiche Beute mitbrachten, unterhielt sie der Sänger mit seinen Liedern, die mal lustig, mal traurig klangen. Viele handelten von den wahren oder auch erfundenen Heldentaten des Richard Löwenherz, die schon jetzt zu Legenden geworden waren. Die Deutschen, so wusste er von seinen Streifzügen unterhaltsam zu berichten, hatten eine eigene Geschichte erfunden, wie es zum Beinamen des Königs gekommen war.

»Richard soll auf einer Burg gefangengehalten worden sein, wo sich eine Prinzessin unsterblich in ihn verliebt hat. Ihrem Vater gefiel das gar nicht, und so wurde beschlossen, den König zu töten. Da man ihn nicht einfach umbringen konnte, wurde ein perfider Plan ausgeheckt. In der Burg hielt man einen Löwen gefangen, der freigelassen werden sollte, wenn sich der König im Burghof die Beine vertrat. Die Prinzessin erfuhr von dem geplanten Mord und warnte ihren Geliebten. Der bat sie um vierzig seidene Tücher, welche sie ihm gern brachte und die er sich um den rechten Arm wickelte. Als der grimmige, ausgehungerte Löwe ihn dann anfiel, stieß Richard ihm den Arm tief in den Rachen, riss dem Raubtier das Herz aus dem Leib und aß es vor den Wachen, blutig wie es war, auf. Seitdem soll man ihn Löwenherz nennen.«

»Und das glauben die Menschen dort wirklich?«, erkundigte sich amüsiert Robin. Schließlich wusste er, wie Richard wirklich zu seinem Namen gekommen war.

»Viele glauben alles, was man ihnen erzählt und was sie oft genug hören. Die Lieder darüber machen überall die Runde. Aus einem Märchen wird mit der Zeit eine Sage und aus dieser über kurz oder lang das, was man für die Wahrheit halten will«, erklärte der Sänger einen Teil des Geheimnisses seiner Kunst.

»Ich möchte gern mal wissen, was Berengaria sich denkt, wenn sie so etwas über ihren Mann hört«, mischte sich Marian ein, die eng an Robin geschmiegt dasaß und ihren Kopf zärtlich an seine Schulter gelegt hatte. »Mich würde es jedenfalls nicht freuen, sollte man so etwas über Dich berichten.»

»Da siehst Du es selbst, Robin, wie schnell die Dichtung nach den Herzen greift! Die Geschichte ist ja so unmöglich, dass sie gar nicht stimmen kann. Und trotzdem, sogar deine Frau vermutet etwas Wahres dahinter.«

»Berengaria ist eine intelligente Frau. Sie wird mit Sicherheit nichts auf solche Geschichten geben.«

»Ach, ich bin das wohl nicht?« Marian stieß Robin den Ellenbogen in die Seite, dass dieser das Gesicht schmerzvoll verzog. »Wir Frauen verstehen da nicht soviel Spaß, wenn Ihr Männer Euch in fremden Ländern herumtreibt und Liebschaften anfangt. Höre ich etwas Vergleichbares über Dich, Robert von Loxley, dann kannst du im Chor bei den Kastraten von Winchester mitsingen, das lass Dir gesagt sein.«

Kein Wort über die Huris von Masyaf würde jemals über seine Lippen kommen, das stand für Robin jetzt endgültig fest.

***

Alan a Dale musste seine Freunde im Sherwood schon bald wieder verlassen. Er würde auch weiterhin zwischen Blondel de Nesle, der nach wie vor in Deutschland weilte und versuchte, in Richards Nähe zu bleiben, und Eleonore als Bote fungieren. Der Sänger sollte Nachrichten über das Befinden ihres Sohnes, den Fortgang der Verhandlungen und, soweit möglich, gesponnene Intrigen übermitteln. Robin gab ihm eine Eskorte nach London mit, damit er Ranulph de Blondeville und das bisher erbeutete Silber gleich bei der Königin abliefern konnte.

Die Kaufleute, die die Wälder rund um Nottingham auf dem Weg zu den Märkten durchqueren mussten, beschwerten sich am Anfang bei Ralf de Lacy darüber, dass niemand mehr ohne Wegezoll durch den Sherwood, den Royal Forest und den Barnsdale Forest reisen konnte. Doch bald merkten sie, wie nutzlos es war und rechneten lieber gleich die zu zahlenden Abgaben in ihre Preise mit ein. So entwickelte sich zwischen ihnen und den Geächteten ein recht entspanntes Verhältnis. Schließlich war es auch in ihrem Interesse, wenn der König bald zurückkam, und sie hofften, dass dann der Spuk in den Wäldern von selbst verschwinden würde.

Anders sah es bei den Bischöfen, Prioren und Äbtissinnen der Klöster in der Umgebung aus. Während Hugo von Avalon alle klerikalen Besitztümer spendete und die heilige Wandlung mit Holzbecher und Tonteller zelebrierte, hieß es plötzlich von ehemals reichen Diözesen, dass sie jetzt völlig verarmt wären. Dann schickte Robin seine Männer aus, und die förderten auf energische Nachfrage oft Erstaunliches zu Tage und kehrten fast nie ohne reiche Beute zurück.

Seinen „alten Freund", den Bischof von Hereford, wollte er selbst besuchen. Robin hatte sich mit ein paar seiner Gefährten als Handwerker und Kaufleute verkleidet in die Stadt eingeschlichen. Im Handstreich besetzten sie dann das Kloster, stürmten die Kathedrale und drangen in den Bischofspalast ein.

Doch groß war Robins Überraschung, als statt des verhassten Robert Foliot, der damals versucht hatte, seinen Schwiegervater in den Ruin zu treiben, der ehemalige Lordkanzler William de Vere vor ihm stand, der den alten Bischof abgelöst und hier seinen Altersruhesitz gefunden hatte.

»Königin Eleonore hat mich bereits gewarnt, dass ich wahrscheinlich mit Eurem Besuch zu rechnen habe«, merkte der alte Mann gelassen an. Er hatte die Siebzig schon weit überschritten und nichts auf dieser Welt konnte ihn mehr erschrecken. »Schaut Euch ruhig um, und wenn Ihr noch etwas findet, was Ihr zu Geld machen könnt, dann nehmt es in Gottes Namen mit. Aber stört mich nicht weiter! Ich bin gerade damit beschäftigt, an meine Mitbrüder zu schreiben, um sie dafür zu gewinnen, Prinz John zu exkommunizieren.«

Seine Feder kratzte weiter über das Pergament. Zusammen mit Hugo von Avalon, Hubert Walter, der mittlerweile zum Erzbischof von Canterbury ernannt worden war, und weiteren königstreuen Bischöfen strebte er einen Bannfluch der Kirche gegen den verräterischen Bruder des Königs und seine Verbündeten an.

Selten hatte sich Robin derart beschämt gefühlt. Hier stieß er auf einen Verbündeten im Geiste und war doch gekommen, ihn zu berauben. Lautlos zog er sich zurück, rief seine Männer zusammen, und im Schutze der Nacht verschwanden sie wie die Schatten in der Dunkelheit.

Ganz anders ging es zu, als Robin die Schwester des Earls von Chester, Mathilda, Äbtissin von Kirklees, aufsuchte.

Die Klöster unterhielten damals meist einfache Gästehäuser für Reisende. Robin, Bruder Tuck und drei ihrer Mitstreiter gaben sich als Pilger auf dem Jakobsweg nach Santiago de Compostela aus und begehrten ein Nachtlager. Mürrisch wurde ihnen eine karge Zelle zugewiesen, wo sie auf einer Schütte Stroh die Nacht verbringen sollten. Als einzige Mahlzeit reichte man ihnen eine dünne Gemüsesuppe und einen kleinen Kanten Brot.

»Ihr lebt aber wirklich sehr gottgefällig und voller Entbehrungen«, sprach Robin eine Novizin an, die ihm einen Becher Wasser reichte. »Bekommt Ihr selbst auch nicht mehr zu essen?«

»Ich würde Euch gern Besseres vorsetzen, damit ihr Euch für Euren weiten Weg stärken könnt. Aber die Mutter Oberin hat es untersagt. Sie meint, es treibt sich schon genug Bettelgesindel herum. Und seit sie vor ein paar Tagen einen Teil des Klosterschatzes an die Boten der Königin abgeben musste, ist sie gänzlich unleidlich geworden. Auch uns einfache Schwestern hält sie sehr knapp, während sie mit den höheren Töchtern, die bei uns im Kloster untergekommen sind, gern ausgiebig tafelt. Gerade heute wird es im Refektorium wieder hoch hergehen, denn einige der Stifterinnen sind eingetroffen. Und für die ist das Beste immer gerade gut genug.«

»Schwester, ich sage Dir, noch heute wirst Du Dich an den köstlichsten Speisen laben können, die der Herr den Seinen geschenkt hat!« Bruder Tuck konnte es einfach nicht lassen, in salbungsvollen Worten das zu verkünden, was unweigerlich eintreten würde. Als er noch dazu das Kreuzzeichen über der jungen Novizin schlug, sah diese den feisten Mönch in der abgetragenen Kutte vor sich sehr misstrauisch an. Doch vielleicht wurde seine Prophezeiung ja tatsächlich wahr. Gegen eine ordentliche Mahlzeit hätte sie nichts einzuwenden, zu oft quälte sie hier im Kloster beißender Hunger.

»Wieso nur einen Teil des Klosterschatzes?«, erkundigte sich Robin. »Es heißt doch, es müssen alle wertvollen Gegenstände abgeliefert werden.«

»Ich weiß nur, dass die älteren Nonnen einen Großteil der silbernen Lüster und kostbaren Gefäße, aber auch die mit Edelsteinen verzierten Bücher in die Krypta geschafft haben. Viele von uns jungen Schwestern beten dafür, dass König Richard endlich zurückkommt. Doch die Äbtissin hat laut und deutlich gesagt, dass sie diese Fürbitten nicht duldet und er von ihr aus in der tiefsten Hölle schmoren kann.«

Die Glocke rief die Nonnen zur Abendandacht, zu der die Pilger allerdings nicht geladen wurden. Das war Robin und seinen Männern sehr recht, so hatten sie genügend Zeit und Ruhe, ihre Vorbereitungen zu treffen.

Als die Äbtissin mit ihrer Gefolgschaft aus wohlhabenden Damen, meist unverheiratete Töchter aus Adelsfamilien, nach der Andacht den vorbereiteten Speisesaal betrat, staunte sie nicht schlecht, als in ihrem thronartigen Sessel ein dicker Mönch lümmelte. Sie stemmte die Fäuste in die Hüften und wollte losschimpfen, als hinter ihr die Tür krachend ins Schloss fiel. Plötzlich sah sie sich noch von weiteren Männern umringt, die gar nicht mehr abgerissen und wie Pilger, sondern eher wie kampferprobte Krieger aussahen.

»Wir werden Euren gewohnten Tagesablauf heute einmal etwas abändern, Mutter Oberin. Statt Eurer werden die Novizinnen und armen Schwestern hier speisen. Und Ihr dürft euch in Demut üben und sie bedienen«, erdreistete sich ein drahtiger, mittelgroßer Mann in grünem Wams, an dessen eng anliegender Lederkappe keck eine Bussardfeder steckte, ihr zu befehlen.

»Was erlaubt Ihr Euch! Ich werde dafür sorgen, dass man Euch streng bestraft für diesen Frevel! Ihr entweiht heilige Stätten! Der Sheriff und mein Bruder, der Earl von Chester, werden Euch zu finden wissen.«

Robin nahm sich einen Apfel von der Tafel und biss kräftig und voller Appetit hinein. Stammte die Frucht auch aus dem Vorjahr, so hatte sie sich doch in den kühlen Kellern des Klosters gut gehalten.

»Der Sheriff wird Euch wohl keine große Hilfe sein, traut er sich doch kaum noch aus seiner Burg. Und Euren Bruder haben wir mit einer angemessenen Eskorte nach London geschickt, gut verschnürt und verpackt wie die Stoffballen aus Lincoln. Er wird wohl die nächsten Jahre als Geisel für König Richard Gelegenheit bekommen, deutsche oder österreichische Kerker kennen zulernen. Ihr seht also, von dort werdet ihr nicht viel Hilfe erwarten können.«

Die Äbtissin war kreidebleich geworden.

»Was wollt Ihr von uns? Wir haben kaum selbst etwas, nachdem man uns schon alles genommen hat, was gläubige Seelen dem Kloster gespendet haben. Wenn es sein muss, dann esst und trinkt, doch dann verlasst uns in Christi Namen wieder, damit wir unser gottgefälliges Leben fortführen können.«

»Genau dazu will ich Euch Gelegenheit geben«, schmunzelte Robin. »Hat nicht unser Herr Jesus seinen Jüngern die Füße gewaschen, um ihnen zu dienen? Ihr werdet jetzt die Schwestern hereinrufen, die ihr sonst darben lasst. Dann werden die edlen Damen hier ihnen die Speisen auftragen und das vorsetzen, was eigentlich für sie selbst bestimmt war. Einmal fasten tut ihnen sicherlich gut. Und Ihr dürft Euren Schutzbefohlenen Eure Demut dadurch beweisen, indem Ihr Ihnen während des Mahles unter dem Tisch die Füße wascht, so wie es Christus bei seinen Jüngern getan hat.“

»Das kommt überhaupt nicht in Frage! Was bildet Ihr Euch ein! Ich bin die Oberin dieses Klosters und keine Dienstmagd«, begehrte Mathilda wütend auf.

Wie der Blitz sprang Bruder Tuck trotz seiner Leibesfülle bei ihren letzten Worten auf die Füße und griff nach seinem Pilgerstab, der nichts weiter war als ein kräftiger Knotenstock.

»Du hast wohl vergessen, dass Du eine Magd Gottes bist, Du verderbte Sünderin!«, fuhr der Mönch die Äbtissin zornentbrannt an. »Auf die Knie mit Dir, so wie es Robin Hood befohlen hat! Oder Du lernst meinen Stock als Vorgeschmack auf die Hölle kennen!«, donnerte Tuck mit einer Stimme, die Tote hätte erwecken können. Doch mehr noch als seine Lautstärke erschreckte die anwesenden Nonnen der Name des gefürchteten Geächteten.

Und so beeilten sie sich, den Befehlen nachzukommen. Die armen Schwestern, die herbei geholt wurden, wussten gar nicht, wie ihnen geschah. So feudal hatten sie schon seit Ewigkeiten nicht mehr gespeist. Dabei auch noch bedient zu werden, war den meisten von ihnen allerdings gar nicht recht, widersprach es doch ihrem abgelegten Gelübde. Dass auch noch unter dem Tisch die sonst so strenge Priorin ihnen die Füße wusch, erfüllte sie zwar mit einer gewissen Genugtuung, aber auch mit Angst vor dem, was womöglich danach kam.

Als das Mahl beendet war und Mathilda endlich wieder unter dem Tisch hervorgekrochen kam, funkelte sie Robin bitterböse an.

»Das werdet Ihr bereuen, so wahr mir Gott helfe!«, zischte sie ihn an.

»Euch hilft höchstens der Teufel, und zwitschert mir ein Vögelchen, dass Ihr Eure Wut an Euren Untergebenen auslasst oder sie weiter wie bisher behandelt, dann sind wir am nächsten Tag wieder hier und nageln Euch wie Jesus am Kreuz an eure Klostertür, damit Ihr seine Leiden nachvollziehen könnt!«

Jetzt begann die Äbtissin am ganzen Leib zu schlottern, denn ihr ging endgültig auf, dass mit den grünen Männern nicht zu spaßen war. Da war kein Scherzen in der Stimme gewesen, nur kalter Zorn. Mathilda nahm sich vor, die Drohung zu beherzigen. Zu groß war ihre Furcht, zumindest im Moment, vor einer Wiederholung des Besuches.

»So, und nun schauen wir uns mal in Eurer Krypta um«, fuhr der berüchtigte Räuber unerbittlich fort. »Ich bin sicher, da finden wir das, was Ihr vor den Boten der Königin verborgen habt.«

Hätte die Äbtissin eine Hose getragen, wäre ihr jetzt das Herz hineingerutscht. Woher wussten diese Räuber denn von den versteckten Schätzen? Es konnte ihnen nur der Teufel verraten haben, mit dem sie im Bunde waren.

Robin zwang Mathilda, vor ihm die steile Treppe in die Gruft unter dem Chor der Klosterkirche hinabzusteigen. Hier unten standen die Särge der Gründerinnen des Klosters und hochrangiger Frauen, die große Beträge für den Erhalt und Ausbau gespendet hatten und damit hofften, in die ewige Seeligkeit einzugehen. Es roch muffig und feucht, und außer Bruder Tuck, der schon unzählige solcher Orte aufgesucht hatte, gruselte es allen Männern. Nur schemenhaft erhellten die Fackeln das Dunkel. Wo aber waren die Klosterschätze? Hatte man sie womöglich in den Gräbern versteckt. Sogar Robin scheute davor zurück, jedes einzelne öffnen zu müssen. Mit einer Fackel versuchte er, Spuren einer vor kurzem verrückten Grabplatte zu finden, doch alles war über und über voller Staub und Spinnweben.

Die Männer leuchteten auch die Wände ab in der Hoffnung, einen versteckten Gang oder eine Tür zu finden. Aber es half alles nichts, hier unten schienen nur Tote auf ihre Erlösung zu warten.

»Ich habe Euch doch gesagt, dass man uns schon alles genommen hat«, zeterte die Priorin, in deren Stimme eine gewisse Genugtuung mitschwang. Robin hätte die Suche fast abgebrochen, doch nach diesen Worten und dem Tonfall war er sicher, dass sich hier etwas befinden musste.

Die Krypta war nicht sehr hoch, so dass die Männer leicht gebückt dastanden, und ihre Blicke dadurch bisher nur nach unten gegangen waren. Jetzt richtete Robin seine Fackel zur Decke. Auf den ersten Blick sah man auch hier nichts, aber dann fiel ihm auf, dass ein Stück davon über ihm recht sauber und nicht von Spinnweben überzogen war. Er zog sein Schwert, was Mathilda ängstlich zusammenzucken ließ, und stieß mit dem Knauf gegen die Decke.

Sofort zeichnete sich ein breites Grinsen auf seinem Gesicht ab. Es klang nicht nach Stein, sondern dumpf und hohl. Geschickt war in die Decke eine Falltür eingelassen und weiß gekalkt worden, so dass man sie von der umliegenden Mauer kaum unterscheiden konnte. Bei genauerem Hinsehen zeichneten sich allerdings die Fugen ab, und als Robin dagegen drückte, sprang die Tür mit einem Klicken auf. Dahinter wurde ein Hohlraum sichtbar, aus dem es nur so glitzerte und funkelte, als das Licht hineinfiel. Goldene Pokale, silberne Teller, kostbare Reliquiare und Bücher, deren lederne Einbände vergoldet und mit zahllosen Edelsteinen geschmückt waren, stapelten sich rund um die Tür. Robin vermutete, dass es der Innenraum des Altars war, unter dem sie sich befanden. Kirkless Abbey hatte schon immer als eines der reichsten Frauenklöster weit und breit gegolten, und was die Männer hier sahen, machte diesem Ruf alle Ehre.

»Wozu all das Gold und Silber?«, fuhr der Hauptmann die verschreckte Äbtissin an. »Glaubt Ihr wirklich, dass das nötig ist, um Gott wohlgefällig zu sein? Wäre es nicht viel sinnvoller, damit gute Werke zu tun, die Armen zu unterstützen, Kranken zu helfen und die allgemeine Not zu lindern? Statt dessen hockt ihr auf euren Schätzen wie die Elstern in ihren Nestern.«

»Es ist doch alles nur zum Ruhme Gottes und der heiligen Mutter Kirche!«, jammerte die Oberin und rang die Hände.

»Ihr wisst genau, dass alle Kirchenschätze für das Lösegeld eingezogen werden sollen. Das ist sogar eine Anordnung des Erzbischofs von Canterbury. Nennt Ihr das Gehorsam gegen euren Oberhirten?«

»Hubert Walter geht uns gar nichts an«, keifte Mathilda. »Wir unterstehen Erzbischof Geoffrey von York! Und der hat keinerlei derartige Weisungen erlassen.«

»Wollt Ihr vielleicht nicht, dass König Richard zurückkommt? Wäre Euch etwa Prinz John auf dem Thron lieber?«

»Tausendmal!«, gab die Äbtissin ihre wahre Gesinnung zu erkennen. »Möge dieser König, welcher der Kirche ihre Schätze und damit ihre Macht raubt, auf ewig in der Hölle schmoren!«

»Nun, vielleicht können wir eher Euch einen Vorgeschmack auf die ewige Verdammnis geben«, fuhr Robin die Äbtissin an. »Kaiser Heinrich nimmt bestimmt auch weibliche Geiseln. Man muss ihm ja nicht unbedingt sagen, dass keiner in England die Chesters zurückhaben möchte und er demzufolge lange auf eine Auslösung warten kann.«

Ähnlich wie ihr Bruder zog es Mathilda bei dieser Drohung vor, in Ohnmacht zu fallen. Robin ließ die verborgene Schatzkammer ausräumen. Reich mit Beute beladen zogen die Geächteten ab, allerdings nicht ohne vorher noch einmal die Nonnen aus besseren Häusern ermahnt zu haben, zukünftig mit ihren weniger begüterten Schwestern fürsorglich umzugehen.

Die Äbtissin erholte sich nur langsam von dem Schock, auch wenn Robin seine Drohung nicht wahrmachte und sie ließ, wo sie war. Ihr Zetern klang den Männern noch in den Ohren, als der Wald sie schon längst wieder verschluckt hatte.

So ging es mehr oder weniger das ganze Frühjahr und den Sommer über. Robin und seine Männer dehnten ihre Streifzüge immer weiter aus und machten oft reiche Beute, die sie in den tiefen Höhlen von Dunwold verbargen. Eine Gelegenheit, die Schätze nach London zu bringen, würde sich bestimmt wieder ergeben. Ihr Schicksal hing zu einem großen Teil davon ab, dass die riesige Summe für das Lösegeld des Königs aufgebracht werden konnte. Trotzdem vergaßen sie die armen Menschen um sich herum nicht und linderten deren Not, so weit es ihnen möglich war.

Prinz John hingegen versuchte weiterhin Kapital aus Richards Abwesenheit zu schlagen. Er legte gefälschte Dokumente vor und versuchte wieder einmal Steuern für seinen Bruder einzutreiben, die nur ihm selbst zugute gekommen wären.

Jetzt war das Maß voll, und königstreue Truppen eroberten seine Burgen Windsor und Wallingford und übergaben sie an Eleonore. Der Sohn bat seine Mutter um Frieden, und da auch die Kräfte der Königin begrenzt waren, wurde ihm gestattet, Tickhill und Nottingham zu behalten. Dort würde sich schon Robert von Loxley um ihn kümmern und seinen Einfluss beschränken, dessen war sich Eleonore recht sicher.

Im September wurde der erste Teil des Lösegeldes nach sorgfältiger Prüfung durch Abgesandte des Kaisers nach Deutschland eingeschifft. Das Risiko eines Verlustes bis zur Reichsgrenze trug König Richard selbst, obwohl er es ja persönlich nicht schützen konnte. Sein Name und sein Ruf allein hätte sicherlich gereicht, potentielle Angreifer, inklusive des französischen Königs, abzuschrecken. Doch er saß weiter auf Burg Trifels im Verließ und dichtete mittlerweile herzzerreißende Lieder über seine Gefangenschaft, die von Barden aufgegriffen wurden und an den Höfen in ganz Europa die Runde machen sollten.

So entsandte Eleonore eine starke Eskorte treuer Ritter unter Führung von Baudouin de Bethune, der sich auch als Geisel zur Verfügung gestellt hatte, zum Schutz für das Lösegeld und betete inständig für die Sicherheit der Männer, aber vor allem des Geldes. Als endlich die Nachricht kam, dass der Schatz wohlbehalten in Deutschland angekommen war, fiel ihr ein Felsengebirge vom Herzen.

Nun kündigte sich schon der Herbst an, und es wurde immer schwieriger, weitere Gelder für die zweite Rate aufzutreiben. Die Königin beschloss trotz ihres hohen Alters selbst durch das Land zu reisen und einzusammeln, was sie nur konnte. Sie zog die östliche Küste hinauf bis nach Newcastle upon Tyne, das auf den Grundmauern der alten Römerfestung Pons Aelii am Hadrianswall erbaut worden war.

Von hier aus schickte sie Boten zum schottischen König und bat ihn um Hilfe für Richard. Dessen Herz war groß und weit, hatte ihm seine Gemahlin nach über zwölf Jahren Ehe doch soeben das erste Kind geboren. Auch wenn es eine Tochter war, so war seine Freude darüber so groß, dass er Eleonore zehntausend Silbermark schickte, weil alle Welt an seinem Glück teilhaben sollte.

Die Königin, voller Dankbarkeit, erließ Wilhelm dafür viele Punkte aus dem Vertrag von Falaise, den ihr verstorbener Gatte Henry den Schotten aufgezwungen hatte. So mussten sie nicht nur eine englische Besatzung in ihrem Land dulden, sondern auch noch für deren Besoldung aufkommen. Außerdem durfte der englische König bestimmen, wen der schottische König zu heiraten hatte. Nun war Wilhelm der Löwe mit Irmgard von Beaumont nicht gerade schlecht gefahren, aber in Zukunft, so beschloss Eleonore wie so oft eigenmächtig, wollte man doch davon Abstand nehmen, den Schotten derartige Vorschriften zu machen.

Jetzt wandte sie sich nach Süden, Richtung York. Dort residierte Richards Halbbruder Geoffrey als Erzbischof und hintertrieb mit aller Macht den Einzug des Kirchenvermögens in seinem Einflussbereich.

Eleonore mochte ihn nicht. Ihr Mann hatte ihr immer verschwiegen, wer die Mutter von Geoffrey war, aber sie vermutete stark, dass es sich um Rosamund Clifford gehandelt haben musste, die Frau, wegen der man sie letztendlich gefangen gehalten hatte. Und da sie keine Heilige war, konnte sie die ihr gestohlenen fünfzehn Jahre nur schlecht verwinden und übertrug ihren Hass auf die längst verstorbene Rivalin auf deren Sohn.

Richard hatte Geoffrey schließlich zum Erzbischof gemacht, aber dessen Ziele waren noch weit höher gesteckt gewesen. Da er als einziger seiner Söhne an König Henrys Totenbett gestanden hatte, sah er sich als dessen rechtmäßiger und legitimer Nachfolger an.

Doch ein geweihter Priester konnte nicht König werden, und so hatte Richard den Rivalen um den Thron mehr oder weniger gezwungen, das Gelübde abzulegen. Geoffrey würde ihm das nie verzeihen und sah absolut keine Veranlassung, etwas zur Befreiung seines Bruders beizutragen.

Allerdings erschien die Königin mit so starken, bewaffneten Kräften, dass dem Erzbischof gar nichts anderes übrig blieb, als die Tore von York zu öffnen. Schließlich wollte er nicht, dass es ihm wie seinem Halbbruder John erging – und der war immerhin ein leiblicher Sohn von Eleonore!

Die Begrüßung fiel dann auch dementsprechend frostig aus. Eleonore dachte gar nicht daran, den Ring des Erzbischofs zu küssen, und Geoffrey verneigte sich nur so knapp, dass es einem Affront schon gefährlich nahe kam.

»Warum kommen aus den Diözesen des ganzen Landes Wertgegenstände für Richards Lösegeld nach London, nur nicht aus York?«, begann die Königin das Geplänkel ohne weitere Einleitung.

»Über das Eigentum der heiligen Mutter Kirche verfügt nur sie allein. Es ist mir nicht bekannt, dass der Papst die Herausgabe der Kirchenschätze angeordnet hätte. Und nur seinen Befehlen werde ich Folge leisten, Madam«, gab der Bischof hochnäsig zurück.

»Über England bestimmt der König und nicht ein Priester in Rom, der noch nicht einmal in der Lage ist, die Männer zu schützen, die für den Glauben in den Krieg gezogen sind!«

Eleonore ließ sich auf keine Diskussionen ein. Sie hatte ein Leben lang getan, was sie für richtig hielt, und sich dabei nicht einen Deut um die Meinung der Kirche und vor allem ihrer Vertreter gekümmert. Und jetzt, wo sich ihr Weg dem unvermeidlichen Ende näherte, hatte sie schon gar nicht die Absicht, damit zu beginnen.

Geoffrey hatte viel von seinem Vater geerbt, vor allem dessen aufbrausendes Temperament. Er war eher ein Mann des Schwertes und weniger ein Hirte, der sanft seine Herde hütete. Doch das wusste auch Eleonore und so hatte sie vorsorglich alle Ein- und Ausgänge durch ihre eigenen Wachen sichern lassen, und der erfahrene William Marshal war bereits dabei, die ganze Burg unter seine Kontrolle zu bringen.

Der Erzbischof wusste, wann er verloren hatte, und musste wutschnaubend zusehen, wie alles, was nur irgendwie von Wert war, aus der Kathedrale und den anderen Kirchen der Stadt herausgeholt und verladen wurde. Er war zu stolz gewesen, die Kirchenschätze zu verstecken, und hatte die Entschlossenheit der Königin unterschätzt, alles, aber auch wirklich alles für die Freilassung ihres Sohnes zu tun.

Nach nur zwei Tagen zog die Kolonne aus dem ungastlichen York wieder ab und weiter nach Süden. Geoffrey schickte sofort einen schnellen Boten zu seinem Halbbruder nach Nottingham, um ihn über Eleonores Reiseroute zu informieren, die er hatte in Erfahrung bringen können. Er an Johns Stelle hätte jedenfalls alles in seiner Macht Stehende getan, um zu verhindern, dass die Schätze England verließen.

***

Robin quälten zur Zeit ganz andere Probleme. Marian, sonst stets das blühende Leben und voller Tatendrang und Unternehmungsgeist, bekam die Schwangerschaft gar nicht. Jetzt, wo sich das Ende näherte und die Geburt bevorstand, wurde es immer schlimmer. Sie klagte über Krämpfe in den Beinen, die manchmal unförmig anschwollen, und glaubte, dass ihre Sehschärfe nachließ. Ihr wurde oft schwarz vor den Augen und schwindlig, ihr Herz raste und in den Ohren glaubte sie den

Ozean zu hören. Meist fühlte sie sich derart unwohl, dass sie oft tagelang ihr Lager nicht verließ.

Ihr Mann hatte schon eine Hebamme kommen lassen, welche ihr aber auch nicht helfen könnte. Die von ihr verordneten Aderlässe hatte Marian sicherlich zu recht abgelehnt und die Amulette, die sie auflegen sollte, weggeworfen. Robin machte sich große Sorgen und wusste nicht mehr ein noch aus.

Auf keinen Fall konnten sie hier im Wald bleiben, wenn im November das Wetter immer ungemütlicher wurde und die Nachtfröste einsetzten. Robin überlegte schon, doch nach Huntingdon zu gehen und dort zumindest zu überwintern, aber die Tatsache, dass sich Prinz John wieder in Nottingham aufhielt und neue Kräfte zusammenzog, hielt ihn zusammen mit schönem Spätherbstwetter noch davon ab. Für einen guten Arzt wie Josef von Salamanca oder Milo würde er ein Vermögen ausgeben, aber in ihrer Umgebung gab es nur Bader, und den Quacksalbern traute er nicht über den Weg.

In diese trübe Stimmung hinein erklangen die drei langen Hornstöße, die mit der Königin als Zeichen für ein Treffen vereinbart worden waren. Sofort machte sich Robin mit einigen seiner Gefährten auf den Weg zu der Lichtung vor dem Sherwood, war er doch mehr als neugierig, wer ihn dort erwartete.

Wie vor mehr als vier Jahren hielt Eleonores Wagenzug in einiger Entfernung vom Waldrand, nur dass sich diesmal eine wesentlich größere Anzahl von Rittern und Soldaten in ihrer Begleitung befanden. Einige der Bewaffneten machten sofort Front gegen die Männer, die aus dem Sherwood heraus strömten, wurden aber von William Marshal zurückgepfiffen.

Sie staunten nicht schlecht, als der allseits hoch geachtete Earl von Pembroke einen der wie Wildhüter gekleideten Ankömmlinge herzlich begrüßte und ohne zu zögern zum Zelt der Königin führte. Eleonore empfing Robin äußerst huldvoll und unterband seinen Kniefall. Nach kurzer Begrüßung kam sie auch auf ihre erste Begegnung zu sprechen, doch viel Bitterkeit schwang in ihren Worten mit.

»Wisst Ihr noch, Sir Robert, vor ein paar Jahren befand sich mein Sohn hier in Eurer, nun sagen wir einmal, Obhut? Doch ihn daraus zu befreien war wesentlich leichter, als ihn jetzt diesem geldgierigen Kaiser zu entreißen. Mir blutet das Herz, wenn ich ganz England all seiner Schätze entblößen muss, nur damit er sich die Taschen voll stopfen und seine Fürsten ruhig halten kann.«

Eleonores Stimme bebte vor Zorn. Sie hatte bei ihrer Fahrt durch das Land soviel Leid und Elend gesehen, welches mit dem Silber hätte gelindert werden können. Statt dessen musste sie es einem Monarchen und dessen Herzog in den Rachen werfen, die sich gegen jedes Recht an einem Kreuzfahrer vergriffen hatten.

Robin, dem sonst immer ein aufmunternder Scherz auf den Lippen lag, war diesmal gar nicht danach zu Mute.

»Wir haben auch noch einiges Wertvolles für Euch, was ich Euch gern übergeben würde. Alle Menschen in England hoffen, dass der König bald nach Hause zurückkehren kann.«

»Nun, vielleicht nicht alle, aber hoffentlich doch viele«, schätzte Eleonore realistisch ein. »Doch was ist mit Euch, Robin? So bedrückt und verschlossen kenne ich Euch gar nicht?«

»Meiner Frau geht es leider nicht gut und ich fürchte ernsthaft um ihr Leben und das des Kindes«, gab der Gefragte seufzend zu. »Aber ich will euch nicht mit meinen Sorgen belasten, Ihr habt genug eigene.«

»Ich wäre Euch ernsthaft böse gewesen, hättet ihr es mir nicht gesagt«, schalt ihn die Königin. »Marian ist wie eine Tochter für mich! Wir schlagen hier unser Lager auf, und Josef von Salamanca soll nach ihr sehen. Wenn er ihr nicht helfen kann, dann liegt alles Weitere wirklich in Gottes Hand.«

Robin sah einen goldenen Lichtschimmer am dunklen Horizont.

»Ist Euer Arzt etwa hier?«, fragte er voller Hoffnung nach.

»Junger Mann, in meinem Alter und auch in meiner Stellung reist man immer mit ärztlichem oder geistlichem Beistand! Am besten mit beidem. Josef von Salamanca ist beim Tross. Er wird euch sicherlich gern zu Eurer Frau begleiten. Und jetzt geht, Ihr könnt ja kaum noch still stehen.«

Fast wäre Robin Eleonore um den Hals gefallen, aber natürlich hielt ihn sein Respekt davon ab. Allerdings hätte sie es ihm noch nicht einmal übel genommen.

»Diese jungen Leute, wie ich sie beneide«, meinte die alte Königin nachdenklich zu William Marshal. »Am Anfang war es zwischen mir und Henry auch so wie zwischen den beiden. Weiß der Teufel, was später in uns gefahren ist, dass wir uns das Leben gegenseitig so zur

Hölle gemacht haben. Ihr solltet Eure Frau auch nicht so oft allein lassen! Nicht dass sie es wie mein Mann hält und sich nach etwas Jüngerem umsieht!«

»Ich hoffe nicht, Madam! Außerdem glaube ich, dass ich ihr meine Zuneigung auseichend unter Beweis stelle!«

Der Earl von Pembroke wollte sich auf keine Diskussionen über seine Ehe einlassen.

»Ja, das ist wohl richtig. Ist sie nicht schon wieder schwanger? Wenn ihr denn mal zu Hause seid, lasst Ihr Euch offenbar keine Gelegenheit entgehen, Eure Familie zu vergrößern!«, neckte Eleonore den ihr seit langer Zeit treu ergebenen Ritter. »Hoffen wir, dass das auch Robin und Marian gelingt. Es wäre ihnen wirklich zu wünschen!«

Dem konnte sich William Marshal nur anschließen. Hatte er früher Robin Hood eher ablehnend gegenüber gestanden, so war die Skepsis doch mittlerweile wahrer Freundschaft gewichen.

Josef von Salamanca wurde unter Wehklagen auf ein Pferd gehievt, denn mit einem Wagen konnten sie das Lager nicht erreichen, und ein Fußmarsch hätte Robins Geduld über Gebühr strapaziert. Der Arzt war ein ungeübter Reiter, und kaum trabte sein Begleiter an, hielt er sich ängstlich am Sattelknauf fest und begann am ganzen Leib zu zittern. An Galopp war gar nicht zu denken, und so dauerte es seine Zeit, bis sie den Lagerplatz bei den Dunwoldhöhlen erreichten. Robin hatte mehrfach versucht, ein Gespräch mit Josef von Salamanca zu führen, doch der war so damit beschäftigt, nicht vom Pferd zu fallen, dass er nur einsilbig antwortete und deutlich zu verstehen gab, im Moment an einer Unterhaltung nicht interessiert zu sein.

Marian lag wie sooft in letzter Zeit auf ihrem Lager und hatte sich gerade wieder in einen Eimer übergeben. So hilflos, wie der Arzt auf dem Pferd gewirkt hatte, sosehr war er jetzt in seinem Element. Sein Leben hatte er seit seiner frühesten Jugend gemäß dem hippokratischen Eid der Linderung von Leiden und dem Heilen Kranker verschrieben. Seine ganz besondere Fürsorge aber galt Schwangeren, denn die Entstehung von neuem Leben beobachten zu können, faszinierte ihn immer wieder aufs Neue. Fünf von zehn Kindern Eleonores allein hatte er ans Licht der Welt verholfen und zahlreichen anderen sowieso.

Sorgfältig untersuchte der Arzt Marian, nachdem er Robin aus der Laubhütte geschickt hatte. Dass dieser jetzt draußen wie ein gefangener Löwe im Käfig auf und ab lief, störte ihn gerade wenig.

Josef von Salamanca fühlte die kalten Hände seiner Patientin, tastete über ihre geschwollenen Gliedmaßen und befragte sie dabei ständig über ihre Beschwerden. Marian, ja selbst in der Heilkunde nicht unerfahren, war mehr als dankbar, diesen erfahrenen Medicus plötzlich vor sich zu sehen, und gab bereitwillig und sachlich Auskunft. Schon bald hatte sich der Arzt einen Überblick verschafft und rief nun auch Robin dazu, um den beiden seine Diagnose mitzuteilen.

»Ihr gebt eurem Kind zuviel von Eurer Kraft, Marian«, begann er seine Erläuterung. »An die Stellen Eures Körpers, die dem Herzen am entferntesten liegen, kommt deshalb nicht genug Blut. So kann es auch schädliche Säfte nicht abtransportieren, und Eure Beine schwellen an. Auch Eure Hände und Augen werden nicht genug durchblutet.«

»Müsst Ihr sie zur Ader lassen?«, fragte Robin besorgt.

»Um Gottes Willen, nein!« Josef war regelrecht empört. »Das tun nur Scharlatane, die es nicht besser wissen. Euer Wald ist voll von Heilpflanzen, mit denen wir die Leiden lindern, wenn nicht sogar ganz beseitigen können. Ein Sud aus Brennnesseln, Birkenrinde und Schachtelhalm kann die Flüssigkeit aus den Beinen holen, und Kampfer, Besenginster sowie Weißdorn werden helfen, dass das Blut wieder an alle Stellen des Körpers fließt. Dann wird auch Eure Übelkeit verschwinden oder zumindest erträglicher sein. Und in der richtigen Menge angewendet, schadet nichts davon eurem Kind.«

Marian und natürlich auch Robin fielen Steine vom Herzen.

»Könnt Ihr mir die Zusammensetzungen erklären und wie ich den Sud oder Tee zubereiten muss?«, erkundigte sich die Patientin interessiert, doch Josef von Salamanca schüttelte bedauernd den Kopf.

»Das bedarf großer Erfahrung und Sorgfalt, und man kann es nicht auf die Schnelle erlernen. Ein Heilmittel falsch dosiert wird rasch zu Gift. Ich möchte Euch eher vorschlagen, mich nach London zu begleiten. Dort habe ich alle Arzneimittel in meiner Apotheke vorrätig und kann Euch regelmäßig behandeln. Die Königin wird sicherlich nichts einzuwenden haben, denn sie schätzt Euch sehr.«

Marian blickte Robin zweifelnd an, aber der war sofort dafür. Er hatte schon Angst gehabt, seine Frau würde ihm unter den Händen wegsterben. Sie dem Leibarzt der Königin anvertrauen zu können, würde ihn von vielen Sorgen befreien, und er wüsste sie in den allerbesten Händen.

»Nimm den Vorschlag an, Marian!«, beschwor er seine Frau. »Hier können wir Dir nicht helfen, und Du musst doch wieder gesund werden! Tue es für mich und unser Kind! Ich komme Dich, sooft ich kann, besuchen und in London wüsste ich Dich in Sicherheit«

Marian war zu schwach, um lange Widerstand zu leisten, und stimmte letztendlich zu. Rasch wurde aus Decken, Fellen und Stangen eine Trage hergerichtet, und schon bald setzte sich ein Zug in Richtung Waldrand in Bewegung. Die Männer luden auch Fässer mit Bier und Wein sowie frisch erlegtes Wild auf Tragtiere. Man würde der Königin schon zeigen, wie man hier im Sherwood willkommene Gäste bewirtete.

Josef von Salamanca war froh, nicht wieder auf so etwas Gefährliches wie ein Pferd steigen zu müssen und schritt neben der Trage seiner Patientin einher. Jetzt hatte Robin auch Gelegenheit ihn zu fragen, wie es denn seiner Familie ging, und der Arzt berichtete bereitwillig.

»Nach dem Tod von Magdalena waren meine Frau und ich lange sehr verzweifelt. Doch Gott hatte wohl ein Einsehen und schenkte uns noch eine Tochter. Auch wenn Magdalena immer in unseren Herzen weiterleben wird, so haben wir doch nach der Geburt unserer kleinen Eva wieder Frieden gefunden.«

»Das freut mich sehr für Euch, und wir wünschen Euch alles Glück der Welt!« Robin meinte, was er sagte. Selten hatten Marian und er solche herzensgute Menschen wie dieses jüdische Paar mit ihren Kindern kennen gelernt.

Robin war etwas besorgt, wie Eleonore reagieren würde, doch das war völlig grundlos. Sie ließ sofort ein Zelt für die junge Frau herrichten, und ihr Arzt machte sich auch gleich daran, aus seiner Medizinkiste die richtigen Arzneien herauszusuchen und mit der Behandlung zu beginnen. Am nächsten Tag würde Marian mit der Königin ihren Reisewagen teilen, und so wusste ihr Mann sie bestens aufgehoben.

Auf der Lichtung brannten zahlreiche Feuer, über denen sich Bratspieße drehten. Es war ja eigentlich das Wild des Königs, was da brutzelte, aber niemand warf es an diesem Abend den Waldmännern vor. Ritter, Soldaten und ehemalige Kreuzfahrer, auch wenn sie jetzt wieder von Prinz John geächtet waren, was allerdings niemand so richtig ernst nahm, tranken so manchen Humpen zusammen, und Robin kam sich fast vor, als wäre er wieder vor Messina oder Akkon. Gemeinsam schlenderte er mit William Marshal zwischen den Lagernden einher. Er scherzte mit den Männern, aß hier einen Bissen, trank da einen Schluck und fühlte sich so von Sorgen befreit wie schon lange nicht mehr.

Robin hatte Eleonore alle erbeuteten Schätze übergeben, und jetzt würde das Silber endlich für die zweite Rate des Lösegeldes reichen. Bald musste also auch der König wieder im Lande sein, und alle hofften auf eine gerechte und sichere Zukunft.

Am nächsten Morgen verabschiedete sich Robin von seiner Frau, der es schon wesentlich besser ging. Auch wenn sie sich noch müde und matt fühlte, so waren doch die Schwellungen bereits im Abklingen, und die Übelkeit hatte merklich nachgelassen. Eleonore forderte ihn mit Nachdruck auf, sie und Marian bald in Westminster zu besuchen. Wenn alles gut ging, sollte das Kind in knapp vier Wochen zur Welt kommen, und dann würden ihn sowieso keine zehn Pferde davon abhalten können.

In Robin war in dieser Nacht der Entschluss herangereift, alle Männer zu sammeln und mit ihnen doch nach Huntingdon zu gehen. Von William Marshal hatte er erfahren, dass Prinz John wahrscheinlich nicht stark genug war, um Burgen zu belagern. Dann hätten sie dort alle ein festes Dach über dem Kopf, und er konnte für seine Frau und ihr Kind ein kuscheliges Nest herrichten. Irgendwann musste das Herumvagabundieren ja mal ein Ende haben. Little John konnte er ohne Weiteres die Burg in seiner Abwesenheit anvertrauen, und so würde er bald nach London reiten können.

Als der königliche Zug sich langsam Richtung Süden in Bewegung setzte, winkten ihm die Männer lange nach und Robin ritt noch ein Stück mit durch den Sherwood. Dann wendete er Roncall schweren Herzens und hoffte auf ein baldiges Wiedersehen.

***

In Nottingham war inzwischen der Bote aus York eingetroffen, und Prinz John und Ralf de Lacy beratschlagten seit Stunden, wie man am Besten vorgehen sollte. Der Sheriff, dem die Niederlage im Sherwood noch in allen Knochen steckte, riet zur Vorsicht und Zurückhaltung. Doch der Prinz war entschlossen, sich die letzte Gelegenheit, doch noch die Rückkehr seines Bruders zu verhindern, nicht entgehen zu lassen.

Man hatte Späher ausgesandt, die berichteten, dass der Zug der Königin nur langsam vorankam. Es konnte also einer berittenen Abteilung nicht schwer fallen, ihn einzuholen. John war bereit, die Konfrontation, auch gegen seine Mutter, zu suchen, und hatte alle verfügbaren Ritter und Soldaten zusammengezogen, die noch zu ihm standen. Nach seiner Einschätzung mussten sie zahlenmäßig der Eskorte der Königin weit überlegen sein, und es galt nur noch einen günstigen Platz für den Überfall zu bestimmen.

»Wir sollten sie nicht innerhalb der Grafschaft Nottinghamshire angreifen, Sire«, gab de Lacy zu bedenken. Er zeigte auf einen Punkt auf der Karte, den er für geeignet hielt.

»Am besten wäre es vielleicht hier an der Furt durch die Great Ouse in der Nähe von St. Neots. Das gehört zu Huntingdonshire, und wenn dieser Verbrecher Robin Hood, der sich ja Earl von Huntingdon nennt, nicht in der Lage ist, für die Sicherheit auf den Straßen seiner Grafschaft zu sorgen, bringt ihn das zusätzlich in Misskredit.«

»Ein meisterlicher Plan«, grinste der Prinz. »Er könnte glatt von mir sein. Wir folgen dem Wagenzug außer Sichtweite, bis er den Fluss erreicht hat, und fallen dann über die Eskorte her, wenn sie mit der Querung beschäftigt sind. Es braucht niemand Rücksicht zu nehmen. Im Zweifelsfall hatte auch meine Mutter ein langes und erfülltes Leben.«

Sogar de Lacy schauderte es, wurde doch hier gerade offen von Muttermord gesprochen. Gern hätte er sich bekreuzigt, ließ es aber in Anwesenheit Johns lieber sein.

Der Sheriff instruierte den Hauptmann seiner Wache, dass sie in aller Frühe aufbrechen würden, und der rief seine Sergeanten im Gasthaus Bell Inn zusammen. Das gehörte allerdings Matthews Schwager, und da die Soldaten nicht gerade leise miteinander sprachen, verstand der Wirt jedes Wort.

Im ersten Morgengrauen schickte er seinen Neffen Jack in den Sherwood, um Robin und seinen Männern die erlauschten Informationen zu überbringen. Der Junge wurde im Wald bald von einem Posten aufgegriffen und ins Lager gebracht, wo man gerade dabei war, alles zusammenzupacken, um sich auf den Weg nach Huntingdon zu machen.

Atemlos berichtete Jack, was ihm aufgetragen worden war. Er hatte noch nicht zu Ende gesprochen, da brüllte Robin schon seine Befehle über die Lichtung.

»Jeder, der ein Pferd hat, kommt sofort mit mir! Lasst alles stehen und liegen! John, folge uns so schnell wie möglich mit den Männern zu Fuß nach! Wenn wir sie nicht aufhalten, dann ist alles verloren!«

Little John war natürlich sofort klar, dass seinen Freund noch ein ganz anderer Beweggrund antrieb. Marian war im Wagen der Königin, und der Prinz würde mit Sicherheit keinerlei Zeugen für sein Verbrechen dulden!

Robin schwang sich auf Roncall und jagte los, ohne sich um das zu kümmern, was hinter ihm geschah. Will Scarlett sammelte die Reiter und versuchte ihm zu folgen, so gut es ging, aber der Abstand wurde immer größer. Wie die wilde Jagd ging es durch den Sherwood, über die Ebenen davor und den Huntingdon Forest. Die Pferde wurden bis an die äußerste Grenze ihrer Leistungsfähigkeit angetrieben, und von Zeit zu Zeit fiel das eine oder andere immer weiter zurück. Robin gönnte seinem Hengst keine Verschnaufpause, und so war aus dem Braunen fast ein Schimmel geworden, als er auf dem Uferhang über der Great Ouse hielt, um sich einen kurzen Überblick zu verschaffen.

Waffengeklirr war schon von weitem zu hören gewesen, und jetzt sah er das ganze Dilemma. Die Pferde, die den Wagen der Königin zogen, standen bis zum Bauch im Wasser und dahinter reihte sich die Wagenkolonne. Sie wurde von allen Seiten angegriffen, doch noch hielten die Verteidiger unter William Marshal stand. Aber es konnte nicht mehr lange dauern, dann würden sie der Übermacht erliegen. Schon jetzt wurden sie immer weiter zurückgedrängt, hatten die hinteren Wagen bereits aufgegeben und schützten vor allem die Kutsche der Königin.

Robin zögerte keine Sekunde. Das Schwert flog aus der Scheide, und im Galopp ging es den steilen Abhang hinunter auf die Kämpfenden zu. Er war allerdings bemerkt worden, und ein Ritter löste sich aus dem Gewühl und hielt mit eingelegter Lanze auf ihn zu.

Ohne Schild und Rüstung hatte Robin gegen ihn kaum eine Chance. Er musste versuchen auszuweichen und die Wendigkeit Roncalls ausnutzen, doch der Hengst war am Ende seiner Kräfte und reagierte nur noch verhalten. Der Ritter würde ihn aufspießen wie einen Steckerlfisch, wenn er die Lanze nicht zur Seite schlagen konnte.

Doch diesmal löste ein anderer das Problem für ihn. Noch bevor der Gegner ihn erreichte, überschlug sich dessen Pferd und begrub den Reiter unter sich. Will Scarlett war kein Risiko eingegangen. Er hatte mit seinem Pfeil auf das Tier gezielt, da er nach dem anstrengenden Ritt seiner Treffgenauigkeit nicht mehr vertraute.

Robin stürmte, ohne sich umzublicken, weiter, mitten in das Gewühl hinein. Der Damaszenerstahl seines Schwertes schnitt durch Kettenhemden und Lederpanzer, als wären sie aus zarter Seide. Da trennte er mit einem Hieb einen Kopf fast vollständig vom Körper, dort stieß er die Klinge durch die ungeschützte Achsel einem Ritter tief in die Brust. Ohne Rüstung und Schild war er allerdings auch stark gefährdet, und erst als es ihm gelang, einem Soldaten die Streitaxt zu entreißen, konnte er auch seine linke Seite schützen.

Die Angreifer waren sich schon ihres Sieges sicher gewesen, als ihnen plötzlich frische Kräfte in den Rücken fielen. Da Freund und Feind auf die Entfernung kaum zu unterscheiden waren, blieben bei Robins Männern diesmal die Pfeile in den Köchern. Doch sie hatten in den letzten Jahren mehr gekämpft, wie alle anderen auf Platz des Geschehens und fürchteten keinen Gegner dieser Welt. Im Gegensatz zu den Söldnern kämpften sie für ihre Zukunft, die ihnen nur bei einer sicheren Rückkehr König Richards gewiss sein konnte.

Während Prinz John bei den hinteren, mit dem Silber beladenen Wagen den Angriff führte, hatte sich Ralf de Lacy bisher wohlweislich im Hintergrund gehalten und wäre nie im Leben auf die Idee gekommen, an der Spitze seiner Männer zu kämpfen. Doch dadurch kam er plötzlich zwischen die Fronten, denn vom Uferhang preschten immer mehr Reiter herunter und fielen wie die Wölfe über seine und Prinz Johns Getreue her.

Eins war ihm sofort klar. Fiel er in die Hände der Geächteten, würde ihn diesmal niemand verschonen! So tat er etwas, was eigentlich völlig gegen seine Natur war, er griff an und kämpfte sich zum Reisewagen der Königin durch.

Die Seite zum Ufer hin verteidigte William Marshal wie ein Löwe, und mit dem würde sich Ralf de Lacy nie im Leben anlegen. Aber die Seite der Kutsche, die zum Fluss hin stand, war nahezu ungeschützt.

Der Sheriff sprang vom Pferd und watete, gedeckt von seinen Wachen, um den Wagen herum. Er sah nur noch eine Chance für das Gelingen des Unternehmens und sein eigenes Überleben, er musste sich der Königin bemächtigen.

Es gelang ihm tatsächlich nahezu unbemerkt im Kampfgetümmel bis an die Tür der Kutsche zu gelangen. Als er sie öffnen wollte, sperrte sich aber von innen etwas dagegen. De Lacy, das Schwert in der Rechten, versuchte mit aller Gewalt in den Wagen einzudringen. Die Angst verlieh ihm ungeahnte Kräfte. Mit einem letzten Ruck gelang es ihm, die Tür aufzureißen, und Marian, die von innen dagegen gehalten hatte, fiel ihm entgegen.

Durch das plötzliche Nachgeben kam der Sheriff ins Straucheln. Sein rechter Arm mit dem Schwert fuchtelte hoch erhoben einen Moment in der Luft herum, fiel herunter – und die scharfe Klinge schlitzte den Bauch der Hochschwangeren auf.

Marian stürzte nach hinten zurück, direkt in die Arme von Eleonore und Josef von Salamanca. Die Kammerfrau der Königin, die Vierte im Wagen, begann wie am Spieß zu schreien, als sie sah, wie das Blut aus der geöffneten Bauchdecke hervorquoll und die pralle Gebärmutter sichtbar wurde.

De Lacy wurde kreidebleich. Als er Lady Marian vor sich am Boden der Kutsche liegen sah, den Bauch von seinem Schwert geöffnet, ergriff ihn unsagbare Panik. Er stolperte rückwärts, ließ seine Waffe fallen, drehte sich um und rannte los, als wären alle Furien der Hölle hinter ihm her.

Das hatte er bei Leibe nicht gewollt, doch was ihm blühte, wenn er jetzt Robert von Loxley in die Hände fiel, war ihm auf der Stelle klar. Er bekam ein lediges Pferd zu greifen, schwang sich noch im Laufen in den Sattel und jagte davon, immer gegenwärtig, den Aufschlag eines Pfeils in seinem Rücken zu spüren.

Robin hatte von dem ganzen Drama allerdings nichts mitbekommen. Er war längst abgesessen und kämpfte wie die anderen zu Fuß. Je mehr seiner Männer auf dem Kampfplatz eintrafen, desto mehr von Prinz Johns Anhängern versuchten sich abzusetzen. Die übrig Gebliebenen wurden auf immer engerem Raum zusammengedrängt und wehrten sich verzweifelt. John selbst wuchs über sich selbst hinaus, und seine Gegner wichen vor dem sich wie rasend Gebärdenden zurück. Bis er auf Robin traf.

»Zur Seite, Bauer!« brüllte der Prinz ihn an. »Dieser Schatz wird England nicht verlassen, und wenn ich Euch alle dafür umbringen muss!«

In Robins Augen glitzerte die blanke Wut. Dieser Mann vor ihm wollte ihn und seine Gefährten um alles bringen, was sie sich über Jahre voller Entbehrungen erkämpft hatten. Warum sollte er ihn am Leben lassen? Er schmetterte seine Streitaxt mit aller Kraft in den Schild des Prinzen und riss sie dann auf sich zu. Wie er gehofft hatte, gab die Schildfessel nach und der Schutz des Prinzen hing an der Axt. Robin schleuderte sie von sich und die beiden Männer standen sich jetzt nur noch mit ihren Schwertern bewaffnet gegenüber.

Um sie herum bildete sich wie von selbst ein Kreis. Die anderen Kämpfer stellten das Gefecht ein und ließen die Waffen sinken.

»Ihr werdet es nicht wagen, Euch gegen einen königlichen Prinzen zu stellen«, zischte John durch das Visier seines Helmes. Er trug zwar Kettenhemd und Rüstung, doch nicht einmal seinem Bruder Richard hatte das gegen Robin etwas genützt.

Statt einer Antwort kam auch schon der erste Hieb mit solcher Gewalt, dass es John fast das Schwert aus der Hand gerissen hätte. Er musste den Griff mit beiden Händen umfassen, um die Schläge abzuwehren, und konnte nur noch zurückweichen. An einen Gegenangriff seinerseits war gar nicht zu denken. Panikartig stieg vor seinem geistigen Auge das Bild von Sir Guy von Guisbourne in der Halle von Nottingham Castle auf. Als er über eine Baumwurzel stolperte und stürzte, schien sein Schicksal besiegelt.

Robin setzte die Schwertspitze an seine Kehle.

»Nennt mir einen Grund, einen einzigen, warum ich Euch am Leben lassen soll?«

Seine Stimme war ganz leise, für Umstehende kaum zu verstehen, aber alle, die ihn kannten, wussten, dass es jetzt für den Prinzen wirklich gefährlich wurde und sein Leben an einem seidenen Faden hing.

»Mutter!«, rief John voller Verzweiflung und Todesangst und noch einmal: »Mutter!«, nur um gleich darauf die vernichtendsten Worte seines Lebens zu hören:

»Lasst Ihn, Robin! Er ist es nicht wert! Kommt zu Eurer Frau, sie braucht Euch!«

Eleonore war aus der Kutsche gestiegen und stand hoch aufgerichtet zwischen den Männern, die gerade noch gegeneinander gekämpft hatten und die bei ihrem Anblick auf die Knie sanken. Keiner versagte der alten Königin den Respekt.

Robin fuhr herum, doch kaum spürte der Prinz kein Schwert mehr an seinem Hals, gewann er wieder Oberwasser. Er sprang auf, riss seinen Dolch aus dem Gürtel und wollte ihn seinem Feind in den Rücken stoßen.

Mit einer fast überheblichen Armbewegung schleuderte Robin, der die Aktion aus dem Augenwinkel heraus gesehen und auch erwartet hatte, ihn wieder zu Boden.

»Eure Mutter hat gleich nur noch einen Sohn, und der heißt mit Sicherheit nicht John«, fuhr er den sich auf dem Boden krümmenden Prinzen an.

»Der Tag wird kommen, wo ich König bin, und dann werdet Ihr für jede Demütigung büßen, die Ihr mir zugefügt habt«, jammerte der Prinz vor sich hin.

»Eher friert die Hölle ein, bevor ihr mein König werdet!« Verächtlich blickte Robin auf das Häufchen Elend zu seinen Füssen herunter, als Eleonore noch einmal nach ihm rief.

Mit wenigen Schritten eilte er zur Kutsche. Was er sah, ließ ihm das Blut in den Adern erstarren.

Marian lag ohnmächtig mit dem Kopf im Schoß der Kammerfrau, und Josef von Salamanca hatte ihre Kleider entfernt. Ein mehr als handbreiter Schnitt hatte ihren Unterbauch eröffnet, der jetzt auseinander klaffte. Erstaunlicherweise war gar nicht soviel Blut zu sehen, wie Robin erwartet hätte. Dafür aber jede Menge andere Flüssigkeit, die er sich nicht erklären konnte.

Völlig ruhig und wie unbeteiligt wirkend gab der Arzt klare Anweisungen.

»Robin, legt die Decke dort unter den Baum und helft mir, Eure Frau darauf zu betten. Dann brauche ich meine Medizinkiste. Es ist die große, braune Holztruhe auf dem Dach der Kutsche. Und alle anderen sollen verschwinden! Ich brauch Platz und Licht!«

Vorsichtig hob Robin seine Frau hoch, die dabei laut aufstöhnte, und tat, wie Josef ihm geheißen. Eleonore scheuchte die herumstehenden Männer wie einen Schwarm Hühner fort und kniete sich dann neben Marian.

»Bringt mir weiche Tücher und sauberes Wasser!«, befahl der Arzt weiter. »Aber nicht hier aus dem Fluss! Sucht eine Quelle und dann kocht es!«

William Marshal schickte sofort zwei Kriegsknechte los und ließ ein Feuer entfachen. Keiner dachte mehr an Kampf, alle sahen fasziniert von weitem zu, wie Josef von Salamanca versuchte, das Leben der schwangeren Frau zu retten.

Der Arzt entnahm seiner Kiste ein kleines Fläschchen und träufelte Marian eine dunkle Flüssigkeit zwischen die Lippen.

»Mohnsirup gegen die Schmerzen«, erklärte er knapp.

»Ich habe ein Kraut, das sie Haschisch nennen, und Opiumharz aus Palästina mitgebracht«, meinte Robin ganz eifrig. »Damit hat man dort Schwerverletzte berauscht und betäubt. Glaubt Ihr, dass Ihr es brauchen könnt?«

Josef von Salamanca sah Robin überrascht an. Er hatte mit beidem schon experimentiert, war sich aber bei der Dosierung nicht sicher.

»Später vielleicht. Für jetzt sollte der Sirup genügen, da sie ja glücklicherweise ohne Bewusstsein ist. Ich brauche die Flasche, auf der „aqua vitae rectivicata" steht.«

Eleonore reichte sie ihm aus der Kiste. Der Arzt schüttete sich etwas von der klaren Flüssigkeit über die Hände und tat so, als würde er sie sich waschen. Dann rollte er ein schneeweißes Tuch auf, und verschiedene kleine Messer und Nadeln kamen zum Vorschein.

»Und Ihr, Robin, geht jetzt bitte! Das, was ich jetzt tun muss, kann kein liebender Mann ertragen. Aber mir bleibt keine Wahl, wenn ich versuchen soll, das Leben eurer Frau zu retten.«

Robin schüttelte energisch den Kopf.

»Nein, ich bleibe! Niemand bekommt mich hier weg! Wenn sie sterben muss, dann will ich bis zum Schluss bei ihr sein.«

»Soweit ist es noch lange nicht. Aber wenn Ihr nicht freiwillig verschwindet, lasse ich Euch von William Marshals Männer wegbringen. Ich kann jetzt keinen Ehemann gebrauchen, der mir über die Schulter sieht.«

Eleonore zupfte Robin sanft am Ärmel.

»Glaubt mir, es ist besser. Tut, was er sagt!«

Mühsam richtete sich Robin auf und schritt die paar Yards zum Flussufer herunter. Das Wasser vor ihm plätscherte sanft dahin, und es kam ihm vor, als wäre es ein Sinnbild für die Vergänglichkeit des Lebens.

De Lacys Schwert war nicht mit voller Kraft geführt worden. Doch die scharfe Klinge hatte die über dem Bauch straff gespannte Haut und das darunter liegende Gewebe nebst der Vorderwand der Gebärmutter durchtrennt. Man konnte sogar das Kind sehen, dass noch in der Fruchtblase lag. Doch auch diese war verletzt worden und das Schwert hatte das noch nicht geborene Leben getötet.

Mit einem der kleinen Messer öffnete Josef von Salamanca den Spalt vorsichtig noch etwas weiter. Eleonore sah, wie der Arzt danach voller Zärtlichkeit den kleinen, geschundenen Körper aus dem Mutterleib heraushob und behutsam neben die Bewusstlose legte. Dann griff er erneut mit der Hand in ihren geöffneten Bauch um vorsichtig den Mutterkuchen zu entfernen, der an der Nabelschnur des Kindes hing. Eine der Zofen der Königin von der robusteren Art tupfte mit den Tüchern die ganze Zeit über das austretende Blut weg.

»Wie wollt Ihr die Wunde denn schließen?«, erkundigte sich Eleonore interessiert. »Sie wird wohl kaum von allein verheilen.«

»Ähnlich wie damals bei Euch nach der Geburt eures Sohnes Richard, als ich noch ein ganz junger Medicus war und frisch von der Universität kam. Ich werde sie mit den Därmen von Bergschafen vernähen.«

Eleonore erinnerte sich daran, als wäre es gestern gewesen. Obwohl sie schon fünf Kinder zur Welt gebracht hatte, war Richard ein solcher Brocken gewesen, dass es sie bei der Geburt im wahrsten Sinne des Wortes zerrissen hatte. Der junge Josef von Salamanca, der in Cordoba, Toledo und Salerno studiert hatte und auf Empfehlung des Königs von Kastilien zu ihr geschickt worden war, hatte sich gegen alle anwesenden älteren Ärzte und Bischöfe durchgesetzt, sie mit Hilfe ihres Mannes Henry aus dem Raum gedrängt und dann den gerissenen Damm genäht. Wenn sie daran dachte, war es ihr immer noch ein bisschen peinlich. Doch im anderen Fall wäre sie vielleicht verblutet. Mit Grauen erinnerte sie sich an die nahezu unerträglichen Schmerzen, die sie dabei hatte aushalten müssen. Danach wollte sie ein paar Tage lang den Kopf des unverschämten Arztes rollen sehen bis ihr aufgegangen war, dass er ihr das Leben gerettet hatte.

Josef von Salamanca flößte Marian noch einmal den Saft des Schlafmohns ein und gab ihr zusätzlich ein Beißholz zwischen die

Zähne. Dann machte er sich mit aller Sorgfalt daran, Schicht für Schicht ihres Bauches zu vernähen und träufelte über die geschlossenen Nähte immer etwas aus der Flasche mit dem „aqua vitae rectivicata“.

»Was ist das eigentlich, was Ihr da in der Flasche habt« wollte Eleonore wissen.

»Man nennt es „gereinigtes Lebenswasser“, aber im Prinzip ist es zehnfach destillierter Wein«, gab der Arzt zur Antwort. »Gelehrte haben schon vor vielen Jahren festgestellt, dass Wunden sich seltener entzünden und kaum Wundfieber auftritt, wenn man es benutzt. Ich habe bei Lady Marian im Prinzip das durchgeführt, was wir eine „sectio caesarea“, einen Kaiserschnitt, nennen. In ganz schwierigen Fällen kann man auf diese Weise ein Kind auf die Welt bringen. Julius Cäsar soll so geboren worden sein, daher der Name.«

Eleonore hatte schon immer große Hochachtung vor dem Wissen und Können ihres jüdischen Leibarztes gehabt, jetzt wuchs es vielleicht noch ein kleines Stückchen mehr.

»Wird sie überleben?« war ihre große Sorge.

Der Arzt seufzte tief. »Ich habe getan, was ich vermochte. Alles andere liegt jetzt wieder in Gottes Hand.«

Er strich eine weiße Salbe über die letzte Naht und säuberte mit dem warmen Wasser seine Patientin, bevor er sich danach selbst wusch. Zuletzt verband er noch die Wunde mit weichen Tüchern..

»Mehr kann ich im Moment nicht für sie tun«, meinte er resignierend zur Königin. »Auf keinen Fall kann sie in einer Kutsche transportiert werden. Die Nähte würden garantiert aufplatzen. Eine Trage ist das Äußerste, was ich verantworten könnte.«

»Von hier aus ist es nicht weit nach Huntingdon. Meint Ihr, dass Lady Marian es bis dorthin schafft?«

»Ich glaube schon. Hier kann sie schlecht bleiben. Ich werde neben ihr hergehen und zusehen, dass sie bewusstlos bleibt. Was aber passiert, wenn sie erwacht und mitbekommt, was ihr und ihrem Kind geschehen ist, kann ich nicht sagen. Sie wird sehr, sehr stark sein müssen und alle Hilfe dieser Welt benötigen.«

Josef von Salamanca bückte sich und hob das tote Kind auf. Sanft legte er es in seine Armbeuge und ging zu Robin, der immer noch auf den Fluss hinausstarrte.

»Lebt sie?«, fragte er, ohne den Arzt anzusehen.

»Ja«, war die schlichte Antwort. »Und so Gott will, wird sie auch wieder gesund. Jedenfalls werde ich alles dafür tun, was in meiner Macht steht. Aber Kinder, Robin, werdet Ihr keine mehr haben können. Und Euren Sohn hier hat der Herr zu sich gerufen. Wollt Ihr ihn einmal sehen?«

Robin drehte sich um, und Josef sah, dass seine Augen in Tränen schwammen. Behutsam strich der Vater, der keiner sein durfte, mit den Fingerspitzen über das winzig kleine Köpfchen, das ein Schwert gespaltet hatte. Dann nahm er das tote Kind ganz in seinen Arm und wiegte es hin und her, wie er es so gern jeden Tag mit dem lebenden getan hätte. Der Schmerz riss ihm fast das Herz aus der Brust, und er glaubte, dass das alles mehr war, als er ertragen konnte.

Josef von Salamanca fehlten die Wort, um Trost zu spenden, und auch Eleonore schaute nur von fern herüber. Sie hatte bereits vier ihrer zehn Kinder beerdigen müssen und konnte vielleicht noch am ehesten von allen nachfühlen, wie Robin zumute war. Sie wusste aber auch, dass er damit letztendlich ganz allein fertig werden musste. Hoffentlich würde wenigstens seine Frau überleben.

»Wo ist übrigens mein missratener Sohn?«, erkundigte sie sich leise bei William Marshal.

»Er hat sich aus dem Staub gemacht, während wir alle abgelenkt waren«, bedauerte der Earl von Pembroke.

»Vielleicht ganz gut so!« Eleonore zuckte mit den Schultern. »Wenn Sir Robert aus seiner Lethargie erwacht, ist es sicher besser, John befindet sich nicht in seiner Nähe. Der Sheriff kann nur hoffen, ein ganz tiefes Mauseloch zu finden. Für sein Leben gebe ich keinen Penny!«

William Marshal konnte nur zustimmend nicken. Wäre seiner Frau das passiert, den Mann hätte er verfolgt bis ans Ende der Welt. Und wie er Robert von Loxley einschätzte, sah der das ganz genau so.

»Was habt Ihr für Befehle, Madam?«, erkundigte er sich dann bei der Königin. »Wie soll es denn jetzt weiter gehen?«

»Begrabt als erstes die Toten! Wir ziehen weiter nach London. Ich werde Robert von Loxley bitten, uns einige seiner Männer als Verstärkung mitzugeben. Dafür lasse ich ihm Josef von Salamanca da, bis es Lady Marian besser geht.«

»Oder sie gestorben ist«, dachte Eleonore realistisch. Sie gehörte nicht zu den Menschen, die sich etwas vormachten, und die

Wahrscheinlichkeit, dass die junge Frau diese Verletzung überlebte, war äußerst gering. Gern ließ sie ihren Arzt nicht zurück, doch ohne seine Hilfe hatte Marian wahrscheinlich gar keine Chance.

Ihr eigenes Wohlergehen lag der Königin schon sehr am Herzen. Nicht umsonst hatte sie immer ihren Leibarzt bei sich, unterstützte seine Studien und entlohnte ihn fürstlich. Andererseits fühlte sie sich im Moment keineswegs unwohl und glaubte sich diese großzügige Geste leisten zu können.

Robin war Eleonore überaus dankbar. Mittlerweile waren fast alle seine Männer am Ort des Geschehens eingetroffen. Will Scarlett bekam den Auftrag, den Silbertransport mit fünf Dutzend Bogenschützen zusätzlich zu William Marshals Rittern zu begleiten. Nach der heutigen, vernichtenden Niederlage und bei dem Schutz würde sich wohl niemand mehr dem Zug entgegenstellen.

Die Königin sprach noch ein paar Worte mit ihrem Leibarzt.

»Tut, was Ihr könnt, Josef, aber haltet Euch nicht länger auf, als Ihr unbedingt müsst. Ich brauche Euch auf Reisen an meiner Seite und werde in nächster Zeit viel unterwegs sein.«

Der Medicus verbeugte sich leicht.

»Selbstverständlich, Madam!« Er wusste genau, wie wertvoll der Schutz Eleonores gerade für ihn und seine Familie als sooft verfolgte Juden war, und würde ihn um nichts auf der Welt aufs Spiel setzen.

»Sollte das Wundfieber einsetzen, wird Lady Marian es sehr schwer haben. Im anderen Fall müsste sie in ein bis zwei Wochen transportfähig sein, und dann würde ich sie gern nach London bringen. Meine Frau könnte sie pflegen, auch wenn ich mit Euch unterwegs bin. Ihrer Seele kann es vielleicht Halt geben, wenn sie sieht, wie andere ein ähnliches Schicksal meistern. Allein, fast nur umgeben von Männern, kann sie zerbrechen.«

»Ihr habt sicherlich recht. Aber wie auch immer, in spätestens zwei Wochen erwarte ich Euch in London. Und sollte ich Eurer eher bedürfen, verlange ich, dass Ihr sofort kommt!« Eleonore konnte sehr bestimmt sein, und ihr Wort war Gesetz, daran ließ sie keine Zweifel aufkommen.

Während die Wagen des Silbertransportes einer nach dem anderen die Great Ouse querten und weiter gen Süden fuhren, setzte sich der Zug mit Marian auf der Trage und Robins Männern flussabwärts Richtung Huntingdon in Bewegung. Er selbst hatte seinen toten Sohn im Arm und wollte ihn auf dem Friedhof der Burg begraben, damit er wenigstens dort immer in der Nähe seiner Eltern war, die er nie hatte kennen lernen dürfen.

Little John ließ es sich nicht nehmen und trug Marian fast den ganzen Weg, während sich die Männer am hinteren Teil der Trage abwechselten. Er schritt so vorsichtig aus, als balanciere er auf rohen Eiern, und so musste Josef von Salamanca niemanden ermahnen, jede Erschütterung zu vermeiden.

Ob es an der Verletzung oder dem Mohnsaft lag, Marian war immer noch ohnmächtig und bekam zu ihrem Glück von allem nichts mit. Aber Robin fürchtete den Moment, wenn sie erwachen und alles begreifen würde. Ihre Träume waren auf einen Schlag auf brutalste Weise zerstört worden, und er betete inständig, dass er nicht auch noch seine Frau verlieren würde. An Rache oder Vergeltung dachte er im Augenblick nicht. Doch der Tag würde kommen, das war so gewiss, wie im Mai die Blumen blühen.

***

12. Kapitel

Deutsches Reich, Winter 1194

»Da seid Ihr ja endlich!«, begrüßte die alte Königin von England ihren Leibarzt mit leichtem Vorwurf in der Stimme. »Hatten wir nicht von höchstens zwei Wochen gesprochen?«

»Vergebt mir die drei Tage, Madam«, bat Josef von Salamanca. »Lady Marian war noch sehr schwach, und ich habe ihren Transport hierher nicht eher gewagt.«

»Macht es Euch nicht zur Gewohnheit, meine Wünsche zu missachten!«, musste sich der Medicus anhören. Auch wenn Eleonores Stimme schon wieder versöhnlich klang, war die darin mitschwingende Drohung nicht zu überhören. »Wie geht es Lady Marian? Meint Ihr, sie wird wieder ganz gesund?«

»Sie befindet sich auf dem Weg der Besserung. Das Wundfieber konnte ich nicht ganz verhindern, aber abschwächen. Kinder wird sie allerdings keine mehr bekommen können, und die Verletzungen ihrer Seele kann ich nicht behandeln.«

»Die Zeit heilt letztendlich alle Wunden, sagt man nicht so?«, warf Eleonore ein. »Sie ist stark, sie wird darüber hinwegkommen. Nur schade, dass Sir Robert Huntingdon dann nicht wird vererben können. Ist er denn auch hier?«

»Ja, Madam. Und in Bezug auf ihn hätte ich eine große Bitte, wenn ich so frei sein darf, sie zu äußern.«

»Ich höre.« Die Königin war heute kurz angebunden.

»Gebt ihm eine Aufgabe, die ihn ganz und gar in Anspruch nimmt!«, bat der Arzt. »Er ist nahe am Verzweifeln und nimmt es fast noch schwerer als seine Frau. Seine Freunde konnten ihn nur mit Mühe davon abhalten, allein nach Nottingham zu reiten und den Sheriff herauszufordern. Auf der Beerdigung seines Sohnes hätte er fast den Priester erschlagen, als dieser die Worte sprach: „Der Herr hat's gegeben, der Herr hat's genommen, der Name des Herrn sei gelobt.“ Und jetzt will er in die Normandie übersetzen und Euren Sohn John suchen, den er für die Wurzel allen Übels hält.«

Eleonore schüttelte nur den Kopf und überlegte kurz.

»Das können wir natürlich nicht zulassen. Wenn er unbedingt kämpfen will, soll er! Wir haben die Verantwortung für das Lösegeld bis zur deutschen Reichsgrenze. Ich werde es selbst überbringen, und Baudouin de Bethune, der wieder zurückgekehrt ist, mich mit den übrigen Geiseln begleiten. Außerdem nehme ich Walter de Coutances und Wilhelm Longchamp mit, falls es noch zu Verhandlungen kommen sollte. Diesen beiden Füchsen ist nicht einmal Kaiser Heinrich gewachsen. Dem Earl von Huntingdon werde ich den Oberbefehl über die Eskorte geben. Das dürfte ihn ausreichend beschäftigen, und ich könnte mir keinen Besseren für die Aufgabe vorstellen.«

Robin war allerdings gar nicht begeistert, als er von der Ehre erfuhr, die ihm zuteil werden sollte.

»Es reicht wohl immer noch nicht! Ich habe es gestrichen satt, mich ständig herumprügeln zu müssen und irgendwo hingeschickt zu werden, wo ich gar nicht hin will!«, tobte er im Haus des Arztes herum, wo man ihn einfach gewähren ließ. Doch zu seiner Verwunderung redeten ihm Marian, aber auch Josef und Sarah von Salamanca zu, die Mission zu übernehmen.

»Wieso werde ich das Gefühl nicht los, Ihr wollt mich hier weghaben?« knurrte er nach einiger Zeit der Diskussion schon halbwegs überzeugt.

»Weil Eleonore recht hat, wenn sie meint, Du bist der geeignetste Mann für die Mission«, schmeichelte Marian seinem männlichen Ego. »Außerdem ist es ja nicht unbegründet, wenn sie annimmt, dass man vielleicht noch einmal versuchen wird, das Lösegeld zu erbeuten. Der Weg führt dicht an König Philipps Reich vorbei, und auch auf dem Meer lauern zumindest Piraten, die für so einen Schatz jedes Risiko eingehen werden. Glaub mir, Robin, ich setze Dich ungern einer Gefahr aus, aber wenn Du es nicht schaffst, das Lösegeld sicher nach Deutschland zu bringen, dann schafft es keiner, und alles, wofür Du bis jetzt gekämpft hast, wäre verloren!«

So kam es, dass Robert von Loxley sich am nächsten Tag bei der Königin melden ließ und auf ihr Drängen hin den Oberbefehl über die vierhundert Mann starke Eskorte übernahm. Als er die vorgesehenen Wachen inspizierte, schickte er allerdings auf der Stelle die Hälfte nach Hause. Zu den gemieteten Söldnern hatte er auch nicht das geringste Vertrauen und bat durch einen Boten Little John ihm alle

Bogenschützen zu senden, die für die Verteidigung von Huntingdon nicht unbedingt notwendig waren. Der kam allerdings mit fast hundert Mann selbst, was Robin so nun auch wieder nicht gewollt hatte.

»Und wer hat jetzt das Sagen auf Huntingdon?«, fuhr er seinen Freund statt einer Begrüßung an.

»Was willst Du?«, konterte Little John. »Wenn der König nicht zurückkommt, kannst Du die Grafschaft sowieso vergessen. Will Scarlett zieht sich mit den Männern in die Wälder zurück, sollte er tatsächlich angegriffen werden. Doch damit ist jetzt im Winter eher nicht zu rechnen. Also bringen wir das verfluchte Geld nach Deutschland, damit das alles endlich ein Ende hat. Ich würde mich nämlich auch gern einmal in Ruhe nach einer Frau umsehen!«

Robin sah seinen Freund ganz verblüfft an. Irgendwie war es ihm nie in den Sinn gekommen, dass Little John hinter einem Rock her sein könnte. Aber natürlich war der auch nur ein Mann, der langsam in die Jahre kam, wo man sich nach der Geborgenheit eines Herdfeuers und einem angewärmten Bett sehnte.

»Du weißt schon, dass der Hin- und Rückweg über die See führt? Die ist im Dezember sicherlich nicht so ruhig, wie das Mittelmeer im Sommer«, konnte sich Robin nicht verkneifen zu sticheln.

»Manchmal frage ich mich, wie ich es eigentlich seit Jahren mit Dir aushalte«, gab Little John gequält zurück. Bei dem Gedanken an die Überfahrt wurde ihm jetzt schon speiübel.

***

Wenige Tage später setzte sich der königliche Wagenzug mit dem Silber in Richtung der Hafenstadt Sandwich in Bewegung. Hier, auf englischem Gebiet, war die Gefahr nach der Niederlage Prinz Johns an der Great Ouse gering, denn er hatte mittlerweile fast alle seine Anhänger verloren. Und die wenigen Übriggebliebenen verschanzten sich in ihren Burgen und hofften auf ein Wunder oder die Unnachgiebigkeit des deutschen Kaisers.

So kam man recht zügig voran und konnte schon bald das Silber auf die Schiffe verladen, die Eleonore nach Sandwich beordert hatte. Wider Erwarten lag die See trotz der fortgeschrittenen Jahreszeit recht ruhig da. Die gefürchteten Stürme im Kanal und der Nordsee hätten eine zusätzliche Gefahr bedeutet, und niemand war böse, dass man glücklicherweise von ihnen verschont blieb.

Mehr als zwanzig angemietete Schiffe lagen am Kai und auf Reede vor Anker. Die Königin wollte kein Risiko eingehen und schon mit der Größe der Flotte die Piraten abschrecken. Die Wagen, die Pferde der Ritter und natürlich die Schätze wurden sorgfältig verstaut und dann die Soldaten der Eskorte auf den Schiffen verteilt. Die einmastigen Nefs, die sich aus den Wikingerschiffen entwickelt hatten, verfügten neben einem großen Rahsegel auch noch über Hilfsruder. An Heck und Bug hatten sie aber im Gegensatz zu den alten Langboten Kastelle, um Angreifer besser abwehren oder selbst von dort aus entern zu können. Außerdem verfügten sie auch über geschlossene Decks für die Ladung und die Passagiere.

Das größte Schiff war natürlich für die Königin, ihr engstes Gefolge und den Schatz reserviert und sollte in der Mitte der Flotte segeln. Man konnte nicht die kurze Überfahrt in die Normandie oder nach Flandern wählen, da hier die Gefahr von Überfällen durch französische Truppen am größten war. Statt dessen sollte es nach Antwerpen in Brabant gehen. Herzog Heinrich der Mutige würde sie dort erwarten. Er war ein erklärter Gegner des Kaisers und hatte den Engländern freies Geleit durch seine Ländereien zugesichert.

Die Überfahrt gestaltete sich unproblematischer als gedacht. Das Meer blieb erstaunlicherweise auch weiterhin ruhig und nur von weitem sichtete man vereinzelte Segel, die aber beim Anblick der stolzen Flotte lieber gleich wieder abdrehten.

Herzog Heinrich empfing Eleonore und ihr Gefolge äußerst freundlich, auch wenn das kleine Antwerpen kaum genug Platz für die vielen Ankömmlinge bot. Von hier aus ging es auf der alten Handelsstrasse nördlich an Brüssel vorbei immer nach Westen, Richtung Köln am Rhein. Der dort residierende Erzbischof Adolf von Altena gehörte zu Richards Verbündeten und war sein größter Verteidiger gegen den Kaiser. Auf seinem Territorium würde man dann endlich in Sicherheit sein.

Doch der Weg bis zur Reichsgrenze war noch weit. Es hatte leicht geschneit, und ein eiskalter, böiger Wind pfiff über die sich scheinbar unendlich weit ausdehnende Ebene, aus der nur wenige, kleine Hügel herausragten. Das Land war nahezu menschenleer, nur vereinzelt sichtete man Dörfer. Es war beschlossen worden, aus Sicherheitsgründen nirgends einzukehren, sondern die Wagen nachts in einem Ring zusammenzufahren, der sich wie eine Burg verteidigen ließ. Eleonore ertrug trotz ihres Alters alle Anstrengungen klaglos, und so wagte auch niemand aus ihrer Begleitung, Wilhelm Longchamp einmal ausgenommen, der immer und über alles jammerte, sich über die Unannehmlichkeiten zu beschweren.

Robin ging das alles viel zu glatt. Kein Angriff auf See, kein Überfall an der Grenze zu Flandern und bald war man auch von Frankreich dafür zu weit entfernt. Sollten sich die vielen Feinde Richards wirklich damit abgefunden haben, dass der König bald wieder in Freiheit sein würde? Er konnte es sich fast nicht vorstellen – und sollte sich auch nicht täuschen.

Baudouin de Bethune und Robin waren dem Zug etwas vorausgeritten und hielten auf einer Hügelkuppe, die eine weite Rundumsicht bot. Fast hätten sie die Reiter übersehen, die sich in großer Zahl von Süden her näherten. Sie trugen alle über ihren Rüstungen weiße Mäntel, und auch die Pferde waren mit ebensolchen Decken verhüllt.

»Das ist ja fast ein ganzes Heer!«, stieß Baudouin de Bethune erschrocken hervor. »Sie sind uns zahlenmäßig weit überlegen!«

»Philipp scheint seine besten französischen Ritter zu schicken. Schaut nur, wie sie ihre Formation halten! Das wird mit Sicherheit kein leichter Kampf!«

»Wie wollt Ihr ihnen begegnen? Stellen wir uns in der Ebene?« Baudouin war froh, nicht die Verantwortung übernehmen zu müssen.

Robin überlegte nur kurz.

»Ihr nehmt mit Euren Rittern hinter dem kleinen Wäldchen da Aufstellung und fallt ihnen in die Flanke, wenn sie uns fast erreicht haben. Wir lassen die Wagen wieder zu einem Ring auffahren, hinter den sich die Bogenschützen zurückziehen können. Und dann werden wir ja sehen, wer die besseren Kämpfer hat.«

Die beiden Männer gaben ihren Pferden die Sporen und jagten zurück. Schon von weitem gab Robin das Zeichen, und der erste Kutscher lenkte seinen Wagen in eine Linkskurve, bis er an den letzten Wagen anschloss. Schnell wurden die Pferde ausgeschirrt und einfach laufen gelassen. Weit würden sie sich sicherlich nicht entfernen, denn bei der Karawane gab es Hafer und Heu.

Die Bogenschützen nahmen vor der Wagenburg Aufstellung und waren bereit, die Angreifer gebührend zu empfangen. Eleonore hatte mit den Damen aus ihrer Begleitung und Wilhelm Longchamp in der größten Kutsche Schutz gesucht und die ledernen Vorhänge heruntergelassen. Walter de Coutances hingegen ließ es sich nicht nehmen, an der Seite der Ritter zu kämpfen.

Da kam die Kavalkade auch schon herangedonnert. Die Erde dröhnte nur so von den trommelnden Pferdehufen, aber ansonsten herrschte eine bedrückende Stille. Hatten die Seldschuken immer mit viel Gebrüll und Kriegsgeschrei angegriffen, so näherten sich die weißgekleideten Ritter nahezu lautlos. Selbst als der erste Pfeilhagel auf sie eintrommelte, stoppten sie ihren Angriff nicht, sondern hielten unbeirrt auf den Wagenzug zu.

Robin hatte so etwas befürchtet. Im Gegensatz zu den muslimischen Kämpfern im Heiligen Land waren sie wesentlich stärker gepanzert und verbargen sich noch dazu hinter ihren großen, dreieckigen Schilden. Selbst die Pferde trugen an Brust und Kopf Eisenplatten, die die Pfeile zumindest auf die Entfernung nicht durchschlagen konnten. Der eine oder andere Angreifer wurde schon getroffen und einige der Streitrösser überschlugen sich, aber die Wand aus Stahl hielt weiter auf Robin und seine Bogenschützen zu, die Salve auf Salve abschossen, doch ohne den gewohnten Erfolg.

Die Ritter fällten ihre bis dahin senkrecht getragenen Lanzen und gingen zum entscheidenden Angriff über, als Baudouin de Bethune mit seinen Streitern ihnen in die rechte Flanke fiel und zumindest soviel Verwirrung stiftete, dass sich die Bogenschützen hinter die Wagen zurückziehen konnten. Jetzt wurden plötzlich in den Boden gerammte, angespitzte Pfähle sichtbar, auf denen sich etliche der französischen Ritter selbst aufspießten, die ihre Pferde nicht mehr zügeln konnten. Immer mehr von ihnen drängten aber zwischen den Lücken in das Innere der Wagenburg oder setzten im kühnen Sprung über die verkeilten Deichseln.

Das hatte Robin gehofft, denn in dem engen Rondell nutzten den Rittern weder ihre Lanzen noch ihre Überzahl etwas. Im Gegenteil, sie behinderten sich gegenseitig, und nun fanden die treffsicheren Bogenschützen aus den Wagen heraus auch ihr Ziel. Kettenpanzer und ungeschützte Weichteile durchschlugen ihre Geschosse jederzeit, doch eine noch viel tödlichere Waffe kam jetzt zum Einsatz.

Little John hatte seinen geliebten Kampfstock für diesen Kriegszug verändert, und als Robin das Ergebnis sah, gab er gleich für jeden seiner Männer solch eine Gerät in Auftrag. Auf den Stock kam eine lange Stahlspitze. Jetzt war er eigentlich ein Spieß, doch Little John hatte noch auf der einen Seite einen Haken und auf der anderen ein Beil daran schmieden lassen.

Mit diesen Waffen wurden jetzt die zusammengedrängten Ritter attackiert, die sich nur mit ihren Schwertern zur Wehr setzen konnten. Mit den Haken an den drei Yards langen Stangen riss man sie von ihren Streitrössern und am Boden liegend waren sie auf Grund ihrer schweren Rüstungen nahezu wehrlos. Die scharf geschliffenen Stahlspitzen drangen in die Körper von Menschen und Pferden und mit den Beilen konnten selbst die Helme und Eisenpanzer der Ritter geknackt werden.

Innerhalb des Wagenringes tobte ein höllisches Inferno. Verletzte Pferde schrieen und keilten aus, Männer wälzten sich in ihrem Blut, und der Kampf wogte ständig hin und her. Doch schon bald zeichnete sich ab, dass die Angreifer immer mehr zurück- und zusammengedrängt wurden und sich aus der eisernen Umklammerung nicht mehr befreien konnten. Es war nur noch eine Frage der Zeit, wann auch der letzte von ihnen am Boden liegen würde.

»Haltet ein!«, rief einer der Ritter den Verteidigern zu. »Wir wollen verhandeln!«

Für einen Moment sanken die Waffen herab, und alle Kämpfer rangen gleichermaßen um Atem. Trotz der Kälte dampfte die Luft, und ein Gestank aus Blut und Schweiß senkte sich wie eine Glocke über das Schlachtfeld.

»Was gibt es da zu verhandeln?«, brüllte Robin zurück. »Ihr überfallt uns hinterrücks und verdeckt eure Wappen. Sagt uns erst einmal, mit wem wir es zu tun haben und was ihr von uns wollt.«

»Ich bin Simon de la Borde, Baron von Rigord, und warum wir hier sind, wisst Ihr ganz genau. Außerdem haben wir Euch offen angegriffen und nicht in eine Falle gelockt. Doch Ihr kämpft nicht wie Ritter, sondern wie Wegelagerer! Und so seht Ihr auch aus! Mit wem habe ich überhaupt die Ehre?«

Robin trug keine Rüstung, sondern nur sein gestepptes, grün-braunes Wams. Er hatte genau wie seine Männer zu Fuß gekämpft und war über und über mit Schlamm und Blut bespritzt, sicherlich kein erfreulicher Anblick.

»Ich bin Sir Robert von Loxley, Earl von Huntingdon und Kommandeur der Eskorte der Königin von England zu Kaiser Heinrich. Und vor allem bin ich der, der Euch und Eure Raubritter gleich zur Hölle schicken wird, wenn Ihr nicht auf der Stelle die Waffen niederlegt.«

Der Ritter zeigte sich von den Titeln beeindruckt, wenn er sich auch die Bemerkung nicht verkneifen konnte: »Wie ein Graf seht Ihr nicht gerade aus! Ergeben werden wir uns auf keinen Fall. Ich fordere Euch oder einen Ritter aus Euren Reihen zum Zweikampf. Sollte ich besiegt werden, bieten wir für unsere Freilassung Lösegeld an. Im anderen Fall fordere ich freien Abzug für mich und meine Männer.«

Robin dachte nach. Nahm er nicht an, konnte der Kampf noch viele Opfer kosten. Die in die Enge gedrängten Ritter würden um sich schlagen wie verwundete Löwen. Andererseits hatte er nicht vor, hier sein Leben zu lassen. Wenn schon ein Zweikampf, dann nach seinen Regeln.

»Gut, ich nehme an!«, lautete deshalb auch seine Antwort. »Zu Fuß, mit Schild und Schwert, hier auf der Stelle.«

»Ich hatte eher an ein ritterliches Duell zu Pferd mit der Lanze gedacht«, wandte der verblüffte Baron ein.

»Was ich gesagt habe, gilt!« Robin ließ sich auf keine Diskussion ein. »Oder seid ihr dafür etwa zu feige?«

Simon de la Borde lief rot an. Noch nie hatte es jemand gewagt, ihn so zu beleidigen und seinen Mut in Frage zu stellen. Mit einem Satz sprang er von seinem Streitross. Der Baron war ein erfahrener und gefürchteter Turnierkämpfer. Wenn dieser Earl es so wollte, würde er eben Hackfleisch aus ihm machen.

»Zieht wenigstens eine Rüstung an!«, knurrte er seinen Gegner an. »Sonst denke ich noch, ich kämpfe gegen einen Bauern!«

»Das dauert mir zu lange«, konterte Robin. »Wenn Ihr Euren Helm ablegt, reicht mir das.«

Mit vor Wut blitzenden Augen hob de la Borde seinen Topfhelm ab und streifte auch den Kettenschutz vom Haupt. Dann nahm er Aufstellung, fest entschlossen, seinem Gegner keine Gnade zu gewähren, auch wenn der in ein paar Augenblicken noch so darum betteln würde.

Robin ließ sich von Little John einen Schild reichen, den dieser einem gefallenen Ritter abgenommen hatte.

»Pass auf, Robin!«, flüsterte der Riese seinem Freund zu, als er ihm half, die Schildfessel zu richten. »Der kocht vor Wut!«

»Dann geht es ihm wie mir und genau das war meine Absicht«, gab Robin genau so leise zurück. Er war stocksauer und des ewigen Kampfes müde. Es lag überhaupt nicht in seinem Interesse, hier zu sein und sich ständig herumschlagen zu müssen. Dass man gegen jedes Recht seinen König gefangen hielt und ein immenses, ein ganze Land ruinierendes Lösegeld für ihn forderte, hatte ihn schon sein Kind und fast das Leben seiner Frau gekostet. Und jetzt sollten hier noch mehr Menschen für dieses verfluchte Silber sterben! Außerdem war ihm seit Tagen kalt, er hasste den Schlamm und den Dreck des Winters und wollte nach Hause. Genug war einfach genug.

Simon de la Borde war in vielen Fehden und Turnieren gestählt und völlig skrupellos. Nicht umsonst hatte ihn Philipp von Frankreich für diese Mission ausgewählt, die ihn tief in fremdes Territorium hineingeführt hatte. Er musterte seinen Gegner aufmerksam und richtete sich auf einen längeren Kampf ein. Wenn er auch nicht viel von dem wie ein Bauer gekleideten Engländer hielt, so war er doch zu klug, ihn zu unterschätzen. Er selbst war groß und ihm an Kraft sicherlich überlegen, doch der andere wirkte zäh und drahtig. Es würde wohl einige Zeit kosten, ihn niederzuringen. Doch dass es ihm gelingen würde, daran zweifelte er keinen Moment.

Die beiden Streiter standen in der Mitte zwischen den Parteien, und kaum hatte sich sein Gegner ihm zugewandt, führte de la Borde schon den ersten Hieb. Robin, genau darauf gefasst, wehrte mit einer leichten Drehung seines Schildes ab, so dass das Schwert des Franzosen abglitt. Statt zurückzuweichen, sprang er aber zur Überraschung seines Kontrahenten nach vorn, der mit einem Schwertangriff gerechnet hatte. Robin riss mit aller Kraft seinen Schild nach oben, ein Trick, den ihm sein verstorbener Schwiegervater beigebracht hatte. Die eisenbeschlagene Holzkante krachte von unten mit voller Wucht gegen de la Bordes Unterkiefer. Der Ritter spürte seinen Kiefer brechen und einen wahnsinnigen Schmerz. Blut, Knochensplitter und ausgeschlagene Zähne füllten sofort seine Mundhöhle und gaben ihm das Gefühl, ersticken zu müssen. Für einen Moment vernachlässigte er geschockt seine Deckung, da griff eine glühende Faust in seine Eingeweide und schien sie herausreißen zu wollen. Robins Damaszenerklinge war unter dem Brustpanzer des Ritters durch das Kettenhemd gedrungen und hatte dessen Därme und den Magen aufgeschlitzt, bevor er sie zurückriss. Simon de la Borde sank nach vorn auf die Knie, und mit einem einzigen Hieb aus der Drehung heraus trennte Robin sein Haupt vom Rumpf.

Der ganze Kampf hatte nicht länger als drei Augenaufschläge gedauert. Der abgeschlagene Kopf, aus dessen Mund noch das Blut rann, rollte genau auf die französischen Ritter zu und blieb erst zu Füßen ihrer Pferde liegen. Die gebrochenen Augen schienen zu ihnen aufzusehen und zu sagen:

»Schaut her, so kann es euch auch gleich ergehen!«

Härter hätte es die sieggewohnten Angreifer nicht treffen können. Etliche von ihnen hatten von dem Kampf gar nichts mitbekommen, so schnell war alles gegangen. Da lag ihr Anführer, der noch vor wenigen Stunden verkündet hatte, der riesige Schatz könnte bald ihnen gehören und die Eskorte würden sie einfach hinwegfegen, vor ihnen in seinem Blut, Kopf und Rumpf fein säuberlich voneinander getrennt. Und sein Gegner, der eher wie ein Bauer aussah, stand da, als wäre es das Natürlichste von der Welt, einen der besten Ritter Frankreichs wie eine lästige Laus zu zerquetschen. An wen waren sie hier nur geraten? Schon der Angriff war nicht so gelaufen, wie sie sich das vorgestellt hatten. Sie hatten mit einem Kampf Lanze gegen Lanze mit der ritterlichen Eskorte gerechnet und waren dann von Fußkämpfern niedergemacht worden, die sonst von den Hufen ihrer Pferde in den Staub getreten wurden. Und nun auch noch das! Der Schock saß wirklich tief, ihre Ehre war arg angeschlagen, und als sie von dem Sieger des Zweikampfes aufgefordert wurden:

»Werft die Waffen weg, oder wir legen jedem einzelnen von Euch den Kopf vor die Füße!«, da gab es keinen, der damit auch nur einen Moment gezögert hätte.

»Gott bewahre mich davor, jemals Euer Feind zu sein!«, stieß Baudouin de Bethune hervor, der hinter Robin stand und wie viele andere auch das Luftholen vergessen hatte. »Ihr könnt ja furchtbar sein in Eurem Zorn!«

»Das muss jetzt alles endlich ein Ende haben! Nehmt ihnen die Pferde und Waffen ab und jagt sie davon. Dann ziehen wir so schnell wie möglich weiter.«

»Und was wird mit dem angebotenen Lösegeld? Wir könnten es vielleicht noch ganz gut brauchen!«

»Wenn ich dieses Wort noch einmal höre, dann war alles, was hier gerade geschehen ist, ein Kinderspiel gegen das, was dann passiert!«

Niemand legte ernsthaft Wert darauf zu erfahren, wie Robin das meinte. Jeder, der den Kampf miterlebt hatte, würde sich zukünftig hüten, in dieser Stimmung in seine Nähe zu kommen. Allerdings machten sich unabhängig voneinander zwei Menschen fast die gleichen Gedanken um ihn, Little John und die Königin. Es wurde wirklich allerhöchste Zeit, dass das ständige Kämpfen und Töten aufhörte, denn wie es einen Mann mit der Zeit verändern konnte, hatten sie soeben gesehen. Eleonore wollte sich gar nicht ausmalen, was womöglich passiert wäre, wenn Richard vor Jahren im Sherwood auf Robin Hood in der Verfassung gestoßen wäre, die sie gerade erlebt hatte.

Die französischen Ritter protestierten lautstark, als man sie nur in ihren Untergewändern in den Schnee hinausschicken wollte, und forderten standesgemäße Behandlung ein. Doch Robin ließ sich nicht erweichen.

»Noch ein Wort, und wir jagen Euch mit den Kutscherpeitschen davon!«, blaffte er sie an. »Richtet eurem diebischen König aus, sehen wir noch einmal einen von Euch, kommen wir ihn persönlich besuchen! Ich habe bereits auf Sizilien einen seiner Anschläge auf König Richard vereitelt. Das war jetzt der zweite! Bei einem dritten, und seid versichert, dies sind keine leeren Worte, schicke ich ihn persönlich zur Hölle!«

Den Rittern lief es eiskalt den Rücken herunter. War das etwa der Mann, der Guillaume la Fertes vor Messina mit einem Pfeilschuss über ein ganzes Turnierfeld hinweg getötet hatte? Man erzählte sich von ihm, dass er die Gefangenschaft bei den gefürchteten Assassinen überlebt hatte und von ihnen zum Attentäter ausgebildet worden war. Nichts wie weg von hier und Bericht erstatten, war jetzt nur noch ihre Devise.

König Philipp wurde sehr nachdenklich, als er erfuhr, was geschehen war und was man ihm ausrichten sollte. Er nahm die Drohung keineswegs auf die leichte Schulter. Schließlich hatte den König von Jerusalem auch plötzlich der Tod ereilt, als er keineswegs damit gerechnet hatte. Trotzdem schickte er Boten an seinen Unterhändler Philipp von Dreux am Hof des Kaisers. Der Bischof sollte Heinrich für jeden Monat, den er Richard länger in Haft behielt, tausend Mark Silber bieten!

***

Zwei Tage später erreichte der Wagenzug unbehelligt Köln am Rhein und sie zogen unter dem Geläut aller Kirchenglocken in die damals größte Stadt des deutschen Reiches ein, in der mehr als fünfzig-tausend Menschen lebten.

Erzbischof Adolf von Altena begrüßte Eleonore und ihr Gefolge auf das Herzlichste und ließ alles für ihre Bequemlichkeit herrichten. Die Messe zum Dreikönigstag feierte die Königin von England im großen Dom und betete vor den Reliquien der Heiligen Drei Könige, die vor dreißig Jahren Erzbischof Rainald als Kriegsbeute von Mailand nach Köln gebracht hatte, für die Freilassung ihres Sohnes.

Robin beeindruckte mehr das gewaltige Gerokreuz. Er stand lange davor und betrachtete den gemarterten Christus, der hier als leidender Mensch und nicht wie sooft als strahlender, fast am Kreuz schwebender Sieger dargestellt worden war. Der Bildhauer musste wohl selbst im Heiligen Land gewesen sein, vermutete er, denn genauso sahen die dort Lebenden aus.

Die Freilassung Richards war für den 17. Januar angesetzt worden, doch dann kam die beunruhigende Nachricht, dass der Kaiser sie erneut aufgeschoben hatte. Eleonore verging fast vor Sorge. Mit Grausen erinnerte sie sich daran, dass schon einmal ein Herzog der Normandie, Robert II., in Gefangenschaft geraten war und danach fast dreißig Jahre bis zu seinem Tod im Kerker geschmachtet hatte.

Eigentlich war es ihre Absicht gewesen, in Köln auf ihren Sohn zu warten, doch jetzt entschloss sie sich trotz des schlechten Wetters nach Mainz an den Hof des Kaiser zu reisen, und der Bischof bot an, sie zu begleiten. Dorthin hatte Heinrich die Reichsfürsten einbestellt, um noch einmal über den König von England Gericht zu halten.

Das Geld der Engländer hatte man gern genommen, sie selbst sah der Kaiser aber nicht gern in so großer Zahl in seiner Nähe. Hätte der Erzbischof von Mainz, Konrad von Wittelsbach, Eleonore und ihrem Gefolge nicht seinen Palast geöffnet, hätten sie in Zelten vor der Stadt nächtigen müssen. Richard, der eine Zeit lang recht ordentlich behandelt worden war, hatte man wieder auf die Reichsburg Trifels gebracht und hielt ihn dort unter strenger Bewachung. Vor allem gestattete man ihm keinerlei Kontakt zu seiner Mutter und der englischen Abordnung.

Eleonore war das alles unverständlich, hatte man doch alle Forderungen aus dem Vertrag von Worms erfüllt. Einhunderttausend Mark Silber waren geliefert worden, und für den ausstehenden Rest stellte man die geforderten Geiseln, darunter einen Sohn des Königs von Navarra und zwei Söhne von Heinrich dem Löwen, Richards Schwager. Was wollte der Kaiser denn noch? Als er sie endlich empfing, redete er nur um den heißen Brei herum und sprach von neuen Erkenntnissen und Gegebenheiten, die es zu berücksichtigen galt.

Jetzt schlug die Stunde der Diplomaten. Während Walter de Coutances die allmählich eintreffenden Reichsfürsten beschwor und, wo nötig, auch bestach, den Kaiser zu bewegen, die geschlossenen Verträge einzuhalten, versuchte Wilhelm Longchamp herauszubekommen, was eigentlich den Sinneswandel bewirkt hatte. Dabei kamen ihm seine unscheinbare Gestalt und seine umfassenden Sprachkenntnisse zustatten. Neigte er sonst eher zur Prunksucht, so schlich er jetzt tagelang als Mönch oder Knecht verkleidet durch die Gänge der Stadt und des königlichen Palastes, wo er, klein wie er war, kaum auffiel. Und so gelang es ihm, ein Gespräch zwischen einem Sekretär des Kaisers und dem des Bischofs von Beauvais zu belauschen. Was er erfuhr und sofort der Königin und ihren engsten Ratgebern berichtete, bestätigte ihre schlimmsten Vermutungen.

Heinrich hatte von König Philipp und Prinz John ein gemeinsames Angebot erhalten. Sie boten ihm noch einmal einhundertfünfzigtausend Silbermark, wenn er König Richard an sie auslieferte oder einhunderttausend Silbermark, wenn er ihn zumindest ein weiteres Jahr festhielt. Bis dahin hoffte Philipp von Frankreich, weite Teile der angevinischen Besitzungen auf dem Festland erobert zu haben, und John ging davon aus, dass die englischen Barone dann Richard aufgeben und ihm die Krone antragen würden.

Der Kaiser dachte ernsthaft darüber nach, das Angebot anzunehmen. Es war einfach zu verlockend. Nur, wie sollte er das seinen Reichsfürsten erklären? Vor allem die Niederrheinischen standen aufgrund ihrer guten Handelsbeziehungen nach England auf Richards Seite. Und einen Eidbruch einem König gegenüber würden sie ihm kaum verzeihen. Wer sollte dann noch auf sein Wort vertrauen? Seine

Stellung im Reich war beileibe nicht so stark wie die seines verstorbenen Vaters Barbarossa, der zu seiner Zeit von Freund und Feind gleichermaßen hoch geehrt war. Doch vielleicht ließ sich noch etwas Zeit gewinnen oder ihm kam ein rettender Einfall.

Am nächsten Tag bat Heinrich den Vertreter der Krone Frankreichs zu sich und gemeinsam mit Philipp von Dreux heckte er einen perfiden Plan aus.

***

Am 2. Februar 1194 kam es endlich zur Versammlung der höchsten Vertreter des deutschen Adels und des Klerus im gewaltigen Dom. Der jeweilige Erzbischof von Mainz war jeweils auch Reichserzkanzler des heiligen Römischen Reiches und dementsprechend repräsentativ musste natürlich die Kirche sein, der er vorstand. Der Dom war in seiner Bauweise an die Peterskirche angelehnt und sollte die Bedeutung des „goldenen Mainz“ als zweites Rom deutlich machen.

Der Kaiser saß im vollen Krönungsornat auf einem Podest und wirkte so steif wie die Statuen der Heiligen ringsum. Für Eleonore, die Königin von England, hatte man einen Stuhl unter einen Baldachin gestellt, um ihre hohe Stellung zu unterstreichen.

Endlich sollte sie ihren Sohn wiedersehen. Das letzte Mal war sie ihm vor fast vier Jahren in Messina begegnet.

Als Richard hereingeführt wurde, gab es wohl keinen in der englischen Delegation, der nicht über sein Aussehen erschrak. Man hatte ihm durchaus einem König angemessene Kleider zugestanden. Aber tiefe Furchen hatten sich in sein Gesicht gegraben, dessen Farbe nicht blass, sondern regelrecht grau war. Die Zeit der Gefangenschaft, das ständige Warten auf Befreiung, die Untätigkeit hatte er kaum ertragen können. Nicht zu wissen, was vor sich ging, was aus seinen Ländern wurde, wer sie jetzt regierte, all die Nachrichten waren nur bruchstückhaft zu ihm durchgedrungen.

Die ständige Ungewissheit hatte den König fast wahnsinnig gemacht. Zwar war er seinen Wachen immer höflich und zuvorkommend gegenübergetreten und hatte meist deren Wohlwollen errungen, aber der Launenhaftigkeit des Kaisers konnte er nur mit Geduld begegnen – und die gehörte nicht gerade zu den Tugenden des Löwenherz.

Man gab Richard Gelegenheit, seine Mutter und die Vertreter seines Reiches zu begrüßen, bevor er vor den Kaiser geführt wurde. Auch Robin war mit einem kräftigen Händedruck und einem erfreuten Lächeln seines Königs bedacht worden, doch der müde Blick aus dessen tief in den Höhlen liegenden Augen hatte ihn bis ins Mark getroffen. Was auch geschah, lange würde Richard die Haft nicht mehr überstehen. Er musste raus aus den Händen seiner Feinde, koste es, was es wolle.

Der Kaiser bot dem englischen König keinen Platz zum Sitzen an, sondern ließ ihn vor all den versammelten Reichsfürsten wie einen beliebigen Angeklagten stehen, als er mit seiner Ansprache begann. Nach den üblichen Einleitungsfloskeln kam er recht schnell zur Sache.

»Nachdem ein Großteil unserer Forderungen erfüllt und damit die Vergehen gegen das Reich und seine Verbündeten gesühnt sind, wollten wir Euch, Richard Plantagenet, heute in die Freiheit entlassen.«

Zustimmendes Gemurmel erhob sich im bis zum letzten Platz gefüllten Kirchenschiff, aber der Kaiser gebot mit einer herrischen Handbewegung Schweigen.

»Doch es ist erneut der Vorwurf laut geworden, dass Ihr unseren Verwandten, Konrad von Montferrat, den König von Jerusalem, durch Assassinen habt ermorden lassen. Diese Anklage muss erst aus der Welt geschafft und entkräftet werden, bevor wir Euch die Freiheit wieder geben können. Dafür werdet Ihr sicherlich Verständnis haben.«

Richard konnte nur mühsam an sich halten, und vielen der Anwesenden erging es ebenso. War diese unsinnige Anklage nicht längst widerlegt worden? Wer brachte sie jetzt erneut vor, und gab es womöglich unbekannte Beweise?

Das interessierte natürlich auch den König, der nicht damit gerechnet hatte, sich noch einmal in dieser Angelegenheit verteidigen zu müssen.

»Wer wagt es, mich eines solch abscheulichen Verbrechens zu beschuldigen? Ist nicht ausreichend bekannt, dass mir nichts über meine Ritterehre geht? Auf dem Schlachtfeld oder dem Turnierplatz trete ich gegen jedermann an, aber niemals würde ich den Befehl für einen feigen Mord geben. Das ist wahrlich nicht meine Art zu kämpfen!«

Der König hatte sich zu seiner ganzen Größe aufgerichtet, und seine Stimme klang fest und überzeugend. Wer ihn so sah, konnte dieser Anschuldigung keinen Glauben schenken.

Der Kaiser wartete, bis wieder Ruhe eingetreten war, bevor er antwortete.

»König Philipp und auch Euer Bruder John scheinen davon überzeugt zu sein. Sie verlangen von mir, Euch weiter in Haft zu behalten oder Euch nach Frankreich auszuliefern, damit man Euch dort den Prozess machen kann. Dafür bieten sie mir einhundertfünfzigtausend Mark Silber! Hier, lest selbst.«

Heinrich zog eine mehrfach gesiegelte Pergamentrolle aus dem weiten Ärmel seines Gewandes und reichte sie dem vor ihm stehenden König. Der konnte sich mit eigenen Augen davon überzeugen, mit welcher Niedertracht sein ehemaliger Freund und Kampfgefährte und sein eigener Bruder gegen ihn vorgingen.

Hämisch grinsend saß der junge Kaiser auf seinem Thron, und es kostete Richard all seine Willenskraft, nicht einfach mit seiner Faust in dieses Gesicht hineinzuschlagen. Mühsam unterdrückte er seine Wut und die aufsteigende Galle, um so ruhig, wie es ihm möglich war, zu fragen:

»Gibt es denn irgendeinen Beweis oder einen Zeugen für diese haltlose Anschuldigung?«

»Ja, den gibt es. Der Mann, der Konrad von Montferrat als Letzter gesehen hat, ist hier und klagt Euch an. Tretet vor, Bischof von Beauvais!«

Wieder ging ein Raunen durch die Halle, als der Vertreter Frankreichs nach vorn schritt, sich tief vor dem Kaiser verneigte und sich dann vor dem Thron postierte.

»Sprecht!«, forderte ihn Heinrich auf, und Philipp ließ sich nicht lange bitten.

»Der König von Jerusalem war an dem Abend kurz vor seinem Tode bei mir zu Gast. Er berichtete mir, ihm sei aus verlässlicher Quelle mitgeteilt worden, dass König Richard ihm nach dem Leben trachte, weil er sich ihm nicht unterordne. Stattdessen solle Heinrich, der Neffe Richards, König des Heiligen Landes werden, wie es dann ja später auch geschehen ist. Konrad wollte sich zukünftig mit einer starken Leibwache umgeben, doch bevor es dazu kam, wurde er bereits erdolcht. König Richard hatte mit dem Alten vom Berge konspiriert und von ihm Mörder gedungen, die seinen Auftrag ausgeführt haben.«

In das entsetzte Schweigen, das sich ob diesen Vorwurfes im Kirchenschiff ausbreitete, ertönte eine Stimme wie ein Donnerhall.

»Ihr seid ein gottverdammter Lügner, Philipp von Dreux! Außer dass Konrad von Montferrat an dem Abend bei Euch war, ist nichts von dem, was Ihr sagt, wahr. Alles andere ist gelogen und von Euch erfunden worden!«

Niemand konnte Robin aufhalten, als dieser nach vorn stürmte, dicht gefolgt von Walter de Coutances und Wilhelm Longchamp, die versuchten, ihn zurückzuhalten. In seinem Eifer war dieser Irre, der so gar nichts von Diplomatie verstand, gerade dabei, ihren schönen Plan zunichte zu machen.

»Wer ist dieser Mann, der es wagt, hier unaufgefordert zu sprechen?«, brauste der Kaiser auf. »Schafft ihn mir aus den Augen!«

»Wenn Ihr gestattet, Majestät«, schaltete sich Richard ein, »dann darf ich Euch meinen Kampfgefährten Sir Robert von Loxley, Earl von Huntingdon, vorstellen, der mit seinen Bogenschützen nicht unwesentlich zu unseren Erfolgen im Heiligen Land beigetragen hat. Man sollte ihn anhören, denn er war mehr als ein halbes Jahr in der Gewalt der Assassinen.«

»So groß waren diese Siege wohl nicht«, merkte Heinrich süffisant an. »Schließlich befindet sich Jerusalem nach wie vor in der Gewalt der Heiden. Doch sei es drum, lassen wir ihn sprechen. Niemand soll mir vorwerfen, ich würde parteiisch urteilen.«

Richard hätte gern angemerkt, dass er mit seinen Rittern und Soldaten lange in Palästina gekämpft hatte, während andere zu Hause ihre Machtpositionen sicherten, um sich dann noch an zurückkehrenden Kreuzfahrern zu vergreifen, schluckte es aber hinunter. Die Gefangenschaft hatte ihn gelehrt, dass ein Häftling nicht sagen durfte, was ein König jederzeit sagen konnte.

Robin wandte sich an den rot angelaufenen Bischof von Beauvais, mit dem er schon vor der Schlacht bei Arsuf aneinander geraten war.

»Ich war Gefangener der Assassinen und wurde von ihnen zuerst gefoltert und dann dazu ausgebildet, König Richard zu töten. Er und der König von Jerusalem sollten auf einen Schlag beseitigt werden. Richard konnte ich im letzten Moment retten, für Konrad von

Montferrat kam die Warnung zu spät. Die Auftraggeber waren Männer aus dem Umkreis Saladins, allerdings nicht der Sultan selbst!«

»Hört Ihr, das ist der Beweis!«, rief der Bischof in die Runde. »Dieser Mann, der ein Vertrauter des englischen Königs ist, gibt zu, mit den Assassinen in Verbindung gestanden und sich bei ihnen aufgehalten zu haben. Dass er ihr Gefangener war, kann nur eine Lüge sein, denn niemals ist bisher jemand aus ihrer berüchtigten Festung Masyaf entkommen.«

Robin war sprachlos, drehte ihm Philipp von Dreux doch die Worte im Mund um und bezichtigte ihn noch dazu der Lüge. Hätte er eine Waffe bei sich gehabt, jetzt hätte er sie gezogen. Doch wie alle anderen hatte auch er sein Schwert vor der Kirche abgeben müssen.

Walter de Coutances und Wilhelm Longchamp drängten Robin ab und warfen ihm wütende Blicke zu.

»Majestät, gestattet, dass wir Euch ein Dokument vorlegen, welches die Aussagen des Earls von Huntingdon unterstreicht!«, wandte sich der Kanzler an den Kaiser und zog eine mit zahlreichen exotischen Siegeln versehene Urkunde hervor. »Dieses Schreiben stammt von Sheikh Raschid ad-Din Sinan, den man auch den Alten vom Berge nennt, persönlich. Er versichert darin, dass es sein alleiniger Wille war, den König von Jerusalem töten zu lassen und bedauert, dass der Anschlag auf König Richard fehlgeschlagen ist. Wir haben Euch bereits eine Übersetzung davon anfertigen lassen. Das Original lege ich hier in eure Hände!«

Jetzt brach der Tumult erst richtig los. Die sagenumwobene Gestalt, von der man bisher nur gerüchteweise gehört hatte, schien plötzlich selbst anwesend zu sein.

Fast andächtig nahm der Kaiser das Pergament in die Hand. Natürlich konnte er die arabischen Schriftzeichen darauf nicht lesen, aber er hatte Experten, die dieser Sprache und Schrift mächtig waren.

»Für heute lösen wir die Versammlung auf, um in Ruhe über das Gesagte nachdenken zu können und das Dokument sorgfältig prüfen zu lassen. Übermorgen um die Mittagszeit werde ich dann mein Urteil hier an dieser Stelle verkünden.«

Hoheitsvoll erhob sich der Kaiser und schritt langsam, Zepter und Reichsapfel in den Händen und die schwere Krone auf dem Kopf, durch das Kirchenschiff, vorbei an den sich verbeugenden Würdenträgern des Reiches und vielen Abgesandten aus fernen

Ländern. Auch Richard wurde unter Bewachung hinausgeführt, und dann leerte sich nach und nach der Dom.

»Ihr hättet beinahe alles verdorben!«, fuhr Wilhelm Longchamp Robin an, als nur noch er und Walter de Coutances um ihn herum standen. »Es war doch klar, dass Philipp von Dreux es ausnutzen würde, wenn Ihr zugebt, bei den Assassinen gewesen zu sein! Solch eine Vorlage darf man so einem gewitzten Schurken auf keinen Fall geben! Allein mit dem Dokument hätten wir mehr erreicht.«

»Wer zum Teufel war denn beim Alten vom Berge und hat dieses Schreiben von ihm erhalten? Soviel mir bekannt ist, lebt er gar nicht mehr!«

»Schon möglich, aber wer weiß das denn hier genau?« Walter de Coutances lächelte hintergründig. »Auf alle Fälle wird es dem Bischof von Beauvais schwer fallen, das Dokument zu entkräften. Ohne Euer kopfloses Einschreiten hätten wir sicherlich gewonnen. Doch jetzt steht fest, dass ein Mann des Königs bei den Assassinen war. Und das erhärtet eher die Aussage Philipp von Dreux! Ihr habt heute Richard keinen wirklichen Dienst durch Eure Voreiligkeit erwiesen.«

Robin war am Boden zerstört, hatte er doch mit seiner Aussage genau das Gegenteil erreichen wollen. Würde man den König jetzt weiter in Haft behalten oder gar nach Frankreich ausliefern, könnte er sich das niemals verzeihen. Irgend etwas musste ihm einfallen, um seinen Fehler wettzumachen.

***

Nach einer durchwachten Nacht hatte er auch einen Plan, allerdings brauchte er dafür die Hilfe Wilhelm Longchamps. Der schaute den Earl von Huntingdon etwas verblüfft an, als dieser seine Bitte vortrug, versprach aber die gewünschte Information zu besorgen. Es gab nichts, was er oder seine Spione nicht in Erfahrung bringen konnten.

Während Eleonore vor Zorn kochte, zusammen mit Walter de Coutances versuchte zu retten, was zu retten war, und die Reichsfürsten einzeln aufsuchte, machte Robin gemeinsam mit Little John etliche Besorgungen auf dem Markt. Sie bekamen in der großen Stadt alles, was sie brauchten, und nachdem sie von Longchamp die benötigte Nachricht erhalten hatten, warteten sie voller Ungeduld auf das Hereinbrechen der Nacht.

Da hier schon ständig von den Assassinen gesprochen wurde, wollte Robin auch einmal anwenden, was man ihm dort beigebracht hatte. Wenn Sultan Saladin, und der war ein harter Brocken, sich vor ihnen fürchtete, dann musste es doch gelingen, diesem Kaiser genügend Angst einzujagen, damit er den König frei ließ.

Robin hatte sich von seinen Gefährten ein paar Dolche aus bestem Sheffieldstahl geben lassen, die er für sein Vorhaben benötigte. Die Zeit bis Mitternacht wollte gar nicht vergehen, doch glücklicherweise war es eine stockfinstere Winternacht mit starker Bewölkung, so dass weder Sterne noch Mond zu sehen waren.

Gegen zwei Uhr, als wirklich alles schlief, huschten Little John und Robin durch die wie ausgestorben wirkende Stadt. Bald schon erreichten sie den Palast des Kaisers gegenüber der Stadtmauer, in dem er residierte, wenn er sich in Mainz aufhielt. Natürlich wurde der Zugang streng bewacht, aber nicht die senkrechten Außenmauern des Wohnturmes, in denen sich erst in schwindelerregender Höhe unterhalb des Daches Rundbogenfenster öffneten.

Durch Longchamps Information wusste Robin, wo sich das Schlafgemach des Kaisers befand. Trotz der Kälte hatte er sich seiner Schuhe entledigt, so dass seine Zehen besseren Halt an der Mauer fanden. In jeder Hand einen Dolch, suchte er damit Spalten zwischen den großen, behauenen Steinen und zog sich langsam aber beständig Stück für Stück nach oben. Auf dem Markt hatte er sich einen langen schwarzen Umhang mit Kapuze besorgt und nicht einmal Little John, der im Schatten der Stadtmauer hockte, konnte seinen Freund nach ein paar Yards noch sehen.

Robin kam es unendlich lange vor, bis er endlich das Fenster zum Schlafgemach Heinrichs erreichte, und seine Arme schmerzten von der Anstrengung höllisch. Die hölzernen Läden waren glücklicherweise gut geölt und ließen sich problemlos öffnen. Die Luft anhaltend schwang er sich in das Zimmer, duckte sich und versuchte sich zu orientieren. Das wurde ihm durch eine flackernde Kerze erleichtert, die neben dem großen Baldachinbett des Kaisers brannte.

Als Erstes huschte er zur Tür und schob von innen lautlos den Riegel vor. Heinrich schnarchte sanft vor sich hin und schien mit sich und der Welt im Reinen. Das sollte sich allerdings alsbald ändern.

Robin nestelte eine Pfeife los, die er um den Hals getragen hatte, entzündete das darin enthaltende Kraut an der Kerze und blies den

Rauch, ohne ihn vorher zu inhalieren, vorsichtig dem Kaiser ins Gesicht, der ihn tief einatmete. Nach einigen Zügen machte sich ein zufriedenes Lächeln auf seinem Gesicht breit.

Doch plötzlich musste Heinrich husten, wollte sich umdrehen, schlug für einen Moment die Augen auf - und fast wäre in dem Moment sein Herz stehen geblieben. Neben seinem Bett saß der Tod!

Es gab gar keinen Zweifel! Deutlich sah der Kaiser den Totenkopf und das Skelett unter der schwarzen Kutte hervorscheinen. In der Armbeuge hielt die Gestalt eine Sense und in der Hand das Stundenglas, durch dessen enge Mitte der Sand unerbittlich rann.

»Deine Zeit ist abgelaufen, Heinrich«, hörte der Kaiser eine leise, aber feste Stimme lateinisch zu ihm sprechen. »Bereite Dich darauf vor, Deinem Schöpfer gegenüberzutreten!«

Der Kaiser war auf einmal hellwach, glaubte aber alles wie durch einen dichten Nebel zu sehen. Gleichzeitig tanzten bunte Farben vor seinen Augen, wobei das Rot überwog. Er rutschte bis an die Rückwand des Bettes und kam hier halb zum Sitzen. Alles an ihm schlotterte vor Angst und er hörte seine eigenen Zähne klappern, was nicht nur von der Kälte kam.

»Aber warum?«, krächzte er mit kaum vernehmbarer Stimme. »Ich bin weder krank oder verletzt und noch so jung! Ich habe noch soviel auf dieser Welt zu erledigen. Gebt mir doch noch etwas Zeit, ich flehe Euch an!«

»Die Geduld unseres Herren mit dir ist erschöpft«, grollte die Stimme aus der schwarzen Kutte. »Siehst Du die roten Kreise vor Dir? Ich habe den Auftrag, Dich direkt dem Höllenfürsten zu übergeben, damit Du im Feuer Deine Sünden bereust und büßt!«

»Ich war doch immer gottesfürchtig und habe alles in meiner Macht Stehende zum Ruhme des Herren getan«, stammelte der Kaiser entsetzt. Ihm brach der kalte Schweiß aus, und im nächsten Moment wurde ihm unter der Haut siedend heiß. War das schon der Vorgeschmack auf die Hölle?

»Einen Kreuzfahrer, der für und um das Grab Christi gekämpft und dabei sein Leben und all sein Hab und Gut eingesetzt hat, gefangen zu halten, ihn zu belügen und zu betrügen, nennst Du gottgefällig? Warte nur, bis Dir Luzifer erklärt, was Gott der Herr darüber denkt!«

Heinrich wurde so schlecht, dass er glaubte, sich auf der Stelle übergeben zu müssen. Natürlich standen die Kreuzfahrer unter dem besonderen Schutz der Kirche, und wer sich an ihnen vergriff, musste so wie Leopold von Österreich mit der Exkommunikation rechnen. Doch bei ihm hatte der Papst das nicht gewagt. Kam jetzt Gottes Strafe dafür direkt über ihn? Nein, er wollte nicht sterben! Alles an ihm sträubte sich dagegen.

»Gleich morgen lasse ich Richard frei!«, beschwor er den Tod mit zittriger Stimme. »Ich werde alle Buße tun, die unser Herr mir auferlegt. Doch bitte, verschont mein Leben! Ich will es doch sein, der das Grab Christi von den Heiden befreit!«

Es kam dem Kaiser wie eine Ewigkeit vor, bevor er wieder die Stimme der Gestalt neben seinem Bett vernahm.

»Du wirst morgen den gesalbten König von England in allen Ehren entlassen. Solltest Du es nicht tun, hole ich Deine Seele mitten aus der Reichsversammlung, und sie wird bis zum Tag des jüngsten Gerichts alle Qualen der Hölle zu erleiden haben. Zweifle nicht am Wort Gottes und an dem des Todes, Heinrich! Wir können Dich immer und überall erreichen.«

Der Tod streckte dem Kaiser einen Becher entgegen.

»Hier, trink das bis auf den letzten Tropfen, sonst muss ich Dich doch noch mitnehmen!«

Heinrich wagte auch nicht den Ansatz von Gegenwehr. Mit zitternden Händen griff er nach dem Pokal, der mit Wein gefüllt immer neben seinem Bett stand und schüttete den Inhalt so schnell er konnte herunter. Den Beigeschmack nahm er kaum wahr.

Plötzlich schien sich die Gestalt vor ihm aufzulösen. Sie zerfloss regelrecht in der Luft und war auf einmal verschwunden. Der Kaiser merkte nicht, dass er bereits weggetreten war, denn der Rauch des Haschisch und das Opium im Wein hatten bereits ihre Wirkung getan.

Robin löste sein Schwert von der Spitze des Bogens. Damit hatte er den Anschein der Sense erweckt. Dann drehte er die Kutte und die Kapuze um. Das mit weißer Schlemmkreide aufgemalte Skelett und der Totenkopf verschwanden nach innen und er war wieder komplett schwarz umhüllt. Zuvor hatte er das Seil, dass er in Schlingen am Körper getragen hatte, abgestreift. Robin spannte die Sehne über den Bogen, wickelte ein dünnes Band um den Schaft eines Pfeils und stellte die Kerze in das Fenster. Auf der gegenüberliegenden Stadtmauer sah er kurz darauf undeutlich einen weißen Punkt, den es zu treffen galt. Sorgfältig zielte er auf den Holzschild, den Little John hielt. Mehr als einen Versuch würde er nicht haben. Doch wie sooft verließ ihn auch diesmal sein Glück nicht, und das Geschoss traf den weißen Punkt nahezu in der Mitte.

Little John löste das Band vom Pfeil und begann langsam daran zu ziehen. An seinem Ende war ein dickeres Seil verknotet, dessen anderes Ende Robin im Zimmer des Kaisers an einem starken Balken befestigte. Zuvor hatte er eine Henkerschlinge geknüpft und stellte jetzt die Kerze unter das Seil, so dass die Flamme es gerade erreichte.

Auf der anderen Seite zog Little John das Hanfseil straff und schlang es um eine Mauerzinne. Robin nahm ein kurzes Stück Kette aus seiner Tasche, warf sie über das Seil, hielt sich daran fest und schwang sich dann vom Fenstersims in die Tiefe. Es galt eine Entfernung von mehr als dreißig Yards mit Gefälle zu überwinden, und er hoffte nur, dass das Seil hielt und er am Ende nicht mit voller Wucht gegen die Mauer krachte. Doch seine Angst war unbegründet. Little John fing ihn mit seinen kräftigen Armen auf, als er angerauscht kam, und für einen Moment fühlte er sich wie ein Kind, das an die Brust der Mutter gedrückt wurde.

»Schon gut«, wehrte Robin ab. »Lass mich los, ich ersticke noch.«

»Ich freue mich auch, Dich wiederzusehen«, knurrte sein Freund, der während der Wartezeit vor Sorge fast gestorben war. »Was glaubst Du, hat er dir den Tod abgenommen?«

Robin zuckte mit den Schultern.

»Das werden wir spätestens in der Reichsversammlung erfahren. Er müsste aber schon sehr abgebrüht sein, wenn er die heutige Nacht so einfach wegsteckt.«

»Dein Wort in Gottes Ohr! Sonst müssen wir Richard doch noch befreien und uns zur Küste durchschlagen. Hier zurücklassen können wir den König auf keinen Fall.«

In dem Moment ließ die Spannung auf dem Seil nach. Die Kerze hatte ihr Werk vollendet und den Hanf durchgebrannt. Robin hoffte nur, dass nichts in dem Gemach Feuer gefangen hatte. Doch so richtig bedauert hätte er es auch nicht, wäre der ganze Kaisersitz in Flammen aufgegangen. So holten die beiden Freunde das Seil ein und im Gemach Heinrichs erinnerte von diesem Moment an nichts mehr an den nächtlichen Besuch.

***

Der Kaiser erwachte mit grässlichen Kopfschmerzen.

»Mein Gott, was für ein Alptraum!«, dachte er, während er sich rekelte und dabei im Raum umsah. Als er allerdings an einem der Balken den Henkerstrick entdeckte und das daneben stehende Stundenglas, hätte ihn fast der Schlag getroffen. Heinrich eilte zur Tür, doch die war von innen fest verriegelt.

Niemand hätte in dieser Nacht in sein Gemach gelangen können, es sei denn, er wäre geflogen! Der Kaiser ließ sich auf einen Sessel fallen und sank in sich zusammen. Seine Gedanken arbeiteten fieberhaft, doch wie er es auch drehte und wendete, er kam zu keinem anderen Ergebnis. Der Tod musste ihn tatsächlich diese Nacht besucht haben!

Als die Kammerdiener erschienen, um ihren Herren für den heutigen, großen Tag anzukleiden, hockte dieser immer noch vor Angst schlotternd in seinem Sessel. Heinrich war so schlecht, dass er ständig glaubte, sich übergeben zu müssen, und keinen Bissen des aufgetragenen Frühstücks herunter bekam.

Wie er die heutige Sitzung überstehen sollte, wusste er nicht zu sagen. Am liebsten hätte er sie abgesagt oder verschoben, doch das wagte er nicht. Er glaubte fest daran, entließ er nicht sofort den englischen König aus der Gefangenschaft, würde er noch diese Nacht in der Hölle schmoren.

Als sich der Bischof von Beauvais beim Kaiser melden ließ und um eine Audienz bat, wurde ihm beschieden, Heinrich wäre für ihn nicht zu sprechen, was Philipp von Dreux auf das Höchste irritierte. War ihr gemeinsamer Plan doch besser aufgegangen, als sie zu hoffen gewagt hatten. Etliche Reichsfürsten und Bischöfe signalisierten schon, dass sie jetzt an Richards Wort, niemals etwas mit den Assassinen zu tun gehabt zu haben, zweifelten.

Die Aussage dieses englischen Earls, der natürlich ein Gefolgsmann des Königs war, galt gar nichts. Den Mann kannte hier niemand. Der Brief des Sheikh war sicherlich eine Fälschung, doch das konnte er schlecht ohne Beweis behaupten. Dafür war vor allem Wilhelm Longchamp viel zu geschickt. Jetzt kam es darauf an, wie die Reichsversammlung abstimmte, denn über deren Votum konnte sich Heinrich nicht so ohne Weiteres hinweg setzen.

***

Wie vor zwei Tagen erschien der Kaiser im vollen Krönungsornat, allerdings gingen zwei kräftige Männer aus seinem Gefolge direkt hinter ihm, bereit ihn sofort zu stützen, falls er straucheln sollte. Heinrich war noch nie in seinem Leben so froh, sich endlich auf seinem Thron niederlassen zu können wie heute.

Robin musste grinsen, als er das sah. Die Drogen des Alten vom Berge, die er beim Überfall auf die Karawane erbeutet hatte, schienen ganze Arbeit geleistet zu haben.

Wieder wurde König Richard hereingeführt und Eleonore konnte ihrem Sohn ansehen, dass es ihm keineswegs besser als vor zwei Tagen ging. Die Ungewissheit nagte an ihm, wie jeder sehen konnte.

Allerdings machte Richard einen entschlossenen Eindruck, so als hätte er eine Entscheidung getroffen, von der er nicht wieder abrücken würde. Die Königin konnte sich ungefähr vorstellen, was er vorhatte, gab der Kaiser ihn heute nicht frei. Sie war sich relativ sicher, Heinrich würde das nicht überleben, und alles weitere lag dann in Gottes Hand.

Doch wie sooft kam alles ganz anders. Als die ersten Fürsten sich zu Wort melden wollten, um für oder gegen die Freilassung Richards zu sprechen, gebot der Kaiser Schweigen. Er musste sich enorm zusammenreißen, um überhaupt vernünftige Sätze hervorzubringen, und viele im Kirchenschiff glaubten, als sie seine zittrige Stimme vernahmen, er hätte wohl am Abend zuvor dem Wein etwas reichlich zugesprochen.

»Nach reiflicher Überlegung sind wir zu der Überzeugung gelangt, dass die gegen den König von England erhobenen Anschuldigungen jeder Grundlage entbehren.«

Ein Raunen ging durch den Dom, und der Unterhändler des Königs von Frankreich konnte kaum fassen, was er hörte. Doch es sollte für ihn noch schlimmer kommen.

»Darum haben wir entschieden, König Richard soll mit dem heutigen Tage wieder ein freier Mann sein und in seine Länder zurückkehren können.«

Jetzt brach unter den Engländern und Freunden Richards Jubel aus, und Eleonore fiel ein Stein vom Herzen.

Doch der Kaiser war noch nicht fertig. Der Tod hatte zwar die Freilassung Richards verlangt, aber nichts vom Lösegeld oder anderen Bedingungen gesagt. Und Heinrich war etwas eingefallen, wie er sein Gesicht wahren und den König, den er ob seiner Größe, seiner Stärke und seines Ansehens über alle Maßen hasste, noch einmal demütigen konnte.

»Wir fordern jeden auf, der sich in der Abwesenheit König Richards an dessen Ländereien vergriffen hat, diese unverzüglich zurückzugeben und sagen unserem neuen Freund und Bruder in Christi unsere Hilfe und Unterstützung zu, sollte er darum kämpfen müssen.«

Fassungslosigkeit breitete sich ringsum aus. Was war denn auf einmal in den Kaiser gefahren? Noch gestern war Richard sein Feind gewesen, und auf einmal sagte er ihm sogar Waffenhilfe zu! Das konnte doch nicht mit rechten Dingen zugehen. Besonders die Franzosen verstanden die Welt nicht mehr. Doch wie viele, die Heinrich gut kannten, vermuteten, kam der Pferdefuß gleich hinterher.

»Für unsere Großzügigkeit erwarten wir allerdings, dass König Richard uns den Lehnseid für sein Königreich schwört und sich zukünftig als Vasall des Kaisers des Deutschen Reiches betrachtet. Als jährlichen Tribut legen wir die Summe von fünftausend Mark Silber fest.«

Jetzt brach Tumult aus. Kaum jemand hielt es noch auf seinem Platz. Walter de Coutances stürzte auf Richard zu, um ihn daran zu hindern, den Kaiser vor allen Anwesenden zu erschlagen, und auch der kleine, aber getreue Wilhelm Longchamp hing auf einmal am Arm des Königs, machte sich so schwer wie er konnte und sprach beruhigend auf ihn ein.

»Majestät, wir bitten Euch, uns kurz beraten zu dürfen«, rief der Kanzler dem Kaiser zu. Der nickte nur und gab sein Einverständnis mit einem Handzeichen kund. Heinrich glaubte, dass sein Kopf im nächsten Moment zerspringen würde und wollte nichts als Ruhe um sich herum und auf keinen Fall Lärm gleich welcher Art.

Man zog den König mehr als er ging zum Stuhl seiner Mutter, und die Engländer, aber auch einige befreundete deutsche Fürsten, bildeten einen Ring um ihn.

»Sire, nehmt das Angebot an!«, beschwor Walter de Coutances Richard fast flehentlich. »Es ist nur eine Formsache! Heinrich hat niemals die Macht, Eure Lehnspflicht zu erzwingen. Seid Ihr erst einmal in Freiheit, könnt Ihr über diese Farce lachen!«

Danach war dem König aber im Moment gar nicht zu mute.

»Nie im Leben werde ich der Vasall dieses größten Diebes der Menschheitsgeschichte!«, tobte er. »Eher friert die Hölle ein, als dass ich ihm den Lehnseid schwöre!«

»Richard, sei vernünftig!«, schaltete sich Eleonore ein. »Wir haben nicht alles für Deine Freiheit geopfert, nur damit Du in Deinem Zorn sie wieder verspielst. Leiste den Eid – und dann vergiss ihn! Ich weiß, dass Dir das zuwider ist, aber eine andere Möglichkeit, hier herauszukommen, gibt es für Dich nicht. Tue es für England, ich bitte dich!«

»Ich werde noch etwas ganz anderes schwören, nämlich dass ich diesen verräterischen Philipp von Frankreich aus meinem Land und danach auch aus Paris jage! Und wenn ich schon einmal dabei bin, kann ich mir gut vorstellen, noch ein Stück weiterzureiten und die Pferde im Rhein zu tränken. Diese Gefangenschaft und all das Unbill, das Ihr und ich erdulden mussten, büßt mir dieser Wicht da vorn, so wahr man mich Löwenherz nennt!«

»Das kannst Du alles später gerne tun, nur müssen wir erst einmal nach Hause! Und deshalb leiste jetzt bitte diesen Schwur, damit es endlich vorbei ist.«

Robin war etwas verblüfft, wie leichtfertig man hier mit einem heiligen Eid umging. Für ihn wäre das undenkbar. Einen Schwur zu leisten und von vornherein zu wissen, dass man ihn nicht halten würde, hatte er sich bisher absolut nicht vorstellen können. In höheren Kreisen schien es aber gang und gäbe zu sein, denn niemand regte sich über den gemachten Vorschlag auf. Doch bevor er etwas sagen oder seine Bedenken anmelden konnte, knuffte ihn Wilhelm Longchamp in die Rippen.

»Seid bloß still!«, flüsterte er ihm zu. »Ihr habt schon genug Schaden angerichtet. Vielleicht geht sogar Euch irgendwann einmal auf, dass in der Diplomatie und vor Gericht manchmal Wahrheit Lüge und Lüge Wahrheit ist. Es kommt immer nur darauf an, was man letztendlich beweisen kann!«

Robin beschloss, sich nach Möglichkeit von diesen Feldern in Zukunft so fern wie möglich zu halten und auch kein Wort über seine nächtliche Eskapade zu verlieren. Er wollte nur noch so schnell wie möglich von hier weg.

Inzwischen hatte man von allen Seiten weiter auf Richard eingeredet und ihn schließlich davon überzeugt nachzugeben. Der König knirschte derart mit den Zähnen, dass manche dachten, er würde sie verlieren. Doch als er sich einmal entschieden hatte, gab es für ihn kein Halten mehr. Er wollte diese unerträgliche Demütigung hinter sich bringen.

Festen Schrittes trat der König von England vor den deutschen Kaiser, kniete vor aller Augen nieder, nahm in Ermanglung einer Krone seine Kappe ab, legte sie in Heinrichs Hände und leistete den geforderten Lehnseid.

Mit einem süffisanten Lächeln gab dieser ihm seine Kopfbedeckung zurück und übertrug Richard von England seine eigenen Länder als Lehen zurück.

Der Kaiser reichte dem König die Hand, bat ihn aufzustehen und ihm den Friedenskuss zu geben. Als die beiden Fürsten sich umarmten, brandete tosender Beifall auf, und so hörte niemand, wie Richard dicht an Heinrichs Ohr flüsterte:

»Dafür reiße ich Dir eines Tages persönlich die Därme heraus, und du kannst noch sehen, wie ich sie an meine Hunde verfüttere, während Du verreckst!«

Der Kaiser, der gehört hatte, wie Richard in Palästina mit seinen Feinden umgegangen war, wurde noch eine Spur blasser und fragte sich, ob er nicht soeben den Fehler seines Lebens gemacht hatte.

***

Richard kam allerdings nicht dazu, sein Versprechen zu halten. Heinrich starb, kaum zweiunddreißigjährig, bei dem Versuch, Sizilien zu erobern, vor Messina. Da war der englische König noch damit beschäftigt, Philipp von Frankreich zu jagen und alte Rechnungen zu begleichen. Den geforderten Tribut zahlte er niemals, allerdings leistete der Kaiser auch nicht die versprochene Waffenhilfe. Es hatte wohl von Anfang an keiner der beiden damit gerechnet, dass der jeweils andere seinen Schwur ernstnehmen und halten würde.

Leopold von Österreich hatte ebenfalls nicht viel von seinem Anteil an dem gewaltigen Lösegeld, über dem ein Fluch zu liegen schien. Er kam noch im Jahr von Richards Freilassung bei einem Reitunfall ums Leben.

Der Bischof von Beauvais kämpfte auch später weiter gegen Richard. 1197 wurde er in der Normandie von Mercadier gefangen genommen und mehrere Jahre eingekerkert. So konnte er am eigenen Leib erfahren, wie man sich als Gefangener fühlt.

Von Mainz aus schickte Philipp von Dreux einen Eilboten an seinen König, und dieser sandte die Nachricht direkt weiter an Prinz John. Ein Satz genügte:

»Hütet Euch, der Teufel ist los!«

***

Schon am nächsten Tag brach der König mit seinem Gefolge Richtung England auf, doch er kam nicht so schnell voran, wie er gehofft hatte. Die Fahrt Rheinabwärts zur Nordsee gestaltete sich zu einem wahren Triumphzug. Überall, wo sie anlegten, wurde er gebeten, einige Tage zu Gast zu bleiben. Richard konnte sich den Bitten kaum entziehen, galt es doch, seine Dankbarkeit für die Unterstützung gerade der niederrheinischen Fürsten zu zeigen und mit ihnen neue Bündnisse zu schmieden.

Besonders prunkvoll gestaltete sich sein Empfang in Köln, wo der Erzbischof ein dreitägiges Fest zu seinen Ehren gab und im Dom in Anspielung auf Richards Gefangenschaft die Messe „Sankt Petrus in Banden“ zelebrierte. Als Dank gewährte der König den Kölner Bürgern Handelsfreiheit auf allen englischen Märkten.

Robin dauerte das zu lange. Er wollte heim zu seiner Frau und sehen, wie es um Huntingdon, Loxley und Fenwick stand. Da er und seine Bogenschützen nicht mehr zum Schutz des Königs benötigt wurden, gab Richard ihm gern die Erlaubnis vorauszureiten. Ohne großen Aufenthalt jagte Robin mit seinen Männern durch Brabant und Flandern in die Normandie, um nach England überzusetzen. Niemand stellte sich dem verwegenen Haufen in den Weg, und so konnte er schon wenige Tage später Marian im Hause Josef von Salamancas in die Arme schließen.

Der Arzt befand sich natürlich noch an der Seite der Königin in Deutschland, doch seine Frau Sarah hatte sich um Marian liebevoll gekümmert und ihr fast ihre ganze Lebensfreude zurückgegeben, auch wenn der Schmerz nach wie vor tief saß und nur darauf wartete, bei gegebenem Anlass erneut hervorzubrechen. Die Wunde war gut verheilt, und Robins Frau traute sich sogar zu wieder zu reiten. Da sie nichts mehr in London hielt, brachen sie schon am nächsten Tag nach

Huntingdon auf, nachdem sie sich mehr als überschwänglich bei ihrer Gastgeberin bedankt hatten. Nie, aber auch wirklich niemals, würde Robin etwas Abfälliges über Juden sagen, dessen war er sich ganz gewiss.

Als Hubert Walter und William Marshal von der endgültigen Freilassung Richards erfuhren, erklärten sie Prinz John zum Landesverräter und all seiner englischen Besitzungen für verlustig. Sofort gaben sie Befehl, die noch von seinen Anhängern gehaltenen Burgen zu belagern. Einer der Burgherren fiel vor Schreck auf der Stelle tot um, als er nur davon hörte.

Um Nottingham, die größte und bedeutendste der verbliebenen Festungen, das versprach Robin, würde er sich kümmern.

***

13. Kapitel

Nottingham, Frühjahr 1194

Drei Männer, dem äußeren Anschein nach Pilger, zogen auf der Straße nach Nottingham durch den Sherwood. Sie trugen Mönchskutten, hatten die Kapuzen tief in die Stirn gezogen und stützten sich auf ihre Wanderstäbe, an denen die Beutel mit ihren Habseligkeiten hingen.

»Ich habe mir sicherlich schon ein Dutzend Blasen gelaufen«, stöhnte einer von ihnen. »Muss denn das hier wirklich sein?«

»Ihr seid ein Jammerlappen, Leicester«, fuhr ihn der Größte der drei Männer zornig an. »Es wird doch wohl noch mal möglich sein, ein paar Yards zu Fuß zu gehen!«

»Ich würde eher von etlichen Meilen sprechen«, mischte sich der Dritte ein, der auch nicht sehr erbaut zu sein schien. »Auf alle Fälle hätten wir uns für Kutte oder Rüstung entscheiden sollen. Ich schwitze wie ein Schwein!«

»Ach das ist es, was hier so stinkt.« Dem Großen war die gute Laune nicht zu nehmen. »Wenn wir wirklich niemanden unterwegs treffen, machen wir in Fenwick Rast. Bis dorthin ist es nicht mehr weit, und man wird uns sicherlich gastfreundlich bewirten. Langsam bekomme ich auch Hunger.«

Von der Unterhaltung fühlte sich eine Gruppe Fasane gestört und flog laut protestierend aus dem Unterholz auf. Ein Pfeil zischte durch die klare Frühlingsluft, und der Hahn an der Spitze fiel wie ein Stein zu Boden, genau dem Größten der Pilger vor die Füße.

»Euer Abendessen, Sire, wenn Ihr mögt«, hörten die Drei hinter sich eine Stimme und fuhren blitzartig herum, wobei unter den Kutten Panzerhemden und Schwerter sichtbar wurden. Mitten auf dem Weg stand ein Mann im grün-braunen Jagdrock, lässig auf seinen Bogen gestützt, und grinste über das ganze Gesicht.

»Verdammt Robin, wie habt Ihr uns erkannt?«, entfuhr es dem Hünen fassungslos.

»Ich bitte euch, Sire! Ein Mann so groß wie der Kirchturm von Westminster Abbey mit roten Haaren und Bart, klirrenden Waffen unter der Kutte und dem wiegenden Gang des Reiters. Wenn wir uns von so etwas überraschen ließen, hätte der Sheriff uns schon längst alle gehängt! Meine Freunde beobachten Euch bereits eine ganze Weile und haben nach mir geschickt, als ihnen klar wurde, mit wem sie es zu tun haben. Soll ich Euch nicht doch lieber Pferde bringen lassen?«

Robin war herangeschlendert gekommen und wollte das Knie beugen, was Richard mit kurzer Geste unterband. Statt dessen umarmte er ihn wie einen alten, lange nicht gesehenen Freund und klopfte ihm so heftig auf den Rücken, dass Robin den Hustenreiz nur mühsam unterdrücken konnte. Dann begrüßte er Baudouin de Bethune mit herzlichem Handschlag und Robert de Beaumont mit einem frostigen Nicken. Seit der Schlacht bei Jaffa waren sie nicht gerade die besten Freunde.

»Könnt Ihr drei armen Pilgern etwas zu essen und ein Nachtlager anbieten?«, erkundigte sich der König dann schmunzelnd. »Für Schutz habt Ihr ja schon gesorgt.«

Immer mehr von Robins Gefährten waren mittlerweile aus dem Wald herausgetreten und umringten die Gruppe, nicht ohne zuvor dem König ihren Respekt bezeugt zu haben. Der grüßte äußerst huldvoll in die Runde, sprach Little John, Will Scarlett und andere mit ihren Namen an und schien unter den Männern, die mit ihm im Heiligen Land gewesen waren, richtig aufzuleben.

»Fenwick hat euer Bruder noch niederbrennen lassen, bevor er sich nach Frankreich absetzte«, brachte Robin zähneknirschend hervor. »Und wir waren zu beschäftigt, um es zu verhindern. Ihr müsst schon mit unserem Lager bei den Höhlen vorliebnehmen, denn nach Huntingdon oder Loxley ist es zu weit. Verköstigen können wir Euch allerdings ausreichend, wie Ihr selbst sehen konntet. Ich habe schon vorausgeschickt und ein Festmahl vorbereiten lassen.«

»Auch recht, lerne ich endlich einmal meinen Wald kennen und bekomme sogar etwas von meinem Wild zu kosten«, lachte der König. Die Forste unterstanden direkt der Krone, und der alte König Henry war rigoros gegen jeden Wilderer vorgegangen. Richard, der ja kaum in England war, sah das etwas entspannter und hatte die harten Gesetze seines Vaters gelockert. Er schritt neben Robin einher und war sichtbar guter Laune.

»Wisst Ihr noch, wie Ihr mir vor ein paar Jahren Euer Lager nicht zeigen wolltet und sogar verschwiegen habt, wie viele Männer mit

Euch in den Wäldern lebten? Mein Gott, wie lange ist das her und was ist seit dem alles passiert!«

»Das kann man wohl sagen!«, stimmte Robin zu. »Wie ich hörte, seid Ihr vor zwei Wochen in Sandwich gelandet. Wir haben mit Eurem Erscheinen hier über kurz oder lang gerechnet. Wie viele Burgen sind denn noch in der Hand der Anhänger eures Bruders?«

»Nur Tickhill Castle, das jetzt von Hugo von Avalon belagert wird, und Nottingham. Wie steht es denn hier?«

»Ralf de Lacy wollte ebenfalls nach Frankreich fliehen, doch das haben wir unterbunden. Jetzt sitzt er in Nottingham wie die Spinne im Netz. Wir lassen niemanden heraus, aber wir können die Burg auch nicht nehmen, dafür sind wir zu wenige. Der Sheriff hat alle um sich geschart, die sich vor euch zu fürchten haben und behauptet, Ihr wärt in Deutschland gestorben und ein Schwindler gäbe sich für den König aus.«

»Ja, ich weiß. Das hat er der Besatzung von Tickhill auch erzählt. Aber morgen, spätestens übermorgen, wird Hubert Walter mit der Armee hier sein und William Marshal bringt schweres Belagerungsgerät mit. Dann hat der Spuk bald ein Ende.«

Bevor sie die Lichtung bei den Dunwoldhöhlen erreichten, stieg ihnen schon der Duft von frisch gebratenem Wildbret verführerisch in die Nasen. Bruder Tuck hatte sich persönlich um das Mahl gekümmert und unter den Bäumen, die jetzt Ende März bereits begannen das erste Grün zu schieben, waren lange Tafeln aufgebaut worden. Matthew rollte persönlich das von ihm gebraute Bier heran, und einem zünftigen Festessen stand nichts mehr im Wege.

Galant begrüßte Richard die anwesenden Frauen, allen voran natürlich Robins Gemahlin, die er nach ihrem anmutigen Hofknicks sanft aufhob.

»Lady Marian, ich darf Euch versichern, dass mir unendlich leid tut, was Euch geschehen ist. Glaubt mir, ich kann es nachfühlen, denn meine Frau hat vor Akkon ein ähnliches Schicksal erlitten. Wir werden die Schuldigen zur Rechenschaft ziehen, das verspreche und schwöre ich Euch!«

Von Wort zu Wort hatte Richards Stimme zorniger geklungen, und niemand, der seine letzten Worte hörte, zweifelte an seiner Entschlossenheit.

»Davon werden die vielen Toten leider auch nicht mehr lebendig, Sire«, gab Marian recht trotzig zurück, was den König etwas irritierte. Schwang da vielleicht eine Spur von Vorwurf in ihrer Stimme mit? Nun ja, Frauen eben. Davon wollte er sich den Abend jedenfalls nicht verderben lassen.

Es wurde enorm viel gegessen und getrunken. Alan a Dale, seit kurzem wieder bei seinen Freunden, schmetterte eine Ballade nach der anderen über Richards Heldentaten und vergaß auch die Männer aus dem Sherwood nicht. Richard stimmte mit seiner geübten Stimme oft ein, und außer dem Earl von Leicester, dem das Ganze zu bäuerisch war, fühlten sich alle äußerst wohl. Erst als der Morgen graute, suchte man die Schlafplätze in den Höhlen und Laubhütten auf, und auch der König nahm mit einem Lager von frisch geschnittenen Fichtenzweigen und gegerbten Fellen vorlieb.

»Meinst Du, dass das Töten nun endlich bald ein Ende hat?«, fragte Marian noch ihren Mann, als sie sich eng an ihn schmiegte, um etwas von seiner Wärme abzubekommen, doch der brummte nur müde und drückte sich um eine Antwort. Schließlich hatte er noch einige offene Rechnungen zu begleichen. Doch darüber wollte er mit seiner Frau heute Abend lieber nicht diskutieren. Seit dem Tod ihres Sohnes und ihrer schweren Verletzung war ihr jede Art von Kampf abgrundtief zuwider. Es hatte ihn viel Mühe gekostet, ihr klarzumachen, dass Nottingham genommen werden musste. Allein wollte sie nicht in Huntingdon zurückbleiben und so hatte Robin letztendlich zugestimmt, dass sie ihn begleitete. Hier im Wald lebte sie langsam wieder auf, hatte viel Ablenkung, kümmerte sich wie vor Jahren um Kranke und Verletzte und hatte wie er mit den Zähnen geknirscht, als sie vor den Trümmern von Fenwick gestanden hatten.

»Wir bauen es wieder auf! Schöner, als es war!«, hatte Robin seiner Frau versprochen, die mit den Tränen kämpfte, als sie in den verkohlten Ruinen standen.

»Das mag schon sein, aber wer weckt die vielen Toten wieder auf?« waren auch damals ihre Worte gewesen und der Blick, mit dem sie ihn bedachte, ließ ihren Mann einen Moment lang in ihre verletzte Seele schauen.

***

Am nächsten Morgen ritt der König mit Robin, seinen Begleitern und zwei Dutzend Bogenschützen in die Nähe von Nottingham auf einen Hügel, von dem aus man Stadt und Burg überblicken konnte. Von der Armee war noch nichts zu sehen, doch das Gerücht, dass sie kommen würde, hatte sich schon bis zu den Einwohnern herumgesprochen. Viele von ihnen verließen in aller Eile die Stadt, um nicht zwischen den Fronten zerrieben zu werden. Noch standen die Stadttore offen, doch das würde nicht mehr lange so bleiben.

Robins Männer hinderten sie nicht, aber Bewaffnete ließen sie nicht aus der Burg heraus. Ausfallversuche hatte es schon mehrere gegeben, doch sie waren immer im Pfeilhagel der Bogenschützen stecken geblieben.

Die Einnahme der sich am Trent hinziehenden Stadt würde nicht das Problem sein. Die Burg allerdings war, wie alle wussten, stark befestigt und erhob sich auf dem Sandsteinfelsen hoch über das Land und den Fluss.

»Das wird ein harter Brocken«, meinte Richard nachdenklich. »Die Katapulte können kaum so hoch schleudern. Wir werden mit Sturmleitern und Rammböcken arbeiten müssen. Die Zeit, sie auszuhungern, haben wir leider nicht.«

»Wenn Ihr sie mit dem Belagerungsgerät ablenkt, könnte ich wahrscheinlich dafür sorgen, dass sie zwischen zwei Fronten geraten. Vielleicht gelingt es uns dann auch, das Tor von innen zu öffnen« bot Robin an.

»So wie in Messina?«, fragte Baudouin verblüfft. »Wie wollt Ihr das anstellen?«

»Diesmal lasst das meine Sorge sein! Ich habe da schon eine Idee.«

»So kommt Ihr mir nicht davon, Robin! Ich will schon wissen, was ihr plant«, schaltete sich der König ein. Dann ging ihm ein Licht auf.

»Ihr kennt den geheimen Fluchtweg, den mein Vater in allen seinen Burgen hat anlegen lassen, habe ich recht? Meint Ihr nicht, dass der Sheriff auch weiß, wo der Gang herauskommt und die Stelle streng bewachen lässt?«

»Das letzte Mal wusste er es noch nicht. Der Vater unseres Bierbrauers war der Baumeister, und der hat ganze Arbeit geleistet. Einen Versuch wäre es wert.«

»Dann komme ich aber mit! Die Gesichter will ich sehen, wenn ich plötzlich mitten in der Burg auftauche.« Richard war vor Vorfreude schon ganz aus dem Häuschen.

Robin allerdings war gar nicht begeistert.

»Sire, überlasst das bitte lieber uns! Der Gang ist sehr eng und steigt steil an. Er endet im Verlies, und auch von dort ist es nicht leicht, nach oben zu kommen. Männer ohne Rüstung haben vielleicht eine Chance. Aber Ihr seid dafür einfach zu groß und könntet sogar an manchen Stellen im Gang stecken bleiben. Dann hätten wir noch ein Problem mehr.«

»Ihr könnt einem aber auch jeden Spaß verderben«, grollte Richard, gab allerdings sehr zur Verblüffung seiner Begleiter nach. Doch von engen Verliesen, an deren niedrigen Decken man sich schnell den Kopf stoßen konnte, hatte er gerade genug.

»Was machen wir denn jetzt mit dem angebrochenen Tag? Hoffentlich sind morgen Hubert Walter und William Marshal da, damit es endlich losgehen kann!«

Der König brannte vor Ungeduld. Irgendwie musste er die in der Gefangenschaft aufgestaute Energie los werden. Wehe dem, der ihm jetzt in die Quere kam!

»Ich würde mich freuen, Euch als meinen Gast auf Leicester Castle begrüßen zu dürfen«, dienerte sich Robert de Beaumont an. »Dort hättet Ihr es auch bequemer, als wenn Ihr eine weitere Nacht im Wald verbringen müsstet.«

»Gar keine schlechte Idee«, dachte Richard laut. »Nicht Eure Burg Leicester, aber danke für das Angebot. Ich meine das mit dem Wald. Meine Freunde, wir gehen jagen!«

Wer wollte da widersprechen, schließlich war er der König.

So sah man vom Turm der Burg von Nottingham, wie sich die Reitergruppe, über der die Standarte mit den drei goldenen Löwen im Wind geweht hatte, wieder entfernte. Der Sheriff konnte es kaum fassen. Sollte das schon alles gewesen sein? Rückte der König bereits wieder ab, nachdem er die wehrhafte Burg inspiziert hatte? Sofort schickte de Lacy Bewaffnete aus, die erkunden sollten, ob die Belagerung womöglich aufgehoben worden war.

Als von ihnen aber keiner zurückkehrte, wusste der Sheriff, dass er sich wohl zu früh gefreut, hatte und sah mit Bangen der Zukunft entgegen. Dass er auf keine Gnade mehr hoffen konnte, war ihm mehr als klar. Vielen, die in Nottingham Castle Zuflucht gesucht hatten, ging es ebenso. Es blieb ihnen nichts anderes mehr übrig, als ihr Leben so teuer wie möglich zu verkaufen.

***

Den Rest des Tages streiften Richard, Robin und Baudouin durch den Sherwood, als gäbe es nichts Wichtigeres auf dieser Welt zu tun. Leicester hatte um einen Tag Urlaub gebeten, um nach Hause reiten zu können, den er gern bekam, da ihn bei der bevorstehenden Jagd sowieso niemand vermissen würde.

Der König erwies sich als ganz passabler Schütze, auch wenn er der Armbrust den Vorzug vor dem Langbogen gab, was Robin gar nicht verstehen konnte. Was er auch nicht mochte, war die Hetzjagd zu Pferd, die das Wild nur unnötig vor dem unvermeidlichen Tod ängstigte und ganz nebenbei das Fleisch verdarb.

Es gelang Robin mit einiger Mühe, den König von seiner Art des Jagens zu überzeugen, und so pirschten die drei Männer zu Fuß durch den Wald. Richard stellte dabei etwas fest, was er so an sich gar nicht kannte. In seinem Herzen breitete sich mit der Zeit ein Frieden aus, der wie Frühlingswärme durch seine Adern strömte. Er sog die würzige Waldluft tief in seine Lungen, und als sie auf einer Lichtung einen Sprung Rehe erspähten, senkte er die Armbrust und genoss den Anblick, statt auf den äsenden Bock anzulegen.

»Ich beneide euch, Robin«, seufzte er dann aus tiefster Seele. »Ein solches Leben führen zu können! Wer hier nicht seinen Frieden mit Gott macht, dem ist nicht mehr zu helfen. Am liebsten würde ich mit Euch tauschen!«

»Jetzt, wo die Märzsonne schon wärmt, mag es Euch vielleicht recht angenehm im Wald erscheinen. Vor allem, wenn man sich am Abend an ein prasselndes Feuer, vielleicht noch in eine Eurer Jagdhütten, zurückziehen kann. Doch glaubt mir, Sire, im Herbst, wenn es tage- oder manchmal sogar wochenlang regnet, oder gar im Winter, wenn Eis und Schneematsch den Boden bedeckt und es in den Höhlen bitterkalt und feucht wird, hört der Spaß schnell auf. Meine Männer, und vor allem ihre Frauen und Kinder, waren jedenfalls heil froh, dieses Jahr ein Dach über dem Kopf gehabt zu haben.«

»Wie steht es denn eigentlich um Huntingdon? War die Burg überhaupt noch zu retten, nachdem mein Vater sie hat schleifen lassen?«

»Wir haben sie, soweit wie möglich, wieder aufgebaut. Vor allem Little John hat wahre Wunder gewirkt. Er sagt immer, er hat von Euch vor Akkon viel gelernt. Die Menschen in den Städten und Dörfern von Huntingdonshire waren wirklich froh, dass die Grafschaft nicht an den Earl von Chester oder Ralf de Lacy fiel.«

»Ja, das ist das nächste Problem«, stöhnte der König. »Mein Bruder verteilt schon Lehen! Nun, Chester wird in Österreich ausreichend Zeit haben darüber nachzudenken, wer der wahre Herrscher ist. Ich werde wohl ein paar ernste Worte mit John reden müssen, sollte ich ihn denn jemals wieder zu Gesicht bekommen. Im Moment weiß angeblich keiner, wo er sich überhaupt aufhält. Wahrscheinlich sitzt er in Paris mit Philipp zusammen und heckt neue Bosheiten aus.«

Richard rieb sich nachdenklich das Kinn, bevor er fortfuhr:

»Und was machen wir mit Nottingham? Hättet Ihr nicht vielleicht Lust, der neue Sheriff zu werden?«

»Gott bewahre!«, entfuhr es Robin voller Schreck. »Das ist nun wirklich nichts für mich! Ich kann de Lacy doch nicht jahrelang bekämpfen und dann in seine Fußstapfen treten. Steuern eintreiben und Gericht halten! Mich schüttelt es, wenn ich nur daran denke!«

»Und genau das ist die Krux!« Der König wirkte regelrecht verärgert. »Fähige Männer drücken sich um die Ämter, und wenn sie dann von unfähigen schlecht ausgeübt werden, beschweren sie sich oder kämpfen gar wie Ihr gegen sie. William Marshal hatte auch ein Sheriffsamt inne und hat es zurückgegeben. Es müssen nun einmal Steuern erhoben werden, was bleibt mir denn anderes übrig?«

»Sire, als wir für Euer Lösegeld unterwegs waren, habe ich festgestellt, dass die Leute wirklich bereit sind, Abgaben zu leisten. Doch sie müssen den Sinn verstehen und selbst noch genug zum Leben haben. Ich glaube, dass das wirklich nicht zu viel verlangt ist.«

»Warum wollt Ihr dann denn nicht Sheriff werden? Erklärt es ihnen und behandelt sie gerecht! Euch lieben und schätzen die Menschen hier. Bessere Voraussetzungen kann es doch gar nicht geben!«

»Und das soll auch so bleiben!«, dachte Robin. »Ich werde den Teufel tun und zum Steuereintreiber werden. Womöglich noch jemanden wegen Wilderei hängen lassen müssen! Soweit kommt's noch, aber nicht mit mir!«

Laut sagte er und hoffte, das leidige Thema damit zu beenden:

»Wir wollten doch noch versuchen, ein Wildschwein zu schießen. Ich kenne ganz in der Nähe ein Suhle. Dort müssten wir eigentlich zum Schuss kommen.«

In Richards Augen funkelte das Jagdfieber, und schnell war das unerfreuliche Gespräch vergessen. Sie hatten auch diesmal Glück. Als sie sich dem von Robin anvisierten Platz näherten, sahen sie tatsächlich eine Rotte Wildschweine in der Suhle, angeführt von einem kapitalen Keiler. Gegen den Wind pirschten sie sich vorsichtig heran. Richard versenkte dann auch noch den Bolzen seiner Armbrust im Blatt des Keilers, und nun war für ihn die Welt endgültig wieder in Ordnung.

Robin hätte zwar lieber eine junge Bache geschossen. Deren Fleisch war einfach zarter und schmeckte auch nicht so streng, aber er gönnte dem König die Freude. Baudouin gab dem Keiler nach kurzer Hatz mit dem Jagdspieß den Gnadenstoß, und gemeinsam schleppten sie das mächtige Tier zum Lager.

Hier erfuhren sie, dass die Vorhut der Armee bereits eingetroffen war und der Rest morgen folgen würde. Es konnte also nicht mehr lange dauern, bis mit Nottingham die letzte Burg in England fiel, die Richard trotzte.

***

Ralf de Lacy war gar nicht wohl in seiner Haut, als er vom Bergfried aus die anrückenden Truppen musterte. Er hatte sich in eine ausweglose Situation hineinmanövriert und wusste beim besten Willen nicht, wie er da lebend wieder herauskommen sollte.

Tickhill, so war ihm berichtet worden, hatte sich ergeben, nachdem zwei Abgesandte zum König geleitet worden waren und ihn erkannten. Der Burghauptmann, der trotzdem hatte weiter kämpfen wollen, war von seinen eigenen Leuten daran gehindert worden. Der Bischof von Lincoln, streitbar wie viele seiner Zunft, machte kurzen Prozess und hängte ihn auf. De Lacy fürchtete zu recht, ihm würde das gleiche Schicksal drohen. Er hatte also nichts mehr zu verlieren.

In der Burg waren jetzt viele Ritter mit ihrer Gefolgschaft versammelt, die wie der Sheriff alles auf eine Karte gesetzt und Prinz John Treue gegen dessen Bruder geschworen hatten. Diesen Verrat würde Richard vielleicht John, niemals aber dessen Anhängern verzeihen. Der Familiensinn der Plantagenets war Legende, und wenn sie auch oft genug gegeneinander kämpften, so hielten sie doch untereinander letztendlich immer zusammen.

Richard selbst hatte lange und verbissen gegen seinen eigenen Vater Krieg geführt und nach Beendigung der Kämpfe diejenigen belohnt, die seinem Gegner, dem alten König, bis zuletzt Treu geblieben waren. William Marshal war das beste Beispiel dafür. Mit Verachtung hingegen wurden diejenigen gestraft, die zu ihm übergelaufen waren, als sich sein Sieg abzeichnete, und auf Belohnung gehofft hatten.

Der König war am Morgen nach einer weiteren Nacht im Sherwood zu seinen Truppen gestoßen. Hubert Walter, wie in Palästina in voller Rüstung und nicht im erzbischöflichen Ornat, hatte die Stadt mit seinen Soldaten jetzt vollständig umzingelt, und William Marshal war dabei, die zerlegten Belagerungsmaschinen zusammenbauen zu lassen. Richard, immer noch im Jagdgewand, wollte wie immer selbst die Schwachstellen der Befestigung ausspähen.

»Kommt, Sir Robert, zeigt mir, wie man am besten in die Stadt gelangt! Ihr müsstet sie doch wie eure Rocktasche kennen.«

Robin schüttelte den Kopf.

»Legt erst Eure Rüstung an, Sire. Auch de Lacy hat gute Bogenschützen, und es wäre wirklich ein Hohn, wenn Ihr alle Kämpfe im Heiligen Land heil übersteht und hier von einem Pfeil niedergestreckt werdet.«

»Manchmal benehmt Ihr Euch wie ein altes Waschweib«, grollte Richard wütend, gab aber klugerweise nach. Er verschwand in dem für ihn errichteten, großen Zelt und erschien wenig später in seiner blitzenden Rüstung mit der Krone auf dem Helm und dem purpurnen Waffenrock mit den drei goldenen englischen Löwen. Außerhalb der Insel trug er allerdings meist die Leoparden, die Wappentiere der Normandie. Wer ihn so sah, für den gab es keinen Zweifel, der König war zurück.

Auch Robin streifte die von Marian sorgfältig gepflegte Rüstung über, die er einst anlässlich ihrer Trauung geschenkt erhalten hatte, und aus dem ehemaligen Freisassen und Geächteten wurde mit einem Mal Sir Robert von Loxley, Earl von Huntingdon, Kampfgefährte und Freund von Richard Löwenherz.

Der König hatte nicht die Absicht sich zu verstecken. Er beorderte einige Bannerträger und Gefolgschaft herbei und setzte sich dann mit Robin an die Spitze der Abteilung. Gemeinsam ritten sie vor die Tore von Nottingham. Richard wollte die Besatzung noch einmal auffordern, sich zu ergeben, und gleichzeitig Ausschau halten, wo seine Katapulte und Rammböcke den meisten Schaden anrichten konnten.

Sein Kommen ließ er von Trompetern ankündigen. Die Fanfarenstöße schmetterten den Verteidigern nur so in den Ohren, und die kraftvolle Stimme des Königs donnerte gleich hinterher.

»Ergebt Euch, dann will ich Gnade vor Recht ergehen und ein Gericht entscheiden lassen, wie mit Euch zu verfahren ist. Ansonsten werden wir keine Gefangenen machen! Nottingham ist eine königliche Burg, und wer sich dem König widersetzt, ist des Todes!«

Als Antwort kam nicht etwa die weiße Fahne der Kapitulation, sondern es schwirrten Pfeile und Armbrustbolzen heran. Ein Bannerträger wurde tödlich getroffen, und mehrere nur leicht geschützte Reiter stürzten verwundet von ihren Pferden. Robin riss seinen Schild vom Rücken nach vorn, um sich und Roncall zu schützen. Niemand hatte mit soviel Widerstand gerechnet.

Richard hörte ein lautes „Plong", als ein Bolzen seinen Helm traf, ohne ihn allerdings auf die weite Entfernung durchschlagen zu können. Er dankte Gott, wie damals in Messina auf Robin gehört zu haben. Ein weiterer Pfeil traf den König an der Halsbeuge und verhakte sich in seinem Kettenhemd, ohne ihn zu verletzen.

Jetzt war das Maß endgültig voll. Auf den König zu schießen, der noch dazu als Parlamentär kam, war ein Sakrileg, das nur mit dem Tod gesühnt werden konnte. Zurück im Lager befahl Richard, Galgen auf dem der Stadt gegenüber liegenden Hügel zu errichten, und die Trebuchets begannen Felsbrocken auf die Befestigungen zu schleudern. Wo sie einschlugen, barst die Mauer, und die herumfliegenden Steinsplitter wirkten wie zusätzliche Geschosse und führten zu grauenvollen Verletzungen und Verlusten unter den Verteidigern.

Der König befahl den Angriff und führte ihn auch selbst an. Wutschnaubend wie ein Stier vor dem roten Tuch stürmte er voran, und keine Macht der Welt konnte seiner Entschlossenheit widerstehen. Sturmleitern wurden angelegt, Rammböcke in Position gebracht, und noch vor der Abenddämmerung fiel die Stadt. Die gefangengenommenen Parteigänger des Sheriffs ließ Richard ohne Gnade hängen.

Doch de Lacy gelang es weiterhin, die Männer in der Burg zum Durchhalten zu bewegen. Er behauptete nach wie vor, dass das da draußen nicht der König war, sondern der Geächtete Robin Hood, der sich für Richard ausgab. Außerdem stellte er eine Entsatzarmee in Aussicht, die Prinz John schicken würde und die bald eintreffen musste. Die gab es zwar nicht, aber die Hoffnung stirbt zuletzt und die Lüge hob die Moral ungemein.

So zogen sich die Überlebenden in die Festung auf dem Felsen zurück und setzten von dort aus die Verteidigung fort. Mit ihrem Leben hatten sie so oder so abgeschlossen, da konnten sie auch ehrenvoll im Kampf fallen.

Die Katapulte schafften es nicht, so hoch zu schleudern, und die hochgezogene Zugbrücke sowie der tiefe, breite Graben schützten die Besatzung. Es wäre mühsam und langwierig gewesen, ihn zuzuschütten und so steckte der Angriff erst einmal fest.

Robin und seine Männer hatten an vorderster Front gekämpft. Gemeinsam waren sie die Sturmleitern hinaufgeklettert, hatten auf der Mauerkrone gefochten und viele der Verteidiger niedergestreckt. Fast jeder von ihnen hatte mehr oder weniger starke Verletzungen davon getragen, aber in den meisten Fällen waren es Quetschungen und Prellungen. Doch hier ging es um ihre Stadt, wo sie zukünftig auf den Markt und in die Kirche, in die Gasthäuser und Braustuben gehen wollten, ohne jedes Mal Angst haben zu müssen, festgenommen und eingekerkert zu werden. Was zählten da schon ein paar Schrammen?

Bei hereinbrechender Dämmerung war Nottingham in ihrer Hand, und aus den Häusern krochen ängstlich die Bewohner hervor, die sich nicht am Kampf beteiligt hatten und jetzt auf Gnade hofften. Der Earl von Huntingdon, denn das war Robin jetzt wieder, schickte Patrouillen aus, die Plünderungen und Übergriffe unterbanden, und als Richard davon hörte, hieß er es sofort gut. Schließlich war man hier im eigenen Land und auch wenn es Verräter zu bestrafen galt, schlachtete man doch nicht die Bevölkerung ab. Wer sollte sonst später die Steuern zahlen, die dringend für den anstehenden Krieg gegen Frankreich gebraucht wurden?

Beim abendlichen Kriegsrat trug Robin noch einmal seinen Plan vor, durch den Geheimgang in die Burg zu gelangen und sie von innen her zu nehmen. Hubert Walter war skeptisch. Er vertraute lieber auf die Überlegenheit seiner Truppen und hielt nicht viel von Kommandounternehmen, doch Richard stimmte sofort zu. Das war ganz nach seinem Geschmack, und am liebsten wäre er selbst mitgegangen. Nur mühsam ließ der König sich davon abbringen, und erst als William Marshal ihn fragte, wer denn dann den Hauptangriff führen sollte, gab er nach.

Robin wählte ein Dutzend seiner Männer aus und legte die Rüstung ab. Sie hätte ihn bei der Kletterpartie durch die Sandsteinhöhlen nur behindert. Matthew, der den Weg am besten kannte, würde sie führen. Sie hofften, dass der Sheriff die Tür nicht gefunden und von innen versperrt hatte. Wenn es ihnen gelänge, nach oben zu kommen, würde Little John mit seiner Abteilung versuchen, die Zugbrücke herunterzulassen, während Robin und Will Scarlett sie mit ihren Bögen deckten. Jetzt hing alles davon ab, ob sie überhaupt durch den Geheimgang in die Burg kommen konnten oder ob er entdeckt und von der anderen Seite versperrt worden war.

Sie wählten wieder die Zeit vor dem Morgengrauen, wo alle am festesten schliefen, soweit das in einer belagerten Burg überhaupt möglich war. Der Aufstieg im trüben Licht der Fackeln war kein leichtes Unterfangen. Mal war der Gang eng und schmal, so dass man sich kaum durchzwängen konnte, dann verbreiterte er sich wieder höhlenartig, und alle hätten nebeneinander Platz gehabt.

»Mein Vater hat mir erzählt, dass in den Höhlen während der Bauarbeiten viele Knochen von Tieren gefunden wurden, die es schon lange nicht mehr gibt. Der ganze Berg ist löchrig wie ein Käse! Hoffentlich fällt er uns nicht mitsamt der Burg auf den Kopf!«, flüsterte Matthew. Wohl jedem der Männer gruselte es hier in der Unterwelt und die Bemerkungen des Bierbrauers trugen nicht gerade dazu bei, die Stimmung zu heben.

Endlich waren sie an der Stelle angelangt, wo sich auf der anderen Seite der Mauer das Verlies befand. Robin presste das Ohr an die Wand in der Hoffnung, vielleicht etwas zu hören, doch das war gänzlich unmöglich. Es blieb ihnen gar nichts anderes übrig, als zu versuchen, die Geheimtür zu drehen und dann zu sehen, was sich dahinter verbarg.

Little John ging in die Knie, damit Robin und Will über ihm hinweg anlegen und ihre Bögen spannen konnten. Dann warf er sich mit der

Schulter gegen die Wand, nachdem Matthew die Verriegelung gelöst hatte, die sich an versteckten Stellen vor und hinter der Mauer befand. Die Tür schwang auf, und sie sahen einen von Fackeln spärlich erhellten Raum, in dem sich etwa ein halbes Dutzend Kriegsknechte aufhielten, die gar nicht wussten, wie ihnen geschah, als sich plötzlich die Pforten der Unterwelt vor ihnen öffneten.

Der Sheriff hatte an allen verdächtigen Stellen Wachen postiert. Bis heute wusste er nicht, wie die Geächteten vor einem Jahr in die Burg gelangt waren. Er hatte zwar die Vermutung, dass ein Geheimgang existierte, kannte aber weder den Ein- noch den Ausstieg. Deshalb musste er überall Soldaten aufstellen, wo eventuell der Gang enden konnte, und damit seine Kräfte aufsplittern. De Lacy hatte den Kriegsknechten zwar gesagt, was eventuell passieren könnte, aber geglaubt hatten sie es ihm nicht. Jetzt flogen plötzlich Pfeile aus der Wand und Männer stürmten auf die Wachen zu, die nur Teufel sein konnten und auch so aussahen.

Schreiend versuchten sich die Überlebenden zu retten und stürmten den Gang aus dem Verlies nach oben. Damit war der Überraschungseffekt verloren, und nun musste ihn Schnelligkeit ersetzen. Glücklicherweise warfen die Flüchtenden nicht die Zwischentüren hinter sich zu oder verriegelten sie gar. Das hätte das ganze Unternehmen glatt zum Scheitern verurteilt. Doch sie wollten nur raus aus dieser Unterwelt, wo Pfeile aus Mauern abgeschossen wurden und Dämonen aus Wänden herauskamen.

Robin lief mit seinen Männern die steile Treppe hinauf, den Fliehenden dicht auf den Fersen. Da sie sich in der Burg auskannten, mussten sie sich nicht erst orientieren, als sie das Tageslicht, das gerade seine ersten Vorboten schickte, erreichten. Little John, seinen Kampfstock wie einen Dreschflegel schwingend, rannte gefolgt von seinen Gefährten auf die Taurollen zu, welche die Zugbrücke hielten. Mehrere Bewaffnete wollten sich ihnen in den Weg stellen, waren aber zu überrascht, um ernsthafte Gegenwehr zu leisten. Sie wurden einfach zur Seite gestoßen, und wer sich aufraffte, um den Angreifern zu folgen, dem steckte plötzlich ein Pfeil in der Brust oder zwischen den Schulterblättern.

Mit einem einzigen Hieb schlug Little John das starke Hanfseil durch, das auf der rechten Seite die Brücke hielt. Sein Freund ihm gegenüber brauchte dafür fünf Schläge, doch dann donnerten die starken Bohlen herunter. Robin hatte nur Sorge, dass sie bei dem ungebremsten Aufprall zerbarsten. Doch die Angst war glücklicherweise unbegründet, und schon stürmten die königlichen Soldaten aus der Stadt heran, die sich hinter den der Burg am nächsten gelegenen Häusern verborgen gehalten hatten.

Noch trennte sie das mächtige Fallgatter von ihren Kameraden, aber dann machten sich Richard und Little John – jeder von einer Seite – daran, mit ihren Bärenkräften das Hindernis in die Höhe zu stemmen, während Robin mit den anderen aus seinem Trupp die Verteidiger abwehrte, die in immer größerer Zahl herbeigeeilt kamen. Als das Gatter mit starken Balken gesichert war, gab es kein Halten mehr. Die Angreifer fluteten in die Burg und drängten die sich verbissen wehrenden Männer des Sheriffs zurück.

De Lacy hatte alles von der Treppe zur großen Halle aus mit angesehen. Er stand so erhöht, dass er das ganze Geschehen überblicken konnte. Nur ein Wunder konnte ihn jetzt noch retten, dessen war er sich bewusst. Vielleicht konnte er dazu beitragen, dass es auch geschah.

Am oberen Ende wurde der Aufgang zum Saal durch zwei große, steinerne Löwen flankiert. Der Sheriff hatte seine Armbrust dabei, stützte sie auf dem Kopf des einen ab und zielte sorgfältig. Würde Richard in dem Gefecht fallen, wäre John der neue Herrscher und er gerettet.

Das Licht war noch schlecht, und der Kampf wogte hin und her, doch Richard in seiner blinkenden Rüstung, den visierlosen Helm mit der Krone auf dem Kopf, nicht zu übersehen. Genau dort, mitten ins Gesicht, musste de Lacy ihn treffen, wollte er sicher sein, dass der Bolzen nicht an der Panzerung abprallte.

Der Sheriff löste den Abzug und das Geschoss zischte los, doch genau in dem Augenblick griff ein Verteidiger den König an, und de Lacys Schuss traf einen seiner eigenen Männer in den Nacken. Das wäre im Eifer des Gefechtes kaum jemandem aufgefallen, hätte Robin sich nicht gewundert, wer hier im Nahkampf noch Schusswaffen verwendete, wo man doch Freund und Feind kaum auseinanderhalten konnte.

Er erspähte den Sheriff auf der Treppe, der sich bemühte, die Armbrust neu zu spannen. Hätte de Lacy einen Bogen benutzt, wäre schon der zweite Pfeil gefolgt, doch so dauerte es wesentlich länger, erneut schussbereit zu sein.

Robin unterlief seinen Gegner, rammte einem zweiten den Schwertgriff in die Weichteile und hatte plötzlich vor sich freie Bahn. Er rannte los und hielt direkt auf de Lacy zu, um ihn nicht noch einmal zum Schuss kommen zu lassen. In der schweren Rüstung hätte er keine Chance gehabt, aber so flog er selbst schnell wie ein Pfeil dahin.

Der Sheriff sah seinen langjährigen Feind auf sich zukommen und erkannte, dass er die Armbrust nicht gespannt bekam, bevor dieser ihn erreichte. Mit einem Wutschrei schleuderte er die nutzlose Waffe Robin entgegen und floh in die Halle.

Sein Verfolger war ihm dicht auf den Fersen, doch als er in das düstere Gemäuer hinein stürmte, war von de Lacy nichts mehr zu sehen.

»Stell Dich, Du feiger Hund!«, rief Robin in die Dunkelheit hinein. »Lass es uns wie Männer austragen!«

Es kam, wie zu erwarten, keine Antwort. Langsam gewöhnten sich seine Augen an das Dämmerlicht und er sah ganz in der Nähe des Tores eine Treppe sich in der Mauer nach oben winden. Sie musste zum Turm hinaufführen und offensichtlich hatte der Sheriff diesen Weg für seine Flucht gewählt. Auch eilige Schritte glaubte Robin zu hören, und so gab es für ihn keinen Zweifel mehr, wohin sich de Lacy gewandt hatte.

Das Schwert in der Hand folgte er ihm nach und tastete sich, so schnell er konnte, die stockdunkle Wendeltreppe nach oben. Nach drei oder vier Windungen wurde es plötzlich etwas heller, und Robin, dessen Sinne zum Zerreißen angespannt waren, spürte einen sanften Luftzug von rechts. Hier schien ein Gang einzumünden, der wahrscheinlich zu der den Saal umlaufenden Galerie führte. Er registrierte aus dem Augenwinkel heraus eine schattenhafte Bewegung und gleich darauf einen brennenden Schmerz, der quer über seine Brust lief und ihm den Atem nahm.

De Lacy hatte sich in der Einmündung verborgen gehalten und mit einer Lanze nach Robin gestoßen den sein leichtes, instinktives Zurückweichen rettete. Die Lanzenspitze war nicht in seinen Körper eingedrungen, sondern nur an seiner Brust entlang gefahren. Der scharfe Stahl hatte die Haut und auch Muskeln zertrennt, ihn aber trotzdem nur gestreift und nicht lebensgefährlich verletzt. Er taumelte zurück, und der Sheriff, statt nachzustoßen und seinem Gegner endgültig zu erledigen, lief an ihm vorbei und die Treppe weiter empor.

Robin atmete tief aus. Das hätte sein Ende sein können! Verdammt, war er unvorsichtig gewesen! Mit der linken Hand fuhr er über seine Brust und spürte eine klebrige Flüssigkeit daran haften, sein Blut. Doch es schien nicht stark zu fließen, und auch der Schmerz hielt sich in Grenzen. Alles in allem kein Grund, die Verfolgung aufzugeben.

Vorsichtig folgte er de Lacy Windung um Windung nach oben und war nun mehr auf der Hut. Die Treppe schien kein Ende zu nehmen und wirklich auf den Turm zu führen. Der Anstieg nahm selbst ihm die Luft, und Robin war froh, als er endlich ein graues Rechteck sah, offenbar der Ausstieg auf die Plattform. Jetzt nahm er sich sehr in Acht, denn eine bessere Gelegenheit, ihn abzustechen, als wenn er aus dem Treppenaufgang herauskam, gab es nicht.

Dicht an die Wand gepresst näherte sich Robin dem Ausstieg, und richtig, wie eine Schlange kam die Lanze herabgestoßen, als er nur noch wenige Stufen vor ihm lagen. De Lacy hatte natürlich seinen keuchenden Atem gehört und gehofft, zu Ende bringen zu können, was ihm schon weiter unten fast gelungen wäre.

Doch diesmal war Robin gewarnt und vorsichtiger. Er packte den Schaft der Lanze, als sie an ihm vorbeistieß, und riss daran, um de Lacy aus dem Gleichgewicht zu bringen und ihm vielleicht die Waffe entwinden zu können. Doch die Angst verlieh dem Sheriff Kräfte, die ihn selbst überraschten. Es gelang ihm die Lanze zurückzureißen, und Robin musste sie loslassen, wollte er sich an dem scharfen Stahl nicht die Hände zerschneiden.

Das plötzliche Nachlassen des Widerstandes brachte de Lacy ins Taumeln, und er stürzte nach hinten über. Den Moment nutzte Robin, um aus dem Treppenausgang auf die Plattform des Turmes zu springen. Doch schon war der Sheriff wieder auf den Beinen und hielt ihn mit der Lanze auf Distanz. Robin versuchte, sie mit dem Schwert zur Seite zu schlagen, aber der Sheriff wich mit einer Drehung geschickt aus und setzte seinerseits zum Stoß an. Er war aufgrund der Länge seiner Waffe klar im Vorteil, und Robin musste ständig ausweichen, um nicht aufgespießt zu werden. Er brachte den Fahnenmast zwischen sich und seinen Gegner und hatte damit ein klein wenig Deckung.

Der Sheriff stach immer wieder nach Robin, und der konnte sich nur mit Sprüngen zur Seite entziehen. Er musste Stück um Stück zurückweichen und stieß bald mit dem Rücken an eine der Zinnen. Ein kurzer Blick nach unten zeigte ihm, dass der Kampf immer noch in vollem Gange war. Doch mehr Zeit zur Beobachtung ließ ihm de Lacy nicht, der ständig weiter angriff.

Die Sache wurde langsam immer brenzliger. Robin merkte, wie seine Kräfte mit der Zeit erlahmten. Die Verwundung schien ihn doch mehr Blut zu kosten, als er zuerst gedacht hatte. Wenn er nicht bald näher an den Sheriff herankam, würde er hier womöglich unterliegen und sein Schicksal wäre besiegelt. Wie sooft in solchen Situationen dachte er in diesem Moment an Marian. Das konnte einfach nicht das Ende sein. Der Gedanke, sie womöglich als trauernde Witwe zurückzulassen, die nach dem Kind nun auch noch den Mann verloren hatte, gab ihm die Kraft, die er brauchte, zurück.

Als de Lacy erneut nach ihm stieß, ließ Robin sich fallen und rollte über die Schulter ab, den stechenden Schmerz in seiner Brust einfach ignorierend. Der Sheriff hatte sich durch den Stoß nach vorn gebeugt, und als sein Gegner blitzschnell nach der Rolle auf die Füße sprang, kam er hinter ihm zu stehen. Robin schlang den linken Arm um den Hals seines Feindes und tastete mit der rechten Hand nach seinem Dolch, da er sein Schwert bei der Aktion hatte fallen lassen müssen.

Doch de Lacy war ihm zuvor gekommen. Der Sheriff lieferte den Kampf seines Lebens. Er hatte die jetzt nutzlose Lanze weggeworfen, nach hinten gegriffen und Robins Messer zu greifen bekommen. Damit stach er jetzt wie wild um sich und versuchte, seinen Gegner zu treffen.

Wieder war Robin in der Defensive und musste alles tun, sich vor seinem eigenen Dolch zu schützen. Bei dem Gerangel waren sie bis dicht an den Fahnenmast gelangt, und plötzlich bekam Robin das lose Ende des Seiles zu fassen, mit dem das Banner aufgezogen worden war. Nicht mehr auf de Lacys Dolch achtend, schlang er den Strick blitzschnell um dessen Hals und zog die Schlinge zu. Dann warf er sich nach vorn in Richtung der Mauer, den sich heftig zur Wehr setzenden Sheriff vor sich her schiebend, und mit einer letzten, fast übermenschlichen Kraftanstrengung stieß er ihn durch die Schießscharte zwischen zwei Zinnen in die Tiefe.

De Lacy hatte den Dolch fallen lassen und mit beiden Händen versucht, die würgende Schlinge zu lösen, aber erfolglos. Er stürzte nach unten und holte damit gleichzeitig seine blau-gelbe Flagge von der Spitze des Mastes herunter, die an Stelle des königlichen Banners über der Burg von Nottingham geweht hatte.

Etwa auf halber Turmhöhe war sein Weg zu Ende. Durch den tiefen Fall brach ihm auch die nicht sachgemäß geknüpfte Schlinge das Genick. Sein Leichnam schwang noch eine Weile hin und her, bis er dann endlich schlaff am Ende des Fahnenseils hing, so wie die vielen, die er auf diese Weise hatte hinrichten lassen.

Das Geschehen auf dem Turm war nicht gänzlich unbemerkt geblieben, und als die Flagge sank, brauste Jubel auf. Auch die letzten Verteidiger ließen jetzt die Waffen sinken und stellten den Kampf ein. Die Schlacht um Nottingham war vorüber.

Robin konnte sich kaum noch auf den Beinen halten und taumelte die Treppe hinunter. Auf halber Strecke kam ihm Little John entgegengestürmt. Als Robin seinen Freund sah, ließ er sich einfach in dessen starke Arme fallen und eine gnädige Ohnmacht raubte ihm die Sinne.

***

»Mein Gott, Ihr näht ihn wirklich wie ein altes Hemd zusammen!«, hörte Robin den König sagen, da verspürte er auch schon einen brennenden Schmerz.

»Er muss ja seinen Körper auch nicht immer hinhalten«, fauchte Marian. »Hat er nicht schon genug Narben? So, das wird halten. Jetzt noch einen Verband darum, und in einer Woche ist er wie neu, oder das Wundfieber hat ihn dahingerafft.«

Marian klang wütend und aufgebracht und ging nicht gerade pfleglich mit ihrem Mann um. Robin stöhnte auf, als sie die Bandage straff um seinen Oberkörper zog.

»Ach, geruht der gnädige Herr endlich aufzuwachen?«, musste er sich anhören, als er die Augen aufschlug.

»Marian, bitte! Mir tut alles weh!«

»Hat Dich irgendeiner gezwungen, mit de Lacy Deine Privatfehde auszutragen? Erwarte von mir kein Mitleid, wenn du wieder einmal den Helden spielen musst. Von dort oben hätte er nie entkommen können und sich letztendlich ergeben müssen. Aber nein, Du konntest es wie immer nicht abwarten und hast Dich dabei fast aufschlitzen lassen!«

»Was er mit Dir immerhin getan und dabei unseren Sohn getötet hat!«, versuchte sich Robin zu rechtfertigen.

»Ich muss sagen, Ihr habt schon eine recht drastische Art, Euch Eurer Feinde zu entledigen, Sir Robert«, schaltete sich Richard ein, der neben seinem Bett stand. »Ein normaler, einfacher Galgen hätte es wohl nicht getan? Musste es gleich der Turm meiner Burg sein?«

»Ich wollte doch nur die Flagge niederholen«, grinste Robin leicht verzerrt vor Schmerz. Die Wunde brannte höllisch, doch niemand hier schien Mitleid mit ihm zu haben. Bisher hatte er jedenfalls nichts als Vorwürfe gehört. Kein Wort des Dankes oder der Anerkennung! Hatten nicht er und seine Männer unter größter Gefahr von innen das Tor geöffnet, die Zugbrücke heruntergelassen und so erst den Sturm auf Nottingham Castle ermöglicht? Ganz zu schweigen davon, dass der Sheriff fast den König umgebracht hätte und nur von ihm an einem zweiten Schuss gehindert worden war. Ein bisschen Dankbarkeit hatte er dafür doch wohl verdient, oder etwa nicht?

»Schon gut!«, meinte Richard nur knapp. »Das hätten wir aber auch anders geschafft. Ihr passt immer auf alle anderen auf und mahnt sie zur Vorsicht. Nur für Euch selbst scheint das nicht zu gelten. Seid in Zukunft vorsichtiger, ich brauche Euch noch!«

Dann verabschiedete er sich mit einem Nicken in Richtung Lady Marians. Robin hatte überlebt und würde sich wohl auch wieder erholen. Das war ihm wichtig zu wissen gewesen, denn es stand ein gefährlicher Krieg bevor und er wollte nicht auf seinen Kampfgefährten verzichten, der ihm wichtig und mittlerweile ans Herz gewachsen war. Der König hoffte, noch viele Schlachten Seite an Seite mit dem Earl von Huntingdon schlagen zu können, dessen Rat und Tat er in den letzten Jahren zu schätzen gelernt hatte.

»Wo habt ihr mich denn überhaupt hingebracht?«, erkundigte sich Robin bei seiner Frau, als sie endlich allein waren.

»Das ist das Schlafgemach des Sheriffs. Hoffentlich hast Du hier angenehme Alpträume, nachdem Du ihn umgebracht hast.«

»Marian, jetzt hör' bitte auf! Was hätte ich denn tun sollen? Er oder ich! Wäre es dir denn andersherum etwa lieber gewesen?«

»Das brauchst Du nicht zu fragen, aber ich dachte, die Zeit der Selbstjustiz ist endlich vorbei. Der König hätte ihn schon verurteilt, da bin ich mir sicher. Das musstest Du nicht selbst erledigen und Dich dabei fast umbringen lassen. Ich habe wirklich genug davon, mir immer Sorgen um Dich machen zu müssen. Und falls es Dir einfallen sollte, mit Richard wieder in den Krieg zu ziehen, dann erwarte nicht, dass ich zu Hause sitze und wieder auf Dich warte. Das habe ich einmal getan, aber mit Sicherheit kein zweites Mal!«

»Von welchem Krieg sprecht Ihr eigentlich alle dauernd?« erkundigte sich Robin leicht verblüfft. »Nottingham war die letzte Burg, die zurück erobert werden musste!«

»Und was ist mit der Normandie, der Bretagne und Aquitanien? Dort hat sich König Philipp große Stücke Land herausgeschnitten. Glaubst Du ernsthaft, Richard lässt sie ihm? Nein, mein Lieber, der Kampf geht weiter, aber Du wirst dich zwischen ihm und mir entscheiden müssen.«

Jetzt verstand Robin endlich. Marian machte sich Sorgen, dass er erneut mit dem König in den Krieg ziehen würde und wieder jahrelang fort war. Als Earl von Huntingdon war es allerdings seine Pflicht und Bestandteil des Lehnseides. Mit einem Seufzer sank er zurück in die Kissen, aus denen er sich halb aufgerichtet hatte. Auch er sehnte sich nach nichts mehr als nach Frieden, einem wärmenden Kaminfeuer und den weichen Armen seiner Frau. Aber über dem Grübeln, wie er das Richard klarmachen sollte, schlief er erschöpft ein.

Marian wachte eine Weile an seinem Lager um zu sehen, ob er womöglich Fieber bekam. Doch als Robins Atemzüge immer gleichmäßiger wurden, legte sie sich schließlich zu ihm in das breite Bett und hielt ihn auch im Schlaf ganz fest umschlungen. Zumindest dieser Teil seines Traumes wurde schon einmal wahr.

***

Am nächsten Morgen ging es Robin schon wesentlich besser. Die Wunde schmerzte zwar noch, hatte sich aber nicht entzündet. In wenigen Tagen würde sie sicherlich soweit verheilt sein, dass sie nicht mehr aufplatzen und er das Bett verlassen konnte.

Richard berief in der Zwischenzeit eine Adelsversammlung nach Nottingham ein. Die Stadt und die Burg konnten die vielen Ankömmlinge aus nah und fern kaum fassen und viele, auch der König von Schottland, mussten in Zelten übernachten.

Auch Eleonore war angereist und stattete Robin einen Besuch am Krankenlager ab, was diesem mehr als peinlich war.

»Beruhigt Euch, Sir Robert! Ich habe mehr als einen Mann im Bett gesehen und bin schon lange in einem Alter, wo mich das nicht mehr erregt«, war ihr Kommentar dazu, und Robin wurde so purpurrot wie die königliche Flagge.

Josef von Salamanca untersuchte auf ihre Veranlassung hin die Wunde und lobte Marian für ihre Arbeit. Er erlaubte Robin, endlich wieder aufzustehen, was seine Frau gern noch etwas hinausgezögert hätte. Doch der Earl von Huntingdon wurde bei der Ratsversammlung erwartet und durfte sich dieser Pflicht nicht entziehen.

Es wurden Rechtsverfahren gegen Prinz John und seine letzten verbliebenen Anhänger, wie den Bischof von Coventry, eingeleitet und ihnen befohlen, sich innerhalb von vierzig Tagen freiwillig zu stellen. Ansonsten drohte ihnen der Einzug ihrer gesamten Ländereien und ihres Vermögens.

Viele Stellen mussten neu besetzt werden, und Richard ließ sich die Vergabe der Ämter teuer bezahlen. Er bot Robin noch einmal das Sheriffsamt von Nottingham an, doch dieser lehnte erneut dankend ab. So erhielt es der Earl von Derby, William de Ferrers, aus den Händen des Königs mit den Worten:

»Aber hütet Euch, Euer Amt zu missbrauchen. Wie ich Robert von Loxley kenne, wird er Euch ständig auf die Finger sehen. Denkt immer daran, wie er mit Eurem Vorgänger umgesprungen ist!«

Spätestens jetzt fragte sich William de Ferrers, ob es wirklich klug von ihm gewesen war, sich um dieses Amt zu bemühen.

Eleonore war eine Idee gekommen. Um alle Gerüchte zu entkräften, England wäre jetzt nur noch ein Lehen des deutschen Kaisers, schlug sie Richard vor, sich noch einmal krönen zu lassen. Diesmal sollte die Zeremonie in der Kathedrale von Winchester, dem alten Krönungsort der angelsächsischen Könige, stattfinden und damit die Verbundenheit zwischen den alten und neuen Herrschern der Insel demonstrieren.

Richard war zuerst dagegen, hielt er das Ganze doch für überflüssig. Außerdem hätte er in diesem Fall gern Berengaria an seiner Seite gehabt, die sich allerdings noch in Navarra aufhielt, wo ihr Vater im Sterben lag. Letztendlich fügte er sich dann aber wie sooft den

Vorschlägen seiner Mutter, die sich meist als richtig erwiesen hatten. Bevor der König aufbrach, ließ er noch einmal Robin zu sich rufen.

»Ich erwarte Euch und Eure Frau Ostern in Winchester zu meiner erneuten Krönung. Danach brechen wir, sobald es geht, nach Frankreich auf. Schließlich will ich auch endlich einmal meine Frau wiedersehen und mir dann das zurückholen, was Philipp mir gestohlen hat. Was glaubt Ihr, wie viele Bogenschützen ihr bis dahin ausheben könnt? Wir werden im Krieg gegen den König von Frankreich jeden einzelnen Mann brauchen.«

Robins schlimmste Alpträume wurden in diesem Moment wahr. Nächtelang hatte er sich auf seinem Lager herumgewälzt und immer und immer wieder versucht, sich eine Entgegnung auf diese Frage zurechtzulegen. Wie sollte er dem König antworten, würde dieser weiteren Kriegsdienst von ihm fordern?

Für Richard stand es völlig außer Frage, dass der Earl von Huntingdon ihn auch weiterhin begleiten würde. Etwas anderes war für ihn völlig unvorstellbar, und umso überraschender kam dadurch die Antwort seines Lehnsmannes.

»Sire, ich könnte mir vorstellen, dass ein Teil meiner Männer, die mit Euch im Heiligen Land waren, Euch auch nach Frankreich folgen werden. Für viele von ihnen, die keine Familie haben, ist der Kampf zum Lebensinhalt geworden. Sie sind froh über jede warme Mahlzeit und den Sold, den sie von Euch bekommen. Ich glaube allerdings, dass ich mein Versprechen Euch gegenüber erfüllt habe. Mich entlasst bitte aus jedem weiteren Kriegsdienst!«

Robin hatte versucht, seine Stimme fest und entschlossen klingen zu lassen, doch ganz wohl war ihm innerlich nicht. Wie würde der König reagieren, stieß er ihn so offensichtlich vor den Kopf? Richards Reaktionen vorherzusagen, war ein Ding der Unmöglichkeit. Zu spontan entschied er oft und hielt dann auch gegen alle Widerstände daran fest. Seine Antwort konnte Robin den Kopf kosten, dessen war er sich durchaus bewusst.

Der König glaubte sich verhört zu haben. Das konnte er doch nur missverstanden haben!

»Was soll das heißen? Es ist Eure Lehnspflicht als Earl von Huntingdon, mir zu folgen! Ihr seid kein Geächteter mehr, sondern gehört zum Adel. Ich verlange, dass ihr Euren Pflichten nachkommt und euren Eid erfüllt!«

Robin kniete ohne zu zögern nieder und streckte die Hände vor.

»Aus Euren Händen habe ich das Lehen empfangen, in Eure Hände gebe ich es zurück. Sire, ich bitte Euch, befreit mich von der Last! Sie ist zu schwer für meine Schultern.«

»Seid Ihr plötzlich ängstlich und feige geworden? Hat Euch etwa die letzte Verwundung den Schneid genommen?«

Robin lief rot an. Das durfte niemand zu ihm sagen, nicht einmal ein König!

»Sire, wenn es sein muss, kämpfe ich bis zum Tod! Für meine Familie, für das Recht, für England. Aber was geht mich Frankreich an? Das ist nicht mein Krieg und wird es auch nie sein. Ich bin kein Söldner, der für Geld oder Lehen kämpft. Nehmt Huntingdon zurück, wenn Ihr wollt. Ich gebe es Euch von Herzen!«

»So leicht kommt Ihr mir nicht davon!«, donnerte Richard den vor ihm Knienden an. »Ich könnte Euch für den Treuebruch in den Kerker werfen und vermodern lassen.«

Das war Robin jetzt doch zuviel. Wütend sprang er auf, und seine Stimme war nicht viel leiser als die des Königs.

»Ich habe Euch immer die Treue gehalten und mein Leben eingesetzt während andere, Euren eigener Bruder eingeschlossen, Euch verraten haben! Ginge es nach ihnen, säßet Ihr heute noch auf Burg Trifels im Verlies. Und mir droht Ihr mit dem Kerker? Nur zu, ich bin schon aus ganz anderen Löchern wieder herausgekrochen!«

Richard sah Robin sprachlos an, doch dieser gab den Blick unerschrocken zurück. Jetzt war ihm alles gleich, und zur Not würde er sein Leben so teuer wie möglich verkaufen. Es musste endlich aufhören, dass immer andere über ihn bestimmten. Wenn er wieder um seine Freiheit kämpfen musste, dann sollte es eben so sein.

Eine ganze Zeit, die Robin wie eine Ewigkeit vorkam, schauten sich die beiden Männer schweigend in die Augen. In Richards Gedächtnis zogen Bilder aus jenen Tagen vorbei, die sie gemeinsam verbracht hatten. Doch seltsam, nicht die von Kämpfen, sondern von Ruhe und Frieden. Wie er mit Robin am Strand von Portofino lag, nachdem dieser ihm das Schwimmen beigebracht hatte, wie sie gemeinsam die Amalfiküste hinunter ritten oder in Jaffa beim Wein saßen und darüber beratschlagten, wie Berengaria zurückzugewinnen war.

Was sollte er nur mit diesem Mann tun, mit dem ihn soviel verband? Nun, schließlich war er der König, und damit lag es auch in seiner

Macht, Glück zu gewähren, selbst wenn es ihm gerade sehr schwer fiel. Müde wandte Richard den Blick ab.

»Behaltet, was ich Euch gegeben habe, aber verwaltet es gut! Vielleicht müssen ja ein paar aufrechte Männer in England bleiben, um es zu schützen, während ich fort bin. Lebt an Eurem heimischen Herd, wenn es Euch so danach gelüstet. Doch ich bin mir sicher, eines Tages wird Euch der Kampf fehlen, und Ihr werdet zu mir stoßen. Dann werden wir wieder Seite an Seite gemeinsam in die Schlacht ziehen!«

Das waren die letzten Worte, die Robin von Richard hörte. In beiden Dingen irrte der König. Er ließ sich in Winchester in Anwesenheit aller Großen des Reiches - den Earl und die Countess von Huntingdon ausgenommen - erneut krönen und verließ wenige Tage später England, um niemals zurückzukehren. Robin sollte ihn lebend nicht wiedersehen.

***

Als der königliche Zug, Richard an der Spitze, Nottingham verließ, hielten Robin, Marian und ihre engsten Freunde auf ihren Pferden auf einem Hügel, von dem aus sie den Abziehenden noch lange nachblicken konnten.

»Wie viele von unseren Gefährten haben sich denn entschlossen, dem König nach Frankreich zu folgen?«, erkundigte sich Robin bei Little John, der sich in letzter Zeit mehr um die Männer hatte kümmern können als ihr Hauptmann.

»Ungefähr die Hälfte.« Little John klang nicht glücklich. »Der Krieg hat sie entwurzelt, und jetzt können sie sich kaum noch vorstellen, als Bauern oder Handwerker zu arbeiten. Es ist ein Jammer! Es waren so gute Kameraden, und kaum einer von ihnen wird wohl jemals zurückkehren!«

»Aber nun sind sie freie Männer und können selbst entscheiden, was sie tun! Vielleicht sollte uns das zumindest ein Trost sein. Was hast Du jetzt eigentlich vor?«

»Das habe ich Dir doch schon gesagt. Du brauchst dringend jemanden, der sich um Deine Burg kümmert! Doch vorher besorge ich mir eine Frau. Euch Turteltauben ständig vor Augen«, dabei zwinkerte er zu Marian hinüber, »das ist ja auf die Dauer nicht auszuhalten!«

»Wo willst Du die denn suchen?«, schaltete sich Will Scarlett ein. »Ich brauche auch eine. Am besten ein kräftiges Bauernmädchen. Ich will mir von meinem Sold aus dem Kreuzzug ein schönes Stück Land bei Loxley kaufen.«

»Dann schauen wir uns doch am besten mal in den Dörfern rings um Huntingdon um. Zwei so schmucke Kerle wie wir! Es müsste doch mit dem Teufel zu gehen, wenn wir nichts finden. Ich hätte am liebsten eine Witwe, die schon weiß, was ein Mann will. Mit jungem Gemüse kann ich nichts anfangen.«

»Ihr mit euren Weibern!«, schimpfte Much Millerson, ohne sich an Marian zu stören. »Ihr werdet schon sehen, was Ihr davon habt und mich noch um meine Freiheit beneiden. Ich reite dann schon mal nach Loxley voraus und sichere mir den besten Acker.«

»Und Du, Alan?«, wandte sich Robin an den Sänger. »Willst Du uns nicht die Abende mit Deiner Laute versüßen? Es könnte sonst recht einsam auf Huntingdon Castle werden.«

»Dafür bin ich nicht geschaffen, Robin. Aber danke für das Angebot. Ein Mann wie ich muss ständig auf Wanderschaft sein. Wo bekomme ich sonst den Stoff für meine Balladen her? Ich glaube, ich werde wieder zu Richard stoßen. Von seinem Tisch fällt immer etwas für einen Barden ab. Wenn ich in England bin, komme ich Euch gern besuchen und berichte Euch, was in der Welt so vor sich geht. Gehabt Euch wohl und Gottes Segen!«

Bei den letzten Worten gab er seinem Pferd die Sporen und jagte dem sich entfernenden Heer hinterher.

»Und was tun wir jetzt?«, fragte Robin seine Frau, als nur noch eine Staubwolke von ihren Freunden in der Ferne zu sehen war.

»Hab' nur keine Sorge, Du wirst dich schon nicht langweilen!«, versicherte ihm Marian. »Es gilt Fenwick und die Pferdezucht wieder aufzubauen, die Menschen in Huntingdonshire brauchen ihren Earl, und auch in Loxley solltest Du von Zeit zu Zeit mal nach dem Rechten schauen.«

»Und ich dachte, es kommen ruhige Zeiten auf mich zu«, seufzte Robin ergeben. »Dann lass uns keine Zeit verlieren und aufbrechen! Sonst bereue ich es doch noch, Richard nicht gefolgt zu sein.«

Roncall und Snowwhite hatten ungeduldig mit den Hufen gescharrt. Sie spürten den Wonnemonat Mai nahen und hofften, endlich das tun zu dürfen, wozu Hengst und Stute im Frühjahr schließlich da waren.

Robin und Marian gaben ihren beiden Pferden den Kopf frei und ritten im leichten Galopp den Hügel hinunter, ihrem neuen Leben entgegen.

***

Epilog

Aquitanien, April 1199

Robert von Loxley war kein überaus gläubiger Mensch. Seine Erlebnisse im Heiligen Land hatten ihn an allen Religionen - und vor allem ihren Vertretern auf Erden - zweifeln lassen. Doch jetzt betete er voller Inbrunst für seinen toten König, aber auch für England.

Fast zwei Wochen hatte Richard mit dem Tode gerungen, bis am sechsten Tag des Frühlingsmonats April, der hier in Aquitanien schon so warm war wie erst der Mai in England, das Herz des Löwen aufgehört hatte zu schlagen. Der König hatte dem Todesschützen vergeben, die Absolution und die Sterbesakramente erhalten, und war in den Armen seiner Mutter gestorben.

Richard war auf den Kontinent gegangen, um das Land zurückzuerobern, das John an Philipp von Frankreich verschenkt hatte, um ihn als Bundesgenossen gegen seinen eigenen Bruder zu gewinnen. Zweimal hatte er seinen ehemaligen Kampfgefährten beinahe gestellt, doch in letzter Minute war es dem König von Frankreich gelungen, zu entkommen. Einmal wäre er dabei fast ertrunken. So zog sich der Krieg fünf Jahre lang mit Eroberungen von Burgen und Landstrichen dahin, und jetzt, wo endlich ein Ende abzusehen war, starb der König. Das Schicksal hatte es nicht gut mit ihm gemeint!

Sein Verhältnis zu Berengaria war mit den Jahren immer angespannter geworden. Ähnlich wie Marian hatte die Königin wenig Verständnis für die ständigen Kriege ihres Mannes aufgebracht und sich mehr und mehr von ihm zurückgezogen. Richard hingegen litt darunter, keine Nachkommen mit seiner Frau haben zu können, die nach ihrer Fehlgeburt in Akkon nie wieder schwanger geworden war. Dabei hatte Richard sich doch so sehr viele Kinder mit Berengaria gewünscht! Doch da die Enttäuschung mit der Zeit immer größer wurde, war er immer öfter den Verlockungen der zahlreichen Hofdamen Eleonores erlegen, die nur zu gern die Türen ihrer Schlafgemächer für ihn öffneten, und hatte in deren Armen Trost und Vergessen gesucht.

Mühsam richtete Robin sich aus seiner niedergedrückten Haltung auf. Eins wurde ihm schlagartig klar, seine ruhigen Jahre waren vorbei.

Nach der Eroberung Nottinghams hatte er Huntingdon, trotz seiner Weigerung, Richard auch weiterhin auf seinen Kriegszügen zu begleiten, zurückerhalten. Zumindest in England war Frieden eingezogen. Seine Männer, die ehemaligen Geächteten, hatten sich verstreut, Familien gegründet, und nur manchmal kamen sie ihn und Marian besuchen und gedachten bei Bier, Wein und Wildbret der alten Zeiten. Zu seinem Glück fehlten ihm und seiner Frau eigentlich nur eigene Kinder. Doch wie Josef von Salamanca vorausgesagt hatte, nach ihrer Verletzung war Marian nie wieder schwanger geworden.

»Was wird nun werden?«, fragte Robin die vor ihm stehende Königin. »Wer wird sein Erbe antreten?«

»Es kann nur John sein, Robin. Und das wisst Ihr selbst ganz genau!«

»Was ist mit Arthur von der Bretagne? Ich war dabei, als Richard ihn auf Sizilien zu seinem Nachfolger bestimmt hat!«

»Artur ist ein zwölfjähriger Knabe, der an König Philipps Hof lebt und unter dessen Einfluss steht. Und würde ihn John in die Hände bekommen, gäbe ich keinen Penny für sein Leben.«

»Und Philippe von Cognac? Er ist doch Richards Sohn!«

Robin klammerte sich an jeden Strohhalm. »Bitte lass nicht John König werden, Herr, wer auch immer du bist, nicht John!«, betete er innerlich. »Erspare England diesen König!«

»Manch ein Bastard eifert seinem Vater nach und versucht ihn noch zu übertreffen. Man denke nur an Wilhelm den Eroberer! Leider gehört Philippe nicht dazu. Er hat John sofort Treue gelobt, auf alle Ansprüche verzichtet und geschworen, Ademar von Limoges zu töten, der den Aufstand angezettelt hat und den er für den wirklich Schuldigen an Richards Tod hält. Womit er zweifelsohne recht hat. Aber mein Enkel ist kein König und will es auch nicht werden. Deshalb stellt er keine Gefahr für John dar. Lassen wir ihn in Ruhe jagen und mit seinen Hunden spielen!«

Eleonore winkte mit der Hand und ließ sich einen Sessel bringen. Das Stehen fiel ihr immer schwerer, die Jahre machten sich mit der Zeit doch bemerkbar. Leicht stöhnend ließ sie sich nieder und sah ihrem Gegenüber fest in die Augen mit einem Blick, der Steine bewegen konnte.

»Ihr könnt es drehen und wenden, wie Ihr es wollt, Robin. John wird der neue König von England. Und weil das so ist«, Eleonore fixierte ihn ganz fest und machte eine kleine Pause, bevor sie fortfuhr, »könnt Ihr nicht dorthin zurück.«

Robin glaubte gegen eine Mauer gelaufen zu sein.

»Madam?« brachte er gerade noch heraus, dann versagte ihm die Stimme.

»Ihr habt selbst gesagt, dass John niemals Euer König sein wird. „Und wenn die Hölle einfriert", das waren genau Eure Worte. Es gibt schon jetzt Barone, die wie ihr nach Arthur rufen. Stellt sich der Earl von Huntingdon an ihre Spitze, ist der Bürgerkrieg da.«

»Ich muss kein Earl sein!«, begehrte Robin auf. »Nicht einmal ein Sir! Ich habe nie danach gestrebt, das wisst Ihr genau!«

Eleonore hob besänftigend die Hand.

»Ja, das weiß ich. Doch dann seid Ihr Robin Hood, dem die einfachen Menschen folgen, und ich bin mir nicht sicher, was gefährlicher ist. Johns Herrschaft wird zumindest am Anfang auf wackligen Füßen stehen. Ein Stoß von Euch könnte ihn stürzen! Aber das Land würde in Anarchie und Chaos versinken. Die Feinde an den Grenzen warten nur darauf. Trotz allem, was vorgefallen ist, John ist mein Sohn! Fünf habe ich geboren. Er ist der Letzte, der noch am Leben ist.«

»Und was habt Ihr mit mir vor? Wollt Ihr mich hier bis an mein Lebensende gefangen halten? Ist das Verlies schon hergerichtet, sind die Ketten geschmiedet?«, höhnte Robin völlig fassungslos.

»Nein, Robert von Loxley, das wäre doch völlig zwecklos«, stöhnte Eleonore. Jeder unvoreingenommene Beobachter hätte gemerkt, wie schwer ihr das Ganze fiel. »Ich kenne keine Mauern aus Stein, die Euch halten könnten. Eurem Wort würde ich mehr vertrauen, das habt Ihr noch nie gebrochen. Ihr schwört mir, dass Ihr England nicht mehr betretet – oder Mercadier bereitet Euch einen schnellen, schmerzlosen Tod. Glaubt nicht, dass ich nicht fähig bin, diesen Befehl zu geben, gerade weil ich Euch mag. Eine lange Kerkerhaft ohne Aussicht, je wieder frei zu sein, würde ich Euch nicht zumuten. Ich weiß, wovon ich spreche. Meine Haft war human im Vergleich zu dem, was ich Euch abverlangen müsste. Und selbst ich habe oft daran gedacht, mir das Leben zu nehmen.«

»Selbst wenn ich Euch schwören würde, was tue ich dann? Als einsamer Kämpfer durch das Land ziehen, mich als Söldner verdingen, um nicht zu betteln und mich jeden Tag nach meiner Frau verzehren?

Dann schon lieber den schnellen Tod! Doch leicht mache ich es Mercadier nicht, das solltet Ihr lieber nicht denken.«

Trotz der ernsten Worte musste Eleonore lächeln. Das war Robert von Loxley, wie sie ihn kannte. Und wenn die Lage noch so aussichtslos schien, aufgeben würde der nie.

»Haltet Ihr mich wirklich für so ein Ungeheuer, Robin? Natürlich würde ich Euch nicht von Eurer Frau trennen. Ich habe einmal zu ihr gesagt, sie ist wie eine Tochter für mich. Marian ist hier, ich habe sie holen lassen. Ihr Schiff war schneller als Eures.«

Eleonore winkte und eine Seitentür wurde geöffnet. Marian betrat das Kirchenschiff, sah ihren Mann, lief auf ihn zu und warf sich in seine Arme. Robin hielt sie einen Moment ganz fest an sich gepresst. Er hatte schon gedacht, sie nie im Leben wieder zu sehen. Dann drückte er sie ein Stück von sich ab und sah ihr in die Augen.

»Weißt Du, was die Königin von uns will?«, fragte er ganz aufgelöst.

»Ich glaube schon, aber ich habe es nicht ganz verstanden. Und vor allem kann ich es nicht fassen!«

»Glaube es ruhig, mein Kind, ich kann nicht anders. Entweder, Ihr schwört mir bei Eurem Leben, England nie wieder zu betreten, oder ich muss Euren Mann töten lassen und Ihr bleibt als Nonne hier im Kloster von Fontevrault. Oder«, Eleonore machte eine kleine Pause um ihre Worte besser wirken zu lassen, »Ihr lebt gemeinsam in Frieden in einer wunderschönen Gegend, die Euch ein bisschen an den Sherwood erinnern wird. Ich habe in der Gascogne, ganz im Süden von Aquitanien, eine Baronie, die ich Euch übereignen würde. Dort gibt es ein hübsches, kleines Schloss, etwas größer als Fenwick, aber nicht so düster wie Huntingdon. Sehr viel Wald für die Jagd und Wiesen für eure Pferdezucht. Und man kann seinen eigenen Wein anbauen! Das Klima ist mild, was man im Alter erst zu schätzen weiß. Es ist kein Lehen, sondern ein Allod, also vererbbarer Grundbesitz. Ihr braucht deshalb niemandem die Treue zu schwören oder einen Lehnseid abzulegen. Dort unten findet Euch John nie, selbst wenn er nach Euch suchen würde.«

»Was nützt vererbbarer Besitz, wenn man nie Erben haben wird?«, knurrte Robin, der genau wie Marian sehr unter ihrer Kinderlosigkeit litt.

»Wer weiß schon, was das Leben so bringt«, lächelte Eleonore still in sich hinein. »Besprecht Euch unter vier Augen, aber lasst mich nicht zu lange auf eine Antwort warten. Ich muss noch heute von hier nach Rouen aufbrechen.«

Robin und Marian traten zur Seite hinter die Gräber.

»Und das nach allem, was wir für sie und Richard getan haben!« Robin lief die Galle über.

»Du musst sie verstehen. John ist ihr Sohn, und eine Mutter wird ihre Kinder immer gegen alles auf der Welt verteidigen. Sie weiß genau, dass John uns jagen würde und Du ihm im Kampf überlegen bist. Kommt er auch nur in die Nähe von Sherwood, begräbt sie ihren letzten Sohn.«

Da war er wieder, dieser ständige Wunsch von Marian, immer die anderen zu verstehen. Robin brachte das manchmal zur Weißglut, aber meistens hatte sie ja recht.

»Und was machen wir? Gascogner werden?« Robins Augen streiften auf der Suche nach einer Fluchtmöglichkeit durch das Kirchenschiff. Er war dem Alten vom Berge, dem Sheriff von Nottingham und Kaiser Heinrich entkommen. Es würde doch wohl einen Weg aus dieser Kirche geben!

»Denk gar nicht daran, Robin!« Marian sah ihren Mann zärtlich an. »Mercadier überlässt nichts dem Zufall. Das ganze Kloster ist umstellt, ich habe es gesehen. Wir würden hier begraben werden.«

»Vielleicht kann ich ja Eleonore dazu überreden, unseren Leichnam nach England zu überführen und uns im Sherwood beizusetzen. Dann hätten wir endlich für immer unsere Ruhe und wären beisammen.«

»So kann nur ein Mann reden! Lass uns lieber über ihren Vorschlag nachdenken. Wäre er denn für Dich so völlig unannehmbar?«

»Für Dich etwa nicht?«

»Je mehr ich darüber nachdenke, desto weniger. Warum nicht noch einmal ganz von vorn anfangen, wo uns keiner kennt? Mein Vater ist tot, deine Männer in alle Himmelsrichtungen zerstreut. Little John lebt in Schottland, will Scarlett an der Grenze von Wales, Alan a Dale zieht wieder als Troubadour von Burg zu Burg. Sie alle haben ihre Heimat verlassen, wenn auch freiwillig, der Liebe wegen. Lass unsere Liebe nicht sterben, Robin!«

Robert von Loxley, Earl von Huntingdon, straffte sich. Vielleicht hatte Marian ja recht. Schließlich hatte sein Freund und Kampfgefährte, so sah er den toten König jetzt, hier am liebsten gelebt. Viel lieber und länger als in England, musste er zugeben. Waren die Normannen, Bretonen und Aquitanier gekommen, um England zu erobern, würde er jetzt eben den umgekehrten Weg gehen. Und eigentlich hatte er das Kämpfen satt, er war müde geworden.

»Also gut, aber wenn ich trübsinnig werde, bist Du daran schuld! Ich sehe mich schon vor dem Feuer sitzen und vom Sherwood träumen. Ob Du mit so einem Mann noch zusammenleben willst?«

Marian lachte verhalten. »Keine Angst, ich werde Dir dazu keine Zeit lassen. Du weißt, mir fällt immer etwas ein, Dich zu beschäftigen.«

Robin nahm Marians Hand ganz fest in die seine und trat mit ihr vor die Königin.

»Wir werden den Schwur leisten, Madam«, sagte er, und es kostete ihn alle Kraft der Welt. »Aber glaubt nicht, dass das aus Angst vor dem Tod geschieht.«

»Aber Robin!« Eleonore schüttelte nur den Kopf. »Das weiß ich doch! Doch man soll das Leben auch nicht einfach wegwerfen. Seht mich an! Als ich in Eurem Alter war, hatte ich noch zehn glückliche Jahre mit Henry vor mir! Es folgten sechzehn Jahre Gefangenschaft und danach zehn Jahre als Königinmutter an der Seite von Richard. Und wer weiß, was noch alles kommt. Ein Leben bietet so viele Wendungen und Überraschungen!«

Robin und Marian knieten vor der Königin nieder. Mercadier trat neben sie und reichte ihr das Schwert des toten Königs. Der Söldnerhauptmann war Richard treu ergeben gewesen. Mit John hatte er nichts am Hut. Ein Jahr später sollte er von einem Gefolgsmann des neuen Königs in Bordeaux unter den Augen Eleonores ermordet werden.

»Schwört mir bei Eurem Leben und auf das Schwert von Richard Löwenherz, England nie wieder zu betreten!«, forderte die Königin die Knieenden auf.

Robin antwortete für beide und wiederholte Eleonores Worte.

»Wir schwören bei Eurem Leben, England nie wieder zu betreten.«

Eleonore stutzte, dann lächelte sie. Ihr war die abwandelnde Nuance in Robins Worten nicht entgangen. Doch sei es drum, mehr war von ihm wahrscheinlich nicht zu bekommen. An sein Wort würde sich dieser Mann vor ihr mehr gebunden fühlen wie mit allen Ketten der Welt gefesselt. Sie selbst wollte noch etliche Jahre leben. Und wenn

John es bis zu ihrem Tod nicht schaffte, in England ein geachteter und damit unangreifbarer König zu werden, dann konnte sie ihm auch nicht mehr helfen.

Leicht berührte die Königin mit dem Schwert Robin und Marian an der Schulter.

»Erhebt Euch, Baron und Baronin de Lisse und nehmt Euer Land in der Gascogne in Besitz. Ich wünsche Euch alles Glück der Welt in eurem Leben.«

Bedauernd nahm Mercadier das Schwert seines toten Königs wieder in Empfang, um es zu verwahren. Er jedenfalls hätte sich über einen Kampf mit Robert von Loxley gefreut.

Robin stellte fest, dass er gar nicht mehr so leicht wie früher von den Knien auf die Beine kam. Umso mehr bewunderte er die aufrechte Gestalt der alten Königin. Nun, wenn er sein neues Land in Besitz nahm, würde er seine leicht eingerosteten Knochen schon ausreichend bewegen müssen.

»Ach, noch eins!«, wandte sich die Königin an Robin und Marian. »Ich hätte da eine große Bitte an Euch.«

Sie winkte, und eine ihrer älteren Hofdamen kam mit einem etwa zweieinhalbjährigen Knaben auf dem Arm näher.

„Marian, vor allem an Euch habe ich eine Frage. Da Ihr ja nun leider keine eigenen Kinder mehr bekommen werdet, könntet ihr Euch vielleicht vorstellen, diesen Jungen an Kindesstatt anzunehmen? Seine Mutter, Joan de St. Pol, die Euch sehr ähnlich war, starb bei seiner Geburt, und auch sein Vater sowie die ganze übrige Verwandtschaft, bis auf eine alte Großmutter, sind tot.“

Robin trat neugierig heran. Rotes Haar kräuselte sich auf dem Kopf des schlafenden Jungen. Marian konnte nicht anders, sie musste darüber streichen. Da öffnete der Knabe die Augen und sah Robin mit fragendem Blick an. Dem blieb fast das Herz stehen. Er sah – in die graublauen Augen Richards.

»Madam!«, entfuhr es ihm erschrocken. »Aber das wäre doch...«

»Psst, Robin!«, unterbrach ihn Eleonore und legte einen Finger auf ihre Lippen. »Er wäre gar nichts, würde John von seiner Existenz erfahren! Wollt Ihr ihn als Euren Sohn annehmen, ihn aufziehen, beschützen und zu einem wahren, aufrechten Mann erziehen, zu Eurem Erben, Robin Hood?«

Robin und Marian sahen sich nur kurz an, dann entfuhr es ihnen wie aus einem Munde.

»Ja, Madam! Das würden wir, so gut wir nur irgend können!«

»Dann bin ich beruhigt«, seufzte die alte Königin. »Denn mehr als Euer Bestes könnt Ihr nicht geben. Er heißt Fulke, und wenn es Euch recht ist, würde ich Euch drei von Zeit zu Zeit gern einmal besuchen kommen.«

»Es wäre uns eine große Ehre!« Robin verneigte sich tief, während Marian schon den Knaben auf den Arm nahm. Wie er seine Frau kannte, würde sie ihn nie wieder freiwillig hergeben.

***

Robin und Marian ließen sich auf ihrem Weg nach Süden Zeit, um Fulke nicht zu überfordern. Der Kleine hielt sich äußerst tapfer und war an allem interessiert. Meist saß er vor Robin im Sattel, lachte und quietschte vergnügt und wollte immer noch schneller reiten.

An Poitiers vorbei, wo Eleonore jahrelang Hof gehalten hatte, durch das fruchtbare Perigord erreichten sie Saint Emilion am Jakobsweg, bekannt für seine hervorragenden Weine. Sie überquerten die Dordogne und die Garonne, bevor sie in die dichten Wälder der Gascogne eintauchten. Von weitem grüßten die schneebedeckten Gipfel der Pyrenäen herüber, wo Eleonores Reich endete und das Königreich Navarra begann, die Heimat von Richards Frau Berengaria, die ihm keinen Erben hatte schenken können.

Robin hatte mit Richard oft genug Okzitanisch gesprochen, um sich überall verständlich machen zu können, und seine Frau lernte die Sprache schnell. Überall fanden sie gastfreundliche Aufnahme und bodenverwurzelte Menschen, die ihrem Tagwerk nachgingen. Alles strahlte Ruhe und Gelassenheit aus. Eleonore hatte es geschafft, ihrem Land über viele Jahrzehnte den Frieden zu bewahren, und wenn die Bewohner auch nicht reich waren, so lebten sie doch harmonisch und mit sich und ihrer Welt im Reinen.

In Nerac nahmen sie sich einen Führer, da sich der vor ihnen liegende Wald als ähnlich undurchdringlich erwies wie der Sherwood. Robin sah Spuren von Hirschen und Wildschweinen und freute sich schon auf die Jagd. In den Bergen sollte es sogar Bären geben, die in England schon lange ausgerottet waren. Vielleicht konnte er einen schießen und das Fell vor den Kamin legen. Er wüsste schon, was er mit Marian darauf anfangen würde.

Dann tat sich der Wald auf und gab den Blick frei auf eine sanft geschwungene Landschaft mit weiten Wiesen und Feldern. Sie kamen durch etliche Weiler, ritten vorbei an kleinen Seen und murmelnden Bächen. An den Südhängen hatte man Weinstöcke gepflanzt, und über allem schien - anders als im trüben England - auch jetzt im April mild eine südliche Sonne. Robin freute sich schon auf seinen Lieblingsmonat Mai.

Auf einer Hügelkuppe hielten sie an. Ihnen gegenüber erhob sich die Burg, wohl eher ein Schloss. Trutzige Rundtürme und hohe, zinnenbewehrte Mauern schützten die Gebäude im Inneren, über die sich ein schmucker Palas mit vielen Rundbogenfenstern, Söllern und Arkaden erhob. An allem rankte gepflegter, grüner Efeu und wilder Wein empor und gab dem Ganzen etwas Liebliches.

Vor dem Schloss weideten auf weitläufigen Koppeln Pferde, die Roncall zu einem kraftvollen Wiehern veranlassten. Der Hengst sah Arbeit und Vergnügen auf sich zu kommen.

Die Reiter waren vom Turm aus entdeckt worden, denn die Zugbrücke wurde herunter gelassen und das große, zweiflüglige Tor geöffnet. Männer und Frauen strömten heraus und winkten den Ankömmlingen freudig entgegen. Eleonore hatte einen schnellen Boten geschickt und den Kastellan von der baldigen Ankunft der neuen Herrschaft in Kenntnis gesetzt, so dass alles zu ihrem Empfang vorbereitet worden war.

Robin sog das vor ihm liegende Bild tief in sein Herz. Er strich dem Jungen über den Kopf und meinte dann:

»Marian, Fulke, ich glaube, wir sind zu Hause.«

Ende

doch Robin Hood kehrt zurück in
„Das Blut des Löwen“,
einige Jahre später

Anmerkungen des Autors

Ob und wenn ja wann Robin Hood tatsächlich gelebt hat, ist nach wie vor umstritten. Vieles spricht allerdings dafür. Es gab z.B. einen Earl of Huntingdon, der in Loxley geboren worden ist und zu Richards Zeiten geächtet wurde.

Noch heute führt der 17. Earl of Huntingdon, geboren 1948, den Namen William Edward Robin Hood Hastings - Bass.

Oft wird in Büchern und Filmen angedeutet, dass Robin Hood mit Richard auf dem Kreuzzug war, es allerdings an keiner mir bekannten Stelle weiter ausgeführt. Doch warum und wie kam Robin Hood ins Heilige Land, was hat sich dort ereignet und wie wollte er später in einem England unter John als König leben?

In diesem Roman wurden drei Handlungsstränge miteinander verschmolzen. Einmal die Legenden um Robin Hood und seine Gefährten, die seit dem 13. Jahrhundert immer wieder neu erzählt werden und die wohl fast jeder kennt. Dann die geschichtlich belegbaren Fakten über den dritten Kreuzzug und Richard I. in der Zeit zwischen 1189 – 1199 und natürlich letztendlich auch das, was meiner Phantasie entsprungen ist, wobei ich allerdings soviel wie möglich von den historisch überlieferten Vorkommnissen habe einfließen lassen.

Mich verwundert - und ärgert - in Büchern und Filmen oft die Ungenauigkeit der geschichtlichen Recherche. Auch wenn es sich hier um einen Roman mit vielen Fiktionen handelt, so soll es doch ein historischer Roman sein, der sich soweit wie möglich an den tatsächlichen Ereignissen orientiert.

So wird Richard Löwenherz bei seiner Begegnung mit Robin Hood fast immer als alter Mann dargestellt. Er starb allerdings bereits mit 41 Jahren - und das war selbst im 12. Jahrhundert kein Alter. Seine Mutter wurde immerhin 82 und damit mehr als doppelt so alt wie er!

In der neueren Literatur schildert man Richard Plantagenet oft als homosexuell, doch dafür gibt es nicht den geringsten Beweis. Es ist wohl eher dem heutigen Zeitgeist geschuldet und stand bis zum 20. Jahrhundert nie zur Diskussion! Dass er wenig Neigung zeigte, die ehemalige Mätresse seines Vaters, mit der man ihn als Kind verlobt hatte, zu heiraten, ist sicherlich nachvollziehbar. Und dass er mit seiner

Ehefrau Berengaria keine Nachkommen zeugte, kann viele Ursachen haben. Schließlich war er ununterbrochen im Krieg. Vielleicht konnte sie aber auch nur nach einer von Chronisten beschriebenen Fehlgeburt keine Kinder mehr bekommen.

Prinz John, später König John, hatte mit seiner ersten Frau, mit der er ähnlich wie Richard mit Berengaria zehn Jahre verheiratet war, auch keine Nachkommen, mit seiner zweiten Frau dann zwei Söhne und drei Töchter.

Zu seiner Zeit sagte man Richard I. eher ein intensives Liebesleben nach und die Chronisten erwähnen zumindest zwei Bastarde, u.a. Philippe de Cognac, auch Philipp Faulconbridge bei Shakespeare genannt. Und heute, mehr als 800 Jahre später, meint man plötzlich, Löwenherz wäre schwul gewesen? Na ja, das behaupten einige Historiker mittlerweile sogar von Robin Hood.

Während man Richard ungerechtfertigte Grausamkeit vorwirft (er ließ während des dritten Kreuzzuges u.a. 2700 Gefangene töten) wird sein Gegenspieler Saladin heute oft romantisch verklärt. Dass der Sultan nach der Schlacht bei Hattin alle überlebenden Ordensritter hinrichten ließ und sich daran sogar selbst beteiligte, verschweigt man hingegen gern geflissentlich.

Ebenso ist es wesentlich wahrscheinlicher, dass es Saladin oder Männer aus seinem Umfeld waren, die den König von Jerusalem, Konrad von Montferrat, durch muslimische Selbstmordattentäter umbringen ließen. Bewiesen ist das allerdings auch nicht. Doch Richard Löwenherz, der nun kaum einen Grund dafür hatte, schob man es in die Schuhe.

Auch andere in diesem Buch vorkommende Personen, wie William Marshal, Baudouin de Bethune oder Richards Söldnerhauptmann Mercadier, um hier nur einige stellvertretend zu nennen, lebten tatsächlich. Marshal z.B. wurde als dritter Sohn eines einfachen Landadeligen geboren und brachte es vom mittellosen Ritter zu einem der größten Landbesitzer Englands, Mitglied des Kronrates und zeitweise zum Regenten des Königreiches. Solche steilen Karrieren gab es also auch damals schon!

Der Sheriff, der zu jener Zeit Nottinghamshire und die königlichen Forste verwaltete und 1194 (wahrscheinlich bei der Belagerung von Nottingham) umkam, hieß tatsächlich de Lacy, allerdings mit Vornamen Robert. Ich habe mir erlaubt den Namen leicht abzuändern und den Vornamen seines Vorgängers, Ralf Murdac, verwendet, damit die größten Kontrahenten dieses Buches nicht gleich angesprochen werden müssen. Beide Sheriffs galten übrigens als äußerst unangenehme Zeitgenossen. De Lacys Nachfolger wurde dann der Earl von Derby, William de Ferrers, über den zumindest nichts Negatives bekannt ist.

Das Judenpogrom anlässlich Richards Krönung, gegen dessen Urheber er mit aller Härte vorging, sein Ritt mit nur einem Begleiter entlang der Amalfiküste einschließlich der Episode mit dem Falken, die Öffnung eines Stadttores von Messina durch ihn nur unter Mithilfe zweier Gefährten oder die Schlacht von Jaffa, wo er mit nur wenigen Rittern und Bogenschützen einer gewaltigen muslimischen Übermacht, geführt von dem legendären Sultan Salah ad-Din (Saladin) trotzte, sie zurückschlug und zwei Pferde von seinem Gegner geschenkt bekam, sind ebenso historisch belegt und mehrfach verifiziert wie alle in diesem Roman genannten Daten und Schauplätze.

Noch heute findet man das Chateau de Lisse aus dem frühen zwölften Jahrhundert in der Gascogne. Auf den Koppeln rund um das Schloss weiden edle Pferde, und man keltert ganz passable Weine. Das Wappenschild ziert ein Ritter mit gezogenem Schwert auf seinem Pferd im vollen Galopp.

Natürlich weiß auch ich nicht im Detail, wie es damals genau gewesen ist. Doch eins erlaube ich mir in Anspruch zu nehmen:

alles so geschildert zu haben, wie es zumindest gewesen sein könnte.

Und ein letzter Satz zum Schluss sei mir gestattet:

„Wenn es vielleicht auch nicht wahr ist, so ist es doch eine schöne Geschichte“, wie ein oft zitiertes, italienisches Sprichwort sagt.

***

Zeittafel

08.09.1157	Richard Plantagenet wird als dritter Sohn von Henry II., König von England und Eleonore von Aquitanien geboren
24.12.1167	Prinz John wird geboren
03.09.1189	Krönung von Richard I. Plantagenet zum König von England
04.07.1190	Aufbruch zum 3. Kreuzzug von Vezelay, Frankreich
Sept. 1190	Ankunft auf Sizilien, Befreiung von Joan Plantagenet (Richards Schwester und ehemalige Königin), Tankred zahlt 40 000 Unzen Gold an Richard
Mai 1191	Richard vor Zypern, Eroberung der Insel, Zypern wird später für 100 000 Goldbesants zuerst an die Tempelritter, später an Guido von Lusignan verkauft
12.05.1191	Heirat von Richard und Berengaria von Navarra in Limassol
08.06.1191	Richard trifft vor Akkon ein, die Stadt wird nach zweijähriger Belagerung am 12.07.1191 von den Muslimen übergeben
07.09.1191	Schlacht bei Arsuf, die Kreuzfahrer schlagen unter Richards Führung die muslimischen Truppen unter Saladin vernichtend
23.12.1191	Richard 15 km vor Jerusalem, Angriff wird abgebrochen
20.01.1192	Einnahme von Askalon
28.04.1192	Konrad von Montferrat, König von Jerusalem, wird von Selbstmordattentätern (Assassinen) umgebracht
Juni 1192	Die Kreuzfahrer in Beit Nuba, 13 km vor Jerusalem, am 04.07.1192 erneuter Rückzug, da die Stadt nach der Einnahme nicht zu halten gewesen wäre
27.07.1192	Saladin greift Jaffa an, Richard kommt mit kleiner Truppe zum Entsatz per Schiff, erobert die Stadt zurück und schlägt in der letzten Schlacht des Kreuzzuges noch einmal die vielfach überlegenen Truppen Saladins

02.09.1192	Friedensvertrag von Ramla, die Kreuzfahrer behalten ihre Eroberungen außer Askalon und erhalten freien Zutritt nach Jerusalem, Saladin gibt den Christen die Grabeskirche und das Heilige Kreuz zurück
09.10.1192	Richard verlässt Palästina
21.12.1192	Gefangennahme Richards vor Wien durch Leopold von Österreich, den er in Akkon beleidigt hat, wird auf Burg Dürnstein in der Wachau eingekerkert
28.03.1193	Richard wird an Kaiser Heinrich VI. ausgeliefert und auf Burg Trifels in der Pfalz festgehalten, Lösegeldforderung beträgt u.a. 35 Tonnen Silber
04.02.1194	Kaiser Heinrich lässt Richard in Mainz frei, nachdem dieser ihm den Lehnseid geleistet hat
12.03.1194	Richard landet in England
28.03.1194	Nottingham Castle fällt als letzte von Johns Anhängern gehaltene Burg
12.05.1194	Richard verlässt England für immer um seine französischen Besitzungen zurückzuerobern, er wird am 25. März 1199 bei dem Versuch, die Burg Chalus einzunehmen, verwundet und stirbt am 06.04.1199
Mai 1199	Prinz John folgt seinem Bruder Richard auf dem Thron nach und wird zum König von England gekrönt, während seiner Regierungszeit verliert er fast sämtliche Besitzungen auf dem Festland und wird zur Unterzeichnung der Magna Carta gezwungen

Glossar

Allod – Grundeigentum, über das der Besitzer, im Gegensatz zu einem Lehen, frei verfügen konnte.

Angevinisches Reich – erstreckte sich im zwölften Jahrhundert von den Pyrenäen bis nach Schottland incl. des westlichen Frankreichs

Buhurt – in der mittelalterlichen Turnierkultur der Gruppenkampf mit stumpfen, oft aber auch scharfen Waffen

Bury St. Edmunds – Benediktiner Abtei mit im 12. Jahrhundert berühmter Wallfahrtskirche

Da'i – islamischer Missionar und religiöser Führer, der es sich zur Aufgabe gemacht hat, seinen Glauben zu verbreiten

Donjon – Wohn- und Wehrturm in mittelalterlichen Burgen

Dschahannam – bezeichnet im Islam die Hölle, eine Feuergrube, in die alle stürzen, die nicht durch die Gnade Allahs gerettet werden

Earl – bis 1355 höchster, englischer Adelstitel, entspricht dem deutschen Grafen, weibliche Form: Countess

Emir – Befehlshaber einer muslimischen Soldatentruppe, später auch souveräner Herrscher über ein erobertes Gebiet

Englischer Langbogen – kommt ursprünglich aus Wales, aus Eibenholz, seltener aus Ulme oder Esche gefertigt, seine Länge entspricht ungefähr der Größe des Schützen, vor allem mit der Bodkin- oder Ahlspitze bestückte Pfeile durchschlugen Kettenhemden und Plattenpanzer bis zu 1,5 mm Stärke noch auf mehr als 200 Schritt Entfernung

Fida'i – Anhänger religiöser Sekten, die bereit sind, ihr Leben für eine Sache oder ihren Glauben zu opfern

Franken – Bezeichnung für alle Europäer im Heiligen Land

Freisasse – Besitzer eines von Lehnspflichten, Frondiensten und Abgaben befreiten Gutes, in England auch Yeoman genannt

Galeere – seit der Antike vorwiegend im Mittelmeer verwendeter Schiffstyp, der vorwiegend gerudert, aber auch gesegelt wurde

Gambeson – textiles, abgestepptes Rüstungsteil, das unter dem Kettenhemd, oder auch als alleinige Rüstung stärker gepolstert von Kriegsknechten und Bogenschützen getragen wurde.

Gasthof „Ye Olde Trip to Jerusalem" – wurde angeblich 1189 in Nottingham eröffnet und gilt als die älteste Kneipe Englands.

Huris – im islamischen Glauben Jungfrauen, die im Paradies zur Belohnung der Seligen dienen

Ligade – in der Fechtkunst eine Art Streichfinte, die dem Gegner die Klinge zur Seite oder ganz aus der Hand schleudert

Mamelucken – Militärsklaven, die als Kinder gekauft und dann zu Elitesoldaten ausgebildet wurden, stellten ab 1250 eigene Dynastien

Mineur, Sappeur – Pioniertruppen, die Laufgräben ausheben, Stollen unter Befestigungen graben und für eigene Truppen Hindernisse beseitigen oder Lager befestigen

Palas – repräsentativer Saalbau oder Hauptgebäude mittelalterlicher Burgen

Prime, Second, Terz, Quart – Paraden der Fechtkunst, um den Schlag oder Stich des Gegners mit der eigenen Waffe abzuwehren

Saladinzehnt – von Henry II. zur Finanzierung des Kreuzzuges eingeführte Steuer

Seldschuken – eigentlich türkische Fürstendynastie, hier allgemein die leichte Reiterei Saladins, auch Pferdebogner genannt

Surcot – mittelalterliche Ärmeltunika, die von beiderlei Geschlecht und allen Ständen getragen wurde

sybillinische Rätsel – Prophezeiungen von Seherinnen, welche die Zukunft mehrdeutig oder in Rätseln voraus sagen

Trebuchet – mittelalterliche Belagerungsmaschinen, sie konnte 15 – 30 kg schwere Steine bis zu 300 m weit schleudern

Yard – im Jahr 1011 von Henry I. als Abstand von seiner Nasenspitze bis zur Daumenspitze seines ausgestreckten Armes festgelegt, ein Yard betrug ungefähr drei Fuß, heute 0,9144 m

Bibliographie

Gillingham, John: Richard Löwenherz, 1981, Classen Verlag GmbH, Düsseldorf

Lavater-Sloman, Mary: Richard Löwenherz – König, Kreuzfahrer, Rebell, 1977, Gustav Lübbe Verlag GmbH, Bergisch Gladbach

Obermeier, Siegfried: Richard Löwenherz – König, Ritter, Abenteurer, 1984, Verlag Ullstein GmbH, Frankfurt/M.

Gable, Rebecca: Von Ratlosen und Löwenherzen, Ehrenwirth in der Verlagsgruppe Lübbe, 2008

Reither, Hans und Seebach, Helmut: Der englische König Richard I. Löwenherz als Gefangener auf Burg Trifels, Bachstelz-Verlag,

Brown, R. Allen: Die Normannen, DTV Verlag GmbH & Co.KG, München 1984

Hansen, Walter: Die Ritter, Komet Verlag GmbH, Köln

Gulas, Stefan: Segelschiffe, Slovart Verlag 1987

Trindade, Ann: Berengaria, in search of Richard the Lionheart's Queen, 1999, Four Courts Press

Emanuel Eckardt: Das Leben ein Krieg, 30.08.2007, Die Zeit, Nr.36

AUSZUG AUS DEM VERLAGSPROGRAMM

Das Buch „Valhalla Finale" zeigt eine Sammlung von größtenteils unveröffentlichtem Material vom Ende des Zweiten Weltkrieges – von der Normandie nach Linz und Prag.

Anna Rosmus **VALHALLA FINALE**
DIN A4, 348 Seiten, Festeinband, Fadenheftung
Zweisprachig: deutsch/englisch
ISBN: 3-9810084-7-2 **€ 39,–**

Auf größtenteils unveröffentlichten Bildern können Leser Generalmajor Stanley Eric Reinhart und vielen seiner Kameraden auf ihrem schnellen Vormarsch in Europa zuschauen wie sich Soldaten auf den Kampf vorbereiten, den Sieg feiern und zu Versorgern werden.

Anna Rosmus **RAGNARÖK**
DIN A4, 464 Seiten, Festeinband, Fadenheftung
Zweisprachig: deutsch/englisch
ISBN: 3-9810084-8-0 **€ 54,–**

Von 1891 bis 1963 – Der Lebensweg Max Peinkofers, Im Dreiburgenland daheim, Seit frühester Zeit war das Schloß Englburg ein beliebter Aufenthaltsort von Max Peinkofer, Wegbegleiter, Weitere Bekannte des Heimatforschers...

H. Dorfmeister **Max Peinkofer**
17 x 24 cm, 264 Seiten, Festeinband,
zahlreiche Abbildungen
ISBN: 3-9810084-6-4 **€ 39,–**

Geschichten und Gedichte aus entschwundenen Tagen – Die Wetterregeln bestimmten früher das Bauernjahr – Allerheiligen und Allerseelen – Rorategänge in der Adventszeit – Nikolaus und Klaubauf – Ehre sei Gott in der Höhe – Waldweihnachten ...

H. Dorfmeister **Von Allerheiligen bis Dreikönig**
DIN A5, 144 Seiten, Broschur, Klebebindung
zahlreiche, z.T. farbige Abbildungen
ISBN: 3-9810084-5-6 **€ 14,80**

Lebenslinien einer Frau aus dem Böhmerwald
Einfühlsam wie in all ihren bisherigen Veröffentlichungen versteht es die Autorin wieder einmal, die damaligen Lebensgewohnheiten mit dem Brauchtum festzuhalten. Sprachausdrücke der Böhmerwäldler sind hier enthalten...

Rosa Tahedl **Die Mali**
14,8 x 21 cm, 88 Seiten,
Festeinband, Fadenheftung
ISBN: 3-00-003584-2 **€ 9,50**

Erinnerungen an das ehemalige Grenzdorf Ober- und Unterlichtbuchet mit Scheureck im Böhmerwald
- Über die Grenze
- Beschreibung der Gegend
- Auf der Suche nach den ehemaligen Häusern
- Die Opfer zweier Weltkriege
- Als die Amerikaner kamen
- Die Aussiedlung...

Richard Neubauer **'s Lebuachert**
14,8 x 21 cm, 154 Seiten, Broschur, Klebebindung
zahlreiche Abbildungen
€ 20,00